Henning Fräßdorf

Rechtsfragen des Zusammentreffens gewerblicher Schutzrechte, technischer Standards und technischer Standardisierung

GABLER RESEARCH

Ökonomische Analyse des Rechts

Die ökonomische Analyse des Rechts untersucht Rechtsnormen auf ihre gesellschaftlichen Folgewirkungen und bedient sich dabei des methodischen Instrumentariums der Wirtschaftswissenschaften, insbesondere der Mikroökonomie, der Neuen Institutionen- und Konstitutionenökonomie. Sie ist ein interdisziplinäres Forschungsgebiet, in dem sowohl Rechtswissenschaftler als auch Wirtschaftswissenschaftler tätig sind und das zu wesentlichen neuen Erkenntnissen über Funktion und Wirkungen von Rechtsnormen geführt hat.

Die Schriftenreihe enthält Monographien zu verschiedenen Rechtsgebieten und Rechtsentwicklungen. Sie behandelt Fragestellungen aus den Bereichen Wirtschaftsrecht, Vertragsrecht, Haftungsrecht, Sachenrecht und verwaltungsrechtliche Regulierung.

Henning Fräßdorf

Rechtsfragen des Zusammentreffens gewerblicher Schutzrechte, technischer Standards und technischer Standardisierung

GABLER

RESEARCH

Bibliografische Information der Deutschen Nationalbibliothek
Die Deutsche Nationalbibliothek verzeichnet diese Publikation in der Deutschen Nationalbibliografie; detaillierte bibliografische Daten sind im Internet über <http://dnb.d-nb.de> abrufbar.

Dissertation Universität Hamburg, 2008

1. Auflage 2009

Lektorat: Claudia Jeske | Sabine Schöller

Gabler ist Teil der Fachverlagsgruppe Springer Science+Business Media.
www.gabler.de

Umschlaggestaltung: KünkelLopka Medienentwicklung, Heidelberg
Gedruckt auf säurefreiem und chlorfrei gebleichtem Papier

ISBN 978-3-8349-1972-4

Vorwort

Die vorliegende Untersuchung wurde im Sommersemester 2008 an der Fakultät für Rechtswissenschaft der Universität Hamburg als Dissertation angenommen. Sie wurde nach Abschluss des Promotionsverfahrens im Oktober 2008 im Januar 2009 noch einmal aktualisiert und befindet sich dementsprechend auf dem Stand Dezember 2008.

An dieser Stelle möchte ich allen danken, die mir bei der Arbeit an dieser Untersuchung geholfen haben. An erster Stelle gilt der Dank meinen Eltern sowie meiner jetzigen Frau Corinna für ihre Unterstützung während des Studiums und Promotionsvorhabens. Ebenfalls bedanken möchte ich mich bei meinem Doktorvater Prof. Dr. Peter Behrens für die wertvollen Anregungen, kritischen Fragen sowie die gründliche und zügige Begutachtung sowohl des ersten Entwurfs wie auch der fertigen Arbeit. Ein Dank geht zudem an Steffen Kircher für das Korrekturlesen trotz Arbeitsstresses.

Danken möchte ich zudem den Organisatoren und Mitgliedern des Graduiertenkollegs für Recht und Ökonomik der Universität Hamburg und ganz besonders Prof. Hans-Bernd Schäfer. Ohne den Input aus den Veranstaltungen des Graduiertenkollegs sowie den Anregungen der Mitdoktoranden wäre die Arbeit in dieser Form nicht möglich gewesen.

Henning Fräßdorf

Inhaltsverzeichnis

KAPITEL 1: ZUSAMMENHANG ZWISCHEN TECHNISCHEN STANDARDS UND GEWERBLICHEN SCHUTZRECHTEN

A. Einleitung

Sowohl technische Standardisierung als auch gewerbliche Schutzrechte sind wesentliche Bestandteile des Innovationsprozesses. Mit ihrer Anreiz- und Belohnungsfunktion sorgen gewerbliche Schutzrechte für die Erforschung, Entstehung und häufig auch Verbreitung technischer Informationen. Standardisierungsprozesse sorgen anschließend dafür, die Vielzahl der Informationen zu vereinheitlichen und in möglichst großem Umfang bekannt zu machen.[1] Standardisierung ermöglicht dabei nicht nur erhebliche Rationalisierungsgewinne. Sie ist zugleich wichtige Grundlage für weitergehende Forschung und Entwicklung, da sie einige Spezifikationen zu Referenzpunkten werden lässt und dadurch mögliche Entwicklungspfade begrenzt. Sowohl technische Standards als auch gewerbliche Schutzrechte dienen damit jeweils auf ihre Art dem technischen Fortschritt.

Allerdings sind die Philosophien, die technischen Standards einerseits sowie gewerblichen Schutzrechten andererseits zugrunde liegen, gegensätzlich.[2] Technische Standards werden zumindest von den Beteiligten großer Normungsorganisationen herkömmlicherweise als öffentliche Güter angesehen. Sie sollten idealerweise für jedermann zu gleichen Bedingungen möglichst kostengünstig zur Verfügung stehen.[3] Gewerbliche Schutzrechte erfüllen ihre Anreiz- und Belohnungsfunktion demgegenüber gerade dadurch, dass der Schutzrechtsinhaber je nach Art des Schutzrechts anderen die Nutzung und/oder Verbreitung der geschützten Information verbieten kann. Sie beschränken damit mittelbar oder unmittelbar die ungehinderte Nutzung von Informationen durch jedermann.

In vielen Fällen stören sich gewerbliche Schutzrechte einerseits und technische Standards andererseits nicht. Technische Standards definieren bestimmte Produkteigenschaften. Aufbauend auf diesen Spezifikationen werden Produkte hergestellt (standardkonforme Produkte), die die Konstrukteure oder Hersteller möglicherweise mit Hilfe von Schutzrechten gegen Nachahmung durch Wettbewerber schützen lassen können. In diesen Fällen schaffen technische Standards die Basis für einen Wettbewerb zwischen differenzierten standardkonformen Gü-

---

1 Hinsichtlich der Funktion der Verbreitung technischen Wissen siehe Blind, The economics of standards, S. 118.

2 Shurmer/Lea sprechen von einem grundsätzlichen Dilemma (fundamental dilemma), Shurmer/Lea, 3 StandardView (1995) 50, 58.

3 Siehe Blind, The economics of standards, S. 118; ebenso Ullrich, Competition Law and Intellectual Property Law, S. 10.

tern. Die Standardisierung von Papiergrößen führt beispielsweise zu Wettbewerb zahlreicher Papierhersteller. Die Motive für Briefpapier können beispielsweise durch Geschmacksmusterrechte oder Urheberrechte geschützt werden.

Schutzgegenstand eines Schutzrechts kann jedoch auch die standardisierte Spezifikation selbst sein. So unterliegt die Niederschrift von Spezifikationen häufig dem Urheberrechtsschutz. Unveröffentlichte Spezifikationen können dem Schutz als Geschäftsgeheimnisse unterliegen. Ferner kommt es gelegentlich vor, dass die Anwendung eines technischen Standards aus technischen oder wirtschaftlichen Gründen die Nutzung geschützten Wissens voraussetzt. Beispielsweise kann es sein, dass ein Standard zur Datenübertragung die Anwendung eines Komprimierungs- oder Verschlüsselungsverfahrens vorsieht, welches patentrechtlich geschützt ist. In der überwiegend englischsprachigen Fachliteratur zu diesem Thema werden Schutzrechte, die bei der Benutzung eines technischen Standards zwangsläufig verletzt werden, als sog. essentielle Schutzrechte (essential intellectual property rights) bezeichnet.[4] In diesen Fällen kann es zu einer Kollision zwischen den Interessen des Schutzrechtsinhabers und den Interessen der Nutzer eines technischen Standards kommen.

Der Schutzrechtsinhaber maximiert seine Monopolrente aus seinem Schutzrecht in vielen Fällen nur dann, wenn er den Zugang zu seinem Schutzrecht beschränkt. Beispielsweise besitzt ein Schutzrechtsinhaber ein Verfahren, mit dessen Hilfe er ein Produkt günstiger herstellen kann als seine Wettbewerber. Der relative Vorteil infolge des Schutzrechts für den Schutzrechtsinhaber gegenüber seinen Wettbewerbern besteht nur dann, wenn diese das verbesserte Verfahren nicht anwenden dürfen.

Die Effizienzgewinne durch Standardisierung steigen in vielen Fällen jedoch, je mehr Anwender einen technischen Standard benutzen. Einheitliche Kodierung von Internetseiten erlaubt es, dass sich jeder Nutzer des Internets jede Seite und die darauf erhältlichen Informationen anzeigen lassen kann.

Ob es zu einem Kollisionsszenario kommt, hängt von einer Reihe von Faktoren ab. Ein Faktor ist die Genauigkeit eines technischen Standards. Je genauer die Vorgaben eines technischen Standards sind, desto weniger alternative Ausführungsformen verbleiben Anwendern zur Herstellung standardkonformer Güter und desto weniger Möglichkeiten bestehen, einschlägige Patentrechte zu umgehen. Ein weiterer Faktor ist die Art gewerblicher Schutzrechte. Unterschiedliche Schutzrechtsarten gewähren unterschiedlich umfangreiche Verbietungsrechte. Je stärker die Verbotsrechte sind, desto stärker wird auch die Interessenkollision ausfallen. Ferner ist von Bedeutung, wie hoch die Schutzrechtsdichte in einem Technologiebereich ist. Je mehr Schutzrechte bestehen, desto eher benötigt wird man geschütztes Wissen benötigen, um

4 Siehe Bekkers/Iversen/Blind, Patent Pools and non-assertion agreements, S. 4.

einen Standard anwenden zu können. Bestehen mehrere einschlägige Schutzrechte, steigt zudem die Wahrscheinlichkeit, dass es mehrere Schutzrechtsinhaber gibt. Zusätzlich zum Interessenkonflikt zwischen dem Schutzrechtsinhaber und Anwendern können dann auch noch Interessenkonflikte zwischen den verschiedenen Schutzrechtsinhabern bestehen. Auch der Zeitpunkt der Standardisierung spielt eine Rolle. Erfolgt Standardisierung bereits vor oder kurz nach der Einführung einer neuen Technologie, dann sind beispielsweise zum einen erst wenige Ausführungsformen entwickelt worden, und zum anderen ist die Schutzdauer der Schutzrechte noch nicht abgelaufen.

Infolge einer Reihe zeitgleicher Entwicklungen kommt es in letzter Zeit vermehrt zu „Kollisionen" zwischen technischen Standards und gewerblichen Schutzrechten. Einerseits haben gewerbliche Schutzrechte seit Anfang der 80er Jahre des letzten Jahrhunderts einen erheblichen Bedeutungszuwachs erfahren. Nicht nur wird die Bedeutung von Wissensvorteilen in einer globalisierten Welt, in denen einige Nationen vor allem Humankapital besitzen, mittlerweile immer höher eingeschätzt, was zu einer Stärkung gewerblicher Schutzrechte führt.[5] Auch der strategische Wert gewerblicher Schutzrechte als Mittel zur Behinderung von Wettbewerbern und Sicherung der eigenen Marktstellung wurde zunehmend erkannt.[6] Zugleich änderte sich die Standardisierungslandschaft. Grundsätzlich nahm die Bedeutung weltweit einheitlicher technischer Standards infolge der Globalisierung und des Abbaus von Handelshemmnissen, zu denen auch technische Standards zählen, zu.[7] Daneben hat die Privatisierung von Netzwerktechnologien, insbesondere im Telekommunikationssektor, sowie die Entstehung des Internet die Bedeutung einheitlicher technischer Standards zur Sicherstellung der Kompatibilität zahlreicher Komponenten erhöht. Schließlich sorgt die hohe Innovationsgeschwindigkeit in manchen Technologiebereichen dafür, dass sich Technologiezyklen verkürzen und technische Standardisierung schneller und idealerweise bereits vor Einführung einer neuen Technologie in einem Markt erfolgen sollte. Diese Bedürfnisse führten zudem zu einer Veränderung der Standardisierungslandschaft, insbesondere im Bereich der Informations- und Kommunikationstechnologie.[8] Ergebnis dieser parallel verlaufenden Prozesse ist, dass immer mehr technische Standards entstehen, für deren Anwendung die Lizenzierung geschützten Wissens notwendig ist.

Treffen technische Standards und gewerbliche Schutzrechte zusammen, sind das Interesse an offenen Standards und das Privatinteresse des Schutzrechtsinhabers miteinander in Einklang zu bringen. Dieser Interessenausgleich wird dabei grundsätzlich durch die Regelungen über

5 Siehe Grandstrand, Economics and Management of Intellectual Property, S. 40f.; zur Tendenz der Ausweitung und Stärkung gewerblicher Schutzrechte innerhalb der EU siehe auch Ullrich in Immenga/Mestmäcker, Band 1, Teilband 2, IV. A. Rn. 29.

6 Siehe Grandstrand, Economics and Management of Intellectual Property, Kapitel 1 und 2; Farrell/Shapiro, IP, Competition and Information Technology, S. 15.

7 Vgl. etwa Betancourt/Walsh, 3 StandardView (1995) 116, 120f.

8 Ausführlich hierzu Cargill, IPR and SSOs, S. 4ff.

gewerbliche Schutzrechte, vertragliche Absprachen und das Kartellrecht, soweit es auf gewerbliche Schutzrechte Anwendung findet, geleistet. Die Frage, die diese Arbeit untersucht, ist, ob der vorhandene privatrechtliche Rechtsrahmen aus Schutzrechten, Vertragsrecht und Kartellrecht den Besonderheiten technischer Standards gerecht wird. Sofern Defizite bestehen, sollen Lösungswege aufgezeigt und bewertet werden.

Dabei werden in einem ersten Schritt die konkreten Fragestellungen, die sich beim Zusammentreffen gewerblicher Schutzrechte und technischer Standards ergeben, dargestellt. Diese Aufgabe erfüllt dieses erste Kapitel. Zunächst wird der Begriff des technischen Standards für diese Arbeit definiert. Anschließend werden die ökonomischen Auswirkungen technischer Standards allgemein und auf den Wettbewerb im Besonderen betrachtet. Sodann wird ein Überblick über die Arten von Standardisierung gegeben. Anschließend wendet sich die Betrachtung gewerblichen Schutzrechten zu, wovon die wesentlichsten kurz beschrieben werden. Dies ermöglicht es, das Verhältnis gewerblicher Schutzrechte und technischer Standards genauer zu untersuchen und konkrete Spannungslagen zu identifizieren. Darauf aufbauend lassen sich anschließend konkrete Fragestellungen identifizieren. Im zweiten Kapitel wird sodann das Problem der Monopolmacht erörtert. Denkbare Lösungsmechanismen werden diskutiert. Das dritte Kapitel wendet sich der Frage zu, wie Situationen zu lösen sind, in denen der Schutzrechtsinhaber vollständig eine Lizenzierung verweigert und dadurch die Standardisierung jedenfalls vorübergehend unterbleibt. Schließlich gibt es Situationen, in denen ein Anwender nicht nur ein einziges, sondern mehrere Schutzrechte benutzen muss, wenn er einen technischen Standard anwendet. Vielmals werden diese Schutzrechte zudem unterschiedlichen Schutzrechtsinhabern gehören. Die Besonderheiten dieser Situation sowie ihre Lösungsmöglichkeiten werden im vierten Kapitel erörtert.

B. Technische Standards

I. Definition

Trotz des alltäglichen Gebrauchs des Wortes „Standard“ gibt es keine einheitlich angewendete wissenschaftliche Definition des Begriffs,[9] was sicherlich auf die Vielzahl unterschiedlichs-

9 Vgl. die zahlreichen unterschiedlichen Definitionen, z.B. „... *agreed external points of reference to which the physical and performance characteristics of technologies can be compared.*“, Hawkins, Introduction, S. 1; „... *ein Dokument, das mit Konsens erstellt und von einer anerkannte Institution angenommen wurde und das für die allgemeine und wiederkehrende Anwendung Regeln, Leitlinien oder Merkmale für Tätigkeiten oder deren Ergebnisse festlegt, wobei ein optimaler Ordnungsgrad in einem gegebenen Zusammenhang angestrebt wird.*“, DIN 820-2:2000-0; Standards als Konventionen, wie bestimmte sich wiederholt stellende technische Probleme zu regeln sind, Genschel, Standards, S. 25, unter Hinweis auf Farrell/Saloner, 16 RAND (1985) 70; Standards als dasjenige, was diejenigen, die sie annehmen, tun sollen, in Brunsson, Expansion of Standardization, S. 4; weitere Definitionen bei Sahay/Riley, 20 Journal of Product, Innovation and Management (2003) 338, 339; Moen/Bertot, 26 Journal of Academic Librarianship (2000) 129, 131; siehe auch hinsichtlich des Begriffs der Norm, Kypke, Technische

ter Standards zurückzuführen ist, die im täglichen Leben anzutreffen sind. So gibt es Standards auf unterschiedlichsten Gebieten (Technik, Kultur, Recht, Verhalten), Standards unterschiedlichsten Umfangs (beispielsweise Sprachen einerseits und Papiergrößen andererseits), Standards unterschiedlichster Funktion (Sicherheitsstandards, Kompatibilitätsstandards, Qualitätsstandards) oder auch unterschiedlichster Reichweite (rein innerbetriebliche Standards bis hin zu Industriestandards). Darüber hinaus entstehen Standards entweder durch Marktprozesse, werden aufgrund eines Konsenses beteiligter Kreise vereinbart oder durch den Gesetzgeber in Rechtsnormen festgeschrieben. Angesichts dieser zahlreichen und völlig unterschiedlichen Standards muss jede Definition berücksichtigen, welche Standards beschrieben werden sollen und welche Ziele mit der konkreten Definition verfolgt werden.

Gegenstand dieser Arbeit sollen dabei sowohl faktische als auch formell beschlossene technische Standard sein. Sie sollen unmittelbar wettbewerbsrelevant sein, also nicht nur rein innerbetrieblich, sondern auch von Akteuren außerhalb eines Unternehmens angewendet werden.[10] Dies vorausgeschickt gilt in dieser Arbeit folgende Definition eines technischen Standards:

> *Technische Standards sind technische Regelwerke oder technische Spezifikationen, die tatsächlich zu einem bestimmten Zeitpunkt von den Nutzern in einem Technologiebereich so weit verbreitet angewendet werden, dass sie als Maßstab angesehen werden.*

Die einzelnen Bestandteile dieser Definition sollen nachfolgend näher erläutert werden.

II. Technische Standards als Regelwerke und Spezifikationen

Ein Standard ist eine bestimmte Ausführungsform bzw. Spezifikation des standardisierten Gegenstandes, die sich gegen eine Vielzahl ähnlicher Spezifikationen durchgesetzt und folglich als Maßstab etabliert hat. Notwendige Voraussetzung eines Standards ist daher die Existenz mehrerer Spezifikationsmöglichkeiten. Kein Standard sind hingegen Tatsachen oder Naturgesetze.[11]

Die Spezifikation kann sich entweder auf bestimmte Produkt- oder Verfahrenseigenschaften beziehen (sog. beschreibende Standards), oder bestimmte Leistungsziele festlegen (sog. Leistungsstandards).[12] Der Unterschied zwischen diesen beiden Arten von Standards besteht darin,

---

Normung, S. 9ff.

10 Dies erklärt insbesondere den Unterschied zur Definition von technischen Normen durch anerkannte Normungsorganisationen, vgl. Fußnote 9. Da der Begriff der „technischen Norm" im Deutschen stark mit der Normungsarbeit anerkannter Normungsorganisationen verbunden ist, soll der Begriff in dieser Arbeit allenfalls im Zusammenhang mit institutioneller Normung verwendet werden.

11 Ebenso Herschel, NJW 1968, 617f.

12 Siehe Hesser, Introduction to Standards, S. 38; Teece/Sherry, 87 Minn. L. Rev. (2003) 1913, 1917. Es ist selbstverständlich auch eine Kombination beider Möglichkeiten denkbar.

dass Leistungsstandards nur das Ergebnis eines Standards festlegen, der Weg, dieses Ergebnis zu erreichen aber dem Anwender überlassen bleibt. Demgegenüber legen beschreibende Standards bestimmte Eigenschaften des Standardisierungsgegenstandes verbindlich fest.

Zudem kann die Genauigkeit der Spezifikation unterschiedlich ausfallen. Ein Standard kann entweder sehr präzise Angaben enthalten oder aber bloß Korridore oder Mindestvoraussetzungen festlegen. Auch hinsichtlich des Umfangs gibt es große Unterschiede, die von einer einzigen oder wenigen Spezifikation wie beispielsweise die Papiergröße DIN A4 bis hin zu Regelwerken aus hunderten von Spezifikationen reichen.[13] Die Standardisierung des Mobilfunks in Form von GSM umfasst mehrere tausend Seiten an Spezifikationen.[14]

III. Das Merkmal „Technisch“[15]

Der Begriff der Technik im Zusammenhang mit Standards soll in dieser Arbeit funktional verstanden werden[16]. Danach ist Technik *der im Rahmen der Naturgesetze planmäßig sich vollziehende, von Exaktheit und Rationalität getragene und auf permanenten Fortschritt gerichtete Prozess der Herstellung und Verwendung materieller, energetischer und informationeller Systeme.*[17]

IV. Technische Standards als tatsächlich angewendete Spezifikationen

Um ökonomisch relevant zu sein, ist weiterhin unverzichtbar, dass eine technische Spezifikation auch tatsächlich angewendet wird.[18] Dadurch unterscheidet sie sich von Normungsvorschlägen oder technischen Empfehlungen. Auch wenn Empfehlungen seitens anerkannter Normungsorganisationen einen wesentlichen Beitrag zum Zustandekommen eines technischen Standards leisten können, so stellen sie selbst noch keinen Standard im Sinne dieser Arbeit dar.

V. Technische Standards als „Maßstab“ für Benutzer von Technologien

Die Frage ist weiterhin, wie eine Abgrenzung zwischen technischen Standards einerseits und „gewöhnlichen“ Spezifikationen andererseits erfolgen soll. Unzweifelhaft besteht ein Standard nach dieser Definition dann, wenn sämtliche Anwender eine bestimmte Spezifikation anwenden. Da die Anwendung technischer Standards jedoch überwiegend auf freiwilliger Basis

---

13 Vgl. Teece/Sherry, 87 Minn. L. Rev. (2003) 1913, 1914.

14 Siehe Iversen in Blind, Study on the Interaction between IPR and Standardisation, S. 151ff.

15 Die Beschränkung der Definition auf technische Standard dient zwei Zielen. Zum einen soll dadurch der Umfang der Arbeit reduziert werden. Die Reduzierung auf technische Standards rechtfertigt sich zudem aus der Überlegung, dass gerade im Bereich der Technik eine große Anzahl technischer Schutzrechte besteht

16 Für andere Definitionen siehe Roth, Technische Normung, S. 29.

17 Roth, Technische Normung, S. 2.

18 Vgl. P. Kiehl in Einführung in die DIN-Normen,S. 23; Kypke, Technische Normung, S. 15.

erfolgt, wird dies in der Praxis nicht immer vorkommen.[19] Viele Definition sehen in Standards einen Maßstab.[20] Dies bedeutet für die Abgrenzungsfrage, dass eine Technologie so weit verbreitet sein muss, dass sie als Maßstab angesehen wird und anerkannt ist. Maßgeblich sind also zum einen der Benutzungsumfang und zum anderen die subjektiven Wertungen und Erwartungen der Marktteilnehmer. Das Problem mit dieser Abgrenzung ist sicherlich, dass sie sehr stark auf eine subjektive Wertung und die Erwartungen von Marktteilnehmern abstellt. Andererseits lässt sich ein solcher Status tatsächlich durch Umfragen verifizieren. Daher soll dieses Kriterium hier zugrunde gelegt werden.

Eine andere Abgrenzungsmöglichkeit könnte darin bestehen, eine bestimmte Technologie nur dann als Standard anzusehen, wenn ein faktischer Anwendungszwang für Nichtbenutzer besteht,[21] der auf ökonomischen oder technischen Gründen beruhen kann. Auch diese Abgrenzung ist jedoch nicht ohne Probleme. Ob eine bestimmte Spezifikationswahl für einen einzelnen Anwender ökonomisch zwingend ist, wird ganz erheblich von den Umständen abhängen, in denen sich der potentielle Nutzer befindet. Einige Hersteller besitzen beispielsweise genügend Marktmacht, um alte Spezifikationen aufgeben und neue einführen zu können. Ihre Wettbewerber mögen hingegen keine entsprechenden Möglichkeiten haben. Auch können sich technische Standards in ihren Wirkungen erheblich unterscheiden. Ein Spezifikationswechsel kann bei einigen Standards mit ganz erheblichen Kosten verbunden sein. Wie groß diese Kosten sind, hängt jedoch von zahlreichen Faktoren ab, die von Spezifikation zu Spezifikation variieren können. In diesen Zusammenhängen ist es deshalb äußerst schwierig, objektive Kriterien zu finden, die eine sinnvolle Abgrenzung ermöglichen. Eine Abgrenzungsmöglichkeit, die mehr auf objektive Kriterien abstellt, ist daher der in dieser Arbeit zugrundeliegenden subjektiven Abgrenzung nicht überlegen. Zudem ist gerade auch die subjektive Erwartung der Anwender Ursache der ökonomischen Zwänge.[22]

VI. Berücksichtigung sich wandelnder technischer Standards

Die Beurteilung, ob eine Technologie ein Standard ist, kann zudem nur zu einem bestimmten Zeitpunkt erfolgen, da die Lebensdauer und Gültigkeit technischer Standards völlig unterschiedlich ausfallen kann. Häufig folgen Generationen von Standards in relativ kurzer Zeit aufeinander.

---

19 Nach Hesser, Introduction to Standards, S. 203 ist dies auch gar nicht erwünscht.

20 Siehe stellvertretend Hawkins, Introduction, S. 1.

21 Solch eine Definition benutzt beispielsweise van Wegberg, 16 Technology Analysis and Strategic Management (2004) 457, 458.

22 Vgl. Kübel, Zwangslizenzen, S. 23.

VII. Der jeweilige Technologiebereich als Bezugspunkt eines technische Standards

Schließlich beeinflusst ein Standard den Wettbewerb nur dann unmittelbar, wenn er nicht nur innerhalb eines bestimmten Betriebs angewendet wird, sondern zumindest von den Nachfragern in einem Technologiebereich weitgehend einheitlich benutzt wird.[23]. Innerbetriebliche Standards sind erst dann „technische Standards“ im Sinne der oben angeführten Definition, wenn sich die standardkonformen Produkte oder Dienstleistungen außerhalb der betrieblichen Ebene zu einem sog. faktischen Standard entwickelt haben. Zu einem solchen faktischen Standard kommt es erst dann, wenn ein Großteil der Nutzer in einem Technologiebereich standardkonforme Produkte oder Dienstleistungen benutzt.

VIII. Zusammenfassung

Eine genaue Betrachtung des Phänomens technischer Standards zeigt, dass es sich bei einem technischen Standard zunächst einmal weder um ein rechtliches noch um ein ökonomisches, sondern um ein rein *faktisches* Phänomen handelt. Technische Standards sind lediglich solche Spezifikationen, die sich rein tatsächlich zu einem Maßstab für einen ganzen Technologiebereich entwickelt haben. Ihre Genauigkeit und Komplexität kann dabei ganz erheblich variieren. Die Stellung einer Spezifikation als Standard ist dabei aber keineswegs gesichert, sondern kann theoretisch jederzeit durch ein geändertes Nutzerverhalten oder das Aufkommen neuer, gegebenenfalls besserer Technologien bzw. Spezifikationen verloren gehen.

C. Effekte und Funktionen technischer Standards

I. Überblick

Nachdem der Begriff des technischen Standards für diese Arbeit geklärt wurde, sind nunmehr die besonderen ökonomischen Effekte technischer Standards gegenüber „gewöhnlichen“ Technologien oder Spezifikationen aufzuzeigen. Die Hauptfunktion technischer Standards besteht in ihrer vereinheitlichenden Wirkung.[24] Aus der Vereinheitlichung folgen weitere Konsequenzen, die jedoch im Einzelfall von ihrem Umfang her äußerst unterschiedlich ausfallen können. Mögliche Effekte einer Vereinheitlichung sind Rationalisierung, Austauschbarkeit, Kompatibilität, Verbesserung von Informationen, Reduktion von Vielfalt sowie Entstehung von Marktzutrittsbarrieren. Daneben wird noch von einem Ordnungseffekt technischer Standardisierung gesprochen. Häufig ist es zur Schaffung technischer Standards notwendig, zahl-

23 Ein Unternehmen, das innerbetriebliche Standards verwendet, hat gegenüber einem Unternehmen, das keine unternehmensinternen Standards kennt, deutliche Kostenvorteile (siehe bezüglich des Rationalisierungseffekts unten S. 9). Natürlich beeinflusst dies auch den Wettbewerb zwischen Unternehmen. Die Effekte der Nutzung eines Standards auf die Kostenstruktur einzelner Unternehmen wirken jedoch nur mittelbar auf den Wettbewerb zwischen ihnen.

24 Siehe Blind, The economics of standards, S. 25.

reiche Spezifikationsmöglichkeiten zu ermitteln. Dadurch wird die Transparenz in Bezug auf den Stand der Technik erhöht. Es handelt sich insofern um eine Verbesserung der Informationslage.

Weitere Folge der Rationalisierung ist die Ermöglichung von Skalenerträgen, Kompatibilität kann zu Netzwerkeffekten führen, und die Verbesserung der Information hat die Senkung von Informations- und Transaktionskosten sowie die Verringerung von Informationsasymmetrien zur Folge.

Netzwerkeffekte, gesenkte Transaktions- und Informationskosten und Skalenerträge können zudem zu hohen Technologiewechselkosten führen. Diese Technologiewechselkosten können dazu führen, dass sich für Anwender eines technischen Standards ein Wechsel zu einer alternativen Spezifikation wirtschaftlich nicht lohnt, obwohl alternative Spezifikationen im Vergleich zum technischen Standard technisch besser sind. Ökonomen sprechen in diesem Zusammenhang von sog. Lock-in. Die Summe vieler einzelner technischer Standards kann ferner zu technologischem Lock-in führen. Ein Wechsel unterbleibt in diesem Fällen nicht aufgrund von allein wirtschaftlichen Kosten, sondern deshalb, weil gegenseitige Abhängigkeiten von komplementären Technologien einen Wechsel unmöglich machen. Diese Auswirkungen technischer Vereinheitlichung werden im Folgenden kurz ausführlicher dargestellt.

II. Rationalisierung und Skalenerträge

Ein wesentlicher Effekt technischer Standards ist die Rationalisierung von Betriebs-, Herstellungs- und Kommunikationsabläufen und damit die Realisierung von Skalenerträgen.[25] Die Vereinheitlichung von Spezifikationen, seien es Begriffe, Produkteigenschaften oder Verfahren, ermöglicht deren wiederholte Anwendung. Dies bedeutet, dass das in technischen Standards inkorporierte Wissen nur ein einziges Mal erzeugt werden muss,[26] innerbetriebliche, industrieweite und produktionsstufenübergreifende Abstimmung nur einmal erfolgen muss, Schulungskosten für Personal reduziert und Planungen betrieblicher Abläufe erleichtert werden.[27] Damit aber sinken die fixen Herstellungskosten pro Produktionseinheit. Darüber hinaus führt eine Reduktion von Ausführungsformen auch dazu, dass die bestehende Nachfrage mit weniger Ausführungsformen gedeckt werden muss. Dies ermöglicht, die Skalenerträge auch tatsächlich in großem Umfang zu erzielen.[28]

25 Siehe Kindleberger, 36 KYKLOS (1983) 377, 384.
26 Hesser, Introduction to Standards, S. 41.
27 Siehe Roth, Technische Normung, S. 42.
28 Siehe Hesser, Introduction to Standards, S. 195; Shurmer/Lea, 3 StandardView (1995) 50, 51; Kindleberger, 36 KYKLOS (1983) 377, 384; für ein Beispiel siehe DIN, Gesamtwirtschaftlicher Nutzen der Normung, S. 37, wonach Normteile bei VW 20 bis 60% billiger sind als andere Konstruktionsteile.

III. Austauschbarkeit

Darüber hinaus ermöglichen technische Standards die Austauschbarkeit von Produkten oder Dienstleistungen desselben oder unterschiedlicher Hersteller.[29] Die erhöhte Homogenität von Gütern erhöht die Verfügbarkeit von Substituten und erleichtert damit die Reparatur oder den Ersatz beschädigter Produkte.[30] Eine erleichterte Verfügbarkeit von Substituten kann zudem Lagerungskosten verringern.[31]

IV. Kompatibilität und Netzwerkeffekte

Die Standardisierung von Schnittstellen erlaubt Kompatibilität.[32] Kompatibilität bedeutet, dass mehrere Gegenstände oder Informationssysteme in der Lage sind zusammenzuwirken.[33] Kompatibilität kann dabei zwischen physischen Gegenständen wie Fässern und Abfüllanlagen mit standardisierten Abmessungen genauso bestehen wie zwischen Informationskodierungen und Leseprogrammen. Kompatibilität schafft die Voraussetzungen für eine modulare Technologiestruktur wie es bei Computern oder Stereoanlagen deutlich wird.[34] Dies kann wohlfahrtssteigernde Wirkung haben, da es Arbeitsteilung erleichtert und Spezialisierungen ermöglicht.[35] Ist Kompatibilität erst einmal hergestellt, kann dies zu Netzwerkeffekten führen.

Netzwerkeffekte bestehen immer dann, wenn der Nutzen eines Gutes mit der Anzahl weiterer Nutzer gleicher oder kompatibler Güter steigt. Sie sind damit Skalenerträge der Nachfrageseite.[36] Dabei wird zwischen direkten und indirekten Netzwerkeffekten unterschieden.[37] Direkte Netzwerkeffekte treten auf, wenn der Nutzen eines Gutes für den Einzelnen unmittelbar von der Anzahl der Nutzer abhängt, die dasselbe Gut oder ein Substitut benutzen.[38] Voraussetzung für direkte Netzwerkeffekte ist Komplementarität zwischen substitutierbaren Gütern.[39] Indirekte Netzwerkeffekte sind demgegenüber Nutzensteigerungen, die nur mittelbar mit dem Umfang der Benutzung substituierbarer Produkte zusammenhängen, wie die Verfügbarkeit

---

29 Siehe Kindleberger, 36 KYKLOS (1983) 377, 384.

30 Vgl. Kindleberger, 36 KYKLOS (1983) 377, 387; für ein Beispiel bei VW siehe DIN, Gesamtwirtschaftlicher Nutzen der Normung, S. 37, wonach durch normierte Bauteile VW-Fahrzeuge fast durchgängig in der besten Kaskoklasse seien.

31 Siehe Kindleberger, 36 KYKLOS (1983) 377, 387; für ein siehe DIN, Gesamtwirtschaftlicher Nutzen der Normung, S. 38, wonach durch Normierung von Bauteilen bei einem neuen Airbus-Modell angeblich 18 Mio. DM Lagerhaltungskosten eingespart werden konnten.

32 Siehe Hesser, Introduction to Standards, S. 209.

33 Siehe, Farrell, 30 Jurimetrics Journal (1989) 35, 36.

34 Für ein Beispiel siehe z.B. Boam u.a., 7 Intel Technology Journal (2003) 7 in Bezug auf modulare Kommunikationsplattformen.

35 Von Wegberg, Standardization Processes, S. 462; siehe generell zum Effekt, dass Standards Spezialisierungen fördern, Hesser, Introduction to Standards, S. 195f.; Shurmer/Lea, 3 StandardView (1995) 50, 51.

36 Vgl. Katz/Shapiro, 75 AER (1985) 424, 425; Hesser, Introduction to Standards, S. 209.

37 Siehe Katz/Shapiro, 75 AER (1985) 424.

38 Siehe Tirole, Industrial Organization, S. 405.

39 Vgl. Farrell/Klemperer, Coordination and Lock-in, S. 9.

von Komplementärprodukten oder -dienstleistungen.[40] Voraussetzung für indirekte Netzwerkeffekte ist Kompatibilität zwischen Komplementärprodukten.[41]

V. Verbesserte Information

Standards verbessern zudem die Informationslage für die Akteure eines Technologiebereichs, machen Güter vergleichbar[42] und senken damit Transaktionskosten.[43] Zum einen werden Suchkosten infolge einer geringeren Anzahl unterschiedlicher Güter auf einem Markt verringert. Darüber hinaus verringern sich Untersuchungskosten. Entspricht ein Produkt oder eine Dienstleistung einem bestimmten Standard, so bedeutet dies zugleich, dass das Produkt oder die Dienstleistung bestimmte, im Standard definierte Eigenschaften besitzt. Die einfachere Bezeichnung und Beschreibung von Gegenständen verringert ebenfalls Transaktionskosten.[44] Schließlich verringern sich Informationsasymmetrien zwischen Vertragsparteien. Dies spart weitere Kosten für Maßnahmen, die ansonsten zur Behebung von Informationsasymmetrien aufgewendet werden müssten.

VI. Erhöhung von Technologiewechselkosten: Wirtschaftlicher Lock-in

Die mit Standards verbundene Senkung von Transaktionskosten sowie die Realisierung von Skalenerträgen und Netzwerkeffekten führt zu Technologiewechselkosten.[45] Sind diese Technologiewechselkosten so hoch, dass dadurch ein Wechsel zu einer effizienteren Technologie unterbleibt, spricht man von wirtschaftlichem Lock-in.[46] Treten diese Lock-in-Effekte auf, können technische Standards dazu beitragen, dass vielversprechende neue technologische Entwicklungen nur unzureichend genutzt werden, da sie aufgrund einer nur kleinen Nutzerzahl nicht wirtschaftlich vermarktet werden können und ihre Vermarktung deshalb entweder ganz ausbleibt oder aufgegeben wird.[47]

VII. Bildung von Systemarchitekturen und technologiebedingter Lock-in

Baut eine Technologie auf einer anderen Technologie auf, führt dies zur Bildung von Systemarchitekturen. Die Bildung einer Architektur beruht dabei darauf, dass die Festlegung einer

---

40 Vgl. Farrell/Klemperer, Coordination and Lock-in, S. 9; Tirole, Industrial Organization, S. 405.

41 Siehe z.B. Langenberg, Standardization, S. 14.; David, New Standards, S. 212.

42 Siehe Kindleberger, 36 KYKLOS (1983) 377 .

43 Siehe Hesser, Introduction to Standards, S. 196; Kindleberger, 36 KYKLOS (1983) 377, 382; siehe auch DIN, Gesamtwirtschaftlicher Nutzen der Normung, S. 14.

44 Zur transaktionskostensenkenden Wirkung siehe auch Werle, Institutional Aspects of Standardization, S. 32.

45 Hinsichtlich möglicher Ursachen von Wechselkosten siehe z.B. Klemperer, Switching Costs, S. 517.

46 Siehe z.B. Hesser, Introduction to Standards, S. 212.

47 Siehe Farrell, 30 Jurimetrics Journal (1989) 35, 37f.; allgemein Arthur, 99 The Economic Journal (1980) 116; siehe auch Liebowitz/Margolis, 33 JLE (1990) 1, mit dem Argument, dass derartige Effekte geringer sind, als allgemein angenommen wird; für eine ausführliche Darstellung der ökonomischen Auswirkungen von Wechselkosten auf einen Standardwechsel siehe auch unten, S. 94.

Spezifikation zugleich Rückwirkungen auf andere technische Parameter haben kann. Die Festlegung einer bestimmten Stromstärke oder Spannung hat beispielsweise Auswirkungen auf die Verwendung bestimmter elektrischer Bauteile wie Kabel, Widerstände oder Transistoren. Ferner sind im Abwassersystem Küchenspülen, Handwaschbecken, Abwasserrohre, Straßenablauf, Abwasserpumpwerke, Kläranlagen und Abwasseranalyse genormt.[48] Dies bedeutet, dass eine Festlegung weitere Festlegungen nach sich zieht. Die Summe dieser Festlegungen führt zu einer mehr oder weniger komplizierten Technologiearchitektur, die nicht ohne weiteres geändert werden kann. Insofern kann es zu technologiebedingtem Lock-in kommen. Dieser kann den wirtschaftlichen Lock-in noch verstärken.

VIII. Verringerung der Unsicherheit über zukünftige technologische Entwicklung

Andererseits können Lock-in-Effekte auch dazu führen, dass die Unsicherheit über die zukünftige technologische Entwicklung verringert wird. Dies ermöglicht Unternehmen bei der Planung ihrer Forschungs- und Entwicklungstätigkeit eine relativ verlässliche Prognose über die zukünftige technologische Plattform in einem Technologiefeld und vermindert so das Risiko, das diese Firmen bei ihren Forschungs- und Entwicklungsvorhaben eingehen müssen. Zudem verringert sich auch das Risiko von Nachfragern, auf hohen Investitionen in nicht erfolgreiche Technologien sitzen zu bleiben.[49]

IX. Sog. Ordnungsfunktion

Standards anerkannter Standardisierungsorganisationen erfüllen zudem noch eine sog. Ordnungsfunktion. Dies hängt mit den Besonderheiten des Standardisierungverfahrens zusammen. Im Rahmen des Verfahrens wird zunächst der Stand der Technik in Bezug auf den Standardisierungsgegenstand ermittelt. Die bestehenden Informationen durchlaufen dabei einen Auswahl-, Ordnungs- und Spezifikationsprozess. Dieser Prozess der Informationszusammenstellung und -sortierung führt zu einer deutlich erhöhten Transparenz des Standes der Technik im Bereich des Standardisierungsgegenstandes.[50] Der Prozess und die Standardisierungsunterlagen ermöglichen Erwerbern dieser Information, sich technisch auf den neuesten Stand zu bringen.[51]

---

48 Siehe DIN, Gesamtwirtschaftlicher Nutzen der Normung, S. 40.

49 Empirische Untersuchungen haben gezeigt, dass dies ein Grund für die Teilnahme an technischer Normung ist, siehe DIN, Gesamtwirtschaftlicher Nutzen der Normung, S. 18.

50 Vgl. Hesser, Introduction to Standards, S. 42.

51 Für technische Standards als Mittel zum Technologietransfer siehe Hesser, Introduction to Standards, S. 198.

X. *Verlust von Vielfalt*

Die mit Standards zwangsläufig einhergehende Vereinheitlichung führt zugleich zu einem Verlust von Vielfalt.[52] Durch den Ausschluß bestimmter technischer Alternativen können gegebenenfalls bestimmte Präferenzen nicht mehr optimal bedient werden. Nachfrager oder Hersteller mit diesem Präferenzen werden dadurch schlechter gestellt, als ohne Standard stünden. Aufgrund der Pfadabhängigkeit von Innovationen können auch alternative technische Entwicklungen verhindert oder zumindest stark verzögert werden, indem Anreize zur Entwicklung von Alternativen zur standardisierten Spezifikation sinken. [53]

XI. *Marktzutrittsbarrieren*

Weiterhin können technische Standards erhebliche Marktzutrittsbarrieren darstellen. Dies gilt nicht nur für den internationalen Waren- und Dienstleistungsverkehr, sondern betrifft auch nationale Märkte.[54] Erfordert die Herstellung einer Spezifikation eine ganz bestimmte Produktionsweise oder spezielle Maschinen, verursacht dies Kosten bei Unternehmen, die nicht entsprechend ausgestattet sind. Diese Unternehmen sind gezwungen, sich die Informationen und Ausrüstung zu diesem Standard zu beschaffen oder die notwendigen Anpassungen bei den von Ihnen erzeugten Gütern vorzunehmen.[55]

XII. *Auswirkungen von Standards auf die Wohlfahrtsbilanz*

Insgesamt erzeugen technische Standards sehr viele positive und nur relativ wenige negative Effekte. Aus diesem Grund fällt die Wohlfahrtsbilanz technischer Standardisierung in den meisten Fällen positiv aus.[56] Eine Studie im Auftrag des DIN hat den Beitrag technischer Standards zum Wachstum der deutschen Volkswirtschaft mit ca. 1 % des Bruttosozialproduktes beziffert, was im Jahr 1998 ca. 31,5 Mrd. DM entsprach.[57] Technische Standards sind aus diesem Grund eine gesellschaftlich grundsätzlich begrüßenswerte Institution. Der Unterschied einer standardisierten Spezifikation gegenüber einer „gewöhnlichen" Spezifikation besteht

52 Farrell, 30 Jurimetrics Journal (1989) 35, 36; Farrell/Saloner, 16 RAND (1985) 70, 71; Shurmer/Lea, 3 StandardView (1995) 50, 51.

53 Siehe hierzu Farrell/Saloner, 16 RAND (1985) 70, 71.

54 Shurmer/Lea, 3 StandardView (1995) 50, 51; hinsichtlich fehlender internationaler Standardisierung von Palettengrößen siehe Aldaz-Carroll/Raballand, Trade Costs.

55 So führt die unterschiedliche Stromstärke und Spannung in Europa und den USA dazu, dass europäische Hersteller mit Elektroprodukten auf dem europäischen Markt und amerikanische Hersteller mit Elektrogeräten auf dem amerikanischen Markt erfolgreicher sind, da sie spezifisch für eine bestimmte Stromstärke und Spannung hergestellt werden. Die unterschiedliche Stromstärke und Spannung in der jeweils anderen Region, beeinträchtigt die Funktionsfähigkeit der Geräte; in einer Umfrage des DIN sind Unternehmen im Jahr durchschnittlich Kosten in Höhe von 350.000 DM pro Jahr für die Anpassung an ausländische Normen entstanden, siehe DIN, Gesamtwirtschaftlicher Nutzen der Normung, S. 13.

56 So z.B. Hovenkamp, 48 B.C.L. Rev. (2007) 87, 89; Balto, Standard Setting in a Network Economy, unter II.

57 Siehe „Gesamtwirtschaftlicher Nutzen der Normung – Zusammenfassung der Ergebnisse", S. 33, erhätlich unter www.normung.din.de

darin, dass Vereinheitlichung zusätzliche Werte schafft. Da unter einem technischen Standard in der vorliegende Arbeit ein Industriestandard verstanden wird, stellt sich die Frage, inwieweit ein Unterschied zu nur betriebsintern standardisierten Spezifikationen besteht. Allgemein lassen sich insofern nur graduelle Unterschiede festzustellen. Je umfangreicher ein technischer Standard tatsächlich angewendet wird, in desto größerem Maß werden auch die in diesem Abschnitt dargestellten Effekte auftreten. Dabei können die Unterschiede gegenüber einem Zustand mit mehreren inkompatiblen Spezifikationen teilweise ganz erheblich sein. Beispielsweise wird mögliche volkswirtschaftliche Nutzen infolge einer Änderung der Palettengröße allein in Australien mit 2,5 Mrd. US $ beziffert.[58]

XIII. Wettbewerb in Märkten mit Standards

Die Auswirkungen technischer Standards beeinflussen den Wettbewerb auf Märkten mit technischen Standards. Grundsätzlich führt ein technischer Standard dazu, dass faktisch keine von den Vorgaben des oder der Standards auf einem Markt abweichende Differenzierung des Standardisierungsgegenstandes mehr erfolgt. Ein Produktwettbewerb hinsichtlich des vereinheitlichen Parameters wird deshalb bei der Festlegung von Mindeststandards begrenzt, bei genauen Festlegungen sogar vollständig ausgeschlossen. Je mehr Produkteigenschaften eines standardkonform produzierten Gegenstandes standardisiert sind und je weniger konkurrierende Spezifikationen auf einem Markt existieren, desto stärker verringert sich der Produktwettbewerb.[59] Im Gegenzug gewinnen andere strategische Parameter wie beispielsweise Marketing oder Preis an Bedeutung.[60] Der jeweilige Markt nähert sich damit dem Modell von Märkten mit homogenen Gütern an. Ob die Marktstruktur auf Märkten mehr oder weniger homogener Güter ein dem eines Monopols, ein Oligopols oder ein Polypols entspricht , ist damit jedoch noch nicht gesagt.[61]

Die Einführung eines ungeschützten, jedermann zugänglichen technischen Standards beeinflusst den Wettbewerb insbesondere durch die Ermöglichung besonders hoher Skalenerträge, den Zugang zu einer neuen Technologie bei gleichzeitiger Ablösung alter Technologien sowie durch die Verursachung von Technologiewechselkosten für alle diejenigen Akteure, die vor der Übernahme des technischen Standards andere technische Spezifikationen benutzt haben. Die Einführung eines technischen Standards hat deshalb zwangsläufig distributive Wirkungen, deren Ausmaß sich danach richtet, inwieweit unterschiedliche Akteure bereits in unterschiedliche Spezifikationen investiert haben.[62]

58 Vgl. Raballand/Aldaz-Carroll, The Case of Pallets, S. 4f.
59 Dies bedeutet nicht, dass Wettbewerb mit teilweise standardisierten Produkteigenschaften nicht immer noch erhebliche Produktdifferenzierung zulässt, vgl. Teece/Sherry, 87 Minn. L. Rev. (2003) 1913, 1915.
60 Shapiro/Varian, Information Rules, S. 231; Besen/Farrell, 8 J. Econ. Persp. (1994) 117, 120.
61 Vgl. Chen/Forman, 30 MIS Quarterly (2006) 541, 558ff., die trotz offener Standards einen stark oligopolistischen Markt mit erheblichen Wechselkosten für sog. Network switches antreffen.
62 Siehe Werle, Institutional Aspects of Standardization, S. 29f.

Diese distributiven Effekte, verbunden mit dem gegebenenfalls fehlenden oder reduzierten Produktwettbewerb nach Durchsetzung eines bestimmten Standards, haben zur Konsequenz, dass die Frage, ob überhaupt ein Standard entsteht und welche genauen Spezifikationen zum Standard werden, große Bedeutung gewinnt. Bevor sich ein Standard durchgesetzt hat, kommt es deshalb zu einem Wettbewerb um den Standard.[63] Dieser Wettbewerb kann grundsätzlich im Rahmen aller zur Verfügung stehenden Standardisierungsverfahren stattfinden, die deshalb näher betrachtet werden sollen.

D. Technische Standardisierung

I. Standardisierung als Selektions- und Koordinationsvorgang

Technische Standards entstehen durch den Prozess der Standardisierung. Standardisierung unterscheidet sich dabei von anderen Teilen des Innovationsprozesses dadurch, dass seine Funktion in der Selektion besteht. Die vorhandenen Ausführungsformen werden auf eine überschaubare Anzahl und gegebenenfalls einzelne Lösungen tatsächlich angewendeter Spezifikationen reduziert. Standardisierung ist damit ein Selektionsprozess[64] und bei über einen einzelnen Hersteller hinausgehender Standardisierung zugleich ein Koordinationsprozess. Für die Koordination und Selektion bestehen dabei grundsätzlich drei Grundformen: faktische Standardisierung, institutionelle oder formelle Standardisierung und legislative Standardisierung.[65] Die drei Grundformen unterscheiden sich in der Art und Weise, wie ein konkreter Standard aus der Menge konkurrierender Spezifikationsmöglichkeiten ausgewählt wird.

II. Faktische Standardisierung

Von faktischer Standardisierung[66] spricht man, wenn die Auswahl eines Standards allein den Marktkräften überlassen bleibt.[67] Ob überhaupt eine, und gegebenenfalls welche Spezifikation sich am Markt durchsetzt, hängt allein davon ab, welche Spezifikation die Beteiligten tatsächlich anfangen anzuwenden. Die Entscheidung zugunsten einer bestimmten Spezifikation kann dabei zum Teil durch die Preis- und Vertriebspolitik der Hersteller[68] sowie durch die Existenz von Netzwerkeffekten beeinflusst werden. Das Ergebnis kann objektiv ungenügende Standardisierung oder Standardisierung zugunsten einer Spezifikation sein, die nicht die technisch

---

63 Siehe Farrell/Klemperer, Coordination and Lock-in, S. 6.

64 Bei dem Selektionsprozess kann es gerade im Zusammenhang mit formeller Standardisierung auch dazu kommen, dass bestehendes Wissen zu neuem Wissen kombiniert wird und dadurch eine „neue" Spezifikation entsteht. Der Selektionsprozess besitzt insofern auch Komponenten eines Schaffensprozesses.

65 Siehe z.B. Genschel, Standards, S. 32; Lemley, 90 Cal. L. Rev. (2002) 1889, 1898f.

66 Sie wird z.T. auch als nicht-kooperative Standardisierung bezeichnet, siehe Genschel, Standards, S. 32.

67 Vgl. Shurmer/Lea, 3 StandardView (1995) 50, 52.

68 Genauso kann eine Standardisierung jedoch auch an den Präferenzen der zukünftigen Nutzer vorbei erfolgen. Zu Rolle der Nutzer innerhalb des Standardisierungsverfahrens siehe z.B. Naemura, User Involvement; Alexander, IT user's perspective und umfassend Kypke, Technische Normung.

oder wirtschaftlich Beste ist, wenn man sämtliche Standardisierungsfragen dem Markt überließe.[69]

III. Institutionelle oder formelle Standardisierung

Unter institutioneller oder formeller Standardisierung[70] versteht man die Standardisierung im Rahmen anerkannter Standardisierungsorganisationen wie u.a. der International Organization for Standardiszation (ISO) und dem International Engineering Consortium (IEC) auf internationaler Ebene, dem Europäischen Komitee für Normung (CEN), dem Europäischen Komitee für elektrotechnische Normung (CENELEC) und dem European Telecommunications Standardization Institute (ETSI) auf europäischer oder dem Deutschen Institut für Normung (DIN) und dem Verband der Elektrotechnischen Industrie (VDE) in Deutschland bzw. des American National Standardization Institute (ANSI) und des Institute of Electrical and Electronics Engineers (IEEE) in den USA auf nationaler Ebene.[71] Das Standardisierungsverfahren läuft dabei dergestalt ab, dass sich aufgrund eines Normungsvorschlags eine Arbeitsgruppe innerhalb der jeweiligen Organisation bildet, deren Zusammensetzung je nach Normungsorganisation unterschiedlich sein kann.[72] Innerhalb der Normungsphase wird dann von der Arbeitsgruppe der Stand der Technik ermittelt und darauf aufbauend eine Spezifikation erarbeitet. Das Normungsverfahren schließt mit einem Normungsvorschlag ab, der in aller Regel konsensual von allen Teilnehmern beschlossen wird,[73] dessen Befolgung jedoch in aller Regel rechtlich unverbindlich ist.[74] In den meisten Fällen unterstützen die Teilnehmer des Normungsgremiums allerdings auch die Einführung des Standards in der Praxis, so dass die Standardisierungsarbeit häufig tatsächlich zu einem entsprechenden Standard führt.[75]

Formelle Standardisierung kann einerseits nachträgliche Standardisierung sein, deren Ziel darin besteht, eine als ungenügend empfundene Vielfalt von Ausführungsformen aufgrund der beschriebenen positiven Auswirkungen auf eine einzige oder wenige zu reduzieren. Die mit schneller technologischer Entwicklung zusammenhängende Unsicherheit und die in manchen

---

69 SieheFarrell/Saloner, 19 RAND (198) 253, 256; Genschel, Standards, woraus sich ergibt, dass nichtkooperative Standardisierung nur unter den engen Voraussetzungen vollständiger Information und identischer Interessen aller Akteure problemlos funktioniert. Für widerstreitende Interessen siehe Farrell/Saloner, 19 RAND (1988) 253, für Informationsdefizitie David, 75 AER (1985) 332; allgemein Thum, Netzwerkeffekte, S. 17f.; kritisch Liebowitz/Margolis, Path Dependence.

70 Auch kooperative oder Komitee-Standardisierung genannt, siehe Genschel, Standards, S. 36.

71 Siehe mit einer noch längeren Liste von Standardisierungsorganisationen, Werle, Institutional Aspects of Standardization, S. 11.

72 Beim DIN und bei der ETSI können dies beispielsweise alle an der Normung Interessierten sein, für die ETSI siehe unter http://www.etsi.org./WebSite/Membership/eligibility.aspx, für das DIN siehe http://www.din.de/cmd?level=tpl-rubrik&languageid=de&cmsrubid=mitgliedschaft_im_din.

73 Konsensual bedeutet dabei häufig ohne expliziten Widerspruch. Es bedeutet also nicht zwangsläufig einstimmig. Siehe Genschel, Standards, S. 43.

74 Siehe Genschel, Standards, S. 37; vgl. auch Hesser, Introduction to Standards, S. 248 hinsichtlich der Normen des CEN/CENELEC und S. 258 für Normen der ISO und des IEC; Zahn, GRUR 1980, 157, 159.

75 Siehe Genschel, Standards, S. 37.

Industriezweigen hohen Investitionen in Forschung und Entwicklung sowie Anlagenbau führen jedoch zunehmend zu antizipierender Standardisierung.[76] Dabei werden vor der Einführung einer Technologie bereits deren Spezifikationen vorab festgelegt, um teure Fehlinvestitionen zu verhindern.

Im Gegensatz zu faktischer Standardisierung besitzt formelle Standardisierung aufgrund des geordneten Verfahrens das Potential dafür, dass ein Standard gewählt wird, der einem Mindestmaß an Qualitätsanforderungen genügt und einen gewissen Interessenausgleich gewährleistet. Ist ein Standard beschlossen worden, dann ist dies in vielen Fällen bereits ein großer Schritt hin zu seiner tatsächlichen Durchsetzung. Dies darf jedoch nicht darüber hinwegtäuschen, dass auch innerhalb einer Arbeitsgruppe verschiedene Interessen unterschiedlicher Hersteller und Nachfrager aufeinanderstoßen können.[77] Formelle Standardisierung bietet lediglich ein Forum für einen Interessenausgleich unter Spezialisten auf fachlich hohem Niveau. Es ist aber gut möglich, dass eine an Standardisierung nicht interessierte Partei das Verfahren behindert. Zudem ist niemand gezwungen an dem Prozess teilzunehmen. Das Fernbleiben wichtiger Akteure eines Wirtschaftszweiges kann die spätere Unterstützung, die ein Standardentwurf im Rahmen seiner Markteinführung benötigt, um sich durchzusetzen, erheblich verringern.[78]

IV. Legislative Standardisierung

Der Vollständigkeit halber sei noch die legislative Standardisierung erwähnt. Davon spricht man, wenn der Staat verbindlich bestimmte technische Spezifikationen in Gesetzesnormen festschreibt. Aufgrund der Verbindlichkeit des Gesetzes wird eine Spezifikation dann zwangsläufig zu einem Standard. Diese Form der Standardisierung soll in dieser Arbeit nicht betrachtet werden, da sie völlig eigene Fragen hinsichtlich der Legitimität von Rechtsnormen und der Fähigkeit des Staates zur Setzung technischer Normen aufwirft. Gegenstand dieser Arbeit soll allein die Auswirkung von Schutzrechten auf das Funktionieren privater Koordination und Selektion sein.

---

76 Vgl. Spring/Weiss, Selected Intellectual Property Issues, S. 3; Betancourt/Walsh, 3 StandardView (1995) 116, 120.

77 Genschel, Standards, S. 37f, weist darauf hin, dass eine Einigung der Teilnehmer nur dann wahrscheinlich ist, wenn die Präferenzen der Beteiligten zumindest zum Teil übereinstimmen. Je größer die Interessenwidersprüche, desto unwahrscheinlicher ist eine erfolgreiche Standardisierung. Er nimmt an, dass die Interessenunterschiede steigen, je stärker die einzelnen Teilnehmer bis zum Entscheidungszeitpunkt bereits in unterschiedliche Lösungen investiert haben. Damit funktioniert formelle Standardisierung in der Frühphase technischer Entwicklungen am Besten (siehe auch *OECD: Information Technology Standards: The Economic Dimension, 1991, S. 99-100*); siehe auch Geradin/Rato, Exploitative Abuse, S.5f. für einen Überblick der Interessen, die aufgrund von gewerblichen Schutzrechten bestehen können.

78 Farrell/Saloner, 19 RAND (198) 253, 237; Genschel, Standards, S. 37.

Private Akteure sind in der Wahl ihrer Mittel im Rahmen der Gesetze frei. Aus diesem Grund steht es ihnen grundsätzlich frei, ob und auf welchem Weg sie in einem gegebenen Zusammenhang das Ziel der Standardisierung anstreben.[79] Dabei gibt es zahlreiche Strategien, da die einzelnen Standardisierungsprozesse kumulativ und nicht etwa alternativ zur Verfügung stehen.[80] Die erfolgreiche Markteinführung einer bestimmten Technologie kann beispielsweise ausschlaggebend für die kurz danach ergehende Empfehlung dieser Spezifikation durch ein Normungsgremium sein.

Ferner besteht zwischen formeller und faktischer Standardisierung ein Kontinuum. In den letzten Jahren ist es insbesondere im Bereich der Informations- und Computertechnologie (ICT) zu einer stark wachsenden Anzahl von Ad-hoc Konsortien gekommen.[81] Konsortien sind spontane Kooperationen von Unternehmen mit dem Ziel, gemeinsam einheitliche Spezifikationen zu erarbeiten. Der Vorteil von Ad-hoc-Konsortien gegenüber Normungsorganisationen kann beispielsweise in einer schnelleren oder effizienteren Arbeitsweise aufgrund einer geringeren Teilnehmerzahl liegen.[82] Dies ist besonders im Rahmen antizipierender Standardisierung von großer Bedeutung. Die starke Zunahme von Konsortien hat die Standardisierungslandschaft erheblich verändert. Dies zeigen sehr eindrucksvoll die beiden Darstellungen der Standardisierungsgremien von Jakobs[83]:

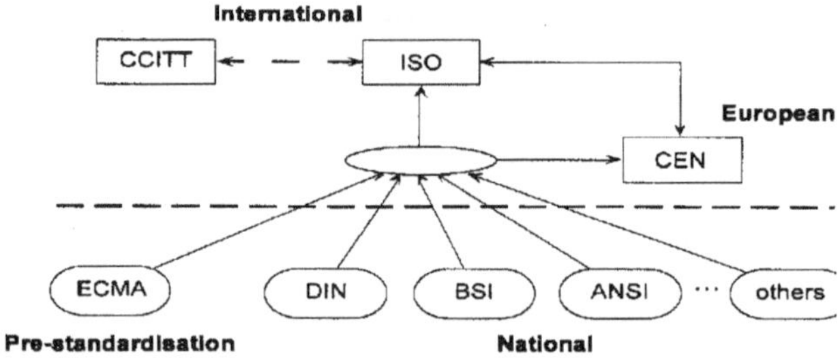

Abb. 1: Die Standardisierungslandschaft in den 70er Jahren.

79 Siehe Werle, Institutional Aspects of Standardization, S. 29.

80 Siehe von Wegberg, Standardization Process, S. 459; 20 Fallstudien gibt Blind, Study on the Interaction between Standardization and Intellectual Property Rights, S. 83ff.; die Entwicklung hin zu strategischer Standardisierung beschreiben Betancourt/Walsh, 3 StandardView (1995) 116, 119.

81 Cargill/Bolin, Standardization, S. 8ff.; Werle, Standards in the International Telecommunications Regime, S. 20.

82 Siehe Werle, Instititutional Aspects of Standardization, S. 16, 26; Cargill/Bolin, Standardization, S. 9f.; Peterson, Patents and Standard-Setting Processes, der positiven Wirkungen einer Vielfalt an Konsortien und Organisationen betont; nach dem DIN, Gesamtwirtschaftlicher Nutzen der Normung, S. 19, beträgt die durchschnittliche Normungsdauer bei anerkannten Gremien ca. 5 Jahre. Sie lohnt sich also nur für Produkte, die eine längere Lebensdauer aufweisen.

83 Siehe Jakobs, Information Technology Standards, S. 8f.

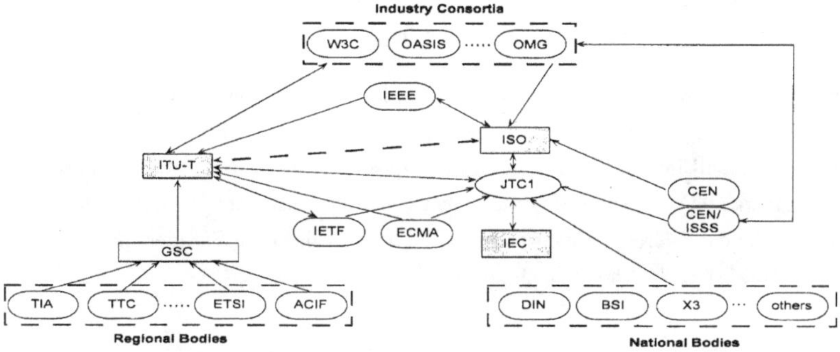

Abb. 2: Die Standardisierungslandschaft in den 90er Jahren

Es ist deutlich zu erkennen, dass in den siebziger Jahren erheblich weniger Organisationen beteiligt waren. In den neunziger Jahren gab es demgegenüber sehr viel mehr regionale Organisationen sowie privat initiierte Konsortien. Eindrucksvoll ist auch die Liste der im Bereich der Informations- und Telekommunikationstechnologie tätigen Organisationen.[84] Die Entwicklung von immer mehr Konsortien neben den etablierten Normungsgremien führt zu erheblich mehr Koordinierungsaufwand zwischen diesen Organisationen.

Die gleichzeitige Existenz mehrerer mit demselben Standardisierungsgegenstand beschäftigter Normungsgremien oder Konsortien kann zu Forumshopping führen. Einzelne Akteure können sich diejenigen Gremien aussuchen, die ihren eigenen Vorstellungen von einer Verwertung ihrer Technologie, insbesondere ihrem Geschäftsmodell, am ehesten entsprechen.[85] Es kann häufig vorkommen, dass mehrere Gremien alternative Spezifikationen erarbeiten. Dies ermöglicht es Unternehmen, gleichzeitig die Normungsarbeit in einem Gremium voranzutreiben und in dem anderen Gremium zu behindern.[86] Geben mehrere Gremien gleichzeitig rivalisierende technische Empfehlungen heraus, muss sich erst im Rahmen faktischer Standardisierung oder formeller Standardisierung auf einer höheren Ebene entscheiden, welche der empfohlenen Spezifikationen sich als technischer Standard durchsetzt. In vielen Fällen wird jedoch auch versucht, die von Konsortien erarbeiteten Spezifikationen durch große Standardisierungsgremien in größerem Umfang zu legitimieren. Es bestehen sogar Abreden zwischen

84 Vgl. die ca. 300 Organisationen für den Bereich der Informations- und Telekommunikationsindustrie (ICT) www.cen.eu/cenorm/businessdomains/businessdomains/isss/consortia/survey+table+of+content.asp; ausführlich zur Entwicklung im Bereich der ICT siehe auch Werle, Institutional Aspects of Standardization, 9-27.

85 Vgl. zur Strategie etwa Jakobs/Wallbaum, Selecting the best platform; für ein formales Modell Lerner/Tirole, 96 AER (2006) 1091.

86 Siehe Werle, Institutional Aspects of Standardization, S. 34f.

einzelnen Organisationen, dass Standards eines Konsortiums schnellere Anerkennungsverfahren (sog. Fast-Track Procedures) bei einem Normungsgremium durchlaufen können.[87]

Da der Übergang von Konsortien zu großen Normungsorganisationen fließend ist und es sich bei beiden Lösungen in der Sache um konsensuale Mechanisen zur Erreichung von Standardisierung handelt, soll im nachfolgenden terminologisch zwischen diesen beiden Formen konsensualer Standardisierungsmöglichkeiten nicht genau unterschieden werden. Sofern im Folgenden von Standardisierungsorganisationen oder Standardisierungsgremien die Rede ist, umfasst dieser Begriff beide Arten von Organisationsformen.[88]

E. Zwischenfazit

Technische Standards sind solche technischen Spezifikationen, die sich als tatsächlich genutzter Maßstab in einem Technologiebereich durchgesetzt haben. Gegenüber nicht standardisierten technischen Spezifikationen zeichnen sie sich durch umfangreiche, auf Vereinheitlichung beruhende ökonomische Effekte aus. Die Vereinheitlichung schafft einen eigenständigen Wert. Voraussetzung für ihre Entstehung ist ein entweder auf Marktkräften, auf staatlicher Verordnung oder auf Konsens beruhender Selektions- und Koordinationsprozess. Technische Standards beeinflussen grundsätzlich die Struktur des Wettbewerbs, indem sie Produktwettbewerb verringern. Zugleich haben sie distributive Auswirkungen auf die einzelnen Akteure, indem sie Marktzutrittsbarrieren bzw. Technologiewechselkosten erzeugen.

F. Gewerbliche Schutzrechte und Standardtechnologien

I. Überblick über die gewerblichen Schutzrechte

1. Allgemein

Nach diesem Überblick über Standards und Standardisierung sind nunmehr gewerbliche Schutzrechte näher zu betrachten, um ihren Einfluss auf technische Standards und Standardisierung untersuchen zu können. Gewerbliche Schutzrechte sind allgemein Mittel zum Schutz von Informationen. Nationale Rechtsordnungen stellen dabei eine ganze Reihe unterschiedlich definierter Rechte zur Verfügung. Sie umfassen im wesentlichen das Patentrecht, das Urheberrecht, das Markenrecht, das Gebrauchs- und Geschmacksmusterrecht, das Sortenschutzrecht, den Schutz für bestimmte Computertopografien, das Recht der Geschäftsgeheimnisse

87 Dies sind Verfahren, bei denen ein bereits zuvor ausgearbeiteter Standardisierungsvorschlag ohne ausführliche Diskussion relativ zügig den Entscheidungsgremien vorgelegt wird, siehe etwa beim JTC1 der ISO Kapitel 13 der Statuten, http://isotc.iso.org/livelink/livelink.exe/fetch/2000/2489/186491/186605/Chapter13.html.

88 Die terminologische Unterscheidung ist historisch aus der Rivalität zwischen „etablierten" traditionellen Organisationen und neuen, informelleren Konsortien entstanden, siehe Jakobs, Scores of Rule-Setters, unter 4.3.

sowie den ergänzenden wettbewerbsrechtlichen Leistungsschutz. Eine Darstellung all dieser Schutzrechte würde den Rahmen dieser Arbeit sprengen. Aus diesem Grund beschränkt sich die vorliegende Darstellung auf das Patentrecht, das Urheberrecht und das Recht der Geschäftsgeheimnisse, da diese Schutzrechte die höchste Relevanz im Bereich der technischen Standardisierung besitzen. Dies wird auch daran deutlich, dass es sich bei den wichtigsten gerichtlichen Verfahren um Streitigkeiten handelte, denen eines der genannten Schutzrechte zugrunde lag.[89] Zum Zwecke des Verständnisses, wird ein kurzer Überblick über die Schutzrechte gegebenen. Eine genauere Darstellung und Analyse findet sich in Kapitel 2.

2. Patentrecht

Patentrechte werden für die umfassende Offenlegung neuer, technischer, nicht offensichtlicher Erzeugnisse oder Verfahren gewährt. Sie werden auf Antrag und nach Prüfung der Schutzvoraussetzungen durch die nationalen Patentämter für in der Regel maximal 20 Jahre ab dem Zeitpunkt der Antragstellung erteilt. Während der Schutzdauer ist Dritten die Nutzung, Herstellung, der erstmalige Verkauf und der Import des Patentgegenstandes ohne Zustimmung des Patentinhabers im Geltungsbereich des Patents untersagt. Das Patentrecht gewährt dem Patentinhaber ein Benutzungsrecht sowie einen Unterlassungsanspruch gegenüber Dritten und zudem Auskunfts- und Schadenersatzansprüche für den Fall der Rechtsverletzung.[90]

89 Siehe zu Patentrechten *In Re Dell Computer Corp.*, No. 931-0097 (F.T.C. 1995) und FTC, *In the Matter of Rambus*, Inc. Docket No. 9302, zu Urheberrechten in den USA *Lotus Development Corp. v. Paperback Software Intern.*, 740 F. Supp. 37 (D. Mass. 1990), *Apple Computer, Inc.* v. *Microsoft Corporation*, 35 F.3d 1435 (9th Cir. 1994), *Lotus Development Corp. v. Borland Intern., Inc.*, 49 F.3d 807 (1st Cir. 1995), in der EU EuGH, Urteil vom 29.04.2004, C-418/01, IMS Health/NDC Health und zu Geschäftsgeheimnissen Kommission, COMP/C-3.37.792, Abl. 2007 L 32 – Microsoft, EuG, Urteil vom 17. September 2007, T-201/04 – Microsoft.

90 Vgl. das Europäische Patentübereinkommen (EPÜ), das deutsche Patentgesetz sowie den amerikanischen Patent Act, 35 U.S.C.A. sowie Kapitel 2 dieser Arbeit für Einzelheiten.

3. Urheberrechte an Normen, Computerprogrammen und Datenbanken

Urheberrechte schützen grundsätzlich die Ergebnisse geistig kreativen Schaffens, die ein Mindestmaß an Gestaltungshöhe aufweisen. Dabei gibt es teilweise unterschiedliche Schutzvoraussetzungen für unterschiedliche Werkkategorien, zu denen insbesondere Schriftwerke, Computerprogramme und Datenbanken gehören. Urheberrechte an diesen Werkkategorien entstehen zeitgleich mit dem Schaffensakt ohne die Notwendigkeit einer Antragstellung oder Registrierung. Geschützt wird grundsätzlich die konkrete Form der Darstellung, nicht aber der Inhalt eines Werks. Der Schutz umfasst einen Unterlassungsanspruch gegen die ungerechtfertigte Leistungsübernahme, wobei der Beklagte sich damit rechtfertigen kann, die angebliche Kopie eines geschützten Werkes selbständig geschaffen zu haben. Ferner bestehen Auskunfts- und Schadenersatzansprüche für den Fall rechtswidriger Leistungsübernahme. Die Schutzdauer beträgt bei Schriftwerken und Computerprogrammen 70 Jahre gerechnet ab dem Tod des Autors und bei Datenbanken mindestens 15 Jahre ab deren Veröffentlichung.[91]

4. Recht der Geschäftsgeheimnisse

Das Recht der Geschäftsgeheimnisse schützt allgemein Geheimhaltungsinteressen Gewerbetreibender an Informationen aus dem unternehmensinternen Bereich. Anders als für das Patentrecht und das Urheberrecht gibt es keine einheitliche und abschließende Kodifikation, sondern der Schutz ergibt sich aus zahlreichen Regelungen der gesamten Rechtsordnung. Dies sind zivilrechtliche Vorschriften über Geheimhaltungsverpflichtungen zwischen Individuen einschließlich arbeitsvertraglicher Regelungen und lauterkeitsrechtlicher Normen sowie strafrechtliche Vorschriften. Der Begriff des Geschäftsgeheimnisses ist dabei denkbar weit. Ein Geschäftsgeheimnis ist grundsätzlich jegliche Form der Information, die den unternehmerischen Geschäftsbereich betrifft, lediglich einem beschränkten Personenkreis bekannt ist und darauf beschränkt bleiben soll und an der ein berechtigtes wirtschaftliches Interesse zur Geheimhaltung besteht.[92] Der Schutz besteht, solange die Information geheim ist und ein berechtigtes Interesse an der Geheimhaltung besteht. Der Schutz von Geschäftsgeheimnissen ist hinsichtlich der schutzfähigen Information und der Schutzdauer weiter, hinsichtlich des Schutzbereichs jedoch enger als derjenige des Patent- oder Urheberrechts. Grundsätzlich endet der Schutz nämlich dann, wenn eine Tatsache offenkundig geworden ist, also ihren Geheimnischarakter verloren hat. Zudem ist der Schutz durch eine Interessenabwägung begrenzt, was die Geheimhaltungsmöglichkeiten erheblich beschränken kann.[93]

---

91 Vgl. das deutsche Urheberrechtsgesetz sowie den amerikanischen Copyright Act, 17 U.S.C., sowie Kapitel 2 mit Einzelheiten.

92 Siehe Beater, Unlauterer Wettbewerb, S. 492.

93 Siehe unten S. 68 mit Einzelheiten.

Technische Standards sind Informationsbündel. Die Darstellung der Normen oder deren Anwendung kann deshalb in den Schutzbereich eines oder mehrerer gewerblicher Schutzrechte fallen. Während sich das Patentrecht auf den Schutz von genau definierten Lösungen spezieller technischer Probleme an sich erstreckt (technische Lehre), schützt das Urheberrecht gegen die Vervielfältigung geschützter Werke. Diese geschützten Werke sind im Zusammenhang in erster Linie Informationszusammenstellungen. Geschäftsgeheimnisse schützen allgemein nicht öffentliche, nur einem begrenzten Personenkreis bekannte Informationen.

Der Schutz kann sich deshalb auf die Information selbst, auf deren Darstellung oder Zusammenstellung, auf ihre Verwendung oder aber auf die mit den technischen Informationen beschriebene technische Lehre erstrecken. Die Konsequenz daraus ist, dass die geschützte Information, also der Standard oder Teile davon, in dem Umfang, den das jeweilige Schutzrecht gewährt, nicht mehr ohne die Zustimmung des Schutzrechtsinhabers genutzt werden kann. Ein Standard, dessen Spezifikationen in den Schutzbereich eines gewerblichen Schutzrechts fallen bzw. zu dessen Anwendung die Lizenzierung geschützter Informationen zwingend notwendig ist, wird allgemein als „geschützter Standard" im Gegensatz zu „ungeschützten Standards" bezeichnet.[94] Wichtig ist jedoch, dass bei geschützten Standards nicht der Standard selbst, also die Position einer Technologie als Standard, geschützt ist, sondern allein die jeweilige Information, die zu einem bestimmten Zeitpunkt als technischer Standard akzeptiert wird. Der Schutz der jeweiligen Information ist damit grundsätzlich davon unabhängig, ob sie selbst ein technischer Standard ist. Weiterhin ist es wichtig, dass nicht zwangsläufig das vollständige Regelungswerk eines komplexen technischen Standards und der Schutzumfang des gewerblichen Schutzrechts deckungsgleich sind. Es können mehrere Schutzrechte gegebenenfalls auch mehrerer Schutzrechtsinhaber entweder alle, häufig aber nur einen Teil der Spezifikationen eines technischen Standards umfassen.[95]

Ein geschützter technischer Standards kann zustande kommen, wenn sich eine geschützte Technologie am Markt als Standard durchsetzt. Eine solche Durchsetzung kann dabei die unterschiedlichsten Gründe haben. Die Technologie kann entweder technisch überzeugend sein, so dass es keine sinnvollen Alternativen zu ihr gibt. Zudem kann ein geschützter Standard entstehen, weil der Schutzrechtsinhaber Marktmacht besitzt und diese zur Durchsetzung der zu seinen Gunsten geschützten Technologie als Standard nutzt.[96] Denkbar ist ferner, dass eine

94 Diese Definition soll für diese Arbeit gelten. Häufig wird zudem zwischen offenen und geschlossenen Standards unterschieden, wobei der Begriff der Offenheit dabei sehr unterschiedlich verstanden wird, ausführlich siehe Band, Competing Definitions of Openness, S. 363.

95 Siehe für eine Fallstudie Bekkers/West, The Effects of Strategic Patenting, S. 26, ermittelt 1227 möglicherweise einschlägige „essentielle" für die Anwendung des UMTS-Standards, die mind. 67 unterschiedlichen Inhabern gehörten.

96 Auf diese Art und Weise werden die Schnittstellen des Windows-Betriebssystems regelmäßig zu einem

Technologie sehr gut vermarktet wurde.[97] Bestehen erhebliche Skalenerträge, kann es ebenfalls zur Dominanz eines Produktes und damit zu Standardisierung kommen. Ebenso können Netzwerkeffekte dafür sorgen, dass der Nutzen, den jeder einzelne Nutzer aus der Anwendung einer bestimmten Spezifikation ziehen kann, mit einer wachsenden Nutzerzahl steigt. Eine Spezifikation mit einer größeren Nutzerzahl als eine alternative Spezifikation ist deshalb für neue Nutzer attraktiver. Diese werden sich dann für die weiter verbreitete Spezifikation entscheiden. Es kommt zu einer Standardisierung.[98] Ferner kann eine geschützte Technologie dadurch zum Standard werden, dass ein Standardisierungsgremium bewusst oder unbewusst geschützte Informationen in die Spezifikationen eines Standardisierungsvorschlags aufnimmt, und dieser Standardisierungsvorschlag dann erfolgreich am Markt eingeführt wird.[99]

Kann ein Standard nicht ohne Zustimmung eines Schutzrechtsinhabers verbreitet oder angewendet werden, so kann dies unterschiedliche Konsequenzen haben. Wird das Schutzrecht lizenziert oder genutzt, entsteht ein geschützter technischer Standard. Verweigert der Schutzrechtsinhaber die Lizenzierung oder Nutzung bzw. verlangt er übermäßig hohe Lizenzgebühren, dann scheitert die Standardisierung bzw. der technische Standard wird aufgegeben.

III. Auswirkungen des Zusammentreffens

Die Existenz gewerblicher Schutzrechte, die notwendigerweise genutzt werden, wenn ein konkreter Standard angewendet wird, beeinflusst die Verfügbarkeit eines technischen Standards und kann damit auch den Wettbewerb auf Märkten verändern. Der Schutzrechtsinhaber kann mit Hilfe des gewerblichen Schutzrechts andere Unternehmen von der Nutzung des technischen Standards ausschließen. Daraus können dreierlei Konsequenzen folgen. Ist ein Wechsel zu einer anderen technischen Spezifikation möglich, und wird dieser Wechsel von einer Mindestzahl an Nutzern vollzogen, kann ein neuer Standard entstehen. Denkbar ist hingegen auch, dass mehrere Spezifikationsmöglichkeiten nebeneinander fortbestehen. In solch einem Fall gehen die Vorteile eines einheitlichen Standards verloren. Ist ein Wechsel des technischen Standards für die ausgeschlossenen Akteure nicht möglich oder besteht kein Interesse an einem alternativen Standard, dann scheiden sie im schlimmsten Fall aus dem Wettbewerb aus.

Die Existenz von Schutzrechten, die zwangsläufig bei Anwendung eines Standards verletzt werden, hat erhebliche Auswirkungen auf den Wettbewerb. Der Schutzrechtsinhaber kann sein Schutzrecht grundsätzlich entweder dazu benutzen, andere Akteure vollständig vom Wettbewerb auszuschließen, oder aber Lizenzgebühren zu verlangen. Da technologische Ent-

---

Industriestandard.

97 Als Beispiel hierfür mag der IPod von Apple dienen.

98 Siehe ausführlich zu den Voraussetzungen und Auswirkungen von Netzeffekten S. 87f.

99 Siehe hierzu die Verfahren gegen Dell und Rambus in den USA, *In Re Dell Computer Corp.*, No. 931-0097 (F.T.C. 1995); FTC, *In the Matter of Rambus*, Inc. Docket No. 9302.

wicklungen häufig auf den vorhandenen Technologien aufbauen, erhält der Schutzrechtsinhaber darüber hinaus je nach Art des gewerblichen Schutzrechts mehr oder weniger großen Einfluss auf die weitere Entwicklung der Technologie. Geschützte technische Standards besitzen damit ein deutlich größeres Potential, die Wettbewerbsstruktur in einem Markt zu verändern, als ungeschützte Standards.

Daneben beeinflussen gewerbliche Schutzrechte auch den Prozess technischer Standardisierung. Zum einen können für die Anwendung eines technischen Standards zwangsläufig genutzte gewerbliche Schutzrechte dazu benutzt werden, technische Standardisierung zu behindern. Ein Beispiel dafür ist das Verhalten des Unternehmens Quallcom im Rahmen der UMTS-Standardisierung. Quallcom hemmte die Entwicklung der dritten Generation eines einheitlichen Mobiltelekommunikationsstandards in Europa für die Dauer fast eines Jahres, indem das Unternehmen sich weigerte, seine zur Anwendung des Standards notwendigen Patente zu lizenzieren.[100] Es ist ebenfalls gut denkbar, dass ein Schutzrechtsinhaber die Einführung einer neuen Technologie zu verzögern sucht, weil dies seine bestehende Technologie gefährdet. Eine solche Verweigerung kann dazu führen, dass einerseits die technische Entwicklung verlangsamt wird und zudem die Vorteile eines einheitlichen technischen Standards, beispielsweise große Netzwerkeffekte oder umfassende Kompatibilität, nicht realisiert werden können.[101] Zudem besteht das Problem, dass technische Standardisierung häufig nur innerhalb eines relativ kurzen Zeitfensters gelingen kann. Wird dieses verpasst, kommt es nicht zur Entstehung eines einheitlichen technischen Standards.

Besteht eine Vielzahl gewerblicher Schutzrechte, kann es aber auch bereits ohne Vorliegen einer vollständigen Blockade ganz erhebliche Transaktionskostenprobleme geben. Beispielsweise hat eine Studie über 1000 für die UMTS-Technologie Patente ermittelt, die für die Anwendung des Standards zwingend zu benutzen sind. Patente galten dann als essentiell, wenn sie Basisfunktionen der Mobilfunktechnik betrafen.[102] Die Anzahl erhöhte sich noch ganz erheblich, wenn man vom Verbraucher erwartete Zusatzelemente mit betrachtete. Diese Sachlage ist ein klassisches Beispiel für die insbesondere von *Heller* dargestellte *Tragedy of the Anticommons*. Besteht eine Vielzahl komplementärer Rechte, dann entstehen ab einer kritischen Menge dieser Rechte durch strategische Handlungen sowie durch Such-, Verhandlungs- und Informationskosten (Transaktionskosten) ab einem gewissen Zeitpunkt so hohe gesellschaftliche Kosten, dass sie die Vorteile überwiegen, die durch die Schaffung der einzelnen Rechtspositionen für die Gesellschaft begründet werden.[103] Infolge der großen Anzahl an Transaktionen besteht im Zusammenhang mit Standardisierung die Gefahr, dass technische Standardisie-

100 Siehe Blind, The economics of standards, S. 117f.
101 Vgl. z.B. Shurmer/Lea, 3 StandardView (1995) 50, 53.
102 Bekkers/West, The Effect of Strategic Patenting, S. 26.
103 Z.B. Heller, 111 Harv. L. Rev. (1998) 621.

rung entweder aus Zeitgründen oder aber aufgrund einer unklaren Schutzrechtssituation mit unabsehbaren Risiken und Kosten scheitert.[104]

IV. Überblick über standardisierungsspezifische Probleme von Schutzrechten

Zusammengefasst besteht daher ein Monopolisierungsproblem, ein Verzögerungsproblem und ein Transaktionskostenproblem. In der Innovationsliteratur ist anerkannt, dass dies allgemein die mit der Schaffung gewerblicher Schutzrechte einhergehenden Nachteile sind, die gegen den Vorteil gewerblicher Schutzrechte, nämlich die Schaffung von Forschungs- und Entwicklungsanreizen, abgewogen werden müssen. Zahlreiche wissenschaftliche Beiträge untersuchen die Frage, inwieweit dieses Verhältnis von Vor- und Nachteilen durch Modifikationen des Schutzrechtsumfangs sowie der Schutzrechtsdauer optimiert werden kann.[105] In einer Reihe von Aufsätzen werden auch externe Faktoren, wie die Dauer von Innovationszyklen oder die Art des Technologieumfeldes, insbesondere die Komplementarität der Technologie mit berücksichtigt.[106]

Hinsichtlich des Monopolisierungsproblems besteht die Besonderheit in einem Standardisierungskontext darin, dass es im Kern nicht der Umfang und die Dauer von Schutzrechten sind, die für die ökonomischen Probleme maßgeblich sind. Ein Standard ist eine von den Akteuren eines Technologiebereichs bewusst oder unbewusst, freiwillig getroffene Selektion und Selbstbeschränkung. Dies bedeutet, dass selbst ein in seinem Umfang optimal ausgestaltetes gewerbliches Schutzrecht, beispielsweise ein Patent, das auf eine einzige Ausführungsform beschränkt ist, immer noch zu einer Monopolstellung führen kann, wenn genau diese Ausführungsform infolge von Standardisierung faktisch verbindlich wird. Der Grund für eine solche Monopolstellung ist daher nicht das gewerbliche Schutzrecht als solches, sondern dessen Zusammentreffen mit einem faktisch verbindlichen Standard.[107] Die entscheidende Frage ist deshalb zunächst, wie die Monopolmacht, die dem Schutzrechtsinhaber infolge der Standardisierung zuwächst, zu bewerten ist. Kommt man zu dem Ergebnis, dass diese nicht hingenommen werden kann, stellt sich die Frage, wie sich „übermäßige“ Monopolmacht durch rechtliche Regelungen angemessen begrenzen lässt.

---

104 Die Wahrscheinlichkeit einer solchen „Tragedy of the Anticommons“ in Japan untersuchen Horinaka u.a., Issues Concerning the "Tragedy of the Anticommons“, mit dem Ergebnis, dass sich jedenfalls große Unternehmen häufig dagegen schützen können, S. 6.

105 Siehe u.a. Scotchmer, Innovation and Incentives; Gilbert/Shapiro, 21 RAND (1990) 106; einen Überblick geben Landes/Posner, Intellectual Property Law, zum Patentrecht etwa S. 297ff.; Kitch, 20 JLE (1977) 265; Merges/Nelson, 90 Columbina L. Rev. (1990) 839.

106 u.a. Gallini/Scotchmer, Best incentive system, S. 18ff.; Burk/Lemley, Policy Levers; Merges/Nelson, 90 Columbina L. Rev. (1990) 839.

107 In diesem Sinne etwa BGH, Urteil v. 13. Juli 2004, KZR 40/02 – Standard-Spundfaß, WRP 2004, 1372, 1375f.

Die zweite Frage ist, inwieweit das Problem gelöst werden kann, dass ein Schutzrechtsinhaber durch die Nichtbenutzung oder Nichtlizenzierung seines Schutzrechts technische Standardisierung verzögert oder blockiert. Hier ließe sich zur Lösung insbesondere an eine Zwangslizenz denken. In einem Standardisierungskontext wäre zu fragen, inwieweit die Vorteile technischer Standardisierung, nämlich die Schaffung zusätzlicher Werte durch Vereinheitlichung, als Argument zugunsten einer Zwangslizenz ins Feld geführt werden können. Dabei ist besonders zu berücksichtigen, dass häufig nur ein bestimmtes Zeitfenster für technische Standardisierung zur Verfügung steht.

Die dritte Frage betrifft das Transaktionskostenproblem. Im Rahmen technischer Standardisierung weist diese Problematik zwei Besonderheiten auf. Ein Standardisierungvorschlag ist im wesentlichen ein Produkt, das sich am Markt durchsetzen muss. Zwei Bedingungen sind für diese Durchsetzung von entscheidender Bedeutung. Zum einen muss der Standardisierungsvorschlag möglichst zügig entwickelt werden. Darüber hinaus muss er auch für die Akteure attraktiv sein. Attraktiv ist er aber grundsätzlich nur dann, wenn die Kosten des Standards, insbesondere diejenigen für die Anwendung eines Standards, hinreichend absehbar sind. Es müssen deshalb besonders effiziente und effektive Lösungen für Situationen mit zahlreichen, jeweils für die Anwendung des Standardisierungsvorschlags notwendigen Schutzrechten gefunden werden. Lösungen können dabei einmal rein privatrechtlich gesucht werden, wie beispielsweise in Gestalt von Erklärungen, das Schutzrecht nicht geltend zu machen (sog. *non assertion convenants*) oder aber in Form von Schutzrechtspools. In Betracht käme auch hier eine Zwangslizenz. Die rechtsökonomische Analyse unterscheidet beim Schutz von Rechtspositionen einmal zwischen einem Schutz durch einen Unterlassungsanspruch (sog. *propert rule*) und einem Schutz durch einen Schadenersatzanspruch (sog. *liability rule*). Eine *liability rule* ist nach rechtsökonomischer Auffassung immer dann gerechtfertigt ist, wenn so hohe Transaktionskosten bestehen, dass es nicht zu einer privaten Einigung zwischen einem Rechtsinhaber und einem an diesem Recht Interessierten käme.[108] Es wird der Frage nachzugehen sein, inwieweit diese Argumentation im Zusammenhang mit zahlreichen technischen Schutzrechten überzeugend eine Zwangslizenzierung begründen kann.

In den nachfolgenden Kapiteln werden diese Fragen genauer untersucht. Dabei wird zunächst im zweiten Kapitel mit der Frage nach der Monopolmacht begonnen. Anschließend wird im dritten Kapitel die Blockadeproblematik diskutiert. Im vierten Kapitel wird schließlich diskutiert, wie sich die Probleme infolge mehrfacher Schutzrechte lösen lassen. Das fünfte Kapitel fasst die Ergebnisse zusammen.

Einige Fragen werden hier jedoch nicht ausdrücklich behandelt, um den Umfang dieser Arbeit nicht zu sprengen. Die eine Frage, die sich ebenfalls im Zusammenhang mit technischer Stan-

---

108 Siehe zur hergebrachten rechtsökonomischen Lehre Calabresi/Melamed, 85 Harv. L. Rev. (1972) 1089ff.

dardisierung und gewerblichen Schutzrechten stellen kann, ist die Frage, wem Schutzrechte zustehen. Im Rahmen dieser Untersuchung wird vielmehr davon ausgegangen, dass es einen klar definierten Schutzrechtsinhaber gibt.

Die andere Frage betrifft sog. Open-Source-Lösungen. Der Begriff Open-Source bezieht sich auf frei zugängliche Quellcodes von Computerprogrammen. Diese Quellcodes können grundsätzlich Gegenstand gewerblicher Schutzrechte sein. Mit Hilfe bestimmter Lizenzierungsmodelle versuchen die Begründer offener Quellcodes sicherzustellen, dass diese von jedermann genutzt werden können und zukünftig frei verfügbar bleiben.

G. Methodik

Die nachfolgende Untersuchung wird auf der Basis der ökonomischen Analyse des Rechts durchgeführt. Ausgangspunkt der ökonomischen Analyse des Rechts ist eine rein funktionale Betrachtung des Rechts. Einzelne rechtliche Regelungen werden mit Hilfe der ökonomischen Methodik, insbesondere der Mikroökonomie sowie der Spieltheorie, auf ihre Wirkungen hin untersucht. Dies sind insbesondere die Anreizwirkungen, die rechtliche Regelungen auf das Verhalten der Normadressaten ausüben. Diesen Untersuchungen liegt die Annahme zugrunde, dass es sich bei Normadressaten um rational handelnde, ihren persönlichen Nutzen maximierende Individuen handelt. Auf der Basis dieser Untersuchungen lassen sich die positiven und die negativen Wirkungen rechtlicher Regelungen im Sinne einer Kosten-Nutzen-Analyse bestimmen. Die Kosten-Nutzen-Analyse unterschiedlicher Ausgestaltungsmöglichkeiten rechtlicher Regelungen erlaubt einen Vergleich der Ausgestaltungsmöglichkeiten zu. Ziel der ökonomischen Analyse des Rechts ist es, unter mehreren Ausgestaltungsmöglichkeiten diejenige zu ermitteln, die am effizientesten ist bzw. die beste Wohlfahrtsbilanz aufweist. Der Maßstab ist dabei jedoch ein relativer, da allein geschaut wird, ob eine Regelungsmöglichkeit effizienter als eine andere Möglichkeit ist; es wird bei diesem Vorgehen nicht die Frage gestellt, wie die effizienteste Regelung auszusehen hat.

Anders als die klassische rechtswissenschaftliche Betrachtung ist das Ziel der rechtsökonomischen Betrachtung daher nicht, eine möglichst „gerechte“ Beurteilung von Sachverhalten zu erreichen, sondern diejenige Regelung vorzuschlagen, die gesamtgesellschaftlich den Nutzen einer Regelung maximiert. Dies muss dann kein Widerspruch sein, wenn man das Gerechtigkeitsempfinden von Menschen beim Nutzen bestimmter Regelungen mit berücksichtigt. Die Ökonomie bewertet die Präferenzen der Individuen nicht, sondern nimmt sie als gegeben hin. Allerdings gibt es wenig verlässliche Informationen über den Nutzen von Gerechtigkeit, so dass dieser Aspekt in der rechtsökonomischen Literatur weitgehend ausgeblendet und nicht berücksichtigt wird.

Der Wert einer rechtsökonomischen Betrachtung liegt darin, dass die Kosten und der Nutzen rechtlicher Regelungen transparent gemacht werden. Ferner legt die ökonomische Analyse ihre Annahmen offen. Sie kann damit bestimmen, von welchen Voraussetzungen konkrete Folgen abhängen. Allerdings hat die Methodik auch einige Unzulänglichkeiten.

Die erste Unzulänglichkeit besteht darin, dass eine ökonomische Analyse häufig nur möglich ist, indem man starke Vereinfachungen vornimmt. Dies widerspricht den Erfahrungen der Rechtspraxis, die durch komplexe Sachverhalten und ein Zusammenwirken zahlreicher Rechtsnormen geprägt ist. Die rechtsökonomische Analyse übersieht dadurch häufig, dass die Rechtsordnung ein Ausgleich von Ineffizienzen durch weitere Normen vorsieht, die infolge der Vereinfachung unberücksichtigt geblieben sind. Die Ergebnisse der rechtsökonomischen Analyse lassen sich deshalb nur dann anwenden, wenn genau geprüft wurde, ob die Annahme, die der Analyse zugrunde liegen, tatsächlich bestehen.

Zweitens widerspricht das rein funktionale Verständnis rechtlicher Normen und Institutionen dem Grundverständnis der Rechtswissenschaft von diesen Untersuchungsgegenständen. Insbesondere die in dieser Arbeit diskutierten Institutionen des Eigentums und des Wettbewerbs haben als Schutzgegenstände des grundrechtlichen Eigentumrechts einerseits und des Wettbewerbsrechts andererseits einen eigenständigen Wert. Für die Rechtsökonomik haben Eigentum und Wettbewerb hingegen nur dann einen Wert, wenn sie ein effizientes Mittel zur Erreichung einer optimalen Ressourcenallokation dienen. Demgegenüber wird dem Wettbewerb von der Rechtswissenschaft auch eine machtbegrenzende Funktion in einer Demokratie zugeschrieben, die die ökonomische Theorie nicht berücksichtigt.

Drittens lässt sich der Maximierungsparameter der ökonomischen Analyse, die soziale Wohlfahrt, kritisieren. Die ökonomische Theorie ist nicht in der Lage, distributive Aspekte anders als durch eine Umverteilung durch Steuern zu lösen. Zwar ist eine Maximierung der sozialen Wohlfahrt insofern gerechtfertigt, weil dadurch die Menge an Gütern, die verteilt werden kann, maximiert wird. Allerdings sagt dieses Kriterium nichts darüber aus, wie die Reichtümer, die dadurch erwirtschaftet werden, verteilt sind. Dieses Manko der rechtsökonomischen Analyse ist deshalb gravierend, weil ein Großteil von Rechtsstreitigkeiten gerade um distributive Fragen geht. Auch bei der Frage, ob geschützte oder ungeschützte Technologien standardisiert werden sollen, geht es um erhebliche distributive Fragen. Diese kann diese Arbeit dementsprechend leider nicht beantworten.

Trotz dieser Bedenken hat die ökonomische Analyse ihre Berechtigung. Sie ermöglicht es, Zusammenhänge zwischen einzelnen Faktoren aufzuzeigen. Zudem können mit ihrer Hilfe Schlussfolgerungen, die aufgrund bestimmter Intuitionen beruhen, auf ihre Richtigkeit untersucht werden. Ferner kann bestimmt werden, welche Kosten mit bestimmten rechtlichen Regelungen verbunden sind, um sich dieser Kosten bewusst zu werden.

Zu berücksichtigen ist, dass die ökonomische Analyse rechtlicher Regelungen anders als die klassische rechtswissenschaftliche Diskussion nicht an bestimmte bestehende Regelungen und Normenwerke gebunden ist. Mit ihrer Hilfe ist es möglich, jede denkbare Regelungsmöglichkeit zu analysieren und in einen Vergleich mit einzubeziehen. Eine ökonomische Analyse bleibt deshalb häufig nicht bei einer rein deskriptiven Analyse bestehender Regelungen stehen, sondern wird auch denkbare Alternativlösungen untersuchen können. Sie beschäftigt sich ferner oftmals mit Fragen, ob es sinnvoll ist, bestimmte Regelungen zu haben oder zu nutzen. Damit geraten die mit Hilfe der rechtsökonomischen Analyse erzielten rechtspolitischen Schlussfolgerungen leicht in den Widerspruch zu bestehenden rechtlichen Regelungen.

Um keine Verwirrung zu erzeugen, wird deshalb zunächst immer die bestehende Rechtslage rein deskriptiv beschrieben. Erst danach erfolgt eine rechtsökonomische Analyse unterschiedlicher Regelungsmöglichkeiten mit dem Ziel, aufgrund dieser Analyse rechtspolitische Schlussfolgerungen zu ziehen. Allein auf diese rechtspolitischen Schlussfolgerungen lassen sich jedoch keine Entscheidungen stützen. Nur sofern im Rahmen der Anwendung von Normen Auslegungsspielräume bestehen, können diese wirtschaftlichen Überlegungen in die Normauslegung mit einfließen. Ferner könnte der Gesetzgeber diese rechtspolitischen Überlegungen bei der Gestaltung rechtlicher Regelungen berücksichtigen.

KAPITEL 2: MONOPOLMACHT INFOLGE DES ZUSAMMENTREFFENS TECHNISCHER STANDARDS UND GEWERBLICHER SCHUTZRECHTE

A. Einleitung

Gewerbliche Schutzrechte schützen den Schutzrechtsrechtsinhaber grundsätzlich vor Imitationswettbewerb. Technische Standards reduzieren die tatsächlich angewandten Spezifikationsmöglichkeiten für bestimmte Produkte und damit den Produktwettbewerb. Die Kombination von Schutzrechten und Standards kann daher dazu führen, dass es zu einem Monopol im wettbewerbsrechtlichen Sinne kommt, da sowohl Imitationswettbewerb als auch Produktwettbewerb ausgeschlossen oder beschränkt sind. Infolge einer solchen Monopolstellung kann es zur Diskriminierung von Wettbewerbern, zur Marktabschottung und zu Monopolpreisen kommen. Der Wettbewerb mit standardkonformen Gütern gerät in die Abhängigkeit von den Lizenzierungsentscheidungen des Schutzrechtsinhabers.

Historisch gesehen werden Monopole mit Skepsis betrachtet. In der Regel führen sie im Vergleich zu anderen Wettbewerbsstrukturen zu einem Wohlfahrtsverlust durch höhere Preise und geringere Produktionsmengen. Dies gilt grundsätzlich auch für Monopole infolge geschützter technischer Standards. Dabei besteht momentan sowohl in den USA als auch in Europa eine kontroverse Diskussion, wie mit diesen Monopolen umgegangen werden soll. Die Europäische Kommission tendiert dazu, Monopolmacht durch kartellrechtliche Lizenzierungspflichten zu beschränken, während die US-amerikanischen Kartellbehörden in Bezug auf Lizenzierungspflichten deutlich zurückhaltender sind. Insgesamt ist unklar, ob der bestehende Rechtsrahmen angemessen ist, um den Besonderheiten geschützter technischer Standards Rechnung zu tragen. Ziel dieses Kapitels ist es, mit Hilfe der ökonomischen Theorie die entscheidenden Gesichtspunkte herauszuarbeiten und vor diesem Hintergrund einen rechtsökonomischen Vergleich unterschiedlicher Regelungsmöglichkeiten vorzunehmen.

In einem ersten Schritt soll analysiert werden, unter welchen Voraussetzungen geschützte technische Standards überhaupt zu Monopolmacht führen. Dazu werden zunächst das Patentrecht, das Urheberrecht und das Recht der Geschäftsgeheimnisse daraufhin untersucht, inwieweit sie die Entstehung geschützter technischer Standards ermöglichen und in welchem Umfang dieser Schutz besteht.

Daran anschließend wird untersucht, unter welchen Bedingungen technische Standardisierung dazu führen kann, dass ein ökonomischer Zwang zur Anwendung der standardisierten Spezifikation besteht. Die entscheidenden Faktoren sind insbesondere Netzeffekte und Wechselkosten.

Selbst wenn eine Marktverengung und gar eine Monopolstellung besteht, bedeutet dies noch nicht zwangsläufig, dass ein Schutzrechtsinhaber Monopolmacht hat. Diese Monopolmacht wird sowohl vertragsrechtlich als auch kartellrechtlich beschränkt.

Es ist zu berücksichtigen, dass eine Marktverengung durch Standardisierung grundsätzlich erst dann eintritt, wenn sich eine Spezifikation als technischer Standard etabliert hat und demnach tatsächlich Netzvorteile und Wechselkosten in erheblichem Umfang bestehen. Um jedoch diesen Status zu erreichen, muss es in aller Regel zu einer umfangreichen Aufnahme der Benutzung einer Spezifikation gekommen sein. Darf eine Spezifikation nur dann genutzt werden, wenn ein Schutzrechtsinhaber zustimmt, muss es vor ihrer Anwendung zu vielen Einzeltransaktionen über die Lizenzierung des Schutzrechts gekommen sein. Rational handelnde Akteure würden im Rahmen dieser Transaktionen die zukünftige Monopolmacht des Schutzrechtsinhabers antizipieren und versuchen, sich gegen deren Missbrauch abzusichern.

Monopolmacht hat ein Schutzrechtsinhaber folglich nur in denjenigen Fällen, in denen sich (1) die potentiellen Anwender selbst in eine Situation gebracht haben, in der sie von seinem Input abhängig sind, in denen (2) unvollständige Verträge bestehen, die dem Schutzrechtsinhaber die Möglichkeit geben, nachträglich die Konditionen der Lizenzverträge zu Lasten der Lizenznehmer zu verändern oder (3) in denen bestehende Verträge Externalitäten erzeugen, die bisher ungebundene Nutzer zur Anwendung des technischen Standards zwingen. Im letzten Fall besteht die Monopolmacht jedoch allein gegenüber noch vertraglich ungebundenen Nutzern. Vor diesem Hintergrund wird analysiert, wie wirksam vertragliche Regelungen die Monopolmacht eines Schutzrechtsinhabers beschränken können.

Neben vertraglichen Regelungen bestehen ferner noch kartellrechtliche Vorgaben. Auch diese bestimmen das Ausmaß an Monopolmacht eines Schutzrechtsinhabers und werden ausführlich dargestellt.

Vor diesem Hintergrund können sodann die Auswirkungen von Monopolstellungen infolge geschützter technischer Standards betrachtet werden. Dabei wird ein besonderes Augenmerk auf die Auswirkungen einer Monopolstellung auf die Prozesse technischer Standardisierung geworfen. Unter Berücksichtigung dieser Auswirkungen lässt sich eine Monopolstellung erst bewerten. Die Besonderheit von Monopolen infolge geschützter technischer Standards besteht darin, dass das Monopol an einem Informationsgut besteht. Nach der gängigen ökonomischen Theorie der gewerblichen Schutzrechte ist die Gewährung von Ausschließlichkeitsrechten notwendig, um Marktversagen bei der Schaffung von Informationsgütern auszugleichen. Gemäß diesem theoretischen Ansatz lässt sich eine Monopolrente in gewissem Umfang volkswirtschaftlich rechtfertigen.

Des weiteren gründet sich die Monopolstellung aufgrund von Schutzrechten, die zwangsläufig zur Anwendung eines technischen Standards genutzt werden, nicht allein auf dem Schutzrecht, sondern zudem auf der Marktverengung infolge der technischen Standardisierung. Netzeffekte und Wechselkosten führen für alle oder jedenfalls den weit überwiegenden Teil der Nachfrager dazu, dass die Wahl einer alternativen Spezifikation wirtschaftlich unprofitabel ist. Basis der Monopolstellung am Markt ist daher nicht allein der Wert der technischen Information, sondern der Schutzrechtsinhaber gewinnt die Monopolmacht infolge der koordinierten Handlungen und Investitionen der Nutzer. Diese marktmäßige Monopolmacht kann er dann infolge seines Ausschließlichkeitsrechts ausnutzen. Mit Hilfe der rechtsökonomischen Theorie gewerblicher Schutzrechte lässt sich ein Mindestmaß an Monopolmacht eines Schutzrechtsinhabers rechtfertigen. Die Frage ist jedoch, ob der Zuwachs an Monopolmacht infolge technischer Standardisierung ebenfalls rechtsökonomisch rechtfertigen lässt und ihre Ausübung deshalb gesellschaftlich hingenommen werden sollte.

Vor dem Hintergrund dieser Analyse können dann unterschiedliche Lösungsvorschläge seitens der rechtsökonomischen Literatur und seitens der Praxis kritisch diskutiert werden. Dies ermöglicht es, einen rechtlichen Rahmen zu definieren, der geeignet ist, die Probleme geschützter technischer Standards angemessen zu lösen. Der bestehende rechtliche Rahmen innerhalb der EU und den USA ist daraufhin kritisch zu würdigen.

B. Imitationsschutz technischer Spezifikationen durch gewerbliche Schutzrechte

I. Überblick

Zunächst ist zu klären, wie und in welchem Umfang technische Spezifikationen tatsächlich zugunsten eines Einzelnen rechtlich geschützt werden können. Dabei werden in dieser Arbeit das Patentrecht, das Recht der Geschäftsgeheimnisse und das Urheberrecht betrachtet. Die häufigsten Probleme mit geschützten technischen Standards entstehen im Zusammenhang mit Patenten.[109] Die Betrachtung des Rechts der Geschäftsgeheimnisse ist heranzuziehen, weil Geheimhaltung vielmals Substitut und Komplementärschutz für den Patentschutz darstellt. Gerade betriebliche technische Standards unterfallen häufig dem Geheimnisschutz. Schließlich ist

109 Siehe hierzu Blind, Study on the Interaction between Standardisation and IPR, S. 73.

das Urheberrecht von Belang, da es einmal die Darstellung komplexer Spezifikationen schützt, andererseits aber auch bestimmte Elemente von Computerprogrammen. Gerade im Bereich der Computertechnologie besteht aber ein besonderes Bedürfnis nach Kompatibilitätsstandards. Die nachfolgende Betrachtung erfasst das Recht der Europäischen Gemeinschaft, sofern einheitliche Regelungen bestehen, ansonsten das deutsche Recht.

Zusätzlich wird aber das US-amerikanische Recht dargestellt. Dieses ist zum einen deshalb in die Betrachtung mit einzubeziehen, weil Standardisierung heutzutage zunehmend weltweit erfolgt. Zum anderen haben sich insbesondere die US-amerikanischen Gerichte bereits mit einer ganzen Anzahl von Fragestellungen aus diesem Bereich beschäftigt. Schließlich unterscheidet sich die Einstellung von Gerichten und Kartellbehörden in den USA zu gewerblichen Schutzrechten in der Grundtendenz erheblich von derjenigen in Europa. Insbesondere die abweichende Kartellrechtspraxis ist jedoch nur dann verständlich, wenn man die Schutzrechtsregelungen mit betrachtet. Sie sollen deshalb in der gebotenen Kürze im Vergleich zum deutschen bzw. europäischen Recht dargestellt werden.

Nachfolgend werden die einzelnen Schutzrechtsregelungen zunächst daraufhin untersucht, inwieweit standardisierte Spezifikationen oder deren Anwendung in den Schutzbereich der jeweiligen Schutzrechte fallen können. Darzustellen sind dann die konkreten Rechte, die für den Schutzrechtsinhaber in einer solchen Situation bestehen, sowie deren Grenzen. Besonderes Augenmerk wird auf die Bedeutung dieser Grenzen im Kontext technischer Standardisierung gelegt. Im Ergebnis wird dadurch Klarheit darüber geschaffen, wann und in welchem Umfang Schutzrechtsinhaber ihre Zustimmung zur Anwendung und Verbreitung geschützter technischer Standards geben müssen.

II. Patentrecht

1. Rechtsgrundlagen und Verfahren der Patenterteilung

Das Patentrecht ist wie fast alle gewerblichen Schutzrechte ein nationales Recht, geregelt in den nationalen Patentgesetzen. Dies sind in Deutschland das Patentgesetz, in den USA der US Patent Act. Transnationale Patente existieren nicht. Allerdings besteht in Europa das Europäische Patentübereinkommen (EPÜ), das ein einheitliches Anmeldeverfahren für ein europäisches Patent vorsieht. Die Rechtswirkungen dieses Patents und die Rechtsdurchsetzung richten sich jedoch weitestgehend nach dem Recht derjenigen Nationalstaaten, für die das Patent beansprucht wird.[110] Es schafft damit ein sog. Bündel nationaler Patente. Ein Gemeinschaftspatent mit einheitlichen Regelungen für die Mitgliedstaaten der Europäischen Gemeinschaft gibt es bisher nicht.

110 Siehe Art. 64 EPÜ.

Ein Patent besteht aus konkreten Patentansprüchen sowie der Beschreibung der Erfindung selbst. Bei der Bestimmung dessen, was durch ein Patent geschützt werden soll, sind sowohl im Patenterteilungsverfahren als auch im Patentverletzungsverfahren die Patentansprüche maßgeblich. Während das EPÜ in Art. 69 (1) EPÜ i.V.m. dem Protokoll zur Auslegung von Patentansprüchen bestimmt, dass auch die Beschreibung zur Auslegung mit heranzuziehen ist, stützt sich die Auslegung in den USA allein auf den Wortlaut der Patentansprüche.[111]

Patente werden grundsätzlich nur auf Antrag erteilt, der bei den zuständigen Patentämtern einzureichen ist. Die Patentanträge werden von den zuständigen Patentämtern daraufhin geprüft, ob ein Anspruch auf das jeweils beantragte Patent einschließlich jedes einzelnen Patentanspruchs besteht, und ob die ihm zugrunde liegende Erfindung hinreichend offengelegt wurde. Unterschiede zwischen den USA und Europa bestehen angeblich hinsichtlich der Genauigkeit der Prüfung.[112]

Sowohl im Geltungsbereich des EPÜ als auch in den USA wird eine Patentanmeldung grundsätzlich maximal achtzehn Monate lang geheim gehalten, bevor sie veröffentlicht wird.[113] Eine frühere Veröffentlichung findet statt, wenn der Antragsteller sie beantragt. Dabei kann der Patentinhaber die Patentansprüche grundsätzlich noch nach der Antragstellung ändern und seine Unterlagen ergänzen. Die Grenze für eine nachträgliche Änderung der beantragen Patentansprüche ist in Deutschland und bei Verfahren nach dem EPÜ der ursprünglich eingereichte Antrag;[114] in den USA ist allein neuer Tatsachenvortrag verboten[115].

2. Voraussetzungen der Patenterteilung

a) Voraussetzungen eines Anspruchs auf ein Patent

Ein Anspruch auf ein Patent besteht, wenn der konkret geltend gemachte Patentanspruch (1) eine patentfähige Erfindung beschreibt,[116] (2) für die keine Ausnahme von der Patentierbarkeit

111 Moy's Walker on Patents, S. 4-37f.

112 In Anhörungen vor der FTC zum Thema Innovation und Wettbewerb wurden diese Beschwerden mehrfach vorgetragen, siehe FTC, To promote innovation, 53f., und führten zu einer eigenständigen Sitzung. Das Sitzungsprotokoll ist erhältlich unter http://www.ftc.gov/opp/intellect/021025trans.pdf. Dort siehe z.B. den Kommentar von Mr. Gambrell, S. 19, siehe auch Shapiro, Navigating the Patent thicket, S. 2; Shapiro, Patent Settlements , S. 2f.

113 In den USA gilt dies gemäß Sec. 122 (b)(2)(B)(1) US Patent Act jedoch nicht für Patente, die einzig in den USA angemeldet werden und nicht in den Anwendungsbereich internationaler Abkommen fallen.

114 Art. 123 (2) EPÜ, § 38 PatG; siehe auch BGH, Beschluß v. 17.11.1987, Az. X ZB 15/87, GRUR 1988, 197 – Runderneuern, sowie Mes, PatG/GebrMG §§ Rn. 6ff. für Einzelheiten im deutschen Patentrecht.

115 Siehe Sec. 132 US Patent Act; diese Regelung beschränkt auch die Erweiterung von *claims*, sofern sie nicht mehr durch die Offenlegung gedeckt sind. Ausführlich siehe Moy's Walker on Patents, 3-69ff., 79ff.

116 Art. 52 (2) EPÜ; § 1 Abs. 3 PatG; für die USA vgl. Moy's Walker on Patents, 5-9 mit Nachweisen zur Rechtsprechung.

besteht,[117] (3) die Erfindung neu ist,[118] (4) auf einem erfinderischen Schritt beruht[119] und (5) gewerblich anwendbar ist[120]. Zudem muss (6) die Erfindung offengelegt werden.[121] In den USA ist weiterhin (7) erforderlich, dass eine Erfindung auch nützlich ist.[122] Für eine ausführliche Diskussion dieser Merkmale wird auf die einschlägigen Kommentierungen verwiesen.[123]

Die Auslegung dieser Kriterien ist allein technikorientiert. Zwei Grundsätze scheinen dabei die Entscheidungspraxis zu prägen. Erstens wird ein Patent nur dann erteilt, wenn tatsächlich eine Erfindung getätigt wurde, also technisches Wissen praktisch nützlich angewendet wird. Allein praktische Lösungen eines konkreten Problems, also technische Lehren, sind patentierbar, nicht hingegen rein theoretisches Wissen.[124]

Zweitens wird versucht, das Ausschließlichkeitsrecht auf dasjenige zu begrenzen, um das der Erfinder den Stand der Technik erweitert hat. Mit dem Erfordernis des erfinderischen Schritts bzw. des *inventive step* wird für diesen Beitrag ein Mindestmaß gesetzt.

Grundsätzlich keine Rolle bei der Patenterteilung spielen ökonomische Erwägungen. Zwar wird bei der Frage des erfinderischen Schritts mit berücksichtigt, wie erfolgreich die patentgemäß hergestellten Erzeugnisse am Markt sind. Ein großer Markterfolg wird jedoch nur dann berücksichtigt, wenn er kausal auf dem technische Beitrag beruht und keine anderen Ursachen hat. Der Markterfolg dient insofern nur als ein Indiz für technische Merkmale.[125] Ausnahmen von der Patentierbarkeit sind vor allem ethisch motiviert.[126] Ferner wird im Rahmen des Patenterteilungsverfahrens nicht berücksichtigt, ob ein Patentanspruch überhaupt einen und wenn welchen praktischen Anwendungsbereich hat. Die Frage, ob ein Patentanspruch für die Anwendung eines technischen Standards notwendig ist, ist demnach im Rahmen des Patenterteilungsverfahrens irrelevant. Wissen, dass bereits im Rahmen eines technischen Standards angewendet wird, wird aber in vielen Fällen nicht das Kriterium der Neuheit erfüllen.

117 Artt. 52 (4), 53 EPÜ, §§ 2, 2a PatG, Artt. 52 (4), 53 EPÜ; das US-Recht hat gemäß Art. 287 US Patent Act weniger Beschränkungen.
118 Artt. 52 (1), 54 EPÜ, §§ 1,3 PatG, Sec. 101, 102 US Patent Act
119 Artt. 52 (1), 56 EPÜ, §§ 1,4 PatG, Sec. 103 US Patent Act
120 Art. 52 (1), 57 EPÜ, §§ 1,5 PatG.
121 Art. 83 EPÜ, § 34 Abs. 4 PatG, Sec. 112 US Patent Act.
122 Sec. 101 US Patent Act.
123 Siehe etwa Mes, PatG/GebrMG; Benkard, EPÜ; Moy's Walker on Patents.
124 Für die USA vgl. Moy's Walker on Patents, 5-9 m. w. Nachw.; für das EPÜ siehe z.B. EPA, Entscheidung v. 05.10.19988, T 22/85 - „Zusammenfassen und Wiederauffinden von Dokumenten/IBM", GRURInt 1990, 465, 466; EPA, 01.07.92 – T222/89, SA Abl. 1993, 14 – Mittellinie; siehe auch die Prüfungsrichtlinien des EPA,Teil C, IV, 2.1.; Mes, PatG/GebrMG, § 1 Rn 11ff.
125 So gilt wirtschaftlicher Erfolg als Indiz für einen erfinderischen Schritt nur dann, wenn er auf technischen und nicht auf wirtschaftlichen Ursachen beruht, siehe Mes, PatG, § 4 Rn. 39.
126 Siehe z.B. Art. 53 EPÜ, §§ 1a,2 PatG.

b) Insbesondere: Neuheit

Eine Erfindung gilt als neu i. S. d. Art. 54 EPÜ, wenn sie zum Zeitpunkt der Patentanmeldung nicht zum Stand der Technik gehört. Zum Stand der Technik zählt dabei nach Art. 54 EPÜ alles, was vor dem Anmeldetag der europäischen Patentanmeldung der Öffentlichkeit durch schriftliche oder mündliche Beschreibung, durch Benutzung oder in sonstiger Weise zugänglich gemacht worden ist. Dabei muss grundsätzlich die in einer Patentanmeldung beanspruchte technische Lehre bei einem Einzelvergleich mit einer Quelle des Standes der Technik vollständig übereinstimmen. Erkenntnisquellen des Standes der Technik sind schriftliche oder mündliche Beschreibungen, Benutzungen, elektronische Medien und das allgemeine Fachwissen, wobei auch außerhalb des Vertragsgebiets in fremden Sprachen veröffentlichte Quellen mit einzubeziehen sind.[127] Auch Normenwerke über technische Standards sind damit umfasst. Der Umfang der Benutzung oder Beschreibung ist irrelevant.[128] Der Öffentlichkeit zugänglich gemacht sind alle technischen Informationen, deren Inhalt ein beliebiger Fachmann erkennen, verstehen und an andere Fachleute weitergeben kann.[129] Öffentlichkeit ist eine beliebige, nicht einzeln abgrenzbare Anzahl von Personen, deren Umfang grundsätzlich unbedeutend ist.[130] Die Unterrichtung einzelner Personen oder eines begrenzten Personenkreises fällt darunter, wenn damit zu rechnen ist, dass nach dem normalen Verlauf der Dinge die relevanten Informationen von den Empfängern an beliebige Personen weitergegeben werden,[131] sofern keine besonderen Geheimhaltungspflichten bestanden.[132] Allein das Bestehen einer Geheimhaltungspflicht genügt jedoch nicht, wenn die Information dennoch weitergegeben wird.[133] Die Information muss zudem zugänglich sein, was dann angenommen wird, wenn interessierte Kreise von ihr Kenntnis nehmen konnten.[134] Schließlich müssen diese Dritten auch in der Lage gewesen sein, das Wesen der Erfindung zu erkennen.[135]

Gemäß Art. 55 EPÜ sind gewisse Offenbarungen aufgrund eines offensichtlichen Rechtsmissbrauchs und im Rahmen einer Zurschaustellung der Erfindung auf amtlichen oder amtlich anerkannten Ausstellungen unschädlich. Diese Offenbarungen dürfen allerdings nicht länger als sechs Monate vor dem Tag der Einreichung der europäischen Patentanmeldung getätigt worden sein. Unter die Fallgruppe des offensichtlichen Rechtsmißbrauch fallen Verstöße gegen Geheimhaltungspflichten.[136]

127 Benkart-*Melullis*, EPÜ, Art. 54 Rn 33ff.
128 Benkart-*Melullis*, EPÜ, Art. 54 Rn 52.
129 EPA, 18.01.1995, T 406/92 – Verfahren zum Herstellen eines keramischen, polykristallinen Schleifmittels.
130 EPA, 30.05.2000, T 165/96.
131 BGH, Beschluss v. 09.02.1993, Az. X ZB 7/92, GRUR 1993, 466 – Preprint-Versendung zum deutschen Recht.
132 Benkart-*Melullis*, EPÜ, Art. 54 Rn. 88.
133 Benkart-*Melullis*, EPÜ, Art. 54 Rn. 114.
134 EPA, 18.12.1992, G1/91 - Öffentliche Zugänglichkeit, zu 2.
135 EPA, 18.12.1992, G1/92 – Öffentliche Zugänglichkeit zu 1.4; Benkart-*Melullis*, EPÜ, Art. 54 Rn 92 m. w. Nachw.
136 Benkart-*Melullis*, EPÜ, Art. 54 Rn. 19.

Bei Bekanntgabe potentiell patentierbaren Wissens innerhalb von Standardisierungsgremien kommt es demnach darauf an, ob zwischen den Teilnehmern des Standardisierungsgremiums Geheimhaltungspflichten vereinbart wurden. Fehlt es an diesen, kann in Europa häufig später kein Patent mehr an der jeweils offenbarten technischen Lehre erlangt werden. Und selbst wenn Geheimhaltungsverpflichtungen bestehen, kann die Bekanntgabe des geschützten Wissens zu einem Verlust der Patentierbarkeit führen, sofern die Nutzung oder Weitergabe des Wissens durch Dritte keinen offensichtlichen Rechtsmißbrauch darstellt oder die Bekanntgabe länger als sechs Monate zurückliegt. [137]

In den USA werden im wesentlichen ähnliche Kriterien angewendet. Besonderheiten bestehen jedoch bei der räumlichen Bekanntheit von Dokumenten sowie der Existenz einer Neuheitsschonfrist. Anders als das EPÜ, das auch Quellen miteinbezieht, die außerhalb des Geltungsbereichs des EPÜ existieren, schränkt die U.S.-amerikanische Regelung die Bedeutung solcher Quellen ein. Neuheitsschädlich können dort nur Quellen sein, die entweder im Ausland als Druckwerke vorhanden sind oder für eine Vorbekanntheit der Erfindung in den USA sorgen.[138] Bedeutend ist zudem, dass dem Erfinder in den USA eine Schonfrist (*grace period*) von zwölf Monaten ab der Offenbarung gewährt wird, so dass Offenbarungen seitens des Erfinders innerhalb des ersten Jahres nicht als neuheitsschädlich gewertet werden.[139] Auch hier können Verschwiegenheitspflichten dazu führen, dass keine Offenbarung angenommen wird.[140]

137 Siehe zu den Regelungen des DIN, Falke, Rechtliche Aspekte der Normung, S. 395.
138 Sec. 102 (a) US Patent Act.
139 Sec. 102 (b) US Patent Act.
140 *Application of Moore*, 444 F.2d 572, 578 (1971), Moy's Walker on Patents, 8-494ff.

c) Zusammenfassung

Geschützt werden kann jegliche technische Lehre, die die Patentierungsvoraussetzungen erfüllt. Ob das Wissen für die Anwendung eines technischen Standards notwendig ist, ist für die Schutzgewährung irrelevant. Für Spezifikationen, die zum Anmeldezeitpunkt bereits standardisiert sind und die eine technische Lehre beschreiben, kann grundsätzlich kein Schutz beansprucht werden, da es im Regelfall am Merkmal der Neuheit fehlen wird. Aufgrund von Geheimhaltungspflichten zwischen den Teilnehmern an einer technischen Standardisierung, der *grace period*, der Ausnahme zugunsten von Ausstellern sowie den Geheimhaltungsfristen im Patenterteilungsverfahren kann es jedoch sein, dass ein Standardisierungsverfahren und das Patenterteilungsverfahren teilweise parallel verlaufen. Es ist deshalb möglich, dass Wissen, welches in Standardisierungsgremien mitgeteilt und verwendet wird, bereits zum Patent angemeldet wurde, eine Veröffentlichung der Patentanmeldung aber bisher nicht stattgefunden hat. Da die *grace period* nur in den USA, nicht aber im Geltungsbereich des EPÜ besteht, kann es bei transnationalen Standards dazu kommen, dass Patente nur in einigen Ländern, insbesondere den USA bestehen.[141]

3. Die Rechte aus dem Patent

a) Deutschland

aa. Verbietungsrechte

Sofern ein Patent besteht, müssen Dritte die Rechte aus dem Patent achten. Das Patentrecht verbietet Dritten gemäß § 9 PatG bei einem Erzeugnispatent grundsätzlich, den Gegenstand des Patents herzustellen, zu gebrauchen, anzubieten oder in Verkehr zu bringen oder ihn zu diesen Zwecken einzuführen oder zu besitzen. Bei Verfahrenspatenten ist es Dritten untersagt, das patentierte Verfahren anzuwenden. Ist ein Verfahrenspatent offensichtlich oder jemandem bekannt, so ist es untersagt, das Verfahren in Deutschland anzubieten. Durch Verfahrenspatente unmittelbar hergestellte Erzeugnisse genießen denselben Schutz wie Erzeugnispatente.

Der Begriff des Herstellens wird dabei umfassend verstanden und erfasst alle Tätigkeiten, durch die ein Erzeugnis geschaffen wird, nicht nur den letzten Vollendungsakt. Auch das Herstellen von Teilen eines insgesamt geschützten Erzeugnisses kann untersagt werden, wenn sie erfindungsfunktionell individualisierte Teile sind.[142] Bei Reparaturen ist eine Abwägung zwischen den Interessen des Erfinders und der Einschränkung des Wirtschafts- und Verkehrslebens durchzuführen.[143]

141 Nach Sarvas/Soininen, Differences in European and U.S. Patent Regulation, S. 21ff, ist dies der wesentlichste Unterschied in der Praxis zwischen Europa und den USA beim Zusammentreffen von Patenten mit technischer Standardisierung. In dem Artikel geben die Autoren auch einen rechtsvergleichenden Überblick über die Bedeutung und Anwendung der übrigen Patentierungskriterien im Kontext technischer Standardisierung.

142 BGH, Urteil v. 14.07.1970, Az. X ZR 4/65, GRUR 1971, 78, 80 – Dia-Rähmchen.

143 BGH,Urteil v. 21.11.1958, Az. I ZR 129/57, GRUR 1959, 232, 235 – Förderrinne.

Unter Anbieten des patentierten Erzeugnisses wird grundsätzlich die Signalisierung der Veräußerungsbereitschaft verstanden, wobei es irrelevant ist, ob die Übertragung entgeltlich oder unentgeltlich erfolgen soll.[144] Dabei ist ferner irrelevant, wo das Erzeugnis hergestellt wurde. Inverkehrbringen ist jede Handlung, durch die das patentierte Erzeugnis tatsächlich aus der Verfügungsgewalt des Patentinhabers in die einer anderen Person übergeht. Entscheidend ist, ob der Dritte tatsächlich in der Lage ist, das geschützte Erzeugnis zu nutzen oder darüber zu verfügen – nicht entscheidend ist, ob er dazu berechtigt ist. Auch der Gebrauch, der Besitz zum Gebrauch oder zum Inverkehrbringen sowie die Einfuhr ist allein dem Patentinhaber vorbehalten. Einen gutgläubigen Erwerb gibt es nicht.[145]

Darüber hinaus regelt § 10 PatG den Fall der sog. mittelbaren Patentverletzung. Eine solche liegt vor, wenn ein Zulieferer einem anderen Mittel zur Verfügung stellt, die dieser zur Verletzung eines Patents benötigt. Der Patentinhaber kann eine solche Zulieferung von Mitteln, die sich funktionell auf ein wesentliches Element der Erfindung beziehen, untersagen, wenn der Zulieferer weiß oder es offensichtlich ist, dass die Mittel zur Patentverletzung geeignet sind und vom Abnehmer zur Patentverletzung bestimmt sind. Ein Verbietungsanspruch besteht deshalb auch hinsichtlich grundsätzlich unpatentierter Erzeugnisse, sofern diese bei der Anwendung eines patentierten Verfahrens oder Produkts benötigt werden und der Zulieferer Dritte bewusst dazu veranlasst, eine Patentverletzung zu begehen. Ob dies der Fall ist, hängt auch davon ab, ob der Empfänger eine entsprechende Verwendung beabsichtigt.[146] So kann der Austausch von handelsüblichen Wasserzählern in einer patentierten Vorrichtung zur Installation von Wasserzählern eine Patentverletzung darstellen.[147] Ebenso entschied das OLG Düsseldorf hinsichtlich sog. Coffee-Pads. Das sind gepresste Kaffeetabletten für Espressomaschinen, die nach jeder Benutzung ausgetauscht werden müssen.[148] Der Anspruch führt jedoch nicht zwangsläufig zu einem vollständigen Verbot, sondern gegebenenfalls nur dazu, dass der Zulieferer bestimmte Sicherheitsmaßnahmen wie z.B. Vertragsstrafen trifft, um der Patentverletzung seitens des Abnehmers vorzubeugen.[149] Für den vorliegenden Zusammenhang bedeutet dies jedoch, dass die Integration standardisierter Produkte in eine patentierte Vorrichtung dazu führen kann, dass der Patentinhaber die Vermarktung der standardisierten Produkte beschränken kann, sofern die Gefahr besteht, dass sie als Ersatzteile für seine Erfindung benutzt werden.

144 BGH, Urteil v. 18.12.1969, Az. X ZR 52/67, GRUR 1970, 358, 360 – Heißläuferdetektor.
145 Siehe Osterrieth, Patentrecht, Rn. 224.
146 Siehe BGH, Urteil v. 04.05.2004, Az. X ZR 48/03, GRUR 2004, 758, 761 – Flügelradzähler; Urteil v. 07.06.2005, Az. X ZR 247/02, GRUR 2005, 848, 851 – Antriebsscheibenaufzug.
147 BGH, a.a.O. – Flügelradzähler.
148 Siehe OLG Düsseldorf, Urteil v. 17.11.2005, 2 U 35/04 , GRUR-RR 2006,39 – Kaffeefilterpads (nicht rechtskräftig).
149 Siehe Osterrieth, Patentrecht, Rn. 236; vgl. auch OLG Düsseldorf, a.a.O. S. 42f. - Kaffeefilterpads, wo das Gericht dem Beklagten auferlegt hat, keine vollständig kompatiblen Kaffeepads mehr anzubieten.

bb. Patentverletzung

Die Verbietungsrechte entstehen grundsätzlich im Zeitpunkt der Patentverletzung. Wann eine Patentverletzung vorliegt, wird durch einen Vergleich der angegriffenen Ausführungsform mit den Patentansprüchen bestimmt. Grundsätzlich vom Patent erfasst sind alle diejenigen angegriffenen Ausführungsformen, die vom Wortsinn des geltend gemachten Patents vollständig erfasst werden, die also sämtliche Lösungsmerkmale des Patents aufweisen. Dabei müssen die einzelnen Elemente zudem auch die ihnen im Patent zugewiesene Funktion erfüllen.

Darüber hinaus werden nach der sog. Äquivalenzlehre von einem Patentanspruch diejenigen Ausführungsformen erfasst, die äquivalente Lösungen darstellen. Dies ist immer dann der Fall, wenn Elemente der patentierten Erfindungen durch funktionsgleiche Mittel mit den gleichen Wirkungen ausgetauscht werden, die zudem dem gleichen Lösungsprinzip folgen. Ein Fachmann muss in der Lage gewesen sein, diese abgewandelten Mittel aufgrund von am Sinngehalt der geschützten Lehre orientierten Überlegungen aufzufinden.[150] Ausgenommen von der Äquivalenzlehre jedoch nach dem sog. *Formsteineinwand* solche Ausführungsformen, die im Prioritätszeitpunkt[151] keine patentrechtsfähigen Erfindungen dargestellt haben und für die ein Patent dementsprechend nicht erteilt worden wäre.[152]

cc. Grenzen des Patentrechts

i. Überblick

Grundsätzlich hat der Inhaber eines Patents, das durch die Anwendung eines technischen Standards verletzt wird, sehr weitreichende Verbietungsrechte hinsichtlich des gesamten Verwertungsprozesses. Er kann darüber bestimmen, wer patentgemäß und damit standardkonform produzieren, nutzen und vertreiben kann. Das Patentrecht kennt jedoch weitere Regelungen, die diese weitreichende Rechtsmacht beschränken. Inwieweit diese Beschränkungen im Zusammenhang mit technischen Standards von Bedeutung sind, wird nunmehr dargestellt.

Zum einen können die Verbietungsrechte erst ab dem Zeitpunkt der Eintragung des Patents geltend gemacht werden, § 58 Abs. 1 S. 3 PatG. Während des Anmeldeverfahrens besteht lediglich ein Entschädigungsanspruch nach § 33 PatG. Darüber hinaus beträgt die maximale Schutzdauer eines Patents 20 Jahre ab der Antragstellung, wenn die Jahresgebühren gemäß § 17 PatG gezahlt werden. Wichtig ist weiterhin, dass ein Schutzrechtsinhaber sein Schutzrecht ausdrücklich oder konkludent lizenzieren kann, anderen also die Nutzung gestatten darf. Neben der freiwilligen Gestattung sieht das Gesetz weitere Beschränkungen vor. Zu den im vorliegenden Kontext relevanten gesetzlichen Beschränkungen zählen die Irrelevanz privater,

150 Siehe zu Einzelheiten Osterrieth, Patentrecht, Rn. 435ff.
151 BGH, Urteil v. 29.04.1986, Az. ZR 28/85, GRUR 1986, 803, 805f. – Formstein.
152 BGH, Urteil v. 29.04.1986, Az. ZR 28/85, GRUR 1986, 803, 805 – Formstein.

nicht gewerblicher Nutzung, das Versuchsprivileg, die Regelung über abhängige Patente, die Zwangslizenz, das Vorbenutzungsrecht sowie der Erschöpfungsgrundsatz.

ii. Lizenzierung

Grundsätzlich steht es dem Schutzrechtsinhaber frei, ob er anderen die ihm vorbehaltenen Handlungen vollumfänglich oder in beschränktem Maße gestatten möchte. Die Gestattung erfolgt dabei in Form eines Lizenzvertrags.[153] Der Patentinhaber kann darin grundsätzlich die Rechte des Lizenznehmers genau bestimmen und begrenzen. Welche Rechte übertragen werden, ist durch Auslegung zu ermitteln. Maßstab ist die sog. Zweckübertragungstheorie, wonach der Patentinhaber regelmäßig nur so viele Recht überträgt, wie der Lizenznehmer zur Ausübung des vertragsbedingten Zwecks benötigt.[154] Sofern ein lizenziertes Patent weitere Lizenzen an Erfindungen des Lizenzgebers erfordert, gelten diese dabei jedoch in aller Regel als konkludent mitlizenziert.[155] Die Gestattung, ein patentiertes Verfahren zu benutzen, erlaubt in aller Regel auch die Veräußerung der hergestellten Produkte. Eine Ausnahme besteht aber dann, wenn lediglich eine Herstellungslizenz erteilt wurde, also der Lizenznehmer beispielsweise nur für den Lizenzgeber oder einen anderen Lizenznehmer produziert.[156]

iii. Nicht gewerbliche Nutzung

Gemäß § 11 Nr. 1 PatG kann der Patentrechtsinhaber private Nutzungen zu nicht gewerblichen Zwecken seines Patents nicht verbieten. Damit wird deutlich, dass allein die gewerbliche Nutzung einer Erfindung dem Patentinhaber vorbehalten ist. Die Frage ist, ob dadurch die Rechtsmacht eines Patentinhabers, dessen Patent zur Anwendung eines technischen Standards zwangsläufig genutzt werden muss, in relevantem Umfang beschränkt wird. Dies ist nicht der Fall, da die Ausnahme der privaten Benutzung eng ausgelegt wird. Der private Bereich umfasst den persönlichen Bereich des Menschen in seiner Familie, seinem Haushalt, bei Sport, Spiel und Unterhaltung.[157] Eine gewerblicher Zweck liegt immer schon dann vor, wenn die Nutzung im Rahmen gewerblicher Tätigkeit steht.[158] Im Zusammenhang mit technischen Standards ist diese Beschränkung fast ohne Bedeutung, da standardisierte Produkte oder Verfahren in nahezu allen Fällen auch gewerblich genutzt, hergestellt und vertrieben werden.

153 Im deutschen Recht kann die Gestattung dabei sowohl schuldrechtlich als auch dinglich ausgestaltet sein. Unterschiede können sich dadurch insbesondere im Bereich des Erschöpfungsgrundsatzes ergeben. Siehe zur Diskussion Ullrich/Heinemann, Immenga/Mestmäcker, Teilband 2, IV. Abschnitt B. Rn. 29. Für die nachfolgende Betrachtung kommt es auf diese Frage nicht entscheidend an, so dass keine Unterscheidung erfolgen wird.

154 Mes, PatG/GebrMG, § 15 PatG Rn 45.

155 BGH, Urteil v. 11.01.2005, Az. X ZR 20/02, GRUR 2005, 406, 407 – Leichtflüssigkeitsabscheider.

156 Mes, PatG/GebrMG, § 11 Rn. 3.

157 Siehe OLG Düsseldorf, Urteil v. 17.11.2005, 2 U 35/04 , GRUR-RR 2006, 39, 40 – Kaffeefilterpads.

158 Siehe Kühnen, in Schulte, PatG, § 11 Rn. 10.

iv. Versuchsprivileg

§ 11 Nr. 2 PatG bestimmt, dass Handlungen, die sich auf den Gegenstand der patentierten Erfindung beziehen und allein zu Versuchszwecken erfolgen, ebenfalls nicht untersagt werden können. Dies gilt grundsätzlich auch für Versuche zu gewerblichen Zwecken.[159] Versuchshandlung ist dabei jedes planmäßige Vorgehen zur Gewinnung von Erkenntnissen, und zwar unabhängig davon, welchem Zweck die Erkenntnisse letztlich zu dienen bestimmt sind. Die Versuchshandlung muss sich auf den Gegenstand der patentierten Erfindung beziehen, der patentierte Gegenstand muss also Objekt der Versuchshandlung sein.[160] Wird die patentierte Erfindung lediglich als Mittel zu Versuchshandlungen eingesetzt, so ist sie kein Versuchsgegenstand. Es sind demnach Versuche hinsichtlich einer standardisierten Spezifikation erlaubt, nicht jedoch solche, die nur mit Hilfe eines Standards, beispielsweise unter Anwendung eines standardisierten Prüfungsverfahrens erfolgen, das zugleich patentrechtlichem Schutz unterliegt. Im Ergebnis erlaubt das Versuchsprivileg daher allenfalls Versuche zur Verbesserung eines technischen Standards. Auch diese Beschränkung ist deshalb von allenfalls sehr geringer Bedeutung.

v. Sog. abhängige Patente

Ein abhängiges Patent besteht immer dann, wenn es nur zusammen mit einem älteren Patent genutzt werden kann. Dies bedeutet, dass die Existenz eines älteren Patents die getrennte Patentierung eines darauf aufbauenden Erfindung zwar nicht verhindert; allerdings darf das neuere Patent nur mit Zustimmung des Patentinhabers des älteren Patents genutzt werden. Andersherum benötigt der Inhaber des älteren Patents die Erlaubnis des Inhabers des jüngeren Patents, um dessen Erfindung zu benutzen.[161]

vi. Patentrechtliche Zwangslizenz

(1) Voraussetzungen

§ 24 PatG erlaubt ferner die Erteilung von Zwangslizenzen. Die Frage ist, ob in Sachverhalten technischer Standardisierung die Tatbestandsvoraussetzungen dieser Norm erfüllt sind, und ein Inhaber eines für die Anwendung eines Standards notwendigerweise zu nutzenden Schutzrechts deshalb in seiner Lizenzierungsentscheidung beschränkt ist.

§ 24 PatG unterteilt sich in zwei Tatbestände. Nach § 24 Abs. 1 PatG kann eine Zwangslizenz erteilt werden, wenn sich der potentielle Lizenznehmer vergeblich um eine Lizenz bemüht hat und zudem ein öffentliches Interesse die Zwangslizenz gebietet. Für Halbleiterprodukte muss die Lizenz nach § 24 Abs. 4 PatG zusätzlich erforderlich sein, um ein festgestelltes wettbewerbswidriges Verhalten zu beheben.

159 Siehe Mes, PatG/GebrMG, § 11 Rn. 6, 8 m. Nachw. zur Rechtsprechung.
160 BGH. Urteil v. 11.07.1995, Az. X ZR 99/92, GRUR 1996, 109 – Klinische Versuche I und II.
161 Siehe Mes, PatG/GebrMG, § 9 Rn. 7, ausführlich siehe Pietzcker, GRUR 1993, 272.

Nach § 24 Abs. 2 PatG kann der Inhaber eines abhängigen Patents nach erfolglosen Anstrengungen zur Lizenznahme dann eine Zwangslizenz anstreben, wenn seine eigene Erfindung einen wichtigen technischen Fortschritt von erheblicher wirtschaftlicher Bedeutung aufweist. Wird die Zwangslizenz erteilt, hat der Inhaber des älteren Patents einen Anspruch auf eine Gegenlizenz seitens des Inhabers des jüngeren Patents. Schließlich erlaubt § 24 Abs. 5 PatG noch eine Zwangslizenz, wenn der nationale Markt vom Patentinhaber unterversorgt wird.

Für den hier vorliegenden Zusammenhang sind grundsätzlich zwei Fragen wichtig. Die erste ist, ob technische Standardisierung ein öffentliches Interesse im Rahmen des § 24 Abs. 1 PatG darstellt. Die zweite ist, ob technische Standardisierung ein wichtiger technischer Fortschritt von erheblicher Bedeutung sein kann.

(2) Das öffentliche Interesse

Die Rechtsprechung versteht den Begriff des „öffentlichen Interesses" als einen wandelnden Anschauungen unterworfenen unbestimmten Rechtsbegriff, bei dessen Anwendung eine Abwägung der Belange des Patentinhabers und der Allgemeinheit vorzunehmen ist. Allein die Ausschließlichkeitsstellung des Rechtsschutzinhabers vermag dabei das öffentliche Interesse nicht zu begründen. Dies gilt selbst dann, wenn die Ausschließlichkeitsstellung zu einer Monopolstellung auf einem Markt führt.[162] Nach Auffassung des BGH gewährt die Rechtsordnung dem Patentinhaber als Lohn für die Offenbarung seiner Erfindung und den damit verbundenen Aufwand an Mühe, Gefahr und Kosten ein ausschließliches Recht, das er unabhängig von der Wettbewerbslage ausnutzen kann. Es müssen daher weitere Umstände zusätzlich zur Ausschließlichkeitsstellung hinzukommen.

In der Vergangenheit wurden Zwangslizenzen beispielsweise aus Gründen der Versorgung des inländischen Marktes, der Gefährdung ganzer Industriezweige, der Verhinderung von Betriebsstillegungen oder Entlassungen in großem Umfang, zur Erhöhung der Betriebssicherheit, zur Förderung der Gesundheit der Allgemeinheit oder zur Sicherstellung der ununterbrochenen Versorgung mit Strom gewährt. Nach Ansicht des BGH sind diese Gründe jedoch aufgrund eines allgemeinen Wertungswandels in der Gesellschaft zugunsten des Patentschutzes nicht ohne weiteres auch heutzutage noch anwendbar.[163] Kein Erfordernis für die Feststellung eines öffentlichen Interesse ist jedoch, dass der Patentinhaber seine Ausschließlichkeitsstellung missbraucht. Zudem ist notwendig, dass das öffentliche Interesse nicht mit anderen Ausweichprodukten befriedigt werden kann.[164]

162 BGH, Urteil v. 05.12.1995, Az. ZR 26/92 GRUR 1996, 190 – Polyferon.

163 Siehe zu allem BGH, Urteil v. 05.12.1995, Az. ZR 26/92 GRUR 1996, 190 – Polyferon.

164 RG GRUR 1936, 489, 491 – Lochkartenprüfmaschine; Buhrow/Nordemann, GRURInt 2005, 407, 408; dass diese Möglichkeit im Rahmen technischer Spezifikationen grundsätzlich immer besteht, erwähnt Zahn, GRUR 1980, 157.

Vor dem Hintergrund dieser Rechtsprechung scheint allein eine Monopolstellung infolge der Inhaberschaft eines Schutzrechts, dessen Nutzung zwingend notwendig ist, um einen technischen Standard anzuwenden, nicht zu genügen, um ein öffentliches Interesse im Sinne von § 24 PatG zu begründen. Vielmehr müssen zusätzliche Gründe hinzukommen. Es müssen zusätzliche Interessen der Gesellschaft bestehen, die sich nur durch die Anwendung des konkret betroffenen technischen Standards und damit des betroffenen Patents erreichen lassen.[165]

Ein denkbares Beispiel könnten im Bereich geschützter Standards möglicherweise offene Standards für das Internet oder andere Kommunikationswege sein. So besteht die Befüchtung, dass geschützte technische Standards im Bereich der Informationstechnologie negative Auswirkungen auf die Verwirklichung der Meinungsfreiheit haben können.[166] Ob ein solches öffentliches Interesse im Einzelfall bejaht werden kann, wird von den Besonderheiten des konkreten Falls abhängen.

(3) Technischer Fortschritt von wirtschaftlicher Bedeutung

Infolge der letzten Änderung des Patentgesetzes ist es für die Erlangung einer Zwangslizenz in Fällen abhängiger Patente nun nicht mehr erforderlich, ein öffentliches Interesse an der Lizenzierung nachzuweisen.[167] Vielmehr bestimmt der Gesetzeswortlaut nunmehr lediglich, dass es die Zwangslizenzierung zu einem wichtigen technischen Fortschritt von erheblicher wirtschaftlicher Bedeutung führen muss. Damit gewinnt aber die Frage Bedeutung, wie das Kriterium des wichtigen technischen Fortschritts von erheblicher wirtschaftlicher Bedeutung auszulegen ist. Da diese Regelung im deutschen Patentrecht noch sehr jung ist, gibt es bisher keinerlei Rechtsprechung dazu. Auch die Literatur schweigt sich zu den einzelnen Voraussetzungen weitestgehend aus.

Der Wortlaut legt jedoch nahe, dass beide Bedingungen in der abhängigen Erfindung selbst zu finden sein müssen und nicht durch eine Kombination der älteren mit der jüngeren Erfindung. Die Betonung des wichtigen technischen Fortschritts bedeutet zudem, dass allein die Neuheit und zudem das Vorliegen eines erfinderischen Schritts, die jedem Patent und damit auch abhängigen Patenten innewohnen, nicht genügt, um dieses Erfordernis zu erfüllen. Ansonsten wäre dieses Tatbestandsmerkmal überflüssig.

Die Frage ist demnach, wonach sich die Wichtigkeit des technischen Fortschritts bestimmt. Hierbei kann es grundsätzlich nicht auf ökonomische Kriterien ankommen, da diese im Merkmal der erheblichen wirtschaftlichen Bedeutung berücksichtigt sind. Vielmehr wird es auf die Umstände des Einzelfalls ankommen.

---

165 Siehe hierzu ausführlich Kübel, S. 115ff., 125ff.

166 Siehe Lawrence Lessig, der diesem Thema ein ganzes Buch gewidmet hat, vgl. Lessig, The Future of Ideas.

167 Kritisch hierzu Holzapfel, Mitt. 2004, 391.

Ebenso unpräzise wie die Wichtigkeit des technischen Fortschritt ist die Formulierung der „erheblichen wirtschaftlichen Bedeutung". Sie muss dem Wortlaut nach unmittelbar mit dem Fortschritt verbunden sein. Denkbar wären sicherlich Verbesserungen, die zu erheblichen Effizienzsteigerungen bei der Herstellung oder Nutzung der Erfindung führen. Da ein Vergleich mit dem Patent älteren Zeitrangs notwendig ist, scheint als Maßstab ein volkswirtschaftlicher Nutzenvergleich nahezuliegen. Dafür spricht auch, dass man in § 24 Abs. 2 PatG einen Spezialfall von § 24 Abs. 1 PatG, der Zwangslizenz aufgrund eines öffentlichen Interesses, sehen kann. Da die abhängige Erfindung erst dann rechtmäßig genutzt werden kann, wenn eine Zwangslizenz erteilt wurde, wird es sich grundsätzlich um eine Prognoseentscheidung handeln.

Vor dem Hintergrund dieser Auslegung scheinen zwei Situationen im Rahmen technischer Standardisierung denkbar. Die erste Möglichkeit wäre eine Lizenzierung zum Zwecke technischer Standardisierung. Damit die Voraussetzungen einer Zwangslizenz erfüllt sind, müsste der eine Standardisierung betreibende Lizenzsucher eine Verbesserungserfindung gerade für das ältere, essentielle Patent besitzen.[168] Der Standardisierungsvorschlag ist mangels Patenteigenschaft ungeeignet, eine Zwangslizenz zu begründen.[169] Soll die wirtschaftliche Bedeutung durch die geplante Standardisierung gerechtfertigt werden, dann müsste gerade die konkrete Verbesserungserfindung die Standardisierung ermöglichen. Wäre eine Standardisierung auch ohne die Verbesserungserfindung denkbar, beruhte die erhebliche wirtschaftliche Bedeutung nicht auf der Verbesserungserfindung. Zusätzlich müsste die erhebliche wirtschaftliche Bedeutung der Standardisierung im konkreten Fall nachgewiesen werden.

Schließlich wäre in solch einem Fall eine Zwangslizenzierung allein zugunsten des Lizenzsuchers möglich. Andere Anwender eines technischen Standards würden von der Zwangslizenzierung nicht profitieren, sondern müssten eigene Zwangslizenzen anstreben.

Denkbar wäre zudem eine Situation mit einem Lizenzsucher, der eine Verbesserungserfindung für ein älteres Patent getätigt hat, dessen Nutzung für die Anwendung eines technischen Standards zwingend notwendig ist. Ein solcher Lizenzsucher könnte sich, aber auch nur sich, bei Vorliegen der Voraussetzungen des § 24 Abs. 2 PatG den Zugang zum Schutzrecht erzwingen. Damit es infolge dessen zu Wettbewerb im Rahmen des technischen Standards kommt, ist jedoch zusätzlich erforderlich, dass das abhängige Patent die Herstellung verbesserter standardkonformer Produkte ermöglicht. Dies kann schwierig sein, wenn für die Herstellung standardkonformer Produkte die Lizenzierung zusätzlicher Schutzrechte notwendig ist. In diesen Fällen ist es denkbar, dass die Lizenzierung der zusätzlichen Schutzrechte ver-

168 Die Norm selbst wird in keinem Fall eine Verbesserungserfindung darstellen, siehe Kübel, S. 131f.

169 Nach Kübel ist es schon nicht denkbar, dass Standardisierung einen technischen Fortschritt darstellen kann, da Standards lediglich den Stand der Technik beschreiben, siehe Kübel, Zwangslizenzen S. 131f. Diese Schlussfolgerung kann jedoch nicht zwingend auch für antizipierende Standards gezogen werden.

weigert wird und die Bedingungen für eine Zwangslizenzierung dieser Schutzrechte nicht erfüllt sind.

Im Ergebnis ist festzuhalten, dass die Regelung über abhängige Patente im Zusammenhang mit technischer Standardisierung nur einen sehr geringen Anwendungsbereich hat. Es erscheint äußerst unwahrscheinlich, dass diese Regelung jemals im Zusammenhang mit geschützten technischen Standards von Bedeutung wird.

(4) Verfahren zur Erlangung einer Zwangslizenz

Schwierig ist auch, dass die Erteilung einer Zwangslizenz mit einem aufwendigen Verfahren verbunden ist. Eine Zwangslizenz kann grundsätzlich erst nach Erteilung eines Patents gewährt werden. Die Zwangslizenz ist dabei durch jeden einzelnen Lizenznehmer gemäß § 81 Abs. 1 PatG im Klagewege vor dem Bundespatentgericht zu erstreiten.[170] Eine patentrechtliche Zwangslizenz rechtfertigt eine Verletzungshandlung erst ab dem Zeitpunkt ihrer Erteilung. Da ein Zwangslizenzverfahren eine gewisse Zeit dauert, kann gemäß § 85 Abs. 1 PatG bei Glaubhaftmachung der Anspruchsvoraussetzungen und der Dringlichkeit der Zwangslizenz zunächst eine einstweilige Verfügung ergehen.

vii. Das Vorbenutzungsrecht

Eine weitere Grenze des Patentrechts ist das Vorbenutzungsrecht nach § 12 PatG. Es schafft einen Ausgleich zwischen dem Erfinder und einzelnen Dritten, die eine Erfindung bereits vor dem Erfinder genutzt haben, diese jedoch weder in neuheitsschädlicher Weise bekannt gemacht noch zum Patent angemeldet haben. Die Frage ist, unter welchen Voraussetzungen sich in Kontexten technischer Standardisierung Anwender auf ein Vorbenutzungsrecht am Patent eines Patentinhabers berufen können.

Voraussetzung für das Vorbenutzungsrecht ist, dass der Dritte vor dem Prioritätszeitpunkt der Patentanmeldung bereits vollständigen, rechtmäßig erlangten[171] Erfindungsbesitz[172] hatte und diesen zudem bereits im Inland bzw. innerhalb der EU[173] betätigt hat. Erfindungsbesitz besteht, wenn für ein technisches Problem eine Lösung mit bestimmten technischen Mitteln vorliegt und der Vorbenutzer dies erkannt hat.[174] Der Erfindungsbesitz kann dabei auch vom späteren Patentinhaber selbst stammen, muss aber redlich erlangt und betätigt worden sein. Gemäß § 12 Abs. 1 Satz 4 PatG kann sich der spätere Patentinhaber die Patentanmeldung ausdrücklich vorbehalten. In diesem Fall gilt das Vorbenutzungsrecht nicht für Maßnahmen des Vorbenutzers, die er in den sechs Monaten tätigt, die auf die Mitteilung des Erfindungsbesit-

---

170 Dieses Verfahren ist im Rahmen technischer Standards sehr unpraktikabel, siehe Zahn, GRUR 1980, 157, 160.

171 BGH, Urteil v. 30.06.1964, Az. Ia ZR 206/63, GRUR 1964, 673 – Kasten für Fußabtrittsroste.

172 BGH, Urteil v. 21.06.1960, Az. I ZR 114/58, GRUR 1960, 546, 548 – Bierhahn.

173 LG Düsseldorf, Mitt. 2001, 561 – Laborthermostat II.

174 Kühnen in Schulte, PatG, § 12 Rn. 10.

zes folgen. Eine Betätigung liegt vor, wenn der Vorbenutzer irgendeine ansonsten ihm versagte Handlung unternimmt.[175] Eine Vorbenutzungshandlung begründet auch das Recht für alle weiteren, ansonsten versagten Handlungen.[176] Auch Vorbereitungshandlungen, wie ein Vertragsabschluss mit einer Herstellerfirma über eine Produktion können genügen, sofern daraus der Wille zu einer alsbaldigen Benutzung deutlich wird.[177]

Der Umfang des Vorbenutzungsrechts umfasst die Nutzung für die Bedürfnisse des eigenen Betriebs in eigenen und fremden Werkstätten. Dies bedeutet nach der Rechtsprechung des Bundesgerichtshofs, dass eine Fortsetzung der Benutzung nur in dem durch die Vorbenutzung beschriebenen Umfang eröffnet ist.[178] Dabei ist jedoch der Übergang vom Kleinbetrieb auf einen Großbetrieb erlaubt. Auch die Produktionsausweitung ist gestattet.[179] Weiterentwicklungen, die in den Schutzbereich des Patents fallen, sind dem Vorbenutzer jedoch verwehrt.[180] Geschützt wird nur der im Zeitpunkt der Patentanmeldung bereits vorhandene oder angelegte gewerbliche Besitzstand des Vorbenutzers.[181]

Im Rahmen technischer Standardisierung kann diese Begrenzung des Patentrechts durchaus eine Rolle spielen. Mitteilungen über bestimmtes patentfähiges Wissen können theoretisch ein Vorbenutzungsrecht begründen, wenn nicht offengelegt wird, dass dieses Wissen grundsätzlich patentierbar ist und die Patentierung vorbehalten wird. Beschränkt wird diese Möglichkeit jedoch dadurch, dass der Erfindungsbesitz auch angewendet werden muss. Die Vorschrift kann jedoch einen Vertrauensschutz für Anwender bieten, die im Vertrauen auf die Schutzrechtsfreiheit dieses Wissens patentierbares Wissen anfangen anzuwenden.

viii. Der Erschöpfungsgrundsatz

Eine weitere Beschränkung der Rechte aus dem Patent ist der Erschöpfungsgrundsatz. Die Frage ist, ob er in nennenswertem Umfang dafür sorgen kann, dass die Rechtsmacht des Inhaber eines für die Anwendung eines technischen Standards zwangsläufig genutzten Patents beschränkt wird. Der Erschöpfungsgrundsatz ist im deutschen Patentrecht nicht ausdrücklich geregelt, aber vom BGH als Gewohnheitsrecht anerkannt.[182] Ausgelöst wird die Erschöpfung dadurch, dass der patentierte Gegenstand mit ausdrücklicher Zustimmung des Patentinhabers in Verkehr gebracht wird. Unter dem Inverkehrbringen versteht man dabei die Übertragung der tatsächlichen Verfügungsgewalt über einen Gegenstand durch Veräußerung an einen anderen,

175 Mes, PatG/GebrMG § 12 Rn. 8.
176 Mes, PatG/GebrMG § 12 Rn. 8.
177 Siehe Kühnen, in Schulte, PatG, § 12 Rn. 13; RG GRUR 1942, 155.
178 Siehe BGH, Urteil v. 13.11.2001, Az. X ZR 32/99, GRUR 2002, 231 – Biegevorrichtung;
179 Mes, PatG/GebrMG § 12 Rn. 15.
180 Osterrieth, Patentrecht, S. 142; Mes, PatG/GebrMG § 12 Rn. 14.
181 Mes, PatG/GebrMG § 12 Rn. 14.
182 Erstmals RG 51, 139 – Guajakol-Carbonat; siehe auch BGH, Urteil v. 21.11.1958, Az. I ZR 129/57, GRUR 1959, 232, 233 – Förderrinne; Urteil v. 24.09.1979, Az. KZR 14/78, GRUR 1980, 38, 39 – Fullplastverfahren; Osterrieth, Patentrecht, Rn 271.

der dadurch in die Lage versetzt wird, die Sache zu veräußern oder zu gebrauchen.[183] Die Erschöpfung führt dazu, dass der Patentinhaber das Verbreitungsrecht und das Werbehinweisrecht am konkret übertragenen, patentierten Gegenstand jedenfalls im Inland verliert.[184] Wird eine patentgeschützte Vorrichtung veräußert, erschöpft sich auch ein vom Anspruchssatz des Sachpatents erfasstes Verfahrenspatent auf Nutzung der Sache.[185] Etwas anderes gilt jedoch, wenn ein eigenständiges Verfahrenspatent lizenziert wird, das mit Hilfe eines gegebenenfalls ebenfalls patentierten Geräts ausgeführt werden kann. In diesem Fall wird durch den Verkauf des Geräts das Verfahrenspatent nicht ohne weiteres erschöpft.[186] Von der Erschöpfung betroffen sind hingegen nicht das Herstellungs- und Vervielfältigungsrecht.[187]

Soweit Erschöpfung eintritt, kann der Schutzrechtsinhaber die Weiterveräußerung oder Nutzung des Patentgegenstandes nicht verhindern. Die Erschöpfung tritt jedoch nur in dem Umfang ein, in dem der Patentinhaber das Produkt oder Verfahren in den Verkehr gebracht hat. Die Wirkung des Patents insgesamt bleibt unberührt.[188] Da Patentrechte nationale Rechte sind, gilt der Erschöpfungsgrundsatz zunächst einmal national.[189] Ob ein Inverkehrbringen in einem Land zu einer Erschöpfung in anderen Ländern führt, hängt vom jeweils nationalen Patentrecht ab.[190] Sofern das nationale Recht keinen Grundsatz internationaler Erschöpfung kennt, kann der Import von patentrechtlich geschützten Erzeugnissen, die in einem anderen Land in Verkehr gebracht wurden, verboten werden.[191] Das deutsche Recht kennt grundsätzlich keinen Grundsatz internationaler Erschöpfung.[192] Ein Patentinhaber kann deshalb bei in den USA oder in Japan in den Verkehr gebrachten Gegenständen deren Import nach Deutschland verhindern, sofern er hier entsprechende Patentrechte besitzt.

Etwas anderes gilt lediglich für die Staaten der Europäischen Gemeinschaft bzw. des Europäischen Wirtschaftsraums (EWR).[193] In diesen Ländern führt grundsätzlich ein Inverkehrbrin-

183 RGZ 77, 78; Mes, PatG/GebrMG, § 9 Rn. 34, Osterrieth, Patentrecht S. 144, Sack, GRUR 1999, 193, 195.

184 Sack, GRURInt 2000, 610, 615.

185 Siehe BGH, Urteil v. 16.09.1997, Az. X ZB 21/94, GRUR 1998, 130, 132 – Handhabungsgerät.

186 Siehe BGH, Urteil v. 24.09.1979, Az. KZR 14/78, GRUR 1980, 38,39; Urteil v. 14.11.2000, Az. X ZR 137/99, GRUR 2001, 223, 224f. - Bodenwaschanlage.

187 BGH, Urteil v. 21.11.1958, Az. I ZR 129/57, GRUR 1959, 232, 233f. – Förderrinne; zum Urheberrecht siehe BGH Urteil v. 04.10.1990, Az. I ZR 139/89, GRUR 1991, 449, 453 – Betriebssystem.

188 Osterrieth, Patentrecht, S. 145.

189 Für Deutschland siehe Sack, GRURInt 2000, 610 m. w. Nachw. zur Rechtsprechung; für einen Rechtsvergleich siehe Strauss/Katzenberger, Parallelimporte S. 7, 11.

190 Strauss/Katzenberger, Parallelimporte S. 7, internationale Erschöpfung wurde etwa in gewissem Umfang in Japan angenommen, siehe OG Tokyo, GRURInt 1998, 168, 169f; in der Schweiz wurde ein sehr weitgehendes Urteil des HG Zürich durch das Bundesgericht korrigiert, siehe BG GRURInt 2000, 639.

191 Vgl. RGZ 51, 139 – Guajakol-Carbonat; BGH, Urteil v. 14.12.1999, Az. X ZR 61/98, GRUR 2000, 299, 300 – Karate.

192 Siehe ausführlich BGH, Urteil v. 14.12.1999, Az. X ZR 61/98, GRUR 299, 300 – Karate; Sack, GRURInt 2000, 610, 616.

193 Dies folgt für die Mitgliedstaaten der EG aus Art. 28 EGV, für die anderen Länder der EWG aus Art. 2 Protokoll 28 über geistiges Eigentum zum EWR-Abkommen, BGBl. 1993 II, 414; siehe auch BGH GRUR 2000, 299, 300 – Karate; Sack, GRURInt 2000, 610, 616.

gen mit Zustimmung des Patentrechtsinhabers in einem Land des Wirtschaftsraums zu einer gemeinschaftsweiten Erschöpfung, so dass Parallelimporte zulässig sind.[194] Dabei spielt es keine Rolle, ob in dem Land, in dem das Erzeugnis in Verkehr gebracht wurde, Patentschutz bestand oder nicht.[195] Rechte an Erzeugnissen, die in anderen Ländern des EWR ohne Zustimmung des Schutzrechtsinhabers oder aufgrund von Zwangslizenzen oder Vermarktungsverpflichtungen in Verkehr gebracht wurden, erschöpfen sich hingegen nicht.[196]

Im Zusammenhang mit Schutzrechten, die essentiell für die Anwendung eines technischen Standards sind, kann der Erschöpfungsgrundsatz dann eine Rolle spielen, wenn der Schutzrechtsinhaber Güter, die die Nutzung eines patentierten Verfahrens ermöglichen, vollständig veräußert hat. Hat beispielsweise ein Hersteller eines Mobiltelefons mit einem patentierten Datenübertragungsverfahren das Mobiltelefon an einen Nachfrager verkauft, so kann dieser das Telefon auch zu gewerblichen Zwecken mitsamt des Datenübertragungsverfahrens benutzen, ohne dadurch eine Patentverletzung zu begehen. In vielen Fällen von Patenten, die für die Anwendung eines technischen Standards essentiell sind, geht es jedoch darum, dass Hersteller standardkonformer Güter einen technischen Standard anwenden wollen. Die Anwendung des technischen Standards verletzt jedoch den Schutzbereich eines Patents. Ein solches Szenario erfasst der Erschöpfungsgrundsatz nicht.

dd. Verwirkung

Die Rechte aus einem Patent können schließlich wie alle anderen Rechte gemäß § 242 BGB verwirkt werden,[197] wobei jedoch die Verwirkung einer Anspruchskategorie, z.B. des Unterlassungsanspruchs, noch nicht zwangsläufig auch die Verwirkung anderer Anspruchskategorien wie Schadenersatz oder ungerechtfertigte Bereicherung bedeutet.[198]

Die Frage ist, wann ein Schutzrechtsinhaber in Standardisierungskontexten seine Rechte aus dem Patent verwirkt. Voraussetzung für eine Verwirkung sind grundsätzlich das Vorliegen eines Zeitmoments und eines Umstandsmoments.[199] Das Zeitmoment bedeutet, dass der Rechtsinhaber seine Rechte trotz Wissens über deren Bestehen über einen längeren Zeitraum hinweg nicht ausgeübt hat. Das Umstandsmoment besagt, dass der Verletzer aufgrund konkreter Um-

194 EuGH, Urteil v. 31.10.1974, Rs. 15/74, GRUR Int. 1974, 454 – Negram I; siehe auch BGH GRUR 2000, 299, 300 – Karate.
195 EuGH, Urteil v. 14.07.1981, Rs. 187/80, GRURInt 1982, 47, 48 – Merck/Stephar; EuGH, Urteil v. 05.12.1996, Rs. 267 und 268/95, Slg. 1996, 6371, 6384, GRURInt 1997, 250 – Merck/Primecrown; Mes, Patentrecht, § 9 Rn. 58; kritisch Sack, GRURInt 2000, 610, 616.
196 EuGH, Slg. 1996, 6371, 6384, GRURInt 1997, 250 – Merck/Primecrown; Osterrieth, Patentrecht S. 148.
197 Vgl. BGH, Urteil v. 05.06.1997, Az. X ZR 73/95, NJW 1997, 3377, 3379f. – Weichvorrichtung II; Urteil v. 19.12.2000, Az. X ZR 150/98, GRUR 2001, 323, 324 – Temperaturwächter; hinsichtlich lizenzvertraglicher Ansprüche siehe BGH, Urteil v. 17.03.1994, Az. X ZR 16/93, GRUR 1994, 597 - Zerlegvorrichtung für Baumstämme.
198 Vgl. BGH, Urteil v. 19.12.2000, Az. X ZR 150/98, GRUR 2001, 323, 325 – Temperaturwächter.
199 Vgl. BGH, Urteil v. 19.12.2000, Az. X ZR 150/98, GRUR 2001, 323, 325 – Temperaturwächter; Beier, GRUR 1976, 566, 567; Mes, PatG/GebrMG, § 139 Rn. 135.

stände darauf vertrauen durfte, vom Patentinhaber nicht in Anspruch genommen zu werden, und entsprechende Dispositionen getroffen hat. Inwieweit diese Anforderungen erfüllt sind, hängt von einer genauen Analyse der Umstände des Einzelfalls ab.[200] Gerade in Patentsachen scheint die Rechtsprechung dabei besonders streng zu sein, um die ohnehin auf maximal zwanzig Jahre, in vielen Fällen jedoch noch kürzere Verwertungszeit von Patenten nicht unbillig zu verkürzen.[201]

Bisher sind nur zwei Fälle bekannt, in denen die Einrede der Verwirkung bejaht wurde. In einer unveröffentlichten Entscheidung des LG Düsseldorf[202] war dies jedoch lediglich ein obiter dictum. Die beklagte angebliche Verletzerin hatte dabei mit Hilfe der angegriffenen Ausführungsform, die sie im Rahmen einer Lizenz produzierte und vertrieb, über viele Jahre hinweg einen erheblichen Marktanteil erworben. Die Klägerin hatte sich über viele Jahre hinweg ebenfalls um eine Lizenz an dem der Beklagten lizenzierten Patent bemüht. Als die Verhandlungen erfolglos blieben, erhob sie gestützt auf ein eigenes älteres und bisher nie genutztes Patent die Verletzungsklage.

Daneben hat der Bundesgerichtshof in der Entscheidung „Temperaturwächter" dem Verwirkungseinwand stattgegeben. Hier hatte die Klägerin, Inhaberin eines Patents eines Temperaturwächters, mit dem sie über viele Jahre einen erheblichen Teil ihres Umsatzes erzielte, erst 14 Jahre nach Kenntnis der Patentverletzung und sieben Jahre nach Ablauf des Patents gegen die am selben Ort ansässige Verletzerin Klage erhoben. Die Temperaturwächter der Verletzerin waren über Jahre billiger angeboten worden als die der Klägerin. Zudem hatte sich ein Geschäftsführer der Klägerin abfällig über die Produkte der Verletzerin geäußert.[203]

Wie anhand dieser Beispiele deutlich wird, kommt eine Verwirkung nur in äußerst seltenen Fällen in Betracht. Die Verwirkung bezieht sich zudem nur auf konkrete Personen. Es werden deshalb nicht generell die Rechte aus dem Patent gegenüber jedermann verwirkt, sondern allein gegenüber denjenigen Personen, die auf die Nichtgeltendmachung des Patents vertraut haben.[204]

Wichtig ist im vorliegenden Zusammenhang, dass allein die Aufnahme einer patentierten Technologie in einen technischen Standard nicht genügt, um den Verwirkungseinwand zu begründen.[205] Vielmehr müssen Umstände vorliegen, die einen Schluss darauf zulassen, dass der Patentinhaber von der Aufnahme wusste und sein Schutzrecht nicht geltend gemacht hat. Al-

200 BGH, Urteil v. 19.12.2000, Az. X ZR 150/98, GRUR 2001, 323, 325 – Temperaturwächter.
201 So BGH, Urteil v. 19.12.2000, Az. X ZR 150/98, GRUR 2001, 323, 327 – Temperaturwächter; ebenso Beier, GRUR 1976, 566, 572f; Mes, PatG/GebrMG, § 139 Rn. 133, 139.
202 LG Düsseldorf, Urteil vom 30. März 1967, Az. 4 O 279/64, zitiert nach Beier, GRUR 1976, 566, 570.
203 Vgl. BGH, Urteil v. 19.12.2000, Az. X ZR 150/98, GRUR 2001, 323, 325ff. – Temperaturwächter.
204 BGH, Urteil v. 19.12.2000, Az. X ZR 150/98, GRUR 2001, 323, 324ff. – Temperaturwächter.
205 So auch Kübel, Zwangslizenzen, S. 48.

lein die Anwendung des technischen Standards über einen gewissen Zeitraum hinweg erfüllt diese Voraussetzung nicht.[206] Dies gilt insbesondere, wenn kein Grund für die Annahme besteht, der Patentinhaber habe die Verletzung geduldet, oder wenn die mit der Anwendung eines Standards verbundene Patentverletzung nicht ohne weiteres bereits erkennbar war.

Etwas anderes mag allenfalls gelten, wenn der Patentinhaber an der Standardisierungsarbeit beteiligt war und wusste, dass die Anwendung des Standards nur unter Verletzung seines Schutzrechts möglich ist. Dann ließe sich argumentieren, der Patentinhaber habe eine Marktbeobachtungspflicht.[207]

ee. Rechtsdurchsetzung

Die Verbietungsrechte kann der Patentinhaber gerichtlich durch einen Unterlassungsanspruch geltend machen. Neben dem Unterlassungsanspruch besitzt der Patentrechtsinhaber Sekundäransprüche, die das Ausschließlichkeitsrecht absichern. So hat der Patentrechtsinhaber im Fall vorsätzlicher oder fahrlässiger Patentverletzungen einen Schadenersatzanspruch gegen den Verletzer,[208] wobei der im gesamten gewerblichen Rechtsschutz geltende Grundsatz der dreifachen Schadensberechnung Anwendung findet; Schadenersatz wird entweder in Form des entgangenen Gewinns, des Verletzergewinns oder eines verkehrsüblichen Lizenzsatzes berechnet.[209] Daneben kommen bereicherungsrechtliche Ansprüche in Betracht.[210] Zudem kann der Patentinhaber grundsätzlich verlangen, dass Gegenstände, die eine Patentverletzung darstellen, beschlagnahmt[211] und vernichtet[212] werden. Schließlich gewährt § 140b PatG noch Auskunftsansprüche gegen den Verletzer. Die Rechte des Schutzrechtsinhabers verjähren gemäß § 141 PatG i.V.m. § 195 BGB grundsätzlich drei Jahre ab Kenntnis von der Rechtsverletzung.

Die Rechtsdurchsetzung erfolgt vor Patentstreitkammern der ordentlichen Gerichte. Dabei besteht in Deutschland im Gegensatz zu anderen Ländern die Besonderheit, dass die ordentlichen Gerichte an die Rechtswirksamkeit der Patenterteilung gebunden sind.[213] Zur Löschung eines Patents muss ein eigenständiges Nichtigkeitsverfahren gemäß § 81 PatG vor dem Bundespatentgericht durchgeführt werden. Ist ein solches Verfahren eingeleitet und besteht eine hohe Wahrscheinlichkeit einer Nichtigerklärung, wird ein ordentliches Gericht ein Verfahren auf Unterlassung und Schadenersatz bis zur Beendigung des Nichtigkeitsverfahrens ausset-

206 Eine allgemeine Marktbeobachtungspflicht gibt es grundsätzlich nicht, siehe LG Düsseldorf, GRUR 1990, 117, 119 – Strickwarenhandel II.
207 So Kübel, Zwangslizenzen, S. 49.
208 Vgl. § 139 Abs. 2 PatG.
209 Vgl. Mes, PatG/GebrMG, § 139 Rn. 73ff. m. w. Nachw.
210 Vgl. BGH, Urteil v. 24.11.1981, Az. X ZR 7/80, GRUR 1982, 301 – Kunststoffhohlprofil II.
211 § 142a PatG.
212 § 140a PatG.
213 Vgl. BGH, Beschluß v. 12.10.2004, Az. X ZR 176/02, GRUR 2005, 41 – Staubsaugerrohr.

zen.[214] In vielen anderen europäischen Ländern obliegt auch die Entscheidung über die Nichtigkeit den Gerichten, die auch über Verletzungssachverhalte entscheiden. Die Rechtswirksamkeit eines Patents wird dann im Rahmen gewöhnlicher Verletzungsstreitigkeiten mit geprüft.[215]

Der Unterlassungsanspruch kann grundsätzlich auch im Wege einer einstweiligen Verfügung erstritten werden. Wegen der Komplexität von Patentstreitigkeiten wird Anträgen auf einstweilige Verfügungen tendenziell nicht so häufig stattgegeben wie in Verfahren mit anderen Streitgegenständen.[216]

In vielen Fällen wird ein technischer Standard in mehreren Ländern der Europäischen Union angewendet werden. Bestehen sich entsprechende, nationale Patentrechte, die zwangsläufig bei der Anwendung eines technischen Standards benutzt werden, kommt es seitens Dritter in jedem Land, in dem diese den Standard anwenden, zur Verletzung der jeweils nationalen Patentrechte. In jedem Land müsste der Unterlassungsanspruch vom Patentinhaber einzeln durchgesetzt werden. Besteht ein europäisches Patent, kann jedoch nach der Rechtsprechung holländischer Gerichte eine einstweilige Verfügung mit Geltung in allen vom Patent beanspruchten Vertragsstaaten des EPÜ erstritten werden. Voraussetzung dafür ist, dass die Patentverletzung in Holland glaubhaft gemacht worden ist.[217]

Für die Geltendmachung von europäischen Patenten gelten im Übrigen - wie auch für die nationalen Patentrechte - die nationalen Verfahrensordnungen. Die Zuständigkeit und Vollstreckung bestimmt sich dabei innerhalb der Vertragsstaaten nach der EuGVVO bzw. dem EuGVÜ. Für die Einzelheiten wird auf Spezialkommentierungen verwiesen.

Sofern die Verletzung eines essentiellen Schutzrechts gerichtlich geltend gemacht und eine einstweilige Verfügung erteilt wurde, sind dem Verletzer die in der einstweiligen Verfügung beschriebenen Handlungen untersagt. Geht die Nutzung eines technischen Standards mit einer dieser ihm verbotenen Handlungen einher, ist dem Verletzer damit bis zur endgültigen Entscheidung in der Hauptsache auch die Nutzung des technischen Standards verwehrt. Wird eine einstweilige Verfügung nicht erteilt und ein Hauptsacheverfahren durchgeführt, ist dem Beklagten die Nutzung zwar bis zur endgültigen Entscheidung gestattet, allerdings ist er im Falle eines späteren Unterliegens jedenfalls für die Zeit des Verfahrens schadenersatzpflichtig. Im Falle einer unberechtigten Geltendmachung des Schutzrechts, kann der Schutzrechtsinhaber dem angeblichen Verletzer gegenüber schadenersatzpflichtig sein.

---

214 Hinsichtlich der Einzelheiten siehe Mes, Patentgesetz, § 139 Rn. 205ff.

215 Siehe für Großbritannien etwa Sec. 72 (1) Patent Act.

216 Siehe Holzapfel GRUR 2003, 287 m. w. Nachw.

217 Vgl. The Hague Court of Appeal (Gerechtshof), Entscheidung v. 03.02.1995, GRURInt. 1995, 253; ausführlich Bertrams, IIC 1995, 618.

ff. Zusammenfassung europäisches bzw. deutsches Recht

Im Ergebnis ist festzustellen, dass der Inhaber eines Patents, das zwangsläufig genutzt wird, wenn ein bestimmter technischer Standard angewendet wird, weitreichende Möglichkeiten besitzt, über die Herstellung, die Nutzung und den Vertrieb standardkonformer Güter mitzubestimmen. Die Begrenzungen des Patentrechts mögen in Einzelfällen zugunsten einzelner Unternehmen Anwendung finden. Generell beschränkende Wirkung entfalten sie im Kontext technischer Standards jedoch nicht.

b) USA

aa. Schutzbereich US-amerikanischer Patente

Nach diesem Überblick über das deutsche Recht wird nun ein kurzer Überblick über das US-amerikanische Recht gegeben. Eine Betrachtung des US-amerikanischen Rechts bietet sich an, weil gerade in den USA besonders viele Verfahren in Bezug auf sog. essentielle Patente geführt werden und dort in großem Umfang Standardisierung durch Konsortien stattfindet. In Bezug auf das US-amerikanische Recht gibt es deshalb umfangreiche Literatur. Die Streitigkeiten und Lösungen lassen sich jedoch nur durch einen Überblick über das US-amerikanische Recht verstehen. Auch in Bezug auf das US-amerikanische Recht werden zunächst die Ansprüche aus dem Patent dargestellt, bevor untersucht wird, wie weit die Grenzen dieser Ansprüche im Zusammenhang mit technischer Standardisierung Anwendung finden und wie effektiv sie wirken.

Ausgangspunkt ist bei dieser Darstellung der Umfang des Schutzbereichs eines Patents. Die Verletzung bestimmt sich wie in Deutschland nach dem Wortlaut der Patentansprüche. Auf die etwas restriktivere Auslegungsmethode in den USA wurde bereits hingewiesen.[218] Neben der wörtlichen Verletzung kennt das US-amerikanische Recht ebenfalls eine Äquivalenzlehre, deren Sinn wie im deutschen Recht darin besteht, einen gerechten Ausgleich zwischen dem Verwertungsinteresse des Schutzrechtsinhabers einerseits und dem Interesse der Allgemeinheit sowie der Rechtssicherheit andererseits herzustellen.[219] Die Äquivalenz erfordert, dass jedes Element des Patents entsprechend oder durch ein Äquivalent in der Verletzungsform enthalten sein muss. Einen Schutz von Unterkombinationen gibt es nicht.[220] Eine äquivalente Patentverletzung liegt jedoch ähnlich wie bei der *Hallstein*-Doktrin des deutschen Rechts dann nicht mehr vor, wenn die angegriffene Ausführungsform des Patentgegenstandes auf vorbekanntem oder offensichtlichem Wissen beruht.[221] Anders als im deutschen Recht ist jedoch für die Beurteilung dessen, was vorbekannt und offensichtlich ist, nicht der Zeitpunkt der Patent-

218 Siehe oben S. 35.
219 Vgl. *Festo Corp. v. Shoketsu Kinzoku Kogyo Kabushiki Co., Ltd., et al,* 535 U.S. 722 (2002), in Auszügen abgedruckt in GRURInt 2002, 776, 777.
220 *Warner-Jenkinson Co. v. Hilton Davis Chem. Co.*, 520 U.S. 17, 39-40 (1997).
221 Vgl z. B. *Carmen Industries, Inc. v. Wahl,* 724 F.2d 932, 942 (Fed. Cir. 1983).

anmeldung, sondern der der Patentverletzung maßgeblich.[222] Beschränkt ein Patentinhaber seinen Patentanspruch während des Anmeldeverfahrens infolge einer Beanstandung durch das Patentamt, wird diese Beschränkung bei der Bestimmung der Äquivalenz zu Lasten des Patentinhabers berücksichtigt.[223]

Eine Besonderheit in den USA besteht darin, dass es zudem die sog. *reverse doctrine of equivalents* gibt. Nach dieser kann eine Ausführungsform dann nicht untersagt werden, wenn sie zwar grundsätzlich vom Patentanspruch erfasst wird, jedoch derartig stark verändert wurde, dass sie in einer wesentlich anderen Art funktioniert.[224]

bb. Verbietungsrechte

Wie in Deutschland gewährt auch das US-amerikanische Patentrecht Schutz gegen die Herstellung, Nutzung, das Anbieten, das Verkaufen in den USA und das Importieren in die USA des patentierten Produktes oder Verfahrens[225]. In den USA ist auch die mittelbare Patentverletzung als sog. *contributary infringement* untersagt.[226] Der Schutz erstreckt sich ferner auf einige transnationale Aktivitäten. Ein erfindungsgemäß produzierter Gegenstand gilt als dort hergestellt, wo er zusammengesetzt oder getestet wird.[227] Eine Benutzungshandlung in den USA findet statt, wenn die Kontrolle über die Nutzung in den USA ausgeübt wird.[228] Ein Verkauf erfolgt am Bestimmungsort, ein Angebot am Aufenthaltsort des Käufers.[229] Die Schutzdauer beträgt wie in Europa grundsätzlich 20 Jahre ab dem Zeitpunkt der Anmeldung und ist ebenfalls von der Zahlung der Jahresgebühren abhängig.[230]

---

222 *Warner-Jenkinson Co. v. Hilton Davis Chem. Co.*, 520 U.S. 17, 39-40 (1997); Bergen-Babinecz/Hinrichs/Jung/Kolb, GRURInt 2003, 487, 489.

223 Die Einzelheiten dieser Regelung sind äußerst komplex und der Umfang des Ausschlusses war Gegenstand des Verfahrens *Festo Corp. v. Shoketsu Kinzoku Kogyo Kabushiki Co., Ltd.*, das zweimal zum Supreme Court ging. Zuletzt siehe *Festo Corp. v. Shoketsu Kinzoku Kogyo Kabushiki Co., Ltd.*, 535 U.S. 722 (2002), in Auszügen abgedruckt in GRURInt 2002, 776. Insbesondere wird nach der Rechtsprechung des Federal Circuit vermutet, dass nachträgliche Änderungen den Zweck verfolgen, die Erfindung patentfähig zu machen, siehe *Festo Corp. v. Shoketsu Kinzoku Kogyo Kabushiki Co., Ltd.*, 344 F.3d 1359 (Fed. Cir. 2003); siehe hierzu auch Adam, GRURInt 2002, 779; ausführlich mit einem Vergleich zum deutschen Recht siehe Bergen-Babinecz/Hinrichs/Jung/Kolb, GRURInt 2003, 487.

224 Vgl. *Westinghouse v. Boyden Power Brake Co.*, 170 U.S. 537, 568 (1898); *Graver Tank & Mfg. Co.v. Linde Air Products Co.*, 339 U.S. 605, 608f. (1950); *Scripps Clinic & Research Foundation v. Genentech, Inc. et al. v. Chinron Corp.* 927 F.2d 1565, 1581 (Fed. Cir. 1991); für ihre Anwendung im Zusammenhang mit geschützten technischen Standards siehe Patterson, 17 Berk. Tech. L.J. (2002) 1043, 1052; Merges, Who owns the Charles River Bridge, S. 33.

225 Sec. 271 US Patent Act.

226 Sec. 271 (b), (c) US Patent Act.

227 *Deepsouth Packing Co. v. Laitram Corp.*, 406 U.S. 518, 523 (1972), wobei durch die Gesetzesänderung von Sec. 217(f) auch die teilweise Herstellung der Erfindung mittlerweile eine Verletzungshandlung darstellt.

228 Siehe Moy's Walker on Patents, 12-48ff. mit Nachweisen zur Rechtsprechung.

229 Moy's Walker on Patents, 12-53ff.

230 Moy's Walker on Patents, 12-56ff. mit einer Diskussion weiterer Fragestellungen, insbesondere der noch etwas unklaren Frage, ob auch der Verkauf tatsächlich innerhalb der USA stattfinden muss.

cc. Grenzen des Patentrechts

Ebenso wie das deutsche Recht kennt das US-Patentrecht abhängige Patente und erlaubt Lizenzierung. Auch hier kann gegebenenfalls eine konkludente Lizenz angenommen werden. Diese sog. *implied license* besteht etwa dann, wenn der Patentrechtsinhaber ein ungeschütztes Produkt verkauft, mit Hilfe dessen sich ein patentiertes Kombinationsprodukt herstellen oder ein patentiertes Verfahren anwenden lässt. Diese konkludente Lizenz setzt voraus, dass man das unpatentierte Produkt nur auf patentverletzende Weise benutzen kann. Zudem müssen die Verkaufsumstände deutlichen Grund zur Annahme geben, dass eine solche konkludente Lizenz mit erteilt werden sollte.[231]

Daneben gibt es in den USA wie in Deutschland materiellrechtliche Ausnahmen u.a. für die Reparatur von Gegenständen,[232] die Vorbenutzung,[233] die Erschöpfung und die experimentelle Benutzung. Diese Ausnahmen sind dabei vom Grundsatz her den deutschen Regelungen ähnlich, auch wenn selbstverständlich Abweichungen bestehen können. Da diese Abweichungen im hier untersuchten Zusammenhang jedoch keine Rolle spielen, wird insofern auf die einschlägigen Kommentierungen verwiesen.[234]

dd. Rechtsdurchsetzung

i. Überblick

Ebenso wie in Deutschland stehen dem Patentinhaber ab dem Zeitpunkt der Eintragung eines Patents Unterlassungs- und Schadenersatzansprüche zu.[235] Vor der Eintragung besteht lediglich ein Entschädigungsanspruch, sofern der Verletzer vom Anmeldegegenstand wusste.[236] Die Rechtsdurchsetzung erfolgt vor den *Federal Courts*. Berufungsinstanz für Patentstreitigkeiten ist der in den 80er Jahren des letzten Jahrhunderts eigens dafür gegründete *Federal Circuit*. Patentstreitigkeiten werden grundsätzlich unter Beteiligung einer Jury entscheiden. Die Gerichte prüfen dabei sowohl die Rechtswirksamkeit eines Patents als auch dessen Verletzung. Für ein eingetragenes Patent besteht jedoch eine Wirksamkeitsvermutung.

ii. Berechnung des Schadenersatzes

Der Schadenersatzanspruch gewährt dem Patentinhaber angemessene Entschädigung für die Verletzung, deren Untergrenze eine angemessene Lizenzgebühr für die Nutzung der patentierten Erfindung zuzüglich Zinsen und Kosten sind. Dabei kann sich das Gericht der Hilfe von Sachverständigen bedienen. Wurde die Erstattungssumme von einer Jury festgesetzt, dann darf das Gericht diese Summe bis auf das dreifache anheben. In außergewöhnlichen Fällen

231 Schlicher, Patent Law, 1-85.
232 Vgl. Schlicher, Patent Law, 1-86 m. w. Nachw. auch zu Verbesserungen des patentierten Produkts.
233 Vgl. Sec. 273 US Patent Act.
234 Siehe etwa Moy's Walker on Patents.
235 Sec. 283, 284 US Patent Act.
236 Sec. 154(d) US Patent Act.

darf es zudem angemessenen Ersatz von Rechtsanwaltsgebühren zusprechen, Sec. 284 Patent Act. Dabei bemisst sich die Höhe des Schadenersatzanspruchs allein am Kompensationsinteresse des Patentrechtsinhabers und hat keine Straffunktion.[237]

Die Höhe des Schadenersatzes entspricht in den USA einer angemessenen Lizenzgebühr. Diese wird gemäß der Entscheidung *Georgia Pacific v. United States Plywood*[238] mit Hilfe von bis zu fünfzehn unterschiedlichen Faktoren bestimmt. Zu den Faktoren zählen unter anderem die Lizenzgebühren, die der Schutzrechtsinhaber mit dem Streitpatent gewöhnlich erzielt, die Lizenzgebühren vergleichbarer Patente, die Art und der Umfang der Lizenz, die Art des Wettbewerbs zwischen Lizenznehmer und Lizenzgeber, die Lizenzstrategie des Patentinhabers, die Art der patentierten Erfindung, der Gewinnanteil bei Verkauf patentierter Produkte, die dem Patent zuzuordnen sind und eine Einschätzung darüber, welchen Betrag ein Lizenznehmer im Rahmen von Verhandlungen zu zahlen bereit gewesen wäre.[239]

iii. Unterlassungsanspruch

Ferner erlaubt Sec. 283 Patent Act Gerichten, Unterlassungstitel gemäß den Grundsätzen des *equity*-Rechts („*permanent injunctions*") zu gewähren.[240] Die Voraussetzungen sind, dass (1) der Kläger einen nicht wieder gut zu machenden Schaden erleidet, (2) das *common law* keinen adäquaten Rechtsbehelf zur Verfügung stellt, (3) eine Interessenabwägung zwischen den Interessen des Klägers und des Beklagten eine Entscheidung nach *Equity*-Grundsätzen fordert und (4) einem Unterlassungstitel kein öffentliches Interesse entgegensteht.

Über Jahre hinweg war es keine Voraussetzung für die Erreichung eines Unterlassungsanspruchs, dass ein Patent tatsächlich genutzt oder lizenziert wird. Einzige Beschränkung war, dass ein Unterlassungstitel dem „öffentlichen Interesse" widersprach. Diese Ausnahme wurde gelegentlich angewendet, wenn andernfalls staatliche Daseinsvorsorgeeinrichtungen in ihrer Funktion beeinträchtigt worden wären.[241]

In einer neueren Entscheidung hat der *Supreme Court* diese Praxis relativiert.[242] Gestützt auf den Gedanken, dass ein Unterlassungsanspruch nur im Rahmen der Grundsätze des *equity*-Rechts gewährt werden kann, fordert er nunmehr eine genaue Prüfung der Voraussetzungen. Dabei hat das Gericht Wert darauf gelegt, dass es keine Voraussetzung für den Erlass eines Unterlassungstitel ist, dass ein Patent tatsächlich vom Patentinhaber genutzt wird. Auch die Nutzung durch andere im Wege der Lizenzierung genüge. Genauso entschieden hat sich der

237 Schlicher, Patent Law, 1-90.
238 *Georgia Pacific v. United States Plywood*, 318 F. Supp. 1116 (D. N.Y. 1970); siehe auch Layner-Farrar/Padilla/Schmalenseee S. 9.
239 *Georgia Pacific v. United States Plywood*, 318 F. Supp. 1116 (D. N.Y. 1970).
240 Schlicher, Patent Law, 1-87f.
241 Schlicher, Patent Law, 1-88.
242 Siehe *Ebay Inc. v. MercExchange L.L.C.*, 126 S. Ct. 1837 (2006).

Supreme Court jedoch gegen eine Regel ausgesprochen, nach der allein in außergewöhnlichen Fällen mit besonderem öffentlichen Interesse ein Unterlassungstitel versagt werden soll.[243] In einem Standardisierungskontext könnte diese Rechtsprechung eine Möglichkeit sein, die Rechtsmacht eines Inhabers von Patenten, die bei der Anwendung eines technischen Standards zwangsläufig benutzt werden, zu beschränken.

Neben dem Unterlassungstitel gewährt das U.S.-amerikanische Recht auch einstweilige Verfügungen („*preliminary injunctions*"), wenn (1) eine hinreichende Wahrscheinlichkeit für einen Sieg in der Hauptsache besteht, (2) dem Antragsteller durch Versagung der einstweiligen Verfügung ein nicht wieder gutzumachender Schaden entstünde, (3) der verhinderte Schaden des Antragstellers den Schaden der Gegenseite überwiegt und (4) der Erlass der einstweiligen Verfügung nicht gegen das öffentliche Interesse verstößt. Dabei stellt eine einstweilige Verfügung ein außergewöhnliches Rechtsmittel dar, das nicht routinemäßig erteilt werden soll. Keine Voraussetzung für den Erlass einer einstweiligen Verfügung ist, dass bereits ein Gericht das Patent in einem vorherigen Verfahren anerkannt hat. Ein nicht wieder gutzumachender Schaden wird grundsätzlich angenommen, wenn die Gültigkeit des Patents und dessen Verletzung klar dargelegt werden. Notwendig ist der eindeutige und überzeugende Nachweis, im Hauptverfahren voraussichtlich zu obsiegen.[244]

iv. Begrenzung der Ersatzansprüche

(1) Überblick

Eine Begrenzung der Ersatzansprüche kann in mehreren Fällen eintreten. Zum einen verjährt der Schadenersatzanspruch gemäß Sec. 286 Patent Act in sechs Jahren ab dem Zeitpunkt der Verletzungshandlung. Zudem besteht eine Kennzeichnungspflicht für patentgemäß hergestellte Güter nach Sec. 287. Fehlt eine Kennzeichnung, die anzeigt, dass es sich bei den Produkten eines Unternehmens um patentierte Erfindungen handelt, dann ist ein Verletzer nicht schadenersatzpflichtig, sofern der Patentinhaber nicht nachweisen kann, dass der Verletzer vom Bestehen des Patents gewusst hatte. Dies kann der Patentinhaber beispielsweise durch eine Abmahnung erreichen.

Zudem gibt es in den USA noch weitere, richterrechtliche Begrenzungen von Patentansprüchen, welche ihre dogmatischen Wurzeln im *equity*-Recht haben. Diese Rechtsinstitute eröffnen den Gerichten einen weiten Ermessenspielraum bei der Feststellung einer Rechtsverletzung und deren Rechtsfolgen. Diese Rechtsinstitute sind die sog. *laches*, *estoppel, patent prosecution laches, inequitable conduct* und *patent misuse.*

243 Siehe *Ebay Inc. v. MercExchange L.L.C.*, 126 S. Ct. 1837 (2006).
244 „Strong and clear showing of likelihood of success", Schlicher, Patent Law, 1-89.

(2) *Laches* und *Estoppel*

Die Rechtsinstitute *laches* und *estoppel* sind der Verwirkung im deutschen Recht ähnlich. Sie sind prozessuale Einreden, die vom Beklagten erhoben werden müssen.[245] Bei beiden geht es grundsätzlich darum, dass der Patentinhaber durch ein ihm zurechenbares Verhalten signalisiert, seine Ansprüche aus dem Patent nicht geltend machen zu wollen, und der angebliche Verletzer im Vertrauen darauf, nicht in Anspruch genommen zu werden, nachteilige Dispositionen trifft.[246] Dies können entweder Nachteile infolge der Zerstörung oder Unerreichbarkeit von Beweismitteln[247] oder wirtschaftliche Nachteile infolge der späten Klageerhebung sein[248].

Beim Rechtsinstitut des *laches* ist der maßgebliche Anknüpfungspunkt beim Verhalten des Patentinhabers eine lange zeitliche Verzögerung der Klageerhebung.[249] Das Zeitmoment ist nicht strikt festgelegt, vielmehr kommt es auf die Umstände des Einzelfalls an.[250]

Bei *laches* wird jedoch nach Ablauf von 6 Jahren ab der Kenntnis von der Verletzungshandlung das Vorliegen der Tatbestandsvoraussetzungen dieses Rechtsinstituts vermutet.[251] Diese Vermutung kann wiederum dadurch zerstört werden, dass der Patentinhaber ein Element der Voraussetzungen widerlegt, insbesondere indem er einen vernünftigen Grund vorträgt, aus dem die Klageerhebung zu einem vorherigen Zeitpunkt unterblieb.[252] Dann ist es am Beklagten, die Voraussetzungen nachzuweisen.[253] Infolge einer erfolgreichen Verteidigung mit *laches* können Schadenersatzansprüche für die Vergangenheit gegen den Beklagten nicht mehr erhoben werden können.[254] Weder werden hingegen der in die Zukunft gerichtete Unterlassungsanspruch noch Schadenersatzansprüche ab dem Zeitpunkt der Klageerhebung durch die Einrede ausgeschlossen.[255]

Bei dem Rechtsinstitut des *estoppel* ist es anders als bei *laches* notwendig, dass das Vertrauen auf die Nichtinanspruchnahme vernünftigerweise auf einer ausdrücklichen, konkludenten oder unterlassenen Kommunikation zwischen dem Patentinhaber und dem Verletzer beruht.[256] Anders als bei *laches* gibt es auch nach langem Zeitablauf keine Vermutung. Die Voraussetzun-

---

245 Für *laches* siehe z.B. *Aukerman,* 960 F.2d 1020, 1032 (Fed. Cir. 1992); Campbell, 43 IDEA 299, 304.

246 Hinsichtlich *laches* siehe *Aukerman,* 960 F.2d 1020, 1032 (Fed. Cir. 1992); hinsichtlich *equitable estoppel* siehe *Aukerman,* 960 F.2d 1020, 1041 (Fed. Cir. 1992).

247 *Aukerman,* 960 F.2d 1020, 1033 (Fed. Cir. 1992); *Odetics Inc. v. Storage Tech. Corp.*, 919 F. Supp. 911, 922-23 (E.D. Va. 1996), aff'd in part, rev'd in part, 185 F.3d 1259 (Fed. Cir. 1999).

248 *Aukerman,* 960 F.2d 1020, 1033 (Fed. Cir. 1992).

249 *Aukerman,* 960 F.2d 1020, 1032 (Fed. Cir. 1992).

250 *Aukerman,* 960 F.2d 1020, 1032 (Fed. Cir. 1992); *Galliher v. Cadwell,* 145 U.S. 368, 373 (1892); *Rosemount, Inc. v. Beckman Instruments,* 727 F.2d 1540, 1550 (Fed. Cir. 1984).

251 *Aukerman,* 960 F.2d 1020, 1035f. (Fed. Cir. 1992).

252 *Aukerman,* 960 F.2d 1020, 1037 (Fed. Cir. 1992); Campbell, 43 IDEA 299,304.

253 Campbell, 43 IDEA 299, 304.

254 *Adelberg Laboratories, Inc. v. Miles, Inc.*, 921 F.2d 12671272 (Fed. Cir. 1990).

255 Campbell, 43 IDEA 299, 304.

256 *Aukerman,* 960 F.2d 1020, 1041 (Fed. Cir. 1992).

gen sind deshalb immer vollständig vom Beklagten zu beweisen.[257] Auch führt der *estoppel* nicht nur zu einer Verwirkung des Schadenersatzanspruchs für die Vergangenheit, sondern sperrt auch den zukünftigen Unterlassungsanspruch sowie weitergehende Schadenersatzansprüche zwischen den Parteien.[258]

(3) Patent Prosecution Laches

Zusätzlich dazu gibt es noch sog. *patent prosecution laches*, die dann Anwendung finden, wenn der Umfang eines Patentanspruchs infolge oft jahrelanger Antragsverfahren vor dem USPTO lange Zeit unklar war und im Laufe der Zeit geändert oder ergänzt wurde. Durch nachträglich Ergänzung und Neubeantragung von Patentansprüchen kann das patentrechtliche Verfahren aus strategischen Gründen sehr lange offen gehalten werden.[259] Dabei ist zu berücksichtigen, dass die Veröffentlichung von Patentanmeldungen nach achtzehn Monaten für einige Patentanmeldungen sowie der Beginn der Laufzeit der Schutzdauer ab dem Anmeldezeitpunkt und nicht ab dem Zeitpunkt der Eintragung des Patents relativ junge Rechtsänderungen sind.[260] Ohne diese Regelungen konnten beantragte Patente lange vor Wettbewerbern geheimgehalten werden und die Patentansprüche zudem an deren Produkte angepasst werden. Mit Hilfe der *patent prosecution laches* versuchten die Gerichte, die schlimmsten Auswüchse dieses Systems in Grenzen zu halten. Voraussetzung für diese *laches* ist, dass es seitens des Patentinhabers zu einer unangemessenen und unerklärlichen Verzögerung des Verfahrens gekommen ist, selbst wenn dieses Verhalten gemäß den Verfahrensordnungen nicht zu beanstanden ist.[261] Darüber hinaus muss die Stattgabe der Verletzungsklage zu einem materiellen Nachteil des Beklagten führen, der über die Schadenersatzzahlungen hinausgeht.[262]

(4) *Inequitable Conduct*

Diesem Institut verwandt ist schließlich das Institut des sog. *inequitable conduct*, das zu einer generellen Undurchsetzbarkeit der Rechte aus einem Patent führt, selbst wenn das „unangemessene Verhalten" nur in Hinblick auf einen von mehreren Patentansprüchen vorliegt.[263] Die Voraussetzungen des *inequitable conduct* sind immer dann erfüllt, wenn der Patentinhaber im

257 *Aukerman,* 960 F.2d 1020, 1043 (Fed. Cir. 1992).

258 Campbell, 43 IDEA 299, 310; *Winbond Elecs. Corp. v. Intl. Trade Commn.*, 262 F.3d 1363, 1374 (Fed. Cir. 2001).

259 Vgl. die Sachverhalte der Entscheidungen *Woodbridge v. United States,* 263 U.S. 50 (1923); *Webster Electric Co. v. Splitdorf Electrical Co.*, 264 U.S. 463 (1924); siehe auch das Verfahren *Symbol Technologies v. Lemelson Medical, Education & Research Foundation,* Federal Circuit 277 F.3d 1361, 1363 (Fed. Cir.), in dem Patente zwischen 1954 und 1956 angemeldet wurden, eine Abhmahnung jedoch erst 1998 erfolgte.

260 Die Offenlegung für auch in anderen Ländern angemeldete Patente wurde durch den *American Inventors Protection Act* im November 1999 eingeführt, Public Law 106-113; der Beginn der Schutzdauer mit Antragstellung mit dem Uruguay Round Agreements Act (URAA) im Jahr 1995.

261 *Symbol Technologies Inc., v. Lemelson Medical Education and Research Foundation,* 277 F.3d 1361, 1363 (Fed. Cir.), cert. denied, 577 U.S. 825 (2002); 804 PLI/Pat 1147, 1158f.

262 *Symbol Technologies Inc., v. Lemelson Medical Education and Research Foundation,* 277 F.3d 1361, 1364f. (Fed. Cir. 2002); Nemec, 804 PLI/Pat 1147, 1158, 1186 mit einem Überblick über die seit *Symbol Technologies* ergangene Rechtsprechung.

263 Siehe *J.P. Stevens & Co. v. Lex Tex, Ltd.*, 747 F.2d 1561, 223 USPQ 1093 (Fed. Cir. 1984).

Patenterteilungsverfahren wissentlich falsche Angaben gegenüber dem USPTO gemacht hat. Dies ist zum einen der Fall, wenn der Tatbestand des Betrugs erfüllt ist.[264] Der Vorwurft unangemessenen Verhaltens kann zudem sowohl auf Vorspiegeln falscher Tatsachen als auch auf der Unterdrückung bekannten, der Patentierung entgegenstehenden Wissens beruhen. Dafür ist erforderlich, dass diese Information für die Erteilung des Patents relevant war, der Antragsteller oder sein Anwalt von der Information und ihrer Relevanz wussten und die fehlende Offenbarung oder Falschdarstellung von dem Vorsatz getragen war, das Patentamt irrezuführen.[265] Nach dem bis 1992 gültigen Standard wurde die Relevanz der Information angenommen, sofern eine gewisse Wahrscheinlichkeit bestand, dass ein sorgfältiger Prüfer des USPTO die unterdrückte oder falsche Information bei der Beurteilung der Patentierbarkeit für wichtig gehalten hätte.[266] Ob dieser Maßstab weiterhin Gültigkeit beansprucht, ist nach einer Änderung der Richtlinien beim USPTO etwas unklar.[267] Zudem muss Vorsatz bestehen. Fahrlässigkeit genügt nicht.[268]

(5) Patent Misuse

Die letzte verfahrensrechtliche Begrenzung von Patentansprüchen ist das Rechtsinstitut des sog. *patent misuse*.[269] Ein Patentmissbrauch liegt dabei grundsätzlich immer dann vor, wenn der Patentinhaber versucht, seine Rechtsmacht über die Grenzen des Patentrechts hinaus auszudehnen; dies gilt insbesondere für bestimmte Lizenzvereinbarungen, Verkaufs- und Vermietungspraktiken.[270] Eine weitere Fallgruppe sind Nutzungen, die den Wettbewerb ausschließen.[271] *Patent* Misuse ist eine prozessuale Einrede.[272] Besteht ein *patent misuse*, dann führt dies dazu, dass das Patent solange gegen niemanden durchsetzbar ist, bis das Verhalten abgestellt wurde, das den Missbrauch begründet.

Voraussetzung für *patent misuse* ist, dass der Patentinhaber unerlaubt und in wettbewerbsbeschränkender Weise den sachlichen oder zeitlichen Umfang seines Patentrechts erweitert hat.[273] Dies wird durch drei Kategorien von Fällen präzisiert. Zum einen bestehen *per se*-Ver-

264 Der Tatbestand des „fraud“ ist immer dann erfüllt, wenn Tatsachen mit der Absicht der Irreführung falsch dargestellt wurden, das Patentamt bei der Erteilung des Patents berechtigterweise auf diese Angaben vertraut hat, und ohne diese Angaben das Patent nicht erteilt worden wäre, vgl. *Precision Instrument Manufacturing Co. v. Automotive Maintenance Machinery Co.*, 342 U.S. 806 (1945).

265 Siehe *Molins PLC v. Textron, Inc.*, 48 F.3d 1172, 1178 (Fed.Cir. 1995).

266 Siehe *Akzo N.V. .v U.S.*, 810 U.S. F.2d 1148, 1 USPQ 2d 1241 (Fed. Cir. 1986); *J.P. Stevens & Co. v. Lex Tex, Ltd.*, 747 F.2d 1561, 223 USPQ 1093 (Fed. Cir. 1984); *In re Jerabek,* 789 F.2d 886, 890 (Fed. Cir. 1986).

267 Zur Neudefinition in den Regeln des USPTO siehe *Critikon Inc. v. Becton Dickinson Vascular Access Inc.*, 120 F.3d 1253, 43 USPQ 2d 1666 (Fed. Cir. 1997).

268 Siehe *Kingsdown Medical Consultants, Ltd. v. Holister, Inc.*, 863 F.2d 867, 876 (Fed. Cir. 1988).

269 Siehe zu einem Vergleich der amerikanischen Misuse-Doktrin mit dem deutschen Recht Riziotis, GRURInt. 2004, 367.

270 *Virginia Panel v. MAC Panel*, 133 F.3d, 860; Riziotis, GRURInt 2004, 367, 368.

271 Vgl. Hovenkamp/Janis/Lemley, IP and Antitrust, § 3-7.

272 Vgl. Riziotis, GRURINt 2004, 367, 368.

273 *Virginia Panel v. MAC Panel*, 133 F.3d, 860.

letzungen, wie beispielsweise bestimmte Koppelungsabreden[274] und Preisfestsetzungen.[275] Daneben bestehen eine Reihe von *per se* legalen Abreden. So können Koppelungsabreden nur in denjenigen Fällen tatbestandsmäßig sein, in denen der Patentinhaber Marktmacht besitzt.[276] Fällt ein konkretes Verhalten weder in die eine noch in die andere Kategorie, dann muss das Gericht ermitteln, ob das Verhalten noch in den gesetzlich gewährten Schutzbereich des Patentrechts fällt.

Sofern dies nicht der Fall ist, muss im Rahmen einer Abwägungsentscheidung festgestellt werden, ob das konkrete Verhalten den Wettbewerb in ungerechtfertigter Weise beschränkt. Bei dieser Abwägung spielen zahlreiche Faktoren eine Rolle; es sind beispielsweise das konkrete Geschäftsfeld, sein Zustand vor und nach Einführung der Beschränkung sowie Geschichte, Natur und Effekt der Handlung zu berücksichtigen.[277] Auch wenn das Rechtsinstitut damit dem Kartellrecht nahe steht, so unterscheidet es sich in Verfahrensfragen, seiner Rechtswirkung und darin vom Kartellrecht, dass einige Verhaltensweisen zwar *patent misuse* aber keine Kartellrechtsverletzung darstellen.[278]

Unter die klassischen Fallgruppen des *patent misuse* fallen Koppelungsabreden, Gruppenlizenzen, die Ausdehnung der zeitlichen Dauer von Patenten, Rücklizenzierung, Nutzungsbeschränkungen, Horizontalabreden, Preisdiskriminierung und andere Fälle der Ausdehnung des Patentrechts. Diese Fallgruppen sollen nachfolgend kurz dargestellt werden.

Koppelungsabreden sind Vereinbarungen, bei denen der Erwerb eines patentierten Erzeugnisses vom gleichzeitigen Erwerb unpatentierter Erzeugnisse abhängig gemacht wird. Ein Sonderfall davon besteht, wenn die Koppelung unpatentierte Produkte umfasst, deren selbständiges Anbieten seitens Dritter eine mittelbare Patentverletzung darstellen würde.

Ursprünglich stellte jede Koppelung patentierter und unpatentierter Produkte *per se* einen Patentmißbrauch dar.[279] Die sehr weitgehende Doktrin wurde jedoch vom Kongress durch Sec. 271(d)(5) Patent Act dahingehend eingeschränkt, dass der Patentinhaber Marktmacht im Markt des patentierten Produkts besitzen muss. Das Patent selbst begründet dabei noch keine Marktmacht.[280] Infolge der Entscheidung *Illinois Tool Works v. Independent Ink* haben sich die Gerichte von dieser früher häufig vertrete-

274 *Virginia Panel v. MAC Panel*, 133 F.3d, 860.
275 *Mallinckrodt v. Medipart,* 976 F.2d 700 (Fed. Cir. 1992).
276 Siehe *Virginia Panel v. MAC Panel*, 133 F.3d, 860; § 271(d)(5) US Patent Act.
277 Vgl. *Virginia Panel v. MAC Panel*, 133 F.3d, 860; *Mallinckrodt v. Medipart,* 976 F.2d 700 (Fed. Cir. 1992).
278 Zur rechtswissenschaftlichen Diskussion siehe Hovenkamp/Janis/Lemley, IP and Antitrust, § 3-9, 10.
279 Siehe *Morton Salt v. G.S. Suppiger Co.*, 314 U.S. 488 (1942); sehr weitgehend *Mercoid Corp. v. Mid-Continent Inv. Co.*, 320 U.S. 661 (1944).
280 So Riziotis, GRURInt 2004, 367, 369.

nen Auffassung mittlerweile auch im Kartellrecht verabschiedet.[281] Ob durch diese Änderung Koppelungen noch einen *per se*-Verstoß begründen können, ist umstritten.[282]

Umstritten ist ferner, ob zudem wettbewerbsbeeinträchtigende Effekte im Markt des gekoppelten Produkts festgestellt werden müssen. Hierfür spricht, dass die *patent misuse*-Doktrin nur die wettbewerbsbeeinträchtigende Ausdehnung von Patentrechten bekämpfen will.[283]

Eine weitere Beschränkung der ursprünglich sehr weitgehenden Rechtsprechung zu *patent misuse* hat der Kongress durch Sec. 271(d)(1)-(3) US Patent Act eingeführt. Die Doktrin erfasste nämlich grundsätzlich auch Produkte, deren Anbieten seitens Dritter eine mittelbare Patentverletzung darstellen kann, so dass sich der Patentinhaber infolge dessen in einer Zwickmühle befand, entweder mittelbare Patentverletzungen dulden oder die Gefahr der Nichtdurchsetzbarkeit seines Patents infolge der sog. *patent misuse*-Doktrin riskieren zu müssen.[284] Zweck der oben genannten Vorschriften ist damit die Abgrenzung von *patent misuse* und mittelbarer Patentverletzung. Demnach kann die Koppelung von patentierten Produkten mit Massenartikeln, die in nicht patentverletzender Weise benutzt werden können, den Vorwurf des *patent misuse* begründen; anders ist dies bei einer Koppelung von patentierten Produkten mit Produkten, die besonders auf die Nutzung mit dem patentierten Gegenstand zugeschnitten sind.[285] Sofern Koppelungen erlaubt sind, kann ein Patentinhaber deshalb auch ohne Sorgen angebliche mittelbare Patentverletzer verklagen.

Eine letzte Art von Koppelungsabreden stellen schließlich Gruppen- oder Paketlizenzen dar. In solchen Fällen lizenziert der Patentinhaber nicht einzelne Patente. Stattdessen fasst er einige seiner Patente zu einer Gruppe zusammen und lizenziert entweder alle oder gar keine. Bei den Lizenzgebühren wird in solchen Fällen nicht danach differenziert, welche Patente von den Lizenznehmern tatsächlich benutzt werden. Die US-amerikanische Rechtsprechung unterscheidet bei der Beurteilung der Rechtmäßigkeit in solchen Fällen danach, ob der Lizenzvertrag freiwillig oder unfreiwillig abgeschlossen wurde.[286] Im Falle unfreiwilligen Abschlusses kann *patent misuse* vorliegen. Ob Freiwilligkeit vorliegt, bestimmt sich dabei anhand des Verhandlungsvorgangs. Die Gerichte versuchen zu ermitteln, ob die Vereinbarung das Ergebnis

---

281 Siehe *Illinois Tool Works Inc. et al. v. Independent Ink, Inc.*, 547 U.S. 28, 126 S. Ct. 1281 (2006)

282 Vgl. Hovenkamp/Janis/Lemley, IP and Antitrust, § 3-15 m. w. Nachw.

283 Siehe Hovenkamp/Janis/Lemley, IP and Antitrust, § 3-15f.

284 Vgl. Hovenkamp/Janis/Lemley, IP and Antitrust, § 3-17 m. w. Nachw.

285 Vgl. Sec. 271(d) US Patent Act, zur Rechtsprechung vgl. Hovenkamp/Janis/Lemley, IP and Antitrust, § 3-17ff.

286 Siehe *Automatic Radio Mfg. v. Hazeltine Research,* 339 U.S. 827 (1950) und *Zenith Radio Corp. v. Hazeltine Research*, 395 U.S. 100 (1969); *Engel Industries v. Lockformer*, 96 F.3d 1398 (Fed. Cir. 1996),

eines offener Verhandlungen war oder ob Einwände des Lizenznehmers vom Lizenzgeber abgetan wurden.[287] Diese Rechtsprechung wird als unpraktikabel kritisiert.[288]

In einer erst vor kurzem ergangenen Entscheidung hat der *Federal Circuit* nunmehr Paketlizenzen bestehend aus notwendigen und substituierbaren Schutzrechten in weitaus größerem Umfang als rechtmäßig anerkannt.[289] Nach dieser Entscheidung ist eine Paketlizenz bestehend aus notwendigen und nicht notwendigen Patenten grundsätzlich zulässig, sofern nicht ausdrücklich ein wettbewerbsbeinträchtigender Effekt nachgewiesen wird. Insbesondere umfasst dies den Nachweis, dass für die nicht notwendigen Schutzrechte tatsächlich Substitute bestehen, deren Inhaber benachteiligt werden könnten.[290]

Geht man davon aus, dass auch in Koppelungsfällen ein wettbewerbsbeschränkender Effekt vorliegen muss, dann kann in diesem Rahmen weiter differenziert werden. Paketlizenzen an Patentpools, die nicht-essentielle Patente enthalten, können daher einen *patent misuse* darstellen.[291] Umgekehrt kann in Fällen, in denen es für zwei Patente keine andere Verwendung gibt, als miteinander benutzt zu werden, ein Patentmißbrauch verneint werden.[292] Insofern können auch Überlegungen, dass durch Paketlizenzen in vielen Fällen erhebliche Transaktionskosten gespart werden können, in die Betrachtung mit einfließen.[293]

Ebenfalls einen *per se*-Verstoß stellt die Ausdehnung eines Patents über dessen Gültigkeitszeitraum hinweg dar.[294] Grundsätzlich darf ein Patentinhaber nur so lange Lizenzgebühren verlangen, solange das Patent gültig ist. Etwas anderes gilt jedoch, sofern die Lizenzgebühren zwar zu diesem Zeitpunkt fällig sind, jedoch erst nach Erlöschen des Patents gezahlt werden.[295] Die Grundregel wird auch dadurch eingeschränkt, dass Lizenzgebühren für Entdeckungen erlaubt sind, die mit Hilfe eines patentierten Verfahrens getätigt wurden, deren kommerzielle Verwertung sich jedoch über die Gültigkeitsdauer des Patents hinaus erstreckt.[296] Ebenso werden nicht zwangsläufig Fälle vom Verbot erfasst, in denen weitere Patentrechte oder Geschäftsgeheimnisse lizenziert wurden. In diesen Fällen ist jedoch zwischen den Gerichten strittig, ob die Lizenzgebühren weiterhin in derselben Höhe zulässig sind.[297]

287 Für einen Überblick über die Rechtsprechung und die angewendeten Kriterien siehe Hovenkamp/Janis/Lemley, IP and Antitrust, § 3-22.1ff.
288 Stellvertretend für die Kritik siehe Hovenkamp/Janis/Lemley, IP and Antitrust, § 3-22.1ff.
289 Siehe *U.S. Philips Corp. v. International Trade Commission*, 424 F.3d 1179 (Fed. Cir. 2005).
290 Kritisch zu dieser Entscheidung siehe Homiller, 7 Duke Law and Tech. Rev. (2006).
291 *In Re Certain Recordable Compact Discs and Rewritable Compact Dics*, Inv. No. 337-TA-474 (Intl. Trade Commn. Mar. 11, 2004); ausführlich zur ökonomischen Analyse von Schutzrechtspools siehe unten im vierten Kapitel, S. 305ff.
292 *International Mfg. v. Landon, Inc.*, 336 F.2d 723 (9th Cir. 1964).
293 Siehe für diese Diskussion Hovenkamp/Janis/Lemley, IP and Antitrust, § 3-23ff.
294 Siehe *Brulotte v. Thys,* 379 U.S. 29 (1964); *Mallinckrodt v. Medipart,* 976 F.2d 700 (Fed. Cir. 1992).
295 Siehe *Brulotte v. Thys,* 379 U.S. 29 (1964).
296 Siehe *Bayer AG v. House Pharm,*228 F. Supp. 2D 467, 472 (D.Del. 2002).
297 Vgl. Hovenkamp/Janis/Lemley, IP and Antitrust, § 3-26f. m. w. Nachw.

Bei allen übrigen Fallgruppen des *patent misuse* ist eine Interessenabwägung notwendig. Dies umfasst Rücklizenzierungspflichten,[298] Lizenzbeschränkungen und Horizonalabsprachen,[299] Wettbewerbsverbote,[300] Preisdiskriminierung[301] und andere Praktiken.[302] So kommt es bei Rücklizenzierungspflichten entscheidend darauf an, ob der Lizenzgeber Marktmacht besitzt und ob es sich bei der Rücklizenz um ausschließliche oder nicht ausschließliche Lizenzen handelt.[303] Nicht ausschließliche Lizenzen und fehlende Marktmacht können keinen *patent* misuse begründen. Ebenso sind Nutzungsbeschränkungen nur in seltenen Fällen ein Mißbrauch des Patentrechts.[304] Horizontalabsprachen sind dann unzulässig, wenn sie ein heimliches Kartell darstellen, insbesondere wenn mit Hilfe der Lizenzgebührenregelungen von Patentpools der Preis des Endprodukts kontrolliert oder reguliert werden kann.[305] Andere Praktiken können einen Verstoß darstellen, etwa wenn versucht wird, mit ihrer Hilfe den Erschöpfungsgrundsatz auszuhebeln. Dies kann der Fall sein, wenn für dieselben Patente und dieselben Produkte im Rahmen zweier Produktionsstufen zweimal Lizenzgebühren verlangt werden.[306] Die bloß einseitige und nicht an Bedingungen geknüpfte Nichtlizenzierung stellt hingegen nach der gefestigten Rechtsprechung keinesfalls einen *patent misuse* dar.[307]

(6) Bedeutung für technische Standardisierung

Im Zusammenhang mit technischer Standardisierung können alle hier beschriebenen Begrenzungen Anwendung finden. *Estoppel, laches* und *inequitable conduct* können insbesondere dann eine Rolle spielen, wenn ein Patentinhaber bewusst einem Standardisierungsgremium entgegen einer ausdrücklich oder konkludent vereinbarten Offenlegungspflicht oder durch Betrug bestehende Patente oder anhängige Patenterteilungsverfahren verschweigt.[308] Strittig ist

---

298 Stellvertretend *Transparent-Wrap Mach. Corp. v. Stokes & Smith Co.*, 329 U.S. 637 (1947), vgl. auch Hovenkamp/Janis/Lemley, IP and Antitrust, § 3-28

299 Vgl. *United States v. U.S. Gypsum*, 333 U.S. 364 (1948); Hovenkamp/Janis/Lemley, IP and Antitrust, § 3-30.3ff. m. w. Nachw.

300 Vgl. *Berlenbach vl Anderson & Thompson Ski Co.*, 329 F.2d 782 (9th Cir. 1964); nach Hovenkamp/Janis/Lemley, IP and Antitrust, § 3-34, handelt es sich heutzutage nicht mehr zwangsläufig um einen *per se*-Verstoß.

301 Vgl. Hovenkamp/Janis/Lemley, IP and Antitrust, § 3-34f.

302 Vgl. Hovenkamp/Janis/Lemley, IP and Antitrust, § 3-35f.

303 Siehe ausführlich Hovenkamp/Janis/Lemley, IP and Antitrust, § 3-28f., insbesondere 3-30 m. w. Nachw.

304 Siehe *General Talking Pictures v. Western Electric*, 304 U.S. 175 (1938); Hovenkamp/Janis/Lemley, IP and Antitrust, § 3-30.1f. m.w.Nachw

305 S.o. Fn. 192; *United States v. New Wrinkle, Inc.* 342 U.S.371 (1952); *United States v. Line Material Co.*, 333 U.S. 287 (1948).

306 Sog. *double dipping, PSC, Inc. v. Symbol Technologies*, 26 F. Supp. 505 (W.D.N.Y. 1998).

307 Zuerst *Continental Paper Bag Co. v. Eastern Paper Bag Co.,* 210 U.S. 405 (1908), zuletzt *In re Independent Serv. Orgs. Antitrust Litig.*, 203 F.3d 1322 (Fed. Cir. 2000); zur kartellrechtlichen Entscheidung des 9th Circuit in *Image Technical Servs. v. Eastman Kodak Co.*, 125 F.3d 1195 (9th Cir. 1997) siehe unten S. 177f.; ausführlich Hovenkamp/Janis/Lemley, IP and Antitrust, § 3-39f; für einen Standardisierungskontext siehe auch *Townshend v. Rockwell International Corp.; Conexant Systems, Inc.*, 2000 WL 433505 (N.D. Cal., 2000) unter II.E.

308 Siehe Lemley, 90 Cal. L. Rev. (2002) 1889, 1918ff., der darauf hinweist, das insbesondere das Rechtsinstitut des *equitable estoppel* auch dann Anwendung findet, wenn eine eindeutige Verpflichtung zur Offenlegung bestand („clear duty to to speak“).

jedoch in der amerikanischen Rechtspraxis, wie genau Offenlegungspflichten formuliert sein müssen, um entsprechende Konsequenzen nach sich zu ziehen.[309]

Patent prosecution laches können ferner ein Mittel dagegen darstellen, dass Patentanmeldungen so lange unbekannt und in der Schwebe gehalten werden, bis sich ein Standard etabliert hat. Sie verringern Potentiale strategischen Verhaltens.

Patent Misuse schließlich hat keinen speziellen Bezug zu technischer Standardisierung, definiert jedoch die Grenzen des Patentrechts mit und verhindert eine vertragsrechtliche Ausweitung der Rechtsmacht. Diese Doktrin hat damit erhebliche Auswirkungen auf den Wettbewerb um den technischen Standard.

ee. Zusammenfassung des US-Rechts

Eine Betrachtung des US-amerikanischen Rechts führt zu ähnlichen Schlussfolgerungen wie sie auch das Ergebnis der Analyse des deutschen Rechts waren. Patente, die bei Anwendung eines technischen Standards zwangsläufig genutzt werden, führen zu erheblicher Rechtsmacht. Der Patentinhaber gewinnt bedeutenden Einfluss auf die Herstellung, die Nutzung und den Vertrieb standardkonformer Güter. Anders als im deutschen Recht bestehen jedoch umfassendere Verwirkungstatbestände. Der Grund dafür liegt darin, dass das US-amerikanische Patentrecht für viele Jahre sehr umfangreiche Geheimhaltungsmöglichkeiten sowie Änderungsmöglichkeiten geboten hat, die die Patentsuche äußerst schwierig gestalteten. Ferner begann die zeitliche Gültigkeit von Patenten erst mit dem Zeitpunkt der Erteilung und nicht mit dem Zeitpunkt der Antragstellung.

Die umfangreichen Verwirkungstatbestände eröffnen Gerichten Spielräume, um eine Verwirkung eines Patentanspruchs in Situationen zu begründen, in denen ein Patentinhaber Teilnehmer an Standardisierungsgremien über die Existenz seiner Patente irreführt oder Wissen über seine Schutzrechte treuwidrig zurückhält. Von besonderer Bedeutung ist ferner, dass ein Unterlassungsanspruch nur dann gewährt wird, wenn er mit dem öffentlichen Interesse im Einklang steht. Es stellt sich die Frage, wie dieses Kriterium im Zusammenhang mit technischer Standardisierung auszufüllen ist. Im Extremfall ließe sich argumentieren, dass technische Standardisierung ein erhebliches öffentliches Interesse darstellt. Entwickelt sich die Rechtsprechung in diese Richtung, dann bliebe einem Patentinhaber, dessen Patent zwangsläufig bei Anwendung eines technischen Standards benutzt wird, lediglich eine Vergütung aufgrund seines Schadenersatzanspruchs.

309 Siehe hierzu die Nachweise S. 82 Fn. 397.

c) Zusammenfassung

Das Patentrecht schützt neues technisches Wissen einer gewissen Qualität grundsätzlich unabhängig davon, wie und in welchem Rahmen dieses Wissen tatsächlich angewendet wird. Dabei ist der Schutz sehr umfassend. Die Nutzung des technischen Wissens zu gewerblichen Zwecken ist ohne Zustimmung des Schutzrechtsinhabers grundsätzlich nicht möglich. Technische Standards werden von Patentrechten erfasst, wenn der technische Standard ein patentrechtlich geschütztes Produkt beschreibt oder aber ein patentrechtlich geschütztes Verfahren für die Anwendung des technischen Standards notwendig ist. Jegliche gewerbliche Anwendung eines technischen Standards verletzt in solch einem Fall das Patentrecht.

Grundsätzlich ermöglicht dabei die Veröffentlichung der Patentanmeldungen und der erteilten Patente Anwendern die Überprüfung, ob sie bei der Anwendung einer bestimmten Spezifikation ein Patentrecht berühren. Allerdings muss einschränkend festgestellt werden, dass eine Patentsuche in vielen Fällen mit großem Aufwand verbunden sein kann. Je nach der Komplexität eines technischen Standards kann eine Suche sehr viele Patente und Patentansprüche umfassen. Ferner bestehen Unsicherheiten bei der Auslegung von Patentansprüchen. Insbesondere der Äquivalenzbereich kann äußerst vage sein. Bei Patentanmeldungen ist häufig schwer vorherzusehen, in welchem Umfang Patentansprüche schließlich gewährt werden. Zudem können Patentansprüche nachträglich geändert werden. Ferner ist zu berücksichtigen, dass bei transnationalen Aktivitäten Unterschiede in der Patentrechtslage zwischen einzelnen Ländern bestehen können. Auch dies erhöht den Suchaufwand.

Auch wenn schließlich bloße Unsicherheiten nicht zu einer Schadenersatzpflicht führen, so trifft einen Verletzer jedenfalls unabhängig von seiner Kenntnis der Unterlassungsanspruch, der ganze Produktionslinien lahmlegen kann. Das Risiko einer fehlerhaften Suche trägt nach der bisherigen Rechtsprechung grundsätzlich der Verletzer. In den USA wird jedoch teilweise durch die zahlreichen Verwirkungstatbestände eine gewisse Abhilfe geschaffen. Zu beachten ist ferner, dass Patentstreitigkeiten insbesondere in den USA äußerst kosten- und zeitaufwendig sind.

Eine Schutzrechtsverletzung nicht vermeiden kann ein Anwender, wenn er Designentscheidungen zu Zeitpunkten trifft, in dem Patentanmeldungen noch geheim gehalten werden oder die in die *grace period* fallen. In den USA ist dies ein Zeitraum von maximal dreißig Monaten, in Europa von maximal achtzehn Monaten. Das Vorbenutzungsrecht schafft hier nur in sehr begrenztem Maß Abhilfe, da es erfordert, dass die Benutzung bereits vor der Antragstellung begonnen hat.[310]

310 Nach Zahn, GRUR 1980, 157, 159 ist das Konfliktpotential in Deutschland daher sehr gering. Zu beachten ist allerdings, dass sich seitdem sowohl die Schutzrechtslandschaft als auch die Standardisierungslandschaft erheblich verändert haben. Zudem geht er davon aus, alle Schutzrechtsinhaber

Das Patentrecht bietet einem Verletzer nur in sehr begrenztem Umfang Möglichkeiten, den Unterlassungsanspruch ohne Zustimmung des Patentinhabers abzuwehren. Der Zwangslizenztatbestand des deutschen Rechts erfasst entsprechende Fälle grundsätzlich nicht. Lediglich in Fällen, in denen der Patentinhaber einen Vertrauenstatbestand zugunsten von Nutzern geschaffen hat, die Nutzer über die Existenz eines Schutzrechts irregeführt oder Kenntnisnahmemöglichkeiten bewusst verhindert hat, können billigkeitsrechtliche Regelungen wie die Verwirkung zu einer Versagung des Schadenersatzes oder Unterlassungsanspruchs führen. Inwieweit ein Unterlassungsanspruch in den USA im Zusammenhang mit technischer Standardisierung in Zukunft versagt wird, ist eine offene und spannende Frage.

III. Das Recht der Geschäftsgeheimnisse

1. Überblick

Kumulativ und alternativ zum Patentrecht wird technisches Wissen als Geschäfts- bzw. Betriebsgeheimnisse geschützt[311]. Solches technisches Wissen können sowohl die Spezifikationen eines technischen Standards selbst auch auch der Gegenstand dieser dieser Spezifikationen sein. Berühmtestes Beispiel für den Fall, dass die Spezifikationen selbst geheim gehalten werden, sind die Schnittstellenspezifikationen der Microsoft Windows Betriebssysteme. Der Schutz beruht auf dem durch die Privatautonomie geschützten Recht zur Geheimhaltung von Informationen. Der Schutz dieses Rechts an Informationen ist dabei teilweise relativ, teilweise auch absolut. Anders als das Patentrecht ist er jedoch nicht in einem einheitlichen Gesetz geregelt, sondern einmal in außervertraglichen Normen, die das Ausspähen und die unerlaubte Weitergabe geheimer Informationen verbieten, und zum anderen in privatrechtlichen Abreden, unter bestimmten Umständen erlangtes Wissen nicht weiter zu verbreiten.

2. Deutschland

a) Überblick

In Deutschland unterliegen Geschäftsgeheimnisse sowohl vertraglichem als auch außervertraglichem Schutz. Der vertragliche Schutz ergibt sich einerseits aus Arbeitsverträgen und andererseits aus Lizenzverträgen, mit Hilfe derer technisches Wissen bestimmten Personen unter der Bedingung vertraglicher Geheimhaltungspflichten weitergegeben wird. Die außervertraglichen Regelungen ergeben sich aus den strafrechtlichen Vorschriften der §§ 17, 18 UWG, die über § 8 i.V.m. §§ 3, 4 Nr. 10, 11 UWG sowie § 823 II BGB zivilrechtliche Unterlassungs- und Schadenersatzansprüche begründen können. Darüber hinaus können durch Geheimnisverrat auch § 823 I BGB wegen einer Verletzung des Rechts am eingerichteten und ausgeübten Gewerbebetrieb oder § 826 BGB zu zivilrechtlichen Ansprüchen führen. Bereicherungsrechtliche Ansprüche können aus § 812 I 1 2. Alt. BGB folgen.

kämen ihren Verpflichtungen zur Offenlegung in hinreichendem Umfang nach.

311 Nachfolgend wird allein der Begriff des Geschäftsgeheimnisses benutzt.

b) Der Begriff des Geheimnisses

Alle Vorschriften setzen grundsätzlich voraus, dass es sich bei dem geschützten Wissen um Geschäftsgeheimnisse handelt. Der BGH versteht unter einem Geschäftsgeheimnis jede Tatsache, die im Zusammenhang mit einem Geschäftsbetrieb (Unternehmen) steht, nur einem eng begrenzten Personenkreis bekannt, also nicht offenkundig, ist und nach dem bekundeten oder erkennbaren Willen des Betriebsinhabers aufgrund eines berechtigten Interesses geheimgehalten werden soll.[312] Je bedeutender ein Geheimnis für ein Unternehmen, desto höher ist das berechtigte Interesse.[313] Bei Existenz eines berechtigten Interesses wird der Geheimhaltungswille vermutet.[314] Besteht kein berechtigtes Interesse, wird kein Schutz gewährt, selbst wenn der Betriebsinhaber ein Interesse an der Geheimhaltung besitzt.[315] Geheimnis kann dabei jede unternehmensbezogene Tatsache sein, etwa die Information, dass ein Unternehmen ein bestimmtes, an sich bekanntes Verfahren anwendet, solange das Verfahren nicht derart offenkundig ist, dass Außenstehende ohnehin mit seiner Anwendung in dem Unternehmen rechnen.[316]

Offenkundig ist eine Tatsache nur, wenn sie allgemein bekannt oder dergestalt beliebigem Zugriff preisgegeben ist, dass für jeden an ihr Interessierten die Möglichkeit besteht, sich unter Zuhilfenahme lauterer Mittel ohne größere Schwierigkeiten und Opfer von ihr Kenntnis zu verschaffen.[317] Sofern deshalb nur ein begrenzter Personenkreis von der Tatsache weiß, ist die Tatsache nicht offenkundig.[318] Auch die Weitergabe ist unschädlich, sofern der Betriebsinhaber die Personengruppe unter Kontrolle behält. Dies lässt sich beispielsweise durch vertragliche Geheimhaltungsverpflichtungen erreichen.[319] Selbst das unabhängig vom Unternehmensinhaber erlangte Wissen Dritter führt noch nicht zur Offenkundigkeit, wenn diese es für sich behalten.[320] Ist bestimmtes Wissen jedoch erst einmal einer breiten Öffentlichkeit bekannt geworden, dann hat es keinen Geheimnischarakter mehr.[321]

---

312 BGH, Urteil v. 15.03.1955, Az. I ZR 111/53, GRUR 1955, 424, 425 – Möbelwachspaste; BGH, Urteil v. 07.11.2002, GRUR 2003, 356, 358 – Präzisionsmessgeräte; ebenso Köhler in Hefermehl/Köhler/Bornkamm, Wettbewerbsrecht, 24. Aufl., § 17 Rn. 4; Kraßer, GRUR 1977, 177, 178.

313 Kraßer, GRUR 1977, 177, 178 m. w. Nachw.

314 Ebenso Köhler in Hefermehl/Köhler/Bornkamm, Wettbewerbsrecht, 25. Aufl., § 17 Rn. 10; Kraßer, GRUR 1977, 177, 178.

315 Kraßer, GRUR 1977, 177, 178.

316 BGH, Urteil v. 15.03.1955, Az. I ZR 111/53, GRUR 1955, 424, 425 – Möbelwachspaste; Urteil v. 01.07.1960, Az. I ZR 72/59, GRUR 1961, 40, 43 – Wurftaubenpresse; Urteil v. 16.10. 1962, Az. KZR 11/61, GRUR 1963, 207 (211) – Kieselsäure.

317 Harte-Bavendamm, GRUR 1990, 657, 660

318 BGH, Urteil v. 10.07.1963, Az. Ib ZR 21/62, GRUR 1964, 31, 32 – Petromax II.

319 BGH, Urteil v. 09.05.1985, Az. I ZR 52/83, GRUR 1985, 1041, 1044; Kraßer, GRUR 1977, 177, 179.

320 Kraßer, GRUR 1977, 177, 179; ähnlich Köhler in Hefermehl/Köhler/Bornkamm, Wettbewerbsrecht, 24. Aufl., § 17 Rn. 7.

321 Köhler in Hefermehl/Köhler/Bornkamm, Wettbewerbsrecht, 24. Aufl., § 17 Rn. 7.

Die Zugänglichkeit der Tatsache wird anders als im Patentrecht nicht abstrakt, sondern konkret beurteilt.[322] Es kommt auf die Wahrscheinlichkeit an, mit der sich Dritte Zugang zu einer Information verschaffen können. Maßgeblich ist, welchen Aufwand Dritte treiben müssen, um sich Kenntnis von der Tatsache zu verschaffen.[323] Können bestimmte Konstruktionsmerkmale beispielsweise erst durch die mühevolle Zerlegung eines im Handel erhältlichen Produkts ermittelt werden, kann dies einer Offenkundigkeit entgegenstehen. In solch einem Fall kann aber die fortschreitende technische Entwicklung dazu führen, dass die Kosten für die Ermittlung der Information sinken.[324]

Technische Standards als Informationen über Spezifikationen können aus diesem Grund grundsätzlich als Geschäftsgeheimnisse geschützt werden. Selbst wenn die Spezifikationen eines technischen Standards bekannt sind, kann ein Betriebsgeheimnis immer noch darin bestehen, dass ein bestimmtes Erzeugnis unter Anwendung des Standards produziert wurde. Der in der Praxis häufiger vorkommende Fall wird jedoch sein, dass die Produkte eines marktbeherrschenden Unternehmens zugleich den technischen Standard in diesem Markt bestimmen. Sind bestimmte Spezifikationen dieses Produkts nicht offensichtlich, wie beispielsweise Schnittstelleninformationen von Computerprogrammen, so können sie Geschäftsgeheimnisse darstellen. Denkbar wäre ferner, dass Spezifikationen mittelbar durch Geschäftsgeheimnisse geschützt werden, weil sie nur dann angewendet werden können, wenn man ein Verfahren nutzt, das nur wenigen bekannt ist. Stellt eine Information ein Geschäftsgeheimnis dar, wird Schutz unter den Voraussetzungen der nachfolgend dargestellten Rechtsnormen gewährt.

c) Der Schutz nach § 823 II BGB i.V.m.§ 17 UWG

§ 17 UWG ist grundsätzlich eine strafrechtliche Vorschrift, die das Ausspähen, die Weitergabe und die Verwendung von Informationen unter Strafe stellt. Diese Vorschrift ist ein Schutzgesetz im Sinne des § 823 II BGB. Ein Verstoß gegen sie stellt zudem einen Gesetzesverstoß im Sinne der §§ 3, 4 Nr. 10, 11 UWG dar. Über beide Vorschriften kommt es deshalb zu zivilrechtlichen Konsequenzen. Maßgeblich für eine zivilrechtliche Betrachtung sind allein die § 17 Abs. 1, 2 UWG. Beide Tatbestände setzen dabei voraus, dass der Täter zu Zwecken des Wettbewerbs[325], aus Eigennutz, zugunsten eines Dritten oder mit Schädigungsabsicht handelt.

322 Kraßer, GRUR 1977, 177, 179.

323 Vgl. RGZ 149, 329, 334 – Stiefeleisenpresse; BGH, Urteil v. 07.01.1958, Az. I ZR 73/57, GRUR 1958, 297 – Petromax I; Urteil v. 12.02.1980, Az. KZR 7/79, GRUR 1980, 750 – Pankreaplex II; Hans. OLG Hamburg, Urteil v. 19.10.2000, Az. 3 U 191/98, GRUR-RR 2001, 137 – PM-Regler; Köhler in Hefermehl/Köhler/Bornkamm, Wettbewerbsrecht, 24. Aufl., § 17 Rn. 8; Kraßer, GRUR 1977, 177, 179; Harte-Bavendamm, GRUR 1990, 657, 661.

324 Harte-Bavendamm, GRUR 1990, 657, 661; Kiethe/Groeschke, WRP 2005, 1358, 1364; Köhler in Hefermehl/Köhler/Bornkamm, Wettbewerbsrecht, 24. Aufl., § 17 Rn. 8 mit Verweis auf OLG Düsseldorf, Urteil v. 30.07.1998, Az. 2 U 162/97, OLGR 1999, 55.

325 Siehe BGH, Urteil v. 13.02.1992, Az. I ZR 79/90, WRP 1992, 380, 381 – Beitragsrechnung; Urteil v. 20.02.1997, Az. I ZR 12/95, WRP 1997, 843, 844 – Emil Grünbär.

§ 17 Abs. 1 UWG ist ein Sondertatbestand, der sich nur an Beschäftigte eines Unternehmens wendet und die unbefugte Weitergabe von Informationen untersagt, die dem Beschäftigten aufgrund und während seines Dienstverhältnisses zugänglich gemacht oder anvertraut worden sind. § 17 Abs. 2 UWG ist hingegen ein allgemeiner Tatbestand, der die unbefugte Beschaffung, Sicherung, Verwertung oder Mitteilung von Geschäftsgeheimnissen erfasst. Unbefugt im Sinne beider Vorschriften sind die Handlungen, wenn sie entweder einer deutschen Rechtsvorschrift oder dem Geheimhaltungsinteresse des Schutzrechtsinhabers widersprechen und nicht aus anderen Gründen gerechtfertigt sind.[326] Gerade aus § 17 Abs. 2 UWG ergibt sich, dass das sog. *reverse engineering*, also das Zerlegen und Analysieren von Produkten zur Ermittlung technischer Information, eine Rechtsverletzung darstellen kann. Wann *reverse engineering* eine Verletzung eines Geschäftsgeheimnisses darstellt, richtet sich danach, ob die konkrete Information offensichtlich ist oder aber nur mit erheblichem technischen und finanziellen Aufwand ermittelt werden kann.[327]

Der Schutz nach § 823 II BGB i.V.m. § 17 UWG bzw. § 1 UWG führt zu Unterlassungs-, Auskunfts-, Beseitigungs- und Schadenersatzansprüchen. Hinsichtlich des Schadenersatzanspruchs gilt der Grundsatz dreifacher Schadensberechnung.[328]

d) Der Schutz nach § 823 II i.V.m. § 18 UWG

§ 18 UWG schützt vor der unbefugten Verwertung oder Mitteilung von Vorlagen und Vorschriften technischer Art, die dem Täter im geschäftlichen Verkehr anvertrautet worden sind. In einem Standardisierungskontext werden deshalb beispielsweise schriftlich fixierte Informationen über standardisierte technische Spezifikationen durch diese Vorschrift erfasst. Wie bei § 17 UWG muss auch hier der Täter zu Zwecken des Wettbewerbs oder aus Eigennutz gehandelt haben. Teilweise wird auch bei dieser Vorschrift gefordert, dass es sich bei den Tatobjekten um Geschäftsgeheimnisse handelt,[329] um nicht bloße Vertragsverstöße zu pönalisieren. Der BGH geht davon aus, dass die Information jedenfalls nicht offenkundig sein darf.[330] Die zivilrechtlichen Rechtsfolgen entsprechen denen des § 17 UWG i.V.m. § 1 UWG und § 823 II BGB.

e) Schutz nach § 8 i.V.m. §§ 3, 4 Nr. 10, 11 UWG

Es ist zudem weiterhin möglich, dass Geschäftsgeheimnisse in den Anwendungsbereich der §§ 3, 4 Nr. 10, 11 UWG fallen. Maßgeblich für einen Anspruch aufgrund der wettbewerbsrechtlichen Generalklausel ist dabei, ob die Beschaffung, Aneignung, Mitteilung oder Ver-

326 Vgl. Harte-Bavendamm, GRUR 1990, 657, 663; Emmerich, Unlauterer Wettbewerb, 6. Aufl., S. 124.
327 Vgl. umfassend Harte-Bavendamm, GRUR 1990, 657ff.
328 Vgl. BGH Urteil v. 18.02.1977, Az. I ZR 112/75, GRUR 1977, 539 – Prozessrechner; Köhler in Hefermehl/Köhler/Bornkamm, Wettbewerbsrecht, 24. Aufl., § 17 Rn. 58.
329 Vgl. Emmerich, Unlauterer Wettbewerb, 6. Aufl., S. 125,
330 BGH, Urteil v. 17.12.1981, Az. X ZR 71/80, GRUR 1982, 225, 226 – Straßendecke II.

wertung von Informationen unlauter ist. Dabei wird der gleichzeitige Verstoß gegen die Vorschriften der §§ 17-19 UWG sowohl einerseits als unlauterer Vorsprung durch Rechtsbruch als auch als unlautere Behinderung gewertet werden können.[331] Im Übrigen führt das Merkmal der Unlauterkeit zu einer Güterabwägung. Im Rahmen dieser Güterabwägung kommt es auf die Umstände des Einzelfalls an. Diese sind die konkrete Bedeutung des Geheimnisses für den Betrieb und die zugunsten des beklagten Verletzers sprechenden Gründe, wie beispielsweise dessen berufliches Fortkommen.[332] Der Schutz des § 3 UWG kann daher über den der §§ 17-19 UWG hinausgehen und beispielsweise auch das Einschleusen von Mitarbeitern in Betriebe von Wettbewerbern erfassen, um dort technisches Know-How auszuspähen.[333]

f) Schutz nach § 826 BGB und § 823 I BGB

Darüber hinaus bieten auch § 826 BGB und § 823 I BGB in Form des Schutzes des eingerichteten und ausgeübten Gewerbebetriebs Möglichkeiten, die Weitergabe oder das Ausspähen von Geschäftsgeheimnisse zu untersagen bzw. Schadenersatz für die Weitergabe zu erlangen.[334] Im Rahmen beider Vorschriften kommt es wie bei § 3 UWG zu einer Abwägung der jeweils kollidierenden Interessen. Allerdings ist bei diesen Normen allein eine sittenwidrige Beschaffung oder Weitergabe geschützt.[335] Im Rahmen des § 826 BGB erfolgt die Abwägung im Rahmen der Sittenwidrigkeit, bei § 823 I BGB bei der Rechtswidrigkeitsprüfung wegen der Verletzung des Rahmenrechts des eingerichteten und ausgeübten Gewerbebetriebs.[336]

g) Vertragsrechtlicher Schutz

Daneben besteht vertragsrechtlicher Schutz, der insbesondere im Rahmen von Arbeitsverhältnissen eine große Rolle spielt. Grundsätzlich ergibt sich bereits ohne ausdrückliche Regelung im Arbeitsvertrag die auf Treu und Glauben beruhende Nebenpflicht, Geschäftsgeheimnisse des Arbeitgebers nicht ohne rechtfertigenden Grund zu verletzen.[337] Mit Hilfe vertraglicher Abreden kann diese sehr ungenaue Bestimmung jedoch erheblich präzisiert werden.[338] Insbesondere ermöglichen es vertragliche Regelungen, den Schutz auch auf Informationen zu erstrecken, die nicht unbedingt als Geschäftsgeheimnisse verstanden werden.[339] Grenzen für die Geheimhaltungspflicht bestehen vor allem im Rahmen der Beendigung von Arbeitsverhältnissen. Grundsätzlich kann es einem Arbeitnehmer nicht verwehrt sein, seine während seiner Tätigkeit in einem Unternehmen redlich erworbenen Erfahrungen und Kenntnisse nach seinem Ausscheiden weiter zu verwenden. Gerade hinsichtlich dieser Kenntnisse kommt es bei der

331 Siehe zusammenfassend Kiethe/Groeschke, WRP 2005, 1358, 1361.
332 Kiethe/Groeschke, WRP 2005, 1358, 1364.
333 Siehe BGH, Urteil v. 16.03.1973, Az. I ZR 154/71, GRUR 1973, 483 – Betriebsspionage.
334 Siehe für einen Überblick Kiethe/Groeschke, WRP 2005, 1358, 1362.
335 Siehe Kraßer, GRUR 1977, 177, 181.
336 Siehe Kiethe/Groeschke, WRP 2005, 1358, 1361f.
337 BAG AP Nr. 1 zu § 611 – Schweigepflicht; Kraßer, GRUR 1977, 177, 185.
338 Kiethe/Groeschke, WRP 2005, 1358, 1361.
339 Siehe Kraßer, GRUR 1977, 177, 184 mit Verweis auf die Vertragsfreiheit.

Zulässigkeit von Beschränkungen auf eine sorgfältige Interessenabwägung zwischen den betrieblichen Interessen einerseits und den persönlichen Interessen des ehemaligen Mitarbeiters andererseits an.[340] Hinsichtlich des Wissens über standardisierte technische Spezifikationen mag es darauf ankommen, ob diese mit technischem Wissen verbunden sind, das ein Mitarbeiter bei seiner zukünftigen Arbeit soll anwenden dürfen, oder ob es sich um willkürliche Festlegungen handelt, deren Bekanntgabe allein zu Wettbewerb auf dem Markt für standardkonforme Güter führt.

h) Zusammenfassung deutsches Recht

Zusammenfassend kann man daher feststellen, dass durch Geschäftsgeheimnisse die Spezifikationen selbst geschützt werden können bzw. für deren Anwendung essentielles Wissen. Allerdings geht dieser Schutz keineswegs so weit wie derjenige von Patentrechten. Durch das Recht der Geschäftsgeheimnisse kann weder die unabhängige Entwicklung und anschließende Nutzung entsprechenden Wissens verhindert werden, noch die rechtmäßige Nutzung infolge sog. *reverse engineering*, sofern dazu nicht erheblicher Aufwand getrieben werden muss. Als Geschäftsgeheimnisse geschützte technische Standards werden in aller Regel das Ergebnis faktischer Standardisierung sein, da formelle Standardisierung stets mit der Offenlegung der Spezifikationen verbunden sein wird. Die Stärke dieses Schutzes und damit die Rechtsmacht des Geheimnisinhabers hängt von der Komplexität des Standards sowie der Möglichkeit, diesen auf lautere Art und Weise nachzuahmen, ab.

3. USA

a) Überblick

Das Recht der Geschäftsgeheimnisse ist in den USA weitestgehend nicht föderal, sondern nur einzelstaatlich geregelt.[341] Dies hat eine teils erhebliche Rechtszersplitterung zur Folge. Zwar gibt es einige Vereinheitlichungsversuche in Form des sog. *Restatement (First) of Torts, § 757 (1939)*, des Uniform Trade Secret Acts (UTSA), der ein Modellgesetz darstellt, und des *Restatement (Third) of Unfair Competition*. Den Bestimmungen dieser für die Einzelstaaten nicht verbindlichen Vorschläge sind jedoch nicht alle Staaten gefolgt.[342] Selbst diejenigen 42 Staaten, die bis 1998 infolge des UTSA Gesetze zum Schutz von Geschäftsgeheimnissen erlassen haben, sind teilweise erheblich von den Vorgaben abgewichen.[343] Nachfolgend werden deshalb die Vorgaben des *Restatement (First) of Torts* sowie des UTSA unter einzelnen Verweisen auf einzelstaatliche Abweichungen dargestellt, ohne dass damit jedoch in vollem Um-

340 Siehe BGH, Urteil v. 21.12.1962, Az. I ZR 47/61; Urteil v. 27.04.2006, Az. I ZR 126/03 – Kundendatenprogramm.

341 Das Zivilrecht ist vollständig *State Law*, vgl. Davidson, 259 PLI/Pat 407; mit dem föderalen *Economic Espionage Act* aus dem Jahr 199 (18 U.S.C. §§ 1831-1839) wurden jedoch einige US-weit gültige Strafvorschriften eingeführt.

342 Vgl. Lao, 59 Ohio St. L.J. 1633, 1652.

343 Siehe Lao, 59 Ohio St. L.J. 1633, 1657 m. w. Nachw.

fang das US-amerikanische Recht dargestellt werden könnte. Insofern wird auf Spezialwerke zu diesem Thema verwiesen.[344]

b) Der Begriff des „trade secret“

Nach der Definition des *Restatement (First) of Torts, § 757* (b) ist ein Geschäftsgeheimnis jede Formel, jedes Modell, jeder Gegenstand oder jede Informationsbündelung, die in einem Unternehmen benutzt wird und die dem Betriebsinhaber die Möglichkeit verschafft, einen Vorteil gegenüber seinen Wettbewerbern zu erzielen, die die entsprechende Information nicht besitzen oder nicht benutzen. Dabei muss der Information ein wesentliches Element der Geheimhaltung innewohnen. Ferner muss der Inhaber die vernünftigerweise notwendigen Maßnahmen treffen, den Geheimnischarakter zu erhalten. Ob eine Information ein Geschäftsgeheimnis ist, bestimmt sich danach, in welchem Umfang sie außerhalb und innerhalb des Unternehmens bekannt ist, sowie nachdem Ausmaß der Sicherheitsmaßnahmen, dem Wert der Informationen für den Inhaber und seine Wettbewerber, dem Aufwand zur Erstellung der Information sowie der Leichtigkeit, mit der die Information kopiert oder dupliziert werden kann.[345]

Die Definition des USTA ist demgegenüber weiter gefasst und erstreckt sich auf jegliche Information einschließlich Formeln, Muster, Zusammenstellungen, Programme, Gegenstände, Methoden, Techniken oder Prozesse. Solche Information muss infolge der Tatsache, dass sie nicht allgemein bekannt und nicht infolge lauterer Mittel einfach für andere Personen, die einen wirtschaftlichen Vorteil aus ihr ziehen können, erhältlich ist, einen unabhängigen tatsächlichen oder potentiellen ökonomischen Wert besitzen. Ihre weitgehende Unbekanntheit muss durch den Umständen entsprechend angemessene Geheimhaltungsmaßnahmen sichergestellt werden.[346] Technische Standards werden im Regelfall von beiden Definitionen erfasst.

c) Schutzumfang

So wie Unterschiede bei der Definition von Schutzrechten bestehen, gibt es auch Unterschiede in der Reichweite des Schutzes. Das *Restatement (First) of Torts* verbietet allein die Benutzung der geschützten Information, sofern sie auf unlautere Weise erlangt wurde oder aber ihre Benutzung oder Offenlegung eine Geheimhaltungspflicht verletzt.[347] Der Schutz richtet sich auch gegen Dritte, wenn sie Kenntnis davon besitzen, dass die Information durch unlauteres Verhalten erlangt oder unter Verletzung einer Geheimhaltungspflicht weitergegeben wurde.[348] Der Geheimnisinhaber kann sich selbst gegen eine unbeabsichtigte Weitergabe der Information wehren, sofern der Beklagte wusste, dass die von ihm versehentlich veröffentlichte Infor-

344 Siehe etwa Jager, Trade Secret Law; Malsberger, Trade Secrets.
345 Lao, 59 Ohio St. L.J. 1633, 1651.
346 Vgl. Sec. 1 (4) UTSA.
347 Lao, 59 Ohio St. L.J. 1633, 1651.
348 Lao, 59 Ohio St. L.J. 1633, 1651.

mation ein Geschäftsgeheimnis war und er sorgfaltswidrig gehandelt hat.[349] Die Ansprüche verjähren von Staat zu Staat unterschiedlich, teilweise schon in zwei Jahren ab der Verletzungshandlung.[350]

Auch hinsichtlich des Schutzumfangs geht der UTSA über das *Restatement* hinaus, und verbietet nicht nur die unlautere Benutzung und Weitergabe der Information, sondern bereits deren Beschaffung durch unlautere Mittel.[351] Gleiches gilt für Dritte, die beim Erwerb der Information wissen, dass diese auf unlauterem Wege erlangt wurde.[352] Darüber hinaus ist auch die Benutzung oder Weitergabe eines Geschäftsgeheimnisses, das ein Dritter zufällig zur Kenntnis genommen hat, untersagt, sofern der Dritte weiß oder wissen sollte, dass die Information geheim war und er nur aus Versehen oder durch einen Fehler davon Kenntnis erlangt hat.[353]

Interessant ist insbesondere, was unter unlauterer Erlangung des Geschäftsgeheimnisses zu verstehen ist. Auch diese Definition variiert zwischen den einzelnen Bundesstaaten. Grundsätzlich ist jegliche Kenntniserlangung unlauter, die ohne ausdrückliches oder stillschweigendes Einverständnis des Geheimnisinhabers erfolgt.[354] Etwas anderes gilt nur, wenn die Kenntnis auf unabhängiger Entwicklung oder *reverse engineering* beruht oder von einer Person herrührt, die berechtigt war, das Geschäftsgeheimnis zu offenbaren.[355] Die Zulässigkeit umfänglichen *reverse engineering* ist dabei anerkannt,[356] in Kalifornien sogar ausdrücklich im Gesetz geregelt.[357] Ob das Recht zum *reverse engineering* vertraglich eingeschränkt werden kann, ist umstritten.[358]

d) Rechtsbehelfe

Anders als das Restatement enthält der UTSA zudem einen umfassenden Katalog von Rechtsfolgen, der Unterlassungs- und Schadenersatzansprüche vorsieht[359] und bei absichtlichem

349 Lao, 59 Ohio St. L.J. 1633, 1651.

350 Lao, 59 Ohio St. L.J. 1633, 1658 m. w. Nachw.

351 Siehe Sec. 1 (i) UTSA.

352 Siehe Sec. 1 (i) UTSA.

353 Siehe Sec. 1 (ii) (B) (I)-(III) UTSA.

354 Siehe Sec. 1 (1) UTSA: „Improper means“ includes theft, bribery, misrepresentation, breach or inducement of a breach of a duty to maintain secrecy, or espionage through electronic or other means“.

355 Vgl. z.B. N.C. Gen. Stat. §66-152(1) (1997).

356 So im Restatement (Third) of Unfair Competition § 42 cmt. A (1995); siehe auch den US Supreme Court, der in *Bonito Boats, Inc. v. Thunder Craft Boats, Inc.,*489 U.S. 141, 160 (1989) *reverse engineering* als einen entscheidenden Teil des Innovationsvorgangs ansieht („an essential part of innovation“); Samuelson/Scotchmer, 111 Yale L.J. 1575, 1583; der Nachweis ist allerdings relativ schwierig, weil es sonst allzu einfach wäre, sich auf diese Ausnahme zu berufen, vgl. etwa Cipolla, 27 Tulsa Law Journal (1991) 137, 168; ausführlich auch Courture, 340 PLI/Pat 615, 650f.

357 Für Kalifornien siehe California Uniform Trade Secrets Act, § 3426.1 (a): „Reverse engineering or independent derivation alone shall not be considererd improper means.“

358 Siehe *Vault Corp. v. Quaid Software Ltd,* 847 F. 2D 255 (5th Cir. 1988); Samuelson, 45 Communications of the ACM 15, S. 17f.; Laster, 58 Baylor Law Rev. (2006) 621.

359 Siehe Sec. 2, 3 UTSA; Lao, 59 Ohio St. L.J. 1633, 1655f.

Handeln sogar Strafschadenersatz erlaubt.[360] Unterlassungsansprüche werden jedoch grundsätzlich nur für einen dem Wettbewerbsvorsprung des Geheimnisinhabers entsprechenden Zeitraum gewährt.[361] Die Ansprüche verjähren 3 Jahre ab Kenntnis oder Kennenmüssen der Rechtsverletzung.[362]

e) Zusammenfassung US-Recht

Für das US-Recht gilt grundsätzlich dasselbe, was auch schon zum deutschen Recht gesagt wurde. Einzige Besonderheit ist, dass es in vielen Bundesstaaten keine Begrenzung des *reverse engineering* gibt. Dies kann, muss sich aber in der Praxis nicht auswirken. Aufwendiges *reverse engineering* wird vielmals bereits aus Kostengründen unterbleiben.

4. Zusammenfassung

Technische Spezifikationen können dem Schutz als Geschäftsgeheimnisse unterliegen. In vielen Fällen erfasst das Recht der Geschäftsgeheimnisse dabei die Spezifikation selbst. Denkbar wäre ferner, dass bestimmte Spezifikationen nur mit Hilfe technischen Wissens benutzt werden können, das nicht allgemein verfügbar ist.

Dieser Schutz richtet sich gegen die unlautere oder unberechtigte Nutzung, gemäß dem UTSA auch auch gegen die Beschaffung dieser Information. Es kommt in beiden Fällen entscheidend darauf an, auf welchem Wege man an die Information gekommen ist. Eigene Entwicklung und *reverse engineering* der Produkte des Geheimnisinhabers sind lautere Wege der Informationserlangung. Die Nutzung der Information ist ohne Beschränkungen möglich. Erhält man die Information durch den Geheimnisträger selbst, ist eine Nutzung nur in dem Umfang erlaubt, in dem sie der Geheimnisträger gestattet hat. Bezieht man die Information von Dritten, kommt es darauf an, inwieweit diese befugt waren, die Information weiterzugeben, und ob der Informationsempfänger gegebenenfalls von einer fehlenden Erlaubnis wusste oder wissen konnte.

Geheime Spezifikationen können grundsätzlich nur im Wege faktischer Standardisierung zu einem technischen Standard führen. Formelle Standardisierung führt hingegen immer zu einer Offenlegung von Spezifikationen, die deren Geheimnischarakter zerstören wird, sofern keine Geheimhaltungspflichten in Standardisierungsgremien vereinbart werden. Auch wenn das Geschäftsgeheimnis die Anwendung eines technischen Standards erfasst, scheint es unwahrscheinlich, dass eine entsprechende Spezifikation in einen technischen Standard mit aufgenommen wird. In aller Regel werden Teilnehmer an der Standardisierung vor ihrer Zustimmung testen, ob sie eine Spezifikation tatsächlich anwenden können. Jedenfalls scheitert die

360 Siehe Sec. 3 (b) UTSA.
361 Sec. 2 (a) UTSA.
362 Sec. 6 UTSA.

Einführung einer Spezifikation, die allein mit Hilfe geheimen Wissens angewendet werden kann, daran, dass sie niemand anwenden kann, weil das Wissen nicht zugänglich ist.[363]

Der Schutz von Geschäftsgeheimnissen ist deshalb weitaus schwächer als derjenige von Patenten. Streitigkeiten aus diesem Bereich im Zusammenhang mit technischen Standards sind nicht ersichtlich. Einzige Ausnahme sind die Schnittstelleninformationen des Unternehmens *Microsoft*, um deren Offenlegung die EU-Kommission einen Kartellrechtsstreit geführt hat.[364] Grundsätzlich bestehen jedoch aufgrund des Rechts zum Schutz der Geschäftsgeheimnisse keine Ausnahmetatbestände zugunsten technischer Standards, die eine Offenlegung erfordern.

IV. Urheberrecht

1. Einleitung

Das Urheberrecht schützt anders als das Patentrecht vor allem die Darstellung von Information. Das Urheberrecht erfasst dabei unterschiedlichste Werkformen. Im Zusammenhang mit technischen Standards kommen zumeist nur zwei Werkformen in Betracht, nämlich zum einen Druckwerke und zum anderen Computerprogramme. Deren Schutz in Deutschland und in den USA wird daher kurz dargestellt.

2. Deutschland

a) Urheberrechtsschutz an sog. Normenwerken

In Deutschland können die Niederschriften von Spezifikationen, die als Normen oder Standardisierungsvorschläge vereinbart oder festgelegt werden (sog. Normenwerke), grundsätzlich urheberrechtlich geschützte Werke im Sinne der §§ 1, 2 UrhG darstellen, sofern sie den Anforderungen an ein urheberrechtliches Werk genügen, also persönliche geistige Schöpfungen darstellen.[365] Für komplexe technische Normenwerke sind die notwendigen Anforderungen in aller Regel erfüllt.[366] Dies bedeutet, dass dem Ersteller der Niederschrift eines technischen Standards grundsätzlich die urheberrechtlichen Verwertungsrechte gemäß § 15 UrhG zustehen.[367] Wichtig für den vorliegenden Zusammenhang sind dabei das Vervielfältigungsrecht nach § 16 UrhG sowie das Verbreitungsrecht nach § 18 UrhG. Allein dem Urheber ist es damit gestattet, Normenwerke zu vervielfältigen, öffentlich anzubieten oder in den Verkehr zu bringen.[368] Ein Dritter, der ein solches Normenwerk zur Anwendung eines Standards benötigt,

363 Dies gilt, wenn der Schutzrechtsinhaber nicht allein die Versorgung des Marktes sicherstellen kann und nicht lizenziert.

364 Siehe ausführlich weiter unten S. 157.

365 Vgl. BGH, Urteil v. 11.04.2002, I ZR 231/99, GRUR 2002, 958 – Technische Lieferbedingungen; Debelius, Technische Regeln und Urheberrecht, S. 41, 45f.

366 Siehe BGH, Urteil v. 11.04.2002, I ZR 231/99, GRUR 2002, 958, 959f. – Technische Lieferbedingungen.

367 Häufig wird es auch zu Miturheberreschaft der an Normung beteiligten Personen kommen. Für Deutschland siehe ausführlich Falke, Rechtliche Aspekte der Normung, S. 376. Die Ausübung der Urheberrechte steht bei DIN-Normen dem DIN zu, siehe DIN 820, Teil 1.

368 Siehe Falke, Rechtliche Aspekte der Normung, S. 379f.

ist deshalb dazu verpflichtet, ein Exemplar eines Normenwerks zu kaufen. Nicht geschützt wird durch das Urheberrecht allerdings die Anwendung der in einem Normenwerk beschriebenen Spezifikationen. Auch die selbständige Erstellung eines dem geschützten Normenwerk entsprechenden Normenwerks ist theoretisch erlaubt, wird praktisch jedoch selten vorkommen.

In beschränktem Maß gewährt das Urheberrecht schließlich die Vervielfältigung geschützter Werke zum eigenen Gebrauch. Nach § 53 Abs. 2 Nr. 4 a) UrhG ist die Vervielfältigung kleiner Teile eines erschienenen Werks zulässig. Dies umfasst grundsätzlich auch die Vervielfältigung für berufliche Zwecke.[369] Ein Unternehmen, das ein Normenwerk erworben hat, darf daher in gewissem Umfang Auszüge an Mitarbeiter erstellen, die Teile davon benötigen. Wird ein weiteres Exemplar benötigt, muss dieses allerdings angeschafft werden. [370]

Hinsichtlich Normenwerken besteht mit § 5 UrhG zudem eine besondere Zwangslizenzvorschrift. Sofern in gesetzlichen Normen oder amtlichen Bekanntmachungen auf Normenwerke verwiesen wird, haben Verleger gegen den Urheber einen Anspruch auf eine Lizenz zu angemessenen Bedingungen zur Vervielfältigung und Verbreitung der Normenwerke, auf die Bezug genommen wurde.[371]

Weiterhin gilt auch im Urheberrecht der Erschöpfungsgrundsatz. Es gelten dabei im wesentlichen die gleichen Grundsätze wie im Patentrecht.[372] Praktisch bedeutet dies, dass nach dem Verkauf eines Normenwerkes der Urheber die weitere Verbreitung des Druckexemplars oder deren Nutzung nicht mehr beeinflussen kann.

Urheberrechte erlöschen grundsätzlich nach 70 Jahren ab dem Tod des Urhebers.[373] Bei einer Verletzung des Urheberrechts gewährt das Urheberrecht dem Urheber Schadenersatzansprüche, Ansprüche auf Beseitigung und Unterlassung, Bereicherungsansprüche sowie Ansprüche auf Auskunft und Rechnungslegung.[374] Diese Ansprüche verjähren drei Jahre ab der Kenntnis der Verletzungshandlung, spätestens jedoch dreißig Jahre ab der Verletzungshandlung.[375]

---

369 Rehbinder, Urheberrecht S. 189; in Bezug auf DIN-Normen, Falke, Rechtliche Aspekte der Normung, S. 380.

370 Einen Überblick über die genauen Regelungen für DIN-Normen gibt Falke, Rechtliche Aspekte der Normung, S. 379f.

371 Siehe hierzu insbesondere BGH, Urteil v. 30.06.1983 – I ZR 129/81, GRUR 1984, 117 – VOB/C; Urteil v. 26.04.1990 – I ZR 79/88, GRUR 1990, 1003 – DIN-Normen; ausführlich zur Reichweite dieser Vorschrift auch Debelius, Technische Regeln und Urheberrecht, S. 41, 52f.; diese Vorschrift schafft jedoch nur einen Anspruch auf eine Zwangslizenz und nicht etwa bereits ein Nutzungsrecht, siehe Buhrow/Nordemann, GRURInt 2005, 407, 411.

372 Siehe jedoch insbesondere bei Computerprogrammen die Rechtsprechung zu OEM-Versionen, BGH Urteil vom 06.07.2000, I ZR 244/97, GRUR 2001, 153 – OEM-Version, wonach nur die erste Vertriebsstufe kontrolliert werden kann.

373 § 64 UrhG.

374 §§ 242, 259, 260 BGB.

375 § 102 UrhG.

b) Urheberrechtsschutz an standardisierten Darstellungen

Bereits standardisierte Darstellungen selbst unterliegen grundsätzlich nicht dem Urheberrechtsschutz. Derartigen Darstellungen fehlt es in aller Regel an der notwendigen Individualität. Maßgebend ist die Beurteilung zum Entstehungszeitpunkt. Es ist demnach nicht ausgeschlossen, dass ein urheberrechtlich geschütztes Werk oder Teile davon später den Rang eines Standards erreichen. Beispielsweise hat sich in dem Fall, der der EuGH-Entscheidung *IMS Health* zugrunde lag, eine urheberrechtlich geschützte Struktur, mit deren Hilfe Daten über den Absatz pharmazeutischer Produkte aufbereitet wurden, in Deutschland angeblich zu einem Industriestandard entwickelt. In solchen oder ähnlich gelagerten Fällen verbietet das Urheberrecht durch das Verbot der Vervielfältigung auch die Leistungsübernahme. Insofern ergeben sich dieselben Konsequenzen wie beim Patentrecht. Ohne Zustimmung des Schutzrechtsinhabers dürfen standardkonforme Produkte weder hergestellt noch vertrieben werden.

c) Schnittstellen von Computerprogrammen

Ferner schützt das deutsche Urheberrecht auch Computerprogramme. Die Regelungen basieren auf einer EU-Richtlinie und sollten daher in allen Mitgliedstaaten im wesentlichen den deutschen entsprechen. Auf die Einzelheiten des urheberrechtlichen Schutzes von Computerprogrammen kann im vorliegenden Rahmen nicht eingegangen werden. Besonderes Augenmerk soll jedoch auf die besonderen Regeln zu Schnittstelleninformationen gelegt werden, da dies Regelungen sind, welche Werkelemente, die sehr häufig standardisiert werden, vom Schutz ausnehmen.

Maßgebend sind die Vorschriften der §§ 69a Abs. 2 S. 2, 69e UrhG. Mit dieser Regelung hat der Gesetzgeber unter anderem dem Bedürfnis kleiner und mittelständischer Unternehmen nach offenen Schnittstellen Rechnung getragen.[376] Schnittstellen sind dabei Teile von Hard- oder Software, über die verschiedene Hard- und/oder Softwarekomponenten miteinander kommunizieren[377]. In Bezug auf Schnittstellen ist es erlaubt, Computerprogramme zu dekompilieren, um die Schnittstelle zu untersuchen. Die Schnittstelleninformationen dürfen frei vervielfältigt werden. Allerdings darf die Informationserlangung nur vom Nutzungsberechtigten selbst vorgenommen werden (§ 69e Abs. 1 UrhG). Die relevanten Informationen dürfen zudem nicht dem Nutzungsberechtigten bereits selbst zugänglich sein. Es dürfen nur diejenigen Programmteile dekompiliert werden, die notwendig sind, um die relevanten Informationen zu erlangen. Zudem dürfen die Informationen allein zur Herstellung der Interoperabilität genutzt und Dritten nur weitergegeben werden, wenn dies für die Interoperabilität notwendig ist. Sie dürfen nicht zur Herstellung oder Vermarktung eines Programms mit wesentlich ähnlicher

376 Vgl. Rehbinder, Urheberrecht S. 199.
377 Siehe Wandtke/Bullinger, Urheberrecht § 69a Rz. 31

Ausdrucksform oder für andere das Urheberrecht verletzende Handlungen verwendet werden (§ 69e Abs. 2 UrhG).

3. USA

a) Copyright an Normenwerken

Auch das *Copyright Law* der USA schützt grundsätzlich Normenwerke, sofern sie die Schutzvoraussetzung der *Originality* erfüllen.[378] Unklar ist allerdings, inwieweit Nomenklaturen oder Ordnungssysteme schutzfähig sind.[379] Diese Frage ist im Zusammenhang mit technischer Standardisierung interessant, weil technische Standards auch Definitionsstandards wie etwa Länderkodierungen umfassen.[380] Teilweise werden darin nicht schutzfähige Systeme gesehen,[381] teilweise wird die Schutzfähigkeit bejaht.[382]

Nicht schutzfähig sind gemäß der sogenannten *Merger* Doktrin sowie der *Scènes à faire*-Doktrin aber Darstellungsformen, für die es aufgrund technischer Zwänge oder aber aufgrund von Gewohnheiten keine Alternativen gibt.[383] Gerade dann, wenn ein Normenwerk einen Standard abbildet, lässt sich argumentieren, dass keine Alternative für es besteht.[384] Für die Beurteilung der Schutzfähigkeit scheinen jedenfalls einige US-amerikanische Gerichte auf den Verletzungszeitpunkt und nicht auf den Schaffenszeitpunkt abzustellen.[385] Ferner schützt das US-*Copyright Law* keine Rechtsnormen.[386] Umstritten ist aus diesem Grund, inwieweit Normenwerke, auf die in Rechtsnormen verwiesen wird, schutzfähig sind.[387]

Besteht Schutz, kann sich der Schutzrechtsinhaber gemäß Sec. 106 US Copyright Act gegen die Vervielfältigung, Verbreitung und die Herstellung abgeleiteter Werke mit Hilfe eines Unterlassungsanspruchs zur Wehr setzen. Ferner kann er Rechtsverletzer auf Schadenersatz verklagen.

378 Vgl. etwa *Practice Mgmt. Info. Corp. v. Am. Med. Ass'n (PMIC)*, 121 F.3d 516 (1997); *Am. Dental Ass'n v. Delta Dental Plans Ass'n*, 126 F.3d 977 (7th Cir. 1997).

379 Ausführlich siehe Samuelson, 48 B.C.L. Rev. 193 (2007), 203ff.

380 Siehe Samuelson, 48 B.C.L. Rev. 193 (2007), 193f.

381 So Samuelson, 48 B.C.L. Rev. 193 (2007), 206ff. mit Verweis auf den Wortlaut von Sec. 102 (b) US Copyright Act sowie die Entscheidungen *Baker v. Seldon*, 101 U.S. 99 (1879) und *Perris v. Hexamer*, 99 U.S 674, 676 (1878); in Bezug auf die Abkürzungssysteme *Griggs v. Perrin*, 49 F.15 (C.C.N.D.N.Y. 1892); *Brief English Systems v. Owen*, 48 F.2d 555 (2d. Cir. 1931).

382 Siehe *Practice Mgmt. Info. Corp. v. Am. Med. Ass'n (PMIC)*, 121 F.3d 516 (1997); *Am. Dental Ass'n v. Delta Dental Plans Ass'n*, 126 F.3d 977 (7th Cir. 1997).

383 Siehe *Baker v. Seldon*, 101 U.S. 99 (1879), Landes/Posner, Intellectual Property Law S. 97ff., zur *scenes à faire* Doktrin siehe ausführlich Kurtz, 41 Florida L. Rev. (1989) 79.

384 *Mitel, Inc. v. Iqtel, Inc.*, 124 F.3d 1366 (10th Cir. 1997), 1375; zustimmend Samuelson, 48 B.C.L. Rev. 193 (2007), 215ff.

385 Vgl. *Apple Computer, Inc.* v. *Microsoft Corporation*, 35 F.3d 1435 (9th Cir. 1994); *Lotus Development Corp. v. Borland Intern., Inc.*, 49 F.3d 807 (1st Cir. 1995), 819; *Veeck v. S. Bldg. Code Cong. Int'l, Inc.*, 293 F.3d 791, 802 (5th Cir. 2002).

386 Siehe in Bezug auf Gerichtsentscheidungen etwa *Banks v. Manchester*, 128 U.S. 244, 254 (1888).

387 Ausführlich hierzu Samuelson, 48 B.C.L. Rev. 193 (2007), 198f., 219f.

Seine Grenze findet das US-amerikanische Urheberrecht vor allem in der *Fair Use*-Doktrin. Nach § 107 Copyright Act stellen gewisse Handlungen keine Rechtsverletzung dar. Welche Handlungen dies sind, bestimmt sich dabei nach einer umfangreichen Güterabwägung, bei der insbesondere der Zweck und die Art der Verletzungshandlung, die Art des geschützten Werks, der Umfang der Nutzung und der Effekt auf den Markt für das geschützte Werk berücksichtigt werden.[388] Zudem kennt auch das US-amerikanische Recht den Erschöpfungsgrundsatz jedenfalls im nationalen Rahmen.[389]

b) Copyright an standardisierten Darstellungen und Schnittstellen

Ferner ist es denkbar, dass ein standardisiertes Produktelement in eine der geschützten Werkkategorien fällt. Bekannte Fälle befassen sich dabei insbesondere mit der Schutzfähigkeit von Bildschirmdarstellungen gewöhnlicher Anwendungsprogramme. Diese Darstellungen von Steuerungsbildschirmen mit unterschiedlichen Menüstrukturen, sog. Computer-User-Interfaces, sind weitestgehend vereinheitlicht, insbesondere um Lerneffekte auszunutzen. Zur Frage der Schutzfähigkeit gibt es widersprüchliche Gerichtsentscheidungen. In der Entscheidung *Lotus vs. Paperback*[390] hat zunächst ein Distrikt-Gericht entschieden, dass Menüführungen grundsätzlich schutzfähig sind. Es wurde geltend gemacht, sie fielen unter die *merger*-Doktrin oder die *scènes à faire*-Doktrin. Das Argument, sie seien weitgehend standardisiert, hat das Gericht nicht gelten lassen.[391] Genau entgegengesetzt hat der Ninth Circuit in der Entscheidung *Apple v. Microsoft* entschieden.[392] Standardisierung führe zu einer Verengung der Wahlmöglichkeiten, denen entweder durch die Anwendung der *merger*-Doktrin, jedenfalls aber mit Hilfe der *scènes à faire*-Doktrin Rechnung zu tragen sei.[393] Auch der 1st Circuit hat sich dieser Auffassung angeschlossen.[394] Ausführungsformen, die sich zu einem Industriestandard entwickeln, kann daher nachträglich mit Hilfe dieser Beschränkungen der Schutz entzogen werden.[395] Dieselbe Rechtsprechung findet dabei auch hinsichtlich Schnittstellen von Computerprogrammen Anwendung. Diese sind grundsätzlich nicht schutzfähig.[396]

---

388 Ausführlich zur Fair-Use-Doktrin siehe Patry, The Fair Use Privilege in Copyright Law.

389 Siehe Strauss/Katzenberger, Parallelimporte, S. 24f.

390 *Lotus Development Corp. v. Paperback Software Intern.,* 740 F. Supp. 37 (D. Mass. 1990).

391 *Lotus Development Corp. v. Paperback Software Intern.,*740 F. Supp. 37 (D.Mass. 1990), 79:" „By arguing that 1-2-3 was so innovative that it occupied the field and set a *de facto* industry standard, and that, therefore, defendants were free to copy plaintiff's expression, defendants have flipped copyright on its head..Defendants have cited no statutory provision or precendent that has ever declared that standardization, when not achieved *de jure*, is necessarily in the public's best interest."

392 Siehe *Apple Computer, Inc.* v. *Microsoft Corporation*, 35 F.3d 1435 (9th Cir. 1994).

393 *Apple Computer, Inc.* v. *Microsoft Corporation*, 35 F.3d 1435 (9th Cir. 1994), 1444f.

394 *Lotus Development Corp. v. Borland Intern., Inc.*, 49 F.3d 807 (1st Cir. 1995), 819.

395 Dies gilt auch, wenn Computerprogramme extra geschaffen werden, um Ersatzteilhersteller zu behindern, siehe *Lexmark International, Inc. v. Static Control Components, Inc.*, 387 F.3d 522 (2004);ausführlich hierzu Bechthold, Immaterialgüterrechte und die Kontrolle von Sekundärmärkten, S. 84ff.

396 Siehe Laster, 58 Baylor L.Rev. 621, 678f.

Zudem ist zu erwähnen, dass zahlreiche Gerichte das *reverse engineering* von Computerprogrammen und das Kopieren von Schnittstelleninformationen als Fair Use ansehen.[397] Auch der Digital Millenium Copyright Act[398] gewährt in Sec. 120 f (1) eine Ausnahme von der Haftung bei der Umgehung von Sicherungsvorkehrungen gegen unerlaubtes Kopieren geschützter Werke, sofern der Zweck des *reverse engineering* darin besteht, Schnittstelleninformationen zu erhalten. Voraussetzung ist, dass diese Information nicht bereits verfügbar ist.

4. Zusammenfassung

Hinsichtlich des Schutzgegenstands kann man zusammenfassen, dass das Urheberrecht sich einmal auf die Niederschrift technischer Standards erstrecken kann. Das Urheberrecht schützt dabei grundsätzlich nur vor der Reproduktion des Normenwerks, nicht jedoch vor deren Anwendung. Da diese Niederschriften vor allem als Druckwerke vertrieben werden, erschöpft sich das Urheberrecht pro Druckwerk mit dem Verkauf.

Ferner ist es möglich, dass sich ein geschütztes Werk oder ein Teil eines geschützten Werks später zu einem Industriestandard entwickelt. Während in Deutschland ein solcher Schutz bestehen bleibt, kann es in den USA zu einem nachträglichen Wegfall des Schutzes kommen. Schnittstellen von Computerprogrammen sind weder in den USA noch in Deutschland vom urheberrechtlichen Schutz umfasst. Standards, deren Ziel die Herstellung von Kompatibilität ist, sind daher vielmals urheberrechtsfreie Werkbestandteile. Sofern ein Schutz besteht, führt das Vervielfältigungs- und Verbreitungsverbot grundsätzlich zu einer ähnlich starken Rechtsmacht des Rechtsinhabers wie das Patentrecht.

V. Ergebnis

Dieser Abschnitt hat gezeigt, inwieweit gewerbliche Schutzrechte standardisierte Informationen schützen können, wann geschützte technische Standards entstehen und welche Rechtsmacht mit ihnen verbunden ist.

Gewerbliche Schutzrechte können erstens die Information über den Standard oder deren Wiedergabe schützen: An der Niederschrift der als Standard anerkannten Spezifikationen können Urheberrechte bestehen; die standardisierten Spezifikationen können zudem geheim sein und dem Geheimnisschutz unterfallen. Beschreibt ein technischer Standard konkrete Produkte oder Produktformen, können diese Produkte zweitens urheberrechtlichem oder patentrechtlichem Schutz unterliegen. Drittens können die Schutzrechte Verfahren oder Produkte vor Nachahmung schützen, die zur Anwendung des technischen Standards notwendig sind. Der Schutzbereich der verschiedenen Schutzrechte ist unterschiedlich. Er kann entweder dazu füh-

---

397 Siehe Laster, 58 Baylor L.Rev. 621, 678.

398 Siehe für den Text http://thomas.log.gov/cgi-bin/query/z?c105:H.R.2281.ENR:

ren, dass die Information über den technischen Standard nicht frei verfügbar ist, oder aber die zwar bekannte Information nicht ohne Schutzrechtsverletzung genutzt werden kann.

Für den Fall, dass allein Schutz gegen die Vervielfältigung der Information besteht und nur die Darstellung der Spezifikation geschützt ist, ist die wesentliche Grenze der Rechtsmacht der Erschöpfungsgrundsatz. Kommt es allein auf die Art der Beschaffung der Information an, wie bei Geschäftsgeheimnissen, hängt die Rechtsmacht von der praktischen und rechtlichen Möglichkeit von *reverse Engineering* ab.

Wenn hingegen die Anwendung des technischen Standards ein Schutzrecht verletzt, kann der Schutzrechtsinhaber nicht nur bestimmen, wer den technischen Standards benutzt, sondern auch, in welchem Umfang und unter welchen Bedingungen dies geschehen wird. Eine solche Situation kann bestehen, wenn ein Standard eine urheberrechtlich geschützte Formgebung beschreibt oder aber seine Anwendung in den Schutzbereich eines Patents fällt und für die patentrechtlich geschützte Information kein Substitut besteht.

Der Gesichtspunkt der Standardisierung wird nur in sehr begrenztem Maß bei der Schutzgewährung und bei der Reichweite des Schutzes berücksichtigt. Ausdrücklich berücksichtigt wird das Interesse an Standardisierung allein im Zusammenhang mit dem Urheberrecht. Dieses stellt zum einen Schnittstellen von Computerprogrammen vom Schutz frei. Zudem kann in den USA Standardisierung auch in Bezug auf andere Spezifikationen zu einer Aberkennung des *Copyright*-Schutzes führen. In Deutschland gibt es eine Zwangslizenz zugunsten von Normenwerken, auf die durch staatliche Stellen Bezug genommen wird, in den USA kann dies zu einem Verlust des Urheberrechtsschutzes führen.

Eine freie Spezifikation, die sich im Zeitpunkt, der für die Beurteilung der Schutzfähigkeit einer Information relevant ist, bereits zu einem technischen Standard entwickelt hat, lässt sich grundsätzlich nicht nachträglich schützen. Wird eine Spezifikation bereits in großem Umfang genutzt, fehlt es für einen patentrechtlichem Schutz an der Neuheit der Spezifikation. Nutzen zahlreiche Unternehmen eine Spezifikation, wird sie kaum noch als geheim gelten können, weshalb ein Schutz als Geschäftsgeheimnis ebenfalls nicht in Betracht kommt. Der urheberrechtliche Schutz scheitert schließlich am Merkmal der Individualität.

Ein Schutz von Informationen, der die Anwendung technischer Standards erfasst, kann jedoch entstehen, wenn der Zeitpunkt für die Beurteilung der Schutzfähigkeit vor dem Beginn der Standardisierung liegt. Geschützte Produkte oder Verfahren können anschließend so erfolgreich am Markt sind, dass ihre Spezifikationen zum Standard werden. Zudem kann es vorkommen, dass geschützte Information bewusst oder unbewusst in einen Standardisierungsvorschlag eines Standardisierungsgremiums aufgenommen werden, und sich dieser Standardisierungsvorschlag zum Standard entwickelt. Schließlich entstehen Urheberrechte an Normenwerken bei der Niederschrift von Standardisierungsvorschlägen.

C. Verringerung des Produktwettbewerbs

I. Einleitung

Allein die Existenz eines gewerblichen Schutzrechts, das im Rahmen der Anwendung eines technischen Standards genutzt werden kann, bedeutet noch nicht zwangsläufig, dass der Schutzrechtsinhaber dadurch eine Monopolstellung auf dem Markt für standardkonforme Güter innehat.[399] Wettbewerb kann einerseits durch Substitute für den Schutzrechtsgegenstand in Form frei verfügbaren oder zugunsten einer anderen Person geschützten Wissens entstehen. Andererseits können die standardisierten Spezifikationen durch alternative Spezifikationen ersetzt werden. Auch eine Spezifikation ist lediglich ein Input in standardkonforme Güter.[400] Eine Monopolstellung besteht deshalb nur dann, wenn weder für den Schutzrechtsgegenstand noch für den technischen Standard Substitute bestehen. Unter welchen Voraussetzungen dies der Fall ist, wird in diesem Abschnitt näher dargestellt. Dabei ist zum einen die Substituierbarkeit des Schutzrechtsgegenstands zu betrachten, zum anderen die Substituierbarkeit technischer Standards.

II. Substituierbarkeit der geschützten Information

Erste Voraussetzung für eine Monopolstellung ist, dass es keine aktuelle oder potentielle Alternative zur geschützten Information gibt.[401] Dies ist grundsätzlich nur dann der Fall, wenn Schutzgegenstand nicht der technische Standard selbst ist. Ein Urheberrecht an der Niederschrift der Spezifikationen eines technischen Standards ist in aller Regel nicht ersetzbar.

Substituierbarkeit ist daher grundsätzlich nur in den Fällen denkbar, in denen bei der Anwendung eines technischen Standards ein Schutzrecht verletzt werden kann, jedoch auch andere Möglichkeiten bestehen, den Standard zu praktizieren. Solche alternativen Möglichkeiten können auch noch zu entwickelnde Technologien umfassen. Ob noch zu entwickelnde Technologien tatsächlich als Alternativen wahrgenommen werden, hängt entscheidend davon ab, wie hoch die Kosten und der Zeitaufwand für entsprechende Entwicklungen sind. Ein wesentlicher Faktor, in welchem Maße generell Substitute bestehen, ist die Genauigkeit der standar-

399 Hovenkamp, 48 B.C.L. Rev. (2007) 87, 89.
400 So insbesondere Friedman, Standards als Intellectual Property, unter Part III.
401 Vgl. Rapp/Stiroh, Standard Setting and Market Power, S. 5; im Ergebnis sind dies dieselben Überlegungen, die bei der Feststellung von Technologiemärkten getroffen werden, siehe Geradin/Rato, Exploitative Abuse, S. 38.

disierten Spezifikationen. Je weniger ein Standard ein Produktstandard und je mehr er ein Leistungsstandard ist, desto geringer kann die Monopolisierungsgefahr sein.[402]

III. Substituierbarkeit des technischen Standards

1. Grundsätzliche technische Substituierbarkeit

Gibt es keine Alternative zu einer geschützten Information, dann besteht eine Monopolstellung zudem nur dann, wenn es auch keine Alternative zum technischen Standard gibt.[403] Da Standardisierung konzeptionell voraussetzt, dass es mehrere Spezifikationsmöglichkeiten gibt, kann Wettbewerb theoretisch nicht am Fehlen jedenfalls potentieller Alternativen scheitern. Denkbar ist jedoch, dass es innerhalb eines gewissen Zeitrahmens nicht möglich ist, Alternativen zu entwickeln. So dauerte die Entwicklung der zweiten Generation eines einheitlichen Mobilfunkstandards mehr als zehn Jahre und umfasste ein Normenwerk von mehreren tausend Seiten.[404] In vielen Fällen können in solch einem Werk möglicherweise selbst einzelne Spezifikationen nicht ersetzt werden, wenn zwischen Spezifikationen komplexe Abhängigkeiten bestehen.

2. Wirtschaftliche Substituierbarkeit

a) Definition

Bestehen mehrere grundsätzlich anwendbare Spezifikationsmöglichkeiten, dann steht es jedem Anwender frei, den technischen Standard oder aber alternative Spezifikationen zu wählen. Allerdings kann es sein, dass eine solche Wahl wirtschaftlich nicht vertretbar ist. Besteht für ein Produkt, in das eine alternative Spezifikation integriert ist, keine ausreichende Nachfrage, um die Produktionskosten zu decken, und wird eine solche Nachfrage sich auch nicht entwickeln, lohnt sich ein entsprechendes Produktdesign nicht. Hersteller von Produkten entsprechender Funktionalität sind deshalb auf die Integration des technischen Standards in ihre Produkte angewiesen.

Im ersten Kapitel wurde dargestellt, dass ein technischer Standard einen positiven Vereinheitlichungs- bzw. Netznutzen erzeugt. Angesichts dieses Vorteils eines etablierten technischen Standards hängt die Wirtschaftlichkeit einer Entscheidung zugunsten einer alternativen Spezifikation einerseits davon ab, ob die positiven Wirkungen des etablierten technischen Standards durch andere Wettbewerbsvorteile kompensiert werden können (standardexterne Kompensationsmöglichkeiten);[405] andererseits stellt sich die Frage, inwieweit und wann eine alter-

402 Siehe hierzu auch Europäische Kommission, COM (92) 445 final, Intellectual Property Rights and Standardization, 4.8.4f. bezüglich der Unterscheidung von Kompatibilitätsstandards, die häufig sehr genau sind, und Sicherheits- oder Qualitätsstandards, die häufig lediglich Zielmarken definieren.

403 Geradin/Rato, Exploitative Abuse, S. 20ff.

404 Siehe ausführlich zur GSM-Standardisierung Iversen in Blind, Study on the Interaction between IPR and Standardisation, S. 151ff.

405 Zum Zusammenhang zwischen Kompatibilitätsstandards, Inputtechnologien und dem Produktwert siehe

native Spezifikation von sich aus hinreichende Konkurrenz für einen etablierten technischen Standard sein kann. Diesen beiden Fragen wird deshalb im Folgenden nachgegangen.

b) Standardexterne Kompensationsmöglichkeiten [406]

Betrachtet man zunächst einmal standardexterne Kompensationsmöglichkeiten, dann müssen diese so erheblich sein, dass sie einen zunächst geringeren oder fehlenden Netznutzen einer alternativen Spezifikation ausgleichen können.[407] Denkbar ist etwa die technische Koppelung der alternativen Spezifikation mit besonderen Produkteigenschaften oder neuen Technologien. Viele Produkte bestehen beispielsweise aus unterschiedlichen Bauteilen, die teilweise industrieweit und teilweise nur betriebsintern standardisiert sind. Ein Beispiel wäre ein Notebook, das aus unterschiedlichsten Bauteilen besteht. Dies sind der Bildschirm, die Tastatur, CPU, Speicherbauteile, das Gehäuse und vieles mehr. Ein häufig industrieweit standardisiertes Element sind die Anschlüsse für externe Geräte. Hier gibt es zur Zeit die standardisierte USB-Technologie, WiFi und Infrarotschnittstellen. Die sog. USB-Schnittstelle mag mittlerweile der technische Standard sein. Ein Notebook, das gegebenenfalls nur WiFi-Schnittstellen benutzt, wird dennoch nicht unverkäuflich sein, wenn es andere Notebooks durch seine Rechenkapazität oder seinen besonders günstigen Preis ausstechen kann. Ein Standard ist für einen Hersteller daher substituierbar, wenn er entsprechende alternative Koppelungsmöglichkeiten besitzt. Andere Wettbewerbsvorteile, die einen Standard substituierbar werden lassen, können besonders große Skalenertragsvorteile eines Herstellers in der Produktion von Gütern sein, die zu günstigeren Produktionskosten und damit auch niedrigeren Verkaufspreisen dieser Produkte im Vergleich zu standardkonformen Gütern führen können.

c) Substituierbarkeit durch alternative Spezifikationen

aa. Maßgebliche Faktoren

i. Übersicht

Neben Wettbewerb, der durch Produkte mit standardexternen Kompensationsmöglichkeiten entsteht, kann ein etablierter technischer Standard zudem direktem Wettbewerb durch andere Spezifikationen ausgesetzt sein. Wie stark dieser Wettbewerb ist, hängt von einem Kosten-Nutzen-Vergleich der unterschiedlichen Spezifikationsmöglichkeiten einschließlich des etablierten technischen Standards ab. Die Faktoren dieses Kosten-Nutzen-Vergleichs sind dabei der technische Nutzen der jeweiligen Spezifikation,[408] der aktuelle bzw. potentielle Netznutzen[409] einer Spezifikation und die Kosten für die Anwendung einer Spezifikation. Für beste-

---

ausführlich Simcoe, Open Standards, S. 12f.

406 Zur Bedeutung dieses Kriteriums für die Marktdefinition auf Technologiemärkten siehe Geradin/Rato, Exploitative Abuse, S. 39.

407 Simcoe, Open Standards, S. 12; mit zunehmender Anwendung kann sich jedoch ein Netznutzen entwickeln.

408 Siehe insbesondere Friedman, Standards als Intellectual Property, unter Part III.

409 Siehe Friedman, Standards als Intellectual Property, a.a.O.

hende Nutzer einer Spezifikation können zudem Wechselkosten entstehen. Besteht ein etablierter technischer Standard, entstehen Wechselkosten überwiegend beim Wechsel zu einer alternativen Spezifikation.[410] Diese einzelnen Faktoren werden nachfolgend kurz näher erläutert. Im Anschluss daran soll untersucht werden, inwieweit insbesondere der Netznutzen und die Wechselkosten den Substitutionswettbewerb zwischen einem etablierten technischen Standard und alternativen Spezifikationen beeinflussen.

ii. Technischer Nutzen

Unterschiedliche technische Spezifikationen können unterschiedlichen technischen Nutzen erzeugen und dementsprechend die Verbraucherpräferenzen unterschiedlich gut erfüllen. Denkbar wäre, dass es für Rechtshänder günstiger ist, Schrauben rechts herum anzuziehen, weil sie bei einer solchen Drehrichtung größere Kraft erzeugen können. Eine alternative Spezifikation kann einem etablierten technischen Standard deshalb überlegen sein, weil sie einen größeren technischen Nutzen besitzt. Eine schnellere Taktung bei Datenübertragung mag eine schnellere Datenübertragung ermöglichen. Das Nutzenkonzept ist jedoch grundsätzlich individuell. Für einen Rechtshänder mag die Drehrichtung nach rechts besser geeignet sein, für einen Linkshänder wäre gegebenenfalls eine Drehrichtung nach links besser.

Bei der Frage, ob eine standardisierte Spezifikation Wettbewerb durch eine andere Spezifikation erfährt, ist ein wesentlicher Faktor deshalb die Verteilung und die Stärke der Präferenzen in Bezug auf den technischen Nutzen. Unterschiede ergeben sich insbesondere zwischen homogenen und heterogenen Nutzerpräferenzen. Homogene Präferenzen werden dabei vor allem dann zu beobachten sein, wenn der technische Nutzen der jeweiligen Spezifikationsmöglichkeiten sehr gering ist. Dann kommt es auf die genaue Auswahl der Spezifikation nicht an. Die genaue Länge eines Meters ist beispielsweise grundsätzlich irrelevant, sofern sie nur gut verifizierbar ist.[411] Bestehen positive homogene Präferenzen, dann entsteht grundsätzlich ein technischer Standard von allein. Heterogene Präferenzen ohne Netzeffekte und ohne Skalenerträge führen hingegen grundsätzlich nicht zur Existenz technischer Standards, sondern zu Produktdifferenzierung.

iii. Netznutzen

Neben dem technischen Nutzen erzeugen viele technische Standards zudem einen Netznutzen.[412] Dies ist der zusätzliche Nutzen, der dadurch entsteht, dass viele Nutzer eine bestimmte Spezifikation benutzen.[413] Es handelt sich damit um die Summe der Netzeffekte. Löst man

410 Siehe z.B. Katz/Shapiro, 2 J. Econ. Persp. (1994) 93, 94.

411 Allerdings können auch selbst hierbei Unterschiede bestehen: gegen das Dezimalsystem wurde etwa vorgebracht, es ließe sich schlechter ohne die Benutzung von Nachkommastellen teilen als andere Einheiten. So ist beispielsweise die Zahl 1000 nur durch 15 verschiedene Zahlen, die Zahl 960 jedoch durch 27 unterschiedliche Zahlen teilbar, siehe Kindleberger, 36 KYKLOS (1983) 377, 391.

412 Hovenkamp, 48 B.C.L. Rev. (2007) 87, 88.

413 Friedman definiert Standards dabei so, dass nur Spezifikationen erfasst werden, die tatsächlich einen

alle Schrauben durch Drehung nach links, werden die Kosten infolge falscher Handhabung fest sitzender Schrauben deutlich verringert. Das Fahren auf der rechten Straßenseite, auch wenn es sich hierbei nicht um einen technischen Standard im engeren Sinne handelt, führt zu deutlich geringeren Unfallzahlen und erlaubt das Fahren mit höherer Geschwindigkeit. Einheitliche Kodierungsstandards erlauben, vielen Menschen Informationen zugänglich zu machen. Einheitliche Schnittstellen ermöglichen weitreichende Interaktion unterschiedlicher Geräte und Programme. Auch eine Verringerung von Transaktionskosten, insbesondere in Form von Such- und Informationskosten, sollen dabei im vorliegenden Zusammenhang in diesen Netznutzen mit einbezogen werden.

Stetig steigende Netzeffekte bei zunehmender Nutzungsaufnahme einer Spezifikation führen in aller Regel dazu, dass es zur Existenz eines technischen Standards kommt.[414] Der Grund dafür liegt darin, dass der wachsende Netznutzen irgendwann individuelle Unterschiede beim technischen Nutzen einzelner Spezifikationen egalisiert. Dies gilt jedenfalls dann, wenn der Netznutzen von allen oder jedenfalls der überwiegenden Anzahl Nutzer gleichermaßen bewertet wird. Etablierte technische Standards mit hohen Netzeffekten besitzen deshalb gegenüber alternativen Spezifikationen einen erheblichen Nutzenvorteil. Zu bedenken ist allerdings, dass der Netzvorteil ebenso wie Skalenerträge relativ ist. Auch alternative Spezifikationen können Netzeffekte erzeugen.

iv. Kosten

Ferner ist die Anwendung eines technischen Standards mit Kosten verbunden. Beispielsweise können Kosten für die Konformitätsprüfungen und Zertifizierungen anfallen. Ist ein technischer Standard durch gewerbliche Schutzrechte geschützt, kann der Erwerb des Normungswerkes oder die Lizenzierung des notwendigen Schutzrechts für die Anwendung der Spezifikation mit Kosten verbunden sein. Aber auch ohne gewerbliche Schutzrechte können mit unterschiedlichen Spezifikationen unterschiedliche Kosten verbunden sein. Werden bestimmte Materialqualitäten vorgeschrieben, kann dies zu höheren Einkaufs- oder Herstellungspreisen führen. Ferner können technische Spezifikationen in unterschiedlichem Maße die Ausnutzung produktionsbedingter Skalenerträge ermöglichen. Diese Kosten, die vor allem bei den Herstellern standardkonformer Produkte anfallen, werden durch den Marktmechanismus an die Nachfrager dieser Produkte weitergegeben und bestimmen damit deren Kosten-Nutzen-Verhältnis für standardkonforme Produkte.

Netznutzen erzeugen, siehe Friedman, Standards als Intellectual Property unter Part III.

414 Kritisch zu dieser Annahme siehe etwa Liebowitz/Margolis, Network Externalities, unter 4., Sie kritisieren dort auch, dass der Netznutzen für jeden einzelnen Anwender gleich hoch sein soll. Auch in Bezug auf den Netznutzen sind Unterschiede bei den Präferenzen denkbar.

bb. Probleme kollektiver Handlung und Wechselkosten

i. Grundsatz: Vorteil für etablierten technischen Standard

Vor dem Hintergrund dieser Faktoren, die die Kosten-Nutzen-Analyse unterschiedlicher Spezifikationen für die Nutzer, ob Endverbraucher standardkonformer Güter oder Hersteller, bestimmen, lässt sich darstellen, inwieweit die Substitution eines etablierten technischen Standards möglich ist. Entscheidend für die individuelle Spezifikationswahl ist grundsätzlich der Vergleich der Summe aus technischem Nutzen und Netznutzen abzüglich der Kosten für die Anwendung einer konkreten Spezifikation. Ein etablierter technischer Standard hat dabei gegenüber einer alternativen Spezifikation in vielen Fällen einen Vorteil beim Netznutzen, und, wenn der Umfang seiner Anwendung die Realisierung von höheren Skalenerträgen in der Produktion als andere Spezifikationen ermöglicht, auch einen Kostenvorteil. Ferner kann es beim Spezifikationswechsel weg von einem Standard hin zu einer alternativen Spezifikation zu vorübergehenden Nutzenverlusten für Wechsler kommen. Eine alternative Spezifikation wird zum Zeitpunkt des Wechsels vielmals noch nicht denselben Netzvorteil erzeugen wie der etablierte Standard. Dieser vorübergehende Nutzenverlust ließe sich nur vermeiden, wenn alle Nutzer gleichzeitig wechselten. In der Realität wird ein Wechsel jedoch sukzessive stattfinden. Aufgrund dieser Faktoren hängt die Wahrscheinlichkeit eines Wechsels vor allem davon ab, wie die Nutzerpräferenzen verteilt sind.

ii. Problem kollektiven Handelns

Bei homogenen Verbraucherpräferenzen wird ein Wechsel von sich aus nur dann stattfinden, wenn die Anwendung einer alternativen Spezifikation einen so viel größeren technischen Nutzen und alternativ oder kumulativ einen so großen Kostenvorteil verspricht, dass der vorübergehende Verlust an Netzeffekten ausgeglichen wird. Ermöglicht eine alternative Spezifikation hingegen nur einen größeren potentiellen Netzvorteil, kommt es darauf an, welche Information jeder Nutzer über die Präferenzen seiner Mitnutzer hat. Bei vollständigen Informationen findet ein Spezifikationswechsel grundsätzlich statt. Bei fehlenden Informationen wird ein Wechsel mit hoher Wahrscheinlichkeit ausbleiben. Infolge der Unsicherheit, ob ein vollständiger Wechsel stattfinden wird, wird kein Nutzer den ersten Schritt wagen.[415] Es kommt zu einem Problem des kollektiven Handelns.[416] Zu beachten ist jedoch, dass ein Wechsel dennoch stattfinden kann, wenn jeder einzelne erwartet, dass auch alle anderen Nutzer einen Wechsel

---

415 Anschaulich Kindleberger, 36 KYKLOS (1983) 377, 388; vgl. theoretisch Farrell/Klemperer, Coordination and Lock-in, S. 62; Farrell/Saloner, 16 RAND (1985) 70, 71, mit dem Hinweis, dass es zu solchen „excess inertia" nur bei imperfekten Informtionen kommt; Teece/Sherry, 87 Minn. L. Rev. (2003) 1913, 1937.

416 Als Beispiel hierfür wird häufig die QWERTY-Tastatur genannt. Trotz einer besseren Alternative sei es nicht zu einem Wechsel gekommen, vgl. David, 75 AER (1985) 332; sehr kritisch zu diesem Beispiel jedoch Liebowitz/Margolis, 33 JLE (1990) 1.

vornehmen werden. Dann wird er wechseln. Dies bedeutet, dass in Märkten mit Netzeffekten Erwartungen eine sehr große Rolle spielen.[417]

Bei heterogenen Nutzerpräferenzen kann das Problem kollektiven Handelns schwächer ausgeprägt sein, wenn die Präferenzen einigermaßen gleich verteilt sind und es Nutzer gibt, die allein wegen des größeren Netznutzens den etablierten technischen Standard benutzen. Eine geringfügige Verbesserung des technischen Nutzens einer alternativen Spezifikation mag sie zur Anwendung dieser Spezifikation bewegen. Bereits dies kann sich selbst verstärkende Prozesse in Gang setzen.[418] Allerdings mag es in solchen Fällen dazu kommen, dass es nicht erneut zu einer dominierenden Spezifikation kommt.

iii. Mechanismen zur Überwindung des Problems kollektiven Handelns

(1) Überblick

Das Problem kollektiven Handelns kann allerdings gelöst werden. Dafür stehen grundsätzlich drei Möglichkeiten zur Verfügung. Diese sind Koordination mit Hilfe von Kommunikation,[419] Sponsorentum[420] und Kompatibilität[421]. Welche Voraussetzungen dafür bestehen müssen, wird kurz dargestellt.

(2) Koordination mit Hilfe von Kommunikation

Ein Grund für das Problem kollektiver Handlung besteht darin, dass die Akteure häufig nicht wissen, welche und wie viele andere Akteure einen Spezifikationswechsel unterstützen. Dieses Informationsdefizit kann durch ausdrückliche Kommunikation jedenfalls teilweise gelöst werden.[422] Wie gut die Kommunikation funktioniert, hängt mit der Höhe der Transaktionskosten zusammen. Transaktionskosten sind in diesem Zusammenhang zunächst einmal Such- und Informationskosten. Ein wechselwilliger Akteur muss andere Akteure kontaktieren und nach ihren Präferenzen fragen. Die Kosten für den Informationsaustausch sind umso höher, je mehr Akteure es gibt und je größer die Kommunikationskosten pro Kommunikationsvorgang sind. Gibt es hingegen nur einen einzigen Nutzer, wie im Fall eines Nachfragemonopolisten, wären diese Transaktionskosten nicht vorhanden. Der Monopolist könnte die technischen Standards diktieren. Je mehr Koordinationsaufwand notwendig ist, desto wichtiger werden Institutionen,

---

417 Siehe hierzu u.a. Farrell/Klemperer, Coordination and Lock-in, S. 6, 10.

418 Vgl. Katz/Shapiro, 2 J. Econ. Persp. (1994) 93, 106 mit dem Hinweis, dass heterogene Präferenzen und Produktdifferenzierung zu mehreren Netzwerken führen können.

419 Vgl. Farrell/Klemperer, Coordination and Lock-in, S. 10; die Bedeutung von Koordination in Systemmärkten sowohl auf Hersteller wie auch auf Nachfragerseite betonen auch Katz/Shapiro,2 J. Econ. Persp. (1994) 93, 94.

420 Katz/Shapiro, 2 J. Econ. Persp. (1994) 93, 101.

421 Vgl. Farrell/Klemperer, Coordination and Lock-in, S. 11.

422 Vgl. Farrell/Klemperer, Coordination and Lock-in, S. 63ff.; Farrell/Saloner, 16 RAND (1985) 70, 81 mit einem Modell, bei dem Kommunikation bei unterschiedlichen Präferenzen das Verzögerungsproblem nicht vollständig lösen kann.

innerhalb derer diese Art von Informationen kostengünstig ausgetauscht werden können. Dies sind in erster Linie Standardisierungsorganisationen, in denen sich die Mitglieder regelmäßig treffen.[423] In welchem Maß Standardisierungsorganisationen oder Konsortien dieses Problem lösen können, hängt von ihrer Struktur ab. Zu beachten ist auch, dass insbesondere Partikularinteressen innerhalb von Standardisierungsgremien zu einem höheren Kommunikationsaufwand führen können, und dadurch die Konsensfindung verzögern oder behindern.[424] Dies kann die Einführung alternativer Spezifikationen behindern oder jedenfalls verzögern. Gewerbliche Schutzrechte können diese Partikularinteressen verstärken.[425]

Aufgrund der Möglichkeit von Fehlinformationen vermag allein vermutliches Wissen um gleichgerichtete Präferenzen zugunsten einer alternativen Spezifikation seitens anderer Akteure aber gerade im Fall weitgehend homogener Präferenzen noch nicht auszureichen, um das Problem kollektiven Handelns zu lösen. Es muss gegebenenfalls auch glaubhaft versichert werden, dass ein Spezifikationswechsel vollzogen wird, wenn ein Akteur beginnt, die neue Spezifikation anzuwenden. Diese Funktion können rechtsverbindliche Absprachen erfüllen. Sie scheinen jedoch nicht notwendig, wenn bereits starke soziale Normen ausreichen, sich an Beschlüssen von Normungsgremien auszurichten. Hier lauern jedoch Gefahren, wenn einzelne Teilnehmer anfangen, bei Standardisierungsvorhaben eigene Interessen zu verheimlichen. Der Konsens kann darunter leiden und zu einem Durchsetzungsproblem führen. Das Funktionieren von unverbindlichen Absprachen hängt deshalb jedenfalls teilweise vom Bestehen geschriebener oder ungeschriebener Verhaltensregeln ab.

(3) Sponsorentum

Ein weiteres Mittel, das Problem kollektiver Handlung zu lösen, kann Sponsorentum sein.[426] Unter Sponsorentum versteht man die finanzielle oder psychologische Unterstützung von Spezifikationen durch Unternehmen. Ziel des Sponsorentums ist es, hinreichend viele potentielle Nutzer zur Wahl der bevorzugten Spezifikation zu bewegen, um dadurch einen Netznutzen zu erzeugen, der die Spezifikation für weitere Nutzer attraktiv werden lässt. Dabei bestehen unterschiedliche Wege. Die Sponsoren können einmal selbst bei der Einführung der Spezifikation vorangehen und somit die Ernsthaftigkeit ihres Vorgehens demonstrieren. Dies ist insbesondere dann erfolgreich, wenn der Sponsor selbst ein Schlüsselnutzer einer Spezifikation ist. Im Rahmen der Anwendung einer Spezifikation tätigen Unternehmen eine spezifikati-

---

423 Vgl. Farrell/Klemperer, Coordination and Lock-in, S. 12.

424 Vgl. Farrell/Klemperer, Coordination and Lock-in, S. 64; für ein Modell, bei dem bereits bei kleinen Interessenunterschieden einfache Kommunikation unzureichend wird siehe Farrell, 18 RAND (1987) 34; ein Beispiel für unterschiedliche Partikularinteressen geben Raballand/Aldaz-Carrol, The Case of Pallets, die die ökonomischen Auswirkungen unterschiedlicher Normen für Palettengrößen untersuchen. Eine Vereinheitlichung der Größen von Paletten stelle für die einzelnen Akteure ein Gefangenendilemma dar, S. 4.

425 Siehe etwa Farrell, 30 Jurimetrics Journal (1989) 35, 43f.

426 Siehe Katz/Shapiro, 2 J. Econ. Persp. (1994) 93, 101 mit einer Diskussion unterschiedlicher Strategien.

onsspezifische Investition, die ihr Engagement ernsthaft erscheinen lässt und Vertrauen schafft.[427] Handelt es sich zudem um finanzkräftige Akteure mit einem guten Ruf, kann dies erhebliche psychologische Unterstützung bedeuten, die deshalb wichtig ist, weil dadurch in den Augen der Nutzer die Erwartung steigt, die Spezifikation werde erfolgreich adoptiert.[428]

Weitere Maßnahmen von Sponsoren können eine günstige Preispolitik für standardkonforme Güter oder Lizenzen sein. Vielfach werden sogar Spezifikationen kostenlos zur Verfügung gestellt[429]. Im Ergebnis muss der Vorteil, den ein Sponsor gewährt, so groß sein, dass er sowohl die Wechselkosten als auch den vorübergehenden Verlust an Netznutzen ausgleicht, der Umsteigern infolge eines Spezifikationswechsels entsteht.

Ein rational handelndes Unternehmen wird diese Kosten in die Schaffung von Wechselanreizen für Nutzer lediglich dann investieren, wenn sie langfristig wieder amortisiert werden können. Dies kann der Fall sein, wenn die alternative Spezifikation erlaubt, unternehmensspezifische Vorteile besser auszunutzen, oder wenn das Unternehmen auf dem dadurch entstehenden Markt hinreichend hohe monopolistische Renten für seine spezifikationskonformen Produkte erwartet.[430] Rational erschiene es auch dann, wenn später infolge von Lock-in oder gewerblichen Schutzrechten Lizenzgebühren für die Nutzung der neuen Spezifikation verlangt werden können, die diese Kosten decken. Die Möglichkeit des Schutzes technischer Standards kann deshalb Anreize setzen, etablierte Standards zu ändern.[431]

Zugleich kann jedoch die Möglichkeit, Nutzer einer alternativen Spezifikation später durch Ausnutzung von Lock-in zur Kasse zu bitten, die Aussichten für die Übernahme dieser Spezifikation verringern. Sehen die potentiellen Anwender diese Gefahr voraus, werden sie gegebenenfalls nur zurückhaltend die alternative Spezifikation annehmen.[432] Auch dieses Problem lässt sich jedoch lösen, indem der Sponsor glaubhafte Versprechen macht, seine Position später nicht oder jedenfalls nicht über Gebühr auszunutzen.[433] Möglichkeiten hierfür sind langfristige Verträge z. B. mit verbindlichen Lizenzierungsbedingungen zu geringen oder keinen Lizenzgebühren, die Lizenzierung der Technologie an andere Hersteller, so dass Nutzer wissen, dass es zukünftig zu Wettbewerb zwischen diesen Herstellern kommt,[434] oder der gute Ruf eines Unternehmens.[435]

---

427 Vgl. Katz/Shapiro, 2 J. Econ. Persp. (1994) 93, 104.
428 Siehe hierzu van Wegberg, 16 Technology Analysis and Strategic Management (2004) 457, 464.
429 Vgl. Farrell, 30 Jurimetrics Journal (1989) 35, 43; Besen/Farrell, 8 J. Econ. Persp. (1994) 117, 124.
430 Vgl. Katz/Shapiro, 2 J. Econ. Persp. (1994) 93, 101.
431 Katz/Shapiro, 2 J. Econ. Persp. (1994) 93, 101ff.
432 Vgl. Katz/Shapiro, 2 J. Econ. Persp. (1994) 93, 102.
433 Vgl ausführlich Katz/Shapiro,2 J. Econ. Persp. (1994) 93, 103, siehe auch Church/Ware, Network Industries, 227, 233.
434 Vgl. Katz/Shapiro, 2 J. Econ. Persp. (1994) 93, 103.
435 Vgl. Katz/Shapiro, 2 J. Econ. Persp. (1994) 93, 104.

(4) Kompatibilität

Die letzte Variante, die einen Wechsel herbeiführen kann, ist die Herstellung von jedenfalls teilweiser Kompatibilität bzw. die Schaffung von Adaptern. Dadurch kommen die Netzeffekte, die der etablierte technische Standard realisiert hat, auch den Nutzern des neuen Standards zugute. Besteht vollständige Kompatibilität, profitiert jedoch auch der etablierte technische Standard von den Nutzern der Alternative. Dies kann die Position des etablierten Standards gegebenenfalls noch stärken.[436] Ob Kompatibilität hergestellt werden kann, ist in erster Linie eine technische Frage. Entscheidende Voraussetzung für die Herstellung von Adaptern und Kompatibilität ist, dass die Informationen über die standardisierten Spezifikationen bekannt sind.

(5) Zusammenfassung

Die drei hier diskutierten Wege, das Problem kollektiven Handelns zu lösen, lassen sich selbstverständlich kombinieren. So können mehrere an einer alternativen Spezifikation interessierte Akteure durch abgestimmtes Verhalten gemeinsam eine Spezifikation unterstützen, die zudem noch kompatibel zum etablierten Standard gestaltet werden kann. Mit Anderen gemeinsam eine alternative Spezifikation zu unterstützen, kann den Vorteil haben, dass dadurch die Kosten für ihre Einführung auf mehrere Unternehmen verteilt werden, und so für den Einzelnen geringer sind als bei alleiniger Markteinführung der Spezifikation. Allerdings entstehen dabei wiederum Transaktionskosten. Im Ergebnis lässt sich deshalb festhalten, dass der Markt das Problem des kollektiven Handelns zu lösen vermag, sofern kumulativ oder alternativ

- die Transaktionskosten im Rahmen der Koordination nicht zu hoch sind,

- genügend private Anreize für Sponsorentum bestehen, z. B. gewerbliche Schutzrechte, und

- Kompatibilität herstellbar ist.

Diese Mechanismen versagen hingegen, wenn Kompatibilität nicht hergestellt werden kann, das Investitionsvolumen für eine einzelne Firma zu groß ist und gleichzeitig die Transaktionskosten für den Informationsaustausch und gemeinsames Handeln sehr hoch sind. Ferner müssen die Präferenzen hinreichend homogen sein, damit sich überhaupt eine Spezifikation finden lässt, die genügend Anwender für einen hinreichend hohen Vereinheitlichungsnutzen gewinnen kann.

436 Choi, Int. J. Ind. Organ. 000 (1996) 825 mit einem Modell hinsichtlich Konvertern; zur sozialen Erwünschtheit von Kompatibilität siehe auch Desruelle/Gaudet/Richelle, 14 Int. J. Ind. Org. (1996) 747; vgl. ferner Matutes/Regibeau, 37 Journal of Ind. Econ. (1989) 359 mit einem Modell, indem die Herstellung von Kompatiblität unter bestimmten Voraussetzungen ein etabliertes Unternehmen stärken kann.

iv. Wechselkosten[437]

(1) Arten von Technologiewechselkosten

Zu berücksichtigen ist zudem, dass der Umstieg auf eine alternative Spezifikation in vielen Fällen mit zusätzlichen, wegen des Wechsels anfallenden Kosten verbunden ist. Je höher diese Kosten sind, desto eher verbleiben Nutzer des etablierten Standards bei der von ihnen angewendeten Spezifikation. Dabei wird in der Regel zwischen drei Arten von Wechselkosten unterschieden: Transaktionskosten, d.h. Integrations- und Opportunitätskosten,[438] Lernkosten[439] und künstliche Wechselkosten.[440] Hinzu kommen zudem psychologische Wechselkosten.[441]

Integrationskosten sind die Kosten für die Anpassung alter Einrichtungen an die neuen Güter. Ein Beispiel für Integrationskosten wäre die Umwandlung von Daten in neue Formate. Die Höhe dieser Kosten kann dabei völlig unterschiedlich sein, je nachdem, wieviele Einrichtungen auf einem bestimmten technischen Standard aufbauen. Sie fallen bei jedem Wechsel zwischen technischen Spezifikationen erneut an.[442] Zugleich entstehen häufig Opportunitätskosten, weil beispielsweise standardspezifische Investitionen nicht weiter genutzt werden können. Ein in den USA gekaufter Haarföhn, der allein bei 120 V Netzspannung funktioniert, ist in Europa mit einer Netzspannung von 230 V nutzlos.

Daneben gibt es Lernkosten. Lernkosten entstehen dadurch, dass ein Nutzer einer bestimmten Spezifikation Erfahrungen mit dieser Spezifikation gesammelt hat.[443] Bei Einführung einer neuen Spezifikation muss entsprechendes Wissen häufig erst einmal neu erworben werden. So können sich Computersprachen beispielsweise in den zur Verfügung stehenden Befehlen oder ihrer Logik teils erheblich unterscheiden. Die Höhe der Lernkosten hängt zudem damit zusammen, wie einfach das neue Wissen zu erlangen ist. Handbücher und Schulungsveranstaltungen können diese Kosten senken. Sie mögen in größerem Umfang jedoch zur Verfügung stehen, wenn bereits eine Nutzerbasis besteht. Lernkosten fallen in voller Höhe grundsätzlich nur bei der erstmaligen Anwendung einer Spezifikation an, da ein Teil einmal erlangten Wissens häufig erhalten bleiben wird.

Ferner gibt es noch künstliche Wechselkosten. Sie werden deshalb als künstliche Wechselkosten bezeichnet, weil sie durch willentliches Verhalten von Marktteilnehmern entstehen.[444]

---

437 Einen ausführlichen Überblick über die ökonomische Literatur zu Wechselkosten findet man bei Farrell/Klemperer, Coordination and Lock-in, Abschnitt 2, S.12ff.

438 Klemperer, 62 Rev. Econ. Studies (1995) 515, 517.

439 Klemperer, 62 Rev. Econ. Studies (1995) 515, 517; Farrell/Klemperer, Coordination and Lock-in, S. 12.

440 Klemperer, 62 Rev. Econ. Studies (1995) 515, 517; Farrell/Klemperer, Coordination and Lock-in, S. 37; Nilsson, 23 RAND (1992) 579 mit Beispielen.

441 Klemperer, 62 Rev, Econ. Studies (1995) 515, 518; Farrell/Klemperer, Coordination and Lock-in, S. 12; Barnes/Gartland/Stack, 38 Journal of Economic Issues (2004) 371, 372.

442 Siehe Nilssen, 23 RAND (1992) 579, 580.

443 Siehe Klemperer, 62 Rev. Econ. Studies (1995), 515, 517; Nilssen, 23 RAND (1992) 579.

444 Klemperer, 62 Rev. Econ. Studies (1995), 515, 517f.; Nilssen, 23 RAND (1992) 579, 580.

Dies sind einerseits besondere Vergünstigungen, die nur mit der Nutzung eines konkreten Produkts verbunden sind.[445] Von besonderer Bedeutung zur Sicherung der dominanten Stellung eines Standards ist die Möglichkeit, einen Standard inkompatibel zu alternativen Spezifikationen zu gestalten.[446] Durch eine solche Beeinflussung werden die Opportunitätskosten bei einem Standardwechsel erhöht, da standardspezifische Investitionen bei einem Spezifikationswechsel verloren gehen.

Schließlich können auch psychologische Wechselkosten bestehen. Standards können Gewohnheiten prägen. Eine Änderung von Gewohnheiten kann ganz erhebliche Anstrengungen kosten.[447] Auch dies sind Bemühungen oder Kosten, die nur schwer zu messen sind, aber gerade im Bereich technischer Standardisierung auftreten können. Als Beispiel kann die Einführung des Meters dienen, die sich in einigen Ländern über mehr als 100 Jahre hinzog.[448]

(2) Auswirkungen auf Nachfrager standardkonformer Güter

Wechselkosten behindern zu Lasten bereits den Standard benutzender Nachfrager die freie, allein an ihrem jeweiligen Nutzen orientierte Wahl technischer Spezifikationen. Ein Nutzer eines etablierten technischen Standards wird einen Wechsel nur dann in Betracht ziehen, wenn die Nutzen- oder Kostenvorteile so groß sind, dass sie die Wechselkosten zumindest kompensieren. Je höher die Wechselkosten sind, desto größer muss der Kostenvorteil bzw. Nutzengewinn durch die alternative Technologie sein. Technisch gleichwertige Spezifikationen stellen deshalb für Nutzer eines etablierten Standards häufig keine wirtschaftlich sinnvolle Alternative dar. Bei besonders hohen Wechselkosten gilt dies sogar für leicht bessere oder ein wenig kostengünstigere Alternativspezifikationen. Damit setzen die Wechselkosten eine Untergrenze für den Vorteil, den eine alternative Spezifikation bieten muss.

(3) Auswirkungen auf Hersteller standardkonformer Güter

Zu beachten ist auch, dass insbesondere für Hersteller standardkonformer Güter Wechselkosten entstehen können, wenn sie alternative Spezifikationen bei der Herstellung ihrer Produkte verwenden. Sofern ein Unternehmen standardspezifische Investitionen in Produktionsanlagen getätigt oder standardspezifische Lernvorteile erzielt hat, gehen diese beim Wechsel zu einer alternativen Spezifikation verloren. Diese Kosten lassen sich gegebenenfalls gar nicht oder jedenfalls nur zum Teil auf die Nachfrager abwälzen. Ein Hersteller kann aus diesen Gründen einem Standardwechsel abgeneigt sein.

---

445 Klemperer, 62 Rev. Econ. Studies (1995), 515, 517f.

446 Nilssen, 23 RAND (1992) 579.

447 Klemperer, 62 Rev. Econ. Studies (1995), 515, 518.

448 Insbesondere in Frankreich, wo der Meter zunächst während der Revolution eingeführt, von Napoleon zwischenzeitlich wieder abgeschafft und schließlich 1837 wieder erneut als verbindlich festgelegt wurde. Selbst 1920 wurden in Südfrankreich Grundstücke teilweise noch nach örtlichen Maßen registriert, siehe Alder, Das Maß der Welt, S. 425ff.

(4) Lock-in und seine Auswirkungen auf einen Technologiewechsel

Trotz dieser einen Wechsel behindernden Auswirkungen von Wechselkosten können sie gegebenenfalls auch dafür sorgen, dass ein Technologiewechsel erleichtert wird. Der Grund dafür liegt darin, dass Wechselkosten nur für Nutzer eines etablierten Standards anfallen. Für einen Hersteller kann es profitabler sein, die vorhandenen Nutzer durch hohe Preise auszubeuten als neue Nutzer zu gewinnen.[449] Ist eine Preisdiskriminierung zwischen neuen und alten Nutzern nicht möglich, so zeigen eine Reihe spieltheoretischer Modelle, dass Unternehmen bei konstanten Skalenerträgen mit einer bestehenden Nutzerbasis weniger aggressiv um neue Nutzer konkurrieren und sich wie „fette Kater" verhalten.[450] Dies bedeutet zugleich, dass konkurrierende Systeme eine Chance haben, sich ebenfalls eine Nutzerbasis zu schaffen. Eine alternative Spezifikation hat deshalb eine umso größere Chance, je mehr ungebundene Nutzer bestehen.

d) Fazit

Grundsätzlich zeigt die vorangehende Darstellung, dass ein technischer Standard umso weniger Wettbewerb ausgesetzt ist, je stärker der Netznutzen des technischen Standards ist, je höher die Wechselkosten sind und je größer die Anzahl derjenigen Nutzer ist, für die Wechselkosten eine Rolle spielen.

Diese Vorteile etablierter technischer Standards lassen sich in aller Regel nur durch Verbesserungen ausgleichen, die einen Nutzenvorteil - in Form einer alternativen Spezifikation oder einer gekoppelten Technologie - oder einen Preisvorteil bieten. Der Preisvorteil kann das Ergebnis von Skalenerträgen oder günstigeren Kosten zur Anwendung des technischen Standards sein.[451] Je homogener die Nutzerpräferenzen in Bezug auf den technischen Nutzen und den Netznutzen sind, desto schwieriger mag es infolge von Problemen kollektiven Handelns sein, Adoptionsdynamiken zugunsten alternativer Spezifikationen auszulösen. Die Probleme kollektiven Handelns sind dabei umso schwieriger zu lösen, je mehr relevante Nutzer bestehen und je größer die Interessenunterschiede zwischen ihnen sind. Je größer diese Probleme sind, desto höher muss deshalb der Nutzenvorteil oder zukünftig erwartete Netznutzenvorteil einer alternativen Spezifikation gegenüber einem etablierten technischen Standard sein.[452] Zu beachten ist dabei ferner, dass die Probleme kollektiven Handelns beim Wechsel eines techni-

449 Vgl. Farrell/Klemperer, Coordination and Lock-in, S. 8.

450 Vgl. Farrell/Klemperer, Coordination and Lock-in, S. 9, 22. m. w. Nachw.

451 Eine Untersuchung von Tellis, Niraj und Yin mag nahelegen, dass Qualitätsverbesserungen langfristig immer den Wettbewerbsnachteil durch Netzeffekte ausgleichen werden, siehe Tellis/Niraj/Yin, Network Effects, S. 27.

452 Denkbar ist zudem, dass es Nutzer geben kann, für die Netznutzen und technischer Nutzen nicht substituierbar sondern komplementär sind. Je größer diese Nutzerzahl ist, desto schwieriger ist es, einen Standard zu ersetzen., siehe Shy, Int. J. Ind. Organ. 14 (1996), 785 mit einem Modell.

schen Standards durch unterschiedlich hohe Wechselkosten der einzelnen Anwender eines Standards noch erhöht werden können.[453]

D. Voraussetzungen und Grenzen der Monopolmacht

I. Überblick

Allein die Tatsache, dass ein Standard keinem wesentlichen Wettbewerb ausgesetzt ist und zudem für dessen Nutzung eine Transaktion mit einem Schutzrechtsinhaber notwendig ist, führt noch nicht dazu, dass der Schutzrechtsinhaber Monopolmacht besitzt. Erstens ist eine technische Spezifikation nur dann ein Standard, wenn sie in weitem Umfang genutzt wird. Um diesen Status zu erreichen, ist es notwendig, dass die Spezifikation von vielen Nutzern angenommen wird. Ist eine Spezifikation geschützt, ist dies rechtmäßig jedoch nur dann möglich, wenn ein zukünftiger Nutzer eine Lizenz beim Schutzrechtsinhaber für die Nutzung erwirbt. Im Zeitpunkt der Nutzungsaufnahme wird für einen erheblichen Zeitraum die geschützte Spezifikation jedoch noch nicht den Status eines technischen Standards erworben haben. Dies bedeutet zugleich, dass der Schutzrechtsinhaber häufig im Rahmen dieser frühen Transaktionen noch keine Monopolmacht hat.[454] Es ist deshalb darzustellen, in welchem Umfang diese Transaktionen die Monopolmacht des Schutzrechtsinhabers für die Zukunft beschränken können. Dabei ist insbesondere zu betrachten, in welchem Umfang Zusagen, das Schutzrecht zu sog. RAND-Bedingungen zu lizenzieren eine Beschränkung der Monopolmacht bewirken können. Die Abkürzung RAND steht für „reasonable and non-discriminatory"; sie bedeutet also, dass eine Lizenzierung zu angemessenen und nicht diskriminierenden Bedingungen erfolgen soll.

Ferner stellt sich die Frage, ob nicht gegebenenfalls die *Coase*-Vermutung im vorliegenden Zusammenhang Anwendung findet. Nach dieser Vermutung ist ein Monopolist eines dauerhaften Gutes nicht in der Lage, einen Monopolpreis zu verlangen, sofern er nicht glaubhaft versichern kann, dass es nicht zukünftig zu Preissenkungen kommt.

Sofern Monopolmacht besteht, wird diese schließlich durch das Kartellrecht beschränkt. Da es häufig bereits im Rahmen der Standardisierung zu Transaktionen zwischen unterschiedlichen

453 Sofern alternative Spezifikationen auf anderen Märkten genutzt werden, kann dies dazu führen, dass dort eigene Netzeffekte aufgebaut und Lerneffekte mit dieser Spezifikation erzeugt werden. Dadurch können sie zu einer erheblichen Bedrohung für einen etablierten Standard werden, siehe z.B. West/Dedrick, 11 Information Systems Research (2000), 197 mit dem Beispiel des lange die japanische Computerarchitektur bestimmenden PC-98-Standards.

454 „[Der Inter-standard-wettbewerb] begrenzt die Handlungsmöglichkeiten im nachgelagerten Wettbewerb...", Borowicz/Scherm, zfbf 2001, 391, 396; ferner Swanson/Baumol 73 Antitrust L.J. (2005) 1, 43.

Unternehmen kommt, kann sich eine Beschränkung einerseits aus dem Kartellverbot ergeben, andererseits aus den Regelungen über marktbeherrschende Unternehmen.

II. Beschränkungen durch Vereinbarungen im Standardisierungsprozess

1. Überblick

Im Rahmen des Prozesses technischer Standardisierung kann es zu einer ganzen Reihe von bindenden Zusagen des Schutzrechtsinhabers gegenüber Nutzern geschützter technischer Spezifikationen bezüglich seines künftigen Verhaltens kommen. Konkret wird es sich oftmals um vertragliche Lizenzvereinbarungen mit einzelnen Lizenznehmern handeln. Ferner können Schutzrechtsinhaber allgemeine Lizenzierungsangebote gegenüber der Allgemeinheit abgeben. Schließlich können sich aufgrund der Satzungen von Standardisierungsorganisationen oder aufgrund von Verträgen der Teilnehmer an einem Standardisierungsgremium untereinander Verpflichtungen ergeben, zu angemessenen und nicht diskriminierenden Bedingungen Lizenzen zu erteilen. Je weniger ein Schutzrechtsinhaber in der Lage ist, allein die zu seinen Gunsten geschützte Spezifikation als technischen Standard am Markt zu etablieren, desto mehr Zugeständnisse und vertragliche Abreden wird er im Rahmen des Standardisierungsprozesses eingehen müssen.

Notwendig für die Durchsetzung einer Spezifikation als technischer Standard ist, dass hinreichend viele spezifikationsspezifische Güter auf den Markt gebracht werden. Dafür kann einerseits der Schutzrechtsinhaber selbst sorgen, indem er im notwendigen Umfang entsprechende Güter herstellt und vertreibt. Häufig werden ihm jedoch für ein solches Vorhaben sowohl die Ressourcen als auch das Know-how fehlen. Er ist deshalb in mehr oder weniger großem Umfang auf Kooperation mit anderen Unternehmen angewiesen. Im extremsten Fall ist der Schutzrechtsinhaber ein reines Forschungs- und Entwicklungsunternehmen, dessen Geschäftsmodell auf der Lizenzierung der Forschungs- und Entwicklungsergebnisse beruht. Im Rahmen dieser Transaktionen werden die Lizenznehmer in vielen Fällen die zukünftige Monopolmacht des Schutzrechtsinhaber antizipieren und versuchen, sich vertraglich gegen eine Ausnutzung dieser Monopolmacht abzusichern.

Besitzt der Schutzrechtsinhaber hingegen selbst genügend Ressourcen, seine bevorzugte Spezifikation in die Position eines technischen Standards zu bringen, kommt es zwar nicht zu Lizenzverträgen. Allerdings wird sich seine Technologie häufig zunächst gegen andere Technologien am Markt durchsetzen müssen. In diesem Wettbewerb um einen technischen Standard kann es ebenfalls zu Zusagen eines Schutzrechtsinhabers kommen, die seine künftige Monopolmacht im Erfolgsfall beschränken können.[455] Diese können ihn möglicherweise zukünftig

455 In diesem Sinne etwa Bunte, BB 1999, 113, 117 zum Systemwettbewerb; siehe z.B. Economides, The Economics of Networks, 4.1., wonach im Rahmen der Standardisierung ein Monopolist Wege finden muss, langfristig eine hohe Produktionsmenge zu garantieren; für einen Überblick über die Strategien siehe

binden und seine Monopolmacht beschränken. Es wird daher nachfolgend dargestellt, welche Zugeständnisse es gibt, und in welchem Umfang sie Monopolmacht begrenzen können.

2. Bekanntheit des Schutzrechts als notwendige Voraussetzung

a) Gefahr infolge noch nicht veröffentlichter Patente

Zunächst ist jedoch darzustellen, wann es überhaupt zu entsprechenden Zusagen kommt. Voraussetzung für eine vertragliche Zusage, die gegebenenfalls zukünftige Bindungswirkung entfaltet, ist, dass den Parteien die Existenz eines essentiellen Schutzrechts bekannt ist, und sie dementsprechend über Gefahr zukünftiger Monopolmacht Bescheid wissen.[456] Gehen sie davon aus, die Anwendung eines technischen Standards sei ohne Verletzung eines Schutzrechts möglich, werden sie sich nicht um eine Lizenz oder die Monopolmacht verringernde Zusagen bemühen. Zwar kann der Schutzrechtsinhaber unlizenzierte Nutzer jederzeit durch eine Abmahnung oder Klageerhebung von der Nutzung der geschützten Spezifikation abhalten. Strategisch kann es für ihn jedoch günstiger sein, dies erst dann zu tun, wenn die Spezifikation zum Standard geworden ist.[457] Dann besitzt er gegebenenfalls Monopolmacht und kann einen höheren Gewinn aus der Lizenzierung ziehen.[458]

Wie bei der Darstellung des Patentrechts bereits erwähnt wurde, werden Patente veröffentlicht. Dies ermöglicht es grundsätzlich jedermann, sich über bestehende Patente und zukünftige Patente zu informieren.[459] Die Gerichte gehen grundsätzlich davon aus, dass Hersteller Kenntnis der Patente und veröffentlichten Patentanmeldungen ihres Fachgebiets haben. Sie sind damit dazu verpflichtet ist, regelmäßig Patentsuchen durchzuführen.[460]

Die Darstellung des Patentrechts hat aber auch gezeigt, dass es gewisse Fristen gibt, innerhalb derer ein Anspruch auf ein Patent besteht, dieser aber mangels Veröffentlichung der Patentanmeldung nicht recherchierbar ist. Dies sind in Europa achtzehn, bei Berücksichtigung des Ausstellerrechts gegebenenfalls vierundzwanzig Monate; in den USA können es einschließlich der *grace period* maximal dreißig Monate für internationale Patente, ansonsten gegebenfalls mehr Monate sein. Fällt der Beginn der Nutzung einer technischen Spezifikation in diesen Zeitraum, ist ein Auffinden von Schutzrechten, die möglicherweise bei der Anwendung der beabsichtigten Spezifikation zwangsläufig genutzt werden, nicht möglich. Der Anwender

---

Farrell/Klemperer, Coordination and Lock-in, S.76ff.

456 So auch Lemley, 90 Cal. L. Rev. (2002) 1889, 1954ff; Peterson, Patents and Standard-Setting Processes, S. 8.

457 Dies beschreibt z.B. Lichtman, Patent Holdout, S. 4; für Beispiele solcher Strategien siehe z.B. FTC, *In Re Dell Computer Corp.*, No. 931-0097 (F.T.C. 1995); FTC, *In the Matter of Rambus*, Inc. Docket No. 9302 S. 37ff., 48ff.; 66ff.

458 Zwar besteht gegebenenfalls die Gefahr der Verwirkung, allerdings ist diese Gefahr unter den oben S. 50f., 59ff. genannten Voraussetzungen eher gering.

459 Häufig gestaltet sich eine Patentsuche jedoch mehr als schwierig, ausführlich dazu Lichtman, Patent Holdout, S. 5.

460 Siehe BGH, Urteil v. 03.03.1977, Az. X ZR 22/73 – Autoscooter-Halle; Mes, PatentG, § 139 Rn. 66.

ist zwar für den Zeitraum bis zur Erteilung eines Patents nicht schadenersatzpflichtig, sondern allein entschädigungspflichtig im Fall der Kenntnis oder des Kennenmüssens von der Anmeldung.[461] Nach der Erteilung des Patents droht ihm allerdings in jedem Fall der Unterlassungsanspruch.

Bei Geschäftsgeheimnissen und Urheberrechten bestehen keine entsprechenden Probleme. Der Grund ist, dass eine Verletzung eines Geschäftsgeheimnisses nur dann besteht, wenn eine Information unerlaubterweise benutzt wird. Dies setzt in aller Regel die Verletzung einer Geheimhaltungspflicht voraus, die der Anwender der technischen Spezifikation kennt oder jedenfalls kennen sollte. Die Verletzung eines Urheberrechts setzt die Verfielfältigung fremder Leistung oder die unberechtigte Leistungsübernahme voraus. Übernimmt ein Anwender eine fremde Leistung, besteht grundsätzlich Anlass für ihn, sich über die Existenz eines Schutzrechts zu informieren.

b) Offenlegungspflichten im Rahmen formeller Standardisierung

aa. Rechtsgrundlagen und Inhalt von Offenlegungspflichten

Eine Lösung der Praxis für das Problem noch nicht veröffentlichter Patentanmeldungen sowie der hohen Kosten und Risiken einer Patentsuche im Rahmen formeller Standardisierung ist die Vereinbarung von Offenlegungspflichten.[462] Grundsätzlich verpflichten sie Teilnehmer an Standardisierungsgremien dazu, im bestimmtem Umfang Schutzrechte, die bei der Anwendung des avisierten Standards verletzt werden können, dem Gremium bekannt zu geben.

Offenlegungspflichten können unterschiedliche Rechtsgrundlagen haben. Sie können zum einen Pflichten aufgrund der Mitgliedschaft in einer Standardisierungsorganisation bzw. der Gesellschafterstellung an einem als Gesellschaft organisierten Konsortium, deren Zweck die Standardisierung ist, sein. Sie können zusätzlich oder darüber hinaus vertragsrechtlich zwischen einer Standardisierungsorganisation bzw. einem Standardisierungsgremium und einem Teilnehmer anlässlich der Standardisierung sein. Denkbar ist schließlich auch, dass jeder Teilnehmer an einem Standardisierungsprojekt gegenüber allen anderen Teilnehmern eine entsprechende Verpflichtung abgibt.

Bei Standardisierungsorganisationen handelt es sich oftmals um gemeinnützige Organisationen (non-profit organizations). Beispielsweise sind der VDE als auch das DIN gemeinnützige Vereine. Konsortien können ebenfalls als gemeinnützige Vereine gegründet werden. Da der Übergang zu Forschungs- und Entwicklungskooperationen fließend ist, kommen jedoch auch andere Gesellschaftsformen in Betracht.

461 § 33 PatG für das deutsche Recht.
462 Einen Überblick über die IP Policies zahlreicher Standardisierungsorganisationen und -konsortien gibt Lemley, 90 Cal. L. Rev. (2002) 1889.

Offenlegungspflichten können dabei Teil derjenigen Bestimmungen dieser Organisationen sein, die die Rechte und Pflichten der Gesellschafter oder der Mitglieder in Bezug auf die Standardisierungsarbeit regeln. Diese Regelungen können im Organisationsstatut selbst, also der Vereinssatzung oder dem Gesellschaftsvertrag, enthalten sein. Viele Organisationsstatute bestimmen beispielsweise, dass Normung nicht zu individuellen Sondervorteilen einzelner Teilnehmer an der Normung führen darf. Wie noch genauer diskutiert wird, stellt sich die Frage, ob bereits eine solche Klausel konkrete Handlungsverpflichtungen begründen kann.

Häufig werden auch bestimmte Organe der Vereine oder Gesellschaften im Organisationsstatut dazu ermächtigt, die Rechte und Pflichten der Teilnehmer an Standardisierungsvorhaben festzulegen. Da in diesen Fällen die Organe ermächtigt sind, rechtsverbindliche Pflichten der Mitglieder oder Gesellschafter zu setzen, kann ein Anwendungszwang aus der Mitgliedschaft bzw. der Gesellschafterstellung folgen. Denkbar ist aber auch, dass diese Pflichten nur gelten, wenn die Mitglieder ihnen im Rahmen konkreter Normungsarbeit zustimmen.

Standardisierungsorganisationen oder -konsortien können ferner auch Personen die Teilnahme an bestimmten Standardisierungsvorhaben gestatten, die nicht Gesellschafter oder Mitglied sind. Rechtsgrundlage für bestimmte Verpflichtungen wie etwa Offenlegungspflichten im Rahmen der Normungsarbeit kann in diesen Fällen nur ein gesonderter Vertrag zwischen der Standardisierungsorganisation und dem Teilnehmer bzw. allen Teilnehmern an dem Standardisierungsprojekt untereinander sein.

Der Inhalt von Offenlegungspflichten kann stark variieren.[463] Idealerweise regelt eine Offenlegungspflicht, welche Schutzrechte zu welchem Zeitpunkt offengelegt werden müssen und welche Rechtsfolgen mit einem Verstoß verbunden sind.

Hinsichtlich des Umfangs der Offenlegung kann geregelt werden, ob nur bereits erteilte Schutzrechte oder auch potentielle Schutzrechte von der Verpflichtung erfasst werden.[464] Ferner kann bestimmt werden, dass Suchpflichten innerhalb des eigenen Schutzrechtsportfolio bestehen.[465] Denkbar ist jedoch auch, dass nur bekannte Schutzrechte offengelegt werden müssen.[466] Hinsichtlich der Bekanntheit wiederum stellt sich die Frage, auf wessen Kenntnis abzustellen ist. Dies kann einmal die Kenntnis derjenigen Personen sein, die aktiv an der

463 Siehe Darstellung etwa bei Farrell/Hayes/Shapiro/Sullivan, S. 17ff.

464 So ETSI IPR Policy, 15.7., erhältlich unter http://portal.etsi.org/handbook/legal/ETSI_IPRPolicy.pdf; enger: W3C Konsortium, W3C Patent Policy 2004, 6.5, erhältlich unter http://www.w3.org/Consortium/Patent-Policy-20040205/#sec-Overview.

465 Siehe z.B. W3C Konsortium, W3C Patent Policy 2004, 6.1, erhältlich unter http://www.w3.org/Consortium/Patent-Policy-20040205/#sec-Overview, tatsächliches Wissen oder nach Suchaufforderung; die ETSI kennt keine Suchpflicht, siehe ETSI IPR Policy 4.2.; anders etwa die VITA Patent Policy, die eine begrenzte Suchpflicht postuliert (10.2.1.), erhältlich unter http://www.vita.com/disclosure/VITA%20Policy%20section%20draft.pdf.

466 Siehe etwa ETSI IPR Policy, 4.

Standardisierung mitwirken.[467] Möglich ist aber auch eine Erstreckung auf weitere Personen, die innerhalb eines Unternehmens in die Standardisierung involviert sind.[468] Auch allgemeine Suchpflichten können bestimmt werden.

Darüber hinaus stellt sich die Frage, wann die Offenlegungspflicht besteht. Im Rahmen technischer Standardisierung gibt es zu Beginn des Vorhabens häufig sehr viele unterschiedliche Spezifikationsmöglichkeiten. Erst im Laufe des Standardisierungsverfahrens kristallisieren sich einige Spezifikationen heraus, die in die engere Wahl kommen. Auch dies sollte Gegenstand einer Vereinbarung sein, ist jedoch zumeist nicht geregelt.[469] Schließlich ist zu überlegen, inwieweit Offenlegungspflichten fortbestehen, wenn ein Unternehmen während der Standardisierungstätigkeit ein Gremium verlässt. Grundsätzlich wird hierbei gelten, dass Offenlegungspflichten nur dann weiterbestehen, sofern sie während der Zeit der Mitgliedschaft entstanden sind.[470]

Unklar ist ferner, ob sich zudem konkludente Offenlegungspflichten ergeben können.[471] Viele Standardisierungsgremien postulieren in ihren allgemeinen Grundsätzen, dass ihre Standardisierungsarbeit nicht zu individuellen Sondervorteilen führen dürfe oder Spezifikationen, die nur unter Verletzung von Schutzrechten angewendet werden dürfen, nur bei Klarheit über die Schutzrechte beschlossen werden dürfen.[472] Standardisierungsarbeit als kooperative Tätigkeit ist ferner von gegenseitigem Vertrauen abhängig. Grundsätzlich mögen vielleicht im Einzelfall solche Überlegungen angestellt werden können. Es ist jedoch nicht ersichtlich, dass diese allgemeinen Verhaltensregeln konkret genug sind, um Offenlegungspflichten mit weitreichenden Konsequenzen zu erzeugen.[473] Etwas anderes mag allenfalls gelten, wenn die Teilnehmer an einem Standardisierungsvorhaben alle fest davon ausgegangen sind, dass die ggf. vagen Angaben entsprechende Pflichten beinhalten.[474]

---

467 So W3C Patent Policy, 6.1.2., sofern keine Suchverpflichtung besteht.

468 So ETSI IPR Policy, 4.

469 Häufig ist die Formulierung „early disclosure“, ohne dass dies genauer definiert wird, was darunter zu verstehen ist, hierzu ausführlich Farrell/Hayes/Shapiro/Sullivan, S. 19f.

470 So *Hynix Semiconductor, Inc. v. Rambus, Inc.*, 441 F.Supp.2d 1066 (N.D.Cal., 2006).

471 Siehe Lemley, 90 Cal. L. Rev. (2002) 1889, 1911 mit Verweis auf den Vortrag des Klägers im Verfahren *Rambus, Inc. v. Infineon Techs. AG*, 164 F. Supp. 2D 743 (E.D. Va. 2001), zustimmend zum US-Recht wohl Dorth, 3 John Marshall Review of Intellectual Property Law (2003) 137, 146; anders jedoch der Federal Circuit, *Rambus Inc. v. Infineon Tech.* 318 F.3d 1081 (Fed. Cir. 2003), 1117 sowie *Rambus Inc. vs. Federal Trade Commission* ...; die Möglichkeit einer konkludenten Offenlegungspflicht erwägt auch das Gericht in *Quallcomm Inc. v. Broadcom Corp.*, 2007 WL 1031373 (S.C.Cal. 2007) S. 12.

472 Siehe hierzu Falke, Rechtliche Aspekte der Normung, S. 391.

473 So jedenfalls in den USA der Federal Circuit, *ambus Inc. v. Infineon Tech.* 318 F.3d 1081 (Fed. Cir. 2003), 1098.

474 Für das US-amerikanische Rechts siehe Quallcomm Inc. v. Broadcom Corp., 2007 WL 1031373 (S.C.Cal. 2007) S. 12, 14..

bb. Rechtsfolgen eines Verstoßes gegen Offenlegungspflichten

i. Überblick

Verstößt ein Schutzrechtsinhaber eines für die Anwendung eines technischen Standards notwendigen Schutzrechts gegen eine Offenlegungspflicht und bleibt das Schutzrecht bis zur Verabschiedung eines Standardisierungsvorschlages unentdeckt, sind zwei Situationen denkbar. Entweder der Schutzrechtsinhaber macht seine Rechte geltend, sobald ein Unternehmen beginnt, gemäß dem Standardisierungsvorschlag tätig zu werden, oder er wartet ab, bis sich der Vorschlag als Standard durchgesetzt hat, und verklagt alle bisherigen Nutzer auf Schadenersatz. In diesen Fällen stellt sich die Frage, ob aufgrund der Pflichtverletzung des Schutzrechtsinhabers Ansprüche der Standardisierungsorganisation, der Mitglieder oder Gesellschafter der Standardisierungsorganisation oder der Nutzer des technischen Standards gegen ihn entstehen.

Ansprüche können dabei auf unterschiedlichen Rechtsgrundlagen bestehen. Die Rechtsfolgen rechtswidrigen Verhaltens können einmal von den Parteien selbst bestimmt werden. Es ist grundsätzlich möglich, dass die Gründer einer Standardisierungsorganisation im Gründungsstatut oder die berechtigten Organe durch Richtlinien nicht nur bestimmen, welche Pflichten im Rahmen der Standardisierung bestehen, sondern auch, welche Rechtsfolgen bei einem Pflichtverstoß eintreten sollen. Entsprechend können eigenständige Pflichtenvereinbarungen zwischen den Teilnehmern an der Standardisierungsarbeit untereinander oder den Teilnehmern und dem Standardisierungsgremium die Rechtsfolgen regeln.

Geschieht dies nicht ausdrücklich oder nicht vollständig, muss das auf die Vereinbarungen anwendbare Recht geprüft werden. Konsequenzen regelt dabei in erster Linie das Leistungsstörungsrecht. Weitere Rechtsfolgen können sich aus dem Grundsatz von Treu und Glauben oder dem Kartellrecht ergeben.

ii. Rechtsfolgen aufgrund von Satzungen und Verträgen

(1) Privatautonome Regelungen, Lizenzierungspflichten

Zu prüfen ist deshalb zuerst, ob im Rahmen der Pflichten eigenständig die Folgen von Rechtsverstößen geregelt wurden. Denkbar wäre z. B. eine Regelung, nach der bei einem Verstoß gegen Offenlegungspflichten eine Geltendmachung des Schutzrechts gegenüber Anwendern des technischen Standards verboten oder der Schutzrechtsinhaber zur Zwangslizenzierung verpflichtet ist.[475] Ein Schutzrechtsinhaber, der einer solchen Regelung zustimmte, verzichtete

475 So z.B. VITA Patent Policy 10.4 mit einer lizenzgebührenfreien Lizenz; noch weitergehender war der Versuch des ETSI ein sog. License-per-default-System zu installieren: Wenn innerhalb eines gewissen Zeitraums nach der Veröffentlichung von Spezifikationen Schutzrechtsinhaber ihre Schutzrechte nicht geltend gemacht haben, kam es automatisch zu einer Zwangslizenz. Dieses Verfahren wurde jedoch aufgrund kartellrechtlicher Bedenken geändert. Siehe auch *Symbol Technologies, Inc. v. Proxim Inc.*, 2004 WL 1770290 (D.Del.), wo nach den Bestimmungen der IEEE die Möglichkeit bestand, entweder

damit freiwillig auf seine Rechtsansprüche aus dem Schutzrecht im Zusammenhang mit dessen Nutzung im Rahmen eines technischen Standards.

Problematisch kann eine solche Regelung allerdings sein, sofern die Standardisierungsorganisation eine marktbeherrschende Stellung innehat und ein faktischer Zwang besteht, Mitglied in dieser Organisation zu sein. Dies mag für zahlreiche Branchenvereinigungen gelten. Eine solche Regelung könnte entweder einen Missbrauch von Marktmacht oder aber ein unzulässiges Kartell darstellen.[476] Der Missbrauchsvorwurf könnte darin bestehen, dass es bei sehr streng formulierten Offenlegungspflichten zu einer faktischen Enteignung von Schutzrechtsinhabern kommen kann. Eine solche Regelung kann ihre Forschungs- und Entwicklungsanreize senken und dadurch den Innovationswettbewerb beschränken. Die Festlegung von Zwangslizenzbedingungen kann den Vorwurf der Inputpreisfestsetzung begründen. Aufgrund kartellrechtlicher Bedenken hat beispielsweise die europäische Standardisierungsorganisation ETSI ihre zunächst sehr weitreichende Offenlegungspflicht abgeändert.[477]

(2) Schadenersatzanspruch

aaa. Allgemeine Voraussetzungen

Bestehen keine ausdrücklichen vertraglichen Beschränkungen, ergeben sich die Rechtsfolgen im Fall einer Verletzung von Offenlegungspflichten aus dem auf die Vereinbarung anwendbaren nationalen Recht.[478] Grundsätzlich führt die Verletzung einer vertragsrechtlichen Pflicht je nach Rechtssystem zu einem Erfüllungsanspruch oder Schadenersatz. Dabei ergibt jedoch eine nachträgliche Erfüllung bei Offenlegungspflichten keinen Sinn. Eine Pflichtverletzung kann deshalb allein einen Schadenersatzanspruch begründen. Bisher sind jedoch keine Verfahren bekannt, in denen Verletzer eines Schutzrechts versucht hätten, einen Schadenersatzanspruch infolge fehlender Offenlegung von Schutzrechten gegen einen Schutzrechtsinhaber geltend zu machen.

Voraussetzung für einen Schadenersatzanspruch ist eine verschuldete Pflichtverletzung. Verschuldensmaßstab wird in der Regel Fahrlässigkeit sein.[479] Sie muss kausal zu einem Schaden

offenzulegen oder aber zu RAND-Bedingungen zu lizenzieren.

476 Für einen Fall in den USA, in dem entsprechende Argumente zumindest nicht verworfen wurden, siehe etwa *Golden Bridge Technology v. Nokia, et al.*, 416 F.Supp.2d 525 (E.D. Tex 2006); die ETSI hat in den 90er Jahren eine sog. license-by-default Regelung eingeführt, welche von der EG-Kommission gründlich geprüft wurde, siehe ausführlich hierzu Iversen, Standardization and Intellectual Property Rights.

477 Ellis, IPR and High-Tech Standards; Iversen, Standardization and Intellectual Property Rights, der auch die internen Konflikte innerhalb der ETSI ausführlich darstellt; eine Entscheidung, die einen Kartellverstoß vorlag, ist jedoch nicht ergangen.

478 Aufgrund des unterschiedlichen Vertragsrechts in den Staaten der USA und den Ländern der EU beschränkt sich die nachfolgende Darstellung auf allgemeine Grundzüge des Schadenersatzrechts.

479 Beim Haftungsmaßstab kommt es in erster Linie darauf an, in welchem Umfang ein Schutzrecht wem bekannt war oder aber hätte bekannt sein müssen. Für einen sehr strengen Maßstab im US-Recht siehe *Quallcomm, Inc. v. Broadcom Corp.*, 2007 WL 1031373 (S.D.Cal. 2007), S. 19: „It is axiomatic under the law that a person is responsible for being aware of his/her property, including intellectual property."

beim Berechtigten geführt haben. Zu klären ist deshalb, wer Berechtigter ist, wann Kausalität gegeben ist und welcher Schaden entstehen kann.

bbb. Gläubiger des Schadenersatzanspruchs

Denkbar sind drei Arten von Gläubigern. Erstens kommt die Standardisierungsorganisation in Betracht, gegen deren Statuten verstoßen wurde. Zweitens könnten Gläubiger die anderen Teilnehmer an der technischen Standardisierung selbst sein. Drittens ist es denkbar, dass alle Anwender eines veröffentlichten technischen Standards darauf vertrauen dürfen, dass die Teilnehmer ihren Offenlegungspflichten nachgekommen sind.

Wer Gläubiger ist, richtet sich dabei in erster Linie danach, wer durch die konkrete Regelung ausdrücklich berechtigt wird. Ist ein Gläubiger nicht ausdrücklich benannt, ist dieser im Wege der Vertragsauslegung zu ermitteln.[480] Eine pauschale Beurteilung, insbesondere für alle Rechtsordnungen, ist schwierig. Wird die Offenlegungspflicht durch die Mitgliedschaft oder Gesellschafterstellung in einer Standardisierungsorganisation begründet oder besteht eine vertragliche entsprechende Verpflichtung zwischen einer Standardisierungsorganisation und dem Schutzrechtsinhaber, ist die Standardisierungsorganisation die Gläubigerin eines eventuell bestehenden Schadenersatzanspruchs. Ob in solchen Fällen zusätzlich dazu andere Teilnehmer an der Standardisierungsarbeit oder sogar Personen, die der Standardisierungsarbeit ferngeblieben sind und allein den erarbeiteten Standard nutzen, eine Gläubigerstellung zuerkannt werden kann, ist eine Frage der Vertragsauslegung. Zugunsten eines solchen Anspruchs ließe sich argumentieren, dass ein Standardisierungsgremium grundsätzlich ein Interesse an der möglichst weiten Verbreitung der Standardisierungsvorschläge hat. Dies könnte man als Argument dafür anführen, auch die Teilnehmer an der Standardisierung oder gar Nutzer, die der Standardisierungsarbeit ferngeblieben sind, mit in die Schutzwirkung mit einzubeziehen.[481]

Bezöge man jedoch auch Außenstehende in den Anwendungsbereich mit ein, schüfe ein solcher Anspruch Anreize für Außenstehende, Trittbrettfahrerei bezüglich der Bemühungen der Teilnehmer technischer Standardisierung zu betreiben.[482] Gegen einen solchen Anspruch ließe sich ferner argumentieren, dass Standardisierungsorganisationen häufig in ihren Normungsdokumenten in aller Regel ausdrücklich darauf hinweisen, die Anwendung der Normen könne Schutzrechte verletzen.

480 Für die Möglichkeiten nach US-Recht siehe Lemley, 90 Cal. L. Rev. (2002) 1889, 1915; zum weitgehenderen deutschen Rechts siehe § 328 Abs. 2 BGB.

481 Sofern im deutschen Recht ein Anspruch mit Hilfe des Rechtsinstituts des Vertrags mit Schutzwirkung zugunsten Dritter erfolgen sollte, fehlt es hinsichtlich der Gruppe derjenigen, die nicht an der Standardisierungsarbeit teilnehmen, sicherlich am Kriterium der Vorhersehbarkeit.

482 Dass es ein Problem der Trittbrettfahrerei in Standardisierungskontexten gibt, zeigen Weiss/Toyofuku, 4 StandardView (1996) 205.

Diesem Einwand könnte jedoch entgegengehalten werden, eine entsprechende Formulierung sei allein als Haftungsausschluss zugunsten der Standardisierungsorganisation gedacht. Standardisierungsorganisationen können nie ausschließen, dass Personen, die nicht an der formellen Standardisierung teilnehmen, Schutzrechte besitzen. Wie Gerichte entscheiden werden, ist völlig offen. Entscheidungen sind nicht bekannt.

Bestehen direkte vertragliche Verpflichtungen zwischen den Teilnehmern an einem Standardisierungsvorhaben, folgt daraus eine Gläubigerstellung für jeden einzelnen Teilnehmer. Hinsichtlich einer Schutzerstreckung auf Nutzer, die der Standardisierungsarbeit ferngeblieben sind, gelten dieselben Argumente wie in Fällen, in denen die Standardisierungsorganisation Gläubigerin eines potentiellen Schadenersatzanspruchs ist.

ccc. Haftungsbegründende Kausalität

Voraussetzung für die Geltendmachung eines Schadens ist, dass die Pflichtverletzung den Schaden kausal verursacht hat. Dies bedeutet, dass ein ersatzfähiger Schaden nur dann besteht, wenn die unterlassene Offenlegung kausal für die Verabschiedung des geschützten technischen Standards gewesen ist und infolge des Schutzes dem Gläubiger ein Schaden entstanden ist. Kausalität besteht dabei jedenfalls dann, wenn bei rechtzeitiger Geltendmachung eine Alternativspezifikation möglich gewesen[483] oder Standardisierung unterblieben wäre. Hingegen fehlt es an der notwendigen Kausalität, wenn das Standardisierungsgremium oder der klagende Teilnehmer auch ohne Offenlegung vom fremden Schutzrechten wusste und die Möglichkeit bestand, dadurch die Verabschiedung eines entsprechenden Standardisierungsvorschlags oder die Standardisierung selbst zu verhindern. Kausalität ist zudem zu verneinen, wenn selbst bei Offenlegung des Schutzrechts ein entsprechender Standardisierungsvorschlag verabschiedet worden wäre.[484] Zudem ist jedenfalls nach deutschem Vertragsrecht auch zu fordern, dass die Offenlegungspflicht gerade die Aufnahme geschützter Technologien in die Spezifikationen verhindern soll, und nicht etwa nur bloßen Informationszwecken dient.

ddd. Schaden der Standardisierungsorganisation

Ist die unterlassene Offenlegung kausal für die Verabschiedung des Standardisierungsvorschlags, stellt sich die Frage, welchen Schaden die unterschiedlichen Gläubiger geltend machen können. Beginnt man mit der Standardisierungsorganisation, so kann der Schaden zum

483 Teece/Sherry, 87 Minn. L. Rev. (2003) 1913 , 1940 mit dem Hinweis, dass das Unternehmen Texas Instruments für eine gewisse Zeit alle Patente auf integrierte Schaltkreise besaß, also jede denkbar Spezifikation vom Patent erfasst worden wäre; zur entsprechenden Frage im Kartellrecht siehe Lemley, 90 Cal. L. Rev. (2002) 1889, 1931; Rapp/Stiroh, Standard Setting and Market Power, S.5. Ebenso ließe sich argumentieren, dass es ansonsten zu einem Wettbewerb um einen Standard hätte kommen können, bei dem ebenfalls die geschützte Technologie dominiert hätte, vgl. dieselben S. 4.; dies berücksichtigt auch die FTC im Verfahren gegen Rambus, vgl. FTC, *In the Matter of Rambus*, Inc., Docket No. 9302 S. 76.

484 So wurde im Verfahren der FTC gegen Rambus geltend gemacht, internationale Patentanmeldungen seien bereits veröffentlicht worden, siehe FTC, *In the Matter of Rambus, Inc.*, Docket No. 9302 (F.T.C. 2006) S. 60f. In diesen Anmeldungen hätten sich Querverweise auf US-amerikanische Patentanmeldungen befunden. Siehe ausführlich Teece/Sherry, 87 Minn. L. Rev. (2003) 1913, 1968f.

einen in frustrierten Aufwendungen bestehen. Dafür muss allerdings nachgewiesen werden, dass eine Einführung des Standardisierungsvorschlags deshalb erfolglos blieb, weil der Schutzrechtsinhaber seinen Unterlassungsanspruch geltend gemacht hat. In aller Regel wird aber auch der Schutzrechtsinhaber kein Interesse daran haben, die Einführung des technischen Standards zu behindern. Wäre dies sein Ziel, hätte er sein Schutzrecht bereits vor Verabschiedung des Standardisierungsvorschlags geltend gemacht. Vielmehr wird sein Ziel darin bestehen, einen höheren Preis für die Lizenzierung zu erzielen. Dies kann er jedoch nur dann, wenn die Spezifikation tatsächlich zu einem technischen Standard wird. Die höheren Kosten für die Anwendung des technischen Standards mögen gegebenenfalls zu einer geringeren Verbreitung des technischen Standards im Vergleich zu einem ungeschützten Standard führen.

Allein eine geringere Verbreitung stellt für das Standardisierungsgremium jedoch noch keinen Schaden dar. Etwas anderes mag in denjenigen Fällen gelten, in denen das Standardisierungsgremium zugleich Inhaberin des Urheberrechts am Normungswerk ist. Eine geringere Verbreitung des Standards bedeutet im Ergebnis geringere Einnahmen aus dem Verkauf des Normungswerks. Dies könnte einen Schaden darstellen. Allerdings wird es auch hierbei mit erheblichen Schwierigkeiten verbunden sein, einen konkreten Schaden nachzuweisen.

eee. Schaden der Teilnehmer am Standardisierungsgremium

Der Schaden von Mitgliedern der Standardisierungsorganisation kann einerseits darin bestehen, dass ihre Aufwendungen in die Standardisierungsarbeit frustriert wurden. Allerdings setzt auch dies voraus, dass es infolge des Schutzrechts nicht zu einer Standardisierung oder nur zu einer geringeren Verbreitung des technischen Standard gekommen ist. Eine geringere Verbreitung mag einen geringeren Markt für standardkonforme Produkte bedeuten. Auch hier ist die Bezifferung eines konkreten Schadens jedoch sehr schwierig und letztendlich hochgradig spekulativ.

Der Schaden von Anwendern des technischen Standards, ob Mitglieder des Standardisierungsgremiums oder nicht, besteht darin, dass sie zur Zahlung von Schadenersatz infolge der Schutzrechtsverletzung[485] oder Lizenzgebühren verpflichtet sind. Sie könnten gegebenenfalls mit ihrem eigenen Schadenersatzanspruch gegen den Anspruch des Schutzrechtsinhabers auf Lizenzgebühren aufrechnen. Überlegenswert wäre auch, ob man nicht im Rahmen eines Schadenersatzanspruchs des Schutzrechtsinhabers ein Mitverschulden gemäß § 254 BGB begründen kann.[486] Sind sie infolge des Unterlassungsanspruchs gezwungen, ihre Produktion umzustellen oder ganz einzustellen, ließe sich ferner überlegen, ob diese Aufwendungen als Vertrauensschaden geltend gemacht werden können.

485 So z.B. Kühnen, Der kartellrechtliche Zwangslizenzeinwand, S. 525 für einen Kartellrechtsverstoß.
486 Hierfür allgemein Kübel, S. 51; Falke, Rechtliche Aspekte der Normung, S. 393.

Wäre es auch bei Bekanntheit des Schutzrechts zur Verabschiedung eines entsprechenden technischen Standards gekommen, dann ließe sich überlegen, ob der Schaden nicht gegebenenfalls darin besteht, dass die Verletzer unter Umständen bei rechtzeitiger Bekanntheit des Schutzrechts einen niedrigeren Lizenzsatz gezahlt hätten. Zu berücksichtigen ist dabei jedoch auch, dass ein Schutzrechtsinhaber die Möglichkeit gehabt hätte, die Anzahl Lizenzen zu begrenzen. In diesem Fall müsste man zusätzlich geltend machen, dass man eine dieser knappen Lizenzen erhalten hätte. Allerdings ließe sich auch argumentieren, ein solche Einwand des Schutzrechtsinhabers ist rechtsmißbräuchlich, da er absichtlich auf die Möglichkeit, die Anzahl der Lizenzen zu begrenzen, verzichtet hat.

iii. Außervertragsrechtliche Rechtsfolgen

(1) Überblick

Neben den vertraglichen Rechtsfolgen können zudem außervertragliche Rechtsfolgen entstehen. Dabei kommen Schadenersatzpflichten des Schutzrechtsinhabers aufgrund eines Kartellrechtsverstoßes in Betracht. Ferner lässt sich eine Verwirkung von Schadenersatz- oder Unterlassungsanspruch des Schutzrechtsinhabers in Erwägung ziehen. In den USA ist auch ohne eine spezielle Haftungsvorschrift oder einen Verwirkungstatbestand nicht ausgeschlossen, dass dem Kläger der Unterlassungsanspruch verwehrt wird.

(2) Kartellrechtsverstoß

Nach der Rechtsauffassung der Federal Trade Commission (FTC) in den USA stellt die absichtliche Verletzung von Offenlegungspflichten, die im Rahmen von Standardisierungsvorhaben eingegangen werden, gemäß Sec. 5 Federal Trade Commission Act eine unlautere und damit verbotene Wettbewerbspraxis dar. Die Unlauterkeit begründet die FTC damit, dass es sich bei der bewussten Verletzung von Offenlegungspflichten um den Versuch einer absichtlichen Monopolisierung handelt, die gemäß Sec. 2 Sherman Act verboten ist. Der Vorwurf der absichtlichen Monopolisierung ist dabei in denjenigen Fällen begründet, in denen der Nachweis einer Monopolisierungsabsicht, ein wettbewerbswidriges Verhalten zur Durchführung der Absicht sowie eine damit kausal verbundene gefährlich hohe Wahrscheinlichkeit der Monopolisierung gelingt.[487]

Wettbewerbswidrig ist ein Verhalten, dass sich nicht mehr im Rahmen eines Leistungswettbewerbs hält, sondern dass darauf abzielt, Wettbewerber mit anderen Mitteln als Effizienzvorteilen vom Wettbewerb auszuschließen.[488] Dazu zählt gemäß der FTC ein Verhalten der bewussten Irreführung von Wettbewerbern.[489] Zudem muss dieses Verhalten den Wettbewerb beein-

487 Siehe Lemley, 90 Cal. L. Rev. (2002) 1889, 1927f.; Verfahren auf dieser Basis sind *In Re Dell Computer Corp.*, No. 931-0097 (F.T.C. 1995); zum Consent Decree 1996 WL 33412055, 121 F.T.C. 616;, zuletzt FTC, *In the Matter of Rambus, Inc.*, Docket No. 9302 (F.T.C. 2006); siehe auch *ESS Tech v. PC-Tel*, No. C-99-20292 (N.D. Cal. Nov. 2, 1999).

488 FTC, *In the Matter of Rambus, Inc.*, Docket No. 9302 (F.T.C. 2006), S. 28.

489 FTC, *In the Matter of Rambus, Inc.*, Docket No. 9302 (F.T.C. 2006), S. 29.

trächtigen. Eine Wettbewerbsbeeinträchtigung liegt nach der FTC in Fällen der Irreführung dann vor, wenn die negativen Auswirkungen eines Verhaltens auf den Wettbewerb nicht durch positive Auswirkungen ausgeglichen werden. [490]

Die FTC sieht dabei in der Standardisierungsarbeit von Standardisierungsgremien ein schützenswertes Substitut für einen Standardisierungswettbewerb mit Hilfe der Marktkräfte. Durch die Verschleierung von Patenten, die bei der Anwendung eines technischen Standards zwangsläufig genutzt werden, behindere der Schutzrechtsinhaber die Teilnehmer an einem Standardisierungsprojekt an einer effizienten Technologiewahl. Sie wären zudem mangels Kenntnis vom Schutzrecht nicht dazu in der Lage, vor Abschluss des Standardisierungsprojekts angemessene Lizenzierung sicherzustellen und sich dadurch vor nachträglicher Monopolmacht zu schützen. Erlaubte man entsprechendes Verhalten, würde die Funktionsfähigkeit konsensbasierter Standardisierung ganz erheblich beeinträchtigt. Dies habe erhebliche negative Auswirkungen auf den Wettbewerb. Diese negativen Auswirkungen könnten durch die Vorteile, die infolge umfangreicher Geheimhaltung von Patentanmeldungen entstünden, nicht ausgeglichen werden.

Auch im Rahmen einer kartellrechtlichen Haftung ist wie schon bei einem Schadenersatzanspruch der Kausalitätsnachweis zwischen unterlassener Offenlegung und der Entscheidung für den konkreten Standard wichtig.[491] Es ist nachzuweisen, dass der Standardisierungsvorschlag bei Bekanntheit des Schutzrechts nicht beschlossen worden wäre.[492] Dieser Nachweis ist sicherlich einfacher zu führen, wenn Standardisierungsgremien grundsätzlich geschützten Standardisierungsvorschlägen die Anerkennung verweigern; unterstützen sie hingegen auch geschützte technische Standards, wird der Nachweis deutlich schwieriger.[493]

Weiterhin ist erforderlich, dass der Standardisierungsvorschlag Einfluss auf das Geschehen am Markt genommen hat. Die Monopolisierung muss insbesondere auf die unterlassene Offenlegung zurückzuführen sein.[494] Dies mag in Situation zweifelhaft sein, in denen ein ohnehin marktbeherrschendes Unternehmen, dass den Standard auch hätte alleine einführen können, seine Schutzrechte nicht geltend gemacht hat.[495]

Rechtsfolgen des Kartellrechtsverstoß sind dreifacher Schadenersatz und zudem strafrechtliche Sanktionen. Ferner kann die Kartellbehörde Anordnungen treffen, wie der Kartellrechts-

490 FTC, *In the Matter of Rambus, Inc.*, Docket No. 9302 (F.T.C. 2006), S. 30.
491 Lemley, 90 Cal. L. Rev. (2002) 1889, 1931.
492 FTC, *In the Matter of Rambus, Inc.*, Docket No. 9302 S. 74ff., 81ff.; Lemley, 90 Cal. L. Rev. (2002) 1889, 1931.
493 Siehe Lemley, 90 Cal. L. Rev. (2002) 1889, 1931f.
494 Nach Ansicht der FTC gilt dabei der Maßstab des „preponderance of evidence" für die Kartellbehörden, siehe FTC, *In the Matter of Rambus, Inc.*, Docket No. 9302 S. 77Ff, 81; Lemley, 90 Cal. L. Rev. (2002) 1889, 1932f.
495 Lemley, 90 Cal. L. Rev. (2002) 1889, 1933.

verstoß beseitigt werden soll. In diesem Zusammenhang bieten sich dabei insbesondere Zwangslizenzen oder Preiskontrollen an.[496]

Diese Entscheidung der FTC wurde jedoch auf Rechtsmittel von Rambus hin vom Berufungsgericht wieder aufgehoben.[497] Beachtenswert ist die Begründung des Gerichts. Die FTC hatte sich in ihrem Monopolisierungsvorwurf darauf gestützt, dass bei einer ordnungsgemäßen Offenlegung entweder ein anderer Standard verabschiedet worden wäre oder aber jedenfalls von Rambus verlangt worden wäre, zu RAND-Bedingungen zu lizenzieren. Da die FTC aufgrund der Beweislage nicht ausschließen konnte, dass auch bei Bekanntheit der Patente derselbe Standardisierungsvorschlag beschlossen worden wäre, kam es entscheidend darauf an, dass jedenfalls der Verzicht auf eine Lizenzierung zu RAND-Bedingungen eine Wettbewerbsbeeinträchtigung darstellte. Dies sieht das Berufungsgericht jedoch anders. Nach Auffassung des Gerichts beeinträchtigt allein der Verlust der Möglichkeit, solche Verhandlungen zu führen, nicht den Wettbewerb. Höhere Lizenzgebühren beeinträchtigten zwar die Wettbewerber, aber nicht zwangsläufig den Wettbewerb als solchen. Denn die höheren Preise förderten einen stärkeren standardexternen Wettbewerb.[498]

Im europäischen Recht erscheint eine solche Haftung schwieriger zu realisieren zu sein. Gemäß Art. 82 EGV ist nicht die Erlangung einer Monopolstellung, sondern allein der Mißbrauch von Marktmacht verboten. Eine Anwendung dieser Norm auf Sachverhalte der Schutzrechtsverschleierung ist bereits deshalb kaum möglich, weil der Schutzrechtsinhaber die Marktmacht erst nachträglich durch die Standardisierung erhält. Eine kartellrechtliche Sanktionierung des Schutzrechtsinhabers aufgrund dieser Norm ist daher nicht möglich.

Eine Haftung kann im europäischen Recht allein über das Kartellverbot gemäß Art. 81 EGV erreicht werden. Dies ist jedoch nur möglich, wenn man in der Verabschiedung eines Standardisierungsvorschlags durch ein Standardisierungsgremium, bei dem nicht sichergestellt ist, dass er diskriminierungsfrei angewendet werden kann, eine Wettbewerbsbeeinträchtigung erkennt.[499] Die Wettbewerbsbeeinträchtigung kann in der Schaffung eines individuellen Sondervorteils durch die Standardisierung zugunsten des Schutzrechtsinhabers liegen. Der Beschluss einer geschützten Norm beschränkt potentiell den Wettbewerb, da nur noch der Schutzrechtsinhaber und seine Lizenznehmer standardkonform produzieren dürfen.[500] Stützen ließe sich eine solche Argumentation auch auf die Leitlinien der Kommission. In ihren Leitlinien fordert die Kommission von Standardisierungsgremien und -konsortien, sicherzustellen, dass für die

496 Beides hat die FTC im Verfahren gegen Rambus angeordnet, siehe FTC, *In the Matter of Rambus*, Inc., Docket No. 9302 (F.T.C. 2007), einer solchen Praxis zustimmend Hovenkamp, 48 B.C.L. Rev. (2007) 87, 105.

497 Siehe *Rambus Inc. v. Federal Trade Commission, ...*.

498 Siehe

499 Für eine entsprechende Argumentation zum deutschen Recht siehe Ullrich, ZHR, Heft 42, 68ff.

500 Siehe Ullrich, ZHR, Heft 42, 68ff.

Normanwendung notwendige Schutzrechte, von jedermann zu angemessenen und nicht diskriminierenden Bedingungen lizenziert werden können. Verbindliche Entscheidungen zu dieser Frage gibt es jedoch bisher nicht. Der Beschluss eines Standardisierungsgremiums über einen Standardisierungsvorschlag ist ferner ein Beschluss im Sinne des Art. 81 EGV. Auf die Kenntnis von der Wettbewerbsbeschränkung kommt es grundsätzlich nicht an.

Rechtsfolge einer solchen Normanwendung wäre, dass zunächst einmal der Beschluss des Standardisierungsvorschlags gemäß Art. 82 EGV nichtig wäre. Zudem können die Wettbewerbsbehörden gegen Teilnehmer am Standardisierungsprojekt, die vorsätzlich oder fahrlässig die Verabschiedung eines kartellrechtswidrigen Standardisierungsvorschlags herbeigeführt haben, Kartellbußen verhängen können. Die Sanktionierung beträfe in erster Linie den Schutzrechtsinhaber, dessen Repräsentanten im Standardisierungsgremium nicht über betroffene Schutzrechte informiert haben. Dies gilt jedenfalls wenn, wenn ihm das Verhalten seiner Repräsentanten zugerechnet werden kann. Bejahte man entsprechend dieser Argumentation einen Kartellrechtsverstoß, könnten Betroffene zudem nach den nationalen Vorschriften, in Deutschland nach § 33 Abs. 3 GWB Schadenersatz vom Schutzrechtsinhaber fordern. Voraussetzung eines Schadenersatzanspruchs in Deutschland ist vorsätzliches oder fahrlässiges Handeln.

Unklar ist, ob die Kartellbehörden auch die zwangsweise Lizenzierung der notwendigen Schutzrechte anordnen können. Entsprechende Fälle der Kommission sind bisher unbekannt.[501]

(3) Verwirkung

In Deutschland setzt die Verwirkung von Rechten eines Schutzrechtsinhabers voraus, dass infolge der Nichtinformation Anwender darauf vertrauen dürfen, der Schutzrechtsinhaber beabsichtige, sein Schutzrecht nicht geltend zu machen. Auch wenn derartige Fälle bisher in Deutschland nicht bekannt geworden sind, wäre eine entsprechende Argumentation sicherlich mit guten Gründen vertretbar.[502] Voraussetzung wäre jedoch eine klare Regelung der Pflichten und jedenfalls ein dem Schutzrechtsinhaber zurechenbarer Verstoß gegen die Offenlegungspflicht.[503] Ferner muss, wie auch beim Schadenersatzanspruch, der Zweck der Offenlegungspflicht gerade darin bestanden haben, die Aufnahme geschützter Technologien in den technischen Standard zu verhindern. Zudem müssen die Rechtsverletzer darauf vertraut haben, dass der Schutzrechtsinhaber keine relevanten Schutzrechte mehr besitzt. Die Rechtsfolge der Verwirkung würde darin bestehen, dass der Schutzrechtsinhaber seinen Unterlassungsanspruch

501 Siehe jedoch für einen Anspruch auf Erteilung einer Zwangslizenz BGH, Urt. v. 13. Juli 2004, KZR 40/02, WRP 2004, 1372ff.; ebenso mit näheren Ausführungen siehe auch OLG Stuttgart, Urt. v. 13.12.2006, Az. 6 U 174/02, GRUR-RR 2007, 177ff.

502 Kübel, Zwangslizenzen, S. 49.

503 Siehe Kübel, Zwangslizenzen, S. 49.

nicht mehr geltend machen dürfte. Möglicherweise ist auch der Schadenersatzanspruch oder der Bereicherungsanspruch mit verwirkt.

Die entsprechenden Rechtsbehelfe in den USA sind *laches*, *equitable estoppel* und *fraud*. Auch sie setzen grundsätzlich einen Vertrauenstatbestand oder eine Irreführung voraus, der bzw. die durch den Verstoß gegen eine hinreichend konkret gefasste Offenlegungsverpflichtung begründet werden kann.[504] Die Voraussetzungen und Rechtsfolgen dieser Rechtsinstitute wurden bereits dargestellt.[505] Zu berücksichtigen ist ferner, dass auch der patentrechtliche Unterlassungsanspruch in den USA auf den Grundsätzen des Billigkeitsrechts beruht. Im Rahmen der Gewährung müssen Gerichte prüfen, ob seine Durchsetzung nicht unter Umständen ungerechtfertigt ist.

cc. Reichweite von Offenlegungspflichten

Schließlich stellt sich die Frage, wie weit Offenlegungspflichten reichen. Da sie allein vertraglich geregelt sind, binden sie allein die Vertragspartner.[506] Schutzrechtsinhaber, die nicht Mitglied einer Standardisierungsorganisation sind, sind aus diesem Grund an Offenlegungspflichten nicht gebunden. Im Zusammenhang mit Standardisierungsorganisationen stellt sich ferner die Frage, ob eine Verpflichtung allgemein alle Mitglieder der Standardisierungsorganisation hinsichtlich aller Standardisierungsverfahren betrifft, oder nur diejenigen, die konkret in einem bestimmten Standardisierungsgremium mitwirken. Häufig mag diese Differenzierung keinen Unterschied machen. Allerdings kann die Überwachung sämtlicher Standardisierungsvorhaben großer Organisationen einen erheblichen Kostenaufwand mit sich bringen. Denkbar wäre beide Varianten.

Fraglich ist ferner, welchen Einfluss es hat, wenn ein Teilnehmer im Laufe des formellen Standardisierungsverfahrens ein Standardisierungsgremium verlässt. Auch hierzu gibt es keine Rechtsprechung. Grundsätzlich enden vertragliche Offenlegungspflichten jedoch mit dem Ausscheiden aus einem Gremium.[507] Eine Verwirkung kann deshalb nur dann angenommen werden, wenn eine Offenlegungspflicht zu einem Zeitpunkt entstanden ist, zu dem der Schutzrechtsinhaber Mitglied des Gremiums war, und die während seiner Mitgliedszeit zu erfüllen gewesen wäre.[508] Wäre sie hingegen erst nachträglich entstanden, kann sie grundsätzlich keine Verwirkung rechtfertigen, da die Offenlegungspflicht zu diesem Zeitpunkt gerade nicht mehr bestand. Etwas anderes ließe sich nur begründen, wenn die Möglichkeit des Ausscheidens bewusst genutzt wurde, um andere irrezuführen.

504 Siehe hierzu etwa *Symbol Tech., Inc. v. Proxim, Inc.* 2004 WL 1770290 (D.Del.); *Rambus Inc. v. Infineon Tech.* 318 F.3d 1081 (Fed. Cir. 2003), 1117.
505 Siehe S. 59ff.
506 Siehe Lemley, 90 Cal. L. Rev. (2002) 1889, 1909.
507 Ausführlich dazu siehe auch Lemley, 90 Cal. L. Rev. (2002) 1889, 1912f.
508 Weitgehender Lemley, 90 Cal. L. Rev. (2002) 1889, 1912f.

c) Zusammenfassung

Im Ergebnis lässt sich feststellen, dass Offenlegungspflichten eine Möglichkeit sind, das Problem nicht auffindbarer Patente zu lösen und Suchkosten zu sparen. Sie sind jedoch insofern unvollständig, als sie nur Teilnehmer des Standardisierungsgremiums erfassen. Ferner können gegen eine solche Regelung kartellrechtliche Bedenken bestehen, wenn das Standardisierungsgremium eine marktbeherrschende Stellung innehat. Um die gewünschten Rechtsfolgen zu erzeugen, ist ferner Voraussetzung, dass sowohl Inhalt der Offenlegungspflichten als auch die gewünschten Rechtsfolgen hinreichend klar und deutlich formuliert sind.

3. Beschränkung durch Lizenzierung

a) Einzellizenzierung

Sofern die Existenz eines gewerblichen Schutzrechts, das bei der Anwendung eines technischen Standards genutzt werden muss, bekannt ist, wird es im Rahmen der Standardisierung zu Transaktionen über das Schutzrecht, insbesondere zur Lizenzierung kommen.[509] Sie ist für Nutzer des technischen Standards notwendig, um sich gegen spätere Verletzungsklagen zu immunisieren. Dem Lizenznehmer wird gestattet, für einen bestimmten Lizenzpreis eine bestimmte Verwertungshandlung, die rechtlich dem Schutzrechtsinhaber vorbehalten ist, im vertraglich bestimmten Umfang vorzunehmen. Für die Laufzeit des Lizenzvertrags sind die Vertragsparteien grundsätzlich an die vereinbarten Bedingungen gebunden. Entwickelt sich die Spezifikation, die mit Hilfe des lizenzierten Schutzrechts angewendet wird, nachträglich zum Standard, hat dies deshalb grundsätzlich keinen Einfluss auf die vereinbarten Lizenzbedingungen.[510]

Die Effektivität dieses Mechanismus hängt davon ab, in welchem Umfang ein Schutzrechtsinhaber gezwungen ist, im Rahmen technischer Standardisierung Lizenzen zu erteilen[511]. Ein Faktor ist hierbei, wie stark der Schutzrechtsinhaber vertikal in den Herstellungs- und Vertriebsmarkt integriert ist. Je größere eigene Produktions- und Vertriebskapazitäten er besitzt, desto weniger ist er auf Auslizenzierung angewiesen.[512] Zum anderen kommt es auf die Gruppe der Lizenznehmer an. Je größere Herstellungs- und Vertriebskapazitäten sie jeweils besitzen, desto weniger Lizenzierung muss ein Schutzrechtsinhaber betreiben. Die Auslizenzierung an marktstarke Unternehmen kann jedoch mit erheblichen Zugeständnissen des Schutz-

509 Dies ist laut Geradin/Layne-Farrar der Normalfall, siehe Geradin, Layne-Farrar, Ex-ante competition, S. 10.

510 Vorausgesetzt es sind keine Bedingungen im Vertrag enthalten, die eine entsprechende Entwicklung mit einbeziehen.

511 Vgl. Besen/Farrell, 8 J. Econ. Persp. (1994) 117, 125; eine Überblick über Standardisierungsstrategien bieten zudem Borowicz/Scherm, zfbf 2001, 391 sowie Chiesa/Toletti, 7 International Journal of Innovation Management (2003) 281, 289ff.; die Faktoren, die diese Entscheidung beeinflussen, bespricht Teece, Profiting from technological innovation, insbesondere S. 301.

512 Siehe Axelrod et al., 41 Management Science (1995) 1493, 1494f.; für weitere Faktoren im Wettbewerb um einen technischen Standard siehe Katz/Shapiro,2 J. Econ. Persp. (1994) 93, 107.

rechtsinhabers insbesondere beim Preis und der Laufzeit der Lizenzen verbunden sein.[513] Insbesondere ist es schließlich gerade bei Standards mit großen indirekten Netzeffekten wichtig, Hersteller von Komplementärprodukten zur Anwendung der Spezifikation zu bewegen.[514]

Ein weiterer Faktor, der das Maß an Lizenzierung bestimmt, sind die Kosten, die im Rahmen der Lizenzierung entstehen. Gerade, wenn laufende Lizenzgebühren und nicht Einmalzahlungen vereinbart werden, kann die Überwachung der Lizenzverträge mit erheblichen Kosten verbunden sein. Mit steigender Zahl der Lizenznehmer steigen diese Transaktionskosten.

Schließlich hängt die Beschränkung der Monopolmacht gegenüber den Lizenznehmern von der Laufzeit der Lizenzverträge ab. Bei einer beschränkten Laufzeit können sich leichter Situationen ergeben, in denen der Lizenzgeber bei neuen Verhandlungen den Zuwachs an Verhandlungsmacht infolge geringerer Alternativen für Hersteller standardkonformer Güter ausnutzen kann. Keinerlei Beschränkung der Monopolmacht ergibt sich schließlich in Bezug auf potentielle Lizenznehmer.

b) Beschränkung durch RAND-Bedingungen

aa. Überblick

Eine besondere Art, die Probleme der Monopolmacht zu lösen, besteht in der Anwendung sog. RAND-Lizenzen. RAND steht für „reasonable and non-discriminatory (terms)", also angemessene und nicht diskriminierenden Bedingungen. Insbesondere zahlreiche Standardisierungsgremien haben die Verpflichtung ihrer Mitglieder, Schutzrechte zu solchen Bedingungen zu gewähren, in ihre Statuten geschrieben.[515] Die Statuten binden jedoch nur die Mitglieder.[516] Eine weniger starke Form der Verpflichtung besteht darin, die Verabschiedung eines Standards, der geschütztes Wissen integriert, von der Zusage des Schutzrechtsinhabers abhängig zu machen, zu FRAND-Bedingungen zu lizenzieren.[517] Grundsätzlich kann in entsprechenden Zusagen ein Vertrag gesehen werden, auch wenn wesentliche Details eines Lizenzvertrags offengelassen werden.[518] Wer aus solchen Zusagen Rechte bekommt, hängt von der Vertragsauslegung ab. Dritte könnten sich dann darauf berufen, sofern der Vertrag auch ein Vertrag zugunsten Dritter ist.[519] Sofern kein Vertrag zugunsten Dritter vorliegt, ließe sich im

513 Diese Fragen spielen auch eine wichtige Rolle bei der Entscheidung, an welchen Konsortien oder Standardisierungsgremien teilgenommen wird bzw. mit wem solche Konsortien gegründet werden, siehe Axelrod et al., 41 Management Science (1995) 1493, 1495ff.

514 Vgl. etwa Besen/Farrell, 8 J. Econ. Persp. (1994) 117, 122.

515 Siehe auch hierzu den Überblick von Lemley, 90 Cal. L. Rev. (2002) 1889; darauf weist auch Peterson, Patens and Standard-Setting Processes S. 6 hin.

516 Siehe Lemley, 90 Cal. L. Rev. (2002) 1889, 1909f.

517 So insbesondere die ETSI, siehe Sec. 6.2, www.etsi.org/legal/documents/ETSI_IPRPolicy.pdf; Geradin/Rato, Exploitative Abuse, S. 8.

518 Insbesondere für das US-amerikanische Recht siehe Lemley, 90 Cal. L. Rev. (2002) 1889, 1914.

519 Zu den Maßstäben siehe oben S. 105.

US-amerikanischen Recht jedoch gegebenenfalls über eine konkludent erteilte Lizenz nachdenken.[520]

Wie stark diese Zusagen die Monopolmacht des Schutzrechtsinhabers beschränken, hängt entscheidend davon ab, wie diese sehr vagen Formulierungen zu interpretieren sind.[521] Hierüber besteht alles andere als Klarheit.[522] Verbindliche gerichtliche Entscheidungen gibt es bisher nicht.[523] In der rechtswissenschaftlichen Literatur ist die Bedeutung umstritten.[524]

bb. Angemessene Lizenzgebühren

Unter dem Begriff „angemessen" wird verstanden, dass die Lizenzgebühren gerechtfertigt, vernünftig und nicht ausbeuterisch sein dürfen.[525] Eine solche Formulierung eröffnet die Möglichkeit einer Lizenzgebührenkontrolle. Gerichte scheinen jedoch nur sehr zurückhaltend von dieser Möglichkeit Gebrauch zu machen.[526] Sofern man versucht, aufbauend auf dieser Formulierung eine Kontrolle der Lizenzgebührenhöhe durchzuführen, stellen sich schwierige Fragen. Zunächst muss geklärt werden, welcher Zeitpunkt maßgeblich ist, um zu bestimmen, welche Gebührensätze angemessen sind. Denkbar wäre der Zeitpunkt der Entscheidung über

520 So jedenfalls Lemley, 90 Cal. L. Rev. (2002) 1889, 1923ff.; vgl. zum Fall eines Vertragsbruchs durch nachträglichen Rechtsübergangs *Agere Systems Guardian Corp. v. Proxim, Inc.* 190 F.Supp.2d 726 (D.Del. 2002).

521 Miller, 40 Ind. L. Rev. (2007) 351, 360 weist zurecht darauf hin, dass die konkrete Formulierung bei der Auslegung zu berücksichtigen ist.

522 Gemäß Lemley, 90 Cal. L. Rev. (2002) 1889, 1964f. geben nur sehr wenige Standardisierungsgremien hinreichend klare Vorgaben; siehe auch Europäische Kommission, COM (92) 445 final, Intellectual Property Rights and Standardization, 4.3.3.: „It is not feasible or appropriate to be more specific as to what constitutes „fairness" or „reasonableness" since these are subjective factores determined by the circumstances surrounding the negotiation."

523 Vgl. *Townshend v. Rockwell International Inc., Conexant Systems, Inc.*, 2000 WL 433505 (N.D.Cal.) S.8f; nach *ESS Technology, Inc. v. PC-Tel, Inc.;* 1999 WL 33520483 (N.D. Cal.), S. 3f. hindert die Ungenauigkeit eine rechtliche Verpflichtung nach kalifornischem Recht grundsätzlich nicht; gemäß der Entscheidung *Nokia Corp. v. Qualcomm, Inc.*, 2006 WL 2521328 (D.Del.) handelt es sich bei dieser Frage allein um einen vertragsrechtliche und nicht um einen patentrechtliche Frage; ebenso *Ericsson Inc. et al. v. Samsung Electronics Co., Ltd., et al.;* 2007 WL 1202728 (E.D. Texas) fürs texanische Recht.

524 Bekkers/Iverson/Blind, Patent Pools and non-assertion agreements, S. 8; für unterschiedliche Interpretationen siehe u.a. Miller, 40 Ind. L. Rev. (2007) 351, 357; Teece/Sherry, 87 Minn. L. Rev. (2003) 1913, 1955ff.; Lemley, 90 Cal. L. Rev. (2002) 1889, 1914.; Geradin/Rato, Exploitative Abuse.

525 Dolmans, *Standards for Standards*, S. 29; mit dem Hinweis, dass dieser Begriff durch Standardisierungsgremien selten definiert wird siehe Patterson, 17 Berk. Tech. L.J. (2002) 1043, 1053.

526 Siehe *Broadcom Corporation v. Qualcomm, Inc.;* 2006 WL 2528545 (D.N.J.), wo eine Kontrolle von RAND-Bedingungen im Rahmen des Kartellrechts abgelehnt wurde; *Townshend v. Rockwell International Inc., Conexant Systems, Inc.*, 2000 WL 433505 (N.D.Cal.); nach LG Düsseldorf, Urteil vom 30.11.2006 Az. 4b O 346/05, unter V.2.b)dd) erfüllen einheitliche Stücklizenzen „in besonderem Maße die kartellrechtlich gebotene Gleichbehandlung"; ausführlich zur Gebührenhöhe siehe nachfolgend unter V.2.b)ee).

einen Standardisierungsvorschlag.[527] Es ließe sich aber auch auf den Zeitpunkt der konkreten Lizenznahme abstellen.[528]

Ferner ist umstritten, welcher Berechnungsmodus einer solchen Bestimmung zugrunde zu legen ist.[529] Hier gibt es mehrere Möglichkeiten. Einerseits ließe sich an die Berechnungsmethoden einer kartellrechtlichen Preiskontrolle denken. Darüber hinaus gibt es die Methoden der Regel effizienter Komponenten und des *Shapley*-Wertes. Schließlich ließe sich auch an eine Abwägung anhand einer Vielzahl von Kriterien denken, wie dies die Grundlage der Berechnung angemessener Lizenzgebühren in der amerikanischen Rechtspraxis gemäß den Grundsätzen der Entscheidung *Georgia Pacific* ist.[530] Diese Berechnungsmethoden sollen kurz erläutert werden.

Die kartellrechtliche Rechtsprechung des EuGH bei Anwendung des Art. 82 EGV zum Ausbeutungsmissbrauchs eröffnet unterschiedliche Berechnungsmethoden.[531] Ein Ansatz ist der Kostenansatz. Hierbei werden die gesamten Fixkosten sowie die variablen Kosten für die Entwicklung, Herstellung und Vermarktung der Technologie zugrunde gelegt.[532] Daneben könnte man die Höhe der Lizenzgebühren mit Lizenzgebühren für andere Technologien desselben Unternehmens in Märkten mit Wettbewerb vergleichen. Unterschiede wären dann vom Schutzrechtsinhaber zu rechtfertigen.[533] Ein dritter Ansatz wäre ein Vergleich mit Lizenzgebühren anderer Firmen auf Märkten mit Wettbewerb für vergleichbare Lizenzen.[534]

527 Diesen Zeitpunkt sehen im Rahmen formeller Standardisierung insbesondere Swanson/Baumol, 73 Antitrust L.J. (2005) 1, 25 als maßgeblich an, die davon ausgehen, es gebe immer einen Wettbewerb um bestimmte Technologien; ebenso Farrell/Hayes/Shapiro/Sullivan, S. 27; Patterson, 17 Berk. Tech. L.J. (2002) 1043, 1054; kritisch hierzu Geradin, Layne-Farrar, Ex-ante competition.

528 Dafür Geradin/Rato, Exploitative Abuse, S. 12; fraglich ist auch, ob die Fairness aus Sicht der Lizenznehmer oder des Lizenzgebers bestimmt wird, siehe Peterson, patents and Standard-Setting Processes, S. 8; Teece/Sherry, 87 Minn. L. Rev. (2003) 1913, 1956f., „One difficulty is that circumstances ... vary, not only across different patents and different technology but over time. No single rate is reasonable."

529 Siehe für eine Übersicht Dolmans, *Standards for Standards*, S. 29; zur allgemeinen Diskussion auch Layne-Farrar/Padilla/Schmalensee, Pricing Patentes, S.2; mit einem eigenen Berechnungsvorschlag siehe auch Patterson, 17 Berk. Tech. L.J. (2002) 1043, 1058ff.; aus der Rechtsprechung der USA siehe *Matsushita Electrical Industrial Co., Ltd. v. Cinram International Inc.*, 299 F.Supp.2d. 370 (D.Del.), 379.

530 Siehe dafür Layne-Farrar/Padilla/Schmalensee, Pricing Patents, S.4; zum deutschen Recht siehe Ullrich, ZHR, Heft 42, S. 59f., der die Grundsätze im Rahmen patentrechtlicher Zwangslizenzen angewendet sehen will; vgl. auch Rapp/Stiroh, Standard Setting and Market Power, die eine Gebühr vorschlagen, welche einen Mittelwert bevorzugen, der zwischen dem Wert liegt, der sich ergibt, wenn man dem Schutzrechtsinhaber den vollständigen Zusatzprofit infolge technischer Standardisierungzwischen zuspricht, und einem Wert, der sich ergäbe, wenn man den Schutzrechtsinhaber gar nicht am Wertzuwachs infolge technischer Standardisierung beteiligt, S. 10f.

531 Siehe auch ausführlich Kübel, Zwangslizenzen S. 248ff.

532 EuGH, Rs. 27/76 Slg. 1978, 207 Rn. 248, 257 – United Brands; allgemein Dolmans, 26 Fordham Int'l L.J. 163, 202; kritisch zu diesem Ansatz in Bezug auf gewerbliche Schutzrechte siehe Leveque, Interoperability Licensing, S. 20 Fn. 56.

533 Sog. Preisspaltungsmethode, vgl. Loewenheim/Messen/Riesenkampf-Lübbig Art. 82 Rn. 316; Dolmans, 26 Fordham Int'l L.J. 163, 203; kritisch für einige Kontexte aber Leveque, Interoperability Licensing, S. 21.

534 Zum Vergleichsmarktkonzept siehe etwa EuGH Rs. 226/84, Slg. 1986, 3263 British Leylands; Rs. 78/70

Einige Autoren schlagen eine Daumenregel vor, nach der Paketlizenzen an essentiellen Patenten nicht mehr als jeweils 1% des Verkaufspreises eines standardkonformen Produkts pro Lizenz betragen dürften, wobei eine Höchstgrenze von 5% vorgeschlagen wird. Andere Auffassungen lassen jedoch auch Grenzen von 15% oder 25% zu.[535] Ein Ansatz, den das UK Office of Fair Trading verfolgt, besteht in einem Vergleich der Gewinne eines Unternehmens in einem bestimmten Markt mit einem Markt, in dem Wettbewerb besteht.[536]

Denkbar wäre ferner ein Ansatz entsprechend der sog. Regel effizienter Komponenten.[537] Nach dieser Regelung sind Preise solange zulässig, wie sie nicht denjenigen Preis übersteigen, der notwendig ist, um den Schutzrechtsinhaber hinsichtlich der Frage, ob er die auf seinen Komponenten aufbauenden Produkte selbst herstellt oder durch andere produzieren lässt, indifferent werden zu lassen.[538] Dies führt dazu, dass die Lizenzgebühr sich aus der Summe der marginalen Kosten für die Zuverfügungstellung der Technologie abzüglich des Netznutzens infolge der Standardisierung, zuzüglich der Opportunitätskosten des Schutzrechtsinhabers infolge der Lizenzierung abzüglich der Grenzkosten der nächstbesten Nutzung ergibt.

Von einigen Autoren wird schließlich der sog. *Shapley*-Value angeführt. Dies ist eine Berechnungsmethode aus der kooperativen Spieltheorie. Sie berücksichtigt den tatsächlichen oder potentiellen Beitrag von Personen zu einem gemeinsamen Projekt.[539]

Unabhängig von der Höhe der Lizenzgebühr ist jedoch zudem darauf hinzuweisen, dass die Lizenzgebühr nur eine von vielen möglichen Lizenzierungsbedingungen ist. Neben der Lizenzgebühr müssen auch die übrigen Bedingungen angemessen sein. Gerade wenn hinsichtlich der übrigen Lizenzbedingungen Unterschiede bestehen, wird ein Vergleich der Lizenzgebühren noch schwieriger, weil es sein kann, dass die Vor- und Nachteile der unterschiedlichen Lizenzbedingungen eingepreist worden sind.[540]

Eine letzte Möglichkeit, den Streit um die Angemessenheit beizulegen, könnte darin bestehen, dass ein Lizenzpreis einheitlich von den Teilnehmern eines Standardisierungsgremiums festgelegt wird. Problematisch an einer solchen Lösung ist, dass dadurch möglicherweise Preisko-

---

Slg. 1971, 487 – Deutsche Grammophon; Dolmans, 26 Fordham Int'l L.J. 163, 202.

535 Dolmans, 26 Fordham Int'l L.J. 163, 203; Geradin/Rato, Exploitative Abuse, S. 49.

536 Dolmans, 26 Fordham Int'l L.J. 163, 203f.

537 Im Englischen „Efficient Component Pricing Rule“ (ECPR), siehe z.B. Swanson/Baumol 73 Antitrust L.J. (2005) 1, 30; Dolmans, 26 Fordham Int'l L.J. 163, 204.; ausführliche Diskussion auch bei Layne-Farrar/Padilla/Schmalensee, Pricing Patents, S. 15ff.

538 Layne-Farrar/Padilla/Schmalensee, Pricing Patents, S.16; Swanson/Baumol, 73 Antitrust L.J. (2005) 1, 36f.

539 Siehe ausführlich Layne-Farrar/Padilla/Schmalensee, Pricing Patents, S.22ff.; dieses Modell findet vor allem bei mehr als einem essentiellen Schutzrecht Anwendung.

540 So zu Recht Geradin/Rato, Exploitative Abuse, 13f.; siehe aber insbesondere auch *Broadcom Corp. v. Qualcomm Inc.*, wonach das Verlangen übermäßiger Informationen wichtiger Informationen über Verkäufe und Preisgestaltung der von der Lizenzierung betroffenen Produkte.

ordination ermöglicht wird sowie Forschungs- und Entwicklungsanreize gesenkt werden können. Abhängig von den Umständen des Einzelfalls kann eine solche Festlegung daher kartellrechtswidrig sein.[541]

cc. Fehlende Diskriminierung

Ebenso unbestimmt wie der Begriff der angemessenen Lizenzgebühren ist die Bedeutung des Merkmals „nicht diskriminierend". Auch hierbei ließe sich auf kartellrechtliche Überlegungen zurückgreifen. So bestimmt beispielsweise das deutsche Kartellrecht in § 20 GWB, dass es einem marktbeherrschenden Unternehmen verboten ist, einzelne Unternehmen in einem Geschäftsverkehr, der gleichartigen Unternehmen üblicherweise zugänglich ist, unmittelbar oder mittelbar unbillig zu behindern. Zudem darf das marktbeherrschende Unternehmen gleichartige Unternehmen ohne sachlich gerechtfertigten Grund nicht unmittelbar oder mittelbar unterschiedlich behandeln.[542] Zum Teil wird auch vorgeschlagen, dass ein Schutzrechtsinhaber, der vertikal integriert ist, einem Wettbewerber dieselbe Lizenzgebühr in Rechnung stellen soll, die er intern berechnet.[543] Die entscheidende Frage ist jedoch in der Praxis, unter welchen Voraussetzungen unterschiedliche Bedingungen gerechtfertigt werden. Auch hierzu gibt es kaum Gerichtsentscheidungen und nur sehr vereinzelt gebliebene Rechtsprechung.[544] Bemerkenswert ist allerdings in diesem Zusammenhang die Mitteilung der Europäischen Kommission zu gewerblichen Schutzrechten und Standardisierung. Nach ihr darf beispielsweise in gewissem Umfang zwischen Teilnehmern und Nichtteilnehmern an formeller Standardisierung bei den Lizenzbedingungen diskriminiert werden, sofern diese Diskriminierung keinen Anreiz zur Teilnahme an der Standardisierung setzt und ihrem Beitrag zur Standardisierung zur Standardisierung entspricht.[545] Auch Diskriminierung aufgrund anderer Umstände ist möglich.[546]

541 Für entsprechende Überlegungen im US-amerikanischen Recht siehe *Sony Electronics, Inc. v. Soundview Technologies Inc.*, 157 F.Supp.2d 180 (D.Connecticut); siehe auch FTC/DOJ, Antitrust Enforcement, wonach die Kartellbehörden in den USA, S. 54f., die grundsätzlich keinen per se Verstoß annehmen; für Europa siehe Europäische Kommission, COM (92) 445 final, Intellectual Property Rights and Standardization, unter 5.1.2., 5.1.6.

542 Siehe in diesem Sinne auch Miller, 40 Ind. L. Rev. (2007) 351, 355, m. w. Nachw.; Geradin/Rato, Exploitative Abuse, S 12f; zum deutschen Recht vgl. Ullrich, ZHR, Heft 42, S. 60, der die Grundsätze des damaligen § 26 Abs. 2 GWB anwenden möchte.

543 Siehe z.B. Swanson/Baumol 73 Antitrust L.J. (2005) 1, 26; sich anschließend Miller, 40 Ind. L. Rev. (2007) 351, 355; kritisch hierzu Farrell/Hayes/Shapiro/Sullivan, S. 30; ebenfalls kritisch Shapiro, Exclusionary Conduct, S. 13 mit dem Hinweis, es handele sich hierbei lediglich um einen Transferpreis, keinen wirklichen Marktpreis.

544 Siehe Bekkers/Iversen/Blind, Patent Pools and Non-Assertion Agreements, S. 8, die zurecht darauf hinweisen, dass Diskriminierungen tatsächlich schwierig nachgewiesen werden können, weil Lizenzverträge nicht offen gelegt werden; ausführlich zum kartellrechtlichen Diskriminierungsvorwurf im deutschen/europäischen Recht siehe LG Düsseldorf, Urteil vom 30.11.2006 Az. 4b O 346/05 unter V.2.b)ff) sowie OLG Stuttgart, Urt. v. 13. 12.2006, Az. 6 U 174/02, GRUR-RR 2007, 177ff.; *Broadcom Corp. v. Qualcomm Inc.*, ...

545 Europäische Kommission, COM (92) 445 final, Intellectual Property Rights and Standardization, 4.7.1.

546 Europäische Kommission, COM (92) 445 final, Intellectual Property Rights and Standardization,, 4.7.1. a. E.; nach 4.7.2. ist auch Kreuzlizenzierung möglich.

dd. Verzicht auf Unterlassungsanspruch

Einige Stimmen in der Literatur sind ferner der Auffassung, durch ein RAND-Versprechen habe der Schutzrechtsinhaber gegenüber Anwendern eines technischen Standards zugleich auf seinen Unterlassungsanspruch verzichtet.[547] Demgegenüber sprechen sich andere dafür aus, in RAND-Versprechen lediglich eine Zusage zu sehen, ernsthafte Lizenzverhandlungen durchzuführen[548]. Einen Verstoß gegen diese Verpflichtung solle in diesem Fall der potentielle Lizenznehmer nachweisen müssen.[549] Zu den Rechtsfolgen eines Verstoßes, zu vernünftigen und nicht diskriminierenden Bedingungen zu lizenzieren, gibt es mittlerweile ein Entscheidung des Berufungsgerichts des dritten Circuit in den USA.[550] Nach diesem Urteil stellt eine Verletzung der Verpflichtung, zu RAND-Bedingungen zu lizenzieren, in den USA einen Kartellrechtsverstoß wegen beabsichtigter Monopolisierung dar.

c) Zusammenfassung

Zusammenfassend kann man festhalten, dass es durch Lizenzierung im Rahmen technischer Standardisierung zu erheblichen Beschränkungen der Rechts- und Monopolmacht des Schutzrechtsinhabers kommen kann. Allerdings gilt dies nur für die Laufzeit von Lizenzverträgen und zudem nur zugunsten der Lizenznehmer.[551] Außenstehende können daher leicht diskriminiert werden. Mangels empirischer Studien lässt sich jedoch nur schwierig beurteilen, wie effizient die vertragsrechtlichen Mechanismen sind.

Die Effektivität von RAND-Zusagen hängt schließlich entscheidend davon ab, wie eng diese interpretiert werden. Sicherlich ist es möglich, genauere Lizenzierungszusagen zu erhalten. Problematisch an diesen Lizenzierungszusagen ist jedoch zum einen, dass ein Standardisierungsgremium ein Käuferkartell darstellen könnte, und zum anderen, dass sich auf diesem Wege Inputpreise koordinieren ließen. Aufgrund beider Bedenken schrecken Standardisierungsgremien vor Kollektivvereinbarungen zurück.

4. Abhängigkeit des Schutzrechtsinhabers vom essentiellen Input Anderer

In vielen Fällen, in denen der Schutzrechtsinhaber selbst vertikal in den Herstellungsmarkt integriert ist, kann es geschehen, dass bei hochkomplexen Technologien mit vielen komplementären Bestandteilen die Rechtsinhaberschaft dieser komplementären Technologien breit ge-

547 Z.B. Miller, 40 Ind. L. Rev. (2007) 351, 358 der dieses Ergebnis hinsichtlich der RAND-Lizenz der ANSI aus dem konkreten Wortlaut herleitet, S. 10, im übrigen dies aber auch ökonomisch als gerechtfertigt ansieht, S. 20ff., siehe auch Dolmans, 26 Fordham Int'l L.J. (2002) 163, 205; Farrell/Hayes/Shapiro/Sullivan, S. 28.

548 Insbesondere Geradin/Layne-Farrar, Ex-ante competition, S. 8;.Geradin/Rato, Exploitative Abuse, S. 8, ausführlich dazu S. 14.

549 Siehe Geradin/Rato, Exploitative Abuse, S. 17.

550 Siehe *Broadcom Corp. v. Qualcomm Inc.*, ...

551 Es ist freilich umstritten, in welchem Umfang Einzellizenzierung eintreten wird, sehr zuversichtlich dazu Geradin/Rato, Exploitative Abuse, S. 14.

streut ist. Durch bestimmte Patentierungsstrategien wie sog. *Patent Flooding* oder *Fencing*[552] entstehen sog. Patentdickichte, die zur Notwendigkeit gegenseitiger Lizenzierung der unterschiedlichen Schutzrechtsinhaber führen. Gegenüber Wettbewerbern mit Schutzrechten, die ebenfalls für die Anwendung eines technischen Standards benutzt werden müssen, besteht dann keine Monopolmacht.[553]

Zu bedenken ist jedoch, dass weiterhin Monopolmacht eines Schutzrechtsinhabers gegenüber Wettbewerbern und Marktteilnehmern besteht, die keine eigenen Schutzrechte besitzen, die vom Schutzrechtsinhaber lizenziert werden müssen. Davon betroffen sind in erster Linie entweder reine Hersteller- oder Vertriebsunternehmen, die selbst keine Forschung- und Entwicklung betreiben, oder aber Hersteller nicht essentieller Komplementärprodukte eines Standards mit hohen indirekten Netzeffekten. Solche Unternehmen profitieren nur dann von der gegenseitigen Abhängigkeit mehrerer Schutzrechtsinhaber, sofern einer von ihnen ein Interesse an einem möglichst offenen Standard hat. In welchem Maß Schutzrechtsinhaber mit einem Interesse an einem möglichst offenen Zugang zu einem technischen Standard dies trotz Bestehens von Schutzrechten erreichen können, wird im vierten Kapitel näher erläutert.[554]

Ferner mag eine gewisse Begrenzung der Monopolmacht bei vielen Schutzrechten deshalb bestehen, weil übermäßig hohe Lizenzgebühren durch jeden Schutzrechtsinhaber die Technologie für die Anwender unattraktiv werden lassen. Dies könnten Schutzrechtsinhaber aus strategischer Sicht berücksichtigen.[555] Ob dieses Ergebnis jedoch in der Praxis bei imperfekten Informationen erreicht wird, ist mehr als fraglich.

5. Reputationsmechanismen

Eine weitere Beschränkung kann sich ergeben, wenn die beteiligten Unternehmen in ständigen Geschäftsbeziehungen stehen. Gerade in Technologiebereichen, in denen Standards häufig geändert oder verbessert werden, kann eine allzu aggressive Geschäftspolitik dazu führen, dass die Technologie des aggressiven Schutzrechtsinhabers bei künftigen Technologieentscheidungen nicht berücksichtigt wird.[556] Dieser Mechanismus funktioniert allerdings nur dann, wenn der Schutzrechtsinhaber nicht selbst ein so großes Maß an Marktmacht hat, dass er in der Lage ist, seine eigenen technischen Standards im Wege faktischer Standardisierung durchzusetzen. Ferner funktioniert der Mechanismus ebenfalls nicht, wenn ein Unternehmen besonders wichtige und umfangreiche Schutzrechte hält, ohne die eine bestimmte Technologie auch zukünftig nicht realisiert werden kann. Schließlich ist es auch schwierig, eine „Be-

552 Ausführlich zu Schutzrechtsstrategien siehe Grandstrand, Economics and Management of Intellectual Property, S. 220f.

553 Besen/Farrell, 8 J. Econ. Persp. (1994) 117, 125; vgl. Geradin, Layne-Farrar, Ex-ante competition, S. 12.

554 Siehe im vierten Kapitel, S. *302*ff.

555 Mit diesemVorschlag Lichtman, Patent Holdout, S. 11.

556 So Geradin, Layne-Farrar, Ex-ante competition, S. 12; Geradin/Rato, Exploitative Abuse, S. 41f.; Shapiro, 63 Antitrust L.J. (1995) 483, 489f.

strafung“ durchzusetzen, da zum einen kartellrechtliche Bedenken wegen eines unzulässigen Gruppenboykotts und zum anderen Probleme kollektiven Handelns bestehen. Der Schutzrechtsinhaber kann insbesondere durch die Gewährung günstiger Bedingungen für einzelne wichtige Unternehmen eine einheitlich ablehnende Linie gegen seine Technologie verhindern.[557] Der Reputationsmechanismus mag den Schutzrechtsinhaber daher zwar beschränken, die Beschränkung ist allerdings unvollkommen.

6. Anwendbarkeit der *Coase*-Vermutung

Weiterhin stellt sich die Frage, ob die sog. *Coase*-Vermutung im vorliegenden Zusammenhang Anwendung finden kann. Die *Coase*-Vermutung besagt, dass ein Monopolist langlebiger Investitionsgüter keinen Monopolpreis verlangen kann, wenn er den ersten Käufern nicht glaubhaft versichern kann, dass es später nicht zu Preissenkungen kommt.[558] Dem liegt der Gedanke zugrunde, dass ein Monopolist langlebiger Investitionsgüter durch zeitliche Preisdiskriminierung in der Lage ist, den vollständigen Monopolgewinn abzuschöpfen. Dazu bietet er sein Gut zunächst zu einem hohen Preis an. Wenn alle Personen mit einem entsprechend hohen Reservationspreis dieses Gut gekauft haben, kann er den Preis senken. Da er jedem Nachfrager sein Gut ohnehin nur ein einziges Mal verkauft, entgehen ihm durch die Preissenkung keine Profite. Schließlich wird der Preis in diesem Modell den Grenzkosten entsprechen. Problematisch ist jedoch, dass die Nachfrager mit hohen Reservationspreisen die Preissenkungen antizipieren und damit ihre Kaufentscheidung bis zur letzten Preissenkung zurückstellen. Der Monopolist ist daher gezwungen, seine Güter zu den Grenzkosten anzubieten.[559]

Die Frage ist, ob sich diese Theorie auf den vorliegenden Zusammenhang anwenden lässt. Dazu ist zunächst zu klären, ob es sich bei standardkonformen Gütern oder Lizenzen an Schutzrechten, die bei der Anwendung eines technischen Standards zwangsläufig genutzt werden, tatsächlich um dauerhafte Investitionsgüter handelt. Ferner stellt sich die Frage, ob der Schutzrechtsinhaber nicht gegebenenfalls in der Lage ist, ein bestimmtes Preisniveau dauerhaft zuzusichern. Schließlich ist zu überlegen, inwieweit diese Überlegungen im Zusammenhang mit Netzeffekte gültig bleiben.

Ob es sich bei standardkonformen Gütern um dauerhafte Güter handelt, hängt ganz entscheidend vom Gut ab. Alle denkbaren Güter können standardkonforme Güter sein. Einige von ihnen mögen das Kriterium der Dauerhaftigkeit erfüllen. Auf solche Güter wäre die Theorie grundsätzlich anwendbar. Auf viele andere standardkonforme Güter ist die Theorie hingegen nicht anwendbar.

557 Ein solches Verhalten unterliegt selbstverständlich den kartellrechtlichen Grenzen des Diskriminierungs- und des Kartellverbots.
558 Siehe Coase, 1 Journal of L&E (1972) 143.
559 Siehe Coase, 1 Journal of L&E (1972) 143f.

Ob Schutzrechtslizenzen dauerhafte Güter sind, hängt konkret von ihrer Ausgestaltung ab. Information ist zwar ein dauerhaftes Gut, da es grundsätzlich keiner Abnutzung unterliegt.[560] Die Schutzrechtsregelungen erlauben jedoch, die Nutzung geschützter Informationen zeitlich und von ihrem Umfang her in den Grenzen des Erschöpfungsgrundsatzes zu beschränken. Am ehesten ein dauerhaftes Gut sind urheberrechtliche geschützte Normenwerke. Sie werden als Druckwerke oder in elektronischer Form verkauft. Sind sie einmal verkauft, kann die in ihnen dargestellte Information ohne weitere Beschränkungen genutzt werden. Sie unterliegen als Druckwerke allein in gewissem Maße der Abnutzung. Diese Abnutzung erscheint jedoch hinreichend gering.

Da ein Schutzrechtsinhaber insbesondere für Patentrechte die Dauer und den Umfang der Nutzung bestimmen kann, kommt es für die Beurteilung, ob es sich bei einer Lizenz um ein dauerhaftes Gut handelt, entscheidend auf die Ausgestaltung der Lizenz an. Bestimmte Ausgestaltungen mögen dabei die Anforderungen an eine dauerhaftes Gut erfüllen. Dies sind alle diejenigen Ausgestaltungen, bei denen Zahlungsverpflichtungen entstehen, die einen relativ langen Zeitraum umfassen und deren Höhe der Lizenznehmer nachträglich nicht mehr einseitig beeinflussen kann. Beispielsweise wäre dies eine Einmalzahlung und eine Lizenz für ein bestimmtes Produktionsvolumen oder Nutzungsvolumen. Auch eine Stücklizenz in Form eines einmaligen Festbetrags oder auch eines prozentualen Anteils des Verkaufspreises gekoppelt mit einer Produktionsverpflichtung oder einer Mindestgebühr könnte eine solche Ausgestaltung sein. Kein dauerhaftes Gut stellt jedoch eine Stücklizenz dar, die keine Mengenvorgaben enthält. In solchen Fällen kann der Lizenznehmer gegebenenfalls seine Produktionsmenge und zugleich die Summe an Lizenzgebühren senken.

Im Ergebnis lässt sich deshalb sagen, dass sowohl standardkonforme Güter als auch Lizenzen langlebige Güter sein können, es oftmals jedoch nicht sind. Es kommt daher entscheidend auf den Einzelfall an. Sofern sie tatsächlich langlebige Güter darstellen, bestehen zudem zahlreiche Mechanismen, um die Ergebnisse der *Coase*-Vermutung zu vermeiden.[561] Hierzu zählen beispielsweise Meistbegünstigungsklauseln, sofern sie kartellrechtlich zulässig sind. Auch Exklusivlizenzen, sofern kartellrechtlich zulässig, sind Maßnahmen für eine langfristige Preisbindung.

Schließlich können Verträge mit kurzer Laufzeit dazu führen, dass frühe Lizenznehmer gegebenenfalls von Preissenkungen profitieren können.[562] Kurzfristige Verträge sind jedoch eine zweischneidige Angelegenheit. Sofern hohe standardspezifische Investitionen mit der Lizenzierung verbunden sind, entsteht dadurch Hold-up-Potential zugunsten des Schutzrechtsinha-

560 Es kann allerdings bei hoher Innovationsgeschwindigkeit schnell veralten.
561 Vgl. Coase, 1 Journal of L&E (1972) 143, 145f..
562 Vgl. Coase, 1 Journal of L&E (1972) 143, 145f, der kurzfristige Mietverträge diskutiert.

bers gegenüber Lizenznehmern.[563] Zudem ist zu berücksichtigen, dass es im Zusammenhang mit Netzeffekten möglicherweise gar nicht zu einer langfristigen Preissenkung kommt.

Einige Modelle zeigen nämlich, dass bei Produkten mit hohen Netzeffekten langfristig steigende Preise erzielt werden können.[564] Dieses Modelle können teilweise auch auf standardkonforme Güter Anwendung finden.[565] Der Grund für die steigenden Preise liegt darin, dass der steigende Netznutzen die Zahlungsbereitschaft der Grenznutzer erhöht. Sofern dies tatsächlich der Fall ist, ist die *Coase*-Vermutung für bestimmte Netzgüter unanwendbar.[566] Die Modelle simulieren jedoch allein Produktmärkte. Es ist noch nicht erforscht, inwieweit diese Überlegungen auch auf Lizenzmärkte zutreffen.[567]

Zusammenfassend lässt sich daher sagen, dass sowohl auf Märkten standardkonformer Güter wie auch auf Lizenzmärkten für Schutzrechte, die bei der Anwendung eines technischen Standards zwangsläufig genutzt werden, die *Coase*-Vermutung unter bestimmten Voraussetzungen ihre preisbeschränkende Wirkung entfalten kann. Allerdings dürfen auf Märkten mit standardkonformen Produkten die Netzeffekte nicht so groß sein, dass der wachsende Netznutzen die zuvor geringere Zahlungsbereitschaft auf das Niveau vorheriger Nutzer anhebt. Zudem mag die Existenz der *Coase*-Vermutung auf Lizenzmärkten nicht ohne weiteres dazu führen, dass es zu geringeren Lizenzgebühren kommt, sondern dass mehr Exklusivlizenzen entstehen. Insgesamt scheint dürfte die Monopolmacht beschränkende Wirkung der *Coase*-Vermutung daher nur sehr gering sein.

7. Zusammenfassung

Zusammenfassend sind die faktischen und privatrechtlichen Möglichkeiten einer Beschränkung der Monopolmacht in Standardisierungskontexten als sehr lückenhaft anzusehen. Der Markt allein wird nicht in allen Fällen dafür sorgen können, dass es im Zusammenhang mit technischer Standardisierung nicht zu Monopolmacht kommen wird.[568] Der Grund dafür liegt zum einen in der konkreten Marktstruktur, zum anderen aber auch in der Unvollkommenheit vertraglicher Abreden begründet. Kommt es deshalb zu Monopolmacht, sind die kartellrechtlichen Vorgaben zu beachten.

563 Ausführlich zur Theorie vertraglichen Hold-ups und seiner Vor- und Nachteile siehe unten S. 202f.

564 Bensaid/Lesne, Int. J. Ind. Organ. 14 (1996) 837, 838; Economides, Quarterly Journal of Electronic Commerce, vol. 1, no. 3 (2000); Cabral/Salant/Woroch, Int. J. Ind. Organ. 17 (1999) 199; Mason, 44 European Economic Review (2002) 1981, 1982.

565 Für die Anwendung des Modells siehe insbesondere Bensaid/Lesne, Int. J. Ind. Organ. 14 (1996) 837, 838f.

566 Economides, Quarterly Journal of Electronic Commerce, vol. 1, no. 3 (2000), S. 10; Cabral/Salant/Woroch, Int. J. Ind. Organ. 17 (1999) 199, 207.

567 Die Autoren erwähnen, dass das Modell auf Vermietung nur begrenzt anwendbar ist, siehe Bensaid/Lesne, Int. J. Ind. Organ. 14 (1996) 837, 838f.

568 In diesem Sinne auch Farrell/Klemperer, Coordination and Lock-in, S.7 zu Märkten mit Wechselkosten und Netzeffekten; siehe für die Lückenhaftigkeit auch Shapiro, 63 Antitrust L.J. (1985) 483, 485, der jedoch zurecht geltend macht, ihr der Umfang dieser Lückenhaftigkeit müsse berücksichtigt werden.

III. Kartellrechtliche Grenzen

1. Umfang der Darstellung

Besitzt ein Schutzrechtsinhaber Monopolmacht, unterliegt er bei dessen Ausübung kartellrechtlichen Grenzen. Um nicht eine Komplettdarstellung des Kartellrechts verfassen und diese dann auf alle in einem Standardisierungskontext denkbaren Konstellationen anzuwenden zu müssen, wird nachfolgend davon ausgegangen, dass im Zeitpunkt der Beurteilung der geschützte technische Standard fest etabliert ist und kein nennenswerter standardexterner Wettbewerb besteht.[569]

Untersucht werden soll, in welchem Umfang Abreden in Forschungs- und Entwicklungsvereinbarungen, Technologietransferverträgen, Vertriebsverträgen, Schutzrechtspools sowie Standardisierungsvereinbarungen kartellrechtlich beschränkt sind. Zudem ist darzustellen, welche rechtlichen Pflichten aus der Stellung als Monopolist folgen. Die Darstellung beginnt mit F&E-Vereinbarungen sowie Standardisierungsvereinbarungen werden. Es folgt dann eine Darstellung der kartellrechtlichen Vorgaben für Technologietransferverträge und Schutzrechtspools und abschließend eine Darstellung der Beschränkungen in Vertriebsverträgen. Im Anschluss werden die Anforderungen infolge der Monopolstellung dargestellt. Dabei wird zunächst die Rechtslage in Europa und nachfolgend die Rechtslage in den USA beschrieben.

2. Die Rechtslage in der EU

a) Rechtsgrundlagen

Die Rechtsgrundlagen des Kartellrechts in Europa sind die Bestimmungen der Art. 81 und 82 EGV i. V. m. der Fusionskontrollverordnung (FKVO) und der Durchführungsverordnung VO (EG) 1/2003 sowie eine Reihe von Gruppenfreistellungsverordnungen. Zudem hat die europäische Kommission eine Reihe von Leitlinien veröffentlicht. Diese entfalten Bindungswirkung allein für die europäische Kommission. Daneben finden immer dann, wenn der gemeinschaftliche Wettbewerb nicht betroffen ist, die jeweiligen nationalen Kartellgesetze Anwendung, wobei das deutsche Kartellrecht hinsichtlich der im vorliegenden Zusammenhang relevanten Vorschriften durch die letzte Änderung weitestgehend den EG-vertraglichen Regelungen angepasst wurde. Da technische Standards in fast allen Fällen eine über den nationalen Bereich hinausgehende Ausstrahlungswirkung auf den Wettbewerb entfalten, konzentriert sich die Darstellung nachfolgend im wesentlichen auf die europarechtlichen Vorschriften. Dabei werden zunächst die Vorgaben des Art. 81 EGV für Vereinbarungen und abgestimmte Verhaltensweisen dargestellt. Im Anschluß daran wird die Rechtsanwendung des Art. 82

569 Diese Betrachtung rechtfertigt sich deshalb, weil die GVOs der Europäischen Kommission immer nur dann anwendbar sind, wenn die Teilnehmer zum entscheidenden Zeitpunkt gewisse Marktanteilsschwellen nicht überschreiten. Marktanteilsänderungen können deshalb zu einer Veränderung der Beurteilung führen.

EGV, der Mißbrauch einer marktbeherrschenden Stellung einschließlich der sog. *Essential Facilities*-Doktrin betrachtet.

b) Die Vertragskontrolle im Rahmen des Art. 81 EGV

aa. Überblick

Art. 81 Abs. 1 EGV verbietet alle Vereinbarungen zwischen Unternehmen, Beschlüsse von Unternehmensvereinigungen und aufeinander abgestimmte Verhaltensweisen, die geeignet sind, den Handel zwischen den Mitgliedstaaten zu beeinträchtigen, und eine Verhinderung, Einschränkung oder Verfälschung des Wettbewerbs innerhalb des Gemeinsamen Marktes bezwecken oder bewirken. Für eine gemäß den Voraussetzung des Art. 81 Abs. 1 EGV verbotene Vereinbarung kann jedoch gemäß Art. 81 Abs. 3 EGV eine Einzelfreistellung oder eine Gruppenfreistellung erteilt wird. Gruppenfreistellungen sind in sog. Gruppenfreistellungsverordnungen geregelt, wobei im vorliegenden Zusammenhang die VO (EG) Nr. 2659/2000 zu Forschungs- und Entwicklungsvereinbarungen (GVO F&E),[570] die VO (EG) Nr. 2790/1999 über Vertikalvereinbarungen (Vertikal-GVO)[571] sowie die VO (EG) 772/2004 zu Technologietransfervereinbarungen (GVO-TT)[572] von besonderem Interesse sind. Sofern eine Vereinbarung nicht bereits durch eine Gruppenfreistellungsverordnung erlaubt wird, gilt eine Einzelfreistellung gemäß Art. 1 Abs. 2 VO (EG) 1/2003 dann als erteilt, wenn die Vereinbarung die Tatbestandsvoraussetzungen des Art. 81 Abs. 3 EGV erfüllt. Ob diese Voraussetzungen erfüllt sind, muss jedes Unternehmen selbst prüfen. Eine verbindliche Entscheidung der Kartellbehörden wurde im Rahmen der Reform des Jahres 2003 abgeschafft. Die Anforderungen des Art. 81 Abs. 3 EGV sind, dass (1) die Vereinbarung zur Verbesserung der Warenerzeugung oder Warenverteilung oder zur Förderung des technischen oder wirtschaftlichen Fortschritts beiträgt, (2) die Verbraucher angemessen an den dadurch entstehenden Effizienzgewinnen beteiligt werden, (3) die konkreten Beschränkungen unerlässlich sind und (4) keine Möglichkeiten eröffnet werden, für einen wesentlichen Teil der Waren und Dienstleistungen den Wettbewerb auszuschalten. Als Orientierungshilfe für die Voraussetzungen einer Einzelfreistellung hat die europäische Kommission für Gerichte nicht verbindliche Leitlinien veröffentlicht.[573]

bb. Die Anforderungen des Artikel 81 Abs. 1 EGV

Voraussetzung für die Anwendbarkeit des Artikel 81 EGV ist zunächst, dass die Tatbstandserfordernisse des Artikel 81 Abs. 1 EGV erfüllt sind. Es müssen daher (1) Vereinbarungen zwi-

570 ABl. EG 1999/L 304/7
571 ABl. EG 2000/L 336/21
572 ABl. EG 2004/L 123/11
573 Siehe die Bekanntmachung der Kommission, allgemein: Leitlinien zur Anwendung von Artikel 81 Abs. 3 EG-Vertrag, ABl. EG 2004/C 101/08 (Leitlinien zu Art. 81 Abs. 3 EGV); Leitlinien zur Anwendung von Artikel 81 EG-Vertrag auf Technologietransfer-Vereinbarungen, ABl. EG 2004/C 101/2 (Leitlinien zu Technologietransfervereinbarungen); Leitlinien zur Anwendung von Artikel 81 EG-Vertrag auf Vereinbarungen über horizontale Zusammenarbeit, ABl. EG 2001/C 2/02 (Leitlinien zu Horizontalvereinbarungen); Leitlinien für vertikaler Beschränkungen, ABl. 2000/C 291/91.

schen Unternehmen, Beschlüsse von Unternehmensvereinigungen oder abgestimmte Verhaltensweise vorliegen, die (2) geeignet sind, den Handel zwischen den Mitgliedstaaten zu beeinflussen, und (3) eine Wettbewerbsbeschränkung bezwecken oder bewirken.

Schließen Unternehmen Lizenzvereinbarungen miteinander ab oder vertreibt ein Unternehmen standardkonforme Güter eines anderen Unternehmens, dann fallen solche vertraglichen Abreden ohne Zweifel unter den Begriff der Vereinbarung. Diese beeinflussen dann den Handel zwischen den Mitgliedstaaten, wenn sich anhand einer Gesamtheit objektiver rechtlicher oder tatsächlicher Umstände mit hinreichender Wahrscheinlichkeit voraussagen lässt, dass die Vereinbarung unmittelbar oder mittelbar, tatsächlich oder potentiell den Handel zwischen Mitgliedstaaten in einer Weise beeinflussen kann, die der Verwirklichung der Ziele eines einheitlichen Marktes abträglich sein kann. Dabei reicht bereits die Eignung zur Herbeiführung einer anderen Entwicklung.[574]

Sofern eine bestimmte Spezifikation auf einem nationalen Markt die Position eines technischen Standard erreicht hat, erfüllen Vereinbarungen, die sich auf diese Spezifikation selbst beziehen oder aber die gemäß oder mit Hilfe dieser Spezifikation hergestellte Güter betreffen, in wohl allen denkbaren Fällen die Anforderungen der Zwischenstaatlichkeitsklausel.

Als wettbewerbsbeschränkend gelten Vereinbarungen dann, wenn sie geeignet sind, spürbare negative Auswirkungen auf die Wettbewerbsparameter im Markt wie Preise, Produktionsmenge, Produktqualität, Produktvielfalt und Innovation zu haben. Dies ist insbesondere der Fall, wenn der Wettbewerbsdruck zwischen den Parteien einer Vereinbarung oder zwischen ihnen und Dritten erheblich gemindert wird.[575] Insofern sind Wettbewerbsbeschränkungen spürbare[576] Einschränkungen oder künstliche Veränderungen eines durch den Zwang zu autonomem Marktverhalten geprägten Wettbewerbsprozesses.[577] Die Spürbarkeit wird gemäß der für Gerichte unverbindlichen Bagatellbekanntmachung[578] der Europäischen Kommission bei horizontalen Vereinbarungen bei einem gemeinsamen Marktanteil der Teilnehmer von 10 %, bei vertikalen Vereinbarungen bei 15 % angenommen.

Bei der Frage, ob eine Wettbewerbsbeschränkung vorliegt, werden sowohl die Vereinbarung als ganzes als auch die jeweils konkreten vertraglichen Beschränkung geprüft. Dabei wird zudem unterschieden, ob die Vereinbarungen die Wettbewerbsbeschränkung bezwecken oder

574 EuGH, Rs.56 und 58/64, Urteil v. 13.07.1966, Slg. 1966, 322 – Grundig/Consten.
575 Siehe Bekanntmachung der Kommission, Leitlinien zur Anwendung von Artikel 81 Abs. 3 EG-Vertrag, ABl. EG 2004 Nr. C 101/08.
576 St. Rechtspr., siehe z.B. EuGH, Rs. 56/65 , Urteil v. 13.07.1966; Slg. 1966, 281 – LTM/MBU; Rs. C-215 und C.216/96, Urteil v. 21.01.1999, Slg. 1999, I-135 – Bagnasco.
577 Siehe Kling/Thomas, Grundkurs Wettbewerbs- und Kartellrecht, S. 516.
578 ABl. EG 2001 Nr. C 368/07, S. 7

nur bewirken. Können Vereinbarungen Wettbewerbsbeschränkungen bewirken, sind diese Auswirkungen nachzuweisen.[579]

Bei bezweckten Wettbewerbsbeschränkungen ist ein solcher Nachweis hingegen nicht notwendig.[580] Eine bezweckte Wettbewerbsbeschränkung liegt vor, wenn die Vereinbarung ihrem Wesen nach geeignet ist, den Wettbewerb zu beschränken, also ein derartig großes Potential für negative Auswirkungen hat, dass diese nicht mehr nachgewiesen werden müssen[581]. Zu den Faktoren, die bei der Feststellung eines Bezweckens berücksichtigt werden, zählen insbesondere der Inhalt der Vereinbarung, die mit ihr verfolgten Ziele und der Zusammenhang, in dem sie angewendet wird.[582] Als Orientierungshilfe dafür, was die Kommission als bezweckte Wettbewerbsbeschränkungen auffasst, können die Leitlinien der Kommission sowie darüber hinaus die Kernbeschränkungen in den Gruppenfreistellungsverordnungen dienen.[583]

Ist hingegen ein Nachweis konkreter Wettbewerbsbeschränkungen notwendig, genügt es nicht bereits, dass bestimmte Marktanteilsschwellen überschritten werden. Ebenso wenig genügt es, dass eine Vereinbarung nicht in den Anwendungsbereich einer Gruppenfreistellungsverordnung fällt.[584] Vielmehr liegt eine Wettbewerbsbeschränkung nur dann vor, wenn durch eine Vereinbarung Marktmacht begründet, erhalten oder gestärkt wird.[585]

cc. Rechtsfolgen eines Verstoßes gegen das Kartellverbot

Rechtsfolge eines Verstoßes gegen das Kartellverbot ist zunächst einmal die Nichtigkeit der kartellrechtswidrigen Vereinbarung gemäß Art. 81 Abs. 2 EGV. Zudem kann ein Kartellverstoß durch die Kommission mit empfindlichen Bußgeldern sanktioniert werden[586]. Die Kartellbehörde kann ferner Maßnahmen anordnen, die die Zuwiderhandlung abzustellen geeignet sind.[587] Schließlich besteht die Möglichkeit für Wettbewerber, durch zivilrechtliche Klagen Schadenersatzansprüche geltend zu machen.[588]

dd. Aufbau der Darstellung

Infolge der Struktur des Gesetzes sowie der Auslegung der Voraussetzungen des Art. 81 Abs. 1 EGV ergibt sich folgender Aufbau der Darstellung. Zunächst gilt, dass sämtliche Vereinbarungen, bei denen der Marktanteil der daran beteiligten Unternehmen unter den Mindestgrenzen liegen, vom Anwendungsbereich des Art. 81 EGV ausgeschlossen sind. Ist dies nicht der

579 Leitlinien zu Art. 81 Abs. 3 EGV, Rz. 19f.
580 Leitlinien zu Art. 81 Abs. 3 EGV, Rz. 20.
581 Leitlinien zu Art. 81 Abs. 3 EGV, Rz. 21.
582 Leitlinien zu Art. 81 Abs. 3 EGV, Rz. 22
583 Leitlinien zu Art. 81 Abs. 3 EGV, Rz. 23.
584 Leitlinien zu Art. 81 Abs. 3 EGV, Rz. 24.
585 Leitlinien zu Art. 81 Abs. 3 EGV, Rz. 25.
586 Siehe VO 1/2003 Art. 23.
587 Siehe VO 1/2003 Art. 7.
588 Siehe § 33 GWB für das deutsche Recht.

Fall, sind zunächst die Gruppenfreistellungsverordnungen heranzuziehen. Soweit diese nicht anwendbar sind, ist zu prüfen, ob die Voraussetzungen des Art. 81 Abs. 1 EGV erfüllt sind. Sind die Voraussetzungen des Art. 81 Abs. 1 EGV erfüllt, stellt sich die Frage, ob die Erfordernisse einer Einzelfreistellung gemäß Art. 81 Abs. 3 EGV gegeben sind.

Inwieweit im Rahmen geschützter technischer Standards diese Voraussetzungen erfüllt werden, wird nachfolgend dargestellt. Wie bereits beschrieben wurde, soll entsprechend des Verwertungsprozesses technischer Information mit der gemeinsamen Forschung und Entwicklung sowie der Vereinbarung von Standards begonnen werden; anschließend wird die Lizenzierung im Rahmen von Fremdherstellung betrachtet und abschließend werden die Grenzen im Rahmen von Vertriebsvereinbarungen erörtert.

ee. Forschungs- und Entwicklungskooperationen

i. Einleitung

In vielen Fällen genügt allein der Besitz geschützten Wissens nicht, um das Potential für dessen mögliche Anwendungen auszuschöpfen. Für die Entwicklung marktreifer Produkte, deren Herstellung und Vertrieb benötigt der Schutzrechtsinhaber weitere Kompetenzen oder das Wissen Anderer. Ein Weg, diese Kompetenzen oder dieses Wissen zu erhalten, ist die Vereinbarung mit anderen Unternehmen, gemeinsame Forschung und Entwicklung zu betreiben und die Ergebnisse dann gemeinsam oder getrennt zu vermarkten. Die Tätigkeit kann dabei entweder mit einem oder mehreren Wettbewerbern, also Unternehmen der gleichen Wirtschaftsstufe wie dem Schutzrechtsinhaber erfolgen, oder mit Nichtwettbewerbern, also Unternehmen einer anderen Wirtschaftsstufe. Ziel einer Forschungs- und Entwicklungsvereinbarung wird es in vielen Fällen sein, verbesserte oder neue Produkte oder Dienstleistungen auf den Markt zu bringen. Im vorliegenden Zusammenhang, in dem eine Partei der Vereinbarung der Inhaber eines geschützten technischen Standards ist, bedeutet dies, dass es sich bei der Forschung und Entwicklung entweder (1) um die Verbesserung bestehender oder die Entwicklung neuer, mit dem bestehenden technischen Standard kompatibler Produkte, (2) um die Nutzung des technischen Standards für die Verbesserung bestehender oder Entwicklung neuer Produkte oder aber (3) um die Verbesserung des technischen Standards selbst handeln wird.

ii. Spürbarkeit der Wettbewerbsbeschränkung

Um in den Anwendungsbereich des Art. 81 Abs. 1 EGV zu fallen, muss zunächst die Spürbarkeitsgrenze überschritten sein. Die an einer Kooperation beteiligten Unternehmen müssen auf dem von der Kooperation betroffenen Markt über einen gemeinsamen Marktanteil von 10% bzw. 15 % verfügen. Dies ist selbst bei der Existenz eines geschützten technischen Standards keinesfalls selbstverständlich, weil der Technologiemarkt, dem das Schutzrecht zuzuordnen ist, und der Produktmarkt bestehend aus den diese Technologie anwendenden Produkten und ihrer Substitute unterschiedlich sind. Ist allein der Produktmarkt durch die Kooperation betroffen, kann es sein, dass die Marktanteilsschwelle nicht überschritten wird. Lizenziert der Schutzrechtsinhaber seine Technologie beispielsweise in umfangreichem Maße, kann es sein, dass es zahlreiche Produkte gibt, die mit dem von der F&E-Kooperation avisierten Produkt konkurrieren werden.

Um die Marktanteile zu ermitteln, ist daher zunächst einmal eine Marktabgrenzung vorzunehmen. Grundsätzlich erfolgt die sachliche Marktabgrenzung nach dem Bedarfsmarktkonzept.[589] Mit Hilfe der Nachfragesubstituierbarkeit, der Angebotsumstellungsflexibilität sowie dem potentiellen Wettbewerb werden dabei der sachlich und räumlich relevante Markt bestimmt.[590] Im Rahmen von Forschungs- und Entwicklungstätigkeiten besteht das Problem, dass bei der Entwicklung vollkommen neuer Produkte oder erheblicher Verbesserungen der bestehenden Technologie der zukünftige Marktanteil nicht ermittelt, sondern allenfalls sehr vage prognostiziert werden kann. Insofern sind gewisse Modifizierungen notwendig. Grundsätzlich wendet die Kommission in diesen Fällen die folgenden Grundsätze an.

Werden bestehende Produkte verbessert, so bilden die bestehenden Produkte sowie nahe Substitute den für die Zusammenarbeit relevanten Markt.[591] Sofern die Forschung und Entwicklung hingegen auf eine spürbare Veränderung eines bestehenden Produkts oder gar ein vollständig neues Produkt abzielt, ist nicht davon auszugehen, dass das neue und das alte Produkt demselben Markt zugehören.[592] Der Markt der vorhandenen Produkte ist in solchen Fällen allenfalls dann betroffen, wenn die an der F&E beteiligten Unternehmen ihre Tätigkeit als Lieferanten auf dem bestehenden Produktmarkt koordinieren können und dort Marktmacht ausüben können.[593] Letzteres setzt voraus, dass sie zusammen sowohl bei den Forschungs- und Entwicklungstätigkeiten als auch auf dem vorhandenen Produktmarkt eine starke Stellung einnehmen.[594]

Betrifft die Forschung und Entwicklung einen wichtigen Bestandteil eines Endprodukts, dann kann der Endproduktmarkt betroffen sein, wenn es sich bei den an der Forschung und Ent-

589 Siehe Ullrich/Heinemann in Immenga/Mestmäcker, Abschnitt IV.B. Rn. 47.

590 Problematisch kann dabei im Zusammenhang mit gewerblichen Schutzrechten gerade bei der Bestimmung des räumlich relevanten Marktes sein, dass Schutzrechte allein national bestehen. Ein Schutzrecht kann deshalb möglicherweise nur zu einer Marktbeherrschung auf bestimmten Teilmärkten standardkonformer Produkte führen. Dieses Problem wird jedoch oftmals dadurch verringert, dass Patente zumindest in den wichtigsten Märkten angemeldet werden. Urheberrechte sind aufgrund internationaler Abkommen oftmals auch im Ausland geschützt. Sofern Schutz in mehreren Ländern besteht, hat die internationale Rechtsvereinheitlichung durch unterschiedliche Abkommen weitgehend ähnliche Regelungen geschaffen. Siehe hierzu auch Kübel, S. 193f.

591 Vgl. Leitlinien zu Vereinbarungen über horizontale Zusammenarbeit, Rz. 44.

592 Leitlinien zu Vereinbarungen über horizontale Zusammenarbeit, Rz. 45.

593 Leitlinien zu Vereinbarungen über horizontale Zusammenarbeit, Rz. 45.

594 Leitlinien zu Vereinbarungen über horizontale Zusammenarbeit, Rz. 45.

wicklung beteiligten Unternehmen um Wettbewerber auf dem Markt des Endprodukts handelt.[595]

Daneben betrachtet die Kommission auch, in welchem Maße sich eine Kooperation auf die Innovationstätigkeit auswirkt. In Wirtschaftsbereichen, in denen einzelne Innovationspole ausgemacht werden können, also F&E-Tätigkeiten, die auf ein neues Produkt oder eine neue Technologie gerichtet sind, untersucht die Kommission, wie sich die Vereinbarung auf andere Innovationspole mit entsprechender oder ähnlicher Zielsetzung auswirkt.[596] Maßgebend ist dabei insbesondere, inwiefern andere Innovationspole der Zugang zu für die Forschung wesentlichen Ressourcen wie Know-how, Patenten oder Humanressourcen beschränkt wird.[597]

Infolge der Anwendung der vorgenannten Grundsätze ergibt sich als Schlussfolgerung, dass allein die Tatsache, dass der Schutzrechtsinhaber geschütztes Wissen besitzt, das für die Anwendung eines in ein Produkt zu integrierenden technischen Standards essentiell ist, noch nicht zwangsläufig zu einem hohen Marktanteil der beteiligten Unternehmen führt. Bei Verbesserungen bestehender Produkte kommt es vielmehr darauf an, in welchem Umfang die Vertragsparteien diese bestehenden Produkte oder ihre Substitute herstellen. Bei der Neuentwicklung von Produkten kommt es darauf an, ob sie darüber hinaus auch im Bereich der Forschungs- und Entwicklungstätigkeiten eine starke Stellung einnehmen. Letzteres liegt dann nahe, wenn der Schutzrechtsinhaber durch Rücklizenzierungsvereinbarungen mit anderen in diesem Bereich entwickelnden Lizenznehmern von deren Forschungsergebnissen profitieren kann. Für eine Beschränkung der Innovationstätigkeit kommt es darauf an, ob infolge der Vereinbarung anderen Unternehmen der Zugang zu den essentiellen Technologien versperrt wird. Ist dies der Fall, wird die Spürbarkeitsgrenze überschritten sein. Gleiches gilt, sofern die F&E-Vereinbarung die Verbesserung des bestehenden technischen Standards betrifft.

iii. Wettbewerbsbeschränkung

Sofern die Spürbarkeitsgrenze überschritten wurde, muss zudem eine Wettbewerbsbeschränkung vorliegen. Dabei gilt, dass Vereinbarungen zwischen Nichtwettbewerbern im allgemeinen den Wettbewerb nicht beschränken.[598] Dasselbe gilt, wenn keine Partei der Vereinbarung die Forschung und Entwicklung eigenständig durchführen könnte.[599] Vereinbarungen, die keine gemeinsame Verwertung vorsehen, beschränken den Wettbewerb nur, sofern durch sie der Innovationswettbewerb beschränkt wird.[600] Sofern eine Forschungs- und Entwicklungsvereinbarung jedoch ein verdecktes Kartell darstellt, indem sie Preisfestsetzungen, Produktionsbe-

595 Leitlinien zu Vereinbarungen über horizontale Zusammenarbeit, Rz. 46.
596 Leitlinien zu Vereinbarungen über horizontale Zusammenarbeit, Rz. 51.
597 Leitlinien zu Vereinbarungen über horizontale Zusammenarbeit, Rz. 51 am Ende.
598 Leitlinien zu Vereinbarungen über horizontale Zusammenarbeit, Rz. 56.
599 Leitlinien zu Vereinbarungen über horizontale Zusammenarbeit, Rz. 56.
600 Leitlinien zu Vereinbarungen über horizontale Zusammenarbeit, Rz. 58.

schränkungen oder Marktaufteilungen beinhaltet, wird sie hingegen in aller Regel eine Wettbewerbsbeschränkung darstellen.[601]

Sofern es sich nicht um von vornherein unbedenkliche Vereinbarungen handelt, bedarf es zur Feststellung einer Wettbewerbsbeschränkung einer Untersuchung des wirtschaftlichen Umfelds. Dies gilt insbesondere für Vereinbarungen zwischen Wettbewerbern auf bestehenden Produkt-, Technologie- und Innovationsmärkten. Dabei untersucht die Kommission drei Arten von Wettbewerbsbeschränkungen, nämlich die Beschränkung von Innovation, abgestimmte Verhaltensweisen auf vorhandenen Märkten und Abschottungsprobleme bei der Nutzung von F&E-Ergebnissen.[602] Voraussetzungen für alle drei Arten ist dabei, dass die Beteiligten erhebliche Macht in den vorhandenen Märkten ausüben und/oder der Wettbewerb im Bereich der Innovation wesentlich zurückgeht.[603] Marktabschottung droht zudem im wesentlichen nur dann, wenn sich die Kooperation um eine Schlüsseltechnologie dreht, wenigstens ein Unternehmen mit erheblicher Marktmacht beteiligt ist und die ausschließliche Nutzung der Ergebnisse vereinbart wurde.[604]

Dabei gibt es keine festen Marktanteilsgrenzen. Nach der GVO zu F&E-Kooperationen sind jedoch Vereinbarungen freigestellt, wenn die Summe der Marktanteile der beteiligten Unternehmen nicht über 25% liegt und die weiteren Voraussetzungen der GVO erfüllt sind: (1) Alle Vertragsparteien müssen Zugang zu den Ergebnissen gemeinsamer Forschung und Entwicklung haben; (2) jede Partei soll die erzielten Ergebnisse sowie vorher bestehendes eigenes Know-how selbständig verwerten dürfen, und (3) Herstellerunternehmen müssen Lieferaufträge aller Vertragsparteien erfüllen.[605] Eine gemeinsame Verwertung ist grundsätzlich nur zulässig, sofern die Ergebnisse gemeinsamer Forschung und Entwicklung durch gewerbliche Schutzrechte geschützt sind oder für den wirtschaftlichen Fortschritt wichtiges Know-how darstellen, welches für die Herstellung der Vertragsprodukte oder die Anwendung der Vertragsverfahren von entscheidender Bedeutung ist.[606] Freigestellt sind solche Vereinbarungen dann, sofern sie nicht bestimmte Kernbeschränkungen enthalten. Diese Beschränkungen sind Verbote, mit anderen Firmen Forschung und Entwicklung zu betreiben,[607] Nichtangriffsverpflichtungen hinsichtlich in die F&E eingebrachter gewerblicher Schutzrechte,[608] Absatz- und Produktionsbeschränkungen,[609] Festsetzungen des Verkaufspreises der Vertragsprodukte,[610] das Verbot von Passivverkäufen in anderen Parteien zugewiesene Vertragsgebiete oder an an-

601 Leitlinien zu Vereinbarungen über horizontale Zusammenarbeit, Rz. 59.
602 Leitlinien zu Vereinbarungen über horizontale Zusammenarbeit, Rz. 61.
603 Leitlinien zu Vereinbarungen über horizontale Zusammenarbeit, Rz. 61.
604 Leitlinien zu Vereinbarungen über horizontale Zusammenarbeit, Rz. 62.
605 Leitlinien zu Vereinbarungen über horizontale Zusammenarbeit, Rz. 62; VO F&E Artikel 3.
606 GVO F&E Artikel 3 Abs. 4.
607 GVO F&E Artikel 5 Abs. 1 lit. a).
608 GVO F&E Artikel 5 Abs. 1 lit. b).
609 GVO F&E Artikel 5 Abs. 1 lit. c).
610 GVO F&E Artikel 5 Abs. 1 lit. d).

deren Parteien zugewiesene Kundengruppen[611] sowie Lizenzierungsverbote bei mangelnder Eigenverwertung.[612] Erlaubt sind hingegen Beschränkungen in Form von Gebiets- und Kundenaufteilungen beim Aktivverkauf innerhalb eines Zeitraums von maximal sieben Jahren ab Abschluss der Vereinbarung.[613]

Ist die Gruppenfreistellungsverordnung nicht anwendbar, dann kommt es auf eine Einzelbetrachtung an, wobei jedoch Vereinbarungen, die Kernbeschränkungen gemäß der GVO darstellen in aller Regel das Vorliegen einer Wettbewerbsbeschränkung indizieren werden. Im übrigen gilt allgemein, dass F&E-Vereinbarungen, die auf die Verbesserung oder Verfeinerung vorhandener Produkte oder Technologien gerichtet sind, nur dann die Gefahr von Wettbewerbsbeschränkungen begründen, wenn die Partner gemeinsam eine starke Stellung einnehmen, der Markteintritt schwierig ist und nur wenige andere innovative Tätigkeiten auszumachen sind.[614] Je weniger die F&E-Vereinbarung die verschiedenen Stufen der Nutzung der Ergebnisse betrifft, desto unwahrscheinlicher ist eine Wettbewerbsbeschränkung. Beispielsweise führt allein eine gemeinsame Lizenzvergabe nicht zu einer Marktabschottung. Je mehr die Vereinbarung aber auch die gemeinsame Herstellung und Vermarktung betrifft, desto mehr spielt es eine Rolle, ob es sich bei den beteiligten Unternehmen um starke Wettbewerber handelt.[615]

Sofern die F&E-Vereinbarung auf ein neues Produkt gerichtet ist, spielt vor allem eine Rolle, ob es zu Innovationsbeschränkungen z.B. hinsichtlich der Qualität der Produkte oder der Geschwindigkeit der Innovation kommt.[616] Dies kann der Fall sein, wenn beide beteiligten Unternehmen jeweils fast marktreife eigene Produkte besaßen oder wenn eine gemeinsame Nutzung zur Abschottung von Schlüsseltechnologien führt. Letzteres ist ausgeschlossen, sofern Partner Lizenzen an Dritte erteilen.[617] Die Innovationsgeschwindigkeit ist zudem betroffen, wenn die Beteiligten erhebliche Macht auf einem bestehenden Markt ausüben, oder wenn ein marktstarkes Unternehmen mit einem anderen Unternehmen kooperiert, das eine Technologie besitzt, die derjenigen des starken Unternehmens hätte gefährlich werden können.[618] Schließlich sind Beschränkungen des Zugangs der Parteien zu den Forschungsergebnissen grundsätzlich problematisch, sofern sich eine Zugangsbeschränkung nicht durch Geheimhaltungs- oder Investitionsschutzgesichtspunkte rechtfertigen lässt.[619]

611 GVO F&E Artikel 5 Abs. 1 lit. e, f).
612 GVO F&E Artikel 5 Abs. 1 lit. h).
613 GVO F&E Artikel 5 Abs. 1 lit. e).
614 Leitlinien zu Vereinbarungen über horizontale Zusammenarbeit, Rz. 64.
615 Leitlinien zu Vereinbarungen über horizontale Zusammenarbeit, Rz. 64.
616 Leitlinien zu Vereinbarungen über horizontale Zusammenarbeit, Rz. 65.
617 Leitlinien zu Vereinbarungen über horizontale Zusammenarbeit, Rz. 65.
618 Leitlinien zu Vereinbarungen über horizontale Zusammenarbeit, Rz. 66.
619 Leitlinien zu Vereinbarungen über horizontale Zusammenarbeit, Rz. 67.

Stellt eine Forschungs- und Entwicklungsvereinbarung eine Wettbewerbsbeschränkung dar und fällt sie nicht in den Anwendungsbereich der Gruppenfreistellungsverordnung, dann kommt eine Einzelfreistellung in Betracht, sofern mit ihr ein wirtschaftlicher Effizienzgewinn realisiert werden kann, die Verbraucher angemessen daran beteiligt werden, die Beschränkung unerläßlich ist und keine Ausschaltung des Wettbewerbs erfolgt.[620]

Dabei werden die meisten F&E-Vorhaben einen wirtschaftlichen Nutzen durch die Zusammenführung unterschiedlicher Kompetenzen bringen, die zur Entwicklung neuer Produkte oder Kosteneinsparungen führt. Führt die Vereinbarung zu erheblicher Marktmacht, dann müssen jedoch spürbare Vorteile, wie die schnellere Einführung neuer Produkte oder Techniken, oder aber sonstige Leistungsgewinne nachgewiesen werden.[621] Bei der Unerlässlichkeit werden die einzelnen Bestimmungen der Vereinbarung geprüft. Kernbeschränkungen gemäß der GVO sind auch bei der Einzelfreistellung in den seltensten Fällen unerlässlich.[622] Schließlich darf durch eine Vereinbarung eine beherrschende Stellung weder begründet noch verstärkt werden.[623]

Im Ergebnis bedeutet dies, dass ein Inhaber eines geschützten technischen Standards nur dann besonderen Beschränkungen bei Forschungs- und Entwicklungskooperationen unterliegt, sofern er über die Inhaberschaft am Schutzrecht hinaus auch auf dem Markt der Produkte, die den Standard benutzen, einen erheblichen Marktanteil besitzt oder aber mit einem Unternehmen kooperiert, das eine derartige Stellung inne hat. Sind beide Kooperationspartner auf dem Markt für das neue oder das verbesserte Produkt aktiv, sichert das Kartellrecht bei Überschreiten der Marktanteilsgrenze von 25 %, dass beide Vertragsparteien in standardinternem Wettbewerb miteinander stehen. Sofern infolge der Kooperation die Gefahr der Abschottung eines bestehenden oder eines neuen Marktes entsteht, ist diese nur dann zulässig, wenn Dritten Lizenzen an den Schlüsseltechnologien gewährt werden. Auch auf diese Weise wird der standardinterne Wettbewerb gefördert.

Bei der Entwicklung von Verbesserungen oder neuen technischen Standards darf der Inhaber eines geschützten Standards keine nahezu marktreifen Konkurrenzprodukte behindern oder unterdrücken. Es ist ihm deshalb nicht möglich, sich gegen alternative technische Spezifikationen oder revolutionäre Technologien in Form von Forschungs- und Entwicklungskooperationen zu immunisieren.

620 Vgl. Art. 81 Abs. 3 EGV.
621 Leitlinien zu Vereinbarungen über horizontale Zusammenarbeit, Rz. 68f.
622 Leitlinien zu Vereinbarungen über horizontale Zusammenarbeit, Rz. 70.
623 Leitlinien zu Vereinbarungen über horizontale Zusammenarbeit, Rz. 71.

ff. Vereinbarungen über Normen

Ein weiterer Fall horizontaler Vereinbarungen sind Vereinbarungen über Normen bzw. technische Standards. Derartige Vereinbarungen stellen nach den Auslegung der Kommission dann keine Wettbewerbsbeschränkungen dar, wenn sie rechtlich unverbindlich, für alle zugänglich und transparent oder Ergebnis einer Vereinbarung zur Sicherstellung von Kompatibilität sind.[624] Hierunter fallen in aller Regel die Normen anerkannter Organisationen, die auf nicht diskriminierenden, offenen und transparenten Verfahren beruhen.[625] Nicht die Qualität einer Wettbewerbsbeschränkung erreichen ferner Normen über unbedeutende Produkteigenschaften.[626]

Normen, die hingegen den Ausschluß von Wettbewerbern bezwecken, werden fast immer eine Wettbewerbsbeschränkung darstellen.[627] Normen privater Konsortien können in den Anwendungsbereich des Art. 81 Abs. 1 EGV fallen, sofern sie den Vertragsparteien die gemeinsame Kontrolle über Produkte, die Produktion oder Innovation gewährleisten, so dass die Fähigkeit der Partner beschränkt wird, bei den Produktmerkmalen zu konkurrieren und dies zu Lasten Dritter, insbesondere von Lieferanten oder Käufern der normierten Erzeugnisse, geht.[628] Je geringer die Möglichkeit der Beteiligten, alternative Normen oder Produkte zu entwickeln, desto eher liegt eine Wettbewerbsbeschränkung vor.[629] Marktmacht oder hohe Marktanteile der beteiligten Unternehmen sind nicht zwangsläufig Indikator für eine Wettbewerbsbeschränkung. Viel eher werfen solche Normen Bedenken auf, die Dritten nicht zugänglich sind, so dass sie benachteiligt werden oder aber Märkte abgeschottet werden. Die Möglichkeit, Zugangsschranken zu überwinden, ist deshalb ein wichtiges Kriterium, um zu beurteilen, ob eine Norm eine Wettbewerbsbeschränkung darstellt.[630]

Sofern die Vereinbarung eines technischen Standards eine Wettbewerbsbeschränkung darstellt, stellt sich die Frage, unter welchen Voraussetzungen eine Freistellung in Betracht kommt. Eine Gruppenfreistellungsverordnung gibt es in diesem Bereich nicht. Grundsätzlich hat nach Auffassung der Kommission eine Norm nur dann einen Nutzen, wenn die für ihre Anwendung erforderlichen Informationen den potentiellen Marktzugängern offen stehen.[631] Ferner muss ein erheblicher Anteil des Wirtschaftszweiges auf transparente Weise in die Normsetzung mit einbezogen sein.[632] Sofern Beschränkungen bei der Festsetzung, der Verwendung von oder beim Zugang zu Normen bestehen, ist ihr wirtschaftlicher Nutzen von den

624 Leitlinien zu Vereinbarungen über horizontale Zusammenarbeit, Rz. 163.
625 Leitlinien zu Vereinbarungen über horizontale Zusammenarbeit, Rz. 163.
626 Leitlinien zu Vereinbarungen über horizontale Zusammenarbeit, Rz. 164.
627 Leitlinien zu Vereinbarungen über horizontale Zusammenarbeit, Rz. 165.
628 Leitlinien zu Vereinbarungen über horizontale Zusammenarbeit, Rz. 166.
629 Leitlinien zu Vereinbarungen über horizontale Zusammenarbeit, Rz. 167.
630 Leitlinien zu Vereinbarungen über horizontale Zusammenarbeit, Rz. 168.
631 Leitlinien zu Vereinbarungen über horizontale Zusammenarbeit, Rz. 169.
632 Leitlinien zu Vereinbarungen über horizontale Zusammenarbeit, Rz. 169.

Vertragsparteien nachzuweisen.[633] Ferner dürfen Normen die Innovation nicht einschränken. Die Vertragsparteien müssen nachweisen, dass die gemeinsame Normung für den Verbraucher leistungssteigernd ist, insbesondere, wenn eine neue Norm dazu führt, dass bestehende Erzeugnisse überholt sind und keine konkreten zusätzlichen Vorteile entstehen.[634]

Das Kriterium der Unerlässlichkeit ist erfüllt, wenn es zum Vorteil von Wirtschaft und Verbrauchern ist, nur eine einzige Norm zu haben.[635] Ferner muss die Norm jedoch auf nicht diskriminierender Grundlage gesetzt werden und technisch neutral sein. Bei der Wahl zwischen unterschiedlichen Festlegungen muss es nachvollziehbar sein, warum einer bestimmten Spezifikation der Vorzug gegeben wurde.[636] Grundsätzlich soll im Rahmen der Normung allen Wettbewerbern auf dem relevanten Markt die Möglichkeit gegeben werden, an der Diskussion teilzunehmen.[637] Eine Ausnahme kann nur gemacht werden, wenn dadurch erhebliche Leistungsverluste entstehen oder anerkannte Verfahren für die kollektive Interessenvertretung vorgesehen sind.[638] Normungsvereinbarungen sollten sich schließlich auf die Setzung der Norm beschränken und die Setzung der Norm von deren Entwicklung und gewerblicher Nutzung trennen.[639] Sie sollten sich auf die wirklich notwendigen Festlegungen beschränken.[640]

Schließlich darf kein Wettbewerb ausgeschlossen werden. Sofern eine Gruppe von Unternehmen gemeinsam marktbeherrschend ist, ist sicherzustellen, dass eine von ihnen beschlossene Norm möglichst allen offen steht und auf nicht diskriminierende Weise angewandt wird.[641] Der Zugang zur Norm muss Dritten zu gerechten, vernünftigen und nicht diskriminierenden Bedingungen offen stehen.[642] Insbesondere die Aufnahme gewerblicher Schutzrechte kann zu einem Ausschluß von Dritten führen, der eine Freistellung verhindert.[643]

Im Ergebnis führen diese Anforderungen der europäischen Kommission dazu, dass geschützte technische Normen nur zulässig sind, wenn die Aufnahme der geschützten Technologie in die Norm zwingend geboten ist, d. h. eine derartige Norm überhaupt notwendig ist und darüber hinaus die Festlegung derjenigen Spezifikation, die nur unter Zuhilfenahme eines gewerblichen Schutzrechts durchführbar ist, anderen technischen Möglichkeiten überlegen ist. Da ein technischer Standard Dritten zu gerechten, vernünftigen und nicht diskriminierenden Bedin-

633 Hinsichtlich der Zulässigkeit einer Zugangsbeschränkung zum Normungsgremium siehe insbesondere die Entscheidung der EG-Kommission vom 15. Dezember 1986 87/69/EEC, Dok. Nr. 31987D0069 – X/Open Group, in der die Kommission eine Beschränkung der Teilnahmemöglichkeit für vier Jahre erlaubt.
634 Leitlinien zu Vereinbarungen über horizontale Zusammenarbeit, Rz. 170.
635 Leitlinien zu Vereinbarungen über horizontale Zusammenarbeit, Rz. 171.
636 Leitlinien zu Vereinbarungen über horizontale Zusammenarbeit, Rz. 171.
637 Leitlinien zu Vereinbarungen über horizontale Zusammenarbeit, Rz. 172.
638 Leitlinien zu Vereinbarungen über horizontale Zusammenarbeit, Rz. 172.
639 Leitlinien zu Vereinbarungen über horizontale Zusammenarbeit, Rz. 173.
640 Leitlinien zu Vereinbarungen über horizontale Zusammenarbeit, Rz. 173.
641 Leitlinien zu Vereinbarungen über horizontale Zusammenarbeit, Rz. 174.
642 Leitlinien zu Vereinbarungen über horizontale Zusammenarbeit, Rz. 174.
643 Leitlinien zu Vereinbarungen über horizontale Zusammenarbeit, Rz. 175.

gungen offen stehen muss, folgt daraus fast zwangsläufig, dass auch der Zugang zu essentiellen gewerblichen Schutzrechten derjenigen Parteien, die die Norm beschließen, jedermann zu gerechten, vernünftigen und nicht diskriminierenden Bedingungen gewährt werden muss.[644] Dies bedeutet grundsätzlich, dass jedem interessierten Dritten eine Lizenz zu gewähren ist. Allein wirtschaftliche Gründe können geltend gemacht werden, um den Zugang zu einem Standard zu versagen oder zu beschränken. Unklar ist nach den Leitlinien der europäischen Kommission, ob bereits die Existenz eines gewerblichen Schutzrechts als ein solch wirtschaftlicher Grund angesehen werden kann. Dagegen spricht jedoch, dass die Kommission in der Aufnahme von Urheberrechten in einen faktischen Standard häufig die Gefahr des Ausschlusses von Wettbewerb sieht, so dass insofern eine Freistellung nicht in Betracht kommt. Rechtfertigen lässt sich demnach allenfalls die Existenz von Lizenzgebühren, da ein Schutzrechtsinhaber nur so einen angemessen Erfinderlohn erlangen kann und das Schutzrecht deshalb nur auf diese Weise seine Anreizwirkung entfalten kann.[645]

gg. Technologietransfer

i. Defintion

Ein Unternehmen, das ein für einen technischen Standard essentielles gewerbliches Schutzrecht hat, kann ferner sein geschütztes Wissen an Hersteller lizenzieren, die mit Hilfe dieser Information Güter erzeugen und verkaufen. Derartige Vereinbarungen, deren Zweck die Nutzung geschützten Wissens im Herstellungsprozess durch Dritte ist, werden als Technologietransfervereinbarungen bezeichnet.

Auch für diese Vereinbarungen gilt, dass sie zunächst die Spürbarkeitsgrenze überschreiten müssen, also die beteiligten Unternehmen gewisse Marktanteile besitzen müssen. Relevant sind dabei einmal die Marktanteile auf den Produkt- und Dienstleistungsmärkten derjenigen Produkte, die infolge des Technologietransfers hergestellt werden.[646] Dabei kann es sich um Zwischen- oder Endprodukte handeln.[647] Weiterhin ist jedoch auch die Stellung der Vertragsparteien auf den Technologiemärkten wichtig.[648] Diese Technologiemärkte bestehen aus der lizenzierten Technologie und ihren Substituten, d.h. anderen Technologien, die von Lizenznehmern aufgrund ihrer Eigenschaften, ihrer Lizenzgebühren und ihres Verwendungszwecks mit der lizenzierten Technologie als austauschbar oder substituierbar angesehen werden.[649] Sofern eine bestimmte Technologie zwingend notwendig für die Anwendung eines etablierten

644 Wie schon bei vertraglich vereinbarten oder satzungsmäßig festgelegten RAND-Bedingungen ist auch der Inhalt der kartellrechtlichen Vorgaben relativ vage.

645 Siehe auch Brenning; Competition & Intellectual Property Policy Implications of Late or No IPR Disclosure in Collective Standard-Setting, mit dem Hinweis, dass bei geschützten Standards kartellrechtlich allein einen RAND-Lizenz zu erreichen sei.

646 Siehe GVO-TT Art. 3 (3); Leitlinien für Technologietransfervereinbarungen Rz. 69.

647 Leitlinien für Technologietransfervereinbarungen Rz. 20.

648 Leitlinien für Technologietransfervereinbarungen Rz. 70.

649 Leitlinien für Technologietransfervereinbarungen Rz. 22.

technischen Standards ist, wird es häufig für diesen Verwendungszweck, nämlich die Anwendung eines etablierten technischen Standards, keine starken Substitute geben, so dass der Inhaber eines geschützten technischen Standards häufig sehr große Marktanteile haben wird. Auch im Bereich der Technologietransfervereinbarungen betrachtet die Kommission den Einfluss einer Vereinbarung auf den Innovationswettbewerb.[650] Es gelten hier dieselben Grundsätze wie bei Forschungs- und Entwicklungsvereinbarungen.[651]

Grundsätzlich gibt es auch im Bereich des Technologietransfers eine Gruppenfreistellungsverordnung. Diese Freistellungsverordnung setzt jedoch bestimmte Marktanteilsgrenzen voraus, die die Vertragsparteien nicht überschreiten dürfen. Diese liegen für konkurrierende Unternehmen bei 20%, für nicht konkurrierenden Unternehmen bei 30%.[652] Im Fall geschützter technischer Standards werden diese Marktanteilsschwellen in aller Regel überschritten sein, so dass es auf die allgemeinen Anforderungen des Art. 81 Abs. 1, 3 EGV darauf ankommt, ob eine Technologietransfervereinbarung zulässig ist.

ii. Kernbeschränkungen

Wie schon bei der GVO zur Forschung und Entwicklung gilt, dass die Vereinbarung von Kernbeschränkungen der GVO-TT zumeist zugleich eine Wettbewerbsbeschränkung gemäß Art. 81 Abs. 1 EGV darstellt[653] und in Ausnahmefällen nach Art. 81 Abs. 3 EGV freigestellt werden können.[654] Diese Kernbeschränkungen sind Preisbindungen,[655] Outputbeschränkungen des Lizenzgebers[656] sowie die Aufteilung von Kunden und Märkten.[657] Bei letzteren sind jedoch keine Kernbeschränkungen exklusive Herstellungslizenzen,[658] exklusive Verkaufslizenzen,[659] Verträge zum sogenannten Second Sourcing[660] und die Beschränkung der Herstellung bloß für den Eigenbedarf.[661] Gibt es mehrere Lizenznehmer, die nicht mit dem Lizenzgeber konkurrieren, sind Verbote von Passivverkäufen in anderen Lizenznehmern zugewiesene Ge-

650 Leitlinien für Technologietransfervereinbarungen Rz. 25.
651 Vgl. Leitlinien für Technologietransfervereinbarungen Rz. 25.
652 Ferner betrifft die GVO-TT nicht alle denkbaren Technologietransfervereinbarungen. Siehe zum Anwendungsbereich Art. 1 Abs. 1 lit. b); ausführlich auch zur Abgrenzung zu anderen GVOs siehe Leitlinien für Technologietransvereinbarungen, Rz. 56ff.
653 Vgl. Schuhmacher/Schmid, GRUR 2006, 1, 10.
654 Leitlinien zu Technologietransfervereinbarungen, Rz. 18, 75.
655 GVO-TT Artikel 4 Abs. 1 lit. a); Artikel 4 Abs. 2 lit. a) mit Ausnahmen im Fall nicht konkurrierender Vertragsparteien.
656 GVO-TT Artikel 4 Abs. 1 lit. b), keine Beschränkungen bei nicht nicht konkurrierenden Vertragsparteien.
657 GVO-TT Artikel 4 Abs. 1 lit. c); Artikel 4 Abs. 2 lit. b) bei nicht konkurrierenden Vertragsparteien nur hinsichtlich Passivverkäufen.
658 GVO-TT Artikel 4 Abs. 1 lit. c) ii)
659 GVO-TT Artikel 4 Abs. 1 lit. c) iv); bei nicht konkurrierenden Vertragsparteien siehe Artikel 4 Abs. 2 lit. b) i).
660 GVO-TT Artikel 4 Abs. 1 lit. c) vii);;bei nicht konkurrierenden Vertragsparteien siehe Artikel 4 Abs. 2 lit. b) iv).
661 GVO-TT Artikel 4 Abs. 1 lit. c) vi); bei nicht konkurrierenden Vertragsparteien siehe Artikel 4 Abs. 2 lit. b) iii).

biete für zwei Jahre zulässig.[662] Einer Vertragspartei auf der Einzelhändlerstufe eines selektiven Betriebssystems dürfen weder aktive noch passive Verkäufe verboten werden.[663] Verboten sind zudem einzelne Verpflichtungen zur exklusiven Rücklizenzierung an den Lizenzgeber,[664] zur Übertragung von Verbesserungserfindungen,[665] zum Nichtangriff auf die Gültigkeit von Schutzrechten[666] und zur Nichtverwertung eigenen Know-hows seitens des Lizenznehmers, wenn die Vertragsparteien konkurrierende Unternehmen sind.[667] Die Aufnahme der zuletzt genannten Verpflichtungen hat jedoch allein die Nichtigkeit der jeweiligen Klausel zur Folge.[668]

Liegt keine Kernbeschränkung vor, dann erachtet die Kommission eine Technologietransfervereinbarung grundsätzlich dann als nicht wettbewerbsbeschränkend, wenn es anstelle der lizenzierten Technologie vier oder mehr von Dritten kontrollierte Technologien gibt, die zu für den Nutzer vergleichbaren Kosten anstelle der lizenzierten Technologie eingesetzt werden können. Diese Technologien müssen eine wirtschaftliche Alternative zu der lizenzierten Technologie darstellen.[669] Im Kontext eines fest etablierten technischen Standards mit hohen Wechselkosten und starken Netzeffekten wird diese Regelung nur in sehr seltenen Fällen zutreffen. Es muss deshalb genau geprüft werden, inwieweit eine Vereinbarung eine Wettbewerbsbeschränkung darstellt. Dazu muss zunächst festrgestellt werden, wie der Wettbewerb auf dem betreffenden Markt funktioniert. Die relevanten Faktoren sind dabei unter anderem die Art der Vereinbarung, die Marktstellung der Parteien, die Marktstellung der Wettbewerber, die Marktstellung der Abnehmer der Vertragsprodukte, Marktzutrittsschranken, und der Reifegrad des Marktes.[670]

Negative Auswirkungen drohen insbesondere in Form einer Verringerung des Technologiewettbewerbs, der Erleichterung expliziter und stillschweigender Absprachen, dem Ausschluß von Wettbewerbern durch Kostensteigerungen oder Zugangsbeschränkungen zu essentiellen Technologien sowie der Verringerung technologieinternen Wettbewerbs.[671] Beschränkt eine Vereinbarung den Wettbewerb, sind im Anschluß daran die wettbewerbsfördernden Aspekte einer solchen Vereinbarung im Rahmen des Art. 81 Abs. 3 EGV zu berücksichtigen.

662 GVO-TT Artikel 4 Abs. 2 lit. b).
663 GVO-TT Artikel 4 Abs. 2 lit. c).
664 GVO-TT Artikel 5 Abs. 1 lit a).
665 GVO-TT Artikel 5 Abs. 1 lit. b).
666 GVO-TT Artikel 5 Abs. 1 lit. c); allerdings darf der Lizenzgeber in solch einem Fall kündigen, siehe GVO-TT Artikel 5 Abs. 1 lit. c); Leitlinien zur Technologietransfervereinbarungen Rz. 113.
667 GVO-TT Artikel 5 Abs. 2.
668 GVO-TT Artikel 5 Abs. 1, 2.
669 Leitlinien zu Technologietransfervereinbarungen Rz. 131.
670 Leitlinien zu Technologietransfervereinbarungen, Rz. 132ff.
671 Leitlinien zu Technologietransfervereinbarungen, Rz. 141ff.

Zunächst sind die effizienzsteigernden Aspekte eines Technologietransfers zu untersuchen, insbesondere Synergieeffekte,[672] die Möglichkeit, unterschiedliche Kompetenzen verschiedener Unternehmen effizienzsteigernd zusammenzubringen,[673] die Senkung von Transaktionskosten[674] oder die Verringerung des Risikos von Verletzungsklagen.[675] Im Rahmen der Unerläßlichkeit wird bewertet, ob es realistische Alternativen zur konkreten beschränkenden Vereinbarung gibt.[676] Zudem müssen die Effizienzgewinne die Nachteile für Verbraucher jedenfalls ausgleichen.[677] Hinsichtlich des Ausschlusses von Wettbewerb ist zu beachten, ob hinreichender Wettbewerbsdruck verbleibt. Hierbei ist Übereinstimmung mit den Vorgaben des Art. 82 EGV anzustreben, so dass alle Verhaltensweisen, die einen Missbrauch einer marktbeherrschenden Stellung darstellen, auch nicht gemäß Art. 81 Abs. 3 EGV freigestellt werden können.[678] Allein die Ausschaltung von Produktwettbewerb bzw. Wettbewerb zwischen einzelnen Technologien verhindert eine Freistellung noch nicht. Wenn insbesondere infolge von Netzeffekten eine Tendenz zu einer Standardisierung festzustellen ist, muss jedoch die Ausgestaltung einer Vereinbarung sicherstellen, dass es zu standardinternem Wettbewerb in Form von Preis-, Qualitäts- oder gar Produktwettbewerbs kommt. Auch dürfen zukünftige Innovationen nicht über Gebühr behindert werden.[679] Nachfolgend soll für eine ganze Reihe in Technologietransferverträgen vorkommende Abreden die Ansicht der Kommission dargestellt werden.

iii. Unbedenkliche Klauseln

Unbedenklich sind zunächst in aller Regel Vertraulichkeitsvereinbarungen, Unterlizenzierungsverbote, Nutzungsverbote nach Ablauf einer Lizenz, Unterstützungsverpflichtungen bei der Rechtsdurchsetzung, Mindestvergütungen oder die Verpflichtung zur Herstellung von Mindestmengen sowie Regelungen über die Verwendung von Marken oder Namen des Lizenzgebers auf Produkten.[680]

iv. Lizenzgebührenregelungen

Lizenzgebührenregelungen sind unzulässig, wenn sie Preisfestsetzungen erleichtern.[681] Dies kann der Fall sein, wenn kein wirkliches Bedürfnis von Lizenzen für die Herstellung von Vertragsprodukten besteht oder die Lizenzgebühren im Verhältnis zu anderen Lizenzen auf dem Markt unverhältnismäßig hoch sind und erheblichen Einfluss auf die Marktpreise haben.[682]

672 Leitlinien zu Technologietransfervereinbarungen Rz. 148.
673 Leitlinien zu Technologietransfervereinbarungen, Rz. 148f.
674 Leitlinien zu Technologietransfervereinbarungen, Rz. 148.
675 Leitlinien zu Technologietransfervereinbarungen Rz. 148.
676 Leitlinien zu Technologietransfervereinbarungen Rz. 149.
677 Leitlinien zu Technologietransfervereinbarungen Rz. 150.
678 Leitlinien zu Technologietransfervereinbarungen Rz. 151.
679 Leitlinien zu Technologietransfervereinbarungen Rz. 152.
680 Leitlinien zu Technologietransfervereinbarungen Rz. 155.
681 Leitlinien zu Technologietransfervereinbarungen Rz. 157.
682 Leitlinien zu Technologietransfervereinbarungen Rz. 158.

Unzulässig ist auch, wenn Lizenzgebühren auf Produkte verlangt werden, die mit fremder Technologie hergestellt werden.[683] Dem Lizenzgeber wird insofern in gewissem Rahmen verboten, sich aufgrund seiner Verhandlungsmacht die Wettbewerbsvorteile seiner Lizenznehmer anzueignen. Das Verbot unverhältnismäßig hoher Lizenzgebühren wirkt wie eine Lizenzgebührenobergrenze.

v. Exklusive Herstellungslizenzen

Exklusivlizenzen sind Vereinbarungen, bei denen der Lizenzgeber dem Lizenznehmer verspricht, für ein bestimmtes Lizenzgebiet oder eine bestimmte Kundengruppe keine weiteren Lizenzen zu erteilen. Gegenseitige exklusive Lizenzierung zweier Wettbewerber mit konkurrierenden Technologien, deren gemeinsamer Marktanteil oberhalb der Marktanteilsgrenze von 20% der GVO-TT liegt, führt zu einer erheblichen Monopolisierungsgefahr und ist deshalb untersagt. Bei nicht wechselseitiger Exklusivlizenzierung ist maßgebend, ob der ausscheidende Lizenzgeber eine wichtige Rolle für den Wettbewerb gespielt hat.[684] Sofern es sich um Exklusivlizenzen zwischen Nichtwettbewerbern handelt, sind die Voraussetzungen des Art. 81 Abs. 3 EGV in aller Regel erfüllt.[685] Eine Ausnahme besteht allerdings, sofern ein marktbeherrschender Lizenznehmer eine Exklusivlizenz für eine oder mehrere konkurrierende Technologien erwirbt und dadurch Produktwettbewerb ausschließt.[686] Schließen mehrere Parteien jedoch einen Vertrag, der die Nichtlizenzierung an Dritte vorsieht, und wird ihre Technologie zu einem Industriestandard, kann die Wettbewerbswidrigkeit in Folge der Marktabschottungswirkung der Vereinbarung nur dadurch beseitigt werden, dass auch Dritten Lizenzen zu gerechten, vernünftigen und nicht-diskriminierenden Bedingungen erteilt werden.[687] Im Fall eines für einen technischen Standard essentiellen gewerblichen Schutzrechts scheiden exklusive Herstellungslizenzen deshalb grundsätzlich unabhängig davon, ob sie zwischen Wettbewerbern oder Nichtwettbewerbern geschlossen werden, aus.

vi. Verkaufsbeschränkungen

Verkaufsbeschränkungen in wechselseitigen Verträgen zwischen Wettbewerbern werden ebenfalls nur in extremen Ausnahmefällen freigestellt.[688] Auch bei nicht wechselseitigen Lizenzen ist Art. 81 Abs. 1 EGV betroffen. Eine Rechtfertigung kommt nur für das Verbot von Aktivverkäufen nach Art. 81 Abs. 3 EGV und nur dann in Betracht, wenn die Regelung notwendig ist, um den Lizenzgeber oder Lizenznehmer überhaupt zur Lizenzierung zu bewegen

683 Leitlinien zu Technologietransfervereinbarungen Rz. 160.
684 Leitlinien zu Technologietransfervereinbarungen Rz. 164.
685 Kritisch hierzu Ullrich/Heinemann in Immenga-Mestmäcker, Band 1, Teilband 2, IV. B. Rn. 28; zur Rechtsprechung des EuGH zu Exklusivlizenzen siehe EuGH v. 08.06.1982, Rs. 258/78, Slg. 1982, 2015 Rn. 56ff. - Nungesser.
686 Leitlinien zu Technologietransfervereinbarungen Rz. 165f.
687 Leitlinien zu Technologietransfervereinbarungen Rz. 167.
688 Leitlinien zu Technologietransfervereinbarungen Rz. 169.

oder um notwendige Anreize für die Markterschließung zu setzen.[689] Verkaufsbeschränkungen zwischen Nichtwettbewerbern sind dann unbedenklich, wenn ansonsten überhaupt keine Lizenz erteilt worden wäre.[690] Beschränkungen für den Lizenzgeber sind nicht freistellungsfähig, wenn es keine echte Alternative zur Technologie des Lizenzgebers gibt.[691] Dies bedeutet für den Inhaber eines für die Anwendung eines fest etablierten technischen Standards grundsätzlich ein Verbot einer vertraglichen Selbstbeschränkung.

vii. Outputbeschränkungen

Auch bei Outputbeschränkungen können wettbewerbsbeschränkende Wirkungen eintreten. Wie bei vielen anderen Beschränkungen wird auch insoweit zwischen Beschränkungen zwischen Wettbewerbern und Nichtwettbewerbern, in wechselseitigen Lizenzen und nicht wechselseitigen Lizenzen und zu Lasten des Lizenzgebers oder des Lizenznehmers unterschieden. Outputbeschränkungen zwischen Wettbewerbern in wechselseitigen Lizenzverträgen können dabei den Wettbewerb beschränken, wenn die Parteien über erhebliche Marktmacht verfügen. Sie sind nur dann nach Art. 81 Abs. 3 EGV freigestellt, wenn der Lizenzgeber allein bei Vereinbarung einer Outputbeschränkung dazu gebracht werden kann, überhaupt zu lizenzieren.[692] Je größer die Marktmacht der beteiligten Unternehmen ist, desto geringer ist jedoch die Wahrscheinlichkeit einer Freistellung.[693]

Bei Outputbeschränkungen zwischen Nichtwettbewerbern wird der technologieinterne Wettbewerb zwischen den Lizenznehmern beschränkt. Auch hier kommt es auf die Marktstellung von Lizenzgeber, Lizenznehmer und die Größe der Nachfrage an. Grundsätzlich geht die Kommission jedoch davon aus, dass der Lizenzgeber die Möglichkeit haben soll zu bestimmen, wie viel die Lizenznehmer mit der lizenzierten Technologie produzieren. Zu prüfen ist jedoch immer, ob es nicht weniger beschränkende Abreden, beispielsweise Verkaufsbeschränkungen, gibt.[694]

viii. Nutzungsbeschränkungen

Nutzungsbeschränkungen sind grundsätzlich unbeachtlich, sofern sie nicht zu einer Aufteilung von Märkten führen. Dies können beispielsweise asymmetrische Nutzungsbeschränkungen zwischen Wettbewerbern sein, in denen sich jeder Wettbewerber einen Anwendungsbereich herauspickt.[695] Problematisch können sie auch sein, wenn durch Nutzungsbeschränkungen vorhandene Alternativnutzungen für eine Technologie seitens des vertragsschließenden

689 Leitlinien zu Technologietransfervereinbarungen Rz. 171.
690 Leitlinien zu Technologietransfervereinbarungen Rz. 172.
691 Leitlinien zu Technologietransfervereinbarungen Rz. 173.
692 Leitlinien zu Technologietransfervereinbarungen Rz. 175.
693 Leitlinien zu Technologietransfervereinbarungen Rz. 175.
694 Leitlinien zu Technologietransfervereinbarungen Rz. 176ff.
695 Leitlinien zu Technologietransfervereinbarungen Rz. 183.

Unternehmens aufgegeben werden.[696] Schließlich sind Nutzungsbeschränkungen, wenn sie dieselben Auswirkungen wie Exklusiv- oder Alleinlizenzen haben, nach den für diese Abreden geltenden Grundsätzen zu beurteilen.[697]

ix. Produktion für den Eigenbedarf

Die Beschränkung der Produktion des Lizenznehmers auf den Eigenbedarf ist ebenfalls unter bestimmten Voraussetzungen bedenklich. Dies ist einmal der Fall, wenn der Wettbewerber und Lizenznehmer infolge der Vereinbarung seine konkurrierende Produktion auf die Vertragsprodukte umstellt und die alte Produktion aufgibt.[698] Letzteres ist insbesondere problematisch, wenn der Lizenzgeber über erhebliche Marktmacht verfügt.[699] Bei Vereinbarungen zwischen Nichtwettbewerbern droht eine Beschränkung des technologieinternen Wettbewerbs sowie ein Ausschluß der Arbitrage bei Ersatzteilen. Sofern der Lizenzgeber selbst Zulieferer ist, können Beschränkungen gerechtfertigt sein. Allerdings darf dem Lizenznehmer nicht untersagt werden, Ersatzteile für seine hergestellten Produkte zu produzieren und an unabhängige Reparaturdienstleister zu verkaufen. Sofern der Lizenzgeber selbst kein Zulieferer ist, wird eine Beschränkung auf den Eigenbedarf selten erforderlich sein.[700]

x. Koppelungsvereinbarungen und Paketlizenzen

Koppelungsvereinbarungen und Paketlizenzen sind dann unzulässig, wenn der Lizenzgeber auf dem Markt für das Koppelungsprodukt über eine hinreichend starke Stellung verfügt und dadurch den Wettbewerb beim gekoppelten Produkt einschränken kann.[701] Dies ist grundsätzlich beim Inhaber eines geschützten technischen Standards der Fall. Darüber hinaus muss aber auch die Kopplung einen bestimmten Anteil auf dem Markt des gekoppelten Produkts abdecken.[702] Nur dann drohen Abschottungseffekte. Ferner darf die Koppelung nicht gerechtfertigt sein, beispielsweise durch Effizienzgewinne oder Vorteile bei der Qualität oder technischer Art beim Zusammenwirken der gekoppelten Produkte.[703]

xi. Konkurrenzverbote

Konkurrenzverbote können dazu führen, dass alternative Technologien vom Markt ferngehalten werden. Wenn wie im Fall eines geschützten technischen Standards der Lizenzgeber über erhebliche Marktmacht verfügt, drohen erhebliche Marktabschottungseffekte. Dies gilt insbesondere, wenn der Lizenzgegenstand vom Lizenznehmer selbst benötigt wird. Sofern jedoch der Lizenzgegenstand lediglich ein Input in ein weiteres Produkt ist, dass dann Endverbrau-

696 Leitlinien zu Technologietransfervereinbarungen Rz. 183.
697 Leitlinien zu Technologietransfervereinbarungen Rz. 185.
698 Leitlinien zu Technologietransfervereinbarungen Rz. 187.
699 Leitlinien zu Technologietransfervereinbarungen Rz. 187.
700 Leitlinien zu Technologietransfervereinbarungen Rz. 188ff.
701 Leitlinien zu Technologietransfervereinbarungen, Rz. 193.
702 Leitlinien zu Technologietransfervereinbarungen, Rz. 193.
703 Leitlinien zu Technologietransfervereinbarungen Rz. 194f.

cher kaufen, ist die Sorge sehr viel begrenzter, da Inhaber alternativer Technologien häufig hinreichende Möglichkeiten haben, Lizenznehmer mit Herstellungskapazitäten zu finden, die nicht vertraglich an ein Wettbewerbsverbot gebunden sind.[704] Die Kommission räumt allerdings ein, dass dies anders zu beurteilen sein kann, wenn es nur wenige Lizenznehmer mit entsprechenden Produktionskapazitäten gibt. Dies kann ebenfalls der Fall sein, wenn ein technischer Standard so weit verbreitet ist, dass die überwiegende Anzahl an potentiellen Lizenznehmern mit entsprechenden Produktionskapazitäten an den Inhaber des geschützten Standards gebunden ist.[705]

Eine Freistellung von Konkurrenzverboten kommt ferner in Betracht, wenn der Schutzrechtsinhaber rechtfertigende Gründe, wie die drohende unrechtmäßige Nutzung der lizenzierten Technologie[706] oder aber hohe Investitionen in die lizenzierte Technologie für den Lizenznehmer,[707] geltend machen kann. Entsprechendes gilt, wenn der Lizenzgeber zu erheblichen kundenspezifischen Investitionen verpflichtet ist.[708]

xii. Nichtangriffsverpflichtungen und Lizenzentzug

Grundsätzlich verboten sind schließlich nach europäischem Kartellrecht Nichtangriffsverpflichtungen. Allerdings gestattet das Kartellrecht Schutzrechtsinhabern grundsätzlich, auf einen Angriff auf die Gültigkeit des Schutzrechts mit einem Lizenzentzug zu reagieren.[709] Ob dies auch im Fall eines für einen technischen Standard essentiellen gewerblichen Schutzrechts gelten kann, ist insofern zweifelhaft, als dem Angreifer damit jede Möglichkeit genommen wird, standardkonforme Produkte herzustellen und zu vertreiben. Im schlimmsten Fall kann dies bedeuten, dass der Lizenzentzug faktisch zum Erliegen des Geschäfts oder wesentlicher Geschäftsbereiche des Angreifers führen kann. Entscheidungen zu solchen Fällen sind nicht bekannt. Jedenfalls im Bereich des Art. 82 EGV hat der EuGH entschieden, dass der Abbruch von Geschäftsbeziehungen ohne sachlichen Grund einen Kartellrechtsverstoß darstellen kann.[710] Es ließe sich sicherlich diskutieren, ob diese Rechtsprechung nicht entsprechend auf das Lizenzkartellrecht übertragen werden kann. Ansonsten könnte sich ein Schutzrechtsinhaber aufgrund seiner Marktmacht gegen Verletzungsklagen faktisch immunisieren. Gerade aufgrund der häufig starken Stellung des Schutzrechtsinhabers erscheint es sinnvoll, Mechanismen vorzusehen, mit Hilfe derer geprüft werden kann, ob das Schutzrecht zu Recht gewährt wurde.

704 Leitlinien zu Technologietransfervereinbarungen Rz. 199f.
705 Leitlinien zu Technologietransfervereinbarungen Rz. 200.
706 Leitlinien zu Technologietransfervereinbarungen Rz. 201.
707 Leitlinien zu Technologietransfervereinbarungen Rz. 202.
708 Leitlinien zu Technologietransfervereinbarungen Rz. 203.
709 GVO-TT Artikel 5 (1)c).
710 EuGH, Rs. 27/76, Slg. 1978, 207 - United Brands, Rn. 182f.

hh. Technologiepools

Eine besondere Art von Technologietransfervereinbarungen sind schließlich sog. Technologiepools. Technologiepools sind Vereinbarungen, mit denen Inhaber unterschiedlicher gewerblicher Schutzrechte ihre Rechte bündeln und gemeinsam lizenzieren. Sie beruhen darauf, dass ein Hersteller eines technischen Produkts häufig nicht nur ein einziges, sondern eine Vielzahl technischer Schutzrechte unterschiedlicher Schutzrechtsinhaber benötigt. Dies bedeutet erhebliche Transaktionskosten. Ferner besitzt jeder Schutzrechtsinhaber eine Monopolstellung. Die Kombination monopolisierter Inputprodukte führt zu einem insgesamt höheren Preis für die Inputs als wenn diese gebündelt angeboten werden, da jeder einzelne Monopolist die Auswirkungen auf die anderen Monopolisten bei seiner Preisfindung unberücksichtigt lässt. Ein gebündeltes Angebot kann daher zu einer weiteren Verbreitung der Technologie und einem günstigeren Preis für die Inputs führen. Die Poolingvereinbarung zwischen den Schutzrechtsinhabern ebenso wie die einzelnen Verträge des Pools mit Lizenznehmern unterliegen dabei den Anforderungen des Art. 81 Abs. 1 EGV, wobei die von einem Pool mit Nachfragern abgeschlossenen Lizenzverträge gemäß den Regelungen über Technologietransfer zu behandeln sind.

Poolingvereinbarungen können den Wettbewerb dadurch beeinträchtigen, dass in ihnen unterschiedliche Technologien gebündelt und damit gekoppelt werden. Dies kann bestehende und zukünftige alternative technische Lösungen beeinträchtigen. Ferner entstehen Marktabschottungseffekte, wenn ein Lizenznehmer nur einen Teil der gebündelten Technologie benötigt, jedoch alle zu einem höheren Preis lizenzieren muss, als er für eine Einzellizenz bezahlen müsste.

Um diesen Gefahren zu begegnen wird zwischen sich ergänzenden und substituierbaren, wesentlichen und nicht wesentlichen Technologien unterschieden. Substituierbare Technologien bestehen dann, wenn beide benutzt werden können, um ein bestimmtes technisches Resultat zu erzielen.[711] Ergänzende Technologien sind solche, die zusammen benutzt werden müssen, um ein Produkt herzustellen oder ein Verfahren anzuwenden.[712] Wesentliche Technologien bestehen, wenn es für eine Technologie kein Substitut gibt und diese Technologie unerlässlich ist, um ein bestimmte Produkt herzustellen oder ein Verfahren anzuwenden.[713] Die Beurteilung, ob eine Technologie wesentlich, nicht wesentlich, substituierbar oder ergänzend ist, ist dabei niemals abschließend, da infolge eines ständigen Innovationsprozesses alternative oder neue Technologien entwickelt werden.[714]

---

711 Leitlinien zu Technologietransfervereinbarungen Rz. 215.
712 Leitlinien zu Technologietransfervereinbarungen Rz. 216.
713 Leitlinien zu Technologietransfervereinbarungen Rz. 216.
714 Leitlinien zu Technologietransfervereinbarungen Rz. 222.

Bestehen mehrere Technologien, die Substitute darstellen, kann ihre Zusammenfassung in einem Pool und die anschließende Lizenzierung aus einer Hand dazu führen, dass der Wettbewerb im Bereich der Lizenzierung dieser Technologien eingeschränkt wird. Dementsprechend gilt die Aufnahme von mehreren substituierbaren Technologien in einen Pool als wettbewerbsbeschränkend.[715] Aber auch die Aufnahme nur einer einzigen substituierbaren Technologie in einen Pool ist problematisch, wenn sich im Pool zudem wesentliche Technologien befinden.[716] Durch die gekoppelte Lizenzierung der wesentlichen mit der substituierbaren Technologie können Wettbewerbsnachteile für Lizenzgeber von Konkurrenztechnologien für die substituierbare Technologie entstehen. Befinden sich demgegenüber in ein Technologiepool allein wesentliche Technologien, besteht schon keine wettbewerbsbeschränkende Abrede, da grundsätzlich ein neues Produkt ermöglicht wird.[717]

Werden sich ergänzende Schutzrechte in einen Pool einbezogen, besteht die Gefahr des Ausschlusses von Substituten für die einzelnen ergänzenden Technologien. Es kommt insofern zu kollektiver Kopplung. Besitzt ein solcher Pool eine bedeutende Stellung, dann fällt er in den Anwendungsbereich des Art. 81 Abs. 1 EGV.[718]

Sofern eine Vereinbarung als wettbewerbsbeschränkend zu beurteilen ist, ist sicherzustellen, dass sich in Pools mit wesentlichen Technologien zu jedem Zeitpunkt auch tatsächlich nur wesentliche Technologien befinden und fremde Technologien nicht vom Markt ferngehalten werden.[719] Sofern es sich um Pools mit ergänzenden Technologien handelt, die mit anderen Lösungen im Wettbewerb stehen, kommt es bei der Beurteilung, ob eine Freistellung möglich ist, darauf an, ob die Einbeziehung nicht wesentlicher Technologien in den Pool dem Wettbewerb förderlich ist und ob es den Lizenzgebern freigestellt ist, ihre Lizenzen auch außerhalb des Pools zu vergeben, um Lizenznehmern zu ermöglichen, eine eigene Zusammenstellung von Technologien zu erhalten.[720] Weiterhin ist zu untersuchen, ob es für einzelne Anwendungsbereiche eigene Pakete gibt, so dass ein Lizenznehmer nicht unnötig viele Patente und Know-how lizenzieren muss, oder ob Teile von Paketen erhältlich sind, und wie lange die Laufzeit der Lizenzen ist.[721] Schließlich sollte ein Pool mit einer starken Marktstellung offen sein und Gleichbehandlung gewährleisten.[722] Zu beachten ist schließlich, dass Pools nicht dazu missbraucht werden dürfen, Lizenzgebühren für ungültige Schutzrechte zu erlangen.[723]

---

715 Ein solcher Pool ist auch nicht freistellungsfähig.

716 Leitlinien zu Technologietransfervereinbarungen Rz. 219.

717 Leitlinien zu Technologietransfervereinbarungen Rz. 220; vgl. zur Anwendung Pressemitteilung IP/03/1152.

718 Leitlinien zu Technologietransfervereinbarungen Rz. 221.

719 Leitlinien zu Technologietransfervereinbarungen Rz. 222.

720 Leitlinien zu Technologietransfervereinbarungen Rz. 222; vgl. zur Anwendung Pressemitteilung IP/03/1152.

721 Leitlinien zu Technologietransfervereinbarungen Rz. 222.

722 Leitlinien zu Technologietransfervereinbarungen Rz. 224.

723 Vgl. LG Düsseldorf, Urteil vom 30.11.2006 Az. 4b O 346/05, unter V.2.b)bb)(2) mit dem Hinweis, dass

Grundsätzlich gilt, dass Technologiepools, die einen Industriestandard schaffen, die Lizenzgebühren und den Anteil der einzelnen Technologien an den Lizenzgebühren in der Regel nach eigenem Gutdünken festlegen können, und zwar sowohl vor als auch nach der Festlegung eines Standards.[724] Dabei scheint die Kommission jedoch die Festlegung vor Entscheidung über einen Standard zu bevorzugen, da dann Hold-up-Probleme mit Inhabern wesentlicher Schutzrechte vermieden werden können.[725] Zudem wirkt es positiv, wenn die Auswahl der in einen Pool aufzunehmenden Technologien einem unabhängigen Sachverständigen überlassen wird.[726] Entscheidet ein Sachverständigengremium nicht selbständig über die Zulässigkeit einzelner Schutzrechte im Pool, sollte jedenfalls Sachverständigenrat bei der eigenen Entscheidung eingeholt werden.[727]

Besitzt ein Pool eine marktbeherrschende Stellung, so sind die Lizenzgebühren und die Lizenzbedingungen in fairer und nicht diskriminierender Weise festzulegen.[728] Exklusivlizenzen sollen nicht vergeben werden.[729] Differenziert werden darf jedoch bei den Lizenzgebühren nach unterschiedlichen Verwendungszwecken der zu lizenzierenden Technologie, insbesondere wenn unterschiedliche Produktmärkte bedient werden.[730] Lizenznehmer und -geber dürfen nicht daran gehindert werden, alternative Technologien zu benutzen oder zu entwickeln. Wettbewerbsverbote werden deshalb weitgehend ausgeschlossen.[731] Ebenso sind exklusive Rücklizenzen verboten. Rücklizenzierung wesentlicher oder wichtiger Technologien und die Aufnahme von Weiterentwicklungen in den Pool ist hingegen nicht verboten.[732] Ferner darf ein Angriff auf ein in einem Pool enthaltenes Schutzrechts nicht durch eine Beendigung der Lizenzierung anderer Schutzrechte abgewehrt werden.[733]

Schließlich gibt die Kommission noch Hinweise hinsichtlich der Organisation von Technologiepools. Diese sollte nach Möglichkeit allen interessierten Parteien offenstehen.[734] Die Leitungsgremien sollen möglichst pluralistisch besetzt sein, damit sie keine nur einer Interessen-

nicht bereits vereinzelt ungültige Patente für einen Kartellrechtsverstoß genügen, sondern erst, wenn dies wiederholt und systematisch der Fall ist.

724 Leitlinien zu Technologietransfervereinbarungen Rz. 225.

725 Leitlinien zu Technologietransfervereinbarungen Rz. 225.

726 Leitlinien zu Technologietransfervereinbarungen Rz. 225; vgl. zur Anwendung Pressemitteilung IP/03/1152.

727 Leitlinien zu Technologietransfervereinbarungen Rz. 232.

728 Leitlinien zu Technologietransfervereinbarungen Rz. 226; in diesen Zusammenhang fällt sicherlich auch das Verfahren der EG-Kommission *Salora v. IGR Stereo Television*, zitiert unter http://ec.europa.eu/comm/competition/speeches/text/sp1996_0541_en.html. In diesem Verfahren hatten die deutschen Hersteller von Stereotechnologie für Fernseher ihre Patente in einer eigenen Gesellschaft gepoolt und außenstehenden Dritten nur nach einer gewissen Zeit und mit Mengenbegrenzungen Lizenzen erteilt. Als Reaktion auf das Verfahren hin wurden allgemeine, unbegrenzte Lizenzen erteilt.

729 Leitlinien zu Technologietransfervereinbarungen Rz. 226.

730 Leitlinien zu Technologietransfervereinbarungen Rz. 226.

731 Leitlinien zu Technologietransfervereinbarungen Rz. 227.

732 Leitlinien zu Technologietransfervereinbarungen Rz. 228.

733 Leitlinien zu Technologietransfervereinbarungen Rz. 229.

734 Leitlinien zu Technologietransfervereinbarungen Rz. 231.

gruppe, beispielsweise den Lizenzgebern, dienende Entscheidungen treffen können.[735] Der Austausch von für den Wettbewerb sensiblen Informationen zwischen den Parteien des Pools ist soweit wie möglich zu begrenzen, etwa in Form einer institutionellen Trennung der Lizenzgeber und der Verwaltung des Pools.[736] Zuletzt ist auf die Einrichtung unabhängiger Streitbeilegungsorgane zu achten.[737]

ii. Beschränkungen bei Vertikalvereinbarungen

Die letzte Möglichkeit, wie der Inhaber eines geschützten technischen Standards seine Technologie verwerten kann, besteht darin, dass er selbst standardkonforme Güter produziert und diese dann mit Hilfe von Vertriebshändlern vertreibt. In diesem Fall ist er ein Unternehmen mit Marktmacht bei der Herstellung der standardkonformen Güter. Wettbewerb kann insofern nur dadurch entstehen, dass im Rahmen des Vertriebs unterschiedliche Händler miteinander konkurrieren. Vereinbarungen zwischen dem Schutzrechtsinhaber und den Vertriebshändlern können diesen Wettbewerb zwischen den Händlern beschränken.

Da der Schutzrechtsinhaber an einer für einen technischen Standard essentiellen Technologie in den meisten Fällen einen relativ hohen Marktanteil besitzt, ist zum einen die Spürbarkeitsgrenze des Art. 81 Abs. 1 EGV überschritten. Darüber hinaus fällt eine Vereinbarung auch nicht unter die GVO für Vertikalvereinbarungen, da die dort festgelegte Marktanteilsgrenze von 30% überschritten sein wird. Es ist deshalb eine allgemeine Untersuchung der Vereinbarung nach Art. 81 Abs. 1, 3 EGV durchzuführen. Auch hier stellen die Kernbeschränkungen gemäß der GVO für Vertikalvereinbarungen einen Hinweis darauf dar, was als Wettbewerbsbeschränkung gilt.

Diese Kernbeschränkungen umfassen u.a. Fest- oder Mindestpreisbindungen für den Weiterverkauf.[738] Hinsichtlich Gebiets- und Kundenbeschränkungen sind allein Beschränkungen des aktiven Verkaufs in Gebiete oder an Gruppen von Kunden, die der Lieferant sich selbst vorbehält oder ausschließlich anderen Käufern zugewiesen hat und die dem unmittelbaren Abnehmer auferlegt werden, freigestellt.[739] Ferner kann Großhändlern verboten werden, die Einzelhandelsstufe zu überspringen.[740] Schließlich darf dem Käufer verboten werden, Teile an Unternehmen zu liefern, die damit Geräte oder Produkte herstellen würden, die mit denen des Lieferanten im Wettbewerb stehen.[741] Wettbewerbsverbote, die länger als 5 Jahre dauern, sind verboten.[742]

735 Leitlinien zu Technologietransfervereinbarungen Rz. 231.
736 Leitlinien zu Technologietransfervereinbarungen Rz. 234.
737 Leitlinien zu Technologietransfervereinbarungen Rz. 235.
738 VO für Vertikalvereinbarungen Art. 4 lit. a).
739 VO für Vertikalvereinbarungen Art. 4 lit. b).
740 VO für Vertikalvereinbarungen Art. 4 lit. b).
741 VO für Vertikalvereinbarungen Art. 4 lit. b).
742 VO für Vertikalvereinbarungen Art. 5. lit a).

Im übrigen ist eine Marktanalyse mit Hilfe zahlreicher Kriterien anzustellen, insbesondere der Marktstellung des Lieferanten, der Marktstellung von Wettbewebern, der Marktstellung des Käufers, den bestehenden Marktzutrittsschranken, der Marktreife, der Handelsstufe, der Beschaffenheit des Produkts und sonstiger Faktoren, etwa ob eine Abrede „erzwungen" oder verhandelt wurde.[743]

Hat der Lieferant wie im vorliegenden Fall eine marktbeherrschende Stellung, dann sind zahlreiche Beschränkungen schlichtweg verboten. Dies gilt zunächst für den Markenzwang bzw. Wettbewerbsverbote.[744] Alleinvertriebsvereinbarungen, also die Zuweisung eines bestimmten Gebiets an nur einen einzigen Händler, sind nur zulässig, sofern dadurch echte Effizienzgewinne erwirtschaftet werden, etwa wenn nur eine solche Abrede einen Händler dazu veranlasst, für den Vertrieb notwendige Investition zu tätigen.[745] Dies ist in einem Kontext, in dem das Produkt des Lieferanten bereits als Standard etabliert ist, kaum denkbar, da für dieses Produkt bereits eine Nachfrage bestehen wird. Gleiches gilt für Kundenbeschränkungen,[746] für quantitativen selektiven Vertrieb, also die Begrenzung der Anzahl zugelassener Händler,[747] für Koppelungsbindungen[748] und Preisbindungen.[749] Es ergibt sich deshalb in diesem Kontext, dass der Inhaber eines geschützten technischen Standards nur in sehr seltenen Fällen in der Lage sein wird, den Wettbewerb zwischen unterschiedlichen Händlern der unter Anwendung des Standards hergestellten Ware zu begrenzen.

jj. Zusammenfassung

Fasst man die Ergebnisse der Vorgaben des Art. 81 EGV zusammen, so ergibt sich, dass die Beschränkungen, denen ein Inhaber eines Schutzrechts, das für die Anwendung eines technischen Standards essentiell ist, unterliegt, mit zunehmender Marktmacht steigen. Grundsätzlich gilt, dass das Kartellrecht zum einen verhindert, dass ein Schutzrechtsinhaber sich vertraglich gegen die gesetzlich gesetzten Grenzen gewerblicher Schutzrechte immunisiert. Insofern sind Nichtangriffsverpflichtungen oder exklusive Rücklizenzierungs- bzw. Rückübertragungsverpflichtungen unzulässig. Darüber hinaus wird es dem Schutzrechtsinhaber auch erschwert, den Wettbewerb zwischen Unternehmen auf nachfolgenden Handelsstufen zu begrenzen. In vielen Fällen geschützter technischer Standards ist dem Schutzrechtsinhaber im Grunde nur noch die Lizenzierung seiner Technologie oder der Verkauf seiner auf der Technologie aufbauenden Produkte gestattet. Jede weitergehende Beschränkung des Verkaufs hinsichtlich Gebieten, Preisen oder Mengen ist ihm hingegen untersagt. Allein Nutzungsbeschränkungen sind

743 Leitlinien für Vertikalvereinbarungen Rz. 121ff.
744 Leitlinien für Vertikalvereinbarungen Rz. 141.
745 Leitlinien für Vertikalvereinbarungen Rz. 164.
746 Leitlinien für Vertikalvereinbarungen Rz. 182, wonach hohe Investitionen in die Vermarktung als Rechtfertigung dienen können.
747 Leitlinien für Vertikalvereinbarungen Rz. 187.
748 Leitlinien für Vertikalvereinbarungen Rz. 219f.
749 Leitlinien für Vertikalvereinbarungen Rz.. 227.

noch zulässig. Je größer der Marktanteil eines Inhabers eines essentiellen Schutzrechts wird, desto weniger darf er auch zwischen aktuellen und potentiellen Nachfragern differenzieren. Eine Marktabschottung ist ihm untersagt. Im Ergebnis führt dies dazu, dass der Inhaber eines für die Nutzung eines technischen Standards notwendigen gewerblichen Schutzrechts, wenn er überhaupt lizenziert oder Produkte an Vertriebshändler verkauft, dies zu gerechten und nicht diskriminierenden Bedingungen tun muss. Allein die Entscheidung, ob und für welche Nutzungen seiner Technologie er überhaupt lizenziert, ist grundsätzlich ihm überlassen. Auch diese Entscheidung wird jedoch im Rahmen von Standardisierungsvereinbarungen beschränkt, da eine solche nichtig ist, wenn der Standard nicht jedem Interessierten zu gerechten und nicht diskriminierenden Bedingungen angeboten wird.

c) Mißbrauch einer marktbeherrschenden Stellung

aa. Überblick

Ferner unterliegt ein Schutzrechtsinhaber mit Marktmacht den Grenzen, die ihm Art. 82 EGV setzt, welcher den Mißbrauch einer marktbeherrschenden Stellung regelt. Nach dieser Vorschrift ist die missbräuchliche Ausnutzung einer beherrschenden Stellung auf dem Gemeinsamen Markt oder einem wesentlichen Teil desselben durch ein oder mehrere Unternehmen verboten, soweit sie dazu führen kann, den Handel zwischen den Mitgliedstaaten zu beeinträchtigen. Rechtsfolge bei Verstößen gegen diese Vorschrift sind Sanktionen durch die Kartellbehörden.[750] Ferner kann die Behörde nach Art. 7 Abs. 1 VO 1/2003 Maßnahmen anordnen, durch die die Zuwiderhandlung abgestellt wird. Schließlich gilt auch hier die Schadenersatzpflicht gemäß § 33 GWB.

Zu beachten ist insbesondere, dass ein Kartellrechtsverstoß zu einer Lizenzierungspflicht führen kann. Der Kartelleinwand kann deshalb in einem Patentverfahren vorgetragen werden. Er wird jedoch allein dann berücksichtigt, wenn der potentielle Lizenznehmer zuvor um die Erteilung einer Lizenz zu angemessenen Bedingungen nachgesucht hat. Dies wird in der Regel beinhalten, dass er dem Schutzrechtsinhaber ein Vertragsangebot unterbreitet hat, welches sich sachlich als interessengerecht und damit für den Schutzrechtsinhaber annehmbar erweist.[751]

Voraussetzung für einen Verstoß gegen Art. 82 EGV ist zunächst einmal eine marktbeherrschende Stellung des Schutzrechtsinhabers. Dies setzt dabei zunächst die Definition des räumlich und sachlich relevanten Markts voraus. Dabei erfolgt die Marktabgrenzung wie bei Art. 81 EGV nach dem Bedarfsmarktkonzept. Betrachtet man den Lizenzmarkt ist dabei insbesondere zu prüfen, wie schnell Hersteller oder Nutzer einen technischen Standard ändern können.

750 Siehe VO 1/2003 Art. 23.

751 Zu den Einzelheiten siehe LG Düsseldorf, Urteil vom 30.11.2006 Az. 4b O 346/05 unter V.1.; siehe auch ausführlich Kühnen, Der kartellrechtliche Zwangslizenzeinwand, S. 523ff.

Weiterhin muss der Schutzrechtsinhaber marktbeherrschend sein. Marktbeherrschung besteht dabei nach der ständigen Rechtsprechung des Europäischen Gerichtshofs grundsätzlich dann, wenn das betreffende Unternehmen keinem wesentlichen Wettbewerb ausgesetzt ist, so dass das Unternehmen in der Lage ist, sein Marktverhalten in nennenswertem Umfang unabhängig von seinen Wettbewerbern und Abnehmern zu bestimmen.[752] Dabei geht die Kommission davon aus, dass der Schluss von besonders hohen Marktanteilen, die um die 90% liegen, auf eine beherrschende Stellung grundsätzlich zulässig ist.[753] Marktanteile von 70% bis 80% werden zudem als klares Indiz für eine beherrschende Stellung auf einem Markt angesehen.[754]

Ist ein Unternehmen marktbeherrschend, muss ferner ein Mißbrauch dieser marktbeherrschenden Stellung vorliegen.[755] Darunter versteht der EuGH alle Verhaltensweisen eines Unternehmens in beherrschender Stellung, die die Struktur eines Marktes beeinflussen können, auf dem der Wettbewerb gerade wegen der Anwesenheit des fraglichen Unternehmens bereits geschwächt ist, und die die Aufrechterhaltung des auf dem Markt noch bestehenden Wettbewerbs oder dessen Entwicklung durch die Verwendung von Mitteln behindern, welche von den Mitteln eines normalen Produkt- oder Dienstleistungswettbewerbs auf der Grundlage der Leistungen der Marktbürger abweichen.[756] Die missbräuchlichen Verhaltensweisen lassen sich dabei in Fallgruppen aufteilen, die sich jedoch keinesfalls gegenseitig ausschließen, sondern in vielen Fällen kumulativ anwendbar sind. Diese Fallgruppen sind der Ausbeutungmissbrauch, die Koppelung, die Diskriminierung, die Behinderung, der Marktstrukturmissbrauch, die Schaffung und Beibehaltung von Marktzutrittsschranken, die missbräuchliche Ausnutzung von Eintragungs- und Klagerechten gewerblicher Schutzrechte und die Verweigerung des Zugangs zu wesentlichen Einrichtungen.

bb. Ausbeutungsmissbrauch

Das Verbot des Ausbeutungsmissbrauchs beruht auf Art. 82 S. 2 Buchst. a) EGV, der die unmittelbare oder mittelbare Erzwingung von unangemessenen Verkaufspreisen untersagt. Trotz dieser ausdrücklich im EG-Vertrag vorgesehen Möglichkeit, behördlich und gerichtlich Preise zu kontrollieren, findet eine allgemeine Kontrolle der Preise auch marktbeherrschender Unternehmen mit Ausnahme von neu liberalisierten Märkten nicht statt.[757] Kern des Unrechtsgehalts dieses Verbotes ist, dass das marktbeherrschende Unternehmen Preise gefordert hat, die es bei normalem und hinreichendem Wettbewerb nicht hätte durchsetzen können. Ob dies der Fall ist, richtet sich in der europäischen Praxis grundsätzlich nach der sog. Gewinnbegren-

752 So bereits EuGH, Urteil v. 08.06.1971, Rs. 78/70, Slg. 1971, 487 – Deutsche Grammophon.
753 Siehe EuG, Urteil v. 06.10.1994, Rs. T-83/91, Slg. 1994, II-755 Rn. 121 – Tetra Pak II.
754 Entscheidung der Kommission v. 11.03.1998, ABl. 1998 L 246/1 Rn. 258 – Van den Bergh Foods.
755 Zur Definition siehe EuGH, Urteil vom 13.02.1979, Rs. 85/76, Slg. 1979, 461 Tz. 91 – Hoffmann-LaRoche.
756 Zur Definition siehe EuGH, Urteil vom 13.02.1979, Rs. 85/76, Slg. 1979, 461 Tz. 91 – Hoffmann-LaRoche.
757 So Lübbig in Loewenheim/Meessen/Riesenkampf, Kartellrecht, Bd. 1, Art. 82 Rn. 145.

zungsmethode, also einem Vergleich der Gestehungskosten mit dem Preis für ein Produkt.[758] Diese Methode wird durch die sog. Preisspaltungsmethode ergänzt, wonach erhebliche Preisunterschiede in unterschiedlichen räumlichen Märkten einen überhöhten Preis indizieren.[759] Ein Verstoß gegen Art. 82 EGV liegt jedoch nur dann vor, wenn es zu einem außergewöhnlichen Missverhältnis zwischen Kosten und Preis kommt und sich örtlich unterschiedliche Preise nicht durch unterschiedliche Vermarktungs- oder Transportkosten rechtfertigen lassen. Dabei können Abweichungen in Höhe von 100% noch nicht genügen.[760] 600-prozentige Abweichungen haben ausgereicht.[761] Da das Gemeinschaftsrecht daher grundsätzlich eine Preisobergrenzenkontrolle kennt, könnte auch die Höhe von Lizenzgebühren für Schutzrechte geprüft werden. Eine derartige Kontrolle erscheint jedoch angesichts der seltenen Fälle äußerst unwahrscheinlich.[762]

cc. Kopplungsverbot

Des weiteren kann auch die Koppelung zweier unterschiedlicher Leistungen oder Waren einen Mißbrauch einer marktbeherrschenden Stellung darstellen. Voraussetzung dafür ist jedoch, dass die gekoppelten Leistungen auf zwei sachlich unterschiedlichen Märkten gehandelt werden und die Kopplung weder durch den Sachzusammenhang noch durch den herrschenden Handelsbrauch objektiv gerechtfertigt ist.[763] Rechtfertigungsgründe sind dabei Kostengründe oder Effizienzgründe, wie die Sicherheit, die Funktionsweise oder die Zuverlässigkeit des gesamten Systems gekoppelter Produkte oder die technische Notwendigkeit.[764]

dd. Diskriminierung

i. Rechtsprechung des EuGH

Insbesondere im Zusammenhang mit technischen Standards ist das Diskriminierungsverbot von besonderer Bedeutung. Stellt der geschützte technische Standard eine Schlüsseltechnologie dar, dann hat es der Schutzrechtsinhaber ohne kartellrechtliche Vorgaben in der Hand, wem und zu welchem Preis er seine Technologie lizenziert. Er kann dadurch nicht nur bestimmen, wer im Bereich des technischen Standards tätig ist, sondern er kann darüber hinaus auch die Bedingungen des Wettbewerbs zwischen den Lizenznehmern beeinflussen. Art. 82 S. 2 Buchst. c) EGV verbietet aus diesem Grund die Anwendung unterschiedlicher Bedingungen bei gleichwertigen Leistungen gegenüber Handelspartnern, wenn dadurch der Wettbewerb be-

758 EuGH, Urteil v. 14.02.1978, Rs. C-27/76, Slg. 1978, 207 – United Brands, Tz. 248f.
759 EuGH, Urteil v. 14.02.1978, Rs. C-27/76, Slg. 1978, 207 – United Brands, a.a.O.; auch andere Verfahren, wie das Vergleichsmarktprinzip können anwendbar sein.
760 EuGH, Urteil v. 14.02.1978, Rs. C-27/76, Slg. 1978, 207 – United Brands, Tz. 260f.
761 EuGH Urteil v. 11.11.1986, Rs. C-226/84, Slg. 1986, 3264 Tz. 28 – British Leyland.
762 Auch die EU-Kommission ist sich der Schwierigkeiten einer Preiskontrolle bewusst, siehe Director-General Philip Lowe, DG COMP, Rede auf der 30sten Fordham Antitrust Conference New York, 23 Oktober 2003, erhältlich unter http://ec.europa.eu/comm/competition/speeches/text/sp2003_040_en.pdf; siehe ferner Loewenheim/Messen/Riesenkampf-Lübbig Art. 82 Rn. 145.
763 EuGH, Urteil v. 14.11.1996, C-333/94, Slg. 1994, II-755 – Tetra Pak II, Tz. 37.
764 Vgl. Loewenheim/Messen/Riesenkampf-Lübbig Art. 82 Rn. 159ff.

nachteiligt wird. Voraussetzung ist deshalb, dass es sich bei den miteinander zu vergleichenden Lizenznehmern um Wettbewerber handelt.[765] Ungleichbehandlung zwischen unterschiedlichen Abnehmergruppen ist jedoch möglich.[766]

Grundsätzlich erfordert Art. 82 EGV, dass Handelspartnern in der gleichen Lage dieselben Preise und Geschäftsbedingungen eingeräumt werden müssen.[767] Dies gilt selbst für das Verhältnis von konzerneigenen Unternehmen und Dritten.[768] Die Wettbewerbskontrolle beschränkt sich dabei im Rahmen dieser Fallgruppe darauf, die Stellung gleicher Bedingungen sicherzustellen, nicht aber die Bedingungen selbst zu überprüfen.[769]

Die Gleichbehandlungspflicht endet, sofern sachliche Gründe bestehen, einem speziellen Abnehmer abweichende Bedingungen einzuräumen. Die Rechtsprechung und die Kommission sind allerdings bei der Bestimmung, was als sachliche Gründe in Frage kommt, relativ streng.[770]

In den Anwendungsbereich des Diskriminierungsverbots fallen ebenfalls die Fälle der Lieferverweigerung. Marktbeherrschenden Unternehmen ist nicht nur untersagt, zwischen bestehenden Geschäftspartner, sondern auch zwischen bestehenden und potentiellen Geschäftspartnern zu diskriminieren.[771] Deshalb darf ein marktbeherrschendes Unternehmen die Aufnahme von Geschäftsbeziehungen nicht von objektiv unangemessenen Bedingungen abhängig machen.[772] Als unangemessen wurde die Einstellung der Lieferung von Rohmaterialien an einen langjährigen Abnehmer,[773] die Bedingung, Fernsehwerbung nur dann zu schalten, wenn im Gegenzug Telefondienstleistungen in Anspruch genommen wurden,[774] oder die Weigerung, Ersatzteile an einen ehemaligen Abnehmer zu liefern, gewertet.[775]

Weiterhin zählt der Abbruch bestehender Geschäftsverbindungen zu den Fällen des Diskriminierungsverbots. Ein marktbeherrschendes Unternehmen darf eine Lieferbeziehung nicht abbrechen, wenn ein Abnehmer sich gemäß den Gebräuchen des Handels verhält.[776] Selbst wenn der Abnehmer Maßnahmen trifft, um dem Lieferanten Konkurrenz zu machen, darf letzterer nicht mit einem sofortigen Abbruch der Geschäftsbeziehung reagieren, sondern muss auf ver-

765 Vgl. Loewenheim/Messen/Riesenkampf-Lübbig Art. 82 Rn. 162.
766 Vgl. Loewenheim/Messen/Riesenkampf-Lübbig Art. 82 Rn. 162.
767 Vgl. Loewenheim/Messen/Riesenkampf-Lübbig Art. 82 Rn. 163.
768 Vgl. Kommissionsentscheidung v. 23.10.2001 ABl. 2002 L 120/19 Rn. 63; Loewenheim/Messen/Riesenkampf-Lübbig Art. 82 Rn. 163.
769 Vgl. Loewenheim/Messen/Riesenkampf-Lübbig Art. 82 Rn. 163 a.E.
770 Für Beispiele siehe Loewenheim/Messen/Riesenkampf-Lübbig Art. 82 Rn. 164.
771 Kommisionsentscheidung v. 29.10.1981 Rs. IV/29.839, ABl. 1981 L 370/49 Rn. 49-51 – GVL.
772 Kommissionsentscheidung v. 25.7.2001 Rs. COMP/C-1/36.915, ABl. 2001 L 331/40 Rn. 141 – Deutsche Post AG – Aufhalten grenzüberschreitender Postsendungen.
773 EuGH, Urteil v. 06.03.1974, verb. RS 6/73 und 7/73, Slg. 1974, 223 – Commercial Solvents/Kommission.
774 EuGH, Rs. 311/85, Slg. 1985, 3261 – Telemarketing.
775 EuGH, Rs. 22/78, Sgl. 1979, 1869 Rn. 11-14 – Hugin/Liptons.
776 EuGH, Rs. 27/76, Slg. 1978, 207 - United Brands, Rn. 182f.

hältnismäßige Art und Weise die Geschäftsbeziehung beenden.[777] Allein zwingende wirtschaftliche oder technische Gründe können den Abbruch einer bestehenden Geschäftsbeziehung rechtfertigen. Hierzu zählt die finanzielle Unzuverlässigkeit des Kunden oder die Bevorzugung von Stammkunden in Fällen einer Angebotsverknappung.[778]

ii. Exkurs deutsches Recht: Spundfass und nachfolgend OLG Stuttgart

Hinsichtlich der Lizenzverweigerung im Falle geschützter technischer Standards ist insbesondere auf die Entscheidung des Bundesgerichtshofs *Spundfass* hinzuweisen, die auf § 20 GWB basiert. § 20 GWB regelt das Diskriminierungsverbot im deutschen Recht. In diesem Fall hatte der Verband der chemischen Industrie beschlossen, einen einheitlichen Standard für ein Spundfass mit verbesserter Restentleerung einzuführen. Dazu beauftragten der Verband vier Fasshersteller damit, einen Vorschlag für die Spezifikation eines solchen Fasses zu erarbeiten. Der Vorschlag, den die Fasshersteller unterbreiteten, wurde vom Verband angenommen und die Spezifikationen dieses Spundfasses entsprechend standardisiert. Einer der vier Fasshersteller, die die Spezifikationen erarbeitet hatten, besaß Patentrechte an der standardisierten Abfülltechnologie. Den den übrigen drei Herstellern, die die Spezifikation mit entworfen hatten, erteilte er kostenfreie Lizenzen. Sie erhielten die kostenfreien Lizenzen angeblich deshalb, weil sie eigene patentierte Verfahren und Produkte besessen hatten, auf deren Durchsetzung als Standard sie bei der Einigung auf den Abfüllstandard verzichtet hatten. Als ein weiteres (ausländisches) Unternehmen nunmehr ebenfalls eine Lizenz erhalten wollte, wurde diese Lizenz versagt. Zur Begründung wurde ausgeführt, dass das ausländische Unternehmen keine eigene Technologie aufgegeben habe, wie dies angeblich die übrigen Mitglieder des Industrieverbandes getan hätten.

Der Bundesgerichtshof hat in diesem Fall in der Lizenzverweigerung einen Verstoß gegen das Diskriminierungsverbot gesehen. Dabei geht er von dem Grundsatz aus, dass ein Schutzrechtsinhaber frei entscheiden könne, wem er in welchem Umfang Lizenzen erteile. Dies gelte auch, wenn der Schutzrechtsinhaber eine Monopolstellung besitzt. Nur bei Hinzutreten weiterer Umstände könne eine Lizenzvergabepflicht entstehen, wenn der Schutzrechtsinhaber keine sachliche Rechtfertigung für eine Ungleichbehandlung bieten könne. Die Anforderungen an die Rechtfertigung lägen dabei höher, wenn sich die marktbeherrschende Stellung eines Patentinhabers nicht (allein) aus der der Erfindung zugrundeliegenden Leistung ergebe, sondern zumindest auch darauf beruhe, dass der Zugang zu einem nachgelagerten Produktmarkt aufgrund einer Norm oder aufgrund normähnlicher einheitlicher Vorgaben der Produktnachfrager von der Befolgung der patentgemäßen Lehre abhängig sei. Denn in diesem Fall verhindere oder erschwere die Norm, dass sich die patentgemäße Lösung, wie es Sinn und Zweck des Patentschutzes entspreche, im Wettbewerb mit abweichenden technischen Lösungen bewähren

777 Kommissionsentscheidung v. 29.07.1987 Rs. IV/32.279, ABl. 1987 L 286/36 – BBI/Boosey & Hawkins.
778 Loewenheim/Messen/Riesenkampf Lübbig Art. 82 Rn. 170 m. w. Nachw.

müsse. Dabei komme es nicht darauf an, ob der Patentinhaber an der Norm mitgewirkt, sie initiiert oder ihr zumindest zugestimmt habe. Es reiche aus, dass er durch sie begünstigt werde. Im vorliegenden Fall genügten die vom Patentinhaber vorgebrachten Gründe nicht. Eine Rechtfertigung dürfe nicht auf Willkür oder wirtschaftlichem Handeln fremden unternehmerischen Entscheidungen beruhen.[779]

In einer nachfolgenden Entscheidung hat sich das OLG Stuttgart mit den Voraussetzungen des Anspruch auf Erteilung einer Zwangslizenz näher auseinandergesetzt.[780] Das Gericht folgt dem BGH dahin, dass bei essentiellen Schutzrechten grundsätzlich ein Anspruch auf Erteilung einer Zwangslizenz in Betracht kommt. Dieser kann einredeweise in einem Verletzungsprozess einem Schadenersatzanspruch, ggf. sogar dem patentrechtlichen Unterlassungsanspruch entgegengehalten werden.[781] Allerdings besteht ein kartellrechtlich begründeter Anspruch auf eine Zwangslizenz nur dann, wenn der potentielle Lizenznehmer ganz konkret nachweist, dass er ohne sachlichen Grund diskriminiert wird. Dazu genügt nicht bereits der Vortrag, es werde keine Lizenz erteilt. Vielmehr muss beispielsweise dargetan werden, dass anderen Lizenznehmern vertraglich ein niedrigerer Lizenzsatz gewährt wurde, als dem beklagten Verletzer. Beachtenswert ist, dass der Vortrag, höhere Lizenzsätze würde faktisch nicht durchgesetzt, nicht ausreicht, um einen Anspruch auf einen Vertrag mit einem niedrigeren Lizenzsatz zu erhalten.[782] Nicht vergleichbar mit einer einfachen Lizenz seien ferner die Einbindung des Lizenzgegenstandes in eine Kreuzlizenzvereinbarung.[783]

Das Gericht stellt ferner klar, dass nicht bereits die Ablehnung eines Lizenzgesuchs per se einen Kartellverstoß im Sinne einer Behinderung darstellt. Ein Kartellverstoß besteht nur dann, wenn der Lizenzsucher dem Schutzrechtsinhaber ein ganz konkretes Angebot gemacht hat, und der Schutzrechtsinhaber dieses Angebot aus Gründen abgelehnt hat, welche als kartellrechtswidrig angesehen werden müssen. Dies wäre beispielsweise der Fall, wenn er einen eindeutig überhöhten Preis für die Lizenz verlangt oder es sich bei dem von ihm angestrebten Lizenzvertrag um eine offensichtlich unbillig Vertragsgestaltung handelt.[784]

Beachtenswert ist schließlich, dass nach Auffassung der OLG Stuttgart der Anspruch auf Erteilung einer Zwangslizenz nicht automatisch dazu führt, dass ggf. eine Schadenersatzpflicht

779 Siehe zu allem, BGH, Urteil v. 13. Juli 2004, KZR 40/02 – Standard-Spundfaß, WRP 2004, 1372, 1375f.; einige Autoren wollen darin eine Tendenz des BGH erkennen, dass im Falle fehlenden Substitutionswettbewerb Imitationswettbewerb durch Zwangslizenzierung geschaffen werden kann, siehe Drexl, Abuse of Dominance, S. 14; ebenso Leistner, IIC 2005, 749, 751.

780 Siehe OLG Stuttgart, Urt. v. 13. Dezember 2006, Az. 6 U 174/02, GRUR-RR 2007, 177ff., nachfolgend zitiert nach juris.

781 Siehe OLG Stuttgart, a.a.O. Rz. 46.

782 Siehe OLG Stuttgart, a.a.O. Rz. 49.

783 Siehe OLG Stuttgart, a.a.O. Rz. 51.

784 Siehe OLG Stuttgart, a.a.O: Rz. 57ff.

entfällt. Vielmehr handelt, wer vor dem Abschluss eines Lizenzvertrags von einem Patent Gebrauch macht, auf eigenes Risiko.[785]

ee. Behinderungsmissbrauch

Weiterhin ist es einem marktbeherrschenden Unternehmen auch verboten, andere Unternehmen zu behindern. In die Fallgruppe des Behinderungsmissbrauchs fallen dabei der Kampfpreiswettbewerb, die Quersubventionierung, Exklusivbindungen im Vertrieb sowie die Kundenbindung durch Rabattgestaltung. Im Rahmen technischer Standardisierung sind dabei Exklusivbindungen im Vertrieb von besonderer Bedeutung.

Hinsichtlich exklusiver Vertriebsbindungen stimmen die Kommissionspraxis und die Rechtsprechung des EuGH mit den Anforderungen des Art. 81 EGV überein. Grundsätzlich werden Exklusivbindungen im Vertrieb jedenfalls für längere Zeiträume als missbräuchlich angesehen.[786] Als ein längerer Zeitraum können dabei schon drei bis sechs Monate bzw. zwei bis fünf Jahre gelten. Eine Rechtfertigung kommt allenfalls in Betracht, wenn die Voraussetzungen des Art. 81 Abs. 3 EGV erfüllt sind. Diese Konstellation ist jedoch nur in seltenen Ausnahmefällen denkbar.

ff. Marktstrukturmißbrauch

Von einem Marktstrukturmißbrauch wird gesprochen, wenn ein marktbeherrschendes Unternehmen absichtlich Ineffizienzen aufbaut oder die notwendigen Innovationsmaßnahmen unterlässt bzw. durch Unternehmenszusammenschlüsse die Marktstruktur ungünstig verändert.[787] In der Praxis blieb diese Fallgruppe jedoch im wesentlichen ohne Anwendungsbereich. Grundsätzlich sind marktbeherrschende Unternehmen nicht dazu verpflichtet, Innovationen voranzutreiben.[788] Die Kommission selbst schränkt ihre Befugnisse dahingehend ein, dass sie nur dann einschreitet, wenn eindeutige und unumstößliche Beweise dafür vorliegen, dass einer signifikanten Zahl von Abnehmern eine Dienstleistung vorenthalten wird, für die ein offensichtlicher Bedarf besteht.[789]

gg. Schaffung und Beibehaltung von Marktzutrittsschranken

Eine weitere Fallgruppe ist die Schaffung und Beibehaltung von Marktzutrittsschranken. Diese ist für den vorliegenden Fall deshalb interessant, weil gerade gewerbliche Schutzrechte Marktzutrittsschranken darstellen, insbesondere in Fällen, in denen sie zur Anwendung eines technischen Standards zwingend notwendig sind. Grundsätzlich ist davon auszugehen, dass

785 Siehe OLG Stuttgart, aa.O. Rz. 61.
786 Siehe Loewenheim/Messen/Riesenkampf-Lübbig Art. 82 Rn. 179 m. w. Nachw.
787 Vgl. Loewenheim/Messen/Riesenkampf-Lübbig Art. 82 Rn. 189.
788 Vgl. Loewenheim/Messen/Riesenkampf-Lübbig Art. 82 Rn. 189 a.E.
789 Vgl. Kommissionsentscheidung v. 12.04.1999 Rs. IV/D-1/30.373, ABl. 1999, L 125/12; Loewenheim/Messen/Riesenkampf-Lübbig Art. 82 Rn. 191.

der Erwerb und die Ausübung gewerblicher Schutzrechte keinen Mißbrauch im Sinne des Art. 82 EGV darstellen. Insgesamt sind die Fälle, in denen die Gemeinschaftsgerichte und die Kommission über derartige Konstellationen zu entscheiden hatten, vereinzelt geblieben. Als missbräuchlich erachtet wurde der Erwerb einer ausschließlichen Lizenz an einer Schlüsseltechnologie seitens eines marktbeherrschenden Unternehmens. Dadurch entstand die erhebliche Gefahr, dass der Marktzutritt für Wettbewerber, der infolge eines Marktanteils des marktbeherrschenden Unternehmens in Höhe von ca. 90% ohnehin schon stark beschränkt war, erheblich behindert wurde.[790] Darüber hinaus kann nach Auffassung der Kommission die willkürliche Geltendmachung von Schutzrechten, die nur dazu dienen, den Gegner zu belästigen, einen Mißbrauch darstellen.[791] Die Lizenzverweigerung selbst sowie die Durchsetzung eines gewerblichen Schutzrechts sind hingegen grundsätzlich nicht missbräuchlich. Vielmehr gelten in diesem Bereich die allgemeinen Grundsätze, dass einem marktbeherrschenden Unternehmen die diskriminierende Nichtbelieferung oder die absichtliche Angebotsverknappung untersagt ist.[792] Eine etwas weitergehende Ausnahme davon ist die sog. *Essential Facilities*-Doktrin.

hh. Essential Facilities Doctrine

Die aus dem U.S.-amerikanischen Kartellrecht entlehnte sog. *Essential Facilities*-Doktrin will die Ausweitung einer Monopolstellung an einer wesentlichen Einrichtung auf davon abhängige Märkte verhindern. Sie ist in Europa auch auf gewerbliche Schutzrechte anwendbar.[793] Die Voraussetzungen für ihre Anwendung hat der EuGH in den Entscheidungen *Magill*, *Bronner*[794] und *IMS Health*[795] jedoch relativ hoch gesetzt.

Voraussetzung ist zunächst das Vorliegen einer wesentlichen Einrichtung. Davon geht der EuGH grundsätzlich dann aus, wenn es für ein Gut keine Produkte oder Dienstleistungen gibt, die Alternativlösungen darstellen, auch wenn die Alternativen weniger günstig sind. Ferner müssen technische, rechtliche oder wirtschaftliche Hindernisse bestehen, die geeignet sind, *jedem* Unternehmen, das auf diesem Markt tätig zu werden beabsichtigt, die Entwicklung – gegebenenfalls in Zusammenarbeit mit anderen Wirtschaftsteilnehmern – von Alternativprodukten oder -dienstleistungen unmöglich zu machen oder zumindest unzumutbar zu erschweren.[796] Für die Annahme wirtschaftlicher Hindernisse muss zumindest dargetan sein, dass die Entwicklung dieser Produkte oder Dienstleistungen unrentabel wäre, wenn sie in vergleichbarem Umfang hergestellt bzw. erbracht würden wie von dem Unternehmen, das die bestehen-

790 EuG Rs. T-51/89, Slg. 1990, II-309 Rn. 23 – Tetra Pak/Kommission.
791 Vgl. Loewenheim/Messen/Riesenkampf-Lübbig Art. 82 Rn. 200.
792 Loewenheim/Messen/Riesenkampf-Lübbig Art. 82 Rn. 201.
793 Siehe Urteil vom 06.04.1995, C-241/91 P und C-242/91 P, RTE und ITP/Kommission, Slg. 1995, I-743 – Magill.
794 EuGH, Urteil vom 26.11.1998, C-7/97, Bronner, Slg. 1998, I-7791
795 EuGH, Urteil vom 29.04.2004, C-418/01, IMS Health/NDC Health
796 EuGH, Urteil vom 26.11.1998, C-7/97, Bronner, Slg. 1998, I-7791.

den Produkte oder Dienstleistungen kontrolliert.[797] Die Weigerung der Lizenzierung muss ferner das Auftreten eines neuen Erzeugnisses verhindern, nach dem eine potenzielle Nachfrage der Verbraucher besteht,[798] sie darf nicht gerechtfertigt sein,[799] und sie muss geeignet sein, jeglichen Wettbewerb auf einem abgeleiteten Markt auszuschließen.[800] Dabei reicht es, wenn es sich bei einem der beiden Märkte um einen potentiellen oder hypothetischen Markt handelt.[801] Ein neues Erzeugnis besteht dabei dann nicht, wenn dieses im Wesentlichen bereits vom Schutzrechtsinhaber selbst angeboten wird.[802]

Wendet man diese Rechtsprechung auf den vorliegenden Zusammenhang an, wäre an zwei Situationen zu denken. Die eine Situation ist diejenige, dass ein Schutzrechtsinhaber technische Standardisierung durch Nichtlizenzierung blockiert. Dieser Frage wird im dritten Kapitel näher nachgegangen. Sofern ein technischer Standard bereits etabliert ist, kann diese Rechtsprechung erhebliche Bedeutung für Hersteller von Komplementärprodukten zu den Produkten des Schutzrechtsinhabers oder seine Lizenznehmer erlangen. Möchten diese Hersteller ihre Produkte komplementär zu den Produkten des Schutzrechtsinhabers gestalten, gelingt dies jedoch nur unter Anwendung geschützten Wissens, könnte diese Fallgruppe ein Weg sein, wie Hersteller Zwangslizenzen erstreiten könnten.[803] Da der EuGH jedoch ausdrücklich ein neues Produkt fordert, kann die *Essential Facilities*-Doktrin nicht genutzt werden, um direkten Wettbewerb für Güter zu schaffen, die der Schutzrechtsinhaber oder ein Lizenznehmer bereits herstellen. Allerdings stellt sich die Frage, was „im wesentlichen" gleiche Produkte sind.

ii. Microsoft

Von besonderem Interesse ist für die vorliegende Fragestellung schließlich das Verfahren der europäischen Kommission gegen Microsoft.[804] In diesem Verfahren ging es neben einem Koppelungsvorwurf um die Weigerung von Microsoft, geheimer Schnittstelleninformationen seines Betriebssystems offenzulegen. Es handelt sich dabei um einen Fall der einseitigen Lizenzverweigerung. Die Elemente der Lizenzverweigerung, die gemäß der Kommission einen Kartellverstoß begründeten, waren (1) die Vorenthaltung der zur Herstellung von Netzwerktechnologien essentiell notwendigen, geschützten Informationen,[805] sowie (2) ein allgemeines Verhalten, das auf die planmäßige Ausschaltung anderer Wettbewerber gerichtet war und da-

797 Siehe Bronner, Rz. 37, 46; IMS Health Rz. 28
798 Magill, Rz. 54; IMS Health Rz. 37; IMS Health Rn. 38; kritisch ob dieses Kriterium tatsächlich notwendig ist, siehe Ullrich/Heinemann in Immenga/Mestmäcker, Band I, Teilband 2, IV. Abschnitt, B. Rn. 59., ebenso KOMM v. 19.12.2005, Discussion Paper on the application of Article 82 of the Treaty to exclusionary abuses, http://europa.eu.int/comm/competition/antitrust/others/discpaper2005.pdf Rz. 239.
799 Magill, Rz. 55; IMS Health Rz. 37.
800 Magill, Rz. 56; IMS Health Rz. 37.
801 Siehe IMS Health, Rz. 25.
802 Siehe IMS Health Rz. 49.
803 In diesem Sinne auch Kübel, Zwangslizenzen, S. 276f.
804 Siehe die Kommissionsentscheidung, COMP/C-3.37.792, Abl. 2007 L 32 – Microsoft.
805 Komissionsentscheidung Microsoft, Rn. 560ff.

durch (3) den Wettbewerb beschränkte[806] Infolge dessen befürchtete die Kommission (4) eine Benachteiligung der Verbraucher und des technischen Fortschritts.[807] Sie sah Microsoft weder durch den Besitz von Geschäftsgeheimnissen noch durch den Industriegewohnheiten gerechtfertigt.[808] Sie stützte sich dabei neben den Voraussetzungen der Essential Facilities Doktrin auf zwei weitere Verfahren. Anfang der 80er Jahre beendete die Kommission ein Kartellverfahren gegen IBM mit einem Vergleich, in dem IBM sich zur Weitergabe von Schnittstelleninformationen bereit erklärte.[809] Im Verfahren Tetra Pak II hatte die Kommission Tetra Pak ebenfalls zur Weitergabe von Spezifikationen für Verpackungen verpflichtet.[810]

Die Entscheidung der Kommission wurde vom Europäischen Gericht erster Instanz mittlerweile in seinen wesentlichen Zügen bestätigt.[811] In seiner eigenen Entscheidung stützt sich das Gericht dabei im wesentlichen auf die vom EuGH aufgestellten Kriterien der Essential Facilities Doktrin.[812] Microsoft sei im Bereich der Computerbetriebssyteme mit einem Marktanteil von 90% marktbeherrschend.[813] Von der Lizenzverweigerung in Bezug auf wichtige Schnittstelleninformationen seines Betriebssystems seien die Hersteller von Serversoftware betroffen. Beim Markt für Serversoftware handele sich um einen eigenen Markt. Auf diesem könnten Unternehmen nur dann wirtschaftlich tätig werden, wenn sie Zugang zu den Schnittstellen des Microsoft-Betriebssystems hätten.[814] Die Schnittstelleninformationen seien deshalb essentielle Einrichtungen im Sinne der Rechtsprechung des EuGH.[815] Durch die Lizenzverweigerung würde der Wettbewerb auf dem Servermarkt ausgeschlossen.[816]

Das Gericht ist nicht der Auffassung, dass ein Missbrauch nur dann besteht, wenn eine neues Produkt verhindert wird.[817] Vielmehr fordere der Wortlaut des Art. 82 EGV lediglich eine Behinderung des technischen Fortschritts zu Lasten der Konsumenten. Eine Behinderung des technischen Fortschritt sei gegeben, wenn das Aufkommen alternativer, differenzierter Produkte verhindert werde, nach denen eine Nachfrage bestünde.

Das Gericht schließt aus dem Sachverhalt, dass eine Nachfrage nach alternativer Serversoftware bestehe. Demnach führe die Behinderung alternativer Serversoftwareprodukte zu einer

806 Komissionsentscheidung Microsoft, Rn. 573ff., 585ff.
807 Siehe Komissionsentscheidung Microsoft, Rn 700ff.
808 Komissionsentscheidung Microsoft, unter 5.3.1.4.
809 14. Wettbewerbsbereicht der Europäischen Gemeinschaft, 1984 S. 79; der Text der Vereinbarung ist erhältlich unter http://www.cptech.org/at/ibm/ibm1984ec.html.
810 Siehe Commission Decision 92/163/EEC Artikel 3(5).
811 Vgl. EuG, Urteil vom 17. September 2007, T-201/04 – Microsoft.
812 Vgl. EuG, Urteil vom 17. September 2007, T-201/04 – Microsoft, Rn. 332f.
813 Vgl. EuG, Urteil vom 17. September 2007, T-201/04 – Microsoft, Rn. 387.
814 Vgl. EuG, Urteil vom 17. September 2007, T-201/04 – Microsoft, Rn. 388.
815 Vgl. EuG, Urteil vom 17. September 2007, T-201/04 – Microsoft, Rn. 436.
816 Vgl. EuG, Urteil vom 17. September 2007, T-201/04 – Microsoft, Rn. 620.
817 Vgl. EuG, Urteil vom 17. September 2007, T-201/04 – Microsoft, Rn. 647, 649.

Benachteiligung der Endverbraucher.[818] Die Beeinträchtigung stützt es dabei insbesondere auf Aussagen von Nachfragern, die Produkte der Konkurrenten von Microsoft seien besser als diejenigen von Microsoft.[819]

Ferner besäßen Wettbewerber allein aufgrund der Schnittstelleninformationen noch nicht die Möglichkeit, Microsoftprodukte zu imitieren.[820] Zudem hätten sie auch gar kein Interesse daran. Für sie bestünde die einzige Chance, im Wettbewerb gegen Microsoft zu bestehen, darin, Produktdifferenzierung zu betreiben.[821]

Schließlich weist das EuG das Argument Microsofts zurück, die Lizenzverweigerung sei deshalb gerechtfertigt, weil die Schnittstellen durch gewerbliche Schutzrechte, insbesondere Geschäftsgeheimnisse, geschützt seien, und ein Lizenzierungszwang Anreize für Forschung und Entwicklung senke. Dabei verweigert sich der EuG der Argumentation, allein die Existenz gewerblicher Schutzrechte reiche aus, um einen Lizenzverweigerung zu rechtfertigen.[822] Notwendig sei vielmehr für ein Unternehmen, das sich auf eine entsprechende Argumentation einließe, dass ein solcher Vortrag zumindest substantiiert und bewiesen werden müsse. Nur dann könnten sie von der Kommission widerlegt werden.[823]

Das Gericht lässt auch den Vortrag von Microsoft nicht gelten, die geschützte Information sei geheim, wertvoll und beinhalte wichtige Innovation.[824] Die Geheimhaltung beruhe auf einer einseitigen Entscheidung von Microsoft. Geheime Information sei nicht besser zu schützen, als patentierte Information, die offengelegt werden müsse.[825] Der Wert entstehe aufgrund der Marktsituation.[826] Auch die Tatsache, dass es sich um wichtige Innovation handele, sei irrelevant, weil das für alle Arten gewerblicher Schutzrechte gelte.[827]

Eine reine Imitation, vor der Schutzrechte schützen sollen, sei schließlich nicht zu fürchten, weil Produktdifferenzierung die einzige sinnvolle Strategie für Wettbewerber darstelle.[828] Allein die Notwendigkeit der Lizenzierung könne Investitionsanreize insbesondere auch deshalb nicht verringern, weil Microsoft selbst für viele Jahre seine Schnittstelleninformationen lizenziert habe.[829]

---

818 Vgl. EuG, Urteil vom 17. September 2007, T-201/04 – Microsoft, Rn. 648ff.
819 Vgl. EuG, Urteil vom 17. September 2007, T-201/04 – Microsoft, Rn. 652.
820 Vgl. EuG, Urteil vom 17. September 2007, T-201/04 – Microsoft, Rn. 657.
821 Vgl. EuG, Urteil vom 17. September 2007, T-201/04 – Microsoft, Rn. 658.
822 Vgl. EuG, Urteil vom 17. September 2007, T-201/04 – Microsoft, Rn. 690.
823 Vgl. EuG, Urteil vom 17. September 2007, T-201/04 – Microsoft, Rn. 688.
824 Vgl. EuG, Urteil vom 17. September 2007, T-201/04 – Microsoft, Rn. 692.
825 Vgl. EuG, Urteil vom 17. September 2007, T-201/04 – Microsoft, Rn. 693.
826 Vgl. EuG, Urteil vom 17. September 2007, T-201/04 – Microsoft, Rn. 694.
827 Vgl. EuG, Urteil vom 17. September 2007, T-201/04 – Microsoft, Rn. 695.
828 Vgl. EuG, Urteil vom 17. September 2007, T-201/04 – Microsoft, Rn. 700.
829 Vgl. EuG, Urteil vom 17. September 2007, T-201/04 – Microsoft, Rn. 702.

Für den vorliegenden Zusammenhang ist diese Rechtsprechung für Schutzrechtsinhaber von Bedeutung, deren betriebsinterne, geheime technischen Spezifikationen zu einem Industriestandard geworden sind und nicht durch *reverse engineering* rekonstruiert werden können. Ferner betrifft die Rechtsprechung nur Schutzrechtsinhaber, die selbst standardkonforme Produkte herstellen. Herstellern von Komplementärgütern müssen während der Weiterentwicklung die technischen Informationen, die zur Kompatibilität notwendig sind, zur Verfügung gestellt werden, sofern der Schutzrechtsinhaber ansonsten einen Wettbewerbsvorteil auf dem Markt für Komplementärgüter besäße. Keine Rolle scheint zu spielen, dass der Schutzrechtsinhaber durch die Weitergabe selbst einen Wettbewerbsnachteil erleiden könnte.

jj. Verheimlichung technischer Schutzrechte

Insbesondere *Kübel* gibt ferner zu bedenken, dass eine Zwangslizenzverpflichtung möglicherweise dann angezeigt wäre, wenn die Aufnahme eines Schutzrechts in einen technischen Standardisierungsvorschlag auf Betreiben des Schutzrechtsinhaber zurückzuführen ist.[830] Problematisch an einer solchen Ansicht ist allerdings, dass es nach europäischem Kartellrecht grundsätzlich nicht verboten ist, eine Monopolstellung zu erwerben. Im Zeitpunkt, in dem ein Schutzrecht in einen Standardisierungsvorschlag aufgenommen wird, besitzt ein Schutzrechtsinhaber gewöhnlicherweise keine Monopolmacht, da eine Marktverengung noch nicht stattgefunden hat. Auf diesen Zeitpunkt lässt sich deshalb nicht abstellen. In demjenigen Zeitpunkt, indem er Unterlassungsansprüche und Schadenersatz geltend macht, übt er jedoch lediglich seine Monopolmacht aus, die grundsätzlich mangels gesetzlicher Regelung keinem rechtlichen Unwerturteil unterworfen ist. Art. 82 EGV stellt den Missbrauch einer marktbeherrschenden Stellung unter ein Verbot, nicht jedoch den missbräuchlichen Erwerb dieser Stellung. Zwar könnte man argumentieren, dass die Missbräuchlichkeit des Erwerbs dieser Stellung Konsequenzen für die nachfolgende Ausübung der Monopolmacht haben sollte. Wollte man dieser Argumentation folgen, ist zu bedenken, dass er nur dann zulässig sein sollte, wenn es den Nutzern des Standards nicht möglich war, die Existenz des Schutzrechts zu ermitteln.

d) Zusammenfassung

Insgesamt lässt sich zusammenfassen, dass der Imitationswettbewerb durch die Existenz gewerblicher Schutzrechte zunächst einmal eingeschränkt wird. Ohne den Willen des Schutzrechtsinhabers ist der Zugang zur geschützten Information beschränkt. Dabei führt das Patentrecht zu einem umfassenden Schutz gegen Imitationswettbewerb in denjenigen Ländern, in denen Schutz besteht. Herstellung und Nutzung der geschützten Technologie ist nur in dem Umfang möglich, in dem der Patentinhaber dies erlaubt. Durch das Imitationsverbot gewinnt der Schutzrechtsinhaber Einfluss auf den Wettbewerb innerhalb des Standards. Da ohne den geschützten Input dieser Wettbewerb überhaupt nicht möglich ist, kann er theoretisch die Be-

830 Vgl. Kübel, Zwangslizenzen, S. 271f.

dingungen dieses Wettbewerbs diktieren. Hier gebieten jedoch die lizenzkartellrechtlichen Vorschriften Einhalt. Sie verbieten grundsätzlich Preisbindungsklauseln und Mengenbeschränkungen.

Sofern der Schutzrechtsinhaber nicht selbst produziert, kommt ihm seine Rente allein in Form der Lizenzeinnahmen zu, die insofern einen Mindestpreis für die mit Hilfe seines Patents hergestellte Technologie darstellen. Infolge der Verbote von Preisbindungsklauseln und Mengenbeschränkungen kann er seine Rente nur durch die Anzahl an Lizenzen und die Lizenzgebührenregelungen maximieren. Sobald ein Schutzrechtsinhaber seine Technologie an mehr als einen Lizenznehmer für dieselben Märkte lizenziert, entsteht technologieinterner Wettbewerb. Die Intensität dieses Wettbewerbs hängt dann von der Anzahl der Lizenznehmer sowie deren Kostenstrukturen und jeweiligen Wettbewerbsvorteilen ab. Je stärker jedoch der Wettbewerb, desto geringer wird die Zahlungsbereitschaft der Nachfrager nach Lizenzen, weil die Lizenznahme einen geringeren Wettbewerbsvorteil bieten.

Die Wahl, die auf einer geschützten Technologie basierenden Güter selbst herzustellen, und diese über Dritte vertreiben zu lassen, erhöht die Monopolmacht des Schutzrechtsinhabers, da er in solch einem Fall mehr Einfluss auf die Produktionsmengen gewinnt. Übernimmt er auch noch den Vertrieb vollständig, so gewinnt er schließlich auch noch Einfluss auf die Preisgestaltung, was im Fall des Vertriebs durch Dritte nicht möglich ist. Der Umfang des technologieinternen Wettbewerbs hängt deshalb davon ab, in welchem Umfang ein Schutzrechtsinhaber die Herstellung bzw. den Vertrieb selbst organisiert oder aber auslagert.

Darüber hinaus gestattet das Schutzrecht dem Schutzrechtsinhaber zugleich zu bestimmen, wer am technologieinternen Wettbewerb teilnimmt. Er kann daher grundsätzlich willkürlich bestimmte Akteure vom technologieinternen Wettbewerb ausschließen.

Die Grenzen für dieses Verhalten setzen Art. 81, 82 EGV. Sofern der Schutzrechtsinhaber Marktmacht besitzt, ist er gezwungen, wenn er überhaupt lizenziert, dies diskriminierungsfrei und zu fairen Bedingungen zu tun. Dies bedeutet, dass er andere Lizenznehmer allein durch sachlich gerechtfertigte Gründe abweisen kann. Allein die Existenz eines gewerblichen Schutzrechts ist jedoch noch kein sachlicher Grund für eine Lizenzverweigerung. Theoretisch bietet Art. 82 EGV zudem die Möglichkeit, die Höhe der geforderten Lizenzgebühren zu kontrollieren. Praktisch halten sich die Gerichte und die Kommission in diesem Bereich jedoch weitestgehend zurück, so dass allein extrem hohen Lizenzgebührenforderungen ein Riegel vorgeschoben ist. Nach der Rechtsprechung des EuGH kann auch eine vollständige Verweigerung einer Lizenz kartellrechtswidrig sein, sofern es sich um eine für Komplementärgüter essentielle Technologie handelt, die nicht durch selbständige Entwicklung ersetzt werden kann, durch die Lizenzverweigerung die Entstehung eines neuen Produkts verhindert und der Wettbewerb auf dem abgeleiteten Markt behindert oder ausgeschlossen wird.

Insbesondere dann, wenn ein gewerbliches Schutzrecht deshalb in die Rolle eines technischen Standards gelangt ist, weil ein Gremium oder mehrere Unternehmen eines Industriebereichs die entsprechende Spezifikation zum Standard gemacht haben, verlangt das europäische Recht, dass der Standard jedermann diskriminierungsfrei zur Verfügung gestellt wird. Der BGH geht für Deutschland sogar noch darüber hinaus und erweitert die Verpflichtung zur Lizenzierung noch dahingehend, dass diese unabhängig davon zu geschehen hat, ob der Schutzrechtsinhaber in den Prozess der Standardisierung überhaupt eingebunden wurde. Im Ergebnis führt deshalb die Tatsache, dass ein Schutzrecht für die Anwendung eines technischen Standard essentiell ist, automatisch zu einer kartellrechtlichen Zwangslizenz. Dies bedeutet – wie es ein Urteil des OLG Stuttgart zeigt, jedoch nicht zwangsläufig dazu, dass diese Lizenz zu Bedingungen gewährt werden muss, die dem Lizenznehmer gefallen. Vielmehr müssen diese Bedingungen ihrerseits nur nicht kartellrechtswidrig sein. Sofern ein Schutzrechtsinhaber sich vor einer Zwangslizenzierung schützen möchte, kann er dies allein dadurch, dass er überhaupt nicht lizenziert. Ob dies eine wirtschaftliche sinnvolle Alternative ist, hängt davon ab, ob der Schutzrechtsinhaber notfalls den Markt allein bedienen kann.

3. Die Rechtslage in den USA

a) Überblick

Grundlage des US-amerikanischen Kartellrechts sind der Sherman Act, der Clayton Act mit zwei Erweiterungen sowie der Federal Trade Commission Act. Für die nachfolgende Betrachtung sind dabei insbesondere der Sherman Act und der Clayton Act von Bedeutung. Sec. 5 Federal Trade Commission Act ist ferner eine Generalklausel gegen wettbewerbswidriges Verhalten. Bei der Anwendung in kartellrechtlichen Fällen greift die FTC jedoch auf die Wertungen des Sherman Act zurück. Nicht föderale, einzelstaatliche Regelungen werden nicht behandelt.

Sec. 1 Sherman Act verbietet wettbewerbsbeeinträchtigende Vereinbarungen zwischen zwei oder mehr Unternehmen.[831] Sec. 2 Sherman Act untersagt die Monopolisierung bzw. die Absicht der Monopolisierung.[832] Diese Bestimmung setzt voraus, dass ein Unternehmen Monopolmacht in einem Markt hat und diese absichtlich erworben hat oder absichtlich aufrecht erhält. Allein der Besitz von Monopolmacht ist jedoch nicht kartellrechtswidrig. Verboten sind wie bei Art. 82 EGV allein bestimmte, als wettbewerbswidrig eingestufte Verhaltensweisen.[833] Der Clayton Act verbietet zudem konkrete Verhaltensweise wie etwa bestimmte exklu-

831 15 U.S.C. § 1.
832 15 U.S.C. § 2.
833 Siehe ABA, Antitrust Handbook on Standard Setting, S. 83.

sive Vertriebsvereinbarungen,[834] Produktkoppelungen[835] sowie Preisdiskriminierung.[836] Die Rechtsdurchsetzung erfolgt durch private Klagen vor Zivilgerichten,[837] durch strafrechtliche Sanktionen individuelle Entscheidungsträger[838] und öffentlich-rechtlich durch das Department of Justice sowie die Federal Trade Commission (FTC) als staatliche Kartellbehörden.[839] Dabei drohen Rechtsverletzern Strafzahlungen[840] sowie Schadenersatz in bis zu dreifacher Höhe.[841]

Nachfolgend soll wie schon beim EG-Recht ein Überblick über die relevanten Regelungen im Kontext technischer Standardisierung gegeben werden. Angefangen wird dabei mit F&E-Kooperationen. Anschließend werden das Lizenzkartellrecht und Vorgaben für vertikale Vertriebsvereinbarungen dargestellt. Danach wird einseitiges Verhalten erörtert. Durch das Nebeneinander privater und öffentlicher Rechtsdurchsetzung sowie die Vielzahl amerikanischer Gerichte ist eine komplette Darstellung der Rechtslage in angemessener Kürze kaum möglich. Es soll daher lediglich versucht werden, einen möglichst kurzen Überblick über die momentane Rechtspraxis zu geben. Für Einzelheiten muss auf die ausführliche Literatur zum US-amerikanischen Kartellrecht verwiesen werden.

b) Kartellrechtliche Beschränkungen kooperativen Verhaltens

aa. Überblick

Maßgebend für kooperatives Verhalten ist in erster Linie Art. 1 Sherman Act. Danach sind Vereinbarungen mehrerer Unternehmen verboten, die den Handel beeinträchtigen. Wie bereits beim EG-Kartellrecht erörtert, stellt das Merkmal der Vereinbarung im vorliegenden Zusammenhang in aller Regel kein Problem dar. Ferner bedeutet das Merkmal „restraint of trade or commerce", dass der Wettbewerb selbst betroffen sein muss. Unzureichend ist eine Beeinträchtigung einzelner Wettbewerber.[842] Zudem muss Kausalität zwischen der Vereinbarung und der Wettbewerbsbeeinträchtigung bestehen.[843]

bb. Antitrust Guidelines for Collaborations among Competitors

Sec. 1 Sherman Act begrenzt die Möglichkeit von Wettbewerbern, Vereinbarungen miteinander zu schließen. Wo genau die Grenze zu ziehen ist, hängt davon ab, ob der Wettbewerb beeinträchtigt wird. Im Rahmen der Kasuistik unterscheidet die US-Kartellrechtspraxis einer-

---

834 15 U.S.C. § 14.
835 15 U.S.C. § 14.
836 15 U.S.C. § 13.
837 Siehe z.B. 15 U.S.C. §§ 4, 15a
838 Siehe 15 U.S.C. §§ 1, 2, 13a.
839 15 U.S.C. §§ 4, 45.
840 Siehe etwa 15 U.S.C. §§ 1, 2.
841 Vgl. etwa 15 U.S.C. § 15.
842 Siehe etwa ABA, Antitrust Aspect of Standard Setting, S. 27f.; *ESS Technology, Inc. v. PC-Tel, Inc.*, No. C-99-20292, 1999 U.S. Dist. LEXIS 23227 (N.D.Cal. Nov. 4, 1999); *Found. for Interior Design Educ. Research v. Savanna Coll. Of Art & Design*, 244 F. 3D 521, 530-31 (6th Cir. 2001).
843 Siehe ABA, Antitrust Aspect of Standard Setting, S. 26 m. w. Nachw.

seits zwischen sog. *Per-se*-Verboten und einer ökonomischen Analyse im Einzelfall („*Rule of Reason*“).[844] Um ein gewisses Maß an Vorhersehbarkeit zu erzielen, haben das Department of Justice und die FTC für Gerichte unverbindliche *Guidelines* herausgegeben, die eine Beurteilung erleichtern sollen, wie die öffentlichen Rechtsdurchsetzungsorgane bestimmte Vereinbarungen sehen.[845] Konkrete Aussagen über die zu erwartende Rechtsverfolgung der Kartellbehörden sind ferner einem kürzlich erschienen Report mit dem Titel „Antitrust Enforcement and Intellectual Property Rights“ zu entnehmen.[846]

Per se verboten sind insbesondere Preisabsprachen, Kollusion bei Ausschreibungsverfahren sowie jegliche Arten von Marktaufteilungen.[847] Sofern dies nicht der Fall ist, werden im Rahmen der *Rule of Reason*-Analyse die wettbewerbsfördernden und die wettbewerbsbeschränkenden Auswirkungen von Vereinbarungen betrachtet.[848] Vergleichsmaßstab ist der Wettbewerb, der ohne die Vereinbarung vermutlich bestünde.[849]

Zu beachten ist, dass die vertragliche Integration komplementärer ökonomischer Aktivitäten (Joint Venture) auch dann unter dem *Rule of Reason*-Standard geprüft wird, wenn eine solche Vereinbarung grundsätzlich *per se* verbotene Absprachen enthält und diese sich nicht ohne weiteres von den übrigen Absprachen trennen lassen.[850] Allerdings wird in solch einem Zusammenhang eine grundsätzlich *per se* verbotene Klausel nur dann geduldet, wenn sich ein entsprechendes Ergebnis nicht auf andere Art und Weise erzielen ließe.[851]

Sofern es sich um einen Fall handelt, der im Rahmen einer *Rule of Reason*-Betrachtung geprüft wird, gibt es zwei Sicherheitszonen. Zum einen beinträchtigt eine Vereinbarung den Wettbewerb dann nicht, wenn der gemeinsame Marktanteil der beteiligten Unternehmen in keinem der betroffenen Märkte mehr als 20% beträgt.[852] Auf Innovationsmärkten findet ferner dann keine Beanstandung statt, wenn mindestens drei weitere, unabhängig kontrollierte Forschungs- und Entwicklungsbemühungen bekannt sind, bei denen vergleichbare Voraussetzungen und Anreize zur Erforschung von Substituten bestehen.[853]

---

844 Siehe National Society of Professional Engineers v. United States, 435 U.S. 679, 692 (1978); Antitrust Guidelines for Collaborations Among Competitors, Sec. 1.2, S. 3.

845 Vgl. Antitrust Guidelines for Collaborations Among Competitors, unter http://www.ftc.gov/os/2000/04/ftcdojguidelines.pdf.

846 U.S. Department of Justice and the Federal Trade Commission, April 2007, Antitrust Enforcement and Intellectual Property Rights: Promoting Innovation and Competition.

847 Antitrust Guidelines for Collaborations Among Competitors, 1.2, S. 3; 3.2 S. 8.

848 Antitrust Guidelines for Collaborations Among Competitors, 1.2, S. 4; 3.1 S. 7.

849 Antitrust Guidelines for Collaborations Among Competitors, 1.2., S. 4; 3.1., S. 7.

850 Antitrust Guidelines for Collaborations Among Competitors, 3.2, S. 8.

851 Antitrust Guidelines for Collaborations Among Competitors, 3.2. S. 9; , 457 U.S. 332, 339 n.7, 352f. (1982); 441 U.S. 19-20 (1979).

852 Antitrust Guidelines for Collaborations Among Competitors, 4.2., S. 26.

853 Antitrust Guidelines for Collaborations Among Competitors, 4.3., S. 26.

In Bezug auf die Marktabgrenzung gelten ähnliche Regelungen wie im europäischen Recht. Insofern kann auf die Diskussion zum europäischen Recht verwiesen werden.[854] Sofern die konkrete Forschungs- und Entwicklungskooperation nicht in den Anwendungsbereich dieser beiden Ausnahmetatbestände fällt, kommt es auf die konkrete Ausgestaltung der Vereinbarung an.

Dazu betrachtet die US-Praxis die konkreten Vor- und Nachteile der geplanten F&E-Kooperation. Im Rahmen der Bewertung spielen zahlreiche Faktoren eine Rolle. Dies sind die Dauer der Vereinbarung,[855] die Exklusivität der Vereinbarung[856] sowie die konkrete Notwendigkeit der jeweiligen Beschränkungen.[857] Erhöhte Aufmerksamkeit besteht insbesondere bei Beschränkungen individueller Entscheidungen, bei der gemeinsamen Kontrolle von Schlüsseltechnologien, bei Preis- und Outputbeschränkungen oder aber bei Mechanismen, mit Hilfe derer sensible Informationen ausgetauscht werden können.[858] Große Gefahren sehen die Antitrustbehörden insbesondere in einer Verringerung von Anreizen zu individueller Forschung und Entwicklung.[859] Bedenken bestehen vor allem, wenn infolge der Zusammenarbeit Anreize zur Weiterentwicklung bestehender Technologien beschränkt werden.[860] Dies würde insbesondere Fälle betreffen, in denen durch die F&E-Vereinbarung der potentielle Wettbewerb durch neue technische Standards beschränkt wird.

Betrachtet man die Guidelines, so lassen sich konkrete Verpflichtungen nur schwierig vorhersagen. Infolge der Zusammenarbeit zweier Unternehmen ergibt sich jedoch anders als gemäß der europäischen Richtlinien keine Verpflichtung der Parteien, Dritten irgendwelche Schlüsseltechnologien zur Verfügung zu stellen. Vielmehr liegt der Schwerpunkt der Guidelines in der Verhinderung der Verringerung von jeglicher Art von Wettbewerb, der zuvor bestand. Dies kann Produktwettbewerb, Innovationswettbewerb oder Wettbewerb auf Technologiemärkten sein. Die Guidelines haben jedoch keine wettbewerbsöffnende Funktion. Bestand zuvor keine Lizenzierung von Schutzrechten und bringt ein Schutzrechtsinhaber sein für einen Standard essentielles Schutzrecht in eine Forschungs- und Entwicklungskooperation ein, ist der einzig relevante Maßstab, ob dadurch Wettbewerb auf Produktmärkten oder Innovationsmärkten, der zuvor bestand, erschwert wird.

854 Siehe oben S. 128ff.
855 Siehe Antitrust Guidelines for Collaborations Among Competitors, 3.34(f), S. 21.
856 Siehe hierzu Antitrust Guidelines for Collaborations Among Competitors, 3.34(a), S. 19.
857 Antitrust Guidelines for Collaborations Among Competitors, 3.36(b), S. 24.
858 Antitrust Guidelines for Collaborations Among Competitors, 3.31, S. 12.
859 Antitrust Guidelines for Collaborations Among Competitors, 3.31(a), S. 14f.
860 Antitrust Guidelines for Collaborations Among Competitors, 3.31(a), S. 15.

cc. Standardisierungsabreden

i. Überblick

Standardisierungsabreden können in den USA grundsätzlich in den Anwendungsbereich von Sec. 1 Sherman Act fallen.[861] Nach dem Standards Development Organization Advancement Act[862] unterfallen alle Abreden von Standardisierungsorganisationen, die der FTC zuvor bekannt gegeben wurden, einem *Rule of Reason*-Standard.[863] Dies gilt jedenfalls dann, wenn die Abreden wie Joint Ventures den Zweck haben, Effizienzsteigerungen durch wirtschaftliche Integration herbeizuführen[864]. Zu beachten ist auch, dass im Umfang des Anwendungsbereichs dieses Gesetzes nur einfacher und nicht dreifacher Schadenersatz zu leisten ist.[865] Besondere Beachtung schenkt das US-amerikanische Kartellrecht dabei der Zusammensetzung von Standardisierungsgremien, dem Standardisierungsvorschlag als Ergebnis der Standardisierungsarbeit sowie dem Zustandekommen dieses Standardisierungsvorschlag. Ferner stellt sich die Frage, inwieweit geschützte technische Standards zulässig sind, und inwieweit Standardisierungsgremien durch Verhandlungen mit einem Schutzrechtsinhaber oder schutzrechtsrelevante Regelungen Einfluss auf die Lizenzvergabe ausüben können.

ii. Zusammensetzung von Standardisierungsgremien

Grundsätzlich fordert das US-amerikanische Kartellrecht nicht, dass jedermann an der Standardisierung teilnehmen kann.[866] Vielmehr kommt es auf eine Abwägung an, bei der die Marktmacht des Standardisierungsgremiums, die Möglichkeit, den Standard zu substituieren, die Notwendigkeit der Mitgliedschaft, um auf einem Markt zu konkurrieren, sowie der Sinn und Zweck der konkreten Aufnahmeverweigerung zu beachten sind.[867] Allein die Tatsache des Ausschlusses reicht nicht als Grund, um eine Aufnahme zu erzwingen.[868]

Eine Rolle bei der Beurteilung, ob bei einem Ausschluss eines Mitglieds oder einer Nichtaufnahme ein Kartellrechtsverstoß vorliegt, spielen dabei Verfahrensregelungen von Standardisierungsorganisationen. Das Fehlen von verfahrensrechtlichen Anforderungen wie eine Anhörung bei der Versagung allein genügt noch nicht für einen Kartellrechtsverstoß.[869] Bestehen

861 Vgl. ABA, Antitrust Aspects of Standard Setting, S. 23f., 28f. mit Nachw. zur Rechtsprechung.

862 Integriert in 15 U.S.C. Chapter 69.

863 15 U.S.C. § 4302 (2).

864 Mit der Einschränkung, dass sog. Naked restraints dennoch grundsätzlich als illegal gewertet werden siehe ABA, Antitrust Aspects of Standard Setting, S. 32, 35.

865 Vgl. 15 U.S.C. § 4303.

866 Balto, Standard Setting in a Network Economy, unter III; ABA, Antitrust Aspects of Standard Setting, S. 48f.

867 ABA, Antitrust Aspects of Standard Setting, S. 48. mit weiteren Nachw.

868 ABA, Antitrust Aspects of Standard Setting, S. 48.

869 Siehe *Northwest Wholesale Stationers Inc. v. Pacific Stationary & Printing Co.*, 472 U.S. 284 (1985), 296, Balto, Standard Setting in a Network Economy, unter II., der jedoch darauf hinweist, dass Verfahrensverstöße sehr wohl zu einer kartellrechtlichen Haftung führen können; ABA, Antitrust Aspects of Standard Setting, S. 48f.

angemessene verfahrensrechtliche Anforderungen, wird der Nachweis eines Kartellverstoßes jedoch deutlich schwieriger.[870]

Ein Kartellrechtsverstoß kann jedoch bestehen, sofern bei einem Zusammenschluss zu einem Standardisierungsgremium sowohl eine wettbewerbswidrige Absicht als auch wettbewerbsbeeinträchtigende Effekte vorliegen.[871] Solche Effekte erscheinen insbesondere zu drohen, wenn das Konsortium Marktmacht hat, es nur wenige andere Wettbewerber gibt und infolge der Vereinbarung die Wettbewerber nicht mehr effektiv am Wettbewerb teilnehmen können.[872] Ein Kartellrechtsverstoß wird in diesen Fällen dann angenommen, wenn infolge einer Begrenzung der Mitgliedschaft in einem Gremium ein direkter Effekt auf Preise oder Mengen zu beobachten ist. Kann ein solcher Nachweis nicht geführt werden, kommt ein Kartellrechtsverstoß nur dann in Betracht, wenn das Standardisierungsgremium Marktmacht besitzt, durch den Ausschluss eines Unternehmens vom Standardisierungsgremium Wettbewerb in einem relevanten Markt unterdrückt wird und infolge der Durchsetzung der Mitgliedschaftsregelungen keine positiven Effekte hervorgerufen werden, die die negativen Effekte verringerten Wettbewerbs ausgleichen.[873]

Ein Indiz im Rahmen dieser Bewertung kann die Zusammensetzung des Standardisierungsgremiums sein. Besteht dieses nicht nur aus direkten Wettbewerbern, sondern aus Mitgliedern unterschiedlicher Wettbewerbsstufen, insbesondere Nachfragern, erhöht sich die Wahrscheinlichkeit, dass das Gremium als nicht wettbewerbsschädigend anerkannt wird.[874] Der Grund für diese Annahme besteht darin, dass insbesondere Abnehmer allein in ihrem Eigeninteresse kollusives Verhalten von Herstellern zu verhindern suchen.[875] Aber auch Gremien, die nur aus direkten Wettbewerbern bestehen, wurden schon als rechtmäßig anerkannt.[876]

iii. Der Standardisierungsvorschlag

Bei der Bewertung des erarbeiteten Standardisierungsvorschlags eines Standardisierungsgremiums und deren Durchsetzung achten die amerikanischen Gerichte und Kartellbehörden insbesondere darauf, ob ein Standard unangemessen Nichtteilnehmer zu Gunsten der Teilnehmer benachteiligt oder ob eine Untergruppe der Mitglieder gegenüber anderen Mitgliedern bevorzugt wird.[877] Allein die generelle Bevorzugung und Benachteiligung einzelner Marktteilneh-

870 ABA, Antitrust Aspects of Standard Setting, S. 49.
871 ABA, Antitrust Aspects of Standard Setting, S. 49 m. w. Nachw.; dabei wurden von einigen Gerichten Verfahrensverstöße als Beweis für eine Absicht zur Wettbewerbsbeeinträchtigung gewertet, siehe Balto, Standard Setting in a Network Economy, unter II, Fn. 17 m. w. Nachw.
872 ABA, Antitrust Aspects of Standard Setting, S. 49.
873 ABA, Antitrust Aspects of Standard Setting, S. 50.
874 Vgl. ABA, Antitrust Aspects of Standard Setting, S. 50; Balto, Standard Setting in a Network Economy, unter II., Avoiding Antitrust Risks.
875 ABA, Antitrust Aspects of Standard Setting, S. 51.
876 ABA, Antitrust Aspects of Standard Setting, S. 50.
877 Vgl. ABA, Antitrust Aspects of Standard Setting, S. 52; Balto, Standard Setting in a Network Economy, unter II. Avoiding Antiturst Risks.

mer durch die konkrete Wahl eines Standards genügt nicht, weil dies durch die Selektionsfunktion der Standardisierung immer gegeben sein wird.[878] Auch die bloß fehlerhafte Nichtzertifizierung mag noch nicht genügen, sofern dies nicht mit der Absicht einer Wettbewerbsbeeinträchtigung erfolgt.[879] Sofern die Befolgung des Standards freiwillig ist, reduziert sich ebenfalls das Risiko, haftbar zu sein.[880] Die Kartellbehörden beachten zudem die Interessen aller von einem Standardisierungsvorschlag betroffenen Interessen der Hersteller, Händler und Verbraucher.[881] Sind Abnehmer an der Erarbeitung eines Standardisierungsvorschlags beteiligt worden, kann dies für eine faire Auswahl eines Standards sprechen. Maßgeblich ist auch, ob die Zertifizierung in einer nicht diskriminierenden und konsistenten Art und Weise erfolgt.[882]

Ebenfalls unter der *Rule of Reason* werden Fälle geschützter technischer Standards analysiert.[883] Dabei spielt eine Rolle, aus welchen Gründen eine Lizenz versagt wird, in welchem Umfang Zugang zum technischen Standard für die Teilnahme am Wettbewerb notwendig ist und welche Auswirkungen es auf den Wettbewerb hat, wenn ein Wettbewerber vom Markt ausgeschlossen wird.[884] Insbesondere kann die Lizenzversagung gerechtfertigt werden.[885]

iv. Zustandekommen des Standardisierungsvorschlags

Besondere Beachtung schenken die Kartellbehörden ferner dem Zustandekommen des Standards. Insbesondere die Manipulation des Standardisierungsvorgangs zu Lasten Dritter kann einen Kartellvorwurf begründen.[886] So wird beispielsweise das Anwerben zusätzlicher Mitglieder zu Beeinflussung der Entscheidung über einen Standard kritisch gewürdigt.[887] Ebenso kann kollusives Zusammenwirken einzelner Mitglieder zur Diskreditierung von Wettbewerbern einen Kartellrechtsverstoß begründen.[888] Von besonderer Bedeutung ist ferner die Nichtgeltendmachung gewerblicher Schutzrechte im Rahmen formeller Standardisierung. Dies gilt jedenfalls in denjenigen Fällen, in denen eine Offenlegungspflicht besteht.[889]

---

878 ABA, Antitrust Aspects of Standard Setting, S. 52f.

879 ABA, Antitrust Aspects of Standard Setting, S. 53.

880 ABA, Antitrust Aspects of Standard Setting, S. 54.

881 ABA, Antitrust Aspects of Standard Setting, S. 54f.

882 ABA, Antitrust Aspects of Standard Setting, S. 54ff.

883 ABA, Antitrust Aspects of Standard Setting, S. 65f.

884 ABA, Antitrust Aspects of Standard Setting, S. 65.

885 ABA, Antitrust Aspects of Standard Setting, S. 66f.

886 ABA, Antitrust Aspects of Standard Setting, S. 56f.

887 ABA, Antitrust Aspects of Standard Setting, S. 57; *Allied Tube & Conduit Corp. v. Indian Head, Inc.*, 486 U.S. 492 (1988).

888 ABA, Antitrust Aspects of Standard Setting, S. 59.

889 Siehe *In Re Dell,* 1996 WL 33412055 (F.T.C.), FTC, *In the Matter of Rambus, Inc.*, Docket No. 9302 (F.T.C. 2006), FTC/DOJ, Antitrust Enforcement, S. 43f., ABA, Antitrust Aspects of Standard Setting, S. 60ff.; ausführlicher zu den Bedingungen bereits oben S. 108.

v. Standardisierungsgremien als Oligopson

Schließlich können Standardisierungsgremien möglicherweise Oligopsonmacht begründen und damit den Wettbewerb beeinträchtigen. Diese Bedenken bestehen etwa, wenn ein Standardisierungsgremiun mit einem Schutzrechtsinhaber vor Verabschiedung eines Standardisierungsvorschlag Lizenzbedingungen aushandelt oder in seinen Richtlinien eine Lizenzierungspflicht bestimmt. Ob die Bedenken begründet sind, hängt von einer Reihe von Faktoren ab. Zum einen spielt die Marktmacht des Standardisierungsgremiums eine Rolle.[890] Je größer diese ist, desto stärker wirkt das Oligopsonargument. Folgt aus der Mitgliedschaft eine Lizenzierungspflicht gegenüber den Mitglieder des Standardisierungsgremiums und ist die Mitgliedschaft faktisch oder rechtlich zwingend, begründet dies ebenfalls kartellrechtliche Bedenken.[891] In einem solchen Fall werden Schutzrechtsinhabern Lizenzierungspflichten aufgezwungen. Ferner spielt es eine Rolle, wie die Lizenzierung geregelt ist. Sofern eine Exklusivlizenz an das Standardisierungsgremium zu erteilen ist, und nur dieses weitere Lizenzen vergeben kann, kann dies kartellrechtliche Bedenken verstärken. Sofern jedoch eine Lizenzierung an das Standardisierungsgremium nicht exklusiv ist, werden die kartellrechtlichen Bedenken verringert.[892] Schließlich spielt eine Rolle, welche Schutzrechte von Lizenzierungspflichten erfasst werden. Sind dies nur essentielle Schutzrechte, mögen Effizienzgründe für Lizenzierungspflichten sprechen.[893]

Trotz der Gefahr eines Oligopsons erkennen die Kartellbehörden an, dass Verhandlungen zwischen Schutzrechtsinhabern und Standardisierungsgremien wettbewerbsfördernd wirken können.[894] Ebenso sind gemeinsame Lizenzbedingungen keinesfalls *per se*-Verstöße gegen kartellrechtliche Vorschriften.[895] Die Forderung von kostenfreien Lizenzen oder Offenlegungspflichten ist grundsätzlich nicht verboten.[896]

dd. Lizenzverträge

i. Überblick über die historische Entwicklung

Die Beurteilung von lizenzvertraglichen Abreden hat sich im Laufe der Zeit mehrfach gewandelt. Besonders restriktiv war die Beurteilung zwischen den siebziger und neunziger Jahren des letzten Jahrhunderts. In dieser Zeit bestand eine Liste aus neun verbotenen Klauseln. Diese umfasste (1) die Verpflichtung, nicht patentierte Produkte mit lizenzieren zu müssen, (2) Rückübertragungsverpflichtungen von Verbesserungserfindungen, (3) Vertriebsbeschränkungen, (4) Koppelungen und Wettbewerbsverbote, (5) versteckte Exklusivlizenzen, (6) zwingen-

890 ABA, Antitrust Aspects of Standard Setting, S. 71.
891 ABA, Antitrust Aspects of Standard Setting, S. 70f.
892 Siehe ABA, Antitrust Aspects of Standard Setting, S. 72.
893 Siehe ABA, Antitrust Aspects of Standard Setting, S. 72.
894 Siehe FTC/DOJ, Antitrust Enforcement, S. 7, 49ff.
895 Siehe FTC/DOJ, Antitrust Enforcement, S. 8.
896 Siehe FTC/DOJ, Antitrust Enforcement, S. 47f.

de Paketlizenzen, (7) Erweiterungen der Basis für die Berechnung von Lizenzgebühren, (8) Verkaufsbeschränkungen für Produkte, die mit einem patentierten Verfahren hergestellt wurden sowie (9) Preisabsprachen.[897]

1995 veröffentlichten die US-Kartellbehörden neue Guidelines in Bezug auf Technologietransfer.[898] Die nachfolgende Darstellung bezieht sich auf diese Richtlinien unter Berücksichtigung relevanter Rechtsprechung.

ii. Überblick über Antitrust Guidelines

Die IP Guidelines der USA erfassen grundsätzlich Patente, Urheberrechte und Geschäftsgeheimnisse.[899] Sie gehen von der Prämisse aus, dass es grundsätzlich keine Sonderbehandlung von Immaterialgüterrechten gegenüber Sacheigentum gibt.[900] Besonderheiten gewerblicher Schutzrechte seien jedoch zu beachten.[901] Diese Prämisse stellt drei Dinge klar. Erstens unterfallen gewerbliche Schutzrechte genauso dem Kartellrecht wie andere Kategorien des Eigentums.[902] Zweitens gehen die Kartellbehörden nicht wie die über viele Jahre praktizierte Rechtsprechung der USA davon aus, dass gewerbliche Schutzrechte zugleich ein Monopol im kartellrechtlichen Sinne darstellen.[903] Drittens reicht Monopolmacht allein nicht aus, um einen Kartellrechtsverstoß zu begründen. Verboten ist allein der illegale Erwerb oder die illegale Aufrechterhaltung von Monopolmacht.[904]

Wie bereits dargestellt wurde, unterscheidet das US-Kartellrecht zwischen *per se*-Illegalität und einer Untersuchung nach dem *Rule of Reason*-Standard. Welche Absprachen *per se* verboten sind, richtet sich nach der Kasuistik des US-Gerichte. Als *per se*-Verbote gelten dabei in erster Linie reine Preisabsprachen, Mengenbeschränkungen und Marktaufteilungen zwischen Wettbewerbern sowie Gruppenboykotte und Preisbindungsklauseln.[905] Nach den Richtlinien der US-Kartellbehörden wird zusätzlich zur Zuordnung einer Vereinbarung zu einer der Fallgruppen der *per se*-Illegalität noch geprüft, ob die Lizenzvereinbarung zu einer effizienzsteigernden Integration ökonomischer Tätigkeiten führt. Ist dies der Fall, kann sie einem *per se*-Verbot entkommen.[906]

---

897 Siehe Homiller, 7 Duke Law and Tech. Rev. (2006), Tz. 13.
898 FTC/DOJ, Antitrust Guidelines for the Licensing of Intellectual Property, http://www.usdoj.gov./atr/public/guidelines/0558.htm.
899 Siehe Antitrust Guidelines for the Licensing of Intellectual Property, 1.0.
900 Antitrust Guidelines for the Licensing of Intellectual Property, 2.0.
901 Antitrust Guidelines for the Licensing of Intellectual Property, 2.1.
902 Antitrust Guidelines for the Licensing of Intellectual Property, 2.0 (a).
903 Antitrust Guidelines for the Licensing of Intellectual Property, 2.0 (b), 2.2.; zur Aufgabe dieser Rechtsprechung siehe auch *Illinois Tool Works Inc. et al. v. Independent Ink, Inc.*, 547 U.S. 28, 126 S. Ct. 1281 (2006).
904 Antitrust Guidelines for the Licensing of Intellectual Property, 2.2.
905 Antitrust Guidelines for the Licensing of Intellectual Property, 3.4.
906 Antitrust Guidelines for the Licensing of Intellectual Property, 3.4.

Besteht kein *per se*-Verbot, stellen die Behörden je nach den Umständen des Einzelfalls umfangreiche Untersuchungen der wettbewerbsfördernden und wettbewerbsbeschränkenden Auswirkungen an.[907] Dabei betrachten sie grundsätzlich die Auswirkungen auf Warenmärkte, Technologiemärkte sowie Innovationsmärkte.[908]

iii. Sicherheitszone

Um die Anwendung zu vereinfachen, gehen die US-Kartellbehörden davon aus, dass bei einem gemeinsamen Marktanteil der Vertragsparteien von bis zu 20% sowie dem Fehlen einer Beschränkung, die Grundlage eines *per se*-Verbotes sein kann, kein Anlass zu kartellrechtlichen Bedenken besteht.[909] Diese Marktanteilberechnung bezieht sich dabei auf Warenmärkte.[910] Gegebenenfalls werden auch Technologie- und Innovationsmärkte miteinbezogen.[911] Hier greift die Sicherheitszone ein, sofern keine *per-se* verbotenen Absprachen vorliegen, und es zudem bei Technologiemärkten vier weitere unabhängige Substiutionstechnologien bzw. auf Innovationsmärkten mindestens vier weitere Unternehmen, Forschungseinrichtungen oder Unternehmenszusammenschlüsse gibt, die in der Lage sind, unabhängig voneinander substituierbare Technologien zu entwicklen.[912]

iv. Preisbindungsklauseln

Preisfestlegungen des Lizenzgebers zu Lasten der Lizenznehmer sind nach den Guidelines grundsätzlich *per se* verboten.[913] Zu beachten ist jedoch auch, dass die ursprüngliche *per se*-Beurteilung mittlerweile durch den *Supreme Court* jedenfalls überdacht wird.[914] So erwähnen die Guidelines selbst, dass der Inhaber eines Produktpatents unter bestimmten Voraussetzungen den Erstverkaufspreis des patentierten Produkts festlegen darf.[915]

v. Exklusive Lizenzen

Exklusive Lizenzen werden ebenfalls nach der *Rule of Reason* beurteilt.[916] Problematisch erscheinen sie den Kartellbehörden in aller Regel nur, wenn die Lizenznehmer oder der Lizenzgeber einerseits und seine Lizenznehmer in einem Wettbewerbsverhältnis zueinander stehen. Dies wären beispielsweise Situationen gegenseitiger Kreuzlizenzen zwischen Unternehmen mit gemeinsamer Marktmacht oder der Rücklizenzierung.[917] Die Kartellbehörden berücksich-

---

907 Antitrust Guidelines for the Licensing of Intellectual Property, 3.4.

908 Antitrust Guidelines for the Licensing of Intellectual Property, 3.2.1., 3.2.2., 3.2.3.

909 Antitrust Guidelines for the Licensing of Intellectual Property, 4.3.

910 Antitrust Guidelines for the Licensing of Intellectual Property, 4.3.

911 Antitrust Guidelines for the Licensing of Intellectual Property, 4.3.

912 Antitrust Guidelines for the Licensing of Intellectual Property, 4.3.

913 Antitrust Guidelines for the Licensing of Intellectual Property, 5.2.

914 Hinsichtlich der Abschaffung für Vertikalvereinbarungen siehe *Leegin Creative Leather Products, Inc. v. PSKS, Inc., Kay's Kloset...Kay's Shoes*, 127 S. Ct. 2705 (2007).

915 Antitrust Guidelines for the Licensing of Intellectual Property, 5.2.

916 Antitrust Guidelines for the Licensing of Intellectual Property, 4.1.2.

917 Antitrust Guidelines for the Licensing of Intellectual Property, 4.1.2.

tigen bei der Beurteilung insbesondere Argumente des Lizenzgebers, Exklusivität sei notwendig, um einerseits hinreichende Investitionen der Lizenznehmer zu erreichen,[918] oder andererseits, einer faktischen Enteignung vorzubeugen.[919]

vi. Koppelungspraktiken und Paketlizenzen172

Koppelungspraktiken unterfallen grundsätzlich einer *Rule of Reason*-Analyse.[920] Sie werden von den US-Kartellbehörden dann verfolgt, sofern (1) eine Koppelung zweier unterschiedlicher Produkte oder Dienstleistungen vorliegt,[921] (2) der Verkäufer Marktmacht besitzt, (2) die Vereinbarung negative Auswirkungen auf den Wettbewerb im Markt des gekoppelten Produkts hat und es (3) keine Effizienzgründe gibt, die die wettbewerbsbeeinträchtigenden Wirkungen ausgleichen.[922] Hinzuweisen ist in diesem Zusammenhang insbesondere auch auf das Urteil *Eastman Kodak Co.* v. *Image Technical Services Inc.*[923]. In diesem Fall hatte es der Supreme Court als kartellrechtswidrig beurteilt, dass das Unternehmen Kodak den Kauf von Ersatzteilen für ihre Kopiermaschinen mit Serviceverträgen zur Wartung gekoppelt hat.[924] Die nachträgliche Kombination der Lieferung von Ersatzteilen und Wartungsdiensten beeinträchtigte einen einigermaßen florierenden Sektor für Reparaturdienstleistungen, der durch die vorherige Verkaufspraxis entstanden war. Die Änderung der Vertriebspraxis im Sinne eines Abbruchs von Geschäftsbeziehungen wurde deshalb verboten.[925]

Paketlizenzen werden von den Kartellbehörden in der Praxis nach denselben Grundsätzen beurteilt. Es kommt bei der Rechtmäßigkeit insbesondere darauf an, ob die gekoppelten Schutzrechte komplementär sind, um ein auf ihnen aufbauendes Produkt herzustellen.[926]

vii. Wettbewerbsverbote

Auch Wettbewerbsverbote unterfallen einer *Rule of Reason*-Analyse.[927] Im Ergebnis ist entscheidend, ob es hinreichende Gründe für ein Wettbewerbsverbot gibt, also beispielsweise durch eine solche Maßnahme die Anwendung und Entwicklung der Technologie des Lizenzgebers gefördert wird. Dies wird gegen die marktabschottende Wirkung und die Verlangsamung der Entwicklung von konkurrierenden Technologien abgewogen.[928] Dabei werden unter anderem das Ausmaß der Marktabschottung, die Dauer des Wettbewerbsverbots, Besonderheiten der Input- und Outputmärkte, wie Marktzutrittsbarrieren und die Konzentration des

918 Antitrust Guidelines for the Licensing of Intellectual Property, 2.3.
919 Antitrust Guidelines for the Licensing of Intellectual Property, 4.1.2.
920 Antitrust Guidelines for the Licensing of Intellectual Property, 5.3.
921 Siehe *Eastman Kodak Co.* v. *Image Technical Services Inc.,* 112. S. Ct. 2073, 2079f.
922 Antitrust Guidelines for the Licensing of Intellectual Property, 5.3.
923 112 S. Ct. 2073, 2079 (1992).
924 Vgl. *Eastman Kodak Co.* v. *Image Technical Services Inc.,* 112. S. Ct. 2073, 2080 (1992).
925 Kritisch hierzu siehe etwa Carlton, Exclusionary Conduct.
926 Antitrust Guidelines for the Licensing of Intellectual Property, 5.3.
927 Antitrust Guidelines for the Licensing of Intellectual Property, 5.4.
928 Antitrust Guidelines for the Licensing of Intellectual Property, 5.4.

Marktes berücksichtigt.[929] Im Zusammenhang mit einem technischen Standard mag diese Analyse bei hohen Netzeffekten und hoher Konzentration auf dem Inputmarkt dazu führen, dass derartige Vereinbarungen verboten sind.

viii. Rücklizenzen

Bei Rücklizenzen unterscheiden die US-Kartellbehörden grundsätzlich zwischen exklusiven Rücklizenzen und nicht exklusiven Rücklizenzen. Nicht exklusive Lizenzen haben eine geringere Wahrscheinlichkeit, als kartellrechtswidrig beurteilt zu werden.[930] Im Übrigen unterfallen auch Rücklizenzen einer *Rule of Reason*-Analyse.[931] Besondere Beachtung schenken die Kartellbehörden dabei dem Einfluss von Rücklizenzierungspflichten auf die Forschungs- und Entwicklungsanreize der Lizenznehmer.[932]

ix. Lizenzentzug infolge Nichtigkeits- oder Verletzungsklage

Ferner bestehen in den USA gewisse Grenzen marktbeherrschender Unternehmen, auf Verletzungsklagen seitens Lizenznehmern zu antworten. Maßgebend hierfür ist das Verfahren FTC v. Intel.[933] In diesem Verfahren besaß ein Lizenznehmer von Intel, das Unternehmen Intergraph, Patente, die angeblich von Intel bei der Herstellung einer neuen Chipgeneration verletzt wurden. Nachdem Lizenzverhandlungen scheiterten, verklagte Intergraph Intel auf Unterlassung. Intel antwortete daraufhin mit Lizenzentzug für das Unternehmen Intergraph, das auf die Lieferung von Inteltechnologie zur Produktion von Computern angewiesen war.[934]

Die FTC sah in diesem Lizenzentzug einen Kartellrechtsverstoß. Nach ihrer Auffassung bestand eine Wettbewerbsbeeinträchtigung darin, dass durch das Verhalten von Intel Forschungs- und Entwicklungsanreize bei anderen Unternehmen geschwächt würden.[935] Das Verfahren endete mit einem Vergleich, in dem sich Intel dazu bereit erklärte, weiterhin Lizenznehmer zu versorgen, wenn diese ihrerseits keinen Unterlassungsanspruch gegen Intel geltend machen würden.[936] Für marktbeherrschende Unternehmen ist es daher nicht möglich, Verletzungsklagen in Form von Schadenersatzklagen durch Drohung mit Lizenzentzug abzuwehren.

ee. Schutzrechtspools

Schutzrechtspoolingabkommen und Kreuzlizenzierungen blicken auf eine lange Praxis in den USA zurück. Sie wurden entsprechend den sich wandelnden Auffassungen zum Verhältnis

929 Antitrust Guidelines for the Licensing of Intellectual Property, 5.4.
930 Antitrust Guidelines for the Licensing of Intellectual Property, 5.6.
931 Antitrust Guidelines for the Licensing of Intellectual Property, 5.6.
932 Antitrust Guidelines for the Licensing of Intellectual Property, 5.6.
933 FTC, *In the Matter of Intel Corporation*, Docket No. 9288.
934 Siehe FTC, Press Release 17.März, 1999, http://www.ftc.gov/opa/1999/03/intelcom.htm.
935 Siehe FTC, Press Release 17.März, 1999, http://www.ftc.gov/opa/1999/03/intelcom.htm.
936 Siehe FTC, *In the Matter of Intel Corporation*, Docket No. 9288.; ausführlich und kritisch zu diesem Fall siehe Shapiro, FTC v. Intel.

des Immaterialgüterrechts zum Kartellrecht mal weniger und mal stärker restriktiv beurteilt.[937] Die Besonderes Augenmerk richteten die Gerichte dabei auf die Frage, inwieweit durch Poolingabkommen insbesondere Preisabsprachen und Mengenbeschränkungen erleichtert wurden[938]. Von besonderer Relevanz sind mittlerweile mehrere Business Letter der amerikanischen Kartellbehörden, die sich insbesondere mit der Zulässigkeit von Schutzrechtspoolingabkommen im Rahmen technischer Standardisierung beschäftigt haben.[939] Als weitere Leitlinie können zudem die Guidelines on Collaboration of Horizontal Competitors sowie die Guidelines on the Licensing of Intellectual Property dienen. Die relevanten rechtlichen Regelungen werden nachfolgend kurz erläutert.

Grundsätzlich unterstehen Schutzrechtspoolingabkommen, die der Integration mehrerer Technologien dienen, keinem *per-se*-Verbot sondern einer *Rule of Reason* Analyse.[940] Wettbewerbsfördernd wirken die Vereinbarungen grundsätzlich häufig, weil sie Blockadesituationen klären und Transaktionskosten verringern können. Wettbewerbsbeschränkende Wirkung haben Schutzrechtspools dadurch, dass sie Preis- und Mengenabsprachen sowie Informationsaustausch erleichtern, Forschungs- und Entwicklungsanreize senken, Monopolmacht auf Lizenzmärkte ausdehnen, Wettbewerb auf abhängigen Wirtschaftsstufen beschränken und zweifelhafte Schutzrechte stärken können.[941]

Ein Schutzrechtspool muss aus diesem Grund zum einen wettbewerbsfördernde Wirkungen hervorrufen und zugleich so organisiert sein, dass die wettbewerbsbeeinträchtigenden Konsequenzen minimiert werden. Ausgehend von dieser Analyse gilt daher das Folgende:

---

937 Ausführliche Darstellungen bei Newberg, Antitrust and Patent Pools; Hovenkamp/Janis/Lemley, IP and Antitrust, § 34.3.

938 Vgl. etwa *Standard Sanitary MfG. Co. v. United States,* 226 U.s. 20 (1912), *United States v. New* Wrinkle, 342 U.S. 371 (1952), *United States v. Line* Material, 333 U.S. 287 (1948); *United States v. United States Gypsum Co.,* 333 U.S. 364 (1948) bezüglich Preisabsprachen; *Hartford-Empire Co. v. United States*, 323 U.S. 386 (1945) hinsichtlich Mengenbeschränkungen; auch nach den Antitrust Guidelines for Collaborations Among Competitors 3.2 sind Vereinbarungen, die in aller Regel zu höheren Preisen oder geringerer Produktionsmenge führen, per se rechtswidrig.

939 Siehe Business Review Letter from Joel I. Klein to Carey R. Ramos, June 10, 1999, http://www.usdoj.gov/atr/public/busreview/2485.htm [Toshiba DVD letter]; Letter from Joel Klein, Acting Ass't Att'y Gen'l, to Gerrard R. Beeney, Esq., June 26, 1997, http://www.usdoj.gov/atr/public/busreview/215742.pdf [MPEG-2 business review letter]; Buiness Review Letter rom Charles A. James to Ky P. Ewing,Esq., November 12, 2002, http://www.usdoj.gov/atr/pub/busreview/200455.htm [3G Business Review Letter].

940 Antitrust Guidelines for the Licensing of Intellectual Property, 5.5.; FTC/DOJ, Antitrust Enforcement, S. 9; Hovenkamp/Janis/Lemley, IP and Antitrust, § 34.4; sofern sie jedoch Mechanismen für Preisabsprachen oder Marktaufteilungen darstellen, unterliegen sie einer per se-Nichtigkeit, Antitrust Guidelines for the Licensing of Intellectual Property, 5.5.

941 Siehe Hovenkamp/Janis/Lemley, IP and Antitrust, § 34.4., 34-19.

Zunächst einmal ist sicherzustellen, dass sich nur gültige Schutzrechte in einem Schutzrechtspool befinden. Ein Pool darf daher die Rechtsverfolgung für Dritte nicht erschweren und sollte Mechanismen vorsehen, um ungültige Schutzrechte aus dem Pool zu entfernen.[942]

Grundsätzlich unbedenklich sind Schutzrechtspools, die allein aus sog. essentiellen Schutzrechten bestehen, also aus Patenten, die für einen bestimmten Zweck notwendig und zugleich nicht substituierbar sind.[943] Dabei ist der Maßstab für die Substituierbarkeit ein wenig umstritten. Nach einem Urteil des *Federal Circuit* kommt es auf wirtschaftliche Machbarkeit im Zeitpunkt der Lizenznahme an.[944] Allerdings sollte sichergestellt werden, dass ehemals essentielle Schutzrechte, die aufgrund der technischen Entwicklung nicht mehr notwendig sind, aus dem Pool entfernt werden.[945]

Zu beachten ist ferner, dass Patente aus mehreren unterschiedlichen Patentansprüchen bestehen können. Es ist denkbar, dass nur einige dieser Ansprüche für einen bestimmten Zweck essentiell, andere Ansprüche jedoch substituierbar sind. Bei der Beurteilung der Essentialität sollte es daher nicht auf ganze Patente, sondern auf konkrete Patentansprüche ankommen.[946] Ferner sinkt die Gefahr, dass ein Pool als kartellrechtswidrig anerkannt wird, wenn die Auswahl der essentiellen Schutzrechte durch ein unabhängiges Gremium erfolgt.[947]

Befinden sich mehrere substituierbare Schutzrechte im Pool folgt daraus kein *per se*-Verbot, allerdings bestehen Bedenken wegen Preisabsprachen auf den Lizenzmärkten.[948] Aber auch wenn nur ein einzelnes substituierbares Schutzrecht zusammen mit essentiellen Schutzrechten in einem Pool ist, können Bedenken bestehen, weil dadurch die Gefahr droht, dass Marktmacht auf Märkten der essentiellen Schutzrechten auf Lizenzmärkte mit substituierbaren Schutzrechten übertragen wird.[949]

Dem Vorwurf der Reduktion von Forschungs- und Entwicklungsanreizen kann ein Pool durch Maßnahmen entgehen, die sicherstellen, dass allein essentielle Schutzrechte im Pool sind[950] und zudem ein Verteilungsschlüssel der Lizenzgebühren gewählt wird, der Inhabern wichtigerer Schutzrechte einen höheren Anteil an den Lizenzgebühren zukommen lässt.[951]

942 Vgl. Hovenkamp/Janis/Lemley, IP and Antitrust, § 34.4, Toshiba Review letter S. 9.
943 DVD Review Letter II-A; Guidelines for the Licensing of Intellectual Property, 5.5, Beispiel 10; Hovenkamp/Janis/Lemley, IP and Antitrust, § 34.4c1.
944 Vgl. Hovenkamp/Janis/Lemley, IP and Antitrust, § 34.4c1, S. 34-30.1.
945 Siehe MPEG-2 business review letter II-A.
946 Hovenkamp/Janis/Lemley, IP and Antitrust, § 34.4c1, S. 34-32.2.
947 Siehe Toshiba DVD letter; MPEG-2 Business Review Letter; 3G Business Review Letter.
948 Siehe FTC/DOJ, Antitrust Enforcement, S. 9.
949 Siehe FTC/DOJ, Antitrust Enforcement and Intellectual Property Rights, Promoting Innovation and Competition, Chapter 3: Antitrust Analysis of Portfolio Cross-Licensing Agreements and Patent Pools unter www.usdoj.gov/atr/public/hearings/ip/chapter_3.htm unter III.D.1.
950 Dabei lassen jedenfalls die Kartellbehörden nicht nur technisch, sondern auch wirtschaftlich essentielle Patente zu, siehe Toshiba DVD letter, S. 11.
951 Siehe Toshiba DVD letter.

Ferner sind Vorkehrungen zu treffen, die übermäßigen Informationsaustausch verhindern. Wird die Verwaltung des Pools einem Mitglied übertragen, dann sollte durch organisatorische Maßnahmen dafür gesorgt werden, dass die Informationen vertraulich und getrennt vom üblichen Geschäftsbetrieb behandelt werden[952]. Denkbar wäre aber auch eine unabhängige Verwaltungsstelle.[953]

Um abgestimmte Behinderung anderer Wettbewerber zu vermeiden, sollte ferner dafür gesorgt werden, dass der Pool keine Exklusivlizenzen erhält.[954] Keine in jedem Fall zwingende Anforderung ist jedoch, dass der Pool für alle Bewerber offen stehen muss oder aber jedermann Lizenzen zu vernünftigen und nicht diskriminierenden Bedingungen gewährt.[955] Eine Ausnahme dazu besteht allenfalls dann, wenn die Poolmitglieder gemeinsam Marktmacht im jeweils relevanten Markt besitzen und Unternehmen ohne die geschützte Technologie vom Wettbewerb in diesem Markt ausgeschlossen sind. Aber selbst in solch einem Fall erfolgt noch eine Abwägung.[956]

ff. Vertriebsvereinbarungen

Zahlreiche Verbote kennt das US-Kartellrecht zudem für vertikale Vertriebsvereinbarungen. Der Robinson-Patman Act verbietet in großem Umfang Preisdiskriminierung auf Produktmärkten.[957] Für die Einzelheiten dieses sehr komplizierten Rechtsgebiets sei auf die einschlägigen Kommentierungen verwiesen.[958] Einer *Rule of Reason*-Analyse unterfallen hingegen rein vertikal wirkende Gebiets- oder Kundenbeschränkungen[959] sowie ausschließliche Vertriebsvereinbarungen.[960] Auch Preisfestsetzungen werden nach jahrelanger Behandlung als *per-se*-Verletzugen nunmehr unter der *Rule of Reason* analysiert.[961] Koppelungsvereinbarungen können je nach den Umständen des Einzelfalls *per se*-Verboten unterliegen.[962]

952 Siehe Toshiba DVD letter.

953 So etwa im MPEG-2 Pool, siehe MPEG-2 Business Review Letter.

954 Siehe für die Notwendigkeit einer faktischen Möglichkeit der individuellen Lizenznahme auch *Matsushita Electrical Industrial Co. Ltd. v. Cinram Internationals, Inc.*, 299 F.Supp.2d 370 (D.Del.. 2004) 377, 378f.

955 Antitrust Guidelines for the Licensing of Intellectual Property, 5.5; Hovenkamp/Janis/Lemley, IP and Antitrust, § 34.4, 34-23.

956 Antitrust Guidelines for the Licensing of Intellectual Property, 5.5; Hovenkamp/Janis/Lemley, IP and Antitrust, § 34.4, 34-24.

957 Siehe 15 U.S.C. § 14.

958 Siehe etwa Banks, Pricing and the Robinson Patman Act.

959 Siehe *Continental T.V., Inc. v. GTE Sylvania, Inc.*, 433 U.S. 36 (1977).

960 Siehe etwa *United States v. Arnold Schwinn & Co.*, 388 U.S. 365 (1977).

961 Siehe *Leegin Creative Leather Products, Inc. v. PSKS, Inc., Kay's Kloset...Kay's Shoes,* 127 S. Ct. 2705 (2007).

962 Maßgebend ist in aller Regel die Marktmacht des koppelnden Unternehmens, siehe *Jefferson Parish Hosp. Dist. v. Hyde*, 466 U.S. 2, 15 (1984).

c) Einseitiges Verhalten

aa. Überblick

Ähnlich wie das europäische Kartellrecht kennt das US-Kartellrecht auch Beschränkungen bei lediglich einseitigem Verhalten von Schutzrechtsinhabern. Hierbei ist insbesondere der Clayon Act zu nennen, der unter bestimmten Voraussetzungen Preisdiskriminierung verbietet.[963] Äußerst kontrovers diskutiert wird in den USA ferner, ob und unter welchen Bedingungen Lizenzierungspflichten bestehen können.

bb. Preisdiskriminierung

Etwas unklar ist die Frage, inwieweit ein Schutzrechtsinhaber Preisdiskriminierung im Rahmen von Lizenzgebühren betreiben kann. Drei Entscheidungen aus den sechziger Jahren des letzten Jahrhunderts haben Preisdiskriminierung als unrechtmäßig erachtet. Allerdings ist zweifelhaft, ob Gerichte heutzutage diesen Entscheidungen noch folgen.[964] Gemäß zweier Entscheidungen des 7th Circuit muss ein Kläger mittlerweile eine Wettbewerbsbeeinträchtigung durch die Preisdiskriminierung nachweisen.[965] Eine untergerichtliche Entscheidung hat zudem Preisdiskriminierung unter bestimmten Voraussetzungen als rechtmäßig bewertet.[966]

cc. Preiskontrolle

Eine Preiskontrolle kennt das US-amerikanische Recht grundsätzlich nicht.[967] Verboten sind nur Kampfpreisstrategien. Für die Einzelheiten wird auf die einschlägigen Kommentierungen verwiesen.[968]

dd. Einseitige Lizenzverweigerung

i. Grundsatz: Einseitige Lizenzverweigerung rechtmäßig

Trotz einer sehr umfangreichen Diskussion und einigen Ansätzen in der Rechtsprechung gibt es bisher keinen Grundsatz im US-amerikanischen Recht, der allgemein die Zwangslizenzierung gewerblicher Schutzrechte vorsieht.[969] Eine solche käme allenfalls im Rahmen von Sec. 2 Sherman Act in Betracht. Voraussetzung für dessen Anwendung ist Monopolmacht des Schutzrechtsinhabers.[970]

963 35 U.S.C. § 14.
964 Siehe ausführlich Hovenkamp/Janis/Lemley, IP and Antitrust, § 13.5c, S. 13-51ff.
965 Siehe *Hennessey Indus v. FMC Corp.*, 779 F.2d 402 (7th Cir. 1985); USM Corp. v. SPS Corp., 694 F.2d 505, 512 (7th Cir. 1983).
966 *Eon Labs. v. Watson Pharmaceuticals*, 164 F.Supp. 2D 350 (S.D.N.Y. 2001).
967 Siehe hierzu die Rede von Patee, Licensing Freedom, zu „Excessive Royalties in Standard Setting and Beyond".
968 Siehe hierzu etwa Preovolos, 1583 PLI/Corp 211 (2007).
969 Hovenkamp/Janis/Lemley, IP and Antitrust, § 13.2a., b, S. 13-5ff.
970 Hovenkamp/Janis/Lemley, IP and Antitrust, § 13.3a, S. 13-11.

Auch unter Anwendung der Voraussetzungen der Sec. 2 Sherman Ackt erkennen die US-amerikanischen Gerichte grundsätzlich keinerlei Verpflichtung eines Schutzrechtsinhabers an, Wettbewerb im Rahmen der eigenen Technologie zu schaffen. Vorausgesetzt die Schutzrechte sind gültig, geht die Rechtsprechung in der Regel davon aus, dass es weder einen Benutzungszwang noch einen Lizenzierungszwang für Schutzrechtsinhaber gibt. Dies gilt sowohl für diejenigen Fälle, in denen eine Lizenz gar nicht erteilt wird[971] als auch für diejenigen Fälle, in denen nachträglich eine Geschäftsbeziehung wieder beendet wird.[972] Ferner gibt es für einen Schutzrechtsinhaber in aller Regel keinen Gleichbehandlungsgrundsatz bzw. kein Diskriminierungsverbot.

Rechtlich gibt es nur zwei Fallgruppen, die überhaupt eine Lizenzierungspflicht begründen könnten. Die erste ist die sog. *Essential Facilities* Doktrin, die zweite ist der Versuch der Monopolisierung.

ii. Essential Facilities Doctrine

Die Essential Facilities Doctrine hat nach US-amerikanischem Recht vier Anwendungsvoraussetzungen: (1) Ein Monopolist muss eine wesentliche Einrichtung kontrollieren. (2) Es muss praktisch oder faktisch unmöglich sein, ein Substitut für die Einrichtung herzustellen. (3) Der Monopolist muss den Zugang zur Einrichtung verweigern, obwohl er (4) die Möglichkeit hat, Zugang zu gewähren.[973] Zudem scheint die Doktrin nur dann anwendbar zu sein, wenn es zu einer Marktabschottung auf dem abhängigen Markt kommt, der Monopolist in Bezug auf die wesentliche Einrichtung demnach zugleich ein Monopol auf dem abhängigen Markt begründet.[974]

Bisher gibt es allerdings keinen einzigen tatsächlichen Fall, in dem sie in diesem Zusammenhang erfolgreich zur Anwendung gebracht wurde.[975] Dies bedeutet keinesfalls, dass es völlig ausgeschlossen ist, die Doktrin auf gewerbliche Schutzrechte anzuwenden. Allerdings wurde das einzige Urteil, das diese Doktrin bisher angewendet hat, vom Federal Circuit aufgehoben.[976]

---

971 Hovenkamp/Janis/Lemley, IP and Antitrust, § 13.2b, S. 13-6.

972 Hovenkamp/Janis/Lemley, IP and Antitrust, § 13.3e S. 13-32, möglicherweise ließe sich jedoch aus den Entscheidungen *Aspen Skiing Co. v. Aspens Highland Skiing Corp.*, 472 U.S. 585 (1985) und *Technical Services v. Eastman Kodak*, 125 F.3d 1195 (9th Cir. 1997) etwas anderes herleiten.

973 *MCI Comm. Corp. v. AT&T*, 708 F.2d 1081 (7th Cir. 1983).

974 Hovenkamp/Janis/Lemley, IP and Antitrust, § 13.3c1; S. 13-13f. unter Berufung auf die Tatbestände der Entscheidungen *Otter Tail Power Corp. v. United States,*410 U.S. 366 (1973), *MCI Comm. Corp. v. AT&T*, 708 F.2d 1081 (7th Cir. 1983) sowie *Aspen Skiing Co. v. Aspens Highland Skiing Corp.*, 472 U.S. 585 (1985).

975 So Hovenkamp/Janis/Lemley, IP and Antitrust, § 13.3c2, S. 13-14.

976 z.B. *Intergraph Corp.* v. *Intel Corp.*, 3 F. Supp. 2D 1255 (N.D. Ala. 1998), aufgehoben durch den Federal Circuit 195 F.3d 1356.

Daneben gibt es noch einige Urteile, in denen die Doktrin Anwendung fand, bei denen es jedoch nicht in erster Linie um die Lizenzierung gewerblicher Schutzrechte ging, sondern vielmehr um Zugang zu bestimmten Einrichtungen, die möglicherweise auch mit Hilfe geschützter Technologien hergestellt wurden.[977] Anzumerken ist ferner, dass die Gültigkeit der *Essential* Facilities Doktrin auch vom Supreme Court in Zweifel gezogen wird.[978]

iii. Lizenzverweigerung im Rahmen der Monopolisierung

Eine weitere umstrittene Frage in der Kartellrechtspraxis der USA ist, inwieweit eine Lizenzverweigerung den Vorwurf einer unerlaubten Monopolisierung begründen kann. Hierzu gibt es teilweise unterschiedliche Auffassungen des Federal Circuit,[979] des First Circuit[980] und des Ninth Circuit.[981]

Der Federal Circuit sieht grundsätzlich in der einseitigen Lizenzverweigerung keinen Kartellrechtsverstoß, sofern es sich um ein rechtmäßig erworbenes Schutzrecht handelt, der Rechtsstreit berechtigt ist und der Schutzrechtsinhaber nicht versucht, sein Monopol über den Schutzbereich des Schutzrechts auszudehnen.[982] Eine unzulässige Ausdehnung des Monopols könnte bestehen, wenn der Schutzrechtsinhaber die Lizenzierung von Verhaltensweisen abhängig machte, die keine Verletzungshandlungen darstellten.[983] Im übrigen ist eine Lizenzverweigerung *per se* legal.[984]

Der First Circuit geht hingegen nicht so weit, Lizenzverweigerungen vollständig freizustellen. Vielmehr will er allein eine Rechtsvermutung der Rechtmäßigkeit gelten lassen, die jedoch widerlegt werden kann.[985]

Der Ninth Circuit schließlich folgt grundsätzlich auch der Idee einer Vermutung der Rechtmäßigkeit. Diese kann jedoch insbesondere durch den Nachweis der Absicht des Schutzrechtsinhabers widerlegt werden, er strebe eine Monopolisierung an.[986] Sofern er die Absicht der Monopolisierung hat und die Berufung auf Schutzrechte allein als Vorwand zur Rechtfertigung dient, solle dieser nicht anerkannt werden.[987]

---

977 Hovenkamp/Janis/Lemley, IP and Antitrust, § 13.3c3, S. 13-21ff. mit Beispielen und Nachweisen.

978 Siehe *Verizon Communications, Inc. v. Law Offices of Curtis V. Trinko*, 124 S. Ct. 872 (2004), 881.

979 Siehe *In Re Independent Service Organizations Antitrust Litigation*, 203 F.3d (Fed. Cir. 2000), bekannt unter dem Namen *Xerox*.

980 *Data General v. Grumman Systems Support*, 36 F.3d 1147 (1st Cir. 1994).

981 *Image Technical Services v. Eastman Kodak*, 125 F.3d 1195 (9th Cir. 1997).

982 *In Re Independent Service Organizations Antitrust Litigation*, 203 F.3d (Fed. Cir. 2000), S. 1327.

983 *In Re Independent Service Organizations Antitrust Litigation*, 203 F.3d (Fed. Cir. 2000), S. 1327.

984 *In Re Independent Service Organizations Antitrust Litigation*, 203 F.3d (Fed. Cir. 2000), S. 1327.

985 *Data General v. Grumman Systems Support*, 36 F.3d 1147 (1st Cir. 1994), S. 1184.

986 *Technical Services v. Eastman Kodak*, 125 F.3d 1195 (9th Cir. 1997), S. 1218.

987 *Technical Services v. Eastman Kodak*, 125 F.3d 1195 (9th Cir. 1997), S. 1219f.

Wichtig ist, dass diese Rechtsprechung nur dann gilt, wenn tatsächlich ein unabhängiges, einseitiges Verhalten des Schutzrechtsinhabers vorliegt. Die Maßstäbe von Sec. 1 Sherman Act sind hingegen heranzuziehen, sofern der Schutzrechtsinhaber nur das koordinierte Verhalten von Wettbewerbern durchsetzt.[988] Die Kartellbehörden gehen gemäß ihrem jüngsten Report davon aus, dass einseitige Lizenzverweigerung nicht von der Anwendung des Kartellrechts ausgeschlossen ist. Allerdings sehen sie die Lizenzverweigerung als ein Kernstück von Patentrechten. Sie sehen keinen großen Anwendungsbereich für Zwangslizenzen, zumal deren Wirkungen schwierig vorherzusehen sind.[989] Dies betrifft jedoch allein unbedingte Lizenzverweigerung. Im Fall bedingter Lizenzverweigerung kann es zu einer Haftung kommen.[990]

ee. Erwerb gewerblicher Schutzrechte

Der Erwerb gewerblicher Schutzrechte wird ebenfalls gemäß sämtlichen Kartellvorschriften geprüft. Sofern ein Schutzrechtsinhaber seine Rechte an einer Technologie vollständig verkauft oder aber ausschließliche Lizenzen erteilt, d.h. Lizenzen, die allein dem Lizenznehmer die Nutzung der Rechte gestattet, wenden die US-Behörden zudem die Grundsätze der Fusionskontrolle gemäß den *Merger Guidelines* an.[991] Eine solche Prüfung ist immer dann gerechtfertigt, wenn die Übertragung von Lizenzen oder Schutzrechten mit einem Kauf des Schutzrechtsinhabers vergleichbar ist. Für eine wettbewerbliche Untersuchung macht es keinen Unterschied, ob ein Unternehmen mit all seinen Schutzrechten gekauft wird, oder lediglich die Schutzrechte, ohne die Hülle des Unternehmens. Im Rahmen dieser Prüfung untersuchen die Behörden und Gerichte, ob es zur Verstärkung oder Aufrechterhaltung einer marktbeherrschenden Stellung auf den relevanten Märkten, also dem Markt für die mit Hilfe der Schutzrechte produzierten Güter, dem Technologiemarkt sowie den Innovationsmärkten kommt. Insgesamt handelt es sich um eine *Rule of Reason*-Analyse.[992]

ff. Geschützte Schnittstellen und technische Integration

Schließlich gibt es anders als in Europa in den USA noch Fälle, in denen die Kläger einen Kartellverstoß darin erkennen wollten, dass der Beklagte bewusst dafür gesorgt hatte, dass es zu Inkompatibilität seiner Produkte mit Produkten anderer Hersteller kommt.[993] Dies umfasst sowohl die Herstellung geschützter Schnittstellen, als auch die Änderung bestehender Schnittstellen.

988 Hovenkamp/Janis/Lemley, IP and Antitrust, § 13..4, S. 13-40.
989 Siehe zu allem FTC/DOJ, Antitrust Enforcement, S.6, ausführlich S. 15ff.
990 Dann wird es sich in aller Regel um Koppelungsfälle handeln, die entsprechend zu lösen sein werden. Möglicherweise kommt in solchen Fällen auch die Anwendung der Patent Misuse Doktrin in Betracht, so dass entsprechendes Verhalten zu einer Verweigerung der Rechtsdurchsetzung eines Patents führt.
991 Antitrust Guidelines for the Licensing of Intellectual Property, 5.7.
992 Siehe ausführlich dazu die Horizontal Merger Guidelines, erhältlich unter http://www.usdoj.gov/atr/public/guidelines/horiz_book/hmg1.html.
993 Siehe z.B. *C.R. Bard, Inc. vs. M³ Systems, Inc.*, United States Court of Appeals for the Federal Circuit, 96-1165.

Grundsätzlich gibt es jedoch anders als in Europa mit dem *Microsoft*-Fall keine Entscheidung in den USA, die allein in der Wahl oder Geheimhaltung inkompatibler Schnittstellen einen Kartellrechtsverstoß erkannte.[994] Einige Verfahren beschäftigten sich jedoch mit der Frage, inwieweit ein Unternehmen Schnittstellen ändern darf. Grundsätzlich fehlt es jedoch in diesen Fällen an einem Kartellverstoß, wenn die Änderung eines bedeutende Innovation darstellt. Etwas anderes mag gelten, wenn ein Produkt bewusst verschlechtert wird, um Inkompatibilität zu erreichen und das handelndeUnternehmen eine marktbeherrschende Stellung innehat.[995]

4. Zusammenfassung und Vergleich

Im Ergebnis ist das US-amerikanische Kartellrecht etwas großzügiger als das europäische Kartellrecht. Weder kennt es ein außervertragliches Diskriminierungsverbot, noch stellt es ähnlich hohe Anforderungen an die allgemeine Lizenzierung, wie es die europäische Kommission in ihren Richtlinien fordert. Auch hinsichtlich der Standardisierungsorganisationen bestehen Unterschiede. Während in Europa hohe Anforderungen an die allgemeine Zugänglichkeit und Offenheit gestellt werden, ist das US-amerikanische Recht hier deutlich weniger streng. Ein Grund dafür mag in der unterschiedlichen Standardisierungslandschaft in den USA und in Europa liegen. Während in Europa zentrale europäische Normungsorganisationen bestehen, ist das Normungswesen in den USA deutlich dezentraler organisiert. Von besonderer Bedeutung ist jedoch, dass in den USA Verletzungen von Offenlegungspflichten im Rahmen formeller Standardisierung zu einer kartellrechtlichen Haftung führen können, wobei um diese Frage zwischen den Kartellbehörden und Gerichten erheblicher Uneinigkeit besteht.

E. Zwischenfazit

Die Monopolstellung eines Schutzrechtsinhabers beruht auf zwei Faktoren: dem Schutzrecht selbst und der Marktverengung, die infolge von Wechselkosten und Netzeffekten eintritt. Das Ausmaß der Marktverengung hängt einerseits davon ab, in welchem Umfang Netzeffekte den Produktnutzen bestimmen, wie viele ungebundene Nutzer als potentielle Anwender einer alternativen Spezifikation verbleiben und in welchem Umfang Probleme kollektiven Handelns bestehen. Ob eine Monopolstellung zu Monopolmacht führt, hängt entscheidend davon ab, in welchem Umfang sich der Schutzrechtsinhaber im Rahmen der Standardisierung vertraglich binden lassen muss und wie weit diese Bindungen reichen. Die Bindungen werden umso stärker sein, je besser die Informationen über gewerbliche Schutzrechte, insbesondere Patente, verfügbar sind, je mehr Wettbewerb um den technischen Standard stattgefunden hat, je weniger der Schutzrechtsinhaber vertikal integriert ist, je organisierter die Marktgegenseite ist und

994 Ebenso Hovenkamp, 48 B.C.L. Rev. (2007) 87, 101; ausführlich zu Entscheidungen, in denen über Vorabinformationen für Wettbewerber nachgedacht wurde, siehe Hovenkamp/Janis/Lemley, IP and Antitrust, § 12.4a.

995 Zustimmend wohl auch Hovenkamp, 48 B.C.L. Rev. (2007) 87, 102.

je mehr Lizenzierung erfolgen muss, um einen geschützten technischen Standard am Markt zu etablieren.

Andersherum bedeutet dies jedoch auch, dass die Monopolmacht höher ist, wenn bei Einführung eines technischen Standards die Existenz von Schutzrechten, die bei der Anwendung eines technischen Standards zwangsläufig genutzt werden, unbekannt ist, kein Wettbewerb um den technischen Standard oder einzelne Spezifikationen stattfindet und nur wenige Lizenzverträge mit unklaren Bedingungen oder kurzen Laufzeiten abgeschlossen werden. In diesem Fall kommt es dann auf die kartellrechtlichen Vorschriften an. Wie bereits erwähnt, bestehen in den USA und in Europa hierzu unterschiedliche Ansätze. Während in den USA Monopolmacht weitgehend hingenommen wird, verfolgen die europäischen Institutionen eher den Ansatz, die Monopolmacht zu beschränken.

In den nächsten Unterkapiteln sollen nun die unterschiedlichen rechtlichen Regelungen, die die Monopolmacht des Schutzrechtsinhabers begrenzen, bewertet werden. Dazu ist in einem ersten Schritt notwendig, sich zunächst Klarheit darüber zu verschaffen, ob geschützte technische Standards grundsätzlich erwünscht sind oder nicht. Dies soll nachfolgend anhand eines Kosten-Nutzen-Vergleich offener und geschützter technischer Standards erfolgen.

F. Vor- und Nachteile geschützter technischer Standards

I. Einleitung

Ein Kosten-Nutzen-Vergleich offener und geschützter technischer Standards ist grundsätzlich ein Vergleich von Wettbewerb mit und Wettbewerb ohne Inputmonopol. Die Besonderheit des Inputmonopols infolge geschützter technischer Standards besteht darin, dass es sich um ein Monopol an Informationen handelt, dessen Ursache vor allem Netzeffekte, Wechselkosten und unvollständige Verträge sind.

Grundsätzlich lässt das Fehlen eines Inputmonopols keine Aussage über die Wettbewerbsstruktur auf dem nachfolgenden Markt zu. Auch bei Abwesenheit eines Inputmonopols kann es zur Existenz marktbeherrschender Unternehmen kommen. Andersherum bedeutet das Bestehen eines Inputmonopols nicht, dass nicht Wettbewerb auf den nachfolgenden Märkten bestehen kann.

Allerdings wird ein Inputmonopolist versuchen, seine Marktstellung zur Erzielung individueller Vorteile, insbesondere zur Erzielung einer Monopolrente, zu nutzen. Dadurch entstehen Kosten und Anreize, die bei offenen technischen Standards so nicht bestehen. Diese Besonderheiten sind Gegenstand der nachfolgenden Analyse. Gesellschaftlich nachteilig sind voraussichtliche Wohlfahrtsverluste infolge höherer Preise und geringerer Mengen, Ineffizienzen durch Diskriminierung und Marktabschottung und Kosten des Schutzrechtssystems. Demgegenüber entstehen gesellschaftlich positive Anreize durch die Möglichkeit eines rechtlichen Schutzes, standardisierungsfähiges Wissen zu produzieren. Zudem können Schutzrechte Transaktionen über Information nicht nur verhindern, sondern auch fördern. Genauer untersucht wird ferner, inwieweit der Schutz positive oder negative Auswirkungen auf den Prozess und das Ergebnis technischer Standardisierung hat. Zu bedenken ist schließlich, dass Standardisierung als Koordination von Wettbewerbern möglicherweise spezielle Kollusionsmöglichkeiten zwischen Unternehmen ermöglicht.

Die folgende Darstellung ist wie folgt gegliedert: Zunächst werden die Kosten von Inputmonopolen dargestellt, insbesondere infolge höherer Preise und einer geringeren Verbreitung, sowie die Potentiale zur Diskriminierung und Marktabschottung. Anschließend werden die Vor- und Nachteile gewerblicher Schutzrechte allgemein erörtert, also die Anreizwirkung und die Transaktionsvorteile einerseits sowie die Kosten gewerblicher Schutzrechte andererseits.

Schließlich soll untersucht werden, welche Besonderheiten beim Kosten-Nutzen-Vergleich bezogen auf den Kontext technischer Standardisierung bestehen. Hierzu ist einmal der Einfluss gewerblicher Schutzrechte auf den Prozess technischer Standardisierung zu zählen. Ferner sind besondere standardisierungsspezifische strategische Möglichkeiten sowie Kollusionsmöglichkeiten zu betrachten. Vor dem Hintergrund dieser Besonderheiten soll dann eine abschließende Bewertung stattfinden.

II. Kosten von Inputmonopolen an Informationen

1. Wohlfahrtsverlust infolge höherer Preise und einer geringeren Menge

a) Anwendbarkeit der neoklassischen Monopoltheorie

Die neoklassische statische Monopoltheorie sieht das Hauptproblem von Monopolen in einem Wohlfahrtsverlust, der dadurch entsteht, dass ein Monopolist als Preissetzer bei Unmöglichkeit von Preisdiskriminierung einen höheren Preis und eine geringere Produktionsmenge festlegen wird, als es bei anderen Wettbewerbsstrukturen der Fall wäre.[996] In je größerem Maße Preisdiskriminierung möglich ist, desto geringer wird dieser Effekt.[997]

Diese Überlegungen treffen auch auf einen Schutzrechtsinhaber zu, der die Produktionsmenge und den Verkaufspreis derjenigen Güter bestimmen kann, die auf seinem Schutzrecht aufbauen.[998] Je weniger ein Schutzrechtsinhaber vertikal integriert ist, desto größere Probleme mögen für ihn jedoch bestehen, Einfluss auf die Mengen- und Preissetzung zu nehmen, weil er die Herstellung nicht selbst, sondern nur durch Lizenzverträge organisiert. Im Rahmen von

996 Siehe etwa Utton, Market Dominance, S. 3ff.
997 Siehe etwa Utton, Market Dominance, S. 15ff.
998 Siehe zu Monopolen an Netzwerken Economides, The Economics of Networks, unter 3.2.2.

Lizenzverträgen entstehen jedoch Probleme durch asymmetrische Informationen und Prinzipal-Agenten-Probleme. Diese Probleme sollen kurz erläutert werden. Anschließend werden Überlegungen dazu angestellt, welche Auswirkungen dies auf das Preisniveau und die Produktionsmenge für Güter hat, die auf dem Schutzrecht aufbauen.

b) Prinzipal-Agenten-Probleme und Transaktionskosten

In vielen Fällen wird es einem Schutzrechtsinhaber nicht möglich sein, die optimale Menge an Gütern zu produzieren bzw. produzieren zu lassen. Dies hängt nicht nur damit zusammen, dass perfekte Preisdiskriminierung selten möglich sein wird. Vielmehr bestehen Prinzipal-Agenten-Probleme, Transaktionskosten und strategische Überlegungen, welche sowohl zu übermäßiger als auch zu ungenügender Lizenzierung im Vergleich zum sozialen Optimum führen können.

Transaktionskosten entstehen im Zusammenhang mit Lizenzierung durch Such-, Verhandlungs- und Vertragsüberwachungskosten. Gerade Vertragsüberwachungskosten als laufende Kosten können mit zunehmender Lizenzierung steigen. Prinzipal-Agenten-Probleme sind Folge asymmetrischer Informationsverteilung zwischen Vertragspartnern.[999] Beispielsweise besitzen Lizenznehmer häufig einen Informationsvorteil hinsichtlich ihrer Kosten. Transaktionskosten wie auch Prinzipal-Agenten-Probleme bestehen sowohl bei vertikal integrierten als auch bei nicht vertikal integrierten Schutzrechtsinhabern. Unterschiede zwischen vertikal integrierten und nicht vertikal integrierten Unternehmen bestehen jedoch bei den Lösungsmöglichkeiten für diese Probleme.[1000]

Mit Hilfe welcher Mechanismen eine möglichst optimale Lösung zu erreichen ist, lässt sich pauschal nicht beantworten. Vieles wird von den Besonderheiten des Einzelfalls abhängen. Möchte der Schutzrechtsinhaber Forschungs- und Entwicklungsanreize für die Lizenznehmer maximieren und Probleme mehrfacher Monopolrenten verringern, dann wird weitreichende Lizenzierung ohne Mengenvorgaben den Wettbewerbsdruck unter den Lizenznehmern erhöhen. Andererseits sinkt dadurch gegebenenfalls die Zahlungsbereitschaft der einzelnen Lizenznehmer für die Lizenzen. Vertraglich genau festgesetzte Produktionsmengen können hingegen zu starr sein, um spontan auf Änderungen der Nachfrage reagieren zu können.

c) Strategische Überlegungen, Irrtum, politische Zwänge

Ferner können strategische Überlegungen dazu führen, dass ein Schutzrechtsinhaber Wettbewerbern weniger als die optimale Anzahl an Lizenzen erteilt bzw. bestimmten Marktteilnehmern die Lizenznahme verweigert, obwohl diese kostengünstiger als er selbst oder einer sei-

999 Siehe allgemein Pyndick/Rubinfeld, Microeconomics, Kapitel 17 S. 613ff.

1000 Eine Möglichkeit für Lizenzverträge besteht beispielsweise in Preisgestaltungen bestehend aus einem Festbetrag und einem variablen Anteil, siehe z.B. MacAfee/Schwartz, 84 AER (1994) 210, 211f.

ner Lizenznehmer produzieren könnten. Eine solche Strategie führt für den Schutzrechtsinhaber dabei gegebenenfalls kurzfristig zu einem Verlust, kann aber langfristig infolge verringerten Wettbewerbs zu einem Profit führen.[1001] Die Gründe für eine ineffiziente Organisation der Herstellungsprozesse können zudem auch infolge von Fehlwahrnehmungen oder Fehlverhalten seitens der Manager des Schutzrechtsinhabers[1002] und schließlich unternehmensextern sein. Effizienzsteigernde Werkschließungen infolge von Produktionsverlagerungen können beispielsweise politisch schwierig sein.

d) Auswirkungen auf Preis und Menge

Unklar ist, inwieweit Transaktionskosten, strategische Überlegungen, Prinzipal-Agenten-Kosten und ungenügende Preisdiskriminierung zu einer übermäßigen oder unzureichenden Lizenzierung mit entsprechenden Auswirkungen auf die Verbreitung des standardkonformer Güter im Vergleich zur Verbreitung des Standards und standardkonformer Güter bei fehlendem Schutz führen. Einerseits wäre es in einigen Szenarien denkbar, dass es zu mehr Lizenzierung kommt, als unter optimalen Bedingungen möglich wäre. So zeigt beispielsweise ein Modell von *Schmitz*, dass asymmetrische Information zugunsten von Lizenznehmern zu suboptimaler Lizenzierung im Sinne übermäßiger Lizenzierung führen kann.[1003] Andererseits bestehen auch bei ungeschützten technischen Standards gegebenenfalls Transaktionskosten und Prinzipal-Agentenprobleme im Rahmen der Herstellung und des Vertriebs standardkonformer Produkte. Vermutlich führt jedoch die Existenz eines gewerblichen Schutzrechts in vielen Fällen zu einem Wohlfahrtsverlust im Vergleich zu ungeschützten technischen Standards.[1004] Der Grund für diese Annahme besteht darin, dass es bei ungeschützten technischen Standards keine infolge eines Schutzrechts mögliche Monopolrente zu sichern gibt und folglich keine zusätzlichen Kosten für die Sicherung dieser Monopolrente anfallen werden.

Dabei mag man argumentieren, der Wohlfahrtsverlust im Falle geschützter technischer Standards sei gegebenenfalls größer als bei „gewöhnlichen" Monopolen. Infolge der geringeren Verkaufsmenge entgeht nicht nur jedem potentiellen Nachfrager, der infolge eines zu hohen Preises vom Kauf absieht, der technische Nutzen, den er anderenfalls erzielen könnte. Vielmehr entgeht auch den anderen Nutzern der Zugewinn an Netznutzen, der dadurch entstanden

1001 Allerdings führt eine solche Strategie nicht immer zum Erfolg, sondern nur unter bestimmten Bedingungen. Langfristig höhere Profite durch Monopolisierung eines zweiten Marktes können etwa bestehen, wenn der Schutzrechtsinhaber im Upstream-Markt daran gehindert ist, seine volle Monopolrente zu erzielen, oder aber aus diesem Wettbewerb heraus zukünftiger Wettbewerb für sein bestehendes Monopol entstehen kann. Siehe ausführlich zu den Bedingungen etwa Rey/Tirole, Foreclosure, S. 49ff.; Ordover/Saloner/Salop, 80 AER (1990) 127; siehe ausführlich zu Abschottungsstrategien auch Discussion Paper Art. 82, S. 17ff.

1002 Siehe Farrell/Weiser, 17 Harv. J. Law Tech. (2003) 85, 114f.

1003 Vgl. das Modell von Schmitz, Journal of Economic Theory (2002) 177.

1004 Das auch ungeschützte technische Standards häufig zu Wettbewerb mit erheblichen Wechselkosten zwischen differenzierten Produkten führen können und damit Monopolrenten ermöglichen, zeigen an einem empirischen Beispiel sog. Netzswitches Chen/Forman, 30 MIS Quarterly (2006) 541.

wäre.[1005] Wie groß dieser Verlust ist, hängt davon ab, wie hoch die Netzeffekte sind, die nicht realisiert werden.

2. Diskriminierung und Marktabschottung

Ein weiteres Problem von Monopolstellungen besteht in ihrem Potential für Diskriminierung und Marktabschottung.[1006] Ein Monopolist ist grundsätzlich in der Lage, durch einseitige Geschäftsverweigerung potentielle Nachfrager vom Markt auszuschließen. Ferner kann er diese Macht dazu ausnutzen, zwischen Nachfragern zu diskriminieren. Ein Schutzrechtsinhaber, dessen Schutzrecht essentiell für die Anwendung eines technischen Standards ist, hat ebenfalls diese Möglichkeit.

Aus ökonomischer Sicht problematisch sind grundsätzlich zum einen strategische Marktabschottung und zum anderen unsachgemäße Diskriminierung.[1007] Sofern unterschiedliche Lizenz- oder Geschäftsbedingungen auf Unterschieden der Lizenznehmer beruhen, ist an ihnen tendenziell nichts auszusetzen.[1008] Die Wohlfahrtseffekte von Preisdiskriminierung ersten und zweiten Grades sind in aller Regel positiv, diejenigen von Preisdiskriminierung dritten Grades sind ambivalent.[1009] Es spricht beispielsweise nichts dagegen, dass ein Hersteller mit niedrigeren durchschnittlichen Produktionskosten als ein Wettbewerber eine Produktionslizenz mit einem größeren Volumen erhält als sein Konkurrent. Ein Schutzrechtsinhaber muss danach differenzieren dürfen, welche komplementären, wertsteigernden Güter ein Lizenznehmer in den Produktionsprozess oder das System einbringen kann. Lizenzierung erfolgt in aller Regel durch Verhandlungen, deren Ergebnis erheblich von der Verhandlungsmacht der zukünftigen Vertragspartner abhängt.

Sofern man die Auffassung vertritt, ein Schutzrechtsinhaber solle in der Lage sein, die vollständige Monopolrente zu verdienen, ist die Begrenzung der Lizenzen auf die für den Schutzrechtsinhaber optimale Anzahl ein sachlicher Grund für eine Ungleichbehandlung von Lizenznehmern.[1010] Dies kann dazu führen, dass einige Hersteller anders behandelt werden,

1005 Dieses Argument scheint Koelmann, International Review of Intellectual Property and Competition Law 2006, 823, 830 für besonders wichtig zu halten; ebenso Church/Ware, Network Industries, 227, 242; ähnlich auch Farrell/Klemperer, Coordination and Lock-in, S.76 mit Hinweisen auf abweichende Stimmen.

1006 Hovenkamp, 48 B.C.L. Rev. (2007) 87, 90; Swanson/Baumol, 73 Antitrust L.J. (2005) 1, 4; einen Überblick der ökonomischen Theorie zur Marktabschottung geben Rey und Tirole in Rey/Tirole, Foreclosure

1007 Eine vollständigen Überblick über die ökonomische Theorie findet man im Discussion Paper zu Art. 82.

1008 Es gibt zudem auch ökonomische Gründe, nicht zu diskriminieren, siehe etwa MacAfee/Schwartz, 84 AER (1994) 210, 224f.

1009 Siehe allgemein Shapiro, Exclusionary Conduct, S. 14; Geradin/Petit, Price Discrimination , S. 5ff.; für Inputpreisdiskriminierung siehe Katz, Michael L., 77 AER (1987) 154, 155f.; Armstrong, Price Discrimination, S. 4.

1010 Siehe zu diesem Argument ausführlicher S. 205.

wenn sie in einem Zeitpunkt eine Lizenz nachfragen, zu dem bereits die optimale Anzahl an Lizenzen vergeben ist.

Möglicherweise können in solch einem Fall die zu spät kommenden potentiellen Lizenznehmer aus dem konkreten Markt ausscheiden. Auch dies lässt sich ökonomisch rechtfertigen. Aus ökonomischer Sicht ist es nicht notwendig, dass jedermann an einem Markt teilnimmt. Vielmehr ist auch der Wettbewerb ein Auswahlprozess. Wer zu hohe Kosten hat und zu wenig Nutzen dafür schafft, wird durch die Kräfte des Wettbewerbs aus dem Wettbewerbsprozess herausgedrängt. Dabei kann Wettbewerb zwischen wenigen großen Unternehmen gegebenenfalls günstiger sein als Wettbewerb mit vielen kleinen Unternehmen, wenn dadurch effizienter hergestellt werden kann. Fehlende Marktzutrittsbarrieren können unter bestimmten Voraussetzungen zu erheblichen Business-Stealing-Effekten führen, die genauso wohlfahrtsschädlich sein können wie zu hohe Marktzutrittsbarrieren, die oligopolistische oder hohe monopolistische Gewinne verursachen können.[1011]

Das Problem einer Marktabschottung infolge eines Monopols besteht vielmehr darin, dass der Monopolist nicht notwendigerweise seine Entscheidung nach rein ökonomischen Kriterien trifft. Er kann Lizenzen aus strategischen oder gar persönlichen und willkürlichen Gründen versagen, die keine ökonomische Rechtfertigung haben.[1012] Ferner mögen die Auswirkungen unvollständiger Information bei einem Monopol deutlich schwerer wiegen als bei stärkerem Wettbewerb. Denkbar ist, dass im offenen Wettbewerb Informationsmängel der Entscheider schneller beseitigt werden können. Fehleinschätzungen oder Fehlinformationen können deshalb bei Monopolen höhere gesellschaftliche Kosten verursachen als es bei offenem Wettbewerb der Fall wäre.[1013]

III. Kosten und Nutzen von Schutzrechten

1. Anreizfunktion und Transaktionsfunktion

Gewerbliche Schutzrechte haben gemäß der klassischen rechtsökonomischen Theorie positive Anreizwirkungen und erleichtern Transaktionen. Die Anreiztheorie beruht auf der Annahme, ohne besondere Anreizmechanismen bestünde ein Defizit an Forschung- und Entwicklung.[1014]

1011 Mankiw/Whinston, 17 RAND (1986) 48, 49, 57.

1012 Vgl. Farrell/Weiser, 17 Harv. J. Law Tech. (2003) 85, 114f. mit Beispielen.

1013 Vgl. Farrell/Weiser, 17 Harv. J. Law Tech. (2003) 85, 116.

1014 Siehe stellvertretend für viele Landes/Posner, Intellectual Property Law, S. 13; Schäfer/Ott, Ökonomische Analyse des Zivilrechts, S. 617; umstritten ist, in welchem Umfang tatsächlich Anreize fehlen, da auch Geheimhaltung oder ein Zeitvorsprung aufgrund eines weiteren Fortschritts auf einer Lernkurve für einen gewissen Zeitraum monopolistische Renten ermöglichen können, und auch Imitation mit hohen Kosten verbunden sein kann, siehe etwa Landes/Posner, Intellectual Property Law, S. 312ff. in Bezug auf Patentrechte. Genauso wird in Bezug auf Urheberrechte in Frage gestellt, ob für die Schaffung zahlreicher Werke tatsächlich der Schutz ausschlaggebend ist. Es ließe sich mit einer ähnlichen Begründung argumentieren, dass Normen auch ohne Urheberrecht an Normenwerken geschaffen würden, weil einfach ein Bedürfnis nach ihnen besteht.

Dieses Defizit resultiert aus der Eigenschaft von Informationen als Güter, die einerseits ohne Nutzenverlust durch mehrere Personen genutzt werden können und von denen sich Dritte nur unter sehr hohen Kosten für Geheimhaltung ausschließen lassen. Infolge dessen kann es für einen Schutzrechtsinhaber schwierig sein, seine Investitionen in die Produktion von Informationen und deren Vertrieb zu amortisieren.[1015] Dies gilt immer dann, wenn Wissen einen relativen Wettbewerbsvorteil verschafft.

Ferner schafft die Herstellung von Informationen eine positive Externalität für Dritte, wenn der Hersteller nicht in der Lage ist, andere von ihrer Nutzung auszuschließen. Mangels Verbietungsrecht ist der Hersteller nicht in der Lage, für diesen positiven Effekt seiner Information vergütet zu werden. Seine Anreize zur Schaffung von Informationen sind deshalb verglichen mit den Interessen der Gesellschaft an der Herstellung der Information zu niedrig.[1016]

Ohne Schutz lassen sich andere von der Information deshalb nur dann ausschließen, wenn die Information geheim gehalten wird. In solch einem Fall drohen jedoch Fehlallokationen. Transaktionen über die geheime Information gestalten sich äußerst schwierig, da im Rahmen der Verhandlungen die Bekanntgabe der Information notwendig ist. Niemand ist bereit, die Katze im Sack zu kaufen. Ab dem Zeitpunkt der Bekanntgabe ist der potentielle Käufer jedoch nicht mehr bereit, für die Information zu bezahlen, da er sie bereits besitzt. Scheitern Transaktionen, können Informationen nicht denjenigen erreichen, der aus ihrer Anwendung den größten Nutzen ziehen kann.[1017]

Die Schaffung von Ausschließlichkeitsrechten ist eine Möglichkeit, diese Probleme zu verringern.[1018] Durch Ausschließlichkeitsrechte wird dem Hersteller von Informationen ermöglicht, anderen die Nutzung der zu seinen Gunsten geschützten Information zu verbieten. Dadurch werden Transaktionen über Informationen erleichtert. Informationen werden nicht geheimgehalten, sondern gehandelt und damit verbreitet.[1019]

Zugleich kann der Schutzrechtsinhaber seinen relativen Vorteil, den ihm eine Information verschafft, wirtschaftlich verwerten. Er kann einen Preis für die Information oder der mit Hilfe der Information erstellten Güter verlangen, der dem Nutzen der Information im Vergleich zu anderen, im Zeitpunkt der Transaktion verfügbaren Informationen entspricht. Er kann des-

1015 Vgl. Kieff, Case against Copyright, S. 67; Landes/Posner, Intellectual Property Law, S. 13; Schäfer/Ott, Ökonomische Analyse des Zivilrechts, S. 617.

1016 Siehe Landes/Posner, Intellectual Property Law, S. 299f.

1017 Siehe für diese wichtige Eigenschaft von Informationen ausführlich Merges, 20 Berk. Tech. L.J. (2005) 1477, 1487f.; vgl. auch Landes/Posner, Intellectual Property Law, S. 12f.; S. 329f.

1018 Für andere Möglichkeiten wie etwa staatliche Forschungsförderung siehe Schäfer/Ott, Ökonomische Analyse des Zivilrechts, S. 627f.; Scotchmer, S. 39-59 diskutieren einerseits ein Preissystem als auch ein System eines Wettbewerbs zwischen Erfindern für einen vorab festgelegten Preis.

1019 Für einen Vergleich in Bezug auf Patentschutz einerseits und den Schutz von Geschäftsgeheimnissen andererseits siehe Landes/Posner, Intellectual Property Law, S. 326ff. Die Argumente beanspruchen umso mehr Gültigkeit, wenn es überhaupt keinen Schutz für Geschäftsgeheimnisse gäbe.

halb den sozialen Mehrwert, den seine Information zum Transaktionszeitpunkt erzeugt, abschöpfen. Die Investitionsanreize in die Schaffung von Informationen werden deshalb den sozial optimalen Anreizen angenähert.[1020] Theoretisch kommt es verstärkt zu Innovationen. Zudem wird teilweise argumentiert, durch das Gewinnverwertungsinteresse des Schutzrechtsinhabers bestünden ideale Anreize für ihn, die geschützte Information wirtschaftlich zu verwerten.[1021]

2. Kosten der Schutzrechte

a) Überblick

Infolge der Existenz gewerblicher Schutzrechte entstehen je nach der Ausgestaltung des Schutzes Kosten. Dies sind einerseits Kosten infolge strategischen Verhaltens und andererseits Kosten der Verwaltung von Schutzrechten und Transaktionen über Schutzrechte. Schutzrechte können zudem weiterführende Innovation behindern.[1022]

b) Strategische Nutzung von Schutzrechten

Abgesehen von der strategischen Nutzung von Schutzrechten in Form von Diskriminierung und Marktabschottung können auch durch die Ausgestaltung des Schutzrechtssystems strategische Potentiale eröffnet werden. Die bewusste Geltendmachung von Schutzrechten mit zweifelhafter Gültigkeit zur vorübergehenden Blockade von Wettbewerbern[1023] fällt ebenso in diese Kategorie wie die Bündelung solcher zweifelhaften Schutzrechte bei der Lizenzierung.[1024] Auch der Erwerb von Schutzrechten allein zur Sicherung von Märkten kann unter Umständen zu diesen Fällen gehören.[1025] Die Kosten dieses Verhaltens sind einerseits die Schwächung des Wettbewerbs und andererseits gegebenenfalls die Verlangsamung des wirtschaftlichen und technischen Fortschritts.[1026]

c) Verwaltungskosten

Durch das Schutzrechtssystem entstehen zudem je nach seiner Ausgestaltung ganz erhebliche Verwaltungskosten. Ein Patent für die gesamte EU unter Berücksichtigung der Anmelde- und Anwaltskosten sowie der Verlängerungsgebühren kostet für einen Zeitraum von zwanzig Jahren mehr als 100.000 €.[1027] Kosten für Gerichtsverfahren zur Verteidigung der Schutzrechte

1020 Dies gilt jedoch nur im Fall perfekter Preisdiskriminierung, weil es dann nicht zu einem Wohlfahrtsverlust infolge des Monopols kommt. Zudem müssen Anreize für den Schutzrechtsinhaber bestehen, diese perfekte Preisdiskriminierung durchzuführen.

1021 Siehe Kitch, 20 JLE (1977) 265; ausführlich hierzu auch Burk/Lemley, Policy Levers, S. 44f.; kritisch Landes/Posner, Intellectual Property Law, S. 318ff.

1022 Vgl. Kieff, Case against Copyright, 67.

1023 Siehe Rubinfeld/Maness, Strategic Use of Patents, S. 87.

1024 Siehe Rubinfeld/Maness, Strategic Use of Patents, S. 92ff.

1025 Zur Unterdrückung von Technologien siehe ausführlich unten Kapitel 3 S. 289ff.

1026 Es ist allerdings zu berücksichtigen, dass die Einführung einer unausgereiften Technologie wohlfahrtsreduzierend wirken kann.

1027 Siehe Kommission, COM (2007) 165 final, Annex 1.

sind noch nicht mit einbezogen.[1028] Staaten müssen Patentämter und Gerichte zur Verfügung stellen. Die Anwaltskosten im Bereich des gewerblichen Rechtsschutzes sind ebenfalls erheblich. Hinzu kommen laufende Kosten für die Schutzrechtsüberwachung.

d) Transaktionskosten

Schließlich können auch im Rahmen von Transaktionen über Schutzrechte erhebliche Kosten entstehen.[1029] Besonders hervorzuheben sind hierbei sicherlich die Kosten für die Vertragsüberwachung, insbesondere wenn es sich um Verträge mit Rücklizenzierungspflichten und komplizierten Lizenzgebührenregelungen handelt. In solch einem Fall entstehen dabei vor allem zusätzliche Dokumentationspflichten.

e) Behinderung weiterführender Innovation

Schließlich können Schutzrechte zwar die Entstehung neuer Informationen fördern, andererseits verändern sie die Anreize für nachfolgende Innovationen, für die die geschützte Information essentieller Input ist, da eine eigenständige Verwertung nicht möglich ist. Gerade in diesem Bereich sind die konkreten Auswirkungen jedoch uneinheitlich.[1030]

IV. Besonderheiten bei geschützten technischen Standards

1. Überblick

Neben diesen allgemeinen Auswirkungen von Monopolstellungen infolge gewerblicher Schutzrechte entstehen weitere Vor- und Nachteile im Zusammenhang mit technischen Standards. Wie in diesem Kapitel ausführlich dargestellt wurde, wird im Rahmen geschützter technischer Standards die Monopolmacht eines Schutzrechtsinhabers dadurch verstärkt, dass eine Marktverengung aufgrund der ökonomischen Effekte technischer Standardisierung eintritt. Dank seines Ausschließlichkeitsrechts kann ein Schutzrechtsinhaber von dem Zuwachs an Monopolmacht profitieren. Ermöglicht die Monopolmacht hohe Profite, wirkt sie als Anreiz für den Schutzrechtsinhaber, technische Standardisierung zu beeinflussen.

Zu berücksichtigen ist jedoch, dass die Marktverengung in vielen Fällen Ergebnis von Transaktionsprozessen ist, bei denen der Schutzrechtsinhaber jedenfalls zu Anfang noch keine zusätzliche Monopolmacht besitzt. Sind diese Transaktionen unvollständig, können sich Möglichkeiten vertraglichen Hold-ups ergeben.

Zudem ist technische Standardisierung ein Selektions- und Koordinationsprozess. Dies erfordert das Zusammenwirken mehrerer Akteure, weshalb die Gefahr kollusiven Zusammenwir-

1028 Zu diesen Kosten siehe Kommission, COM(2007) 165 final, S. 8.
1029 Vgl. etwa Swanson/Baumol 73 Antitrust L.J. (2005) 1, 22; Landes/Posner , Intellectual Property Law S. 16f., einen Überblick über Risiken und entsprechenden Kosten bei internationaler Lizenzierung geben Mottner/Johnson, 35 Journal of World Business (2000) 171.
1030 Siehe ausführlich Landes/Posner, Intellectual Property Law, S. 317ff.; Scotchmer, S. 131ff.; 152ff.

kens zu Lasten von Wettbewerbern droht. Standardisierungsvorgänge folgen schließlich besonderen Dynamiken, die spezielle Möglichkeiten strategischen Verhaltens ermöglichen können. Nachfolgend wird genauer dargestellt, inwieweit diese Besonderheiten die generelle Beurteilung von Monopolmacht infolge gewerblicher Schutzrechte beeinflussen.

2. Anreize durch Monopolgewinne infolge von Marktverengung

a) Auswirkungen auf den Prozess technischer Standardisierung

aa. Überblick

Ein Schutzrecht erlaubt es, den Wert einer Information, den diese im Vergleich zu substituierbaren Informationen besitzt, abzuschöpfen. Ist eine geschützte Information ein technischer Standard oder für dessen Anwendung essentiell, wird der Wert höher sein, als wenn die Information stärkerem Wettbewerb ausgesetzt ist. Es ist daher eine lukrative Strategie, die zu eigenen Gunsten geschützte Information in eine Position zu bringen, in der sie bei der Anwendung eines technischen Standards zwangsläufig genutzt wird. Dies ist allerdings nur möglich, wenn ein Unternehmen standardisierungsfähige, geschützte Informationen besitzt.

Zum einen werden durch gewerbliche Schutzrechte Anreize gesetzt, standardisierungsfähige Informationen zu schaffen.[1031] Zum anderen verändern sich auch die Anreize für Schutzrechtsinhaber im Rahmen des Prozesses technischer Standardisierung. Wie bereits erwähnt wurde, können gewerbliche Schutzrechte Anreize setzen, durch Sponsorentum Probleme kollektiven Handelns zu überwinden. Ferner kann die Existenz gewerblicher Schutzrechte den Prozess formeller technischer Standardisierung behindern, da größere Interessenunterschiede zwischen den Teilnehmern an der Standardisierungsarbeit die Erzielung eines Konsenses erschweren können. Es stellt sich dementsprechend die Frage, welche Folgen diese Anreize für die soziale Wohlfahrt haben. Dazu sollen fünf Parameter betrachtet werden: die maximale Verbreitung eines technischen Standards, die Geschwindigkeit technischer Standardisierung, das Ausmaß technischer Standardisierung, die Qualität des technischen Standards und die Weiterentwicklung des technischen Standards.

bb. Maximale Verbreitung eines technischen Standards

Wie bereits dargestellt wurde, führt das Inputmonopol des Schutzrechtsinhabers grundsätzlich zu einer geringeren Produktionsmenge an standardkonformen Gütern. Sofern die *Coase*-Vermutung keine Gültigkeit beansprucht oder ihre Wirkungen beschränkt werden können, bedeutet dies, dass die maximale Verbreitung eines technischen Standards hinter derjenigen eines

1031 Friedman, Standards als Intellectual Property, Part IV.

offenen technischen Standards zurückbleiben wird.[1032] Eine Ausnahme bilden allenfalls bestimmte Situationen zweiseitiger Märkte.[1033]

Dies sind Märkte, bei denen zwei unterschiedliche Nutzergruppen existieren. Jeder Nutzer erzeugt dabei Netzeffekte sowohl für Nutzer der eigenen als auch für Nutzer der fremden Nutzergruppe.[1034] Beispiele sind Kreditkartensysteme. Diese bestehen aus Händlern, die Kreditkarten akzeptieren, und Käufern, die mit Kreditkarten bezahlen. Ein weiteres Beispiel sind Computerbetriebssysteme mit Nutzern eines Betriebssystems und Herstellern von Anwendungsprogrammen.[1035] Technische Standards, insbesondere Kompatibilitätsstandards, mögen unter Umständen eine vergleichbare Marktstruktur hervorrufen.

Die Netzeffekte zwischen den einzelnen Nutzergruppen und die Preiselastizität der Nachfrage jeder Gruppe können unterschiedlich sein. Die Preisentwicklung innerhalb einer Gruppe hat Auswirkungen auf die Größe dieser Gruppe. Da diese Gruppe jedoch zudem Netzeffekte für die andere Gruppe erzeugt, bestimmt die Preisentwicklung auch die Größe der zweiten Gruppe mit.[1036] Ist das Bezahlen mit Kreditkarten für Käufer besonders billig, gibt es viele Käufer, die gern mit Kreditkarten bezahlen. Dies macht es für Händler attraktiver, Kreditkarten zu akzeptieren. Diese Zusammenhänge werfen schwierige Optimierungsprobleme auf.[1037] In einigen Fällen kann es sein, dass eine Gruppe gesponsort werden muss, damit die optimale Systemgröße erreicht wird.[1038] Dies erfordert wiederum eine Institution, die dieses Sponsorentum organisiert. Ein Inhaber eines geschützten technischen Standards kann ein solcher Sponsor sein. Denkbar wären zwar auch andere Organisationsformen, allerdings kann die Gründung dieser Organisationsformen an der Heterogenität der Nutzer und an Problemen des kollektiven Handelns scheitern.[1039] Kommt es ohne einen zentralen Sponsor nicht zu einer optimalen Marktgröße, kann ein geschützter technischer Standard auf die Verbreitung eines Standards positiv wirken, wenn sich infolge des Sponsorentums eine günstigere Marktgröße realisieren ließe.[1040]

1032 Ist die Coase-Vermutung anwendbar, kommt es darauf an, ob sich der Monopolist binden darf oder nicht, siehe Mason, 44 European Economic Review (2002) 1981, 1990.

1033 Siehe zur ökonomischen Analyse zweiseitiger Märkte Rochet/Tirole, Platform Competition; Rochet/Tirole, Two Sided Markets: An Overview; Rochet/Tirole: Two-Sided Markets: A Progress Report; Peitz, Perspektiven der Wirtschaftspolitik 2006, 317; Jullien, CESifo Economic Studies, Vol. 51, 2005, 233; 4 Review of Network Economics (2005) 142; Evans/Schmalensee, Two-sided Platforms; Evans, Antitrust Economics of Two-sided Markets

1034 Siehe Roson, 4 Review of Network Economics (2005) 142f.; formaler und enger, nämlich dass kein finanzieller Ausgleich der Nutzungskosten zwischen den Marktteilnehmern möglich ist, siehe Rochet/Tirole, Two Sided Markets: An Overview, S. 10ff.

1035 Vgl. Peitz, Perspektiven der Wirtschaftspolitik 2006, 317, 318f.

1036 Vgl. Evans/Schmalensee, Two-sided Platforms, S. 12f.

1037 Für die maßgeblichen Faktoren siehe Evans/Schmalensee, Two-sided Platforms, S. 12ff.

1038 Vgl. Peitz, Perspektiven der Wirtschaftspolitik 2006, 317, 329; Roson, 4 Review of Network Economics (2005) 14, 146f.2

1039 Vgl. Peitz, Perspektiven der Wirtschaftspolitik 2006, 317, 318f., 329f.

1040 Dafür ist notwendig, dass die infolge höherer Preise geringere Verbreitung einer proprietären Plattform

cc. Geschwindigkeit der Standardisierung

Neben der Frage nach der Verbreitung eines technischen Standards ist die Frage der Geschwindigkeit von Standardisierung von Bedeutung.[1041] Grundsätzlich können Netzeffekte zu dem Problem führen, dass technische Spezifikationen zu langsam Verbreitung finden. In ihrer Entscheidung, mit der Nutzung von Spezifikationen zu beginnen, berücksichtigen die Nachfrager nicht die positiven Auswirkungen, die ihre Nutzungsaufnahme auf Dritte hat. Ihre Anreize zur Übernahme bestimmter Spezifikationen sind damit geringer als die gesellschaftlichen Anreize.[1042] Sponsorentum kann dieses Problem beheben helfen.[1043] Geschützte technische Standards ermöglichen unter bestimmten Voraussetzungen dieses Sponsorentum, weshalb geschützte technische Standards zu einer schnelleren Verbreitung der Spezifikationen führen können.[1044] Dies gilt jedenfalls dann, wenn das *Coase*-Theorem keine Anwendung findet.[1045]

Zu berücksichtigen ist andererseits, dass geschützte technische Standards zu Monopolstellungen führen können. Da die Nutzungsaufnahme in erheblichem Maße von Erwartungen getrieben wird, kann die Aussicht auf ein Monopol die Adoptionsgeschwindigkeit wieder senken. Wie beschrieben wurde, bleibt die maximale Verbreitung eines geschützten technischen Standards möglicherweise hinter der Verbreitung eines ungeschützten technischen Standards zurück. Antizipieren dies die potentiellen Nutzer, kann dies die Bereitschaft, den geschützten technischen Standard zu nutzen, erheblich senken.[1046] Ferner besteht die Gefahr, dass ein Schutzrechtsinhaber infolge unvollständiger Verträge seine Hold-up- bzw. Monopolmacht, die ihm mit zunehmender Verbreitung des technischen Standards zuwächst, auch gegenüber frühen Nutzer wird ausnutzen können. Je größer diese Gefahr ist, desto geringer ist der Effekt des Sponsorentums.

---

durch die Koordinationsvorteile zumindest ausgeglichen wird, vgl. Peitz, Perspektiven der Wirtschaftspolitik 2006, 317, 318f., 330; ob ein einheitliches System wünschenswert ist, hängt ferner von den Nutzerpräferenzen ab, siehe Roson, 4 Review of Network Economics (2005) 142, 150.

1041 Zu berücksichtigen ist, dass möglichst zügige Standardisierung nicht zwangsläufig besser als eine langsame Standardisierung mit mehreren parallel verwendeten Spezifikationen, da sich im Wettbewerb unterschiedlicher Lösungen möglicherweise noch erhebliche Verbesserungen von Spezifikationen erzielen lassen, siehe ausführlich Blind, Ökonomische Analyse paralleler Standards.

1042 Vgl. Farrell/Klemperer, Coordination and Lock-in, S. 57.

1043 Siehe ausführlich Farrell/Klemperer, Coordination and Lock-in, S. 56f.

1044 Friedman, Standards als Intellectual Property, Part IV.

1045 Den Einfluss des Coase-Theorems untersucht insbesondere Mason, Mason, 44 European Economic Review (2002) 1981, 1990, der zu dem Ergebnis kommt, dass ein gebundener Monopolist hinsichtlich der Geschwindigkeit der Standardisierung besser sein kann als ein ungebundener Monopolist.

1046 Ein empirisches Beispiel mag der Wettbewerbs zwischen dem Ethernet und einem alternativen, von IBM gesponsorten Systems mit dem Namen Token Ring sein, ausführlich hierzu van Burg, Kenney, 10 Industry and Innovation (2003) 351, insbesondere S. 366f.

Gewerbliche Schutzrechte können zudem auch formelle Standardisierung verlangsamen. Wie bereits beschrieben wurde,[1047] können sich durch gewerbliche Schutzrechte Interessengegensätze zwischen den Teilnehmern erhöhen. Dies erschwert einen Konsensfindung.[1048]

Zusammenfassend lässt sich damit feststellen, dass die Aussicht auf ein Monopol die Standardisierung beschleunigen kann. Andererseits ergeben sich jedoch auch gegenläufige Auswirkungen, die möglicherweise unter bestimmten Voraussetzungen die positiven Auswirkungen sogar überwiegen können.

dd. Ausmaß technischer Standardisierung

Eng mit dem Gesichtspunkt der Geschwindigkeit technischer Standardisierung ist die Frage danach verbunden, unter welchen Rahmenbedingungen die optimale Anzahl technischer Standards entsteht. Grundsätzlich ist technische Standardisierung nur dann wünschenswert, wenn die Vorteile des Netznutzens die Nachteile überwiegen, die Nutzern infolge geringerer Differenzierung von Spezifikationen entstehen. Mit zu berücksichtigen sind schließlich die Kosten, die durch einen Wechsel des technischen Standards entstehen. Wechsel zu einem mit dem vorangehenden technischen Standard inkompatiblen neuen Standard führen dazu, dass Investitionen in den alten technischen Standard nutzlos werden.

Der rechtliche Schutz technischer Standards oder der bei ihrer Anwendung zwangsläufig benutzten Technologien setzen Anreize zugunsten technischer Standardisierung und ermöglichen Sponsorentum in Fällen, in denen es ansonsten infolge von Problemen kollektiven Handelns nicht zu einem einheitlichen Standard kommt. Die Schutzmöglichkeit kann deshalb zu mehr sozial erwünschter Standardisierung führen. Dies gilt ungeachtet der Tatsache, dass sich auch bei ungeschützten technischen Standards Sponsorentum lohnen kann. Dies ist etwa der Fall, wenn es Unternehmen gibt, die offene technische Standards einführen, um auf diesem Weg einen großen Markt für ein zu ihren Gunsten geschütztes Komplementärgut zu erzeugen.

Sofern der Schutz Sponsorentum fördert, ist jedoch zugleich zu berücksichtigen, dass die Existenz von Schutzrechten konsensuale Lösungsmöglichkeiten behindern kann. Infolge der Schutzrechte können sich die Interessengegensätze innerhalb von Standardisierungsgremien erhöhen und eine Einigung erschweren.[1049] Möglicherweise ist das Ergebnis formeller Stan-

1047 Vgl. Farrell/Saloner, 19 RAND (198) 253, 237.

1048 Siehe z.B. Farrel, Choosing the Rules, S. 13. Zu beachten ist jedoch ferner, dass zügige Standardisierung nicht zwangsläufig positiv sein muss. Auch ein Nebeneinander mehrerer Alternativen über einen gewissen Zeitraum hinweg kann sinnvoll sein, vgl. ausführlich hierzu Blind, Ökonomische Analyse paralleler Standards, der auch Kriterien entwickelt, mit Hilfe denen sich bestimmen lässt, ob eine langsame Standardisierung sinnvoll ist.

1049 Vgl. Farrell/Klemperer, Coordination and Lock-in, S.64; diese Interessen sind dabei nicht nur Individualinteressen, sondern können auch Gruppeninteressen an einem offenen Standard umfassen.

dardisierung in solch einem Fall weniger das Resultat einer optimalen Technologiewahl als eines Verhandlungsprozesses mit ungleich verteilter Verhandlungsmacht.[1050]

Ferner wird es in vielen Fällen faktischer Standardisierung zu einem Wettbewerb zwischen unterschiedlichen Lösungen kommen. Sofern infolge der Rivalität keine der unterschiedlichen Lösungen eine hinreichende Nutzerbasis für die sich selbst verstärkenden Adoptionsprozesse erzielen kann, wird sich keine der einzelnen Lösungen als technischer Standard durchsetzen. In solchen Fällen kann der Schutz Standardisierung behindern.[1051]

Schließlich ist es gerade bei geschützten technischen Standards denkbar, dass es zu einem Übermaß an technischer Standardisierung im Sinne eines allzu zügigen Wechsels technischer Spezifikationen kommt.[1052] Wie groß die jeweiligen einzelnen Effekte sind, lässt sich ohne empirische Studien nicht feststellen. Eine eindeutige Aussage dazu, ob geschützte technische Standards daher zu besseren Ergebnissen führen als ungeschützte technische Standards, lässt sich deshalb nicht treffen.

ee. Qualität technischer Standards

Die Qualität eines technischen Standards wird durch zwei Faktoren bestimmt. Der erste ist der technische Nutzen einer konkreten technischen Spezifikation. Der andere Faktor ist der potentielle Netznutzen[1053], den ein solcher Standard entwickeln kann. Netze können beispielsweise durch übermäßige Nutzung ineffektiv werden. Je früher derartige „Staugefahren" eintreten, desto geringer ist der maximale Netznutzen. Ein Beispiel wäre die unterschiedliche maximale Übertragungsmenge an Daten zwischen herkömmlichen Kabeln und neuartigen Glasfaserkabeln.

Bei der Diskussion über die Qualität einer Spezifikation ist zu berücksichtigen, dass eine Bewertung der Qualität infolge von Informationsdefiziten häufig mit großer Unsicherheit verbunden sein kann. Der Grund dafür liegt darin, dass sich das Potential einer Spezifikation oftmals ohne weitere Verfeinerung und zusätzliche Forschung und Entwicklung nicht ermitteln lässt. Bei dem Vergleich zweier Spezifikationen in unterschiedlichen Entwicklungsstadien

1050 So Farrell, 30 Jurimetrics Journal (1989) 35, 44.

1051 Vgl. zur theoretischen Diskussion Farrell, 30 Jurimetrics Journal (1989) 35, 42; Farrell/Klemperer, Coordination and Lock-in, S. 59ff.; in der Praxis siehe Cargill/Bolin, Standardization, S. 16, die eine zu große Fragmentierung im Bereich der Informations- und Kommunikationstechnologie sehen; einen denkbaren Fall beschreibt ferner Postrel, 39 JIE (1990) 169, wobei dort jedoch nicht erwähnt wird, dass Koordination an gewerblichen Schutzrechten scheiterte; für Nachweise zu anderen Case-Studies siehe Farrell/Klemperer, Coordination and Lock-in, S 61.

1052 Siehe Farrell/Saloner, 76 AER (1986) 940, 942.

1053 Es kommt hier nur auf den potentiellen Netznutzen an, da die Frage der Verbreitung bereits diskutiert wurde und vom Vermarktungskonzept des Schutzrechtsinhabers abhängt.

kann es deshalb sein, dass eine Spezifikation nur deshalb zu einem gegebenen Zeitpunkt besser erscheint, weil sie in größerem Maße erforscht ist.[1054]

Bei einer rein statischen Betrachtung ist keine allgemein gültige Antwort möglich, ob offene oder geschützte technische Standards eine höhere Qualität besitzen. Stehen mehrere Spezifikationen zur Auswahl, sind die unter Verletzung eines Schutzrechts anwendbaren Spezifikationen nicht zwangsläufig besser als die frei verfügbaren Spezifikationen. Mit Sicherheit kann lediglich gesagt werden, dass die Auswahlmöglichkeiten größer sind, wenn man auch geschützte Technologien als Standard erlaubt.[1055] Je dynamischer die technische Entwicklung in einem Technologiebereich ist, desto mehr neue, geschützte Technologien wird es vermutlich geben und entsprechend geringer wird die Anzahl frei verfügbarer Spezifikationen sein, die auf der Höhe der technischen Entwicklung sind. Aus einer rein statischen Perspektive heraus lässt sich daher feststellen, dass geschützte Standards jedenfalls in dynamischen Technologiebereichen mit einem großen Bedürfnis antizipierender Standardisierung eine höhere Qualität ermöglichen können als ungeschützte Standards.[1056]

Eine solche rein statische Betrachtung berücksichtigt jedoch nicht, dass Schutzrechte Anreize zur Standardisierung setzen. Es wäre zumindest denkbar, dass gerade diese Anreize Dynamiken entwickeln, die dazu führen können, dass sich entweder bessere oder schlechtere Technologien am Markt als technischer Standard durchsetzen. Diese Dynamiken und ihre Auswirkungen sollen daher genauer dargestellt werden.

Der maßgebliche Faktor sind dabei die Netzeffekte. Sie sorgen dafür, dass ein Gut, das stärker verbreitet ist als andere Güter, relativ zu diesen einen größeren Netznutzen erzeugen und aus diesem Grund für die Nutzer mit unvollständigen Informationen attraktiver erscheinen kann. Ist dieser zusätzliche Netznutzen so groß, dass er den Unterschied an technischem Nutzen alternativer Güter übersteigt, oder wird die Größe der Nutzerbasis als Signal verstanden, dass sich dieses Gut am Markt durchsetzt, kommt es zu zunehmender Verbreitung dieses Gutes.[1057] Dieses Phänomen nennen die Ökonomen *Bandwagon-Effect*. Wenn hinreichend hohe Netzeffekte entstehen, sorgt er für eine dominierende Technologie.

1054 Siehe etwa Arthur, 99 The Economic Journal (1980) 116. Beachtung ist aber auch den Überlegungen von Maathuis/Smit, TCP/IP vs OSI, S. 174 zu schenken, die darauf hinweisen, dass gerade Softwarestandards ständig im Rahmen des Wettbewerb um einen Standard verbessert werden; Lock-in können sie zwar keinen nachweisen, allerdings auch nicht ausschließen.

1055 In diesem Sinne Peterson, Patents and Standard-Setting Processes, S. 1.

1056 Empirisch untersucht haben Chiao/Lerner/Tirole den Zusammenhang zwischen der Sponsorenfreundlichkeit von Standardisierungsorganisationen einerseits und der Qualität von Standards, siehe Chiao/Lerner/Tirole, Rules of SSOs. Sie kommen zu dem Ergebnis, dass sponsorenfreundliche Standardisierungsorganisationen qualitativ höherwertigere Standards erarbeiten, siehe S. 23.

1057 Vgl. Farrell/Klemperer, Coordination and Lock-in, S. 63, die darauf hinweisen, dass nicht erst die Übernahme, sondern auch bereits die Erwartung weitgehender Übernahme durch die Nutzer ausreichen kann.

In der ökonomischen Literatur ist umstritten, ob es infolge dieses Mechanismus zur Entstehung eines im Vergleich zu potentiellen Alternativen technisch minderwertigen Standards kommen kann.[1058] Überwiegend wird dies angenommen. Dafür kann es zwei Gründe geben. Zum einen ist es denkbar, dass eine technische Spezifikation einen Nutzenvorteil gegenüber einer alternativen Spezifikation erst ab einer bestimmten Nutzeranzahl aufweist. Bis zu dieser Nutzeranzahl wird deshalb die schlechtere Spezifikation benutzt. Da die alternative Spezifikation folglich nie diejenige Größe erreicht, ab der sie einen größeren Nutzen als die genutzte Spezifikation stiftet, kommt es im Ergebnis zu suboptimaler Standardisierung.[1059]

Eine andere Möglichkeit besteht darin, dass der Netznutzen den technischen Nutzen dominiert und es zwei Nutzergruppen gibt, die jeweils unterschiedliche Präferenzen hinsichtlich des technischen Nutzens haben. Ist eine Gruppe kleiner als die andere, treffen jedoch mehr Nutzer dieser Gruppe zuerst ihre Auswahl, so dass es zu einem *bandwagon effect* zugunsten der von Ihnen bevorzugten Spezifikation kommt, kann dies aus ex-post-Sicht zu einem Wohlfahrtsverlust führen.

Zwei Dinge lassen sich an diesen beiden Theorien technischer Standardisierung kritisieren. Zum einen gehen beide Theorien von einer ex-post-Bewertung der sozialen Wohlfahrt aus, während hingegen die jeweiligen Akteure in dem Moment, in dem sie ihre individuellen Entscheidungen treffen, unter den jeweiligen Zwängen effizient entscheiden.[1060] Der zweite Kritikpunkt besteht darin, dass keine der beiden Theorien kooperative Strategien und Kommunikation zulässt.[1061] Gerade im ersten Modell könnte durch konzertierte Aktion ein Wechsel zu der Spezifikation mit dem höheren Netznutzen möglich sein.

Diese Kritikpunkte müssen jedoch ihrerseits zum einen Wechselkosten und zum anderen Informationsdefizite berücksichtigen. Die Wahl eines relativ zu anderen Spezifikationen schlechteren technischen Standards kann infolge der Aufgabe von Forschung und Entwicklung in Bezug auf die Alternativen dazu führen, dass das zusätzliche Potential dieser Alternativen nicht erkannt wird. Ein Wechsel zur potentiell besseren Alternative unterbliebe dann. Wurden erst einmal standardspezifische Investitionen getätigt, kommt es zudem zu pekuniären oder psychologischen Wechselkosten, die so hoch sein können, dass die Bereitschaft zum Wechseln bei einem Großteil der Nutzer nicht vorhanden ist.[1062]

1058 Vgl. etwa Arthur, 99 The Economic Journal (1980) 116 einerseits sowie Liebowitz/Margolis, Network Externalities, unter 6. andereseits.

1059 Siehe für ein sehr einfaches Modell Arthur, 99 The Economic Journal (1980) 116, 119; häufig genannt werden zudem die Beispiele der QWERTY-Tastatur und des Wettbewerbs zwischen den Videostandards VHS und Beta; zu QWERTY siehe David, 75 AER (1985) 332 einerseits, Liebowitz/Margolis, 33 JLE (1990) 1 andererseits.

1060 Liebowitz/Margolis, Path Dependence, S 2.

1061 Liebowitz/Markgolis, Patz Dependence, S.7ff. mit Verweis auf Marketing, Patentrechte u.a. Mittel, die Kommunikation und Koordination ermöglichen können.

1062 Beachte auch Auriol/Benaim, 90 AER (2000) 550, nach deren Modell die Effizienz faktischer

Dies ist der ökonomische Hintergrund, vor dem die Frage, ob sich der jeweils technisch beste Standard durchsetzt, analysiert werden muss. Das Ergebnis ist jedoch uneinheitlich. Auszugehen ist davon, dass geschützte technische Standards einerseits Anreize für den Schutzrechtsinhaber setzen können, für seinen technisch schlechteren Standard möglichst schnell, mitunter durch Zuhilfenahme von Kampfpreisstrategien, eine hinreichende Nutzerbasis zur Ausnutzung von *Bandwagon-E*ffekten zu erzeugen und damit eine objektiv „ineffiziente“ Standardisierung zu provozieren. Die Existenz von Schutzrechten, die bei der Anwendung einer bestimmten Spezifikation benutzt werden müssen, kann jedoch auch dazu führen, dass Anwender in Angst vor zukünftigem Lock-in gerade diese Spezifikationsmöglichkeit meiden. Dies kann dann schädlich sein, wenn die geschützte Spezifikation die technisch bessere war. Schutzrechte können ferner Anreize setzen, den Wechsel zu einem besseren Standard zu fördern, Potentiale alternativer Spezifikationen zu testen und das Problem kollektiver Handlung zu überwinden.[1063]

Da sowohl geschützte als auch ungeschützte technische Standards technisch und vom potentiellen Netznutzen her besser sein können als ihre Alternativen und zudem die Existenz von Schutzrechten sowohl zur Benutzungsaufnahme der schlechteren wie auch der besseren Alternative führen kann, kann kein allgemeines Urteil über die Qualität geschützter oder ungeschützter technischer Standards gefällt werden.[1064] Sicher ist nur, dass die Auswahl an möglichen Spezifikationen bei Zulassung von Schutzrechten größer ist als wenn man nur auf das frei verfügbare Wissen zurückgreifen könnte.

ff. Weiterentwicklung des technischen Standards

Schließlich kann man noch betrachten, wie es um die Weiterentwicklung technischer Standards bestellt ist. Auch hierbei ergibt sich jedoch kein eindeutiges Bild. Einerseits können geschützte technische Standards deshalb einen Vorteil haben, weil eine Abänderung des technischen Standards ohne Zustimmung des Schutzrechtsinhaber nicht möglich ist. Ungewollte Änderungen lassen sich durch Lizenzentzug sanktionieren. Es besteht daher keine Gefahr, dass sich ein technischer Standard in mehrere inkompatible Versionen aufspaltet.[1065]

Andererseits kann die Weiterentwicklung eines technischen Standards jedoch auch strategisch genutzt werden. So kann die Weiterentwicklung verzögert werden, sofern mit der alten Spezi-

---

Standardisierung entscheidend von der Einstellung der Nutzer gegenüber Inkompatibiltät abhängt. Eine Gefahr eines suboptimalen Standards bestehe allein im Fall einer Aversion gegenüber Inkompatibilität.

1063 Zu beachten ist ferner ein Modell von *Nahm*, Journal of Industrial Economics (2004) 547. Er modelliert einen Wettbewerb zwischen einem etablierten Unternehmen und einem innovativen Unternehmen. Die Öffnung der Technologiestruktur zu einem offenen System kann die Etablierung einer innovativeren Technologie verhindern, S. 550.

1064 In diesem Sinne wohl auch Arthur, 99 The Economic Journal (1980) 116, 127, der anmerkt, allein aus der Tatsache, dass sich eine bestimmte Technologie durchgesetzt hat, kann kein Schluss auf ihre Überlegenheit gezogen werden.

1065 Vgl. Friedman, Standards als Intellectual Property, Part IV.

fikation für den Schutzrechtsinhaber höhere Renditen als mit einer Neuentwicklung zu erzielen sind. Ferner wird argumentiert, durch geschützte technische Standards bestünden weniger Anreize zur Weiterentwicklung bestehender Technologien.[1066] Zudem kann auch eine schrittweise Änderung genutzt werden, um langfristige Verträge mit Nutzern zu unterlaufen und die Monopolmacht ihnen gegenüber zu erhöhen. Die Vertragsbindung gilt grundsätzlich nur für eine Produktgeneration. Ein allgemeine positive oder negative Bewertung, wie sich die Existenz notwendigerweise zu nutzender Schutzrechte auswirken, ist auch für diesen Aspekt technischer Standardisierung ohne Betrachtung des Einzelfalls nicht möglich.

gg. Zusammenfassung

Im Ergebnis lassen sich keine klaren Aussagen dazu machen, ob gewerbliche Schutzrechte insgesamt positive oder insgesamt negative Auswirkungen auf die Effizienz technischer Standardisierung haben.[1067] Viel hängt von den Umständen des Einzelfalls ab. Beispielsweise werden Probleme kollektiven Handelns umso gravierender sein, je größer die Anwendergruppe ist und je weniger Schlüsselnutzer es gibt. Eine Rolle spielt auch, wie stark einzelne Nutzer bereits in bestimmte Spezifikationen investiert haben und wie hoch die Wechselkosten sind. Es gibt auch keine allgemeinen Aussagen dazu, ob kooperative oder einseitige Standardisierung zu besseren Ergebnissen führt.[1068]

b) Ineffizienzen durch Renten infolge der Marktverengung

Ein weiterer Gesichtspunkt, der bei der Beurteilung der Kosten und des Nutzens sog. geschützter technischer Standards eine Rolle spielt, ist das erhebliche Profitpotential, dass eine geschützte Technologie in der Position eines technischen Standards besitzt. Die Frage ist, ob sich durch diese hohen Profitmöglichkeiten gesellschaftliche Kosten oder ein gesellschaftlicher Nutzen ergibt.

Das erhebliche Profitpotential standardisierter, geschützter Technologien resultiert zum einen aus dem Zuwachs an Monopolmacht infolge von Lock-in, Wechselkosten und Problemen kollektiven Handelns beim Wechsel eines Standards. Zum anderen führt Standardisierung zumeist dazu, dass ein sehr großer Lizenzmarkt für das Schutzrecht bzw. ein großer Markt für standardkonforme Produkte entsteht. Das Profitpotential lässt sich am Beispiel der British Telecom verdeutlichen, die behauptete, ein Patent zu besitzen, das angeblich die Technologie

1066 Church/Ware, Network Industries, 227, 243.

1067 Siehe auch Lemley, 90 Cal. L. Rev. (2002) 1889, 1946.

1068 Ein Modell von Farrell und Saloner zeigt beispielsweise, dass ein Nebeneinander beider Mechanismen zu den effizientesten Ergebnissen führt, siehe Farrell/Saloner, 19 RAND (198) 253, insbes. S. 248; allerdings kommen sie unter ihren Annahmen zu der Vermutung, dass eine Gremienlösung tendenziell besser als faktische Standardisierung ist, siehe S. 251; siehe auch van Wegberg, 16 Technology Analysis and Strategic Management (2004) 457, 471f., der zeigt, dass unterschiedliche Strategien und Mechanismen sinnvoll sind, je nach der Größe der Netzeffekte, der Einfachheit der Imitation, dem Grad an Wettbewerb, der Höhe der Wechselkosten und der Höhe der Verhandlungskosten; ähnlich Vercoulen/van Wegberg, Standard Selection Modes.

des sog. Hyperlinkings, der Verknüpfung von Informationen im Internet, erfasste. Im Erfolgsfall hätte British Telecom für jede Nutzung dieser Technologie zu gewerblichen Zwecken von den Nutzern Gebühren verlangen können. Angesichts von Millionen Internetseiten ist dies ein gewaltiges Profitpotential, selbst wenn nur geringe Gebühren im Einzelfall für die Nutzung der Technologie verlangt werden. Die Frage angesichts derartig großer Profitmöglichkeiten ist, ob sich diese noch mit den Zielsetzungen gewerblicher Schutzrechte - einer Optimierung der Anreize, in Forschung und Entwicklung zu investieren - vereinbaren lassen.

Dazu stellt sich zunächst die Frage, weshalb diese Profitmöglichkeiten aus Sicht der sozialen Wohlfahrt schädlich sein könnten. Indem der Schutzrechtsinhaber die zusätzliche Monopolmacht infolge der Marktverengung, die Vergrößerung des Technologiemarktes durch Standardisierung und den Wertzuwachs durch Netzeffekte ausnutzen kann, erhöhen sich seine Profite und aus einer ex ante Perspektive die Anreize, Forschung und Entwicklung in Bezug auf standardisierungsfähige Technologien zu betreiben. Dementsprechend ließe sich argumentieren, hinsichtlich solcher Technologien bestünden strukturell zu hohe Anreize im Vergleich zu anderen potentiellen Investitionsmöglichkeiten, die keine entsprechenden zusätzlichen Profitmöglichkeiten bieten.[1069] Bestehen strukturell zu hohe Anreize für Investitionen in die Entwicklung standardisierungsfähiger Technologien, führt dies gesamtwirtschaftlich zu allokativen Ineffizienzen.[1070] Diese allokativen Ineffizienzen können dabei insbesondere zwischen alternativen Investitionsentscheidungen im Rahmen von Forschung und Entwicklung entstehen.

Voraussetzung für diese Argumentation ist allerdings, dass Investitionen in standardisierungsfähige Technologien im Vergleich zu anderen Technologien aus einer ex-ante Perspektive ein deutlich größeres Profitpotential als alternative Investitionsmöglichkeiten besitzen. Es kann bezweifelt werden, dass dies generell der Fall ist.

Der Erwartungswert einer Investition errechnet sich aus dem erwarteten Gewinn multipliziert mit der Wahrscheinlichkeit, dass sich dieser Gewinn realisieren lässt. Zwar mögen standardisierte, geschützte Technologien einen erheblichen Gewinn erwarten lassen. Zu bedenken ist jedoch, dass gerade in Kontexten technischer Standardisierung nur eine von vielen möglichen Spezifikationen zum Standard wird und für die übrigen Technologien nur geringe oder keine Marktchancen verbleiben. Die geringere Erfolgswahrscheinlichkeit der Investition kann demnach den hohen erwarteten Gewinn relativieren. Strukturell zu hohe Anreize bestehen nur

1069 Farrell, Weaker Intellectual Property Protection, S. 371; in diesem Sinne wohl auch Church/Ware, Network Industries, 227, 242f; zu beachten ist, dass ein Schutzrechtsinhaber zwar theoretisch den vollständigen Wertzuwachs erhalten könnte, dies aber praktisch wohl selten vorkommen wird, so wohl zurecht Teece/Sherry, 87 Minn. L. Rev. (2003) 1913, 1938; für eine entsprechende Argumentation vgl. auch Siehe etwa Patterson, 87 Minn. L. Rev. (2003) 1995, 2008f.

1070 Vgl. Farrell, 30 Jurimetrics Journal (1989) 35, 46; Patterson, 17 Berk. Tech. L.J. (2002) 1043, 1081; zusammenfassend Geradin, Layne-Farrar, Ex-ante competition, S. 2.

dann, wenn Standardisierung die Profiterwartungen um einen größeren Faktor stärker steigen lässt, als das Risiko der Investition steigt.

Ein weiteres Korrektiv besteht darin, dass sich ein technischer Standard erst infolge eines Standardisierungsprozesses ergibt. Insbesondere wenn erheblicher Wettbewerb um den technischen Standard besteht, vermag der Schutzrechtsinhaber jedenfalls in dieser Phase und je nach Stärke der vertraglichen Bindungen, die er eingeht, die ihm erst später zuwachsende Monopolmacht noch nicht auszunutzen.

Drittens ließe sich auch für die als „überhöht" bezeichneten Renten argumentieren, sie seien nur ein Ausgleich für andere Defizite des Schutzrechtssystems.[1071] Problematisch an diesem Einwand ist jedoch, dass kein unmittelbarer Zusammenhang zwischen den Monopolmachtzuwachs im Rahmen technischer Standardisierung einerseits und den Defiziten des Schutzrechtssystems andererseits besteht.[1072] Eine Kompensation im konkreten Fall wäre daher zufällig. Das Argument ließe sich nur dann halten, wenn die Anreize durch gewerbliche Schutzrechte sehr allgemein und wenig technologiespezifisch wirkten. Eine abschließende Bewertung ist wie generell im Bereich der Anreizwirkung mangels verlässlicher empirischer Daten nicht möglich.

Viertens ist das Argument, der Inhaber eines für einen Standard essentiellen Schutzrechts werde überkompensiert, allein in Situationen begründet, in denen tatsächlich zum Zeitpunkt der Entscheidung über einen technischen Standard Alternativen zum später essentiellen Schutzrecht bestanden. Dies ist keineswegs in jedem Fall so.[1073]

Angesichts dieser Einwände ist fraglich, ob es tendenziell tatsächlich zu einer Fehlallokation kommen wird. Eine abstrakte Beurteilung ist kaum möglich.

c) Exkurs: Überhöhte Renten aus Sicht der Belohnungstheorie

Teilweise wird zudem argumentiert, dem Schutzrechtsinhaber stünde die zusätzliche Monopolmacht nicht zu, weil die Netzeffekte und Wechselkosten in vielen Fällen auf Investitionen der Nutzer beruhten.[1074] Diese Argumentation ist normativ und folgt dem Belohnungsgedanken als Rechtfertigung für gewerbliche Schutzrechte. Es geht in der Sache um die Zuweisung von Eigentumsrechten. Die Überlegungen sind allerdings insofern in Zweifel zu ziehen, als -

1071 Defizite entstehen beispielsweise durch Transaktionskosten; vgl. Farrell/Hayes/Shapiro/Sullivan, S.16; allerdings können Business Stealing Effekte auch dazu führen, dass ein Schutzrechtsinhaber mehr bekommt, als lediglich eine seinem Beitrag zum technischen Fortschritt entsprechende Vergütung, siehe zu diesem Argument etwa Meurer, 23 Cardozo L. Rev. (2001) 56, 97.

1072 Farrell/Hayes/Shapiro/Sullivan, S. 16.

1073 Siehe zurecht Geradin,/Layne-Farrar, Ex-ante competition, S. 11; Geradin/Rato, Exploitative Abuse, S. 22; dies berücksichtigen auch die US-Kartellbehörden bei der Zulässigkeit von Kollektivvereinbarungen, siehe FTC/DOJ, Antitrust Enforcement, S. 53.

1074 Vgl. Merges, Who owns the Charles River Bridge, S. 8.

wie beschrieben - die Standardisierung gerade auf den Bemühungen des Schutzrechtsinhabers beruhen kann. Ferner kann jedenfalls ein Teil der Renten ihm zugeordnet werden, wenn gerade die Besonderheit der zu seinen Gunsten geschützten Technologien überhaupt den Netznutzen oder jedenfalls ein Mehr an Netznutzen ermöglicht.[1075] Schließlich handelt es sich beim Belohnungsgedanken nur um eine Theorie zur Begründung gewerblicher Schutzrechte, die nicht immer zutreffend sein muss.[1076]

3. Hold-up

In rechtsökonomischer Terminologie lassen sich die Auswirkungen der Monopolmacht infolge geschützter technischer Standards mit Situationen vertraglichen Hold-ups vergleichen.[1077] Unter vertraglichem Hold-up versteht die rechtsökonomische Analyse des Vertragsrechts Situationen, in denen eine Partei eines Vertrages erhebliche vertragsspezifische Investitionen getätigt hat, der Vertrag unvollständig ist und schließlich die andere Vertragspartei ein Interesse daran hat, ihre Rechtsmacht auszunutzen.[1078] Im Grunde sind das Konzept von Hold-up und Monopolmacht ähnlich, nur dass Hold-up vertragsspezifische Monopolmacht beschreibt, während sich das Monopolkonzept auf Märkte bezieht.[1079] Echte vertragliche Hold-up-Situationen entstehen in Standardisierungskontexten dann, wenn ein Lizenznehmer standardspezifische Investitionen getätigt hat und der Lizenzvertrag unvollständig ist; dies ist er vor allem dann, wenn er zeitlich begrenzt abgeschlossen wurde oder mangels Wissen über ein Schutzrecht kein Vertrag abgeschlossen wurde. Unechte vertragliche Hold-up-Positionen entstehen durch die Netzeffekte, Wechselkosten und Probleme kollektiven Handelns.[1080] Ein ganzer Technologiebereich hat spezifische Investitionen in einen technischen Standard investiert. Ein Einzelner kann dies nicht ändern und muss folglich, sofern er überhaupt tätig werden will, die Bedingungen des Schutzrechtsinhabers erfüllen.

Der Vorteil von Hold-up kann darin bestehen, dass Anreize geschaffen werden, Hold-up ausnutzen zu können. Angewendet auf den Fall geschützter technischer Standards bedeutet dies, dass Hold-up positiv wirken kann,[1081] sofern sozial wünschenswerte Anreize zur Schaffung technischer Standards geschaffen werden. Der Nachteil solche Anreize kann jedoch darin bestehen, dass trotz Alternativmöglichkeiten durch Überspezifikation oder geschickte Wahl „geschützte“ Spezifikationen zum Standard werden.[1082]

1075 So auch Geradin/Layne-Farrar, Ex-ante competition, S. 12.
1076 Beier, GRUR 1998, 185, 188.
1077 Allgemein zu Hold-up infolge von Schutzrechten siehe Shapiro, Navigating the Patent thicket, S. 7f.; allgemein zu Hold-up siehe Shavell, Contracts, Holdup and Legal Intervention.
1078 Siehe Schäfer/Ott, Ökonomische Analyse des Zivilrechts, S. 511f.
1079 Shavell spricht von bilateralem Monopol, siehe Shavell, Contracts, Holdup and Legal Intervention, S. 25.
1080 Farrell/Klemperer sprechen von kollektiven Wechselkosten bzw. kollektivem Hold-up, siehe Farrel/Klemperer, Coordination and Lock-in, S. 6; ebenso Merges, Who owns the Charles River Bridge, S. 13.
1081 Vgl. Shavell, Contracts, Holdup and Legal Intervention, S. 7.
1082 Vgl. Shavell, Contracts, Holdup and Legal Intervention, S.6 der schreibt, Hold-up-preise schüfen Anreize,

Nachteilig wirkt Hold-up, weil er die Bereitschaft der Hold-up-Opfer senkt, bestimmte Investitionen zu tätigen.[1083] Ferner entstehen Anreize zu kostspieligen Sicherungsmaßnahmen gegen Hold-up.[1084] Dies kann etwa die aufwendige Integration mehrerer Spezifikationen oder das parallele Anwenden unterschiedlicher Spezifikationen sein. Unterschiedliche Risikowahrnehmungen können die Kosten von Hold-up weiter erhöhen.[1085] Im Rahmen der Auswirkungen der Monopolmacht auf den Prozess technischer Standardisierung führt Hold-up deshalb gegebenenfalls zu langsamerer Verbreitung oder zum Scheitern von Standardisierung.

4. Standardisierungsspezifische Kollusionsmöglichkeiten

Standardisierungsspezifische Kollusionsmöglichkeiten sind in aller Regel besondere diskriminierende Praktiken, die einige Unternehmen gegenüber anderen bevorzugen.[1086] Die schwierige Frage ist, welche Diskriminierungen zwecks Kollusion erfolgen und welche Diskriminierungen gerechtfertigt werden können. Dabei ist insbesondere auch zu berücksichtigen, wie der Standardisierungsprozess stattgefunden hat.[1087] Grundsätzlich problematisch kann es sein, wenn sich Unternehmen rechtlich verbindlich an bestimmte Spezifikationen binden. Dies bedeutet nicht, dass die gemeinsame Anwendung bereits eine Beeinträchtigung des Wettbewerbs hervorruft. Eine rechtliche Verbindlichkeit der Nutzung bestimmter Spezifikationen kann aber den Wechsel eines technischen Standards erheblich erschweren und damit den standardexternen Wettbewerb schwächen. Andere Beeinträchtigungen des standardexternen Wettbewerbs können durch Konkurrenzverbote oder langfristige Exklusivverträge hervorgerufen werden.

5. Standardisierungsspezifische strategische Nutzung gewerblicher Schutzrechte

Schließlich führen die Besonderheiten des Wettbewerb um einen technischen Standard dazu, dass bestimmte Verhaltensweisen, die den Wettbewerb um den technischen Standard schwächen können, äußerst kritisch zu würdigen sind. Dies gilt insbesondere dann, wenn systematisch alle Möglichkeiten, die genutzt werden können, einen technischen Standard zu ersetzen, gezielt bekämpft werden. Hierzu zählen beispielsweise exklusive Rücklizenzierung, technische oder wirtschaftliche Koppelung zur Verhinderung der Entstehung einer Konkurrenztechnologie oder Konkurrenzverbote.

Situationen von Hold-up künstlich zu erzeugen.

1083 Vgl. Shavell, Contracts, Holdup and Legal Intervention, S. 6.

1084 Vgl. Shavell, Contracts, Holdup and Legal Intervention, S. 6.

1085 Vgl. Shavell, Contracts, Holdup and Legal Intervention, S. 7.

1086 Hovenkamp, 48 B.C.L. Rev. (2007) 87, 90; Balto, Standard Setting in a Network Economy, unter II.

1087 Hovenkamp, 48 B.C.L. Rev. (2007) 87, 91; Balto, Standard Setting in a Network Economy, unter II.

V. Bewertung von Monopolmacht infolge geschützter technischer Standards

1. Einleitung

Vor dem Hintergrund dieser Analyse stellt sich nunmehr die Frage, wie geschützte technische Standards zu bewerten sind. Da es sich im Kern um eine Bewertung von Monopolmacht infolge gewerblicher Schutzrechte handelt, soll zunächst mit dieser Bewertung begonnen werden. In einem zweiten Schritt sind dann die Besonderheiten technischer Standardisierung mit einzubeziehen.

2. Bewertung von Monopolmacht infolge gewerblicher Schutzrechte

a) Problem empirischer Nachweisbarkeit der Vor- und Nachteile

Versucht man anhand einer Kosten-Nutzenanalyse zunächst Monopolmacht infolge gewerblicher Schutzrechte zu bewerten, so stehen sich einerseits die Nachteile von Inputmonopolen und andererseits die Anreiz- und Transaktionsfunktion gewerblicher Schutzrechte gegenüber. Im Kern geht es um die Frage, ob die Kosten des Schutzes durch dessen Vorteile aufgewogen werden, also ob der volkswirtschaftliche Wert der Schaffung neuer Informationen die Kosten für diesen Schutz deckt. Hierbei ist das Problem, dass empirische Daten nur äußerst schwierig zu ermitteln sind.[1088] Insbesondere die Anreizwirkungen können je nach Wettbewerbsumfeld äußerst schwierig zu bestimmen sein. Vielmals erfolgen Untersuchungen allein bezogen auf das Patentrecht oder über mehrere Technologiefelder hinweg. Eine eindeutige Antwort, ob Monopolmacht infolge gewerblicher Schutzrechte aus volkswirtschaftlicher Sicht positiv oder negativ ist, lässt sich deshalb nicht geben.[1089]

b) Notwendigkeit von Monopolmacht aufgrund theoretischer Überlegungen

Mangels verlässlicher empirischer Daten kann man deshalb allein auf theoretische Überlegungen zurückgreifen. Es gibt unterschiedliche Theorien, nämlich die Transaktionstheorie, die Anreiztheorie und die Prospekttheorie.

Die Transaktionstheorie besagt allein, dass die Schaffung von Exklusivrechten Transaktionen fördern kann. Ihr lässt sich jedoch keine Aussage darüber entnehmen, wie die Gewinne aus einer Transaktion zwischen den Transaktionspartnern aufgeteilt werden sollen. Monopolgewinne lassen sich mit ihrer Hilfe deshalb nicht rechtfertigen, aber auch nicht verdammen.

1088 Pessimistisch etwa MacKie-Mason, Unilateral Refusals to License, S.11.

1089 Vgl. auch die Anmerkung von Fritz Machlup, An economic review of the patent system, S. 80f. aus dem Jahr 1958:"If we did not have a patent system, it would be irresponsable, on the basis of our present knowledge of its economic consequences, to recommend instituting one. But since we have had a patent system for a long time, it would be irresponsable, on the basis of our present knowledge, to recommend abolishing it".

Die Anreiztheorie hingegen fordert als Minimum, dass ein Schutzrechtsinhaber damit rechnen kann, die Kosten für Forschung und Entwicklung zuzüglich einer marktmäßigen Rendite bezogen auf das Risiko zu verdienen. Dies bedeutet nicht zwangsläufig, dass einem Schutzrechtsinhaber die volle Monopolrente zustehen soll.

Möchte man jedoch die privaten Anreize und die gesellschaftlichen Anreize zur Schaffung einer Information in Einklang bringen, so ist dies theoretisch nur möglich, wenn der Schutzrechtsinhaber den kompletten sozialen Mehrwert seiner neu geschaffenen Information abschöpfen kann. Denn dann entspricht sein Profit dem sozialen Interesse an der Schaffung der Information.[1090] Allerdings wird ein Schutzrechtsinhaber nur in wenigen Fällen tatsächlich in der Lage sein, den kompletten Mehrwert abzuschöpfen. Der Grund liegt neben der Unmöglichkeit von Preisdiskriminierung in vielen Fällen darin, dass der Preis des Schutzrechts dem Wert der geschützten Information im Transaktionszeitpunkt und nicht im Zeitpunkt der Investitionsentscheidung entsprechen wird.[1091] Weiterentwicklungen schmälern deshalb die Profitmöglichkeiten eines Schutzrechtsinhabers. Wie eingangs dieses Abschnitts beschrieben, wirken sich auch Informationsdefizite und Transaktionskosten negativ auf die Profitmaximierung aus.[1092]

Gegen die Argumentation, der Schutzrechtsinhaber solle in der Lage sein, den vollen sozialen Mehrwert seiner Erfindung abzuschöpfen, spricht jedoch die Überlegung, dass bei vielen anderen sozial wünschenswerten Investitionen Monopolstellungen eben gerade nicht möglich sind. Die hier angeführte Theorie könnte zu Fehlallokationen zwischen verschiedenen Investitionsalternativen führen.[1093] Im Ergebnis ist damit festzuhalten, dass die Anreiztheorie allein die Deckung der Investitionskosten zuzüglich einer dem Risiko angemessenen Rendite rechtfertigt.

Schließlich hat insbesondere *Kitch* für die Zulassung von Monopolmacht das Argument vorgebracht, ein Schutzrechtsinhaber als Monopolist habe ein besonders großes Interesse daran, eine geschützte Information bis ins letzte auszunutzen, weil er nur so seinen maximalen Monopolprofit erwirtschaften kann.[1094] Diese Theorie entspricht den Überlegungen, die sozialen und privaten Anreize aneinander anzugleichen. Entsprechend spricht gegen diese Theorie das Problem allokativer Ineffizienzen bei Investitionsentscheidungen. Ferner stellt sich die Frage, ob die Kosten durch Fehlwahrnehmungen und Fehlinformationen sowie infolge strategischer Nutzung von Schutzrechten hinreichend durch die Koordinationsvorteile ausgeglichen werden. Dies ist zumindest fraglich.[1095]

1090 Für die engen Voraussetzungen, unter denen diese Annahme gilt, siehe oben Fn. 963.
1091 Siehe z.B. Swanson/Baumol 73 Antitrust L.J. (2005) 1, 23.
1092 Siehe oben S. 184ff.
1093 Siehe Landes/Posner, Intellectual Property Law, S. 304.
1094 Kitch, 20 JLE (1977) 265.
1095 Siehe Merges/Nelson, 90 Columbia L. Rev. (1994) 839, 873.

Auf theoretischer Basis ist ein gewisses Maß an Monopolmacht daher zwar gemäß der Anreiztheorie notwendig, um die Amortisierung von Forschungs- und Entwicklungsanreizen zu ermöglichen.[1096] Maßnahmen eines Schutzrechtsinhabers, die die Sicherung des Monopolgewinns ermöglichen sollen, lassen sich grundsätzlich mit einem so verstandenen Schutzzweck gewerblicher Schutzrechte vereinbaren. Allerdings ist es nach der ökonomischen Theorie nicht erforderlich, dass der Schutzrechtsinhaber in jedem Fall eine rechtlich völlig unbegrenzte Kontrolle über die Nutzung seiner Technologie besitzt. Dies fordert weder die Anreiztheorie, noch die Transaktionstheorie. Eine solche Forderung ließe sich allein aufgrund der Prospekttheorie rechtfertigen. Allerdings besteht bei diesem Ansatz das Problem, dass insbesondere Informationsdefizite des Schutzrechtsinhabers für erhebliche Fehlallokationen sorgen können. Ferner ist zu berücksichtigen, dass eine unkontrollierte Ausübung von Schutzrechten ihren Inhaber die Macht verleihen kann, über die Gewinnmaximierung aus der Lizenzierung des Schutzrechts hinaus Einfluss auf das Wettbewerbsgeschehen und die Wettbewerbsstruktur auf Lizenz- und Produktmärkten zu nehmen. Mit Hilfe zahlreicher Strategien wie etwa Koppelungspraktiken, Unterdrückung von Technologiewettbewerb durch die Bündelung substituierbarer Technologien, Diskriminierungen erfolgreicher Wettbewerber und umfangreicher exklusiver Rücklizenzierungsverpflichtungen können Schutzrechtsinhaber dem Wettbewerb auf Lizenz- und Produktmärkten erhebliche beeinträchtigen. Auch die Prospekttheorie rechtfertigt keine so umfangreiche wirtschaftliche Macht von Schutzrechtsinhabern.

Aus rechtsökonomischer Sicht können Beschränkungen der Ausschließlichkeitsrechte deshalb notwendig sein, um die Kosten und den Nutzen gewerblicher Schutzrechte in einen angemessenen Ausgleich zu bringen.[1097] Die entscheidende Frage ist deshalb, welche Kosten und welcher Nutzen mit bestimmten Arten von Beschränkungen verbunden sind.

3. Bewertung von Monopolmacht infolge geschützter technischer Standards

Verglichen mit Monopolmacht allein infolge gewerblicher Schutzrechte zeichnet sich Monopolmacht infolge geschützter technischer Standards durch ein potentiell größeres Maß an Monopolmacht aus. Wie bereits vorab im Zusammenhang mit überhöhten Forschungs- und Entwicklungsanreizen diskutiert wurde, ist jedoch keineswegs eindeutig, ob diese zusätzliche Monopolmacht tatsächlich positiv oder negativ zu bewerten ist.

1096 Andere Anreizsysteme scheinen in einem Systemvergleich in aller Regel schlechter abzuschneiden, siehe für eine ökonomische Analyse Scotchmer, S. 38f:, 41ff.; 49ff. Einen rechtsvergleichenden Überblick mit dem sozialistischen Modell der Erfinderbelohnung gibt Beier, GRUR 1998, 185, 188f, für ein spieltheoretisches Modell in Bezug auf OpenSource-Software siehe auch Schmidt/Schnitzer, Public Subsidies for Open Source? S. 29; kritisch jedoch in Bezug auf das Patentwesen Landes/Posner, Intellectual Property Law, S. 326.

1097 Siehe auch Ordover, 5 Journal of Econ. Persp. (1991) 43, 49, der aus einem Vergleich des US-amerikanischen und des japanischen Patentrechts den Schluss zieht, dass auch bei schwachen Schutzrechten Innovation in erheblichem Maße möglich ist.

4. Schlussfolgerungen für die Gestaltung schutzrechtsbezogener Regelungen

Eine eindeutige Antwort auf die Frage, ob geschützte oder offene technische Standards aus sozialer Perspektive wünschenswert sind, lässt sich mangels empirischer Nachweise nicht geben.[1098] Die vorstehenden Überlegungen haben jedoch zwei Dinge aufgezeigt. Folgt man der Annahme, in bestimmten Situationen bestünde ein strukturelles Defizit an Forschungs- und Entwicklungsanreizen, und sieht man in gewerblichen Schutzrechten die entscheidende Lösungsmöglichkeit, dann kommt man um die Schaffung eines Ausschließlichkeitsrechts nicht umhin. Nur durch ein solches Recht kann ein Hersteller von Informationen über Marktmechanismen überhaupt eine Vergütung verlangen.

Andererseits erfordert die Anreiztheorie nicht, dass jegliches Maß an Monopolmacht hingenommen werden muss. Die Regelung der Schutzrechte sollte deshalb so ausgestaltet werden, dass sie nur dann gewährt werden, wenn ihre voraussichtliche Anreizfunktion die Kosten des Schutzes rechtfertigt. Sofern sie gewährt werden, sollten die Kosten durch die Monopolmacht, die nicht die Kompensationsfunktion erfüllen, minimiert werden. Dies bedeutet im Ergebnis, dass solche rechtlichen Regelungen vernünftig sind, die mit geringen Transaktionskosten und Verwaltungskosten verbunden sind. Ferner ist sicherzustellen, dass strategische Möglichkeiten und daraus folgende Kosten nur sehr begrenzt bestehen.

G. Analyse unterschiedlicher Regelungsmöglichkeiten

I. Überblick

Vor diesem theoretischen Hintergrund soll daher nunmehr analysiert werden, mit Hilfe welcher rechtlichen Regelungen die besonderen Nachteile geschützter technischer Standards vermieden und gleichzeitig die entsprechenden Vorteile realisiert werden können. Für jede Regelungsmöglichkeit wird dabei eine Kosten-Nutzen-Analyse bezogen auf ihre Anwendung im Rahmen technischer Standardisierung durchgeführt. Bei jeder einzelnen Regelung wird analysiert, inwieweit sie den Transaktionsvorgang verbessern hilft, inwieweit sie strategische Potentiale verringert, inwieweit Kollusionspotentiale bestehen und wie sie die Monopolmacht beeinflusst.

1098 Ebeno Balto, Standard Setting in a Network Economy, unter II. hinsichtlich der Frage, ob offene oder geschützte Standards zu bevorzugen sind.

II. Schutzversagung und Schutzbeschränkung für bestimmte Informationen

1. Vollständiger Schutzausschluss

a) Regelungsbeispiele

Eine Regelungsmöglichkeit ist die vollständige Versagung von Schutz für bestimmte Arten von Informationen. Diese Möglichkeit wurde hinsichtlich des Urheberrechtsschutzes von Schnittstellen in Computerprogrammen gewählt.

b) Vorteile und Nachteile eines vollständigen Schutzausschlusses

Die Vorteile wie auch die Nachteile einer Schutzversagung entsprechen denjenigen ungeschützter Information gegenüber geschützter Information. Es entstehen weder die Kosten eines Schutzes, noch deren Vorteile in Form von Anreizen.[1099] Es kann nur ungeschützte technische Standards geben, deren Vor- und Nachteile im Vergleich zu geschützten technischen Standards im vorangehenden Abschnitt ausführlich erläutert wurden.[1100] Renten lassen sich in diesem Fall durch Komplementärgüter verdienen, nicht aber mit dem Standard selbst. Eine Schutzversagung kann deshalb dazu führen, dass Innovationstätigkeiten sich zum Komplementärgütermarkt hin verschieben.[1101] Solche Wirkungen können erwünscht sein, sofern im Bereich des Standards nur geringe Innovationspotentiale liegen.

c) Anwendung bei technischer Standardisierung

Bei einer entsprechenden Regelung handelt es sich praktisch immer um eine abstrakte Regelung. Bei abstrakten Regelungen, die auf viele unterschiedliche Fälle anwendbar sind, besteht immer die Gefahr, dass sie entweder nicht weit genug sind oder aber zu weit gefasst werden. Eine Schutzversagung bietet sich daher dann an, wenn allgemein infolge eines Schutzes nur geringfügige Anreizwirkungen für die Schaffung bestimmter Informationen entstehen, während die gesellschaftlichen Kosten eines Schutzes relativ hoch sind.[1102]

Bei einem Kosten-Nutzen-Vergleich eines Schutzausschlusses zur Förderung technischer Standardisierung sind zwei Gesichtspunkte besonders hervorzuheben. Der erste Gesichtspunkt besteht darin, dass Informationen häufig mehrere, unterschiedliche Anwendungsbereiche haben. Ein bestimmtes technisches Verfahren kann beispielsweise einerseits genutzt werden, um standardkonforme Produkte herzustellen. Es kann jedoch andererseits alternative Anwendungsbereiche haben, die mit dem Standard nicht in Verbindung stehen. Versagte man generell den Schutz für ein solches Verfahren, würden dadurch einerseits die besonderen Kosten

1099 Vgl. Koelmann, International Review of Intellectual Property and Competition Law 2006, 823, 840.

1100 Siehe S. 182ff.

1101 Entstehen jedoch auf dem Komplementärgütermarkt Monopole, wirkt dies zurück auf die Macht, einen neuen Standard zu setzen. Ein geschützter Standard, der nicht dem Monopolisten gehört, kann möglicherweise ein gewisses Gegengewicht darstellen.

1102 So auch Friedman, Standards als Intellectual Property, Part V.

des Schutzes im Rahmen technischer Standardisierung vermieden. Positive Wirkungen des Schutzes in Bezug auf alternative Anwendungsmöglichkeiten der Technologie würden dadurch jedoch ebenfalls verhindert.

Ein Schutzausschluss lässt sich ferner auch nicht abstrakt auf Informationen begrenzen, deren Nutzung notwendig zur Anwendung eines technischen Standards ist, da eine Schutzgewährung grundsätzlich im Zeitpunkt der Entstehung von Informationen erfolgt und logischerweise auch erfolgen sollte. Technische Standardisierung ist aber ein Phänomen, das grundsätzlich erst nach dem Zeitpunkt eintritt, der für die Schutzerteilung relevant ist. Einzige Ausnahme sind Urheberrechte an Normenwerken. Diese dienen ja gerade dem Zweck, die geschützte Information zu einem technischen Standard werden zu lassen.[1103]

Schließlich zeigt die Analyse des vorherigen Abschnitts,[1104] dass sich die konkreten Auswirkungen des Schutzes auf den Vorgang technischer Standardisierung nur äußerst schwierig abstrakt beurteilen lassen. Zwar führt ein starker Schutz zu mehr faktischer und weniger formeller Standardisierung. Allerdings wird dies dann, wenn formelle Standardisierung nicht gut funktioniert, kein Nachteil sein. In Technologiebereichen mit schnellen Innovationszyklen kann zudem Wettbewerb zwischen einzelnen Technologien, der durch Sponsorentum gefördert wird, sehr sinnvoll sein, um Monopolmacht zu begrenzen. In Technologiebereichen mit wenig Innovationspotential kann formelle Standardisierung besser funktionieren. Allerdings bestehen bei geringem Innovationspotential grundsätzlich auch weniger Schutzrechte, so dass es zu weniger Konflikten kommen wird.

Eine Feinjustierung der Anreize und Kosten im Zusammenhang mit technischer Standardisierung ist durch eine generelle Schutzversagung deshalb nur sehr begrenzt möglich.[1105] Sie bietet sich nur dann an, wenn eine bestimmte Art von Information generell nicht schutzwürdig ist. Dies mag grundsätzlich dann der Fall sein, wenn keine Anreizprobleme bestehen, weil die Information ohnehin erstellt wird, die Kosten eines Schutzes die Vorteile überwiegen oder aber die Innovationspotentiale in Bezug auf diese Informationen die Kosten eines Schutzes nicht rechtfertigen. Die Auswirkungen auf technische Standardisierung sind in solch einem Fall sicherlich ein Faktor, der bei der Entscheidung über die Schutzfähigkeit zu berücksichti-

1103 Der urheberrechtliche Schutz von Normungsunterlagen wird jedoch angeblich häufig zur Finanzierung der Normungstätigkeit genutzt, siehe etwa Kühnen, Zwangslizenzen, S. 166. Sofern dies stimmt, hilft er deshalb gerade, Trittbrettfahrerei in Bezug auf Normung zu beseitigen und ließe sich in gewissem Umfang rechtfertigen.

1104 Siehe S. 191ff.

1105 Es erscheint insbesondere auch nicht angemessen, den Prozess der Patentanmeldung mit der Bewertung schwieriger ökonomischen Fragen zu belasten. Dazu sind Patentämter zum einen nicht ausgerüstet und die Unsicherheit über die technische Entwicklung ist zu groß, um verlässliche Wertungen abgeben zu können, siehe hierzu auch Lee, Patent Standards, S. 22.

gen ist.[1106] Dieser steht jedoch neben allen weiteren Faktoren. Inwieweit er dominiert, hängt von der Bedeutung der Information für technische Standardisierung ab.

d) Anwendung auf Schnittstelleninformationen

In Bezug auf Computerschnittstellen mögen diese Voraussetzungen erfüllt sein. Computerprogramme sind darauf angewiesen, untereinander und mit der Hardware zu kommunizieren. Sie werden im Rahmen der Erstellung eines Computerprogramms ohnehin geschaffen. Es gibt insofern kein Anreizproblem, das mit Hilfe gewerblicher Schutzrechte gelöst werden müsste.

Hinzuweisen ist allerdings darauf, dass etwa die Definition, was genau eine Schnittstelle ist, äußerst schwierig sein kann.[1107] Die entscheidende Frage ist insbesondere, wo eine Schnittstelle aufhört, schutzunwürdig zu sein, und wo ein schützenswertes technisches Element beginnt. Ferner ist zu berücksichtigen, dass die Wahl von Schnittstellen sowie der Aufbau und die Verbindungen der Schnittstellen untereinander das Ergebnis eines komplexen Produktdesigns sein können. Selbst wenn man die Schnittstellenspezifikation selbst als nicht schutzwürdig ansieht, so können möglicherweise erhebliche Innovationspotentiale darin liegen, wie die Schnittstellen miteinander kombiniert werden. Die Kenntnis der Schnittstellen kann zudem Informationen über das Produktdesign vermitteln.

Grundsätzlich könnte eine vermittelnde Lösung für diese schwierige Abgrenzungsfrage darin bestehen, dass weitreichender Schutz durch Patent- und Urheberrecht versagt und nur der schwächere Schutz als Geschäftsgeheimnis gewährt wird. Ist *reverse engineering* in jedem Fall erlaubt, gewinnt der Schutzrechtsinhaber durch den Schutz seiner Information als Geschäftsgeheimnis einen Zeitvorsprung bei der Entwicklung und Vermarktung seiner Produkte, den er zur Amortisation seiner Forschungs- und Entwicklungsausgaben nutzen kann. Durch die Möglichkeit, *reverse engineering* durchführen zu dürfen, wird der Imitationswettbewerb hingegen nicht ausgeschlossen.

Allerdings ist einerseits zu berücksichtigen, dass gerade während der Einführungsphase einer neuen Technologie häufig besonders hohe Markteinführungskosten beispielsweise für Werbung oder Sponsorentum zugunsten eines Standardwechsels entstehen, die sich nur sehr langfristig amortisieren lassen. Der Zeitvorsprung, der durch die Notwendigkeit des *reverse engineering* entsteht, wird oftmals nicht ausreichen, um den Hersteller einer Information angemessen zu entlohnen.

1106 Bei der Definition der schutzrechtsfreien Information kann es jedoch immer noch zu erheblichen Problemen kommen. In Bezug auf Schnittstellen siehe hierzu Pilny, GRURInt 1990, 431, 432ff.; siehe auch die schwierige Diskussion über den Begriff des Computerprogramms als solchem im europäischen Patentrecht Pfeiffer, GRUR 2003, 581.

1107 Pilny, GRURInt 1990, 431, 432ff.

Problematisch ist andererseits, dass eine solcher Interessenausgleich davon abhängt, in welchem Umfang *reverse engineering* in der Praxis tatsächlich erfolgreich durchgeführt werden kann. Gerade bei komplexen Computerprogrammen kann es mit unverhältnismäßigem Aufwand verbunden sein. Aufgrund der faktischen Unmöglichkeit, die geschützte Information unabhängig vom Schutzrechtsinhaber zu erlangen, wäre in solch einem Fall selbst ein Schutzentzug im Bereich des Patent- und Urheberrechts kaum dazu geeignet, langfristig für frei erhältliche Schnittstelleninformationen zu sorgen.

e) Exkurs: Offenlegungsverpflichtung für geheime Informationen

Das Ziel freier Information lässt sich in solch einem Fall allein durch eine Offenlegungsverpflichtung realisieren, wie es die Europäische Kommission im Microsoft-Fall angeordnet und das Gericht erster Instanz bestätigt hat. Die Besonderheit einer kartellrechtlichen Offenlegungsverpflichtung besteht nunmehr darin, dass sie allein ein marktbeherrschendes Unternehmen trifft. Sofern mit der Offenlegung der Schnittstellen auch Informationen über das Produktdesign verbunden sind, die ansonsten durch Geschäftsgeheimnisse geschützt wären, kann ein Wettbewerbsnachteil für das marktbeherrschende Unternehmen entstehen, wenn es keine vergleichbaren Informationen über die Produkte von Wettbewerbern hat. Die Information über das Design der Produkte eines Wettbewerbers kann nicht nur dazu genutzt werden, um Imitationen herzustellen. Denkbar ist es auch, diese Informationen zur Produktdifferenzierung zu verwenden, um dadurch Qualitätsvorsprünge im Produktdesign zu realisieren. Besteht die Offenlegungsverpflichtung fort, kann dies zu einem strukturellen Nachteil für das marktbeherrschende Unternehmen führen. Dies gilt insbesondere dann, wenn sich die Definition der Schnittstellen nicht derart vom Produktdesign trennen lässt, dass die Mitteilung über die Schnittstellen keine Rückschlüsse auf das Design des eigenen Produkts mehr ermöglicht. Aus diesen Gründen erscheint eine Offenlegungsverpflichtung problematisch. Inwieweit sie sich im Rahmen einer Kosten-Nutzen-Analyse rechtfertigen lässt, hängt von den Umständen des Einzelfalls ab. Im Ergebnis wird es sich um eine Abwägungsentscheidung zwischen den potentiellen negativen Wirkungen auf den Wettbewerb einerseits sowie den potentiellen Wettbewerbsnachteil für den Geheimnisträger handeln. Bei beiden handelt es sich um schwierige Prognoseentscheidungen.

2. Nachträglicher Schutzentzug aufgrund von Standardisierung

a) Regelungsbeispiele

Die Darstellung der rechtlichen Regelungen hat ferner einige Beispiele gezeigt, in denen der Schutz für Informationen nachträglich deshalb entzogen wurde, weil sie sich zu einem technischen Standard entwickelt haben oder aber für die Anwendung eines technischen Standards essentiell geworden sind. Hinzuweisen ist hierbei insbesondere auf das US-amerikanische

Copyright-Recht.[1108] Einige Standardisierungsorganisationen verlangen von Schutzrechtsinhabern ferner, dass sie ihre Schutzrechte kostenfrei zur Verfügung stellen. Auch eine solche Regelung entspricht, sofern ein Schutzrechtsinhaber ihr faktisch nicht entgehen kann, einem nachträglichen Schutzentzug.

Von einigen Autoren wird diese Regelungsmöglichkeit mit der ausdrücklichen Regelung der Markenrechte verglichen, nach der ein nachträglicher Schutzentzug für Zeichen eintritt, die sich nachträglich zu einem Gattungsbegriff entwickeln.[1109] Ein solcher Vergleich ist jedoch unzulässig. Der Schutzentzug im Markenrecht ist deshalb gerechtfertigt, weil ein Gattungsbegriff die Funktion einer Marke nicht mehr erfüllen kann. Er ist ungeeignet, Waren eines Herstellers von denen eines anderen Herstellers zu unterscheiden, da er grundsätzlich nicht mehr als Marke wahrgenommen wird. Das Urheberrecht, das Patentrecht und das Recht der Geschäftsgeheimnisse basieren jedoch auf Investitionsschutzgedanken. In Fällen technischer Standardisierung erfüllen die Schutzrechte ihre Funktion gerade besonders gut. Bedenken gegen einen Schutz Informationen, deren Benutzung bei der Anwendung eines technischen Standards notwendig ist, beruhen allein auf ökonomischen Erwägungen.

b) Vor- und Nachteile eines nachträglichen Schutzentzugs

aa. Möglichkeit optimaler Entscheidungen

Die Vorteile eines nachträglichen Schutzentzugs bestehen darin, dass sich jedenfalls theoretisch durch eine entsprechende Regelung nur diejenigen Fälle erfassen lassen, in denen die Nutzung geschützter Information tatsächlich für die Anwendung eines technischen Standards notwendig wird. Lassen sich konkrete Kriterien ausmachen, mit Hilfe derer festgestellt werden kann, wann ein geschützter technischer Standard volkswirtschaftlich nachteilig ist, ließe sich die Regelung sogar allein auf diese Fälle beschränken. Dadurch ließen sich die volkswirtschaftlichen Kosten eines Schutzrechtsentzugs durch einen nachträglichen Schutzentzug erheblich reduzieren. Inwieweit dies auch praktisch möglich ist, hängt jedoch entscheidend davon ab, ob sich entsprechende Kriterien finden und praktisch nachweisen lassen.

bb. Empirische Nachweisbarkeit und klare Entscheidungskriterien

Gerade die empirische Nachweisbarkeit stellt das Hauptproblem dieses Lösungsansatzes dar. Auch wenn sich viele Zusammenhänge theoretisch modellieren lassen, ist ohne empirische Nachweise keine Aussage darüber möglich, in welchem Umfang die Effekte im konkreten Fall tatsächlich eintreten. Insbesondere Anreizwirkungen lassen sich nur sehr schwer messen. Zudem stellt Standardisierung einen äußerst komplexen Wirtschaftsvorgang mit häufig sehr

1108 Siehe ausführlich S. 81f.

1109 Z.B. Merges, Who owns the Charles River Bridge, S. 33; Koelman, Exceptio Standardis S. 7.; siehe in diesem Zusammenhang auch Verbruggen/Lorincz, GRURInt 2002, 815, 828, die ein Kollektivpatent gemäß einer Kollektivmarke vorschlagen. Auch sie verkennen, dass das Markenrecht und das Patentrecht unterschiedlichen Zwecken dienen.

vielen Akteuren dar. Die Wechselwirkungen, die sich dabei ergeben können, sind schwer vorhersehbar oder gar zu ermitteln. Eine Rechtspraxis, die Entscheidungen aufgrund eines Kosten-Nutzen-Kalküls treffen soll, ist entweder auf verlässliche Informationen oder auf sinnvolle Daumenregeln und Intuition angewiesen. Da beides zumindest nach dem bisherigen Stand der Forschung fehlt, wird die Möglichkeit einer Feinjustierung erheblich eingeschränkt. Wie bei allen abstrakt-generellen Regelungen entstehen Kosten fehlerhafter Entscheidungen.

cc. Auswirkungen unsicherer Rechtspositionen

Angesichts der Probleme bei der empirischen Nachweisbarkeit und gegebenenfalls bei der Schwierigkeit, im Einzelfall vernünftige Kriterien zu finden, steigt zudem die Unsicherheit über Rechtspositionen. Es stellt sich die Frage, wie sich diese Unsicherheit auf die Lizenzierungsbereitschaft eines Schutzrechtsinhabers auswirkt. Nach einer Theorie von *Ayres* und *Talley* führen unsichere Rechtspositionen zu mehr wohlstandsfördernden Übertragungen von Rechten.[1110]

Ausgangspunkt der Theorie zu unsicheren Rechtsansprüchen ist die rechtsökonomische Diskussion darüber, ob eine Rechtsposition besser mit Hilfe eines Unterlassungsanspruchs, einer sog. *property rule*, oder mit Hilfe eines Schadenersatz- bzw. Entschädigungsanspruchs, einer sog. *liability rule*, geschützt wird. Die Rechtsökonomie untersucht diese Frage mit dem Ziel festzustellen, welche Ausgestaltung zu einer besseren Ressourcenallokation führt. Optimal ist eine Ressourcenallokation, wenn eine Ressource immer in der Hand derjenigen Person landet, für die sie den größten Wert besitzt. Ausgangspunkt bei diesen Überlegungen ist dabei das sog. *Coase*-Theorem, wonach es in Situationen, in denen keine Such-, Verhandlungs- und Rechtsdurchsetzungskosten (sog. Transaktionskosten) und zudem vollständige Informationen bestehen, keine Rolle spielt, wem ein Recht zugesprochen wird. Aufgrund der Möglichkeit, miteinander zu handeln, wird ein Gut immer bei demjenigen landen, der es am meisten schätzt.[1111]

In der Realität bestehen erhebliche Transaktionskosten und große Informationsdefizite. Unter diesen Voraussetzungen macht es einen bedeutenden Unterschied, wem ein Recht zugesprochen wird und wie dieses Recht geschützt wird. Sind Transaktionskosten sehr hoch, kann es dazu kommen, dass sozial gewünschte Transaktionen unterbleiben. Ist es nicht möglich, einen Geschäftspartner ausfindig zu machen oder ist dieser nicht erreichbar, unterbleiben Verhandlungen.

Eine Kategorisierung, unter welchen Voraussetzungen welche Schutzvariante effizienter ist, haben zuerst *Calabresi* und *Melamed* entwickelt. Danach ist eine *property rule* angemessen,

1110 Vgl. Ayres/Talley, 104 Yale L.J. (1995) 1027.
1111 Coase, 3 JLE (1960) 1.

wenn die Transaktionskosten gering sind. Sie ist einer *liability rule* vorzuziehen, da die Parteien einer Transaktion am besten über ihre jeweilige Bewertung des Transaktionsgutes Bescheid wissen. Sie gehen davon aus, dass im Fall einer *liability rule* ein Gericht nachträglich über die Höhe der Kompensation für einen Rechtsverlust entscheidet und im Vergleich zu den Parteien weniger Informationen zur Verfügung hat. Sind die Transaktionskosten hingegen sehr hoch, ist eine *liability rule* vorzuziehen, da ansonsten sehr viele sozial erwünschte Transaktionen scheitern.[1112]

Diese Überlegungen werden von *Ayres* und *Talley*[1113] sowie durch *Kaplow* und *Shavell*[1114] kritisiert. *Ayres* und *Talley* beziehen strategisches Handeln bei Verhandlungen über Güter in ihre Überlegungen mit ein. Sie argumentieren, dass strategisches Verhandeln dazu führt, dass ein Rechtsinhaber seine Bewertung des Transaktionsgutes übertreibt, während ein potentieller Käufer seine Bewertung untertreibt. Folglich besteht die Möglichkeit, dass ein Rechtsübergang, der angesichts der tatsächlichen Bewertung des Transaktionsgutes durch die Parteien grundsätzlich möglich wäre, aufgrund strategischen Verhandelns nicht zustande kommt.[1115] Sie überlegen dann weiter, wie man die Parteien dazu bringen könnte, ihre wahren Bewertungen des Transaktionsgutes offenzulegen. Ihrer Meinung nach kann dies mit Hilfe eines Schutzes von Rechten durch *liability rules* gelingen.

Anders als *Calabresi* und *Melamed* gehen sie davon aus, dass Verhandungen auch geführt werden, wenn eine *liability rule* besteht. Sie begründen diese Annahme damit, dass in einem Großteil gerichtlicher Auseinandersetzungen Vergleiche geschlossen werden.[1116] Ferner gehen sie davon aus, dass im Rahmen einer *liability rule* der objektive Wert eines Rechts erstattet wird, nicht der subjektive Wert für den Rechtsinhaber.[1117] Ausgehend von dieser Prämisse sind ihrer Meinung nach zwei Verhandlungsergebnisse möglich. Liegt der objektive Wert eines Rechts über dem Wert, den der Rechtsinhaber dem Recht zumisst, wird er bereit sein, sein Recht zu diesem Wert zu verkaufen. Dies gelingt, wenn der Käufer dadurch gewinnt, also dessen subjektive Bewertung gleich oder höher als die Erstattungssumme ist. Liegt der objektive Wert unter dem Wert, den der Rechtsinhaber dem Recht zumisst, wird er durch eine Geldzahlung an die Person, die ihm das Recht streitig machen kann, versuchen, den Rechtsübergang abzuwenden. In beiden Fällen muss er seine wahre Bewertung des Rechts offenlegen.[1118] Die Möglichkeiten strategischen Verhandelns sowie die Möglichkeit, sich den voll-

1112 Calabresi/Melamed, 85 Harv. L. Rev. (1972) 1089.
1113 Vgl. Ayres/Talley, 104 Yale L.J. (1995) 1027.
1114 Kaplow/Shavell, 109 Harv. L. Rev. (1996) 713.
1115 Vgl. Ayres/Talley, 104 Yale L.J. (1995) 1027, 1041f.
1116 Vgl. Ayres/Talley, 104 Yale L.J. (1995) 1027, 1038.
1117 Vgl. Ayres/Talley, 104 Yale L.J. (1995) 1027, 1040.
1118 Vgl. Ayres/Talley, 104 Yale L.J. (1995) 1027, 1037ff.

ständigen Mehrwert einer Transaktion zuzueignen, wird damit durch eine *liability rule* beschränkt.[1119]

Diese Überlegungen treffen jedoch nur auf den Rechtsinhaber zu, nicht aber auf den potentiellen Erwerber, da letzterer ein klares Recht besitzt, sich das Transaktionsgut zuzueignen. Ein potentieller Erwerber hätte deshalb immer noch Anreize im Rahmen von Verhandlungen mit dem Rechtsinhaber, seine tatsächliche Bewertung des Rechts strategisch zu verheimlichen.[1120] Eine Möglichkeit der Geheimhaltung bestünde für einen potentiellen Erwerber jedoch dann nicht mehr, wenn auch er nicht mit Sicherheit wüsste, ob er sich ein Recht ohne Zustimmung des Rechtsinhabers zueignen kann. In diesem Fall befinden sich nach *Ayres* und *Talley* beide Parteien einer Transaktion zugleich in der Position eines Käufers wie in der eines Verkäufers. Dies reduziere erheblich die Möglichkeit strategischen Verhandelns.[1121] Da es dadurch zu mehr und effizienteren Transaktionen käme, wäre eine *liability rule* einer *property rule* auch in Fällen überlegen, in denen geringe Transaktionskosten bestünden. Unsichere Rechtspositionen führten im Ergebnis zu einer höheren sozialen Wohlfahrt als eindeutige Rechtspositionen.[1122]

Kaplow und *Shavell* widersprechen diesen Ergebnissen für Situationen, in denen es um die Wegnahme von Gegenständen geht. Sofern die Entschädigung für Gegenstände durch Gerichte zu niedrig festgelegt wird, gäbe es zahlreiche potentielle Personen, die den Gegenstand wegnehmen würden. Es ergäbe unter diesen Voraussetzungen für einen Eigentümer keinen Sinn, auch nur mit einem von vielen potentiellen Wegnahmeberechtigten zu verhandeln. Selbst wenn er einen potentiellen Wegnahmeberechtigten dazu bringen könnte, auf die Wegnahme zu verzichten, sei er dadurch noch lange nicht gegen die übrigen Wegnahmeberechtigten geschützt. Im Ergebnis käme es deshalb zu zahlreichen ineffizienten Transaktionen. Besteht eine hohe Wahrscheinlichkeit, dass Gerichte Entschädigungen zu niedrig festlegen, sind *property rules liability rules* vorzuziehen, sofern es um Wegnahmerechte geht.[1123]

Möchte man die Ergebnisse dieser Überlegungen für die vorliegende Fragestellung nutzbar machen, stellt sich damit zunächst die Frage, ob Situationen unklarer gewerblicher Schutzrechte mit Situationen der Wegnahme von Gegenständen im Sinne von *Kaplow* und *Shavell* handelt. Diese Frage erscheint zunächst nicht ganz eindeutig, weil - anders als physisches Eigentum - Wissen von einer Personen genutzt werden kann, ohne dass dadurch die Nutzungsmöglichkeit einer anderen Person beeinträchtigt wird. Im Sinne der vorstehenden Überlegungen ist dies jedoch nicht das entscheidende Kriterium. Wegnahmesituationen im Sinne von

1119 Vgl. Ayres/Talley, 104 Yale L.J. (1995) 1027, 1044f.
1120 Vgl. Ayres/Talley, 104 Yale L.J. (1995) 1027, 1043.
1121 Vgl. Ayres/Talley, 104 Yale L.J. (1995) 1027, 1034ff.
1122 Vgl. Ayres/Talley, 104 Yale L.J. (1995) 1027.
1123 Siehe Kaplow/Shavell, 109 Harv. L. Rev. (1996) 713, 757ff.

Kaplow und *Shavell* zeichnet aus, dass das Recht von vielen Personen verletzt werden kann, so dass es sich für den Rechtsinhaber nicht lohnt, andere durch finanzielle Anreize davon abzubringen, ihr Wegnahme oder Nutzungsrecht auszuüben. Genau dies trifft auch auf gewerbliche Schutzrechte zu.[1124] Diskutiert man die Frage wie vorliegend im Zusammenhang mit einer vollständigen Schutzentzug, also einer Vergütung gleich null, ist auch die Bedingung erfüllt, dass die Entschädigung zu gering ist. Bereits aus diesen Gründen ist eine *liability rule* für Schutzrechte abzulehnen. Ist eine *liability rule* abzulehen, dann auch der Gedanke unsicherer Rechtspositionen.

Zudem sprechen weitere Gründe gegen unsichere Rechtspositionen. Der erste Grund ist, dass hohe Unsicherheit die Investitionsneigung senken kann. Forschung und Entwicklung ist ohnehin bereits mit hoher Unsicherheit behaftet. Zusätzliche rechtliche Risiken zu schaffen, kann deshalb die Bereitschaft, in Forschung und Entwicklung zu investieren, erheblich reduzieren.

Zweitens können unsichere Rechtspositionen zu erheblichen Rechtsverfolgungskosten führen. Gerade wenn unklar ist, welche Bedingungen für einen Schutzentzug bestehen, sind die Anreize, ein Gerichtsverfahren durchzuführen erheblich. Dies gilt umso mehr, wenn es wie bei Schutzrechten, die bei der Anwendung eines technischen Standards zwangsläufig genutzt werden, um erhebliche Profitmöglichkeiten geht.

Zu beachten ist zudem im Zusammenhang mit gewerblichen Schutzrechten, dass bei zweifelhaften Schutzrechten auch ein gesellschaftliches Interesse daran besteht, dass ein potentieller Nutzer das Schutzrecht angreift und mit rechtlichen Mitteln beseitigt. Sofern unsichere Rechtspositionen dazu führen, die Vergleichsbereitschaft zu steigern, kann ein eindeutiges Prozessergebnis mit einem Gewinn für die Allgemeinheit unterbleiben.[1125]

Ferner berücksichtigt diese Theorie nicht unterschiedliche Risikoaversion bei Gewinnen und Verlusten. Verhaltenswissenschaftliche Studien legen jedoch Nachteile zu Lasten von Rechtsinhabern nahe.[1126] Dies wiederum könnte den Schluss zulassen, dass die Gefahr des Scheiterns von Verhandlungen überschätzt wird.[1127]

Schließlich stehen diese Überlegungen in krassem Widerspruch zur generellen Dogmatik des Eigentumsrechts. Das Eigentumsrecht definiert absichtlich einen numerus clausus anerkannter Eigentumsrechte, um dadurch einen Verkehrsschutz durch eindeutige, klare Regelungen zu ermöglichen. Ein Verwischen der Grenzen des Eigentums kann die Verkehrsfähigkeit und den Wert des Eigentums erheblich beeinträchtigen. Aus diesen Gründen erscheint die absichtliche

1124 So auch Merges, 8 Cal. L. Rev. (1996) 1293, 1304f.
1125 Siehe ausführlich hierzu unten S. 310f.
1126 Vgl. Lewinsohn-Zamir, 80 Tex. L. Rev. (2001) 219, 236f. unter Berufung auf die Ergebnisse von Tversky und Kahnemanns sog. Prospekttheorie.
1127 Vgl. Lewinsohn-Zamir, 80 Tex. L. Rev. (2001) 219, 237.

Schaffung unsicherer Rechtspositionen eine mehr als zweifelhafte Lösung für das Problem der Monopolmacht durch gewerbliche Schutzrechte in Standardisierungskontexten zu sein.

dd. Informations- und Fehlerkosten einer Kosten-Nutzen-Analyse

Weiterhin ist zu berücksichtigen, dass ein nachträglicher Schutzentzug gemäß einer ökonomischen Betrachtungsweise nur dann gerechtfertigt wäre, wenn die Kosten eines Schutzes ihren Nutzen überstiegen. Die Ermittlung der Kosten und des Nutzens ist, sofern sie überhaupt möglich ist, mit erheblichen Informationskosten verbunden. Zwar ließen sich die Informationskosten dadurch reduzieren, dass man abstrakte Regelungen erlässt, deren Anwendung mit weniger Aufwand erfolgen kann. Problematisch ist daran jedoch, dass durch abstrakt-generelle Regelungen die Fehlerkosten infolge falscher Entscheidungen steigen können.[1128]

ee. Verwertungsmöglichkeit bis zum Schutzentzugs

i. Höhere Anreize als bei abstraktem Schutzentzug

Der zweite Vorteil eines nachträglichen Schutzentzugs mag darin liegen, dass der Schutzrechtsinhaber bis zum Zeitpunkt des Schutzentzugs die Möglichkeit der Vermarktung seiner Technologie behält. Er kann deshalb gegebenenfalls für einen gewissen Zeitraum mit Hilfe der zu seinen Gunsten geschützten Technologie eine monopolistische Rendite erwirtschaften. Die Anreizfunktion wird deshalb nicht vollständig beseitigt. Dieses Argument ist jedoch sehr problematisch.

ii. *Die Coase-Vermutung bei nachträglichem Schutzentzug*

Zum einen ließe sich argumentieren, dass potentielle Abnehmer nicht bereit seien, für eine geschützte Information zu bezahlen, wenn sie antizipierten, dass sie die Information ohnehin irgendwann kostenlos erhielten. Dies ist nichts anderes als die Anwendung der *Coase*-Vermutung. Dem Schutzrechtsinhaber wird die Möglichkeit genommen, glaubhaft zu versichern, die Information nicht später zu einem günstigeren Preis verkaufen zu können. Warteten alle Nutzer ab, unterbliebe in solch einem Szenario jedoch Standardisierung. Eine entsprechende Politik mag deshalb Standardisierung und die erfolgreiche Vermarktung von Technologien behindern. Zu bedenken ist allerdings, dass ein Mittel für eine glaubhafte Versicherung darin besteht, kurzfristige Verträge abzuschließen.

iii. Strategische Überlegungen bei nachträglichem Schutzentzug

Ferner kann ein nachträglicher Schutzrechtsentzug dazu führen, dass Schutzrechtsinhaber vermeiden, die zu ihren Gunsten geschützte Information zu einem technischen Standard werden zu lassen. Sie haben entsprechende Möglichkeiten, wenn sie die Entscheidung über die Outputmenge besitzen. Ein nachträglicher Schutzentzug kann deshalb zu einer größeren Zersplit-

1128 Für einen rechtsökonomischen Vergleich von klaren, eindeutigen Regelungen ohne Beurteilungsspielraum und differenzierten Regelungen siehe Christiansen/Kerber, Competition Policy.

terung zwischen einzelnen Spezifikationen führen. Besitzen Schutzrechtsinhaber hingegen keine Entscheidung über die Produktionsmenge, etwa weil sie keine Mengenvorgaben vertraglich vorschreiben können oder dürfen, besitzt der Lizenznehmer erhebliche Anreize, durch Standardisierung die Lizenzgebühren zu beseitigen. Dies ist jedenfalls dann möglich, wenn mit dem Schutzentzug die Verpflichtung zur Zahlung von Lizenzgebühren entfällt.

c) Sinnvolle Anwendung eines nachträglichen Schutzentzugs

Angesichts dieser Probleme ist die Anordnung eines nachträglichen Schutzentzugs eine Regelungsalternative, deren sozialer Nutzen sehr zweifelhaft ist. Selbst wenn sich robuste Kriterien finden ließen, wann ein nachträglicher Schutzentzug sinnvoll ist, kann u.a. strategisches Verhalten und können hohe Informationskosten zu Wohlfahrtsverlusten führen.

Allein das Kriterium des technischen Standards ist dabei unzureichend, um einen Schutzentzug ökonomisch zu rechtfertigen.[1129] Zum einen wird es in der Praxis gerade in Grenzfällen sehr schwierig sein, zu beurteilen, ob es sich bei einer bestimmten Spezifikation tatsächlich um einen technischen Standard handelt. Gerade hierdurch können erhebliche Prozesskosten entstehen. Zum anderen lässt allein der Begriff des technischen Standards keine Aussage zu, welche konkreten ökonomischen Auswirkungen der konkrete Standard hat.

Nun ließe sich sicherlich argumentieren, dass eine Rechtslage ohne die Möglichkeit eines nachträglichen Schutzentzugs eine Entscheidung zugunsten eines sehr weit gehenden Schutzes ist. Dieses Argument ist nur schwer zu widerlegen. Allerdings scheint die bestehende Rechtslage weder Anreize für zweifelhaftes strategisches Verhalten noch für zweifelhafte Vergleiche zu setzen, noch ist sie mit erheblichen Informationskosten verbunden. Ein Schutzentzug ist zudem eine Alles-oder-Nichts-Entscheidung. Sie sollte als ultima ratio nur dann angewendet werden, wenn es keine weniger zweifelhaften Regelungsmöglichkeiten gibt. Eine abschließende Beurteilung ist deshalb erst dann möglich, wenn andere Regelungsmöglichkeiten auf ihre Kosten und ihren Nutzen hin untersucht wurden.

3. Schutzbeschränkung durch Modifikation von Schutzrechtsregelungen

Überlegenswert könnte ferner sein, Schutzrechtsregelungen für den Fall technischer Standardisierung zu beschränken.[1130] Denkbar wäre insofern eine weitgehende Anwendung des Erschöpfungsgrundsatzes oder eine engere Auslegung des Äquivalenzbereichs. Im Ergebnis geht es auch bei dieser Frage um die Optimierung der Anreize und Kosten. Es ergeben sich keine Unterschiede in der Diskussion zu einer Schutzreduktion. Jede Begrenzung der Schutz-

1129 Dies gilt übrigens allgemein für alle Lösungsmöglichkeiten, die nur auf den Fall eines technischen Standards Anwendung finden sollen.

1130 Generell zu Möglichkeiten, innovationspolitische Erwägungen ins US Patentrecht einfließen zu lassen, Burk/Lemley, Policy Levers, die je nach Besonderheit der jeweiligen Industrie differenzieren wollen; kritisch hierzu Wagner, 18 Berk. Tech. L. J. (2003) 1.

fähigkeit oder der Reichweite von Schutzrechten ist ein allgemeiner oder spezieller Schutzentzug.

4. Diskriminierungsverbot

a) Regelungsbeispiele

Anders als Regelungen, die den Schutzbereich gewerblicher Schutzrechte und damit den Verletzungstatbestand betreffen, handelt es sich beim Diskriminierungsverbot grundsätzlich um eine rechtliche Regelung, die allein Transaktionen über das Schutzrecht und die Rechtsdurchsetzung betrifft. Diskriminierungsverbote bestehen in der Praxis in Form kartellrechtlicher Vorschriften und können sich zudem aus vertraglichen Abreden wie Lizenzverpflichtungen zu RAND-Bedingungen ergeben.

b) Vor- und Nachteile von Diskriminierungsverboten

aa. Absolute und relative Diskriminierungsverbote

Kosten und Nutzen von Diskriminierungsverboten hängen entscheidend von den Wertungen ab, anhand derer beurteilt wird, ob eine Ungleichbehandlung und ein sachlicher Grund für die Ungleichbehandlung bestehen. Diskriminierungsverbote gibt es zum einen als absolute Diskriminierungsverbote, die im Fall einer Diskriminierung gemäß eines bestimmten Kriteriums keine Rechtfertigungsmöglichkeit zulassen, zum anderen als relative Diskriminierungsverbote, bei denen ein sachlicher Grund eine Ungleichbehandlung rechtfertigen kann. Denkbar wäre im vorliegenden Zusammenhang beides. Einmal ließe sich an ein absolutes Diskriminierungsverbot in Bezug auf Anwender einen technisches Standards denken. Jedem Nachfrager wären dann dieselben Bedingungen zu stellen. Andererseits ließe sich aber auch an ein relatives Diskriminierungsverbot denken.

bb. Rechtsökonomische Bewertung von Diskriminierungsverboten

Aus ökonomischer Sicht sind Diskriminierungsverbote nicht von vornherein unsinnig. Unstrittig ist, dass ein Monopolist durch Anwendung ungleicher Bedingungen wohlfahrtsreduzierende Auswirkungen hervorrufen kann. Er kann einseitig Wettbewerber bewusst schwächen. Ferner kann Diskriminierung zur Organisation und Durchsetzung von Kartellen benutzt werden. Inwieweit Diskriminierungsverbote daher rechtsökonomisch sinnvoll sind, hängt aber entscheidend von ihrer konkreten Anwendung und Ausgestaltung ab.

cc. Vor- und Nachteile absoluter Diskriminierungsverbote

Der Vorteil absoluter Diskriminierungsverbote besteht darin, dass die Gefahr von ungerechtfertigter Ungleichbehandlung umfassend beseitigt wird. Sofern die Ungleichbehandlung strategische Möglichkeiten oder Kollusionspotentiale eröffnet, wird diese Gefahr vollständig gebannt. Ferner sind die Durchsetzungskosten verhältnismäßig gering, da keine aufwendige Ermittlung erfolgen muss, ob und in welchem Umfang eine Ungleichbehandlung sozial schädliche oder fördernde Wirkung entfaltet. Zudem können rechtsverbindliche Wertungen vorgegeben werden und als indiskutabel postuliert werden.

Der Nachteil absoluter Diskriminierungsverbote ist, dass Diskriminierung häufig auch wohlfahrtsfördernde Auswirkungen haben kann.[1131] Durch ein absolutes Diskriminierungsverbot werden diese Möglichkeiten unterbunden. Dadurch können gesellschaftliche Kosten entstehen.

dd. Vor- und Nachteile relativer Diskriminierungsverbote

Die Kosten absoluter Diskriminierungsverbote werden durch relative Diskriminierungsverbote vermieden. Dafür entstehen jedoch höhere Verfahrenskosten. Prozesse werden gegebenenfalls zum einen häufiger geführt und zum anderen aufwendiger. Relative Diskriminierungsverbote mit unklaren Bedingungen führen zu den Vor- und Nachteilen unsicherer Rechtspositionen. Zudem entstehen strategische Potentiale bei ihrer Durchsetzung, sowohl durch ungerechtfertigte Behauptungen, es lägen Diskriminierungen vor, als auch durch Verzögerungen von Rechtsstreitigkeiten.

ee. Bewertung von Diskriminierungsverboten

Ob ein relatives oder absolutes Diskriminierungsverbot angemessen erscheint, hängt zunächst davon ab, ob es bestimmte Wertungen gibt, die ein Regulierer als verbindlich vorgeben möchte. Im Übrigen hängt die Wahl der Ausgestaltung davon ab, wie hoch die Fehlerkosten absoluter Diskriminierungsverbote im Vergleich zu den zusätzlichen Verfahrenskosten relativer Diskriminierungsverbote sind.[1132] Bei hohen Fehlerkosten im Vergleich zu den Verfahrenskosten erscheinen relative Diskriminierungsverbote sinnvoll, bei hohen Verfahrenskosten im Vergleich zu den Fehlerkosten eher absolute Diskriminierungsverbote.[1133]

c) Sinnvolle Anwendung im Rahmen technischer Standardisierung

aa. Gleichheit im Zusammenhang mit technischer Standardisierung?

Die erste Frage ist deshalb, ob aufgrund des Sachzusammenhangs Gründe für ein absolutes Diskriminierungsverbot sprechen. Gewerbliche Schutzrechte können ein absolutes Diskriminierungsverbot grundsätzlich nicht rechtfertigen, da aus rechtsökonomischer Sicht Preisdiskriminierung gerade die optimale Verwertung einer Technologie ermöglichen kann.[1134] Diskriminierung kann zudem häufig mit positiven Auswirkungen verbunden sein kann. So führt Preisdiskriminierung ersten und zweiten Grades immer, dritten Grades unter bestimmten Umstän-

1131 Siehe ausführlich bereits S. 186.
1132 Siehe allgemein für diese Abwägung Christiansen/Kerber, Optimally differentiated rules.
1133 Christiansen/Kerber, Optimally differentiated rules, S. 20f.
1134 Siehe etwa Farrell/Hayes/Shapiro/Sullivan, S.30.

den auf Produktmärkten für Endverbraucher zu einem Gewinn an sozialer Wohlfahrt.[1135] Preisdiskriminierung auf Inputmärkten kann in statischer Perspektive zu einer Verringerung der sozialen Wohlfahrt führen, da ein Hersteller mit geringeren Produktionskosten die höhere Zahlungsbereitschaft hätte und sich seine Produktion deshalb im Vergleich zum Wettbewerber mit höheren Produktionskosten und einer niedrigeren Zahlungsbereitschaft verteuerte.[1136] Berücksichtigt man jedoch auch dynamische Entwicklungen und insbesondere Anreize für Effizienzsteigerungen im Produktionsprozess, kann auch bei Inputpreisdiskriminierung insgesamt die soziale Wohlfahrt höher liegen als bei einem Verbot der Preisdiskriminierung.[1137] Besteht ein Monopol, kann es effizienter sein, Preisdiskriminierung zu erlauben als sie zu verbieten.[1138]

Ferner ist zu berücksichtigen, dass ein gewerbliches Schutzrecht in aller Regel nur einen einzigen Input in komplexe Produktionsabläufe darstellt. Potentielle Lizenznehmer unterscheiden sich jedoch nicht nur bei ihren Kostenstrukturen, sondern auch bei ihren übrigen Kompetenzen und Komplementärgütern, die sie in den Produktionsprozess einbringen.[1139] Beispielsweise kann ein Lizenznehmer mit einer Premiummarke die Technologie an eine zahlungskräftige Klientel verkaufen, während ein Hersteller mit einer „Billigmarke" ein anderes Publikum anspricht. Ferner kann geschütztes Wissen in völlig unterschiedliche Produkte integriert werden. Aus diesen Unterschieden kann sich völlig unterschiedliche Verhandlungsmacht der Lizenznehmer im Vergleich zum Lizenzgeber ergeben. Lizenzverträge können das Ergebnis komplexer Verhandlungen zwischen den Lizenznehmern und den Lizenzgebern sein.[1140] Es erscheint nicht sinnvoll, dass sich unterschiedlich starke Verhandlungsmacht der Lizenznehmer nicht soll auszahlen dürfen.[1141]

Sofern man ein absolutes Diskriminierungsverbot rechtfertigen wollte, könnte sich dies allein aufgrund des Zusammenhangs mit technischer Standardisierung ergeben. Einige Standardisie-

1135 Siehe etwa Utton, Market Dominance, S. 13ff; Discussion Paper zu Art. 82 S. 30ff.

1136 Vgl. DeGraba, 80 AER (1990) 1246; ähnlich Yoshida, 90 AER (2000) 240; Katz, Micheal L., 77 AER (1987) 154; siehe aber auch Inderst/Valletti, Price Discrimination, für den Fall eines in seiner Preisgestaltung beschränkten Inputmonopolisten. In diesem Fall kann Inputpreisdiskriminierung dazu führen, dass die effizienteren Nachfrager einen günstigeren Preis erhalten, S. 3; ebenfalls positive Effekte bestehen nach Hausman/MacKie-Mason, 19 RAND (1988) 253, 255, die die marktöffnenden Auswirkungen von Preisdiskriminierung dritten Grades betonen.

1137 Siehe Haucap/Wey, Input Price Discrimination, S. 11ff.

1138 Vgl. Gordon, 73 Chi.-Kent L. Rev. (1998) 1367, 1389f. Sie weisen zu Recht darauf hin, dass sich mit diesen Überlegungen ein Monopol in keiner Weise echtfertigen lässt.

1139 Ausführlich diskutiert dies Picker, Harv. L. J. & Public Policy (1999) 159, 184f. für das Beispiel des Chiphersteller Intel.

1140 Entsprechend ist auch die Ausgestaltung von Lizenzgebühren als feste Gebühr oder laufende Gebühr wichtig. Siehe hierzu die Literatur zu optimaler Ausgestaltung der Lizenzierung, u.a. Tombak, Licensing Rivals, S. 26; Kamien/Tauman, 101 Quart. Journal of Econ. (1986) 471, 484; Sen, D., 53 Games and Economic Behavior (2005) 141, 146; Gleave/Feess, 4 Economics Bulletin (2006) 1, 7f.; Sen, D., 4 Economics Bulletin (2002) 1f.; 14 Int. Rev. of Econ. and Finance (2005) 393; Kamien/Oren/Tauman, 21 Journal of Mathematical Econ. (1992) 483;

1141 Geradin/Layne-Farrar, Ex-ante competition, S. 19.

rungsgremien haben in ihren Standardisierungsgrundsätzen verankert, dass Standardisierung nicht zur Schaffung individueller Sondervorteile führen dürfe.[1142] Es stellt sich deshalb die Frage, ob Standardisierung notwendigerweise ein Mindestmaß an Gleichheit der Anwender erfordert.

Diese Frage ist jedoch grundsätzlich zu verneinen. Die Anwendung derselben Spezifikation setzt nicht zwangsläufig voraus, dass dies jedermann zu denselben Bedingungen tut. Gleiche Bedingungen sind weder notwendige noch hinreichende Bedingung für die Anwendung eines technischen Standards. Für den entsprechenden Grundsatz von Standardisierungsgremien scheinen vielmehr zwei Gesichtspunkte maßgeblich zu sein.

Der erste Gesichtspunkt ist, dass formelle Standardisierung auf dem Konsensprinzip aufbaut. Konsens ist jedoch deutlich leichter zu erzielen, wenn zumindest formal für alle Abstimmungsberechtigten dieselben Bedingungen gelten. In vielen Fällen werden dennoch bestimmte Spezifikationen die Vor- oder Nachteile der teilnehmenden Unternehmen im Wettbewerb unterschiedlich beeinflussen.

Der zweite Gesichtspunkt ist, dass Standardisierungsorganisationen als Organisationen kooperativen Zusammenwirkens von Wettbewerbern Kartelle begünstigen könnten. Eine Diskriminierung zwischen Anwendern eines technischen Standards würde die Kartellierung erleichtern. Ein Grund, weshalb nach den Normungsgrundsätzen von Standardisierungsorganisationen Standardisierung nicht zu individuellen Sondervorteilen führen darf, besteht sicherlich darin, kartellrechtliche Bedenken gegen kooperative Standardisierung auszuschließen. Insbesondere die europäische Kommission fordert von Standardisierungsgremien, die Ergebnisse der Standardisierungsarbeit allen Interessierten zu angemessenen und nicht diskriminierenden Bedingungen zugänglich zu machen. Zu diesem Punkt sei jedoch angemerkt, dass auch einheitliche Bedingungen Kartelle begünstigen können.

Vor diesem Hintergrund erscheint es deshalb nicht sinnvoll, absolute Diskriminierungsverbote auszusprechen. Allerdings ist es aufgrund der strategischen Möglichkeiten, die einem Schutzrechtsinhaber zuwachsen, und angesichts der Kartellierungsgefahr sinnvoll, ein relatives Diskriminierungsverbot aufzustellen. Die entscheidende Frage ist dann, welche Gründe für eine Rechtfertigung einer Diskriminierung vorgebracht werden können.

bb. Rechtfertigungsmöglichkeiten

Eine etwaige Ungleichbehandlung beruht aufgrund eines gewerblichen Schutzrechts. Sinn und Zweck gewerblicher Schutzrechte besteht darin, dass der Schutzrechtsinhaber eine Rendite oberhalb der Grenzkosten, in der Regel eine Monopolrente verdienen kann. Folgt man die-

1142 Für das DIN siehe DIN 820, Teil 1 Ziff. 2 Abs. 1.

ser Logik, so sind alle diejenigen Maßnahmen sinnvoll, die ihm helfen, den Monopolgewinn abzuschöpfen. Erlaubt wären alle diejenigen Maßnahmen, die diesem Zweck dienen.[1143]

Ohne Zweifel ist eine Lizenzverweigerung deshalb in Fällen unzuverlässiger oder wenig zahlungskräftiger Lizenznehmer zulässig, sofern diesen Bedenken nicht mit milderen Mitteln abgeholfen werden kann.[1144] Im übrigen muss es auf die Lizenzierungspolitik des Lizenzgebers ankommen. Grundsätzlich hat ein Lizenzgeber dabei zwei Möglichkeiten. Entweder kann er die Herstellung und den Vertrieb der auf seinen Schutzrechten aufbauenden Gütern selbst organisieren. Dies bedeutet, dass er die Herstellung und den Vertrieb in aller Regel selbst oder durch diejenigen Unternehmen erbringen lässt, die dies zu den für ihn günstigsten Bedingungen durchführen können. Er wird zu diesem Zweck auch die Produktionsmengen festlegen wollen. Fehlt ihm zu einer solchen Strategie die Kompetenz oder die Verhandlungsmacht, wird er Lizenzen ohne Mengenvorgaben erteilen. Für diese sind die Lizenznehmer grundsätzlich nur zu zahlen bereit, wenn die Anzahl der erteilten Lizenzen begrenzt wird.[1145] Zudem sind Transaktionskosten zu berücksichtigen. Die Industrieökonomik hat ausführlich dargestellt, dass Transaktionskosten ein wichtiges Kriterium im Rahmen der Frage darstellen, wie geschäftliche Abläufe organisiert werden.[1146] Ferner sind die Dynamiken technischer Standardisierung zu berücksichtigen. Ein Lizenznehmer, der eine Lizenz zu einem Zeitpunkt erwirbt, in dem sich eine Spezifikation noch nicht als technischer Standard etabliert hat, trägt möglicherweise ein höheres Risiko als ein Lizenznehmer, der erst dann um eine Lizenznahme ersucht, wenn sich eine Spezifikation als Standard durchgesetzt hat.[1147] Gemäß dem unterschiedlichen Risiko sollte es möglich sein, zu differenzieren. Es kann folglich viele Gründe geben, unterschiedlichen Lizenznehmern unterschiedliche Bedingungen zu stellen. Vernünftige wirtschaftliche Gründe, deren Zweck die Maximierung der Lizenzeinnahmen aus einem konkreten Patent ist, sollten grundsätzlich zur Rechtfertigung dienen können.

Fraglich ist jedoch, ob in Situationen, in denen der geschützte technische Standard eine „übermäßig" hohe Monopolrente ermöglicht, nicht strengere Kriterien angewendet werden sollten. Problematisch ist allerdings, dass ein Diskriminierungsverbot hierzu nur sehr unzureichend geeignet ist. Eine Mengenbegrenzung kann auch durch einen hohen Lizenzpreis erreicht wer-

1143 Für einen Überblick über die Strategien siehe ausführlich Rey/Tirole, Foreclosure, die danach differenzieren, ob die konkrete Maßnahme der Verhinderung eines Ergebnisses der Coase-Vermutung dient oder eine Ausweitung von Monopolmacht zur Folge hat.

1144 Darüber hinaus spielt bei komplexen Verträgen häufig auch das gegenseitige Vertrauen eine wichtige Rolle. Mit dieser Überlegung begründen Bakos/Brynjolfsson, dass es trotz verbesserter Informationssysteme nicht zu einer größeren Anzahl an Geschäftspartner kommt. Diese Überlegungen ließen sich sicherlich auch auf komplexe Lizenzverträge übertragen.

1145 Mit diesem Ansatz vgl. z.B. Katz/Shapiro, 101 Quarterly Journal of Economics (1986) 567, 569, „The willingness to pay for a license will depend upon how many of its rivals are obtaining licenses....We show ... that the developer in general can earn higher profits by restricting the number of licenses for sale."

1146 Ausgangspunkt hierfür ist der Artikel von Coase, 3 JLE (1960) 1.

1147 Geradin/Layne-Farrar, Ex-ante competition, S. 18; Plomben, New Technology Transfer Guidelines, S. 5.

den. Dieser wäre einheitlich und würde dementsprechend nicht diskriminieren. Für eine Kontrolle der Lizenzgebührenhöhe wäre vielmehr eine Preiskontrolle notwendig.

Sofern man in die Optimierungsentscheidungen eines Schutzrechtsinhabers eingreifen möchte, ist es ferner nötig, darzulegen, dass eine externe Festlegung zu ökonomisch besseren Ergebnissen führen wird. Unter Beachtung der Exklusivität, die das Schutzrecht dem Schutzrechtsinhaber gewährt, sind die optimalen Entscheidungen für den Schutzrechtsinhaber im übrigen auch die sozial optimalen Entscheidungen.

cc. Unsachgemäße Diskriminierung bei strategischer Nutzung

Etwas anderes mag gelten, wenn das Ziel der Diskriminierung darin besteht, die Marktstruktur so zu verändern, dass der Schutzrechtsinhaber davon langfristig profitieren kann. Dies soll als strategische Diskriminierung bezeichnet werden. Zu dieser Fallgruppe zählt etwa die Möglichkeit des *Margin Squeeze* oder die Ausnutzung der Rechtsmacht infolge des Schutzrechts, um ein Kartell zu ermöglichen, zu stabilisieren oder zu koordinieren. Mit Hilfe des Diskriminierungsverbots lassen sich deshalb Ungleichbehandlungen von Wettbewerbern kontrollieren. In diese Fallgruppe fallen dabei insbesondere auch Situationen wie diejenigen, die der *Spundfass*-Entscheidung des BGH zugrunde liegen.[1148] In diesem Fall scheint es so gewesen zu sein, dass die deutschen Hersteller die Anfrage des Verbandes der chemischen Industrie dazu genutzt hätten, um sich gegenseitig einen Wettbewerbsvorteil in der Nichterhebung von Lizenzgebühren zu gewähren. Zwar haben sie diesen Vorteil damit gerechtfertigt, dass sie zum Teil eigene Technologien zugunsten derjenigen des Schutzrechtsinhabers aufgegeben haben. Zu bedenken ist jedoch, dass der lizenzsuchende italienische Hersteller nicht am Standardisierungsverfahren beteiligt wurde, und dadurch nicht die Möglichkeit besaß, sich eigene Vorteile im Rahmen der Verhandlung, die im Rahmen der Spezifikationswahl stattfanden, zu sichern. Denkbar ist, dass auch er Patente an einer alternativen Technologie besaß, und bereit gewesen wäre, diese Technologie freiwillig, zugunsten der Technologie des erfolgreichen Schutzrechtsinhabers aufzugeben.

Diese Überlegungen schließen nicht völlig aus, dass Unternehmen, die eigene Technologien zugunsten der Technologie des Schutzrechtsinhabers aufgeben, niedrigere Lizenzgebühren zahlen müssen, als andere Unternehmen. Unterschiedliche Lizenzsätze lassen sich dann rechtfertigen, wenn eine koordinierte Technologiewahl unnötige Kosten eines Standardisierungswettbewerbs erspart, sich ohnehin eine Technologie am Markt durchgesetzt hätte und durch die Diskriminierung Trittbrettfahrerei bezüglich der Standardisierungsbemühungen anderer verhindert werden kann. Allerdings hat der BGH zurecht angenommen, dass diese Vorteile konkretisiert werden müssen und sich dann entsprechend in den unterschiedlichen Bedingungen widerspiegeln müssen.

1148 Zum Spundfass-Urteil siehe bereits S. 153f.

Zudem hat die bisherige Darstellung gezeigt, dass die Monopolstellung des Schutzrechtsinhaber im Falle geschützter technischer Standards vor allem durch technische Innovation bedroht wird. Eine Diskriminierung, die darauf angelegt ist, bestimmte für den Schutzrechtsinhaber potentiell gefährliche Technologien zu unterdrücken, mag daher ebenfalls unsachgemäß sein. Voraussetzung für einen solchen Verstoß ist jedoch im Rahmen des Diskriminierungsverbotes, dass vergleichbaren Unternehmen Lizenzen gewährt werden. Zu bedenken ist ferner, dass ein Schutzrechtsinhaber Preisdiskriminierung oder Rabatte auch dazu einsetzen kann, bestimmte Schlüsselnutzer fest an seine Technologie zu binden. Wenn ein Standardwechsel und damit ein Technologiewechsel nur dann gelingen kann, wenn eine große Gruppe Nutzer zeitnah mit der Nutzung einer neuen Spezifikation beginnt, kann ein Schutzrechtsinhaber durch selektive günstige Konditionen für Schlüsselnutzer einen solchen Wechsel behindern. Es wäre insofern denkbar, dass durch Diskriminierung Probleme kollektiven Handelns erhöht werden. Ein solcher Vorwurf wäre jedoch ausführlich ökonomisch zu untermauern. Ungleiche Bedingungen für Lizenznehmer können zudem dazu führen, dass die sich Bereitschaft der benachteiligten Lizenznehmer, den Standard zu wechseln, erhöht. Sie eröffnet Wettbewerbern Möglichkeiten, mit dem Schutzrechtsinhaber zu konkurrieren.

d) Zusammenfassung

Im Ergebnis erscheint ein relatives Diskriminierungsverbot in jedem Fall eine sinnvolle Regelung, um die Kartellierung des Wettbewerbs sowie die strategische Nutzung gewerblicher Schutzrechte zum Ausbau einer marktbeherrschenden Stellung zu untersagen. Ein absolutes Diskriminierungsverbot kann zudem für private Organisationen sinnvoll sein, die einerseits auf die Zustimmung aller Teilnehmer angewiesen sind und andererseits kartellrechtlichen Bedenken begegnen wollen. Wie die Diskussion bei relativen Diskriminierungsverboten gezeigt hat, ist ein absolutes Diskriminierungsverbot jedoch keine zwingende Voraussetzung, um Kartellierungsbedenken zu begegnen. Nicht jede Ungleichbehandlung führt automatisch zur Begründung oder Aufrechterhaltung eines Kartells. Absolute Diskriminierungsverbote seitens marktbeherrschender Standardisierungsorganisationen sind deshalb volkswirtschaftlich zweifelhaft. Gegen relative Diskriminierungsverbote mit ausreichendem Rechtfertigungszwang bestehen hingegen aus ökonomischer Sicht keine Bedenken.

5. Lizenzgebührenkontrolle

a) Regelungsbeispiele

Eine weitere Regelungsmöglichkeit wäre eine Lizenzgebührenkontrolle. In der Praxis bestehen zum einen kartellrechtliche Vorschriften, die überhöhte Preise verbieten oder Lizenzierung zu angemessenen Bedingungen vorschreiben, und andererseits RAND-Lizenzen. Indirekt findet zudem eine Preiskontrolle immer dann statt, wenn einem Schutzrechtsinhaber im Verletzungsfall Schadenersatz zugesprochen wird. Unter anderem die Höhe des Schadenersatzes bestimmt, wie teuer es für einen potentiellen Lizenznehmer ist, ohne Lizenz das Schutzrecht zu nutzen.

b) Vor- und Nachteile einer Lizenzgebührenkontrolle

Eine Lizenzgebührenkontrolle bietet den Vorteil, überhöhte Anreize für Forschung- und Entwicklung, die sich durch den Zuwachs an Monopolmacht infolge von Netzeffekten und Wechselkosten ergeben, begrenzen zu können. Zudem werden dadurch die negativen Effekte von Hold-up verringert.[1149] Der Nachteil einer Lizenzgebührenkontrolle besteht jedoch in erheblichen Fehlerrisiken, die sich durch unzureichende Information ergeben können.[1150] Für eine sinnvolle Preiskontrolle muss eine große Anzahl an Informationen über Produktionskosten bzw. Kosten für Forschung und Entwicklung einerseits und die Zahlungsbereitschaft von Kunden andererseits ermittelt werden. Dies gestaltet sich insbesondere im Zusammenhang mit gewerblichen Schutzrechten als schwierig, da Information, die einmal produziert wurde, zu nur sehr geringen Grenzkosten reproduziert werden kann. Die Grenzkosten der Produktion scheiden deshalb grundsätzlich als Bewertungsmaßstab aus. Zwar lassen sich möglicherweise die Kosten für Forschung und Entwicklung einer bestimmten Erfindung ermitteln. Es erscheint jedoch äußerst schwierig, eine sinnvolle Rendite zu bestimmen, weil sich in dieser auch das Erfolgsrisiko von Forschung und Entwicklung widerspiegeln sollte.[1151] Ein Vergleich mit Lizenzgebühren für andere Schutzrechte ist zudem ungenau, weil Informationen häufig nur schwierig miteinander zu vergleichen sind.[1152] Auch Lizenzgebühren für das Schutzrecht, das bei der Anwendung eines Standards zwangsläufig genutzt wird, zu einem früheren Zeitpunkt sind gerade im Zusammenhang mit technischer Standardisierung häufig nicht vergleichbar, da zu früheren Zeitpunkten erst in geringerem Maße Netzeffekte bestanden. Zudem bleibt auch die Marktentwicklung nicht ohne Einfluss auf die optimale Lizenzgebühr.[1153] Noch schwieriger wird die Preisermittlung schließlich, wollte man auch Preisdiskriminierung mit einbeziehen.[1154]

Ungenauigkeit bei der Kontrolle von Lizenzgebühren ist allerdings hinsichtlich der Anreizfunktion grundsätzlich unschädlich, sofern sie nicht systematisch zu überhöhten oder ungenügenden Lizenzsätzen führt[1155] und zudem von den Betroffenen auch so wahrgenommen wird. Zu beachten ist jedoch, dass eine solche Gefahr besteht, da eine Lizenzgebührenkontrolle allein bei besonders erfolgreichen Ergebnissen von Forschung und Entwicklung erfolgen wird,

1149 Vgl. Shavell, Contracts, Holdup and Legal Intervention, S. 10.
1150 Siehe Beier, GRUR 1998, 185, 188; Shavell, Contracts, Holdup and Legal Intervention, S. 11.
1151 Siehe Dolmans, 26 Fordham Int'l L.J. 163, 201f.; ebenfalls gegen einen solchen Ansatz Geradin/Rato, Exploitative Abuse, S. 47.
1152 So Dolmans, 26 Fordham Int'l L.J. 163, 202; ebenso Geradin/Rato, Exploitative Abuse, S. 48.
1153 Siehe hierzu auch Lemley/Weiser, 85 Texas Law Rev. 783, 815f.
1154 Shapiro, Exclusionary Conduct, S. 13.
1155 Für diese Befürchtung aber vgl. Merges, 94 Col. L. Rev. (1994) 2655, 2667.

bei gescheiterten Projekten das Risiko jedoch grundsätzlich vollständig beim Unternehmer verbleibt.[1156] Zudem entstehen durch Preiskontrollen erhebliche Verfahrenskosten.[1157]

c) Anwendung bei technischer Standardisierung

aa. Voraussetzungen für eine Kostenkontrolle

Unter den Voraussetzungen, unter denen es in der Tat zu überhöhten Anreizen kommt, kann eine Lizenzgebührenkontrolle eine sinnvolle Maßnahme sein, um diese Anreize zu korrigieren. Dies setzt allerdings voraus, dass man erstens systematische Fehler vermeiden kann, zweitens verlässliche und kostengünstige Methoden zur Feststellung der Preise hat und drittens keine psychologischen Aspekte bestehen, die zu einer Senkung von Forschungs- und Entwicklungsanreizen führen. Sind diese Voraussetzungen erfüllt, stellt sich dann die Frage, wie eine solche Kostenkontrolle sinnvoll auszugestalten wäre. Eine mittelbare Kostenkontrolle erfolgt durch die Bemessung von Schadenersatz in Verletzungsfällen. Eine weitere Preiskontrolle wird durch freiwillige Vereinbarungen wie z.B. RAND-Verpflichtungen geschaffen. Schließlich besteht noch die Möglichkeit, einer kartellrechtlichen Preiskontrolle.

bb. Preiskontrolle bei Schadenersatz und Bereicherungsausgleich

Die bewusste Verletzung gewerblicher Schutzrechte führt grundsätzlich zu einem Schadenersatzanspruch, eine unbewusste Verletzung zu einem Bereicherungsanspruch. In Deutschland kann dieser Schadenersatz grundsätzlich auf dreifache Weise berechnet werden: anhand des tatsächlich eingetretenen Schadens, des Verletzergewinns oder mit Hilfe der Lizenzanalogie.[1158] In den USA wird gemäß der Entscheidung *Gerogia Pacific* mit Hilfe zahlreicher Kriterien ebenfalls ein angemessener Lizenzsatz berechnet.[1159] Theoretisch bestünde die Möglichkeit, in diesem Rahmen aus den Lizenzgebühren denjenigen Anteil herauszurechnen, der auf dem Zuwachs an Monopolmacht durch technische Standardisierung beruht.[1160]

Aus ökonomischer Perspektive bedeutet diese Art der Berechnung, dass Verletzer im Ergebnis für eine Lizenz nicht mehr bezahlen müssten als ein durchschnittlicher Lizenznehmer. Ihre Lizenzgebühren sind gegebenenfalls sogar geringer als diejenigen von Lizenznehmern, sofern das Risiko, entdeckt zu werden, gering ist. Allerdings ist auch zu berücksichtigen, dass im Rahmen der Rechtsverfolgung zusätzliche Kosten entstehen. Mit Hilfe des Unterlassungsanspruchs kann der Schutzrechtsinhaber die Produktion der Verletzer vollständig lahmlegen. Dies erzeugt zusätzliche Kosten, wenn die Investitionen in die Produktion noch nicht abge-

1156 Siehe R. Epstein, 106 Yale L. J. (1997) 2091, 2093, der eine große Gefahr der Unterkompensation gerade in Fällen einer sog. *liability rule* sieht.
1157 Siehe Lemley/Weiser, 85 Texas Law Rev. 783, 820; Shavell, Contracts, Holdup and Legal Intervention, S. 11.
1158 Siehe oben S. 52 für das Patentrecht.
1159 Siehe oben S. 56f. für das Patentrecht.
1160 Siehe für einen Vorschlag Patterson, 17 Berk. Tech. L.J. (2002) 1043, 1056ff.

schrieben sind. Verletzungsformen können zudem vernichtet werden. Handelt der Verletzer vorsätzlich, kann dies jedenfalls in Deutschland strafrechtlich geahndet werden.

Lizenznehmer werden grundsätzlich nicht bereit sein, mehr Lizenzgebühren zu zahlen als Schutzrechtsverletzer an Schadenersatz. Andernfalls hätten sie einen Wettbewerbsnachteil. Würde ein Verletzer eines Schutzrechts aus diesem Grund allein zu Schadenersatz verurteilt und hätte er keine weiteren Nachteile wie die Vernichtung der Verletzungsformen, Prozesskosten, gegebenenfalls strafrechtliche Sanktionierung und die Kosten infolge des Unterlassungsanspruchs zu erleiden, würde die Höhe des Schadenersatzes mittelbar wie eine Preiskontrolle wirken.

Die Effizienz eines solchen Mechanismus zur Preiskontrolle hängt jedoch entscheidend davon ab, welche weiteren Kosten für einen Verletzer neben der Schadenersatzzahlung mit einer Schutzrechtsverletzung verbunden sind. Je größer diese sind, desto ineffizienter ist der Mechanismus. Selbst wenn man wie im US-amerikanischen Recht unter bestimmten Voraussetzungen möglicherweise im Zusammenhang mit technischen Standards einen Unterlassungsanspruch des Schutzrechtsinhabers verweigern sollte, drohten jedenfalls noch die Prozesskosten und eventuell strafrechtliche Sanktionen. Die Effizienz dieses Mechanismus ist daher zweifelhaft.

cc. Preiskontrolle durch RAND-Verpflichtungen und Kartellrecht

Im Unterschied zur Begrenzung von Schadenersatz auf eine angemessene Höhe ließe sich auch daran denken, Lizenznehmern einen ausdrücklichen Anspruch auf Preiskontrolle zu geben. Voraussetzung wäre allerdings, dass es klare und eindeutige Berechnungsregeln gibt. Ansonsten ist ein Schutzrechtsinhaber leicht opportunistischem Verhalten seitens seiner Lizenznehmer ausgesetzt. Die Auswirkungen unklarer Rechtsansprüche wurden bereits erörtert. Selbst wenn ein Schutzrechtsinhaber die Gebühren auf angemessener Grundlage berechnen würde, könnten immer noch Anreize für Lizenznehmer bestehen, die Angemessenheit anzuzweifeln. Entsprechendes gilt, wenn sich ein Preisprüfungsrecht aus dem Kartellrecht ergibt. Zu Bedenken ist ferner, dass eine Preiskontrolle erheblich erschwert wird, wenn man Preisdiskriminierung für zulässig erachtet. Eine Preiskontrolle wird deshalb in vielen Fällen mit einem erheblichen Verlust an Flexibilität einhergehen, was ebenfalls nachteilige Wirkungen für die soziale Wohlfahrt haben kann.[1161]

d) Zusammenfassung

Fasst man diese Ergebnisse zusammen, so besticht eine Preiskontrolle theoretisch dadurch, dass die gegebenenfalls übermäßigen Anreizwirkungen, die sich beim Zusammentreffen ge-

---

1161 Vgl. allgemein und insbesondere zu allgemein gültigen Preisen Shavell, Contracts, Holdup and Legal Intervention, S. 10.

werblicher Schutzrechte mit technischer Standardisierung ergeben, korrigiert werden können. Die Probleme von Preiskontrollen liegen jedoch im praktischen Bereich. Die Berechnungen sind äußerst aufwendig und sowohl über ihre Grundlagen als auch über ihre Durchführung lässt sich trefflich streiten. Dies führt zu ganz erheblichen Prozesskosten. Nicht umsonst nutzt selbst die Europäische Kommission die Preisprüfungsregelungen des Art. 82 EGV äußerst selten. Sinnvoll mag die Möglichkeit einer Preiskontrolle dennoch in Einzelfällen sein. Einerseits kann sie als Evidenzkontrolle taugen und andererseits, insbesondere auch wegen der hohen Prozesskosten und des Prozessaufwands, eine gewisse Abschreckungswirkung auf einen Schutzrechtsinhaber ausüben, keine übermäßig hohen Lizenzgebühren zu verlangen.[1162] Ferner wird sie häufig notwendig werden, wenn eine Lizenzierungspflicht besteht.

6. Lizenzierungspflicht

a) Regelungsbeispiele

Ausdrückliches Beispiel einer Lizenzierungspflicht ist § 24 PatG. Auch ist es möglich, RAND-Verpflichtungen als freiwillig eingegangene Lizenzierungspflichten auszulegen.[1163] Im Grunde enthält auch die *Essential Facilities*-Doktrin eine Lizenzierungspflicht. Zwar ist die Verpflichtung zur Lizenzierung in diesem Fall lediglich die Rechtsfolge eines Kartellrechtsverstoßes. Allerdings scheint oftmals kein missbräuchliches Verhalten der Grund für den Verstoß zu sein, sondern allein eine bestimmte Marktstruktur die Haftung zu begründen.[1164] Zudem kommt zur Beseitigung des Kartellrechtsverstoßes kein anderes Mittel als eine Zwangslizenz in Betracht. Schließlich kann man auch in der Versagung eines Unterlassungsanspruchs durch amerikanische Gerichte angesichts der kürzlich ergangenen Rechtsprechung des US *Supreme Court* eine Art von Zwangslizenz erkennen.

b) Vor- und Nachteile von Lizenzierungspflichten

Der Vorteil von Lizenzierungspflichten besteht darin, dass die Hold-up-Macht bzw. die Monopolmacht des Schutzrechtsinhabers verringert werden kann.[1165] Unter den Voraussetzungen der Lizenzierungspflicht ist es dem Schutzrechtsinhaber verwehrt, eine Lizenz zu versagen. Gestritten werden kann in solch einem Fall lediglich noch über Lizenzbedingungen.

Mit Hilfe von Lizenzierungspflichten lassen sich zudem Ausnahmen von der generellen Entscheidung zugunsten gewerblicher Schutzrechte in Fällen schaffen, in denen Investitionsschutzgesichtspunkte hinter anderen Interessen der Gesellschaft zurücktreten müssen.[1166] Wer-

1162 Für Zurückhaltung bei der Preiskontrolle zur Bekämpfung von Hold-up auch Shavell, Contracts, Holdup and Legal Intervention, S. 11.

1163 In diesem Sinne Miller, 40 Ind. L. Rev. (2007) 351, 364, 384.

1164 Hovenkamp/Janis/Lemley, IP and Antitrust S. 13-12, „[This approach] does not focus on conduct at all.“

1165 Siehe hierzu ausführlich Lemley/Weiser, 85 Texas Law Rev. 783,786ff., Miller, 40 Ind. L. Rev. (2007) 351, 364; Swanson/Baumol, 73 Antitrust L.J. (2005) 1, 9f.

1166 Insbesondere Ullrich weist darauf hin, dass selbst im Rahmen der Abwägung zwischen Wettbewerb und gewerblichen Schutzrechten viele unterschiedliche soziale, verfassungsrechtliche und ökonomische tet man etwa das Rechtsgut Leben höher als das Rechtsgut Eigentum, dann mag es jedenfalls aus kurzfristiger Perspektive sinnvoll sein, für den Fall einer drohenden Epidemie Zwangslizenzvorschriften vorzusehen, damit die Herstellung von Impfstoffen oder Heilmitteln nicht daran scheitert, dass es infolge hoher Transaktionskosten oder Hold-out zu einer Unterversorgung kommt.

Im Rahmen eine Lizenzierungspflicht ist es ferner möglich, dem Schutzrechtsinhaber Vorgaben zu machen, welche die willkürliche oder strategische Nutzung seiner Schutzrechte begrenzen.[1167] Die entsprechenden negativen Auswirkungen strategischen oder willkürlichen Verhaltens können daher verringert werden. Dies setzt jedoch voraus, dass die Vorgaben hinreichend präzise sind.[1168]

Etwas unklar ist, inwieweit Lizenzierungspflichten die Effizienz von Transaktionen beeinflussen. Hierbei kann wieder auf die Diskussion zu *property rules* und *liability rules* verwiesen werden, dass für possessorische Ansprüche grundsätzlich eine *property rule* besser ist,[1169] jedenfalls sofern die Transaktionskosten beim Vertragsabschluss nicht prohibitiv hoch sind.[1170] Auch gewerbliche Schutzrechte, die einen relativen Wettbewerbsvorteil gewähren, sind entsprechend possessorischen Ansprüchen zu beurteilen.[1171] Ferner scheinen verhaltenswissenschaftliche Studien zu bestätigen, dass Unterlassungsansprüche grundsätzlich stärker transaktionsfördernd sein können als bloße Haftungsregelungen.[1172] Diese Studien sind allerdings mit Vorsicht zu behandeln, da es immer schwierig ist, zu beurteilen, wie weit experimentelle Ergebnisse in der Realität in Situationen mit zahlreichen Störfaktoren zu beurteilen sind.

Überlegungen eine Rolle spielen können, siehe Ullrich, Competition Law and Intellectual Property Law, S. 38.

1167 Gerade in der strategischen Nutzung sehen Lemley/Weiser eine große Gefahr, Lemley/Weiser, 85 Texas Law Rev. 783,794f, 798; siehe auch Lemley/Shapiro, 85 Texas Law Rev. (2007) 1991, 2008; anders hingegen Geradin, Layne-Farrar, Ex-ante competition, S. 23, die die Gefahr für weitgehend übertrieben halten.

1168 Siehe hierzu Lemley/Weiser, 85 Texas Law Rev. 783, 810f. mit Beispielen aus der Breitbandregulierung in den USA.

1169 Siehe Kaplow/Shavell, 109 Harv. L. Rev. (1996) 713, 758ff.; kritisch zugunsten einer *liability rule* bezüglich Geschäftsgeheimnissen hingegen Melville, 29 Seton Hall L. Rev. (1999) 1277, der annimmt, das Wettbewerbsverhältnis zwischen Unternehmen würden Anreize zum Verhandeln senken.

1170 Allgemein zur Diskussion über den Vorzug von *liability rules* einerseits und *property rules* andererseits siehe Calabresi/Melamed, 85 Harv. L. Rev. (1972) 1089; Ayres/Talley, 104 Yale L.J. (1995) 1027; Kaplow/Shavell, 109 Harv. L. Rev. (1996) 713; Krauss, Property Rules vs. Liability Rules,

1171 Merges, 8 Cal. L. Rev. (1996) 1293, 1304f.

1172 Siehe etwa Croson/Johnston, 16 JLEO (2000) 50, 68 die beobachteten, dass bei eindeutigen Rechten eine deutlich größere Bereitschaft bestand, Transaktionen durchzuführen; in Bezug auf Fairnesswahrnehmungen Lewinsohn-Zamir, 80 Tex. L. Rev. (2001) 219; Englerth, Behavioral Law and Economics S. 44f., insbesondere S. 231ff; 238ff; die Problematik mit der Interpretation verhaltenswissenschaftlicher Ergebnisse zeigt jedoch auch die völlig unterschiedliche Einschätzung der Auswirkungen des sog. Endowment-Effekts einerseits bei Lewinsohn-Zamir, 80 Tex. L. Rev. (2001) 219, 253ff. und andererseits bei Rachlinski/Jourden, 51 Vand. L. Rev. (1998) 1541, 1572f.

Der Nachteil von Lizenzierungspflichten besteht darin, dass sie die Anreizwirkung gewerblicher Schutzrechte verringern können. Der Grund dafür liegt darin, dass in die Verwertungshoheit des Schutzrechtsinhabers eingegriffen wird. Sofern die Tatbestandsvoraussetzungen einer Lizenzierungspflicht vorliegen, ist der Schutzrechtsinhaber in seiner Verwertungsfreiheit beschränkt. Dies ist immer dann von Nachteil, wenn die Voraussetzungen der Lizenzierungspflicht nicht mit den Optimierungsentscheidungen des Schutzrechtsinhabers übereinstimmen. Wäre dies jedoch immer der Fall, dann wäre eine entsprechende Regelung unter der Voraussetzung perfekt informierter, rational handelnder Akteure überflüssig.

Der Umfang einer Verringerung von Anreizen für Forschung und Entwicklung hängt deshalb zum einen davon ab, inwieweit eine externe Bestimmung bessere Ergebnisse liefern kann als individuelle Entscheidungen eines Schutzrechtsinhabers. Dies ist im Ergebnis eine Frage nach den besseren Informationen und der besseren Entscheidungskompetenz. Vielfach wird argumentiert, die Parteien besäßen hier größere Kompetenz und bessere Information als Gerichte oder Behörden.[1173] Zum anderen hängt die Größe dieses Nachteils davon ab, inwieweit die Maximierung der sozialen Wohlfahrt und das Profitinteresse des Schutzrechtsinhabers korrelieren.

Bei einer Zwangslizenz ist zudem zu berücksichtigen, dass je nach ihrer Ausgestaltung auch das Insolvenzrisiko und das Rechtsverfolgungsrisiko auf den Schutzrechtsinhaber übertragen werden. Erlaubt die Lizenzierungsvorschrift die Aufnahme der Benutzung ohne Zustimmung des Schutzrechtsinhabers oder gar ohne Anzeige an den Schutzrechtsinhaber, kann ihn dies sowohl in der Rechtsverfolgung allgemein als auch in der Durchsetzung seiner Vergütungsansprüche erheblich beschränken. Ist ein Lizenznehmer nicht zahlungskräftig, könnte der Schutzrechtsinhaber ihm die Anwendung des geschützten Wissens dennoch nicht verbieten. Besteht keine Informationspflicht, obliegt es dem Schutzrechtsinhaber, Lizenznehmer auf Lizenzzahlung zu verklagen. Droht Nutzern geschützter Informationen weder strafrechtliche Verfolgung, noch eine Schadenersatzpflicht, die über einen angemessenen Lizenzsatz hinausgeht, noch ein Unterlassungsanspruch, haben sie kein Interesse daran, die Nutzung dem Schutzrechtsinhaber anzuzeigen.

Schließlich wird es durch eine Lizenzierungspflicht einem Unternehmen erschwert, mit Hilfe seiner essentiellen Patente an für seine eigene Tätigkeit notwendige Patente Dritter heranzukommen, weil infolge der Zwangslizenz nicht mehr mit einem Lizenzentzug gedroht werden kann. Eine Zwangslizenzierung kann in solch einem Fall die Verhandlungsmacht zwischen

1173 Siehe allgemein für diesen Nachteil von *liability rules* Schäfer/Ott, Ökonomische Theorie des Privatrechts, S. 551.

Unternehmen deutlich verändern.[1174] Dies gilt allerdings nur dann, wenn die Lizenzpflicht nicht für beide Parteien einer Transaktion gilt.

Wie bei jeder rechtlichen Regelung entstehen auch durch Vorschriften zu Zwangslizenzen Verfahrenskosten. Ferner ist zu berücksichtigen, dass eine Zwangslizenzierung häufig zu einer Komplettregulierung führen kann. Insbesondere Preise sind Substitute für eine Lizenzversagung. Zwangslizenzierung wird daher selten ohne die Vor- und Nachteile einer Preiskontrolle auskommen.[1175]

c) Anwendung bei technischer Standardisierung

aa. Standardisierung per se unzureichender Anlass

Insbesondere Zwangslizenzen werden im Rahmen technischer Standardisierung immer wieder als Lösungsmöglichkeiten für die Probleme geschützter technischer Standardisierung angeführt. Bedenklich an diesem Vorschlag ist, dass sich auf theoretischer ökonomischer Basis eben gerade nicht nachweisen lässt, dass ungeschützte technische Standards geschützten technischen Standards überlegen sind. Hinzu kommt, dass technische Standardisierung nicht zwangsläufig in jedem Fall gesellschaftlich wünschenswert ist. Standardisierung ist ein Mittel zum Zweck. Sie dient insbesondere der Senkung von Transaktionskosten und der Realisierung von Netzeffekten. Die Größe von Netzeffekten kann jedoch erheblich variieren. Standardisierung führt ferner zur Entstehung zentraler Lösungen, von denen aus weitere Forschung und Entwicklung betrieben werden kann. Allerdings kann es durchaus sinnvoll sein, mehrere Forschungs- und Entwicklungspfade gleichzeitig zu verfolgen.[1176] Eine Zwangslizenzierung mag dazu führen, dass zu früh ein technischer Lock-in eintritt. Ferner beschränkt eine Zwangslizenzierung die Verwertungshoheit des Schutzrechtsinhabers. Dies bedeutet, dass bei der Entscheidung zugunsten von Lizenzpflichten die möglichen Vorteile eines dadurch ermöglichten einheitlichen Standards gegen die negativen Wirkungen einer Beschränkung gewerblicher Schutzrechte sowie die potentiell negativen Auswirkungen zu früh eintretender oder zu starker Standardisierung abzuwägen sind.

bb. Maßgebend: mit der Standardisierung verfolgte Ziele

Aus diesen Gründen erscheint es wenig sinnvoll, allgemein zu Zwecken technischer Standardisierung Zwangslizenzierung zu erwägen. Vielmehr ist nachzuweisen, dass die Wohlfahrtsgewinne der konkret avisierten Standardisierung die Kosten der Zwangslizenzierung überwie-

1174 Zu den Auswirkungen und Strategien siehe ausführlich Picker, Harv. L. J. & Public Policy (1999) 159, 185ff.

1175 Vgl. Shapiro, Exclusionary Conduct, S. 10; Ullrich, Competition Law and Intellectual Property Law S. 37; dies ist einer der Gründe für die Zurückhaltung der US-Kartellbehörden, siehe Pate, Licensing Freedom, zu Compulsory Licensing unter Verweis auf die Entscheidung des US Supreme Court im Fall *Verizon Communications Inc. v. Law Offices of Curtis V. Trinko, LLP*, 540 U.S. 398 (2004), 407, 414-15.

1176 Siehe Blind, Ökonomische Analyse paralleler Standards, S. 8ff. mit einem Wohlfahrtsvergleich.

gen und, angesichts der Nachteile von Zwangslizenzierung, nicht auf alternative Weise ebenso erreicht werden können. Dies wäre etwa der Fall, wenn die Standardisierung der Verwirklichung oder Sicherung wesentlicher gesellschaftlicher Interessen diente und keine alternative Möglichkeit der Standardisierung bestünde. Dabei muss sicherlich auch berücksichtigt werden, für welchen Zeitraum durch Verweigerung einer Zwangslizenz auf die Vorteile von Standardisierung verzichtet werden müsste. Allein die Möglichkeit, jedermann Zugang zu bestimmten Technologien zu verschaffen, ist grundsätzlich kein ausreichender Grund, wenn nicht gesellschaftliche Interessen wie die Verwirklichung der Meinungsfreiheit oder der Volksgesundheit einen allgemeinen Zugang zwingend erscheinen lassen.

cc. Sicherung des Wettbewerbs

Diskutiert wird, inwieweit die Sicherung von Wettbewerb ein zwingendes Interesse darstellt.[1177] Dabei ist in Standardisierungskontexten wichtig, dass es sowohl Wettbewerb innerhalb der Grenzen des technischen Standards als auch standardexternen Wettbewerb gibt. Notwendige Voraussetzung für eine Zwangslizenzierung sollte dabei sein, dass kein hinreichender standardexterner Wettbewerb besteht. Der Grund dafür ist, dass fehlender standardexterner Wettbewerb den Wettbewerbsdruck auf den Schutzrechtsinhaber senken und irrationale oder die soziale Wohlfahrt senkende strategische Entscheidungen befördern kann. Wie der zweite Abschnitt dieses Kapitels gezeigt hat, ist dies jedenfalls dann der Fall, wenn nur ein geringes Innovationspotential für den technischen Standard besteht, keine Innovationen drohen, die die standardkonformen Produkte ablösen werden, keine Wettbewerber vorhanden sind, die einen Standardwechsel sponsorn können, Probleme kollektiven Handelns einen potentiellen Wechsel behindern, es wenig ungebundene Nutzer gibt und Wechselkosten hoch sind. Über den Zeithorizont, innerhalb dessen kein maßgeblicher Wettbewerb zu erwarten ist, ließe sich jedenfalls diskutieren. Wettbewerb entsteht dabei ferner auch durch Erforschung und Entwicklung neuen Wissens, mit dessen Hilfe die geschützten, bei der Anwendung eines Standards notwendigen Informationen substituiert werden können. Im Rahmen der Prüfung einer marktbeherrschenden Stellung kann diesen Faktoren hinreichend Rechnung getragen werden.

Liegt einem das Bestehen von Wettbewerb am Herzen, käme eine Zwangslizenzierung grundsätzlich dann in Betracht, wenn der Schutzrechtsinhaber gerade durch eine Lizenzversagung das Aufkommen standardexternen Wettbewerbs unterdrückt. Maßnahmen, die darauf abzielen, Innovationen zu behindern, erscheinen deshalb ebenso problematisch wie Maßnahmen, die einen Wechsel von Nutzern unterbinden sollen. Entsprechendes gilt auch für die bewusste Schwächung von Wettbewerbern, die in der Lage sind, einen Standardwechsel zu sponsorn.

1177 Durchaus aufgeschlossen z.B. Drexl, Abuse of Dominance, S. 5f., 12f., Ullrich/Heinemann in Immenga/Mestmäcker Band 1 Teilb. 2, IV. Abschnitt ,Rn. 56, 63.

Letzterer Gesichtspunkt mag der entscheidende Gesichtspunkt sein, weshalb Microsoft seine Wettbewerber auf dem Servermarkt nicht unbillig behindern darf.[1178]

Äußerst schwierig ist ferner die Frage zu beantworten, inwieweit unzureichender standardinterner Wettbewerb eine Zwangslizenz soll rechtfertigen können. Diese Frage ist deshalb so schwierig, weil es theoretisch gar nicht vorkommen sollte, dass ein Schutzrechtsinhaber unzureichenden standardinternen Wettbewerb über einen längeren Zeitraum hinweg duldet. Ein Schutzrechtsinhaber schneidet sich durch eine irrationale Nichtlizenzierung ins eigene Fleisch. Er hat grundsätzlich ein Interesse an einem auf dem Standard aufbauenden System, das einen möglichst großen Wert hat. Dies setzt insbesondere preisgünstige Produkte und zahlreiche Komplementärprodukte voraus.[1179] Besteht eine Frage nach Produktdifferenzierung, wird er ebenfalls entweder durch Produktdifferenzierung der eigenen Produkte oder aber durch Fremdherstellung im Rahmen von Lizenzierung dafür Sorge tragen, dass diesem Bedürfnis nachgekommen wird. Beschränkungen der optimalen Ausgestaltung eines solchen Systems ergäben sich allein durch Maßnahmen, die zur Sicherung der Monopolrente notwendig sind. Sie ließen sich aber grundsätzlich allesamt rechtfertigen.

Geht man von dieser Grundüberlegung aus, stellt sich die Frage, welche Bedingungen vorliegen müssen, damit es zu unzureichendem standardinternem Wettbewerb unter der Annahme eines Inputmonopolisten kommt. Denkbar wären Informationsdefizite des Monopolisten oder aber psychologische Neigungen, die zu einer aus rational ökonomischer Sicht fehlerhaften Wahrnehmung von Informationen führen. Gerade wenn standardexterner Wettbewerb sehr schwach ausgeprägt ist, steht zu befürchten, dass fehlerhafte Entscheidungen nicht in ausreichendem Maße durch die Marktkräfte korrigiert werden. Aus wohlfahrtsökonomischer Sicht lässt sich ein Eingriff durch Anordnung einer Zwangslizenz in solchen Fällen theoretisch sicherlich relativ einfach rechtfertigen. Allerdings sollte gerade in diesem Bereich größte Zurückhaltung geboten sein, da nicht auszuschließen ist, dass auch externe Entscheidungen auf Fehlinformationen und Neigungen beruhen können.

Wann ein entsprechender Eingriff in die Eigentumsposition gerechtfertigt ist, lässt sich hierbei mit Hilfe der Entscheidungstheorie untersuchen. Die Frage wäre, ob die Fehlerkosten einer falschen positiven oder diejenigen einer falschen negativen Entscheidung größer wären. Angesichts der relativ hohen Anforderungen, die die Rechtsordnung an Eingriffe in die Entscheidungsfreiheit der Menschen stellt, zu der eben auch das Recht gehört, Fehler zu machen, erscheint ein Eingriff nur dann sinnvoll, wenn offensichtlich ist, dass die Nutzung des Eigentums eindeutig kurz- wie langfristig wohlfahrtsschädlich ist. Ein solch offensichtlicher Fall

1178 Dies macht die Kommission jedenfalls geltend, siehe EuG, Urteil vom 17. September 2007, T-201/04 – Microsoft Rz. 306, 317.

1179 So auch Ullrich/Heinemann, Immenga/Mestmäcker Band 1 Teilb. 2, IV. Abschnitt, Rn. 59.

war sicherlich der Sachverhalt, der der *Magill*-Entscheidung des EuGH zugrunde lag. Jedes andere Land in Europa kannte seit Jahren wöchentliche Programmzeitschriften. Einzige Ausnahme bildete Irland. Die Beklagten konnten auch keine vernünftigen Argumente für die Nichtlizenzierung geltend machen.

Im Zusammenhang mit technischer Standardisierung ist ferner zu bedenken, dass erhebliche Innovationen zu einer Ersetzung eines technischen Standards führen können. Eine Zwangslizenzierung kann diese Dynamik verhindern und zu einer Perpetuierung des Monopols führen. Dies unterscheidet Standardisierungskontexte vom Magill-Fall. In diesem Fall war das Schutzrecht in keinem denkbaren Fall substituierbar.

Weiterhin ist zu überlegen, ob es nicht doch Bedingungen gibt, unter denen ein Monopolist von schwach ausgeprägtem standardinternen Wettbewerb entweder kurzfristig oder langfristig profitiert.[1180] Da die Behinderung standardexternen Wettbewerbs bereits behandelt wurde, sollten vorliegend allein Gesichtspunkte maßgeblich sein, die Profitmöglichkeiten im standardinternen Wettbewerb betreffen. Der Schutzrechtsinhaber profitiert allein dann von schwachem standardinternen Wettbewerb, wenn er vertikal in den Markt für standardkonforme Produkte integriert ist. Ferner darf er durch Lizenzierung nicht in der Lage ist, den vollen Monopolpreis abzuschöpfen. Könnte er dies, bestünden auf dem Sekundärmarkt keine Möglichkeiten, zusätzliche Renten zu verdienen. Dies sind die Bedingungen, die allgemein für jeden vertikal integrierten Inputmonopolisten gelten. Es ergeben sich daher bezüglich eines Inputmonopolisten, dessen Inputmonopol auf einem gewerblichen Schutzrecht besteht, keine Besonderheiten. Für die Bedingungen, unter denen eine Marktabschottung durch Lizenzverweigerung sinnvoll sein kann, kann deshalb auf die allgemeine Literatur verwiesen werden.[1181] Ein Teil der relevanten Argumente wurde auch bereits im Rahmen einer sachlichen Rechtfertigung von Diskriminierung besprochen.

Allein einer Besonderheit im Rahmen technischer Standardisierung soll nachfolgend noch etwas näher untersucht werden. Im Rahmen technischer Standardisierung ist ein Schutzrechtsinhaber gezwungen, Zugeständnisse im Rahmen der Lizenzierung zu machen. Seine Möglichkeit, auf dem Lizenzmarkt die volle Monopolrente infolge eines Marktmachtzuwachses durch technische Standardisierung zu verdienen, ist deshalb begrenzt. Für ein vertikal integriertes Unternehmen kann es sich deshalb lohnen, Monopolrenten auf anderen Märkten als dem Lizenzmarkt zu verdienen. Dies kann es dadurch erreichen, dass es keine Lizenzen auf abhängigen Märkten vergibt. Allerdings ist die Reichweite dieser Strategie sehr beschränkt. Hat der Schutzrechtsinhaber bereits Lizenzen für Nutzung seiner Technologie auf abhängigen Märk-

1180 Siehe hierzu auch Discussion Paper zu Art. 82 S. 43ff.

1181 Siehe ausführlich Rey/Tirole, A Primer on Foreclosure, Abschnitt 3, S. 49ff.; Discussion Paper zu Art. 82 S. 26ff. für abhängige Märkte, S. 23ff. für benachbarte Märkte.

ten vergeben, ist er für die Laufzeit des Lizenzvertrags an den Lizenzvertrag gebunden. Bestehen keine Lizenzverträge oder laufen bestehende Lizenzverträge aus, bestehen keine Beschränkungen mehr für eine Veränderung der Lizenzgebühren. Der Grund dafür, eine Lizenz zu versagen, entfällt in diesem Fall.

Zu bedenken ist jedoch, dass der Preis nicht die einzige Variable eines Vertrages darstellt. Denkbar wäre auch, die Qualität der Leistung negativ zu beeinflussen. Die zu späte oder aber schlechte Information von Lizenznehmern kann, wie im Fall von Microsoft vorgetragen wurde, einen Wettbewerbsvorteil für die eigene Downstreamabteilung bringen. Ob ein Anspruch auf eine höhere Qualität der Information besteht, ist dann jedoch zunächst einmal eine Frage des Vertrags- und nicht des Kartellrechts.

Würde man das Kartellrecht anwenden, muss der Missbrauchsvorwurf damit begründet werden, dass dem Schutzrechtsinhaber der Wettbewerbsvorteil durch eine zu späte oder ungenügende Information nicht zustünde. Dies ließe sich damit begründen, dass er auf diesen Wettbewerbsvorteil gerade durch die Lizenzierung seiner Technologie im Rahmen der Standardisierung verzichtet hat. Die Aufrechterhaltung des standardinternen Wettbewerbs würde in solche einem Fall einer Absicherung des Ergebnisses des Wettbewerbs um einen technischen Standard dienen.

Man kann in Frage stellen, ob das Kartellrecht diese Aufgabe erfüllen sollte, da es den Druck von den Unternehmen nimmt, möglichst vollständige Verträge abzuschließen. Sinn ergäbe eine Anwendung allerdings, wenn sich vernünftigerweise argumentieren ließe, dass Wettbewerber nicht in der Lage sind, entsprechend weitreichende Verträge abzuschließen oder durchzusetzen. Ein Durchsetzungsrisiko kann beispielsweise dadurch entstehen, dass ein gutes Geschäftsklima zwischen Lizenznehmern und Schutzrechtsinhaber für zukünftige Lizenzierungsverhandlungen wichtig ist und dadurch unzureichende Anreize bestehen, gerichtlich gegen den Schutzrechtsinhaber vorzugehen. Gerade wenn der Schutzrechtsinhaber ein bedeutendes Unternehmen in einem Technologiebereich ist, müssten kleinere Unternehmen damit rechnen, dass sie bei späteren Entscheidungen oder Geschäftsabschlüssen gegenüber friedfertigeren Wettbewerbern benachteiligt werden.

dd. Zwangslizenzierung zur Ermöglichung von Standardisierung

Schließlich mag es für das Funktionieren formeller Standardisierungsarbeit notwendig sein, dass die Teilnehmer davon ausgehen dürfen, später eine Lizenz am essentiellen Schutzrecht zu erhalten. Als freiwillige Zusage ist gegen Lizenzierungspflichten daher grundsätzlich nichts einzuwenden. Allerdings ist dabei darauf zu achten, die Bedingungen der Lizenzierung möglichst genau festzulegen. Angesichts der Rechtsdurchsetzungsprobleme, die sich für einen Schutzrechtsinhaber ergeben können, ist insbesondere auf eine Anzeigepflicht bei der Aufnahme der Benutzung hinzuwirken. Wird diese verletzt, erscheint es sinnvoll, dass der Anspruch auf Lizenzierung verfallen ist oder jedenfalls eine Vertragsstrafe fällig wird. Anders bestünde keine Abschreckungswirkung.[1182]

Problematisch ist allein, wenn ein Standardisierungsgremium mit erheblicher Marktmacht eine Lizenzierungspflicht von allen Teilnehmern fordert. Dies weckt kartellrechtliche Bedenken, da die Ziele des gewerblichen Rechtsschutzes durch eine derartige Anforderung nachteilig beschränkt werden können. Um die technische Entwicklung mit begleiten zu können, ist es für viele Unternehmen wichtig, sich jedenfalls an den größten Standardisierungsorganisationen zu beteiligen. Es bestünde in diesen Fällen keine freiwillige, sondern eine zwingende Verpflichtung.

Angesichts der vorstehenden Überlegungen, wann zu Zwecken des Wettbewerbs einerseits und zu Zwecken der Standardisierung andererseits eine Zwangslizenzierung sinnvoll erscheint, ist eine entsprechende zwangsweise Verpflichtung in der Tat kartellrechtlich äußerst problematisch. Auch die Beschränkung von Forschungs- und Entwicklungsanreizen kann zu wettbewerbsbeschränkenden Wirkungen führen. Eine zwangsweise Zustimmung sollte deshalb von Teilnehmern an Standardisierungsgremien mit marktstarker Stellung nicht verlangt werden.

d) Zusammenfassung

Fasst man die Ergebnisse zur Zwangslizenzierung zusammen, dann sind Lizenzierungspflichten grundsätzlich ein geeignetes Mittel, um eine unsachgemäße Verringerung standardexternen Wettbewerbs zu verhindern. Dies ist in einigen Situationen vorstellbar, wäre aber grundsätzlich im Einzelfall nachzuweisen. Schwierig ist eine Begründung zu finden, warum Zwangslizenzierung zur Schaffung oder Aufrechterhaltung standardinternen Wettbewerbs notwendig ist. Denkbar wäre hier einmal eine erhebliche Beeinträchtigung des wirtschaftlichen Fortschritts. Allerdings ist hier die Grenzziehung äußerst schwierig. Es ist zu bedenken, dass eine Verhinderung erheblich innovativer Komplementärprodukte zu einer Ersetzung des technischen Standards führen kann. Durch eine Zwangslizenzierung wird der Schutzrechtsinhaber in seiner Position möglicherweise gestärkt.

Andererseits könnte das Kartellrecht dazu dienen, zu verhindern, dass ein Schutzrechtsinhaber er Lizenzierungszusagen und Lizenzbedingungen, die er im Rahmen des Wettbewerbs um den technischen Standard eingegangen ist, durch eine Beeinträchtigung des Wettbewerb um standardkonforme Güter nachträglich ändert. Dies erscheint insbesondere dann sinnvoll, wenn Lizenznehmer nicht in der Lage waren, sich vertraglich gegen eine Veränderung der Lizenzpolitik oder die Ausübung wirtschaftlicher Macht abzusichern. Standardisierung selbst ist kein

1182 Diesen Aspekt diskutiert insbesondere Miller, 40 Ind. L. Rev. (2007) 351 gar nicht.

Ziel, dass weitgehende Zwangslizenzierung rechtfertigen würde. Gegen freiwillige Vereinbarungen bestehen jedoch keine Bedenken. Sie sollten sicherstellen, dass eine Anzeige an den Schutzrechtsinhaber zu erfolgen hat.

7. Beschränkungen bei Lizenzabreden

a) Grundsätzliches

Mit Hilfe vertraglicher Absprachen kann ein Schutzrechtsinhaber zweierlei erreichen. Zum einen sichert ihm der Vertrag durch die Festlegung des Lizenzgegenstands, die Vertragsdauer und schließlich das Entgelt seine Monopolrente. Allerdings kann ein Schutzrechtsinhaber mit Marktmacht die Lizenzierung in vielen Fällen auch von weiteren Bedingungen abhängig machen und gegebenenfalls Maßnahmen und Verhalten vom Lizenznehmer verlangen, die es ihm ermöglichen, die Monopolstellung gegen Wettbewerb abzusichern. Grundsätzlich sind es diese Maßnahmen, die ökonomisch bedenklich sind und auch von den Kartellbehörden argwöhnisch geprüft werden. In diesen Bereich fallen grundsätzlich exklusive Rücklizenzierungen, Koppelungsabreden einschließlich Paketlizenzen, Exklusivvereinbarungen, Meistbegünstigungsklauseln und Wettbewerbsverbote. Wie bereits angesprochen wurde, besteht ferner die Gefahr, dass mit Hilfe des Inputmonopols Kartelle koordiniert werden, weshalb Outputbeschränkungen problematisch sein können. Aus der Sicht der Hold-up-Problematik stellt sich ferner die Frage, inwieweit die Laufzeit von Verträgen reguliert werden sollte. Bei der Diskussion der einzelnen Beschränkungen soll nachfolgend besonders betrachtet werden, unter welchen Voraussetzungen entsprechende Regelungen bei Bestehen von Netzeffekten und Wechselkosten negative Auswirkungen haben können.

b) Exklusivvereinbarungen

aa. Auswirkungen

Durch eine Exklusivlizenz oder einen Exklusivvertrag im Vertrieb ist lediglich einem einzigen Kunden die Nutzung der lizenzierten Technologie bzw. der Verkauf der standardkonformen Produkte gestattet. Dabei ist es möglich, diese Exklusivlizenzen geographisch oder sachlich zu begrenzen. Der Vorteil von Exklusivlizenzen besteht darin, dass dem Schutzrechtsinhaber damit ein Mittel an die Hand gegeben wird, um ein der *Coase*-Vermutung entsprechendes Ergebnis zu vermeiden.[1183] Durch eine Exklusivlizenz verpflichtet er sich, keine weiteren Lizenzen zu vergeben. Sie ermöglicht es ihm daher, seinen Monopolprofit zu erhöhen. Dies gilt umso mehr, als dadurch dem Lizenznehmer die Möglichkeit der Preisdiskriminierung gegeben wird und der Lizenzgeber einen Teil dieser zusätzlichen Gewinne abschöpfen kann.

Zudem ist zu berücksichtigen, dass Exklusivlizenzen eine Investitionsschutzfunktion übernehmen können. Sofern der Lizenznehmer oder exklusive Vertriebshändler Investitionen wie

1183 Vgl. etwa MacAfee/Schwartz, 84 AER (1994) 210, 233.

Werbeaufwendungen oder Serviceleistungen bietet, die seitens Dritter leicht ausgenutzt werden können, besteht die Gefahr der Trittbrettfahrerei. Durch den Ausschluss Dritter kann diese Gefahr begrenzt werden.[1184]

Andererseits führen exklusive Lizenzen auch zu negativen Auswirkungen. Sie stellen zunächst einmal ein sehr striktes Mittel zur Erreichung ihrer Ziele dar. Sofern es in Randbereichen gewinnbringend und wohlfahrtssteigernd wäre, eine weitergehende Lizenzierung durchzuführen, wird dies unmöglich gemacht. Ebenfalls negativ können sich Exklusivlizenzen auswirken, wenn es ansonsten zu stärkerer Produktdifferenzierung auf Ebene der standardkonformen Güter käme.[1185]

bb. Bewertung im Zusammenhang mit technischer Standardisierung

Die Bewertung von Exklusivlizenzen kann aus diesem Grund ebenfalls nicht eindeutig ausfallen. Der Grund dafür besteht darin, dass sie einerseits der Sicherstellung des Monopolgewinns des Schutzrechtsinhabers dienen und andererseits Anreize zu Investitionen insbesondere auf der Vertriebs- und Serviceebene schaffen. Sofern jedoch ein Mechanismus, der der Coase-Vermutung entspricht, bereits durch Netzeffekte ausgeglichen wird, wird eine Exklusivlizenz zur Sicherstellung des Monopolgewinns möglicherweise nicht benötigt. Ferner ist zu berücksichtigen, dass Investitionen auf der Vertriebs- und Serviceebene gegebenenfalls zwar Lizenzierung auf der Vertriebsebene betreffen, jedoch weniger auf der Herstellungsebene. Zudem können entsprechende Investitionen gegebenenfalls auch beispielsweise durch Marken- und Vertragsrecht geschützt werden. Demgegenüber stellen Exklusivlizenzen erhebliche Marktzutrittsbarrieren für den standardinternen Wettbewerb dar. .

Im Ergebnis muss eine Bewertung von Exklusivlizenzen davon abhängig gemacht werden, inwieweit die positiven Wirkungen die negativen Wirkungen überwiegen. Bei starken Netzeffekten und insbesondere in Bezug auf Verträge zwischen dem Schutzrechtsinhaber und Herstellern scheinen Exklusivlizenzen häufig jedoch nicht notwendig zu sein, um Investitionen zu schützen und die Vergütung des Schutzrechtsinhabers zu garantieren.[1186]

c) Konkurrenzverbote

aa. Definition

Konkurrenzverbote verbieten es Lizenznehmern, mit Konkurrenten des Schutzrechtsinhabers Geschäftsbeziehungen einzugehen. Handelt es sich beim Schutzrechtsinhaber um ein vertikal

1184 Discussion Paper zu Art. 82 S. 47ff. mit einem vollständigen Überblick über die positiven und negativen Auswirkungen.

1185 Zu beachten ist jedoch, dass differenzierte Produkte auch durch einen Exklusivlizenznehmer erfolgen können.

1186 Für unterschiedliche Wege, eine Entscheidung in Fällen von Exklusivverträgen zu fällen siehe Melamed, 73 Antitrust L.J. (2005) 375.

integriertes Unternehmen, können Konkurrenzverbote auch auf der Vertriebsebene oder sogar auf dem Markt für Endabnehmer bestehen.

bb. Auswirkungen

Konkurrenzverbote haben grundsätzlich positive und negative Auswirkungen. Im positiven Sinne - gerade im Bereich des Technologietransfers - können entsprechende Klauseln verhindern, dass geheimes Wissen, das einem Lizenznehmer mitgeteilt wird, nicht über diesen Umweg einem Wettbewerber zugute kommt. Entsprechendes kann für Vermarktungstätigkeiten des Lizenznehmers bzw. Verkäufers gelten.[1187] Konkurrenzverbote schaffen und sichern Investitionsanreize.

Andererseits können Konkurrenzverbote auch zu erheblichen volkswirtschaftlichen Nachteilen führen. Der Grundgedanke ist, das ein Inputmonopolist sich vor horizontalem Wettbewerb schützen kann.[1188] Im vorliegenden Zusammenhang wäre dies der standardexterne Wettbewerb.

Die zuletzt erwähnten Bedenken wären allerdings in einer Welt mit rational handelnden, perfekt informierten Nutzern grundsätzlich unbegründet. Solche Nutzer würden sich für die Nachteile, die sie durch Konkurrenzverbote erlitten, vorab kompensieren lassen.[1189] Allerdings sind selbst bei rationalen Akteuren Situationen denkbar, in denen dieser Mechanismus nicht funktioniert. Dies ist bereits unter zwei Bedingungen der Fall. Die erste Bedingung ist, dass Skalenerträge realisierbar sind, die es einem neu hinzutretenden Unternehmen erschweren, ohne hinreichende Skalenerträge gewinnbringend zu arbeiten.[1190] Die zweite Bedingung ist, dass sich Nutzer nur unzureichend koordinieren können, das neu hinzutretende Unternehmen in hinreichendem Umfang zu unterstützen, so dass dieses erfolgreich in den Markt eintritt.[1191] Könnten sie dies, dann wäre die Monopolrente des bereits bestehenden Unternehmens allein derjenige Teil, den die koordinierten Unternehmen bezahlen müssten, um das hinzutretende Unternehmen zu sponsorn, damit es hinreichende Skalenerträge erreicht. Gerade den zweiten Mechanismus kann der Inputmonopolist aber relativ einfach außer Kraft setzen, wenn er zwischen einzelnen Abnehmern diskriminieren kann und Verträge zudem sequentiell abgeschlossen werden.[1192]

1187 Siehe Tirole, Industrial Organization, S. 185.
1188 Siehe Tirole, Industrial Organization, S. 185f.
1189 Bork, The Antitrust Paradox, S. 309.
1190 Vgl. Rasmusen/Ramseyer/Wiley, 81 AER (1991) 1137, 1144, Shapiro, 7 Geo. Mason L. Rev. (1999) 673, 679.
1191 Vgl. Rasmusen/Ramseyer/Wiley, 81 AER (1991) 1137; 1144; Shapiro, 7 Geo. Mason L. Rev. (1999) 673, 679.
1192 Vgl. Segal/Whinston, 90 AER (2000) 296, 307; Shapiro, 7 Geo. Mason L. Rev. (1999) 673, 679.

Shapiro argumentiert, dass diese Mechanismen im Märkten mit Netzeffekten erheblich besser funktionieren könnten.[1193] Der Grund läge darin, dass diejenigen Nutzer, die die neue Technologie sponsorn wollten, bei einem Technologiewechsel zeitweise Nachteile durch einen geringeren Netznutzen erleiden würden. Der Preis für das Sponsoring steige daher. Diese Kosten könnten erheblich sein.[1194] Das Sponsoring werde zudem durch die dynamische Komponente von Netzeffekten erschwert. Bei der Entstehung von Netzeffekten kommt es erheblich auf Erwartungen der Nutzer an. Gerade mit Hilfe von Exklusivlizenzen zugunsten von Großnutzern könne ein Inputmonopolist die Erwartungen in Bezug auf eine neue Technologie negativ beeinflussen.[1195] Zu beachten ist, dass dieser Mechanismus nicht allein, sondern häufig in Verbindung mit Skalenerträgen auftreten wird. Auch hohe Wechselkosten können ihren Teil dazu beitragen, einen bestehenden Standard zu stabilisieren.[1196]

Ein weiterer Nachteil von Wettbewerbsverboten kann darin bestehen, dass sie seitens des Inputmonopolisten und seiner Kunden als Mechanismus benutzt werden können, um den möglichen Profit, den ein innovativer, potentieller Wettbewerber durch Einführung einer alternativen Technologie erzielen kann, abzuschöpfen. Dieser Mechanismus funktioniert so, dass die Kunden bei einer Verletzung ihrer Verpflichtung, nicht mit anderen Unternehmen zu handeln, schadenersatzpflichtig werden. Um mit diesen Unternehmen geschäftlich einig zu werden, muss das innovative Unternehmen ihnen daher einen Vorteil bieten, der sie für diese Zahlungen kompensiert. Dies senkt den erwarteten Gewinn und damit Forschungs- und Entwicklungsanreize. Die Stärke dieses negativen Effekts hängt dabei davon ab, in welchem Maß sich der „Reservationspreis“ des eintretenden Unternehmens voraussehen lässt.[1197]

cc. Bewertung

Bewertet man vor diesem Hintergrund Konkurrenzverbote, so ist eine eindeutige Aussage nicht möglich. Grundsätzlich kommt es darauf an, in welchem Maße die Gefahr von Trittbrettfahrerei einerseits und das Potential einer Verlangsamung standardexternen Wettbewerbs andererseits besteht. Dabei ist insbesondere zu berücksichtigen, dass hohe Wechselkosten grundsätzlich bereits ein imperfektes Substitut für Konkurrenzverbote darstellen. Die Wechselkosten haben dieselben Wirkungen wie ein Schadenersatz bei Verstoß gegen eine Konkurrenzklausel und müssen vom innovativen Unternehmen kompensiert werden. Möglicherweise ließe sich argumentieren, dass bereits dadurch Trittbrettfahrerei zu Lasten von Investitionen des Schutzrechtsinhabers erschwert wird.

1193 Vgl. Shapiro, 7 Geo. Mason L. Rev. (1999) 673, 679.
1194 Vgl. Shapiro, 7 Geo. Mason L. Rev. (1999) 673, 680.
1195 Vgl. Shapiro, 7 Geo. Mason L. Rev. (1999) 673, 680.
1196 Vgl. Shapiro, 7 Geo. Mason L. Rev. (1999) 673, 680.
1197 Vgl. Aghion/Bolton, 77 AER (1987) 388, 398f.

Bei der Beurteilung von Konkurrenzverboten sind daher eine Reihe von Faktoren zu untersuchen. Dies sind Möglichkeiten der Nutzer, vorausschauende Verträge abzuschließen, die Möglichkeiten der Koordination und die Größe von Skalenerträgen und Netzeffekten, die infolge eines technischen Standards entstehen. Grundsätzlich sind gerade bei hohen Netzeffekten und Wechselkosten Konkurrenzverbote äußerst kritisch zu sehen und werden nur schwer zu rechtfertigen sein.

d) Rücklizenzierung

Im Rahmen der Rücklizenzierung verpflichtet der Schutzrechtsinhaber den Lizenznehmer dazu, ihm das technische Wissen, das der Lizenznehmer im Zusammenhang mit der Nutzung der lizenzierten Technologie erwirbt, zu lizenzieren. Diese Lizenzen können ausschließlich, exklusiv oder nicht ausschließlich sein. Ihr Zweck besteht darin, dass der Lizenzgeber sich davor schützen will, dass der Lizenznehmer eine Blockadestellung erhält, die er zu Lasten des Lizenzgebers ausnutzen kann.[1198] Der Nachteil von Rücklizenzierungspflichten ist darin zu sehen, dass der Lizenznehmer gegebenenfalls geringere Anreize zur Weiterentwicklung der lizenzierten Technologie hat, da er diese mit dem Lizenzgeber teilen muss.[1199]

Ferner erlaubt Rücklizenzierung dem Schutzrechtsinhaber, an allen Weiterentwicklungen seiner Technologie zu partizipieren. Er befindet sich deshalb immer an vorderster Front bei der Weiterentwicklung seiner Technologie. Aus diesem Grund ist es schwierig, ihm die Technologieführerschaft in diesem Bereich streitig zu machen. Rücklizenzierung verringert deshalb unter Umständen den Innovationswettbewerb innerhalb eines technischen Standards.

In welchem Maße dieser Innovationswettbewerb beschränkt wird, hängt ferner von der Art der Rücklizenz ab. Ausschließliche oder exklusive Lizenzen verhindern eine Weitergabe von neuem, von Lizenznehmern entwickeltem Wissen an andere Unternehmen ohne Zustimmung des Schutzrechtsinhabers. Sie verringern deshalb die Forschungs- und Entwicklungsanreize von Lizenznehmern und potentiellen Wettbewerb seitens der Wettbewerber.[1200] Da aber ein zentraler Faktor zur Herbeiführung einer effizienten Wettbewerbsstruktur potentieller Wettbewerb ist, sind exklusive oder ausschließliche Rücklizenzen wohl nur äußerst schwierig zu rechtfertigen. Auch nicht exklusive Lizenzen können es einem Schutzrechtsinhaber ermöglichen, nicht von der weiteren Forschung und Entwicklung ausgeschlossen zu werden.

e) Vertragslaufzeit und Kündigungsregelungen

Lizenzverträge können einerseits zeitlich befristet abgeschlossen oder aber gekündigt werden. Das Problem mit derartigen Verträgen ist, dass dadurch zeitlich unvollständige Verträge ent-

1198 Siehe Hovenkamp/Janis/Lemley, IP and Antitrust, S. 25-2.
1199 Siehe Hovenkamp/Janis/Lemley, IP and Antitrust, S. 25-4.
1200 Siehe Hovenkamp/Janis/Lemley, IP and Antitrust, S. 25-6.

stehen. Besteht ein Standard über die Vertragslaufzeit hinaus, so entsteht zugunsten des Schutzrechtsinhabers eine Hold-up-Position, die dieser bei einem weiteren Vertrag ausnutzen kann.

Andererseits kann der Schutzrechtsinhaber jedoch durch besonders lange laufende Verträge künstliche Wechselkosten schaffen.[1201] Sind Unternehmen auf lange Zeit hinaus verpflichtet, Lizenzgebühren zugunsten des Schutzrechtsinhabers zu zahlen, wirkt dies kostenerhöhend, sofern sie einen Technologiewechsel in Betracht ziehen. Zudem können langfristige Verträge Wettbewerb der Lizenznehmer untereinander verhindern, sofern die bestehenden Lizenznehmer bereits die optimale Produktionsmenge herstellen.

Lange Vertragslaufzeiten verringern aus diesem Grund den potentiellen standardinternen als auch standardexternen Wettbewerb. Sie verringern jedoch zugleich das Hold-up-Potential des Schutzrechtsinhabers. Bei der Bewertung von Vertragslaufzeiten sind diese beiden Aspekte gegeneinander abzuwägen. Dies gilt dementsprechend auch für Kündigungsregelungen und den damit verbundenen Lizenzentzug.

Zu beachten ist in diesem Zusammenhang jedoch, dass möglicherweise die Kombination eines Diskriminierungsverbots mit kurzfristigen Verträgen eine ungerechtfertigte Veränderung der Lizenzbedingungen verhindern kann. Denkbar wäre es auch, kurzfristige Verträge mit Verlängerungsoptionen abzuschließen. Diese Möglichkeiten müssen bei der Bewertung der Vertragslaufzeit daher mit berücksichtigt werden. Zudem wird es eine entscheidende Rolle spielen, ob eine Überprüfung der Lizenzbedingungen, insbesondere der Gebühren in Form einer Preiskontrolle möglich ist.

f) Verbot technischer und wirtschaftlicher Koppelung[1202]

Häufig kommt es vor, dass mehrere Produkte gemeinsam verkauft werden. Diese Koppelung mehrerer Produkte kann entweder dadurch geschehen, dass sie technisch miteinander verbunden werden, wie beispielsweise die Einzelteile eines Kraftfahrzeugs, oder bloß gemeinsam zusammen verkauft werden, wie beispielsweise ein Computer, auf dem bereits einige Programme aufgespielt sind. Die konkrete Abgrenzung, wann welche Art der Koppelung vorliegt, kann im Einzelfall schwierig sein, tut aber von der Theorie her zunächst nichts zur Sache.

Koppelung hat wirtschaftlich mehrere Funktionen. Zunächst ist Koppelung ein Mittel der Preisdiskriminierung. Indem ein Hersteller komplementäre Produkte gemeinsam billiger als die Summe der Einzelpreise anbietet, kann er von denjenigen Personen, die nur eines der beiden Produkte haben wollen, einen vergleichsweise höheren Preis verlangen als von denjeni-

1201 Vgl. Aghion/Bolton, 77 AER (1987) 388, 398f.

1202 Siehe für eine allgemeine Übersicht über die ökonomische Theorie von Koppelungspraktiken Discussion Paper zu Art. 82 S. 38ff.

gen, die beide Produkte wollen. Die Preiserhöhung eines Komplementärprodukts wirkt dabei nicht zu Lasten der Nachfrage nach dem anderen Komplementärprodukt. Es handelt sich um Preisdiskriminierung dritten Grades, deren volkswirtschaftliche Auswirkungen je nach Einzelfall positiv oder negativ sein können.[1203]

Des weiteren ermöglicht Koppelung eine Verringerung mehrfacher Monopolrenten, sofern deren Voraussetzung, nämlich jeweils monopolistische Preise für Komplementärgüter, bestehen. Maximiert jeder Inhaber von Monopolmacht seinen Monopolprofit, geht dies zu Lasten der Nachfrage nach dem Gut der anderen Monopolisten und schmälert deren Rente sowie die soziale Wohlfahrt, da in der Summe weniger Güter verkauft werden. Die Koppelung ist ein Weg, um einen einheitlichen, vergleichsweise niedrigeren Preis für die beiden komplementären Produkte zu erzielen.[1204] Dies erhöht nicht nur die Profite der Unternehmen mit einem Mindestmaß an Monopolmacht, sondern auch die soziale Wohlfahrt.

Ferner führt Koppelung zu einer Senkung von Transaktionskosten, da nur noch eine einzige Transaktion nötig ist, um mehrere komplementäre Produkte zu erwerben.[1205] Koppelung kann auch die Ausnutzung von *Economies of Scope* erleichtern und Kosten für den Zusammenbau verringern, wenn dies im Rahmen von Massenfertigung billiger geschehen kann als beim einzelnen Zusammenbau komplementärer Güter.[1206]

Neben diesen positiven Wirkungen können Produktkoppelungen jedoch auch negative Effekte erzeugen. Durch die Koppelung können sich die Strategien der Wettbewerber des koppelnden Unternehmens verändern, was den Wettbewerb um einzelne Komponenten negativ beeinflussen kann.[1207]

Dies lässt sich anhand einer einfachen Überlegung einer Technologie aus zwei Komponenten erläutern. Denkbar ist, dass ein Unternehmen beide Komponenten., A und B, herstellt und verkauft, zwei andere Unternehmen jeweils nur eine der beiden übrigen Komponenten, eines die Komponente A, das andere die Komponente B. Verkauft das Unternehmen, das beide Komponenten herstellt, diese gebündelt zu einem niedrigeren Preis als die Summe der Preise für die Einzelkomponenten, müssen die Hersteller der Einzelkomponenten ihre Preise senken, um weiterhin im Markt bestehen zu können. Sie sehen sich jedoch dabei mit dem Problem konfrontiert, dass von einer einseitigen Preissenkung eines Herstellers der Hersteller des Komplementärprodukts profitiert. Es kommt zu einem Koordinationsproblem. Können sich die Unternehmen nicht koordinieren, besteht die Gefahr, dass eine Preissenkung für ihre Produkte unterbleibt, weil keines zugunsten des anderen Unternehmens seine Preise senken

1203 Vgl. Kühn/Stillman/Caffara, Economic Theories of Bundling, S. 5f.
1204 Vgl. Kühn/Stillman/Caffara, Economic Theories of Bundling, S. 7f.
1205 Vgl. Kühn/Stillman/Caffara, Economic Theories of Bundling, S. 16.
1206 Vgl. Kühn/Stillman/Caffara, Economic Theories of Bundling, S. 17f.
1207 Vgl. Kühn/Stillman/Caffara, Economic Theories of Bundling, S. 8.

möchte. In solch einem Fall kommt es zu einer Schwächung des Preiswettbewerbs. Diese Anbieter werden deshalb auf Nischenmärkte ausweichen, in denen sie über die Qualität ihrer Produkte mit den niedrigeren Preisen des Komplettsystemherstellers konkurrieren können. Insgesamt wird der Wettbewerb geschwächt, was zu höheren Preisen führt. Diese Auswirkungen entstehen unabhängig vom Willen des koppelnden Unternehmens, höhere Preise durchsetzen zu wollen.[1208]

Ferner gibt es Überlegungen, die zeigen, dass Koppelungspraktiken zu Marktzutrittsbarrieren führen können, da für einen erfolgreichen Markteintritt alle miteinander gekoppelten Produkte angeboten werden müssen. Dies gilt immer dann, wenn das koppelnde Unternehmen einzig seine Produkte gekoppelt verkauft und sich glaubhaft auf eine solche Strategie zukünftig festlegen kann. Dies ist insbesondere bei technischer Koppelung der Fall.[1209]

Eine dritte Theorie argumentiert, dass Koppelung genutzt werden kann, um Wettbewerb um einen Standard seitens der Herstellern von Komplementärgütern zu verhindern. Komplementärgüter zu bestehenden Gütern können die Entwicklung von neuen Gütern fördern, die ihrerseits mit dem bestehenden Gut konkurrieren könnten. Beispielsweise können Funktionen eines etablierten Guts auch in Komplementärgüter integriert werden. Das klassische Beispiel war der Internetbrowser Netscape, der Funktionen eines Betriebssystems übernehmen konnte, was angeblich die Monopolstellung von Microsoft auf dem Markt für Computerbetriebssysteme gefährdete. Das Ziel einer Koppelungsstrategie kann deshalb darin liegen, diesen Mechanismus zu zerstören. Durch die Koppelung verhindert das koppelnde Unternehmen, dass nicht von ihm kontrollierte Komplementärgüter entstehen, die einen derartigen Effekt auslösen könnten. Die Strategie besteht deshalb in der Übertragung der Monopolstellung in einem bestehenden Markt auf zukünftige Märkte. Ihr Ziel ist die Verhinderung zukünftigen Wettbewerbs. Notwendig für den Erfolg einer solchen Strategie ist jedoch, dass durch die Koppelung auch auf dem abgeleiteten Markt eine Monopolstellung erreicht werden kann. Dies gelingt nur, wenn Mechanismen bestehen, die zu einer stabilen Marktführerschaft führen. Ein derartiger Mechanismus sind Netzeffekte und hohe Wechselkosten.[1210]

Wendet man diese Theorien auf Standardisierung an, ergibt sich folgendes Bild. Grundsätzlich findet Koppelung in Produktmärkten statt. Technische Standards sind lediglich ein Input in ein zu erstellendes Produkt. Koppelungsstrategien stehen daher für reine Forschungs- und Entwicklungsunternehmen nicht zur Verfügung. Koppelungspraktiken können jedoch von einem Unternehmen mit marktbeherrschender Stellung auf einen Produktmarkt benutzt werden,

1208 Kühn/Stillman/Caffara, Economic Theories of Bundling, S. 8.
1209 Kühn/Stillman/Caffara, Economic Theories of Bundling, S. 9f.
1210 Kühn/Stillman/Caffara, Economic Theories of Bundling, S. 11ff.

um einen neuen Standard zu etablieren. Besteht eine große Nachfrage nach dem Kopplungsprodukt, lässt sich durch eine Kopplung mit dem neuen Standard dieser schnell verbreiten.

Zwei Dinge kann ein marktbeherrschendes Unternehmen dadurch erreichen. Zum einen kann es sich dem Wettbewerb um den neuen Standard entziehen. Zum anderen kann es im Markt des gekoppelten Standards eine marktstarke Stellung erzielen. Es kann in diesem Markt Monopolgewinne erwirtschaften, selbst wenn es bisher im Markt des Kopplungsproduktes infolge von vertraglichen Bindungen keine Monopolgewinne erzielen konnte. Die Übertragung von Monopolmacht kann deshalb ein Weg sein, um vertraglichen Bindungen zu entgehen.

Voraussetzung für den Erfolg einer derartigen Strategie sind eine marktbeherrschende Stellung auf dem Markt des Kopplungsprodukts, die Komplementarität der beiden gekoppelten Güter sowie asymmetrische Produktlinien zwischen den Wettbewerbern.[1211] Ferner müssen erhebliche Netzeffekte zur Standardisierung im Markt des gekoppelten Produkts führen. Sofern dies der Fall ist, mag es sinnvoll erscheinen, Koppelungsangebote zu verbieten.

Allerdings ist ebenfalls zu berücksichtigen, dass mit Hilfe solcher Koppelungen auch bestehende, geschützte technische Standards durch andere geschützte technische Standards abgelöst werden können. Koppelungsstrategien seitens Dritter können aus diesem Grund zu verstärktem Wettbewerb für einen etablierten technischen Standard führen. Diese Überlegungen sollten im Rahmen einer Abwägung daher mit berücksichtigt werden.

g) Paketlizenzen

Ein weiterer Punkt ist schließlich die Zulässigkeit von Paketlizenzen. Bisher ging die Betrachtung davon aus, dass ein Schutzrechtsinhaber lediglich ein einziges für die Anwendung eines technischen Standards notwendiges Schutzrecht besitzt. Häufig wird es jedoch vorkommen, dass ein Schutzrechtsinhaber mehrere derartige Schutzrechte oder aber ein notwendiges und zudem komplementäre substituierbare Schutzrechte besitzt, die im Rahmen der Anwendung des technischen Standards benötigt werden. Dies bietet ihm die Möglichkeit, die zwangsläufig benötigten und die substituierbaren Schutzrechte miteinander zu koppeln.

Grundsätzlich stellen sich Paketlizenzen daher als Koppelungsfälle dar, die entsprechend zu lösen sein werden. Die Paketlizenzierung scheint nur dann ineffizient zu sein, wenn es zu einer Übertragung von Monopolmacht auf andere Märkte kommt.

Häufig wird es zudem als problematisch angesehen, wenn eine Paketlizenz neben Schutzrechten, die im Rahmen eines technischen Standards vom Lizenznehmer benötigt werden, weitere Lizenzen enthält sind, die der konkrete Lizenznehmer nicht benötigt. Eine solche Strategie erscheint jedoch insofern wenig problematisch, als sich durch die Herausnahme der nicht benö-

1211 Siehe Kühn/Stillman/Caffara, Economic Theories of Bundling, S. 11f.

tigten Lizenzen der Lizenzpreis nicht unbedingt verändern wird. Vertritt man die Auffassung der einheitlichen Monopolrente, dann könnte der Schutzrechtsinhaber für die Einzellizenz am tatsächlich benötigten Schutzrecht denselben Preis wie für das Paket verlangen.[1212]

Eine Besonderheit bei Paketlizenzen besteht jedoch darin, dass eine Paketlizenzierung gerade wegen der Theorie der einheitlichen Monopolrente Anreize senken kann, zweifelhafte Schutzrechte des Pakets anzugreifen oder Umgehungserfindungen zu tätigen. Wenn auch nur eines der angeblich essentiellen Schutzrechte rechtlich wirksam ist oder nicht umgangen werden kann, dann kann der Schutzrechtsinhaber theoretisch auch nach erfolgreicher Nichtigerklärung des Patents oder Tätigung einer Umgehungserfindung den vollen Monopolgewinn kassieren.[1213] Dadurch wird es notwendig, alle Schutzrechte eines Pools anzugreifen. Es steigen damit die zu erwartenden Kosten und das Risiko erfolglosen Prozessierens, ohne dass der erwartete Gewinn steigt. Paketlizenzen sind daher besonders sorgfältig daraufhin zu untersuchen, ob zweifelhafte Schutzrechte Bestandteil des Paket sind.

Allein aus diesem Grund Paketlizenzierung zu verbieten, erscheint jedoch auch problematisch. Sofern eine Paketlizenzierung nicht möglich wäre, könnte dies Anreize für den Lizenzgeber setzen, Einzellizenzen mit kürzeren Laufzeiten zu vereinbaren, um die Preise nachträglich anpassen zu können.[1214] Kürzere Laufzeiten erhöhen jedoch wiederum die Hold-up-Möglichkeiten eines Schutzrechtsinhabers, sofern ein Lizenznehmer spezifische Investitionen tätigen muss.[1215] Insgesamt scheint auf Basis dieser Überlegungen ein Verbot von Paketlizenzen wegen der Sorge, es würden dadurch Anreize für Umgehungserfindungen oder Klageanreize gesenkt, wenig sinnvoll zu sein.

h) Meistbegünstigungslauseln

Das Problem mit Meistbegünstigungsklauseln besteht darin, dass es bei der Anwendung derartiger Klauseln nicht mehr attraktiv sein kann, neuen Lizenznehmern bessere Lizenzbedingungen zu stellen als alten Lizenznehmern. Gerade deshalb besteht bei ihnen eine große Gefahr, dass sie genutzt werden, um Kartelle zu stabilisieren. Denn ein Abweichen von den Kartellbedingungen wird für den Schutzrechtsinhaber unattraktiv. Zudem verliert er ganz erheblich an Flexibilität bei der Gestaltung seiner Lizenzverträge. Dies ist grundsätzlich schlecht für eine Anpassung der Lizenzierungspraxis an sich verändernde Marktbedingungen. Zudem kann es nachteilhaft für die Forschungs- und Entwicklungsanreize zwischen den Lizenznehmern sein, wenn ein Schutzrechtsinhaber nicht die Möglichkeit besitzt, Lizenznachfragern günstigere Bedingungen zu gewähren. Vorteilhaft können Meistbegünstigungsklauseln hingegen sein, sofern sich der Lizenzgeber ansonsten dem Problem fehlender Monopolmacht auf-

1212 Siehe Gilbert/Katz, Intellectual Property Bundling, S. 1.
1213 Siehe Gilbert/Katz, Intellectual Property Bundling, S. 4f.
1214 Vgl. Gilbert/Katz, Intellectual Property Bundling, S. 32:
1215 Vgl. Gilbert/Katz, Intellectual Property Bundling, S. 32.

grund der *Coase*-Vermutung ausgesetzt sieht oder aber Lizenznehmer erhebliche Investitionen in die Anwendung des Lizenzgegenstands tätigen, die sich gegebenenfalls nicht mehr rentieren, sofern Konkurrenten mit ihnen in Wettbewerb treten, die aufgrund niedrigerer Lizenzgebühren erhebliche Kostenvorteile haben. Ohne Meistbegünstigungsklauseln könnten derartige Investitionen unterbleiben.

Betrachtet man diese Überlegungen im Rahmen eines Standardisierungskontextes, dann ergibt sich auch hier, dass gegebenenfalls Netzeffekte dafür sorgen, dass die *Coase*-Vermutung keine Anwendung findet. Dieser Grund für Meistbegünstigungsklauseln entfiele damit. Zwar könnten Meistbegünstigungsklauseln bewirken, dass es zu einer Gleichbehandlung aller Lizenznehmer kommt, was dem Ziel von Standardisierung, keine Sondervorteile für einzelne Unternehmen zu schaffen, dienen könnte. Allerdings können in vielen Fällen die Bedenken infolge einer Stabilisierung von Kartellen und geringerer Forschungs- und Entwicklungsanreize beim Wettbewerb mit standardkonformen Gütern diese Überlegungen überwiegen. Sofern Bedenken gegen Meistbegünstigungsklauseln bestehen, gibt es keinen Grund infolge technischer Standardisierung, der dafür sorgen könnte, diese Bedenken zu zerstreuen. Vielmehr erscheint es so, dass es bei Netzeffekten gerade ein guter Grund für Meistbegünstigungsklauseln, nämlich eine Vermeidung der *Coase*-Vermutung, entfällt.

III. Mechanismen zur Sicherstellung effizienter Transaktionen

1. Offenlegungspflichten im Rahmen formeller Standardisierung

a) Funktion und Auswirkungen von Offenlegungspflichten

Offenlegungspflichten haben allein die Funktion, Klarheit über die Schutzrechtslage zu schaffen. Ihre Rolle ist besonders bei denjenigen Schutzrechten wichtig, bei denen eine Benutzung der Information unabhängig von der Art der Informationserlangung verboten ist. In denjenigen Fällen hingegen, in denen die Schutzrechtsregelungen eine vom Schutzrechtsinhaber unabhängige Erlangung der Information nicht verbieten, ist eine Offenlegungspflicht eher schädlich, da sie den Vorwurf der unerlaubten Nutzung oder des verbotenen Kopierens der Informationen begründen könnte. Offenlegungspflichten ergeben deshalb nur hinsichtlich Patenten Sinn, zumal bei einer allgemeinen Offenlegung von Geschäftsgeheimnissen deren Geheimnischarakter verloren ginge. Eine allgemeine Offenlegungspflicht würde insofern zu einer Aufgabe des Schutzrechts führen und käme einem Zwang zum Schutzverzicht gleich. Insofern kann auf die Ausführungen zum Schutzausschluss verwiesen werden.

Offenlegungspflichten verbessern die Informationslage aller an formeller technischer Standardisierung teilnehmenden Unternehmen. Sie verhindern Hold-up und stärken den Wettbewerb um den technischen Standard

Grundsätzlich gehen die Patentgesetze aller Länder davon aus, dass es Aufgabe jedes einzelnen ist, sich über die Patentrechtslage zu informieren.[1216] Dabei besteht sogar für Hersteller jedenfalls in Deutschland eine Informationspflicht, deren Verletzung zu Schadenersatzansprüchen führen kann.[1217] Das Patentsystem unterstützt diese Informationspflicht mit Hilfe der für jedermann zugänglichen Datenbanken bei den Patentämtern. Dieses System ist insofern effizient, als Kosten nur bei denjenigen Parteien anfallen, die tatsächlich eine Benutzung einer bestimmten Technologie planen. Wäre der Schutzrechtsinhaber verpflichtet, andere auf sein Patent hinzuweisen, müsste er Millionen potentieller Verletzer informieren. Diese würden ihrerseits in einer Flut von Anzeigen ersticken.

Voraussetzung für ein optimales Funktionieren dieser Informationssysteme ist, dass die Informationen in den Patentdatenbanken eindeutig und vollständig sind. Wie bereits ausführlich besprochen wurde, ist beides jedoch nicht in jedem Fall gewährleistet.[1218] Die Vollständigkeit leidet darunter, dass Patentanträge erst nach frühestens achtzehn Monaten veröffentlicht werden müssen. Die Datenbanken bilden also die für die Zukunft geschützten technischen Lösungen nicht in jedem Fall erschöpfend ab. Das zweite Problem besteht darin, dass Patentansprüche nicht immer klar definiert sind. Insbesondere in den USA sind Änderungen der Patentansprüche auch nach der Veröffentlichung im Rahmen der bei der Anmeldung eingereichten Dokumente möglich. Sowohl in Deutschland als auch in den USA wird der Umfang des Äquivalenzbereichs erst im Gerichtsverfahren verbindlich festgestellt. Schließlich kann auch die Menge möglicherweise einschlägiger Patente zu einem gewaltigen Suchaufwand führen, der gegebenenfalls von einigen Akteuren nicht mehr bewältigt werden kann.

Vor diesem Hintergrund sind Offenlegungspflichten im Rahmen technischer Standardisierung grundsätzlich sinnvolle Regelungen. Sie reduzieren den gesamten Suchaufwand aller an der Standardisierung beteiligten Akteure erheblich. Jeder Akteur hat grundsätzlich nur noch seinen eigenen Patentbestand zu durchsuchen und weiß über die eigenen angemeldeten, aber noch nicht veröffentlichten Patente Bescheid.[1219] Indem er allein das Standardisierungsgremium über seine Schutzrechte informiert, sieht er sich nicht mit dem Problem konfrontiert, zahllose Hinweise verschicken zu müssen.

Gegen eine allgemeine Informationspflicht seitens der Schutzrechtsinhaber werden jedoch auch eine Reihe von Bedenken vorgebracht. In Bezug auf noch nicht veröffentlichte Patentanmeldungen wird argumentiert, dass ein Mitteilen Wettbewerbern Informationen über Forschung- und Entwicklung verschaffe.[1220] Dadurch könne kollusives Verhalten erleichtert wer-

1216 Für das deutsche Recht siehe z.B. Zahn, GRUR 1980, 157, 158; siehe auch Falke, Rechtliche Aspekte der Normung, S. 393.

1217 Für Deutschland siehe oben S. 99.

1218 Siehe oben S. 39.

1219 Vgl. Farrell/Hayes/Shapiro/Sullivan, S. 19.

1220 Chiao/Lerner/Tirole, Rules of SSOs, S. 5f.; Layne-Farrar/Padilla/Schmalensee, Pricing Patents, S. 7.

den.[1221] Der Grund, warum der Patentanmelder die Anmeldung noch nicht früher veröffentlichen lässt, besteht häufig darin, dass die Patentierbarkeit unklar ist und er sich die Möglichkeit erhalten möchte, das Wissen als Geschäftsgeheimnis zu schützen.[1222] Zudem ist auch der genaue Schutzumfang bis zum Abschluss des Anmeldeverfahrens unklar.[1223] Ferner wissen die Teilnehmer von Standardisierungsgremien zumeist angeblich nichts oder nur wenig über die Schutzrechtssituation ihrer Arbeitgeber.[1224] Schließlich ist im Rahmen technischer Standardisierung am Anfang des Prozesses das Feld technischer Lösungen noch so offen, dass sich noch gar nicht mit Sicherheit absehen lässt, welche Schutzrechte tatsächlich betroffen sein werden. Eine Suche ist deshalb gerade für Unternehmen mit großen Schutzrechtsportfolios sehr aufwendig.[1225]

Betrachtet man diese Argumentation, dann wird man zunächst einmal feststellen können, dass es in der Tat in Anbetracht der Kostenreduktion sinnvoll wäre, jeden Teilnehmer an technischer Standardisierung zu verpflichten, das eigene Schutzrechtsportfolio auf einschlägige Patente zu durchsuchen. Das Argument, das Feld sei anfangs noch sehr offen, lässt sich dadurch entkräften, dass eine Suche noch nicht zwangsläufig zu Beginn eines Standardisierungsvorhabens durchgeführt werden muss. Es genügt, sie dann durchzuführen, wenn sich hinsichtlich einzelner Punkte bestimmte Spezifikationen als gemeinsame Lösungen anfangen heraus zu kristallisieren. Die Tatsache, dass die Teilnehmer der Standardisierung kein Wissen über die Schutzrechtssituation ihrer Unternehmen haben, ist ebenfalls nicht hinderlich. Eine notwendige Suche kann firmenintern durchgeführt und das Ergebnis den entsprechenden Personen mitgeteilt werden. Hinsichtlich noch nicht veröffentlichter Patente wären jedenfalls Hinweise möglich, welche Spezifikation möglicherweise von dem Patent betroffen sein könnten.

Ein weiteres Problem mit Such- und Informationspflichten besteht allerdings darin, dass der Aufwand der jeweiligen Teilnehmer unterschiedlich groß sein kann. Unternehmen mit wenigen Schutzrechten profitieren von einer derartigen Pflicht im Verhältnis zu Firmen, die ein großes Schutzrechtsportfolio besitzen.[1226]

Ferner können Such- und Informationspflichten wie bereits dargestellt wurde, allein vertraglich begründet werden; sie treffen also keine Akteure außerhalb des konkreten Standardisie-

---

1221 Swanson/Baumol 73 Antitrust L.J. (2005) 1, 52.

1222 Deshalb sehen Swanson/Baumol 73 Antitrust L.J. (2005) 1, 52 in Offenlegungsverpflichtungen potentiell eine Schwächung von F&E-Anreizen; siehe auch Teece/Sherry, 87 Minn. L. Rev. (2003) 1913, 1964f; Rapp/Stiroh, Standard Setting and Market Power S. 6.

1223 Geradin, Layne-Farrar, Ex-ante competition, S. 6.

1224 Teece/Sherry, 87 Minn. L. Rev. (2003) 1913, 1945f.

1225 Teece/Sherry, 87 Minn. L. Rev. (2003) 1913, 1943f., 1946; Rapp/Stiroh, Standard Setting and Market Power, S. 6.

1226 Vgl. zu dieser Argumentation im Rahmen der Diskussion über Offenlegungspflichten beim ETSI, Iversen, Standardization and IPR, S. 7; so wird die Suche etwa mit der Bezeichnung der Suche nach einer Nadel in einem Heuhaufen bezeichnet, Chiao/Lerner/Tirole, Rules of SSOs, S.5; ähnlich auch Geradin, Layne-Farrar, Ex-ante competition, S. 6.

rungsgremiums. Damit aber besteht wieder das Problem, dass Unternehmen sich einer Offenlegungspflicht durch Nichtteilnahme oder Austritt aus einem Standardisierungsgremium entziehen. Begrenzt wird diese Möglichkeit allein dadurch, dass die nicht teilnehmenden Unternehmen auch keinen Einblick in das Standardisierungsverfahren und keine Möglichkeiten haben, die Entwicklung des Standards zu beeinflussen. Welche Strategie dominiert, hängt von der Bedeutung der Schutzrechte, der Bedeutung des Standards und den konkreten Einflussmöglichkeiten eines Unternehmens ab.

Der wohl wichtigste Aspekt für die Entscheidung von Unternehmen, sich Such- und Informationspflichten zu unterwerfen, ist, welche Konsequenzen aus einer Nicht- bzw. Schlechterfüllung dieser Verpflichtung erwachsen. Dabei können einerseits soziale Sanktionsmöglichkeiten bestehen, andererseits aber auch bindende Rechtsfolgen. Aus diesem Grund sind die Sanktionsmöglichkeiten insbesondere hinsichtlich ihrer Konsequenzen genauer zu analysieren.

b) Sanktionsmöglichkeiten

aa. Soziale Sanktionsmöglichkeiten

i. Sanktionierung durch Marktkräfte

Einerseits können Verstöße im Rahmen zukünftiger sozialer Interaktion sanktioniert werden. Eine Sanktion kann dabei der Wechsel des technischen Standards sein, sofern dies möglich ist. Der Standardwechsel trifft den Schutzrechtsinhaber dabei insofern, als eine lukrative Verwertungsmöglichkeit des zu seinen Gunsten geschützten Wissens und gegebenenfalls Wettbewerbsvorteile wegfallen.

Diese Sanktionsmöglichkeit ist jedoch einerseits unzureichend, weil der Schutzrechtsinhaber jedenfalls für die Vergangenheit von den Verletzern seines Schutzrechts nachträglich Schadenersatz verlangen kann. Ein Verstoß gegen eine Offenlegungspflicht kann sich daher dennoch lohnen. Ferner ist zu bedenken, dass durch hohe Wechselkosten und Probleme kollektiven Handelns ein Wechsel häufig nicht ohne weiteres stattfinden wird.[1227] Der Schutzrechtsinhaber kann zudem gegebenenfalls durch Diskriminierung zwischen einzelnen Lizenznehmern Schlüsselnutzer für sich gewinnen und dadurch einen Wechsel verhindern. Sanktionierung durch einen Standardwechsel wird deshalb häufig nicht möglich oder aber unzureichend sein.

ii. Reputationsmechanismus

Ein weiterer sozialer Sanktionsmechanismus könnte ein Reputationsverlust eines ein Schutzrecht verschweigenden Unternehmens sein. Die Effektivität dieses Mechanismus hängt jedoch von einer Reihe von Faktoren ab. Zunächst einmal kann ein Reputationsverlust sich dahinge-

1227 Vgl. FTC, *In the Matter of Rambus, Inc.*, Docket No. 9302, S. 102-104; Farrell/Hayes/Shapiro/Sullivan, S. 11; gemäß einer Entscheidung eines District Courts in Texas, *Golden Bridge Technology v. Nokia, et al.*, 416 F.Supp.2d 525 (E.D. Tex 2006) kann sogar nicht ausgeschlossen werden, dass der konzertierte Wechsel ohne Beteiligung des Schutzrechtsinhabers einen Kartellrechtsverstoß darstellt.

hend auswirken, dass andere Unternehmen den Schutzrechtsinhaber in zukünftigen Standardisierungsvorhaben durch mangelnden Kooperationswillen abstrafen. Dieser Mechanismus funktioniert jedoch nur, wenn dies für sie überhaupt möglich ist, was wiederum von der Zahl der Wettbewerber abhängt, die der Schutzrechtsinhaber hat. Ein Gruppenboykott ist auch kartellrechtlich sehr problematisch.[1228] Besitzt der Schutzrechtsinhaber ein besonders starkes Schutzrechtsportfolio, kann es sein, dass Standardisierung ohne seine Technologien gar nicht möglich ist. Eine Bestrafung kann jedoch auch dann erfolgen, wenn der Schutzrechtsinhaber hinreichend diversifiziert ist und in anderen Produktbereichen Boykottmaßnahmen durchgeführt werden können. Gerade wenn jedoch die anderen Unternehmen miteinander im Wettbewerb stehen, können sie es sich häufig gar nicht leisten, Geschäftsmöglichkeiten aus Prinzip außer Acht zu lassen, zumal der Schutzrechtsinhaber auch die Möglichkeit besitzt, bestimmte Unternehmen durch Gewinnbeteiligung in Form günstiger Verträge zu Gechäftsabschlüssen zu bewegen. Wie bei einem Standardwechsel bestehen auch bei diesen Sanktionsmöglichkeiten Probleme kollektiven Handelns. Sie sind deshalb äußerst unvollkommen und nicht ausreichend, um Offenlegungsversprechen wirksam durchzusetzen.

iii. Fazit

Im Ergebnis ist festzustellen, dass soziale Sanktionsmöglichkeiten bestehen. Sie werden aber gerade in Fällen von Standards mit großen Netzeffekten und hohen Wechselkosten und bei geringem dynamischem Wettbewerb nicht ausreichen, um Offenlegungspflichten effektiv durchzusetzen.[1229] Rechtliche Sanktionsmöglichkeiten könnten deshalb einen Ausweg bieten.

bb. Rechtliche Sanktionsmöglichkeiten

i. Überblick

Bei den rechtlichen Sanktionsmöglichkeiten gibt es mehrere Optionen. Zum einen besteht die Möglichkeit, dem Standard die Unterstützung des Standardisierungsgremiums zu entziehen. Dies wäre ein Signal an den Markt, das der Standard bald abgelöst werden könnte. Daneben könnte man die Rechtsmacht des Schutzrechtsinhabers beschränken, etwa in Form einer Verweigerung von Schadenersatz- oder Unterlassungsansprüchen. Die unterschiedlichen Möglichkeiten werden nachfolgend dargestellt und analysiert.

ii. Rückzug des Standardisierungsvorschlags

Grundsätzlich kann eine Standardisierungsorganisation ihre Unterstützung für einen Standard wieder zurückziehen, sollte wider ihr Wissen und ihre Intention die Nutzung eines gewerblichen Schutzrechts für die Anwendung des Standards notwendig sein.[1230] Das Problem mit die-

1228 Siehe hierzu etwa *Golden Bridge Technology v. Nokia, et al.*, 416 F.Supp.2d 525 (E.D. Tex 2006); grundsätzlich positiv unter bestimmten Voraussetzungen jedoch Merges, 8 Cal. L. Rev. (1996) 1293, 1324, 1391.

1229 So auch Lemley, 90 Cal. L. Rev. (2002) 1889, 1960.

1230 Siehe Teece/Sherry, 87 Minn. L. Rev. (2003) 1913, 1953; zum DIN siehe DIN 820, Teil 4, Ziff. 5 Abs. 1.

ser Lösung besteht jedoch darin, dass sich die Spezifikation zu diesem Zeitpunkt bereits als Standard etabliert haben kann und allein die Erklärung, sie werde durch ein Gremium nicht mehr unterstützt, praktisch keine Auswirkungen haben wird. Dies gilt insbesondere, je größer die Koordinationsprobleme und Kosten zur Schaffung eines neuen Standardisierungsvorschlags sind.[1231]

Allerdings mag der Rückzug eines Standardisierungsvorschlags auch dazu führen, dass eine entsprechende Zertifizierung nicht mehr erfolgt. Je wichtiger eine Zertifizierung für die Vermarktung standardkonformer Güter ist, desto stärker kann der Rückzug eines Standardisierungsvorschlags den Wechsel eines Standards beeinflussen.

iii. Schadenersatz

(1) Kosten-Nutzen-Analyse

Wie beschrieben wurde, kann einen Schutzrechtsinhaber aufgrund der Verletzung einer Pflicht, eigene Patente oder Patentanmeldungen einer Standardisierungsorganisation bekannt zu geben, gegenüber der Standardisierungsorganisation, den Teilnehmern einer Standardisierungsorganisation oder sogar gegenüber den Anwendern eines von einer Standardisierungsorganisation verabschiedeten Standardisierungsvorschlags eine Schadenersatzpflicht treffen. Es stellt sich die Frage, welche Auswirkungen eine solche Schadenersatzpflicht auf das Verhalten des Schutzrechtsinhabers hat. Dies hängt entscheidend davon ab, welcher Verschuldensmaßstab angewendet wird. Da es sich bei diesen Verpflichtungen um vertragliche Vereinbarungen in Form einer Satzung, eines Gesellschaftsvertrags oder aufgrund eines eigenständigen Vertrages der Teilnehmer an einem Standardisierungsprojekt über ihre Pflichten, handelt, kann der Verschuldensmaßstab von den Parteien selbst geregelt werden. Regeln sie diese Frage nicht, greift das dispositive Recht ein, das grundsätzlich eine Fahrlässigkeitshaftung bei vertraglichen Pflichtverstößen vorsieht. Welche Auswirkungen unterschiedliche Haftungsmaßstäbe haben, soll erläutert werden. Dies lässt Rückschlüsse auf die Frage zu, inwieweit von der gesetzlichen Fahrlässigkeitshaftung abgewichen werden sollte.

Zu berücksichtigen ist bei der Bestimmung des Haftungsmaßstabs, dass die Suche nach Patenten und Patentanmeldungen, die zur Anwendung eines technischen Standards benötigt werden, grundsätzlich aufwendig und schwierig ist. Es besteht ein nicht unerhebliches Risiko, einschlägige Patente zu übersehen. Bei verschuldensunabhängiger Haftung würde das Risiko fehlerhafter oder unzureichender Suchen vollständig auf den Schutzrechtsinhaber verlagert. Eine solche Regelung hätte zur Folge, dass der Schutzrechtsinhaber besonders hohe Aufwendungen zur Überprüfung seines Schutzrechtsportfolios anstellen müsste. Aus Sicht einer Kosten-Nutzen-Analyse ist eine solche interne Suche zwar kostengünstiger als viele parallele Schutzrechtssuchen aller potentiellen Nutzer eines Standardisierungsvorschlags. Eine derarti-

1231 Vgl. Teece/Sherry, 87 Minn. L. Rev. (2003) 1913, 1973f.

ge Pflicht hätte jedoch den Nachteil, dass sie Anreize für Schutzrechtsinhaber setzt, die eigenen Suchanstrengungen in kritischen Fällen zu verringern und stattdessen alle entfernt einschlägigen Schutzrechte zu melden.[1232] Das Standardisierungsgremium oder potentielle Nutzer könnten sich gegebenenfalls mit einer solchen Menge an potentiellen Schutzrechten konfrontiert sehen, dass sie die Überprüfung gar nicht gewährleisten können.[1233]

Diese ungewollten Auswirkungen einer verschuldensunabhängigen Haftung lassen sich verringern, wenn eine Sanktionierung bei verschuldetem Verstoß gegen eine Offenlegungspflicht einträte. Die Anreize, übermäßig viele Schutzrechte geltend zu machen, werden gesenkt. In solch einem Fall entsteht jedoch dass Problem, dass es notwendig wird, ein Verschulden nachzuweisen. Dies ist deshalb problematisch, weil die Aufwendungen, die ein Unternehmen unternimmt, nur diesem selbst bekannt sind. Außenstehenden wäre eine Kontrolle der Sorgfaltspflicht jedenfalls in vielen europäischen Prozessrechtssystemen, in denen es anders als in den USA keine *discovery* gibt, kaum möglich.

Zwar könnte man die Beweislast für ein Verschulden dahingehend ändern, dass der Verpflichtete sorgfältiges Arbeiten nachweisen müsste. Damit aber könnte sich das Ergebnis mit hoher Wahrscheinlichkeit demjenigen der verschuldensunabhängigen Haftung annähern.

Denkbar wäre auch ein Ansatz, bei dem man eine Beweislastumkehr zu Lasten des Schutzrechtsinhabers erst dann greifen ließe, wenn nach objektiven Kriterien ein Verschulden nahe läge. Kriterien könnten dabei die Anzahl und die Bedeutung von Schutzrechten eines Unternehmens im Zeitpunkt der Pflichtverletzung sein. Besitzt ein Unternehmen nur wenige Schutzrechte oder handelt es sich beim nicht offengelegten Schutzrechte um ein für das Unternehmen sehr bedeutendes Schutzrecht, läge ein Sorgfaltsverstoß nahe. Das Ausmaß der vorsorglichen Geltendmachung könnte damit verringert werden.

Eine solche Regelung führt jedoch zu einer Lücke bei der Offenlegungspflicht, wenn das nicht geltend gemachte Patent zum Prüfungszeitpunkt unbedeutend war. Beispielsweise meinte British Telecom erst nach mindestens 10 Jahren, dass eines ihrer Patente den Vorgang des Hyperlinking, also das Verbinden von Informationen im Internet, erfasste.[1234] Anscheinend hielt British Telecom es jahrelang für kein besonders bedeutendes Patent.

Würde man den Sorgfaltsmaßstab noch weiter auf grobe Fahrlässigkeit oder gar Vorsatz senken, dann würden die Suchkosten fremder Firmen weiter steigen. Die Kostenersparnis, die den Teilnehmern an technischer Standardisierung durch eine Offenlegungsverpflichtung ent-

1232 Vgl. Layne-Farrar/Padilla/Schmalensee, Pricing Patents, S. 8.

1233 Zur Problematik der übermäßigen Anzeige von Schutzrechten siehe insbesondere Teece/Sherry, 87 Minn. L. Rev. (2003) 1913, 1948f.

1234 Siehe hierzu *British Telecommunications v. Prodigy Communications Corp.*, 189 F.2d 101 (S.D.N.Y. 2002). Das Gericht stellte fest, dass keine Verletzung des Patents vorlag.

steht, würde in diesem Fall sinken. Gerade bei einem Vorsatzerfordernis ist tatsächliche Kenntnis eines Schutzrecht notwendig. Kommt es auf Kenntnis an, entstehen Anreize für Unternehmen, gar nicht erst zu suchen, um tatsächliches Wissen zu verhindern.[1235]

(2) Bewertung einer Schadenersatzpflicht

Die Auswirkungen einer Schadenersatzpflicht vermindern den Gewinn, den der Schutzrechtsinhaber aus opportunistischem Verhalten ziehen kann, und dienen insofern als Sanktionsmöglichkeit, die die Effektivität der Offenlegungspflicht erhöht. Von entscheidender Bedeutung ist jedoch zudem, ob eine zwingende Haftung oder lediglich eine Verschuldenshaftung besteht, da dies ganz erhebliche Auswirkungen auf die Risikotragung des Schutzrechtsinhabers hat. Erhöhtes Risiko kann dabei zu einer übermäßigen Geltendmachung von Schutzrechten führen, so dass die Suchkostenersparnis verringert wird.[1236] Zudem können Sanktionen Anreize für den Schutzrechtsinhaber setzen, dem Standardisierungsgremium fernzubleiben. Da der Schutzrechtsinhaber an die Offenlegungspflicht nicht gebunden wäre, wenn er einem Gremium fernbleibt, gälte wieder die gesetzliche Grundregel. Kann sich der Schutzrechtsinhaber seiner Offenlegungspflicht nicht entziehen, dann führt eine Schadenersatzpflicht zu einer Schutzreduktion mit möglicherweise negativen Auswirkungen auf Forschungs- und Entwicklungsanreize.

iv. Anspruchsbegrenzung zu Lasten des Schutzrechtsinhabers

(1) Überblick

Wie dargestellt wurde, kommen als weitere Sanktion für pflichtwidriges Verhalten Beschränkungen des Schadenersatz oder Unterlassungsanspruch des Schutzrechtsinhabers in Betracht. Die zur Verfügung stehende Bandbreite rechtlicher Sanktionen reicht dabei von einer bloßen Verringerung des Schadenersatzanspruchs bis hin zu einem vollständigen Ausschluss der Durchsetzung des Schutzrechts, wie es beispielsweise Rechtsfolge der *estoppel-* und *patent misuse*-Doktrin im amerikanischen Recht ist.

(2) Schutzversagung

Die denkbar schärfste Sanktion wäre eine vollständige Schutzversagung gegenüber jedermann hinsichtlich aller Ansprüche aus dem Patent dar. Sie würde sicherlich zu einer starken Befolgungsrate führen, sofern sich Unternehmen überhaupt dazu bereit fänden, entsprechende Verpflichtungen einzugehen. Eine solche Regelung ginge in ihrer Sanktionswirkung über das notwendige Maß hinaus, da auch Nutzungen der Technologie außerhalb des Anwendungsbereichs des technischen Standards betroffen wären, für die überhaupt kein mit der Standardisierung zusammenhängendes Hold-up-Potential besteht. Ferner ist zu berücksichtigen, dass eine derartige Regel zu einer stark vorsorglichen Geltendmachung möglicherweise einschlägiger

1235 So Carrier, 87 Minn. L. Rev. (2005) 2017, 2021.
1236 Darauf weisen auch Layner-Farrar/Padilla/Schmalensee, S. 8 hin.

Schutzrechte animiert. Wie schon bei einer Schadenersatzpflicht würde der Suchkostenvorteil einer solchen Regelung verringert.

(3) Schutzreduktion

aaa. Regelungsmöglichkeiten

Ferner bestehen unterschiedliche Möglichkeiten der Schutzreduktion. Denkbar wären eine Beschränkung oder ein Ausschluss des Schadenersatzanspruchs oder ein Ausschluss des Unterlassungsanspruchs, der im Ergebnis zu einer Zwangslizenz führte. Die Frage in letzterem Fall ist, ob dadurch auch der Vergütungsanspruch ausgeschlossen oder jedenfalls reduziert werden sollte.

bbb. Ausschluss des Unterlassungsanspruchs

Der Ausschluss des Unterlassungsanspruchs führt im Endeffekt zu einer Zwangslizenz. Sofern man sich für eine derartige Lösung ausspricht, sollte sie auf die Anwendung eines Patents im Rahmen des technischen Standards beschränkt werden, da die Verpflichtung des Patentinhabers zur Offenlegung sich nur auf den Standardisierungsvorgang beschränkt. Jegliche weitergehende Beschränkung des Unterlassungsanspruchs wäre zur Verhinderung übermäßigen Hold-ups nicht notwendig und aus diesem Grund weder ökonomisch noch juristisch zu rechtfertigen. Folge eines vollständigen Ausschlusses des Unterlassungsanspruchs wäre eine sinkende Bereitschaft von Schutzrechtsinhabern, bei formeller technischer Standardisierung mitzuwirken mit negativen Folgen für die Funktionsfähigkeit formeller Standardisierung und der Qualität der Standardisierungsvorschläge.

ccc. Ausschluss des Bereicherungs- und Schadenersatzanspruchs

Denkbar wäre auch lediglich ein Ausschluss des Bereicherungs- und Schadenersatzanspruchs für diejenige Zeit, innerhalb derer der Schutzrechtsinhaber sein Schutzrecht noch nicht offengelegt hat. Dies hätte zur Folge, dass ein Pflichtverstoß mit dem Verlust der Einnahmen für diesen Zeitraum sanktioniert würde. Eine derartige Regelung würde jedoch die Hold-up-Macht des Schutzrechtsinhabers für die Zukunft nicht verringern, und damit den zentralen Anreiz für opportunistisches Verhalten nicht beseitigen.

ddd. Zwangslizenz für die Zukunft

Möglich wäre ferner die Erteilung einer Zwangslizenz für die Zukunft. Soll die Sanktionsmöglichkeit verhindern, dass der Schutzrechtsinhaber ein zu großes Maß an Hold-up-Macht erhält und einen übermäßigen Monopolgewinn erzielen kann, dürfte ihm lediglich diejenige Kompensation zugebilligt werden, die er erreicht hätte, wenn dem Standardisierungsgremium bei der Verabschiedung des Standardisierungsvorschlags und dem Verletzer bei seiner Entscheidung, den Standard zu nutzen, das Schutzrecht bekannt gewesen wäre.

Bei der Bemessung der Vergütung müsste differenziert werden, ob bei Bekanntheit des Schutzrechts eine äquivalente, günstigere Alternative für das konkrete Schutzrecht zur Verfügung gestanden hätte. Ebenso stellt sich die Frage, ob der Verletzer Alternativen für seine Produktionsentscheidung, gegebenfalls etwa alternative und günstigere Standardisierungsvorschläge, gehabt hätte. Ferner ist die Lizenzierungsbestimmung des Standardisierungsgremiums zu berücksichtigen, ob sie bloß eine Verpflichtung zu offenen Verhandlungen oder eine Art der *liability rule* darstellt.

Würde man dem Schutzrechtsinhaber einen Vergütungsanspruch in einer Höhe zubilligen, die er auch bei der rechtzeitigen Bekanntgabe seines Schutzrechts hätte erzielen können, fehlt ihr eine Sanktionswirkung. Eine solche Vergütung stellt den Schutzrechtsinhaber so, wie er stünde, wenn er ordnungsgemäß sein Schutzrecht offengelegt hätte. In solch einem Fall wäre er indifferent, ob er sein Schutzrecht geltend macht.

Es ist sogar möglich, dass eine solche Bemessung der Vergütung Anreize setzt, Schutzrechte nicht geltend zu machen. Dies ist der Fall, wenn im Rahmen der nachträglichen Bestimmung der Vergütung Unsicherheiten zugunsten des Schutzrechtsinhabers ausgelegt werden. Um dies zu vermeiden, muss genau darauf geachtet werden, wer die Beweislast für die Faktoren trägt, die zur Bestimmung der angemessenen Vergütung herangezogen werden. Je nachdem, zu wessen Gunsten die Beweislast geregelt wird, kommt es entweder zu einer Erhöhung des Hold-up-Potentials oder aber zu einer Unterkompensation des Schutzrechtsinhabers.

Eine letzte Möglichkeit bestünde schließlich darin, dass Standardisierungsgremien einen Basis-Lizenzsatz festlegen, der immer dann gilt, wenn gegen die Offenlegungspflicht verstoßen wird. Dies könnte angemessene Anreize für Unternehmen setzen, die der Auffassung sind, ihre Schutzrechte seien mehr wert.[1237] Problematisch daran ist, dass für wenig wertvolle Schutzrechte „überhöhte" Lizenzsätze gezahlt werden könnten.

v Vergleich der Regelungsmöglichkeiten

Bei der Diskussion der Such- und Offenlegungspflichten ist zu berücksichtigen, dass diese unter den bestehenden Schutzrechtsregelungen die einzige Möglichkeit sind, Kenntnis über unveröffentlichte Patentanmeldungen zu erhalten. Im übrigen besteht die Funktion derartiger Regelungen allein in einer Reduktion von Suchkosten. Diese käme insbesondere kleinen und mittleren, wenig finanzstarken Unternehmen zugute.

Jegliche Schutzbegrenzung gewerblicher Schutzrechte infolge einer Verletzung der Informationspflicht bedeutet im Vergleich zum rechtlichen status quo eine Verschiebung des Suchrisikos vom Verletzer zum Schutzrechtsinhaber. Dieses Suchrisiko kann ganz erheblich sein. Einige Autoren behaupten, die Suche nach einschlägigen Schutzrechten komme der Suche nach der Nadel im Heuhaufen gleich.[1238] Darüber hinaus sind Suchen mit schwierigen Bewertungs-

1237 So Lemley, 48 B.C.L. Rev. (2007) 149, 159.

1238 Layne-Farrar/Padilla/Schmalensee, Pricing Patents, S. 7 mit Verweis auf Chiao/Lerner/Tirole, Rules of fragen verbunden, deren Beantwortung nicht immer einheitlich ausfällt.[1239] Je strenger der Haftungsmaßstab, desto stärker wirkt diese Risikoverschiebung. Sie verringert deshalb tendenziell die Teilnahmebereitschaft von Schutzrechtsinhabern an Standardisierungsgremien. Sowohl zu hohe Sanktionen als auch zu geringe Sanktionen verringern die Ersparnis von Suchkosten. Gelten allgemein strenge Maßstäbe, sinken aufgrund der hohen Suchkosten und der Risikoverschiebung Forschungs- und Entwicklungsanreize.

Aus Effizienzgründen sind Such- und Offenlegungspflichten jedoch grundsätzlich wünschenswert. Wenn Standardisierungsgremien Such- und Offenlegungspflichten festlegen, sollten sie allerdings auch Sanktionen für deren Verletzung festlegen, da allein soziale Sanktionsmechanismen häufig unzureichend sein werden.

Dabei erscheint ein vollständiges Verwirken des Schutzrechts als unangemessen hart und wird zudem nicht durchzusetzen sein, weil die Teilnahme an Standardisierungsgremien grundsätzlich jedem einzelnen Unternehmen freigestellt ist. Durchsetzen ließe es sich nur von Organisationen, die Marktmacht besitzen und bei denen für Unternehmen ein faktischer Mitgliedschaftszwang besteht, da sie ansonsten gehindert daran gehindert sich, am Wettbewerb auf bestimmten Märkten teilzunehmen. Solche Regelungen können negative Anreize auf die Bereitschaft zur Forschung und Entwicklung haben. Einen Kartellrechtsverstoß wird man darin jedoch nur dann sehen können, wenn sich nachweisen ließe, dass der Innovationswettbewerb dadurch spürbar beeinträchtigt wird. Ein solcher Nachweis wird kaum gelingen. Bedenken bestehen jedoch, wenn zusätzlich hohe Suchanforderungen an den Schutzrechtsinhaber gestellt werden, weil eine solche Regelung entgegen dem gesetzlichen Leitbild, dass das Suchrisiko den Verletzern aufgebürdet ist, quasi enteignende Wirkung hätte. Möglicherweise wäre eine solche Regelung als unbillige Benachteiligung von Schutzrechtsinhabern vertragsrechtlich unzulässig.

Abgesehen davon ist zu erwarten, dass mit sehr umfangreichen und streng sanktionierten Offenlegungspflichten die Effizienz der Offenlegung sinkt, da eine größere Anzahl bloß potentiell einschlägige Schutzrechte bekannt gemacht werden. Mit einer zunehmenden Zahl an Offenlegungen besteht ferner die Gefahr, dass sich aufgrund dieses Informationsaustausches Forschung und Entwicklung in wettbewerbsbeinträchtigendem Maß koordinieren lässt. Eine Schadenersatzpflicht ist insbesondere wegen der Schwierigkeiten bei der Schadensfeststellung unpraktikabel.

Ein angemessener Ausgleich der Interessen des Schutzrechtsinhabers und der Teilnehmer an technischer Standardisierung kann darin bestehen, eine Sanktion in Form der Verwirkung des

SSOs, S. 6.

1239 Layne-Farrar/Padilla/Schmalensee, Pricing Patents, S. 7.

Schadenersatz- und Bereicherungsanspruchs für die Vergangenheit bei grobem Verschulden oder Vorsatz des Schutzrechtsinhabers festzulegen. Für die Zukunft sollte es in solch einem Fall zu einem Ausschluss des Unterlassungsanspruchs zugunsten derjenigen Unternehmen kommen, die bereits standardspezifische Investitionen getätigt haben. Der Schutzrechtsinhaber sollte gegen diese Unternehmen seinen Unterlassungsanspruch nur geltend machen können, wenn diese durch ihr Verhalten seinen Vergütungsanspruch gefährden. Der Vergütungsanspruch sollte sich am hypothetischen Lizenzsatz ausrichten, der vereinbart worden wäre, wenn es im Rahmen der Standardisierung zu einer Auswahlentscheidung gekommen wäre. Dabei kann dieser Lizenzsatz auch bei Null liegen, sofern es äquivalente, freie Spezifikationsmöglichkeiten gegeben hätte.

In den USA können Verstöße gegen Offenlegungspflichten nach Auffassung einiger Gerichte zusätzlich zum Vertragsrecht als Kartellrechtsverstöße geahndet. In Europa ist unklar, ob eine Sanktionierung über das Kartellverbot nach Art. 81 EGV möglich ist. De lege lata richtet sich die Anwendbarkeit der Kartellvorschriften nach deren Tatbestandsvoraussetzungen, insbesondere danach, ob eine Beeinträchtigung des Wettbewerbs bzw. eine verbotene Monopolisierung vorliegt. Unter welchen Voraussetzungen diese Anforderungen erfüllt sind, wurde im darstellenden Teil erörtert.

In der rechtswissenschaftlichen Literatur wird jedoch diskutiert, ob es aus rechtspolitischer Sicht sinnvoll ist, zusätzlich zum Vertragsrecht eine kartellrechtliche Sanktionierung vorzusehen. Unterstellt man zunächst, dass ein kartellrechtswidriges Verhalten nur dann vorliegt, wenn auch ein eindeutiger Verstoß gegen eine vertraglich geregelte Offenlegungspflicht vorliegt und die zusätzlichen Tatbestandsvoraussetzungen der Kartellrechtsnormen erfüllt sind, dann führt die Anwendung des Kartellrechts zu einer Verdoppelung der Rechtsschutzmöglichkeiten mit der Gefahr widersprüchlicher Entscheidungen, sofern unterschiedliche Streitentscheidungsstellen einen eventuellen Rechtsverstoß zu entscheiden haben.

Allerdings bringt eine zusätzliche kartellrechtliche Sanktionsmöglichkeit auch erhebliche Vorteile mit sich. Ein Gewinn für die Gesellschaft entsteht, wenn die Teilnehmer am Standardisierungsverfahren kein Interesse an einer Rechtsverfolgung haben oder faktisch an einer Rechtsverfolgung gehindert sind, weil ihnen das langfristige Verhältnis zum Schutzrechtsinhaber wichtiger ist als der Sieg in einem Rechtsstreit. Die Diskussion über Offenlegungspflichten hat ferner gezeigt, dass ihre Reichweite von der Vertragsauslegung abhängt. Es ist äußerst zweifelhaft, ob auch Unternehmen, die nicht am Standardisierungsverfahren teilnehmen, Rechte aus einem Verstoß gegen Offenlegungspflichten herleiten können. Wenn sie dies nicht können, wären sie dem Monopol, das infolge der Pflichtverletzung entstanden ist, schutzlos ausgeliefert. Durch eine kartellrechtliche Sanktionsmöglichkeit wird diese Rechtsschutzlücke geschlossen. Es gibt demnach gute rechtspolitische Gründe, eine kartellrechtliche Sanktionierung zu erlauben.

Ist eine kartellrechtliche Sanktionsmöglichkeit eines Verstoßes gegen Offenlegungspflichten demnach sinnvoll, stellt sich die Frage, ob die kartellrechtliche Beurteilung an die Formulierung von Offenlegungspflichten durch Standardisierungsorganisationen gebunden sein sollte oder umfangreichere Offenlegungspflichten fordern sollte.

Grundsätzlich kommt es für eine wettbewerbsrechtliche Beurteilung darauf an, ob durch bestimmtes Verhalten der Wettbewerb beeinträchtigt wird. Unzureichende Offenlegungspflichten durch Standardisierungsgremien können die kartellrechtliche Beurteilung deshalb nicht beeinflussen. Besitzt ein Standardisierungsgremium unzureichende Offenlegung und ermöglicht durch seine Standardisierungsbemühungen die Entstehung von Monopolen, stellt sich insbesondere die Frage, ob ein solches Gremium nicht möglicherweise selbst ein verbotenes Kartell darstellt.

Die Frage ist deshalb, welche Anforderungen das Kartellrecht an Offenlegungspflichten stellen muss. Dabei muss berücksichtigt werden, dass der Gesetzgeber die Suchpflichten grundsätzlich den Anwendern einer Technologie auferlegt. Eine gemäß dem US-Kartellrecht verbotene Monopolisierung sollte deshalb nur in denjenigen Fällen anerkannt werden, in denen ein Patentinhaber daraufhin wirkt, dass Nutzer seine Technologie keine Patentsuche durchführen haben oder aber seine Patentrechte mangels Anmeldung oder mangels Veröffentlichung der Anmeldung nicht recherchierbar sind. Im Fall fehlender Veröffentlichung von Patentanmeldungen ist zudem das rechtlich geschützte Geheimhaltungsinteresse bei der Beurteilung der Kartellrechtswidrigkeit zu berücksichtigen. Schließlich ist zu berücksichtigen, dass kooperative Standardisierung nur dann gelingen kann, wenn ein Mindestmaß an gegenseitigem Vertrauen zwischen den Teilnehmern besteht. Die Möglichkeit, kooperative Standardisierung zu betreiben, ist ein wesentlicher Faktor im Rahmen des Wettbewerbs um technische Standards.

Mit diesen Vorgaben erscheint die Ermöglichung eines Monopols durch Verheimlichung von Schutzrechten im Standardisierungsprozess allein dann missbräuchlich, wenn dadurch (1) das gegenseitige Vertrauen der Teilnehmer formeller Standardisierung erheblich gestört wird, (2) ein Schutzrechtsinhaber starken Einfluss auf eine solche Festlegung eines Standardisierungsvorschlags nimmt, für die seine Schutzrechte notwendigerweise genutzt werden müssen, (3) Geheimhaltungsfristen bewusst ausnutzt, um die Patentanträge geheim zu halten und (4) zugleich vorgibt, keine Ansprüche auf einschlägige Patente zu haben.[1240] Der *Rambus*-Fall der FTC fällt in diese Kategorie, da dort die Vertreter von *Rambus* absichtlich mehrfach auf eindeutige Fragen seitens des Standardisierungsgremiums die Rechtsinhaberschaft an essentiel-

1240 Kritisch zu kartellrechtlichen Vorgaben siehe aber Rapp/Stiroh, Standard Setting and Market Power, S. 8.

len Schutzrechten ausdrücklich verneint hatten oder jedenfalls so ausweichend geantwortet hatten, dass es zu einer Irreführung kam.[1241]

Hinzuweisen ist schließlich auf die Möglichkeit, keine Offenlegungpflicht einzuführen und stattdessen verbindliche Lizenzierungsregelungen vorzuschreiben.[1242] Diesem Ansatz folgen einige Standardisierungsorganisationen.

2. Teilnahme- und Abstimmungsregelungen bei Standardisierung

a) Überblick

Auch die Teilnahme- und Abstimmungsregelungen beeinflussen die Entstehung geschützter technischer Standards und ihre Auswirkungen, da sie bestimmen, wer Standards entwickelt und beschließt. Zu berücksichtigen ist ferner, dass bereits die Existenz gewerblicher Schutzrechte den Prozess formeller Standardisierung beeinflusst, da sie die Interessengegensätze innerhalb eines Standardisierungsgremiums erhöhen.[1243] Dies bedeutet nicht, dass formelle Standardisierung nicht ohnehin schon mit Interessengegensätzen konfrontiert wäre. Diese sind aber umso stärker, je mehr spezifikationsspezifische Investitionen seitens der Teilnehmer getätigt wurden. Dabei entstehen zwei Arten von Interessengegensätzen: zum einen zwischen Schutzrechtsinhabern für die Anwendung alternativer Spezifikationen jeweils notwendiger Schutzrechte, zum anderen zwischen Schutzrechtsinhabern und Nicht-Schutzrechtsinhabern. Mit Hilfe der Begrenzung von Teilnahme- und Abstimmungsregelungen lässt sich verhindern, dass diese Interessengegensätze zu einer Lähmung oder einem Erliegen des formellen Standardisierungsvorgangs führen.

Die Kosten einer Beschränkung der Teilnahme- und Abstimmungsmöglichkeit sind, dass nicht mehr alle Interessen an einem Standard vollständig im Standardisierungsprozess repräsentiert sind. Der aus diesem Prozess resultierende Standardisierungsvorschlag ist deshalb gegebenenfalls stärker durch die Interessen der teilnahme- und abstimmungsberechtigten Akteure bestimmt. Die Regelungsmöglichkeiten werden nachfolgend genauer analysiert.

b) Beschränkung der Teilnahmemöglichkeit

Eine Möglichkeit, um die Interessengegensätze im Rahmen formeller Standardisierung zu reduzieren, ist eine Teilnahmebeschränkung. Sie lässt sich rechtstechnisch dadurch realisieren, dass entweder exklusive Forschungs- und Entwicklungskooperationen etwa in Form von In-

1241 Siehe FTC, *In the Matter of Rambus, Inc.*, Docket No. 9302 S. 37ff., 48ff.; 66ff.

1242 So etwa die Patent Policy des W3-Konsortiums, wonach die Offenlegungspflicht als erfüllt angesehen wird, wenn der Schutzrechtsinhaber gemäß den Lizenzbedingungen Lizenzen anbietet, siehe Patent Policy 6.2.; für einen empirisch nachgewiesenen Zusammenhang zwischen Offenlegungspflichten und Lizenzgebühren siehe Chiao/Lerner/Tirole, Rules of SSOs, S.23, schwächere Offenlegungspflichten korrelieren negativ mit stärkeren Lizenzverpflichtungen; keinen Sinn sieht Prof. Lemley jedoch darin, Offenlegungspflichten ohne Lizenzierungspflicht zu regeln, Lemley, 90 Cal. L. Rev. (2002) 1889, 1960f.

1243 Vgl. Farrell/Klemperer, Coordination and Lock-in, S. 64

dustriekonsortien zwischen einzelnen Unternehmen geschlossen werden, oder sehr hohe Teilnahmegebühren verlangt werden. Denkbar wäre auch die Weigerung, einzelne Teilnehmer zu beteiligen.

Die Vorteile der Beschränkung von Teilnahmemöglichkeiten liegen grundsätzlich in der Reduktion von Transaktionskosten in Form geringerer Kosten für den Informationsaustausch und das Verhandeln der zu erarbeitenden Spezifikation. Blockadesituationen infolge unterschiedlicher Interessen werden verringert. Dies kann zu effizienterer, insbesondere schnellerer Standardisierung führen. Die Gesellschaft profitiert zum einen von der Kostenersparnis im Standardisierungsvorgang, auch wenn dies auf das einzelne Produkt bezogen marginal sein dürfte, zum anderen durch die schnellere Erarbeitung eines Standardisierungsvorschlags. Es kann sich deshalb die Innovationsgeschwindigkeit erhöhen. Dabei ist auch zu beachten, dass die Zeitfenster erfolgreicher Standardisierung häufig nicht besonders groß sind, es also bei allzu großer zeitlicher Verzögerung gar nicht zu formeller Standardisierung kommt.

Die Nachteile von Teilnahmebeschränkungen sind zunächst einmal darin zu sehen, dass dem Standardisierungsgremium weniger Informationen zur Verfügung stehen. Es besteht die Gefahr, dass die Interessen und das Wissen der ausgeschlossenen Akteure nicht in den Standardisierungsprozess mit einfließen. Eine solche Regelung eröffnet Diskriminierungspotentiale zu Lasten ausgeschlossener Akteure. Ein Vorteil von Interessengegensätzen besteht gerade darin, dass sie zu einem regen Austausch von Argumenten führen. Dies gilt insbesondere innerhalb von Standardisierungsgremien, in denen vor allem auf technischer Ebene diskutiert wird. Die fehlende Information über alternative technische Möglichkeiten und Präferenzen ausgeschlossener Akteure kann ferner die Qualität und damit die Akzeptanz des Standardisierungsvorschlags negativ beeinflussen.

Hinsichtlich der negativen Auswirkungen von Teilnahmebeschränkungen ist zu berücksichtigen, dass sie teilweise durch Marktmechanismen ausgeglichen werden können. Standardisierungsvorschläge sind grundsätzlich nicht rechtlich bindend. Sie können, lässt man einmal eine staatliche Übernahme derartig entwickelter Spezifikationen in Rechtsnormen außen vor, allenfalls für die an der Standardisierungsarbeit teilnehmenden Akteure vertragsrechtlich bindend gemacht werden. Soweit sie keine Bindungswirkung entfalten, ist es notwendig, dass sich der konkrete Standardisierungsvorschlag auch auf dem Markt durchsetzt. Je mehr Akteure aus dem Standardisierungsvorgang ausgeschlossen werden und je stärker ihre Interessen vernachlässigt werden, desto geringer wird die zu erwartende Akzeptanz des Vorschlags in einem Technologiebereich sein.

Die Wirksamkeit dieses Ausgleichsmechanismus hängt jedoch ganz entscheidend von der Größe und Marktmacht der im Standardisierungskonsortium beteiligten Akteure einerseits und der ausgeschlossenen Akteure andererseits ab. Zudem ist zu berücksichtigen, dass es bei komplexen Standards häufig keine aktuelle Alternative zum entwickelten Standard gibt. Dies bedeutet wiederum, dass Unternehmen nur die Wahl zwischen der Akzeptanz des entwickelten Standardisierungsvorschlags oder gar keiner einheitlichen Spezifikation haben. Dies ließe sich verhindern, wenn die ausgeschlossenen Akteure ihrerseits allein oder gemeinsam einen Standardisierungsvorschlag erarbeiteten. In diesem Fall käme es zu Wettbewerb um einen technischen Standard auf dem Markt. Ob letzteres eine Alternative ist, hängt davon ab, welche und wieviele Akteure ausgeschlossen sind.

Aus diesen Überlegungen heraus ergibt sich, dass die Bewertung von Teilnahmebeschränkungen von der Größe und der Marktmacht der am Standardisierungsgremium beteiligten Akteure abhängt. Je mehr Marktmacht diese haben und je weniger die Ausgleichsmechanismen greifen, desto größer ist die Gefahr, dass das Ergebnis zu Lasten der Nutzer oder ausgeschlossener Akteure geht. Dies erhöht die Gefahr dass sich ein ineffizienter Standardisierungsvorschlag durchsetzt.

Dabei ist zu berücksichtigen, dass in dem Maß, in dem formelle Standardisierung stattfindet, die Koordinations- und Selektionsmechanismen des freien Marktes beschränkt werden. Auch wenn der Markt selbst insbesondere infolge unvollständiger Informationen nicht immer zum optimalen Standard führen wird, so besteht doch die Möglichkeit, dass alle Teilnehmer durch ihre Handlungen ihre Interessen vertreten können.

Teilnahmebeschränkungen bei formeller Standardisierung führen hingegen tendenziell zu einer Unterrepräsentation der von der Standardisierung ausgeschlossenen Akteure, da die Teilnehmer allein ihre eigenen Interessen vertreten und keine Repräsentationsfunktion erfüllen. Damit wird den ausgeschlossenen Akteuren aber die Möglichkeit einer Beeinflussung des Standardisierungsvorschlags genommen. Dies ist von zusätzlicher Bedeutung, weil erste Lizenzverträge häufig auch schon parallel zum Standardisierungsverfahren abgeschlossen werden, um Unterstützung zu gewinnen.[1244] Wird es aufgrund der Bedeutung des technischen Standards und der kombinierten Marktmacht der an der Erarbeitung eines Standards mitwirkenden Unternehmen nicht zu einem Wettbewerb um den Standard kommen, spricht dies zugunsten einer Repräsentationsmöglichkeit. Angesichts der mit jeder Repräsentation verbundenen Prinzipal-Agenten-Probleme ist es ferner notwendig, dass die ausgeschlossenen Teilnehmer mit zunehmender Marktmacht des Standardisierungsgremiums Einfluss auf die Auswahl des Repräsentanten haben müssen.

1244 Siehe Geradin/Rato, Exploitative Abuse S. 27.

c) Abstimmungsbeschränkungen

Eine andere Möglichkeit zur Verringerung der Verzögerung formeller Standardisierung infolge von Interessengegensätzen aufgrund gewerblicher Schutzrechte besteht in Beschränkungen von Abstimmungsrechten. Der Unterschied zu Teilnahmebeschränkungen besteht darin, dass die Teilnahme grundsätzlich möglich ist, der von der Abstimmung ausgeschlossene Teilnehmer jedoch keine Möglichkeit hat, sich gegen die Verabschiedung einer bestimmten Spezifikation als Standardisierungsvorschlag zu wehren. Er hat aber die Möglichkeit, seine Interessen und Argumente bei der Erarbeitung der Spezifikation einzubringen und für die von ihm bevorzugte Spezifikation zu werben. Abstimmungsbeschränkungen beschränken die Mitwirkungsmöglichkeiten bei der Auswahl technischer Standards deshalb weniger als Teilnahmebeschränkungen. Sie werfen allein die Frage auf, ob Teilnahmerechte ohne Abstimmungsrechte wirksam durchgesetzt werden können. Der Durchsetzungsmechanismus ist jedenfalls eingeschränkt. Wie stark dies der Fall ist, hängt dann entscheidend davon ab, welche Rolle der einzelne Teilnehmer bei der Durchsetzung des technischen Standards hat. Ist seine Rolle vernachlässigbar, werden seine Einwände und Interessen wenig Gewicht haben. Dies wäre aber auch bei Standardisierung durch den Markt der Fall. Eine Beschränkung von Abstimmungsrechten kann deshalb gerechtfertigt sein.

Möchte man mit Hilfe eines Ausschlusses von Abstimmungsrechten konkret die Interessengegensätze infolge gewerblicher Schutzrechte verringern, stellt sich die Frage, ob Schutzrechtsinhaber bei der Abstimmung über eine Spezifikation, für deren Anwendung ihr Schutzrecht essentiell ist, nicht stimmberechtigt sein sollten. Es ließe sich an eine Art Befangenheit denken. Dagegen spricht jedoch, dass die Teilnehmer eines Standardisierungsgremiums allein ihr eigenes Unternehmen repräsentieren und nicht als Repräsentanten fremder Interessen auftreten. Die Prinzipien der Befangenheit sind daher nicht anwendbar. Ferner wäre ein Stimmrechtsausschluss allein dann notwendig, wenn Teilnehmern Veto-Rechte zustünden. Ein Ausschluss von Stimmrechten scheint deshalb nicht angemessen.

d) Mehrheitsentscheidungen

Ein weiteres Mittel zur Lösung von Interessenkollisionen infolge gewerblicher Schutzrechte kann schließlich die Zulässigkeit von Mehrheitsentscheidungen sein.[1245] Auch wenn aus rechtsökonomischer Perspektive Einstimmigkeitsregelungen bei Abwesenheit von Transaktionskosten am effizientesten sind, so können bei positiven Transaktionskosten Mehrheitsentscheidungen durchaus effizient sein, da durch sie das Hold-up-Potential von Minderheiten reduziert werden kann. Die Voraussetzungen und Bedingungen dafür sind in der *Public-Choice-*

1245 Gemäß einer Studie der DIN sprechen sich ca. 70% der Teilnehmer an der Normung für eine Mehrheitsregel aus. Diese Aussage relativiert sich jedoch bei näherer Betrachtung, vgl. DIN, Gesamtwirtschaftlicher Nutzen der Normung, S. 20f.

Literatur ausführlich analysiert worden. Sie gelten grundsätzlich auch für formelle Standardisierung. Es ist jedoch zu berücksichtigen, dass es im Rahmen technischer Standardisierung anders als bei staatlichen Entscheidungen keine staatliche Durchsetzung gibt, sofern der Standardisierungsvorschlag nicht aufgrund staatlicher Anordnung oder privatrechtlicher Abrede rechtlich verbindlich ist. Dies führt dazu, dass Akteure, gegen deren Willen ein Standardisierungsvorschlag beschlossen wurde, sich im Rahmen dieser Grenzen weigern können, den Standardisierungsvorschlag später praktisch anzuwenden. Je größer deshalb die Gruppe und der Einfluss derjenigen Personen, gegen deren ausdrücklichen Willen ein Standard beschlossen wird, desto geringer ist die Wahrscheinlichkeit, dass sich ein so beschlossener Standardisierungsvorschlag anschließend am Markt durchsetzt. Selbst eine hohe qualifizierte Mehrheit mag dann nicht genügen, wenn der Vorschlag gegen die Stimmen der marktstarken Akteure beschlossen wurde. Mangels eines Durchsetzungsmechanismus bei privater Standardisierung sind deshalb Einstimmigkeitsentscheidungen die optimale Lösung.

3. Verhandlungsmechanismen

Von einigen Autoren wurde vorgeschlagen, dass sich das Hold-up-Problem im Rahmen von Standardisierung auch durch kollektive Verhandlungsmechanismen lösen ließe.[1246] Dazu gibt es grundsätzlich zwei Vorschläge. Der eine Vorschlag besteht darin, dass es zu Verhandlungen zwischen dem Schutzrechtsinhaber einerseits und einem Repräsentationsgremium der Standardisierungsgruppe andererseits kommen soll. Jedenfalls aber sollten Schutzrechtsinhaber gezwungen sein, vor der Entscheidung über einen technischen Standard die zukünftigen Lizenzbedingungen offenzulegen.[1247]

Der andere Vorschlag besteht darin, dass es zu Ausschreibungen kommen kann, in deren Rahmen die Schutzrechtsinhaber die jeweiligen zukünftigen Lizenzbedingungen festlegen sollten.[1248] Beide Vorschläge klingen vernünftig, sind jedoch nicht ohne Nachteile.

Gegen einen Verhandlungsmechanismus oder eine Ausschreibung zwischen dem Schutzrechtsinhaber auf der einen Seite und den Mitgliedern des Standardisierungsgremiums auf der anderen Seite sprechen mehrere Gründe. Insbesondere wird der Zeitpunkt der Entscheidung über einen Standardisierungsvorschlag für die Preisgestaltung als verbindlich festgeschrieben.

Eine solche Lösung erscheint angemessen, sofern man die Auffassung vertritt, dass der Wertzuwachs, den ein Schutzrecht durch Standardisierung möglicherweise erfährt, nicht den Bemühungen des Schutzrechtsinhabers zugeschrieben werden kann.[1249] Wie bereits dargestellt

1246 Skitol, Swanson/Baumol, 73 Antitrust L.J. (2005) 1, 17 mit dem Vorschlag, Technologien auszuschreiben; Patterson, 17 Berk. Tech. L.J. (2002) 1043, 1046.

1247 Skitol, 72 Antitrust L.J. (2005) 727, 728f, 733.

1248 Siehe Geradin, Layne-Farrar, Ex-ante competition, S. 3, Swanson/Baumol, 72 Antitrust L.J. (2005) 1, 16.

1249 U.a.Patterson, 17 Berk. Tech. L.J. (2002) 1043, 1054.

wurde,[1250] ist diese Auffassung in einigen, keineswegs jedoch in allen denkbaren Szenarien richtig.

Die Wertermittlung auf diesen konkreten Zeitpunkt festzuschreiben, hat jedoch auch ihre Nachteile. Sie kann dazu führen, dass auf spätere Änderungen des technischen oder wirtschaftlichen Umfelds nicht angemessen durch bilaterale Verträge reagiert werden kann.[1251] Ferner kann durch ein entsprechendes Verfahren ein Problem der Trittbrettfahrerei entstehen. Stellt man Unternehmen, die später in den Markt eintreten, dieselben Bedingungen wie früh in einen Markt investierenden Unternehmen, so ist es bei einheitlichen Bedingungen schwieriger, gegebenenfalls das höhere Risiko der früher tätigen Unternehmen angemessen etwa im Rahmen der Lizenzgebühr zu berücksichtigen.[1252]

Ferner unterstellen diese Überlegungen auf Seiten der Lizenznehmer homogene Unternehmen. Dies muss keineswegs der Fall sein. Häufig bestehen Standardisierungsgremien aus völlig unterschiedlichen Unternehmen mit unterschiedlichen Geschäftsmodellen oder Stärken und Schwächen. Einheitliche Lizenzbedingungen für alle diese Unternehmen würden es erschweren, den Besonderheiten der einzelnen Lizenznehmer Rechnung zu tragen. Es entstünde damit ein Verlust an Flexibilität.[1253] Je nachdem, wie der Abstimmungsmechanismus über die Lizenzbedingungen ausgestaltet ist, ist daher eine Verschiebung des Problems denkbar. Diskriminierung findet anstatt im Rahmen der Lizenzierungsverhandlungen mit dem Schutzrechtsinhaber durch Wahl des technischen Standards statt.[1254] Es ist denkbar, dass Lizenznehmer ihre Vorteile im Wettbewerb gegenüber anderen Lizenznehmern nicht mehr in günstigere Lizenzbedingungen umwandeln können.

Zudem mag eine Verhandlungs- oder Ausschreibungsregelung möglicherweise nicht praktikabel sein, wenn es um eine Vielzahl voneinander abhängiger technologischer Entscheidungen geht. Ausschreibungsverfahren und Verhandlungen kosten Zeit, welche möglicherweise nicht zur Verfügung steht.[1255] Gegebenenfalls ist auch nicht abzusehen, welche weiteren Kosten infolge der Wahl einer Spezifikation durch eine dadurch notwendige weitere Inanspruchnahme von Schutzrechten entstehen.[1256]

Darüber hinaus ist zu berücksichtigen, dass sowohl Verhandlungs- als auch Ausschreibungsverfahren strategisches Verhalten ermöglichen. Es wäre denkbar, dass beispielsweise vertikal

1250 Siehe ausführlich S. 199ff.
1251 Geradin, Layne-Farrar, Ex-ante competition, S. 16.
1252 Siehe Geradin/Rato, Exploitative Abuse, 27.
1253 Geradin, Layne-Farrar, Ex-ante competition, S. 18.
1254 Eine solche Möglichkeit erwähnen etwa Grindley/Salant/Waverman, 3 Intern. J. of Comm. Law and Policy (1999) 1, 18f. in Bezug auf die ETSI. Bei der ETSI hängt die Anzahl der Stimmen vom Umsatz im europäischen Mobilfunkmarkt ab und bevorzugt daher angeblich etablierte, europäische Unternehmen.
1255 So Geradin, Layne-Farrar, Ex-ante competition, S. 15; Farrell/Hayes/Shapiro/Sullivan, S. 25.
1256 Geradin, Layne-Farrar, Ex-ante competition, S. 15.

integrierte Unternehmen, die nicht unbedingt auf Lizenzgebühren angewiesen sind, die Preise für Lizenzen unter ein für reine F&E-Unternehmen rentables Maß drücken können.[1257] In solch einem Fall könnten Nachteile für Forschung und Entwicklung bestehen.[1258]

Schließlich wird noch argumentiert, dass die Gefahr kollektiven Boykotts bzw. eines Käuferkartells entstünde.[1259] Ob diese Gefahren in einem Standardisierungszusammehang tatsächlich bestehen, ist umstritten. Teilweise wird geltend gemacht, die Gefahr von Käuferkartellen bestünde allein dann, wenn dadurch die Einkaufsmenge reduziert und die Preise erhöht würden.[1260] Dies träfe in einem Standardisierungszusammenhang nicht zu, weil Sinn und Zweck der Standardisierung ja gerade die weitestmögliche Verbreitung der konkreten Spezifikationen sei und insbesondere das Problem eines nachträglichen Hold-up bekämpft werden solle.[1261] Auch seien die Voraussetzungen eines Monopsons nicht gegeben, weil die Angebotskurve im Fall geschützter Information nicht ansteige.[1262]

Dennoch ist es denkbar, dass sich die Rente der geschützten Information verringerte. Ist dies der Fall, ließe sich auch argumentieren, dass zu niedrige Preise Forschungs- und Entwicklungsanreize senken können und daher zu weniger Innovationen führten.[1263] Völlig von der Hand zu weisen, sind entsprechende Argumente deshalb nicht.

Im Ergebnis sind entsprechende Regelungen zwar denkbar und gegebenenfalls auch sinnvoll. Allerdings sind sie keineswegs Pauschallösungen. Insbesondere das Monopsonargument muss im konkreten Fall untersucht werden. Eine Per-se-Legalität erscheint daher angesichts der Bedenken gegen entsprechende Regelungen nicht angebracht. Erst recht erscheint es nicht sinnvoll, derartige Regelungen zwingend vorzuschreiben. Die Realität zeigt, dass es bereits freiwillige Anreize gibt, Lizenzbedingungen offenzulegen.[1264] Weitreichende Lizenzierungszusagen sind ein Wettbewerbsvorteil im Rahmen des Wettbewerbs um den technischen Standard.[1265] Sofern jedoch gar kein Wettbewerb um einen technischen Standard besteht, weil das Schutzrecht in der Tat essentiell ist, nützen auch kollektive Verhandlungsmechanismen wenig. Der Schutzrechtsinhaber besitzt ohnehin ein Monopol.[1266]

1257 Andererseits zeigen einige ökonomische Modelle auch, dass nicht vertikal integrierte Unternehmen tendenziell geringere Lizenzgebühren verlangen werden, weil sie kein Interesse daran haben, die Kosten ihrer Wettbewerber zu erhöhen, siehe etwa Schmidt, Klaus M., Licensing Complementary Patents, S. 30f.

1258 Geradin, Layne-Farrar, Ex-ante competition, S. 17; Geradin/Rato, Exploitative Abuse, S. 29.

1259 Geradin, Layne-Farrar, Ex-ante competition, S. 18, Geradin/Rato, Exploitative Abuse, S. 30f.; Teece/Sherry, 87 Minn. L. Rev. (2003) 1913, 1955; Patterson, 17 Berk. Tech. L.J. (2002) 1043, 1055f.

1260 So Skitol, 72 Antitrust L.J. (2005) 727, 735;

1261 Skitol, 72 Antitrust L.J. (2005) 727, 735f.

1262 Farrell/Hayes/Shapiro/Sullivan, S.23.

1263 Geradin, Layne-Farrar, Ex-ante competition, S. 18f.; kritisch hierzu Farrell/Hayes/Shapiro/Sullivan, S. 23.

1264 So auch Geradin/Rato, Exploitative Abuse, S. 27.

1265 Ebenso Geradin/Rato, Exploitative Abuse, S. 27.

1266 Überzeugend Geradin/Rato, Exploitative Abuse, S. 26.

IV. Zusammenfassung

Monopolmacht aufgrund der Inhaberschaft von Schutzrechten, die essentiell für die Anwendung eines technischen Standards sind, ist das Resultat des rechtlich gewährten Schutzes, der Auswirkungen technischer Standardisierung, insbesondere der Netzeffekte und der Wechselkosten, sowie schließlich unzureichender Verträge im Rahmen des Standardisierungsvorgangs.

Während ihre Nachteile für den Vorgang technischer Standardisierung abstrakt gesehen unklar sind, so besteht dennoch die Gefahr, dass sie übermäßige Forschungs- und Entwicklungsanreize sowie möglicherweise Anreize für strategisches und willkürliches Verhalten mit negativen Auswirkungen auf den Wettbewerb und die soziale Wohlfahrt setzen. Eine strategische Möglichkeit ist dabei die Koordination eines Kartells. Rechtliche Regelungen beeinflussen, in welchem Umfang die Monopolmacht entsteht, und in welchem Umfang sie ausgeübt werden kann.

Unstrittig dürfte sicherlich sein, dass es wünschenswert ist, dass übermäßige Monopolmacht gar nicht erst entsteht. Eine Möglichkeit dazu wären die Begrenzung oder Verweigerung des Schutzes im Zusammenhang mit technischer Standardisierung. Da technische Standardisierung jedoch in vielen Fällen einen Ausnahmefall darstellt und die Auswirkungen der Monopolstellung in aller Regel nicht empirisch messbar sind, ist eine Verweigerung von Schutz nur dann sinnvoll, wenn er ohnehin nur geringe zusätzliche oder unnötige Forschungs- und Entwicklungsanreize erzeugt.

Wichtige Voraussetzung für die Vermeidung von Monopolmacht ist zudem, dass technische Standards nicht so gewählt werden, dass bestimmte Schutzrechte essentiell für ihre Anwendung sind. Sollte dies dennoch der Fall sein, wäre es wünschenswert, wenn vor dem Nutzungsbeginn Lizenzierungszusagen oder Lizenzverträge über die Schutzrechte getroffen werden, die die zukünftige Monopolmacht begrenzen. Diese Mechanismen funktionieren jedoch nur, wenn bekannt ist, welche Schutzrechte bestehen. Wie die Analyse gezeigt hat, bestehen Probleme infolge unbekannter Schutzrechte in erster Linie im Rahmen des Patentrechts.

Jede Verbesserung des Patentrechts, die die Transparenz der Patentlage und die Rechtssicherheit in Bezug auf die Gültigkeit angemeldeter Patente erhöht, wird deshalb auch positive Auswirkungen auf das Zusammenspiel zwischen dem Patentrecht und technischer Standardisierung haben.[1267] Dieses Ergebnis ist auch von der FTC und dem Department of Justice bei den Hearings zum Verhältnis von IP und Antitrust deutlich geworden.[1268]

1267 Siehe auch Lemley, 48 B.C.L. Rev. (2007) 149, 161f., der sich insbesondere gegen die sog. *Continuation* Praxis wendet, mit Hilfe derer Patentansprüche nachträglich geändert werden können.

1268 FTC/DOJ, To promote innovation, S. 3-18 mit zahlreichen Vorschlägen zur Verbesserung des

Ferner scheinen Offenlegungspflichten grundsätzlich eine vernünftige Lösung zu sein. Das Problem mit Offenlegungspflichten ist allerdings, dass sie ohne Auswirkungen bleiben, sofern keine geeigneten Durchsetzungsmechanismen bestehen. Haften Unternehmen jedoch für unterlassene rechtzeitige Offenlegung von Schutzrechten, werden Risiken, die die Rechtsordnung grundsätzlich den Anwendern auferlegt, auf den Schutzrechtsinhaber übertragen. Auch wenn diese Rückübertragung sinnvoll ist, um Transaktionskosten zu sparen, sind die Auswirkungen zweifelhaft, da Offenlegungspflichten zu strategischem Verhalten Veranlassung geben. Ihre Effizienz mag daher mit guten Gründen bezweifelt werden. Sofern sie jedoch geregelt werden, ist es notwendig, ihre Voraussetzungen und Rechtsfolgen klar und deutlich zu formulieren. Nur dies erlaubt den Teilnehmern abzuschätzen, welche Risiken sie bei einem Verstoß eingehen.

Aus rechtspolitischer Sicht kann es sinnvoll sein, zusätzlich kartellrechtliche Sanktionsmechanismen zu haben, da allein die Möglichkeit privater Rechtsverfolgung nicht garantiert, dass diese Rechtsverfolgung auch tatsächlich durchgeführt wird. Zudem gewährt das Vertragsrecht Ansprüche oftmals nur den Vertragspartnern. Durch eine Monopolisierung eines Marktes sind jedoch auch Unternehmen betroffen, die an einem Standardisierungsvorhaben nicht teilgenommen haben. Sofern das Kartellrecht eine Sanktionierung unterlassener Offenlegung vorsieht, sollte der Ausgangspunkt für die kartellrechtliche Beurteilung unterlassener Offenlegung zunächst einmal die Offenlegungsregelung des Standardisierungsgremiums sein, das einen Standard initiiert hat. Die Kartellbehörde ist jedoch sicherlich nicht an die Formulierungen eines Standardisierungsgremiums gebunden, da insbesondere Konsortien auch beabsichtigen können, die Aufnahme geschützter Technologien in einen Standard zu erleichtern. Bei der Formulierung strenger kartellrechtlicher Offenlegungspflichten sollte eine Kartellbehörde jedoch berücksichtigen, dass der Gesetzgeber Suchpflichten den Anwendern von Technologie auferlegt und zudem bestimmte Geheimhaltungsfristen ausdrücklich vorgesehen hat. Nur bei einem bewussten Missbrauch dieser schutzrechtlichen Regelungen sollte ein kartellrechtlicher Verstoß angenommen werden.

Selbst wenn Schutzrechte bekannt sind, erscheint es äußerst fraglich, ob sich die Entstehung von Monopolmacht überhaupt sinnvoll durch vertragliche Regelungen verhindern lässt. Kollektivvereinbarungen können dies Ziel erreichen. Sie werden in vielen Fällen jedoch zu unflexibel sein und gerade bei Standardisierungsorganisationen mit Marktmacht kartellrechtliche Bedenken begründen. RAND-Bedingungen ermöglichen infolge ihrer Unbestimmtheit Hold-up . Einzelvertragliche Abreden sollten aus kartellrechtlicher Perspektive keine langfristigen Bindungen mit sich bringen, da ansonsten der Wettbewerb um den technischen Standard jedenfalls in dynamischen Märkten erheblich geschwächt wird. Kurzfristige Verträge bieten je-

Patentsystems in den USA.

doch Hold-up-Möglichkeiten. Lösungen können sich aus der Kombination unterschiedlicher Regelungen ergeben, wie bereits erwähnt wurde. Kurzfristige Verträge zusammen mit einem Diskriminierungsverbot können möglicherweise ausreichen, um Monopolmacht hinreichend zu begrenzen.

Angesichts der Probleme rein privater Lösungen stellt sich deshalb die Frage, ob rechtlich verbindliche Vorgaben für Lizenzverträge im Zusammenhang mit technischer Standardisierung bestehen sollten. Diese Aufgabe kann allein das Kartellrecht leisten. Eine Kernfrage ist dabei, ob mit Hilfe des Kartellrechts die Lizenzgebührenhöhe kontrolliert werden sollte. Eine Lizenzgebührenkontrolle erscheint auf den ersten Blick ein sinnvolles Mittel, wenn man der Auffassung ist, Schutzrechte, die zwangsläufig bei der Anwendung technischer Standards genutzt werden, würden zu hohe Renten ermöglichen und dadurch zu hohe Anreize für Forschung und Entwicklung erzeugen. Dem ist entgegen zu halten, dass die Kosten einer derartigen Kontrolle sehr hoch sind. Es entstehen erhebliche Informationsbeschaffungskosten und im Endeffekt wird es immer fraglich bleiben, ob die festgelegte Lizenzgebühr den Umständen nach angemessen ist. Dies alles wird erkauft mit erheblicher Unsicherheit und Kosten jahrelanger Rechtsstreitigkeiten. Zudem ist zu berücksichtigen, dass sachlich gerechtfertigte diskriminierende Lizenzgebühren häufig positive Wirkungen haben können. Je nach der Ausgestaltung einer Gebührenkontrolle kann die Freiheit zur Gebührengestaltung durch eine Lizenzgebührenkontrolle verloren gehen. Zulässige Gebührenhöhen in verbindlichen Entscheidungen werden jedenfalls als Referenzwerte genutzt werden, von denen eventuell nur schwierig abgewichen werden kann. Ferner ist auch der Gewinn einer Zwangslizenzierung äußerst zweifelhaft.

Aber auch darüber hinaus erscheinen verbindliche Vorgaben fragwürdig. Standardisierung geschieht auf vielen unterschiedlichen Wege. Es gibt keine eindeutigen Ergebnisse, dass formelle Standardisierung faktischer Standardisierung überlegen ist. Ferner lassen sich keine eindeutigen Aussagen treffen, welche Lizenzierungsstrategie optimal ist. Jede verbindliche, abstrakte Regelung wird jedoch nicht umhin können, eine der vielen Möglichkeiten als Idealform anzusehen. Ob die Kosten all dieser Maßnahmen durch die durch ihre Anwendung erzielten Ergebnisse gerechtfertigt werden, ist deshalb äußerst fraglich.

Das Argument, dem Schutzrechtsinhaber sei weitgehende Freiheit bei der Lizenzierung zuzugestehen, ist umso stärker, je dynamischer der Technologiebereich ist, für den der Standard entwickelt ist und je entwicklungsfähiger der technische Standard selbst ist. Dann scheint die Anreizwirkung in besonderem Maße notwendig. Bei starkem dynamischen Wettbewerb wird zudem die Monopolmacht zeitlich begrenzt sein.

Bei Standards hingegen, die nur wenig Entwicklungspotential haben, kann es zu zeitlich lang andauernder Monopolmacht kommen. Diese Gefahr wird jedoch dadurch verringert, dass für derartig einfache Festlegungen entweder kein Schutz besteht oder aber freie Alternativen zur Verfügung stehen werden.[1269] Insbesondere der Patentschutz wird dort verstärkt anzutreffen sein, wo erhebliche Innovationspotentiale bestehen.

Ferner ist zu bedenken, dass geschützte technische Standards möglicherweise Innovationsanreize zugunsten des technischen Standards und zu Lasten der Komplementärgüter verschieben können. Eine Schutzversagung kann daher zu mehr Innovation bei Komplementärgütern führen. Welche rechtspolitische Linie hier am besten in Sinne einer möglichst hohen Innovationsgeschwindigkeit ist, lässt sich bisher kaum sagen. Etwaige Aussagen dazu sollten deshalb mit Vorsicht betrachtet werden.

Selbst wenn man der Argumentation folgen möchte, dass in dynamischen Technologiebereichen Schutzrechtsinhabern größere Freiheit zugestanden werden sollte, so findet diese Freiheit dennoch ihre Grenzen, wenn eine Lizenzierungsstrategie zu einer Perpetuierung der Monopolstellung durch die Behinderung dieses dynamischen Wettbewerbs führen würde. Im Zusammenhang mit geschützten technischen Standards sind dies insbesondere Strategien, die die Dynamiken des Standardwechsels behindern. Hierzu zählen beispielsweise Konkurrenzverbote, ausschließlich oder exklusive Rücklizenzen sowie Lizenzverweigerungen oder Koppelungspraktiken, die das Aufkommen konkurrierender Spezifikationen verhindern sollen. Auch Diskriminierungspraktiken sind auf diese Aspekte hin zu untersuchen.

Da Standards in den meisten Fällen das Ergebnis koordinierten Verhaltens sind, muss Sorge getragen werden, dass das Schutzrecht nicht genutzt wird, um Kartelle zu stabilisieren oder zu koordinieren. Bedenken bestehen hierbei insbesondere gegen Exklusivlizenzen mit erheblicher Laufzeit, gegen Outputbeschränkungen, insbesondere zu Lasten des Lizenzgebers, sowie Meistbegünstigungsklauseln. Zu beachten ist bei allen diesen Beschränkungen, dass Netzeffekte unter bestimmten Voraussetzungen die Auswirkungen der *Coase*-Vermutung verringern können, weshalb eine Rechtfertigung mit diesem Argument schwieriger sein dürfte.

Von zentraler Bedeutung ist in diesem Zusammenhang das Diskriminierungsverbot. Gerade die Diskriminierung von Wettbewerbern ermöglicht es, geschützte technische Standards als Mittel zu benutzen, in einem Kartell zusammengeschlossene Unternehmen gegen Wettbewerb abzuschirmen. Aus diesem Grund erscheint es unerlässlich, dass eine Ungleichbehandlung durch vernünftige, rationale Gründe gerechtfertigt werden muss.

1269 Die ETSI hat zu Beginn ihrer Diskussion über Standardisierungstätigkeit Anfang der 90er Jahre festgestellt, dass ein Problem mit essentiellen Schutzrechten allein in 2% der Fälle bestünde, siehe Iversen, Standardization and IPR, S. 3; gemäß Blind, Study on the Interaction between Standardisation and IPR, S. 75 sind die Probleme mit gewerblichen Schutzrechten in 50% der Fälle, in denen sie auftreten, nicht zu lösen.

Vor dem Hintergrund dieser Überlegungen zwar erscheint eine rechtliche Regelung angemessen, die dem Schutzrechtsinhaber grundsätzlich die Freiheit zugesteht, seine Monopolmacht durch das Schutzrecht auszuüben. Weder scheinen allgemeine Lizenzierungspflichten im Fall eines essentiellen Schutzrechts noch eine allgemeine Preiskontrolle in einem Kosten-Nutzen-Vergleich sinnvolle Regelungen zur Begrenzung der Monopolmacht zu sein. Allerdings findet die Freiheit des Schutzrechtsinhabers dort ihre Grenzen, wo der Schutzrechtsinhaber das Schutzrecht zur Kartellierung missbraucht oder dynamischen Wettbewerb unterbindet. Besteht der begründete Verdacht, dass ein bestimmtes Verhalten diesen Zwecken dient, erscheint es angemessen, dem Schutzrechtsinhaber die Verpflichtung aufzuerlegen, sein Verhalten zu rechtfertigen. Allein die Inhaberschaft eines gewerblichen Schutzrechts vermag in diesen Fällen nicht als Rechtfertigung zu dienen.

Von entscheidender Bedeutung ist, unter welchen Voraussetzungen eine Rechtfertigung als ausreichend anerkannt wird. Das Problem besteht darin, dass die Zuweisung des Monopolgewinns auf dem Anreizgedanken beruht, die konkrete Anreizwirkung jedoch empirisch kaum nachgewiesen werden kann. Müsste das Monopolargument deshalb nicht immer zum Scheitern verurteilt sein? Diese Frage ist zu verneinen. Die Ausnutzung von Monopolmacht kann auf unterschiedliche Art und Weise erfolgen. Es ist genau darzulegen, wie sie im konkreten Fall ausgenutzt wird. Insbesondere zeigt die Theorie der Marktabschottung, dass eine Weigerung, mit bestimmten Unternehmen zu handeln, zur Wiederherstellung von Monopolmacht einerseits wie auch zur Ausdehnung von Monopolmacht andererseits führen kann.[1270] Dies können angemessene Kriterien sein, um die Rechtfertigung des Schutzrechtsinhabers zu bewerten.

Dabei wird es Fälle geben, in denen die Auswirkungen einer Maßnahme sowohl positiv wie negativ sind. In diesen Situationen wird es auf eine Prognose der jeweiligen Kosten einer Entscheidung für oder gegen eine Aufrechterhaltung unbeschränkten Schutzes ankommen. Auch hier stellt sich wiederum die Frage, welche Gewissheit über einen zu erwartenden Schaden bestehen muss, um eine Beschränkung des Schutzes zu rechtfertigen. Dies wiederum kann davon abhängen, welches Gewicht man dem Anreizgedanken zur Rechtfertigung gewerblicher Schutzrechte beimisst. Tendenziell sollte hier ein überzeugender Nachweis einer erheblichen Beeinträchtigung öffentlicher Interessen einschließlich des Interesses an funktionsfähigem Wettbewerb erforderlich sein. Schließlich sind Maßnahmen anzuordnen, die die Funktionsfähigkeit des gewerblichen Schutzrechts weitestgehend erhalten.

Im Kern stellen sich schließlich bei der Auslegung von RAND-Bedingungen keine anderen Überlegungen. Der einzige Unterschied zur kartellrechtlichen Situation ist allein, dass sich ein Schutzrechtsinhaber einer Lizenzzusage zu RAND-Bedingungen freiwillig unterworfen hat.

1270 Siehe Rey/Tirole, A Primer on Foreclosure, S. 40 für die erste Strategie, S. 49-57 für die zweite Strategie.

Fraglich ist, ob dadurch weiter reichende Eingriffsmöglichkeiten etwa durch Gerichte zur Lizenzgebührenkontrolle oder zur Anordnung von Zwangslizenzen geschaffen werden. Vor dem Hintergrund der hier angestellten Analyse erscheint beides nicht gerechtfertigt. Die Kosten und Probleme einer Lizenzgebührenkontrolle ändern sich nicht dadurch, dass ein Schutzrechtsinhaber sich ihr freiwillig unterwirft. Ferner schaffen solche Lizenzzusagen keinen ausdrücklichen Anspruch auf eine bestimmte Lizenz. Aus ökonomischer Sicht erscheint es nicht sinnvoll, einem Schutzrechtsinhaber jeden Lizenznehmer aufzuzwingen.

H. Bewertung bestehender Regelungen

I. Einleitung

Vor dem Hintergrund dieser Analyse sind nunmehr die Regelungen innerhalb der EU bzw. Deutschlands sowie in den USA zu beurteilen. Unterschiede bestehen einerseits im Bereich der Regelungen gewerblicher Schutzrechte, andererseits im Rahmen der Anwendung kartellrechtlicher Regelungen.

II. Schutzrechtsregelungen

Insbesondere das US-amerikanische Patentrecht erzeugt aufgrund seiner langen Geheimhaltungsdauer sowie der angeblich nur sehr schwach ausgeprägten Prüfungstiefe des US Patent and Trademark Office erhebliche Problemen im Rahmen technischer Standardisierung. Diese Probleme erschweren die Patentsuche und ermöglichen strategische Patentanmeldungen; beides führt zu unnötigen Kosten. Die Möglichkeit, unter bestimmten Voraussetzungen den Unterlassungsanspruch nicht zu gewähren, ist insofern lediglich eine nachträgliche Korrektur, die jedoch allein zu noch größerem Prozessaufwand führt, ohne das Grundübel zu bekämpfen. Angesichts der erheblichen Kosten gewerblicher Schutzrechte für die Gesellschaft ist genau zu überlegen, für welche Art von Informationen Schutzrechte erteilt werden. Verbesserungen des Patentrechts wirken sich sicherlich auch positiv auf den Prozess technischer Standardisierung aus. Sofern das US-amerikanische Urheberrecht wiederum standardisierte Spezifikationen vom Schutz ausnimmt, erscheint diese Praxis zunächst aus logischen Gründen fragwürdig; ferner ist angesichts der komplexen ökonomischen Zusammenhänge zweifelhaft, ob die Entscheidungen im Einzelfall vernünftig sind. In Bezug auf nicht schutzfähige Schnittstelleninformationen ist die rechtspolitische Linie jedenfalls nicht völlig ungerechtfertigt.

Vor diesem Hintergrund erscheint das europäische Schutzrechtssystem mit seiner ex-ante-Schutzversagung für Schnittstelleninformationen im Urheberrecht einerseits sowie einer größeren Prüfungsdichte im patentrechtlichen Erteilungsverfahren besser geeignet, einen angemessenen Interessenausgleich zu gewährleisten. Aus Europa sind auch weniger streitige Fälle im Zusammenhang mit Standardisierung bekannt als aus den USA. Das Hauptproblem in Europa, insbesondere im Bereich des Patentrechts, sind vielmehr die vielen unterschiedlichen nationalen Patentrechtsregelungen. Diese Situation hat zwar den Vorteil, dass möglicherweise Monopolmacht nicht für alle von einem Standard betroffenen Länder besteht. Allerdings besteht gerade dadurch die Gefahr, dass die Verbreitung eines Standards in den einzelnen Ländern unterschiedlich erfolgt. Dieser Gefahr könnte durch ein einheitliches europäisches Patent begegnet werden. Ein einheitliches europäisches Patent würde ferner die Patentsuche erheblich vereinfachen. Zwangslizenzierung ist auf patentrechtlicher Basis jedenfalls in Deutschland möglich. Die Vorschriften wurden jedoch bisher zurecht noch nicht auf den Fall technischer Standardisierung angewendet.

III. Kartellrecht

1. Europa

a) Generelle Bewertung des Kartellrechts

Was die kartellrechtlichen Beschränkungen angeht, so ist das europäische Kartellrecht gewerblichen Schutzrechten gegenüber kritischer eingestellt als das US-amerikanische. Dies mag damit zusammenhängen, dass die europäischen Vorschriften einerseits die Verwirklichung eines einheitlichen Binnenmarktes bezwecken, andererseits auch ausdrücklich die Konsumentenwohlfahrt steigern wollen. Ferner ist die europäische Standardisierungslandschaft durch eher zentrale Standardisierung geprägt, während in den USA ein sehr viel dezentralerer Ansatz besteht. Die Tendenz in Europa geht dabei zumindest aus Sicht der europäischen Kommission zu einer Zwangslizenzierung zu vernünftigen und nicht diskriminierenden Bedingungen. Die hier durchgeführte Analyse hat gezeigt, dass eine Kontrolle der Verwendung gewerblicher Schutzrechte grundsätzlich angezeigt sein kann. Ein Diskriminierungsverbot ergibt Sinn, sofern es einerseits nicht absolut ist, und andererseits vernünftige Kriterien angewendet werden. Die Schwierigkeiten einer Lizenzgebührenkontrolle wurden dargestellt. Zurecht wird von dieser Möglichkeit in Europa nur äußerst zurückhaltend Gebrauch gemacht. Standardisierung per se ist kein Grund, Zwangslizenzierung in größerem Umfange zuzulassen, als in anderen Kontexten. Dies schließt nicht aus, dass die Besonderheiten der Ökonomie technischer Standardisierung nicht als zusätzliche Argumente zugunsten von Zwangslizenzierung genutzt werden können. Notwendig ist es jedoch, dass die Voraussetzungen und Konsequenzen dieser Besonderheiten mit allen verfügbaren Mitteln im konkreten Fall glaubhaft gemacht werden müssen. Vor dem Hintergrund, dass Standardisierung wettbewerbsbeeinträchtigendem kollusivem Verhalten Vorschub leisten kann, erscheint es ebenfalls angemessen, wenn die Richtlinien über Horizontalvereinbarungen innerhalb der EU der Offenheit des Standardisierungsvorgangs besondere Beachtung schenken und jedenfalls eine Ergebniskontrolle und Zugang zum Ergebnis vorsehen.

b) Essential Facilities Doktrin

Was schließlich die Kriterien der sog. *Essential Facilities*-Doktrin anbelangt, so bedeutet das Kriterium des „neuen" Produkts, dass der Inhaber eines bei der Anwendung eines Standards zwangsläufig genutzten Schutzrechts nicht das Aufkommen neuer, bisher nicht vorhandener standardkonformer Produkte verhindern kann, wenn dafür eine Nachfrage besteht. Nach der Rechtsprechung des EuGH im *IMS-Health*-Urteil ist allerdings allein ein Interesse an Wettbewerb für ein im wesentlichen bereits vom Schutzrechtsinhaber angebotenes Produkt unzureichend. Die Doktrin ist in Form der Auslegung des EuGH weder geeignet Wettbewerb innerhalb der Grenzen des technischen Standards noch Wettbewerb um einen technischen Standard zu schaffen.

Das EuG geht hier erheblich weiter. Es löst sich im Microsoft-Urteil vom Kriterium des neuen Produkts und stellt direkt auf den Wortlaut des Art. 82 EGV ab, nach dem eine Behinderung des technischen Fortschritts einen Missbrauch darstellt. Eine solche Behinderung liege vor, wenn ein Interesse an Produktdifferenzierung in Bezug auf ein Komplementärprodukt zum Hauptprodukt des Schutzrechtsinhabers besteht und diese differenzierten Produkte in den Augen vieler Verbraucher besser als diejenigen des Schutzrechtsinhabers sind. Dies gelte selbst dann, wenn der Schutzrechtsinhaber selbst ein entsprechendes Komplementärprodukt für sein Hauptprodukt herstellt. Mit dieser Auslegung kann sehr wohl Wettbewerb innerhalb der Grenzen eines technischen Standards geschaffen werden, sofern ein Bedürfnis nach Produktdifferenzierung bei standardkonformen Gütern besteht und nicht die Gefahr droht, dass Produkte des Schutzrechtsinhaber imitiert werden. Ob diese Auslegung vom EuGH bestätigt wird, bleibt abzuwarten.

Es bleibt jedoch zu hoffen, dass auch der EuGH sich vom Kriterium des neuen Produkts löst. Vor dem Hintergrund der ökonomischen Analyse ist dem Kriterium des neuen Produkts keine allgemeine Aussage darüber zu entnehmen, ob eine Lizenzverweigerung zur missbräuchlichen Ausweitung eines Monopols, zur Stützung eines Kartells oder zu einer anders gelagerten Herbeiführung einer Wettbewerbsbeeinträchtigung genutzt wird. Diese Taktiken können, müssen aber nicht die Verfügbarkeit bestimmter Produkte negativ beeinflussen.[1271]

Das Kriterium des neuen Produkts betrifft allein einen Sonderfall möglicherweise wettbewerbswidrigen Verhaltens. Dies ist der Fall, wenn bewusst Produktinnovationen und damit der technische und wirtschaftliche Fortschritt verhindert werden. Diese Voraussetzung hat der EuGH im Fall *Magill* als erfüllt angesehen. Ein entsprechender Vorwurf bestand nach Auffassung des EuGH demgegenüber im Fall *IMS Health* nicht. Das EuG hat zurecht das Kriterium nicht angewendet, sondern den allgemeinen Missbrauchsvorwurf, der dahinter steht - die Be-

1271 Vgl. Ullrich/Heinemann in Immenga/Mestmäcker, Band 1, Teilband 2, IV. Abschnitt, B. Rn 59.

hinderung des technischen Fortschritts - in den Mittelpunkt gerückt. Dadurch verhindert es, dass die Wertungen, die den Missbrauchsvorwurf begründen, durch die Anwendung eines unzureichenden Kriteriums verschleiert werden. Es ermöglicht stattdessen, dass konkrete Ausführungen dazu gemacht werden müssen, auf welche Weise die Nutzung eines Schutzrechts zur Beeinträchtigung von Wettbewerb führt. Im konkreten Fall konzentrierten sich die Ausführungen auf den Vorwurf, technisch unzureichende Produkte von *Microsoft* verzögerten die technische Entwicklung.

Gegen das Kriterium des neuen Produkts spricht ferner seine begriffliche Unklarheit. Es ist völlig unklar, wo die Grenze zwischen einem neuen und einem bestehenden Produkt zu ziehen ist. Der Grund dafür liegt insbesondere darin, dass der Begriff suggeriert, zwischen einem gewerblichen Schutzrecht und einem Produkt bestünde eine mehr oder weniger große Kongruenz. Diese Annahme mag in bestimmten Fällen stimmen, häufig ist sie jedoch unzutreffend. Gerade dann, wenn ein Standard und damit auch das Schutzrecht nur einen kleinen Teil eines komplexen Produkts betrifft, ist das Kriterium nur sehr begrenzt anwendbar.

Aber auch beim Kriterium des technischen Fortschritts stellt sich die Frage, wo kartellrechtlich die Grenze zum Missbrauch zu ziehen ist. Allein das Bedürfnis nach Produktdifferenzierung kann dabei nicht ausschlaggebend sein, da differenzierte Produkte auch vom Schutzrechtsinhaber selbst angeboten werden könnten. Es ließe sich demnach argumentieren, dass die Herstellung dieser Produkte dem Schutzrechtsinhaber vorbehalten bleiben sollten. Ferner wird man in vielen Fällen das Problem haben, dass die zukünftige technische Entwicklung nur sehr schwierig zu prognostizieren sein wird. Im Interesse der Anreiztheorie sollten die Maßstäbe hier nicht zu niedrig angesetzt werden. Fordert man aber überzeugende Beweise, dann sollte zu erwarten sein, dass entsprechende Fälle nur sehr selten eintreten werden. Sicheres Wissen wird man in diesen Fällen häufig nur dann haben, wenn man Vergleichsmöglichkeiten besitzt. Diese bestanden im Magill-Verfahren durch einen Blick auf das europäische Ausland, im Microsoft-Verfahren durch den zunächst von Microsoft selbst herbeigeführten Wettbewerb auf dem Servermarkt. Anders war dies im Verfahren IMS Health. Das Produkt des Konkurrenten war in der Sache das gleiche, wie dasjenige des Urheberrechtsinhabers. Gerade bei zukünftigen Produkten kann es schließlich auch eine Rolle spielen, wie stark Produkte differenziert werden können. Dies wiederum hängt davon ab, wie stark die Kongruenz zwischen dem Schutzrecht und dem Endprodukt ist.

Löst man sich vom Kriterium des neuen Produkts, eröffnen sich weitere Argumentationswege. Man könnte beispielsweise die rechtspolitische Auffassung vertreten, wenn schon kein Wettbewerb um einen technischen Standard stattfinde, dann solle wenigstens Wettbewerb innerhalb des technischen Standards stattfinden. Es gibt durchaus ökonomische Literatur, die eine Offenlegung von Schnittstellen bei hohen Netzeffekten und Wechselkosten als eine notwendige Maßnahme zur Erhaltung von Wettbewerb ansieht.[1272]

Momentan findet innerhalb der EU ein Diskussionsprozess statt, ob es ähnlich wie schon im Anwendungsbereich des Art. 81 EGV zu einer stärkeren ökonomischen Betrachtungsweise bei der Beurteilung von Art. 82 EGV kommen sollte. Angesichts der vorliegenden Diskussion ist ein solcher Ansatz grundsätzlich zu begrüßen.

2. USA

Betrachtet man die Rechtslage in den USA, so wird dort Zwangslizenzierung allgemein und eine kartellrechtliche Zwangslizenz insbesondere bei unbedingter Lizenzverweigerung weitaus kritischer gesehen, obwohl sie weder von Seiten der Rechtsprechung noch seitens der Kartellbehörden ausdrücklich ausgeschlossen wird. Die Grundtendenz ist jedoch ablehnend. Stattdessen wird versucht, die Probleme infolge einseitiger Schutzrechtsverweigerung mit Hilfe der Regelungen über die Schutzrechte selbst zu lösen. Das beste Beispiel dafür ist die Nichtgewährung eines Unterlassungsanspruchs für nicht genutzte, zweifelhafte Patente. Dieser Ansatz ist für die USA möglicherweise deshalb vorzugswürdig, weil kartellrechtswidriges Verhalten dort zugleich häufig einen Straftatbestand erfüllt. Anders als in Europa ist zudem eine Kontrolle strategischer Vorenthaltung von Schutzrechten möglich. Diese Kontrolle ist sinnvoll, weil dadurch auch Unternehmen vor einer Monopolisierung geschützt werden können, die auf vertraglicher Grundlage keine eigenen Ansprüche gegen einen Schutzrechtsinhaber besitzen.

IV. Lizenzvertragskontrolle

Was die Lizenzvertragskontrolle in der EU und in den USA angeht, so eröffnen die dazu veröffentlichten Richtlinien hinreichende Möglichkeiten, wohlfahrtsschädigendes Verhalten zu verhindern. Beide Rechtsordnungen haben sich in den letzten Jahren einem ökonomisch-analytischen Ansatz gegenüber geöffnet und dafür eindeutige, starre Rechtmäßigkeitsregeln aufgegeben. Die Analyse in diesem Kapitel hat gezeigt, welche Besonderheiten sich im Zusammenhang mit technischen Standards, insbesondere im Zusammenhang mit Netzeffekten, im Rahmen einer maßgeblichen ökonomischen Analyse ergeben können.

Der Nachteil der ökonomisch-analytischen Methode besteht in ihrer Unbestimmtheit und damit einem Verlust an Rechtssicherheit. Im Zusammenhang mit technischen Standards besteht ihr Vorteil jedoch darin bestehen, dass sie die Möglichkeit bietet, im konkreten Fall den komplexen Interessenlagen unterschiedlicher Wirtschaftsteilnehmer und den unterschiedlichen Auswirkungen technischer Standards Rechnung zu tragen.

1272 Siehe Farrell/Klemperer, Coordination and Lock-In, S. 92f.

KAPITEL 3: BLOCKADE TECHNISCHER STANDARDISIERUNG DURCH LIZENZVERWEIGERUNG

A. Einleitung

Bisher ist die Betrachtung davon ausgegangen, dass sich eine Spezifikation, für deren Anwendung die Lizenzierung eines gewerblichen Schutzrechts notwendig ist, bereits als Standard durchgesetzt hat. Dieses Kapitel möchte sich mit den Rechtsfragen beschäftigen, die dann auftreten, wenn der Schutzrechtsinhaber bereits das Zustandekommen eines technischen Standards durch Nichtlizenzierung verhindert.

Blockadesituationen können in erster Linie im Rahmen formeller Standardisierung entstehen. Sie treten dann auf, wenn bereits Standardisierungstätigkeiten stattgefunden haben und sich im Lauf der Standardisierung herausstellt, dass die vereinheitlichte Spezifikation nicht ohne Lizenzierung eines Schutzrechts angewendet werden kann. Eine wirkliche Blockadesituation tritt ferner nur dann ein, wenn einerseits eine Änderung des Standardisierungsvorschlages gar nicht oder nur mit erheblichem Aufwand möglich wäre und andererseits der Schutzrechtsinhaber eine Lizenzierung oder den Verkauf seines Schutzrechts vollständig ablehnt.[1273]

Im Bereich faktischer Standardisierung kann es grundsätzlich nur dann zu Problemen kommen, wenn ein Schutzrecht nicht entdeckt wurde bzw. nicht zu entdecken war. Im Gegensatz zu formeller Standardisierung kann der Standardisierungsprozess durch weitgehende Übernahme einer Spezifikation in diesen Fällen schon deutlich weiter fortgeschritten sein, so dass es zu einer erheblich höheren Hold-up-Macht des Schutzrechtsinhabers kommt.

Anzumerken ist, dass die vollständige Blockade einerseits sowie die Ausnutzung von Monopolmacht bzw. Hold-up-Macht andererseits in der Praxis kaum voneinander unterschieden werden können und die Übergänge fließend sind. Ferner ist es immer möglich, dass Menschen ihre Pläne oder Einstellungen von selbst oder unter dem Druck der Umstände ändern. Nichtsdestotrotz stellt sich die Frage, ob das Interesse eines Schutzrechtsinhabers, nicht lizenzieren

1273 Eine empirische Studie über das Ausmaß des Problems findet sich bei Blind, Study on the Interaction between Standardisation and IPR, S. 73ff. Demnach stellen etwa fremde Patente in ca. 40% der Standardisierung manchmal ein Problem dar; ca. 50% der Unternehmen hatten Schwierigkeiten, das Schutzrechtsproblem zu lösen, s. S. 75. Hauptgrund waren zu hohe Lizenzgebührenforderungen, s. S. 76; ausführlich auch Kübel, Zwangslizenzen, S. 44, mit dem Hinweis, dass auch emotionale Gründe für eine Lizenzverweigerung bestehen können.

zu wollen, grundsätzlich im hier beschriebenen Zusammenhang schutzwürdiger ist als das Interesse an technischer Standardisierung. Hierzu sollen zunächst noch einmal die relevanten rechtlichen Regelungen dargestellt werden. Im Anschluss daran werden die jeweiligen Interessen genauer analysiert und bewertet. Danach wird die Effizienz unterschiedlicher Lösungsmöglichkeiten diskutiert.

B. Rechtliche Lösungsmöglichkeiten

I. Überblick

Weigert sich der Schutzrechtsinhaber generell zu lizenzieren, dann kommt als rechtliches Mittel grundsätzlich nur eine Lizenzierungsverpflichtung in Betracht. Da die rechtlichen Regelungen bereits im vorangehenden Kapitel ausführlich dargestellt wurden, soll hier nur kurz darauf Bezug genommen werden.

II. Vertragsrechtliche Möglichkeiten

Eine Möglichkeit, eine Blockade seitens des Schutzrechtsinhabers zu verhindern, besteht in RAND-Lizenzbestimmungen seitens der Standardisierungsgremien. Sofern ein Schutzrechtsinhaber Teilnehmer eines Standardisierungsgremiums ist, dessen Teilnehmer verpflichtet sind, zu RAND-Bedingungen Lizenzen zu erteilen, kommt eine vollständige Blockade nach keiner der vorgeschlagenen Auslegungsvarianten von RAND-Bedingungen in Betracht. Hält man die Überlegungen zu unsicheren Rechtspositionen für überzeugend, dann mag eine entsprechende Regelung ausreichen, um eine vollständige Blockade zu verhindern.

Nicht ausgeschlossen wird jedoch durch RAND-Bedingungen, dass der Schutzrechtsinhaber ein erhebliches Verzögerungspotential besitzt, wenn er es zu einem Rechtsstreit kommen lässt. Sofern für erfolgreiche formelle Standardisierung nur ein geringes Zeitfenster zur Verfügung steht, mag dieses Verzögerungspotential ausreichen, um Standardisierung scheitern zu lassen. RAND-Bedingungen sind daher relativ unvollkommene Mechanismen zur Lösung eines potentiellen Konflikts.

III. Patentrechtliche Zwangslizenz

1. Deutschland § 24 PatG

Wie bereits dargestellt bietet das deutsche Patentrecht zwei Tatbestände an, die die Erteilung einer Zwangslizenz ermöglichen. Dies ist bei einem überwiegenden öffentlichen Interesse oder aber bei abhängigen Erfindungen der Fall. Wie ausführlich in Kapitel 2 diskutiert wurde, stellt ein technischer Standard grundsätzlich keine eigenständige, abhängige Erfindung dar. Ob technische Standardisierung von Gerichten generell als öffentliches Interesse anerkannt wird, ist sehr zweifelhaft. Ferner ist gerade bei Verhinderung von Standardisierung wichtig, dass eine Zwangslizenz nur dann angeordnet werden kann, wenn keine Ausweichmöglichkeit besteht.[1274]

2. USA – *Reverse Doctrine of Equivalents*

Auch die sog. *Reverse Doctrine of Equivalents* in den USA ist in vielen Fällen ungeeignet, um eine Ausgleich insbesondere für Standardisierungsfälle zu schaffen.[1275] Sie ist allein technikbezogen und stellt darauf ab, dass der technische Beitrag einer grundsätzlich in den Schutzbereich eines Patents fallenden Ausführungsform eines Patents erheblich über die patentierte Form hinausgeht. Technische Standards entwickeln jedoch in aller Regel keine neuen technischen Lösungen, sondern sorgen allein für die Vereinheitlichung bereits bestehender Technologien oder deren Spezifikationen. Die Doktrin wird deshalb allein in seltenen Fällen überhaupt für eine Vermeidung des Konfliktpotentials sorgen können.

3. USA – Versagung eines Unterlassungsanspruchs

Anders als in Deutschland können jedoch Gerichte in den USA nach den jüngsten Vorgaben des Supreme Court einen Unterlassungsanspruch versagen. Die Voraussetzungen dafür waren insbesondere, dass ein Schutzrecht nicht praktiziert wird, von zweifelhaftem Wert ist und eine Interessenabwägung ergibt, dass das Interesse des Verletzers das Interesse des Schutzrechtsinhabers überwiegt.[1276] Diese Voraussetzungen können eine Lösungsmöglichkeit darstellen. Mangels konkreter Entscheidungen kann jedoch leider zur Anwendung der Kriterien bisher keine Aussage getätigt werden. Hier bleibt die weitere Entwicklung abzuwarten.

IV. Kartellrechtliche Zwangslizenz

Darüber hinaus ließe sich an eine kartellrechtliche Zwangslizenz denken. Die entscheidende Fallgruppe hierfür wäre die Essential Facilities Doctrine. In Europa sind hier insbesondere die Kriterien infolge der Entscheidungen Magill, Bronner, IMS Health und Microsoft zu prüfen. In den USA gibt es hingegen keine höchstrichterliche Anerkennung dieser Doktrin im Rahmen der Nutzung gewerblicher Schutzrechte. In einem jüngeren Urteil wurde ihre Gültigkeit überhaupt in Zweifel gezogen.[1277] Aus diesem Grund soll allein die europäische Rechtslage ausführlicher dargestellt werden.

Wie bereits dargestellt wurde, sind die Voraussetzungen für die Anwendung der *Essential Facilities* Doktrin gemäß der Rechtsprechung des EuGH, dass der Schutzrechtsinhaber eine marktbeherrschende Stellung auf dem Lizenzmarkt inne hat, das Schutzrecht für die Erbrin-

---

1274 Siehe S. 1273.

1275 Für einen entsprechenden Vorschlag siehe Patterson, 17 Berk. Tech. L.J. (2002) 1043, 1052; Merges, Who owns the Charles River Bridge, S. 33.

1276 Siehe ausführlicher S. 57f.

1277 Siehe oben S. 179.

gung einer Leistung auf einem abgeleiteten Markt unabdingbar ist und durch die Lizenzversagung ein neues Gut verhindert wird. Bei der Unabdingbarkeit hat der EuGH festgestellt, dass diese nur dann anzunehmen ist, wenn es auch für einen potentiellen, mit dem Inhaber der angeblich essentiellen Einrichtung vergleichbaren Wettbewerber unmöglich oder ökonomisch unsinnig wäre, die essentielle Einrichtung zu duplizieren. Ein neues Produkt liegt dann nicht vor, wenn es lediglich ein Substitut für ein bestehendes, vom Schutzrechtsinhaber vertriebenes Produkt darstellt.

Wendet man diese Kriterien auf Schutzrechte an, die technische Standards blockieren können, dann ist insbesondere zunächst das Kriterium der Unabdingbarkeit problematisch. Zwar kann genau die konkret geschützte technische Information nicht dupliziert werden. Denkbar wäre jedoch in fast allen Fällen Forschung und Entwicklung, die zu alternativen technischen Lösungen führen könnte. Nur dann, wenn ein Schutzrecht sehr breit ist und zudem Forschung und Entwicklung mit außerordentlich hohem Risiko und erheblichen Kosten verbunden wären, ließe sich überhaupt an eine Unabdingbarkeit der Nutzung des konkreten Schutzrechts denken.[1278]

Ferner ist zu berücksichtigen, dass die Unabdingbarkeit in vielen Fällen erst durch die Festlegungen des technischen Standards hergestellt wird. Das Standardisierungsgremium definiert jedoch dadurch seinen eigenen potentiellen Markt. Um Missbrauchsmöglichkeiten vorzubeugen, dieses Mittel zu Zwangslizenzierung von Technologien der Wettbewerber zu missbrauchen, sollte deshalb zusätzlich gefordert werden, dass eine alternative Spezifikation, die ohne Verletzung des Schutzrechts auskommt, entweder unmöglich oder aber wirtschaftlich unvertretbar ist.

Zudem ist das Kriterium der Neuheit bei technischen Standards genau zu prüfen. Hierbei ist zu untersuchen, was genau Gegenstand der Standardisierung ist. Sofern es sich beim Standardisierungsvorschlag allein um eine Standardisierung des Gutes handelt, das in der patentierten technischen Lösung beschrieben wird, oder es sich im wesentlichen um ein bereits mit Hilfe des Patents hergestelltes Gut handelt, dürfte es an der Neuheit fehlen. Denn in einem solchen Fall würde ja gerade die Herstellung von Imitationen erreicht. Vielmehr ist zu verlangen, dass der Standard ein Produkt oder Verfahren definiert, bei dem die geschützte Information als Komplementärprodukt zu anderen Informationen dient und die Summe der miteinander verbundenen Komplementärgüter einen eigenständigen Wert oder Nutzen erzeugt, der bisher mit anderen auf dem Markt befindlichen Gütern nicht ermöglicht wird. Ferner ist zu beachten, das dieses Komplementärgut nicht durch den Zukauf von mit dem Patent hergestellten Gütern produziert werden kann.

1278 Siehe auch Europäische Kommission, COM (92) 445 final, Intellectual Property Rights and Standardization, 5.1.13.

V. Zusammenfassung

Im Ergebnis ist festzuhalten, dass es rechtlich nur unter engen Voraussetzungen möglich ist, Schutzrechtsinhaber zu zwingen, ihre Schutzrechte gegen ihren Willen zu lizenzieren. Da auf Seiten der Teilnehmer an technischer Standardisierung erhebliche Investitionen bedroht sein können, wie beispielsweise jahrelange Arbeit, wird von ihrer Seite der Ruf laut, stärkere rechtliche Mechanismen zur Zwangslizenzierung zur Verfügung zu stellen.[1279] Ob dieses Anliegen ökonomisch gerechtfertigt ist, soll nachfolgend näher untersucht werden. Hierzu soll zunächst die Interessenlage näher erörtert werden, bevor sie nachfolgend mit Hilfe ökonomischer Kriterien und Methoden analysiert wird.

C. Interessen

I. Interesse an Standardisierung

Auf Seiten der Standardisierungsorganisationen sowie der Teilnehmer formeller Standardisierung sind es die mitunter erheblichen Kosten, die im Rahmen formeller technischer Standardisierung entstehen, welche für einen Lizenzierungszwang sprechen. Besonders deutlich wird dies insbesondere im Bereich des Mobilfunks. Die Dauer der GSM-Standardisierung betrug nahezu zehn Jahre. Die erarbeiteten Spezifikationen umfassten mehrere tausend Seiten Papier.[1280] Die Kosten insbesondere für das Personal zur Erarbeitung derartiger Standards sind ganz erheblich. Hinzu kommt, dass die Teilnehmer der Standardisierung mit den Informationen aus der Standardisierung häufig zeitgleich ihre Produktentwicklungen vorantreiben, um im Zeitpunkt der Vereinbarung über den Standardisierungsvorschlag in kurzer Zeit in der Lage zu sein, standardkonforme Produkte auf den Markt zu bringen. Ein Teil dieser Kosten ist im Fall einer Lizenzverweigerung unwiederbringlich verloren. In welchem Umfang dies der Fall ist, hängt davon ab, wie leicht sich der Standard ändern lässt. Eine Änderung des Standards kann gerade dann, wenn es um einen sehr komplexen Standard geht, bei dem die einzelnen Spezifikationen aufeinander aufbauen, mit großen Schwierigkeiten und Kosten verbunden sein.

Ferner ist zu berücksichtigen, dass die konkreten Spezifikationen bereits das Ergebnis eines komplexen Verhandlungsprozesses sein können. Ein solches Paket wieder aufschnüren zu müssen, kann äußerst schwierig sein. Je umfangreicher die notwendigen Änderungen sind, desto länger wird eine erneute Koordination dauern. Dabei ist es grundsätzlich denkbar, dass sich die Teilnehmer nicht auf eine alternative Spezifikation einigen können oder aber das

1279 Siehe sehr weitgehend Verbruggen/Lorincz, GRURInt 2002, 815, 828.
1280 Siehe Verbruggen/Lorincz, GRURInt 2002, 815, 821.

Zeitfenster für die Einführung eines technischen Standards verpasst wird. Damit droht in diesen Situationen, dass formelle Standardisierung unterbleibt.

II. Interessen des Schutzrechtsinhabers

1. Überblick

Andererseits besitzt jedoch auch ein Schutzrechtsinhaber Gründe, nicht zu lizenzieren. Dies kann die Sicherung von Technologievorsprüngen, die Sicherung anderer Märkte oder die Sicherung bestehender Verträge mit Lizenznehmern sein.

2. Sicherung von Technologievorsprüngen

Weiterentwicklungen und Lernerfolge auf Seiten der Wettbewerber senken den durch das Schutzrecht abgesicherten technologischen Wettbewerbsvorsprung des Schutzrechtsinhabers. Die Nichtlizenzierung kann andere Unternehmen daran hindern, die geschützte Technologie zu benutzen und infolge dessen eigenständige Weiterentwicklungen zu tätigen oder Lernerfolge bei ihrer Anwendung zu erzielen.[1281] Allerdings verbietet das Patentrecht nicht die Nutzung geschützter technischer Lehren zu Forschungszwecken. Die glaubhafte Versicherung, zentrale Schutzrechte nicht lizenzieren zu wollen, kann zudem die Anreize für Dritte senken, in entsprechende Forschung und Entwicklung zu investieren.[1282] Der Forschungs- und Entwicklungsvorsprung des Schutzrechtsinhabers bleibt damit erhalten.

Diese Strategie ist auch deshalb besonders wirksam, weil Unternehmen oftmals nicht alle Ergebnisse ihrer Forschung und Entwicklung patentieren. Patentiert werden einige zentrale Ergebnisse, während für Wissen hinsichtlich der optimalen Anwendung der patentierten technischen Lehren oftmals der Schutz als Geschäftsgeheimnis bevorzugt wird.[1283] Endet in diesem Fall der Patentschutz oder wird ein Patent für nichtig erklärt, besitzt ein Patentinhaber einen zusätzlichen Zeitvorsprung, bis sich Wettbewerber das notwendige Wissen angeeignet haben. Aufgrund des in vielen Fällen schwächeren tatsächlichen Schutzes von Geschäftsgeheimnissen erlaubt eine entsprechende Strategie jedoch keine weitreichende Lizenzierung.

3. Sicherung von Märkten

Zudem können Schutzrechte dazu benutzt werden, bestehende Märkte vor Wettbewerb abzuschotten. Da die Patentgesetze der meisten Länder nicht fordern, dass ein Patent auch tatsächlich genutzt wird, kann durch Patentierung von Substitutionstechnologien und deren Nichtnutzung der Substitutionswettbewerb für eine der geschützten Technologien oder aber ein auf der

1281 In diesem Sinne auch Kübel, Zwangslizenzen S. 44, die darauf hinweist, dass gerade kleine und mittlere Unternehmen Angst haben, Lizenzierung nicht angemessen überwachen zu können.

1282 Ob es aus ökonomischer Sicht besser ist, dass ein Schutzrechtsinhaber oder Dritte Weiterentwicklungen tätigen, ist umstritten, siehe Landes/Posner, Intellectual Property Law, S. 318f.

1283 Ausführlich Grandstrand, Economics and Management of Intellectual Property, S. 245ff.

Technologie aufbauendes Produkt beschränkt werden. Sofern der Schutzrechtsinhaber gezwungen würde, entweder die benutzte oder eine ungenutzte Technologie zu lizenzieren, kann dies gegebenenfalls zu erhöhtem Substitutionswettbewerb führen. Sofern es durch Lizenzierung zu *Business Stealing Effekten* und geringeren Margen zu Lasten des Patentinhabers kommt, für die er nicht oder unzureichend durch Lizenzgebühren kompensiert wird, fehlt dem ihm ein Anreiz zur Lizenzierung.[1284]

4. Sicherung bestehender Lizenznehmer

Weiterhin ist zu berücksichtigen, dass der Schutzrechtsinhaber möglicherweise das Schutzrechte, deren Nutzung für die Anwendung eines beabsichtigten Standards notwendig wären, lizenziert hat. Insbesondere um Lizenznehmern Anreize für Investitionen zu geben oder aber auch um dem Problem langfristiger Investitionsgüter beizukommen, mag der Schutzrechtsinhaber für einige Produktgruppen oder geographische Gebiete Exklusivlizenzen vergeben haben.[1285] Derartige Exklusivlizenzen sorgen dafür, dass er rechtlich daran gehindert ist, weitere Lizenzen zu vergeben.

D. Ökonomische Bewertung

I. Maßgebliche Gesichtspunkte

Angesichts dieser unterschiedlichen Interessen stellt sich die Frage, welche Interessen aus ökonomischer Perspektive gesehen schutzwürdig sind. Das entscheidende Kriterium ist, ob die unterlassene Nutzung einer geschützten Information zum Zwecke technischer Standardisierung eine effiziente oder ineffiziente Ressourcenallokation darstellt. Ferner ist zu überlegen, welche gesellschaftlichen Kosten durch die strategische Nutzung der Blockademacht des Schutzrechtsinhabers entstehen oder entstehen können.

II. Blockadesituationen infolge des Scheiterns von Lizenzverhandlungen

1. Ausgangspunkt: *Coase*-Theorem

Ausgangspunkt einer ökonomischen Analyse ist das *Coase*-Theorem. Bei der Annahme einer Welt ohne Transaktionskosten mit perfekten Informationen würde ein Vertrag über die Übertragung oder Nutzung eines Rechts immer dann zustanden kommen, wenn der Erwerber mit dem rechtlich geschützten Gut einen höheren Nutzen erzielen könnte, als es der Besitzer die-

1284 Siehe Kübel, Zwangslizenzen, S. 45, mit dem Hinweis, dass bei einer reinen Monopolstellung höhere Gewinne zu erzielen sein können als im Fall der Lizenzierung und Normung; nach Blind, Study on the Interaction between Standardisation and IPR, S. 69 ist das Hauptmotiv zur Patentierung, die eigene Technologie vor Imitation zu schützen. Deutlich weniger Unternehmen bezwecken mit der Patentierung, Einnahmen mit Hilfe von Lizenzierung zu erzielen.

1285 Siehe zur Rechtfertigung dieser Strategie ausführlich S. 238ff.

ses Rechts kann.[1286] Der Besitzer würde im Rahmen der Transaktion für seinen Nutzenverlust entschädigt werden. Alle effizienten Transaktionen kämen zustande; ineffiziente Transaktionen würden unterbleiben.

Bei vollständig informierten, rational handelnden Akteuren und perfekten Transaktionsmechanismen bestünde deshalb kein Grund, Transaktionen zu erzwingen. Erzwungene Transaktionen wären grundsätzlich ineffizient.[1287] Wenn der Wertzuwachs einer Transaktion nicht ausreicht, um den Schutzrechtsinhaber zu entschädigen, ist die Transaktion nicht wohlfahrtsfördernd.

Diese Überlegungen stehen jedoch unter äußerst engen Voraussetzungen, die in der Realität so gut wie nie anzutreffen sein werden. Zunächst einmal werden selten vollständige Informationen vorliegen. Die Gewinnerwartungen, die die Transaktionspreise bestimmen, sind Prognosen aufgrund unvollständiger Informationen. Bei der Wahrnehmung von Informationen, der Bewertung von Risiken und demnach auch bei Prognoseentscheidungen unterliegen Menschen grundsätzlich erheblichen Fehleinschätzungen. Hinzu kommt, dass asymmetrische Informationen Anlass für strategisches Verhalten setzen können. Auch übermäßig hohe Transaktionskosten im Rahmen der Rechtsdurchsetzung können eine Einigung verhindern. Schließlich mögen fehlende Vergütungsmechanismen dazu führen, dass die Kompensation eines Schutzrechtsinhabers nicht möglich ist. Diese einzelnen Punkte sollen genauer diskutiert werden.

2. Fehlen vollständiger Information

a) Scheitern von Verhandlungen infolge strategischen Verhandelns

In fast allen Fällen von Vertragsverhandlungen bestehen Informationsasymmetrien. Insbesondere kennen allein die Parteien ihre eigenen Reservationspreise. Zudem kennt allein der Schutzrechtsinhaber die Opportunitätskosten, die ihm durch die Nichtnutzung des Schutzrechts entstehen. Unternehmen, die Standardisierung betreiben, haben jeweils private Informationen, in welchem Maß ein einheitlicher Standard sich für sie wirtschaftlich auszahlen wird. Diese Informationsasymmetrien ermöglichen strategisches Verhalten im Rahmen der Verhandlungen.[1288] Werden wichtige Informationen zurückgehalten, kann dies dazu führen, dass den Parteien ein für beide Seiten akzeptabler Einigungskorridor verborgen bleibt. Ein Beispiel wäre, dass der Schutzrechtsinhaber einen höheren Lizenzpreis angibt, als er mindestens zu akzeptieren bereit ist, während potentielle Lizenznehmer ihre Zahlungsbereitschaft un-

1286 Siehe Coase, 3 JLE (1960) 1, 15f.

1287 In Bezug auf einen Ausübungszwang siehe auch Beier, GRUR 1998, 185, 190, der erwähnt, dass ein solcher häufig wirtschaftlicher Vernunft widerspräche.

1288 Vgl. Yosick, 2001 University of Illinois Law Review, 1275, 1297; einen Überblick über die ökonomische Theorie zu Verhandlungen mit asymmetrischer Information geben Ausubel/Cramton/Deneckere, Bargaining with Incomplete Information.

tertreiben und sich dadurch kein für beide Seiten akzeptabler Preis ergibt. Inwieweit solche Probleme bestehen, hängt entscheidend davon ab, wie der Verhandlungsmechanismus ausgestaltet ist. Wichtig ist etwa, ob nur eine einzige Einigungsmöglichkeit besteht, oder nacheinander immer neue Angebote gemacht werden können. Bei wiederholten Verhandlungsrunden kann es mit zunehmender Verhandlungsdauer zu eine Annäherung kommen.[1289]

Dabei ist im Zusammenhang formeller Standardisierung besonders zu berücksichtigen, dass sich der Schutzrechtsinhaber häufig einer heterogenen Gruppe von Unternehmen gegenüber sieht, deren gemeinsames Interesse in einem für alle einheitlichen, möglichst geringen Lizenzpreis besteht. Zu einem solchen Ziel verpflichten in vielen Fällen die Statuten der Standardisierungsorganisation.[1290] Wie bereits in Kapitel 2 beschrieben, ist dies häufig entscheidend für die Bereitschaft, an der Erarbeitung einheitlicher Spezifikationen mitzuarbeiten.[1291] Zudem besitzen Standardisierungsgremien oftmals nur schwach ausgeprägte Repräsentationsmechanismen. Wie ebenfalls in Kapitel 2 diskutiert wurde, bestehen zudem kartellrechtliche Bedenken unter dem Gesichtspunkt der Inputpreisfixierung gegen verbindliche Lizenzvereinbarungen zwischen Standardisierungsgremien und Schutzrechtsinhabern. Beide Faktoren können dazu führen, dass nur sehr einfache Verhandlungsmechanismen zur Verfügung stehen.

Versucht man das Problem andererseits durch Einzelverhandlungen zu lösen, dann steigen gegebenenfalls die Transaktionskosten des Schutzrechtsinhabers infolge von Verhandlungen mit vielen potentiellen Lizenznehmern. Ferner besteht die Möglichkeit, dass der Rechtsinhaber und der jeweilige Verhandlungspartner Vereinbarungen treffen, die wirtschaftlich zu Lasten der übrigen standardisierungswilligen Unternehmen gehen. Dies kann die Kooperationswilligkeit beeinträchtigen und den Vorgang formeller Standardisierung erschweren.

b) Scheitern der Verhandlungen infolge von Fehlwahrnehmungen

Ein weiterer Grund, woran Verhandlungen scheitern können, sind Fehlwahrnehmungen der Parteien. Möglicherweise irren Schutzrechtsinhaber über die beste Verwertungsmöglichkeit.[1292] Ferner wird argumentiert, Schutzrechtsinhaber würden häufig den Wert ihrer Schutzrechte erheblich überbewerten.[1293] Andererseits ist jedoch auch zu berücksichtigen, dass Risikoaversion, unterschiedliche Risikowahrnehmung und die unterschiedliche Wahrnehmung von Gewinnen und Verlusten eine Lizenzierung behindern kann.[1294] Relativ sicher kann ein Schutzrechtsinhaber die Gewinne durch die bestehende Nutzung seines Schutzrechts abschät-

1289 Siehe etwa Ausubel/Cramton/Deneckere, Bargaining with Incomplete Information, S. 40ff.
1290 Siehe hierzu etwa Kübel, Zwangslizenzen, S. 45.
1291 Siehe oben S. 222.
1292 Siehe Yosick, 2001 University of Illinois Law Review, 1275, 1294.
1293 Siehe Yosick, 2001 University of Illinois Law Review, 1275, 1297.
1294 Siehe für entsprechende Studien im Rahmen der Behavioral Economics, etwa Tversky/Kahnemann, 39 American Psychologist (1984), 341ff. Andererseits kann möglicherweise der sog. Endowment-Effekt diese Effekte abschwächen, siehe oben S. 230.

zen. Demgegenüber sind die Folgen zusätzlicher Lizenzierung oftmals nur äußerst schwierig vorherzusehen. Dabei ist auch zu berücksichtigen, dass ein Schutzrechtsinhaber befürchten muss, dass sich sein Technologievorsprung durch zusätzliche Lizenzierung verringern und die Industriestruktur sich zu seinen Lasten verändern kann. Lizenzierung kann zu einem Kontrollverlust führen, dessen Auswirkungen schwer abzuschätzen sind.

3. Transaktionskosten im Rahmen der Rechtsdurchsetzung

Zu bedenken ist ferner, dass es zu erheblichen Transaktionskosten im Rahmen der Rechtsdurchsetzung kommen kann. Wie bereits in Kapitel 2 angesprochen wurde, sind bestimmte Lizenzierungspraktiken mit hohen Rechtsdurchsetzungskosten verbunden.[1295] Insbesondere Rücklizenzierungsverpflichtungen können zu einem erheblichen Überwachungsaufwand führen. Sie sind jedoch notwendig, da sich ein Schutzrechtsinhaber nur durch entsprechende Verpflichtungen davor schützen kann, technologisch durch die Lizenzierung ins Hintertreffen zu geraten. Je nach der Interessenlage des Schutzrechtsinhaber stellen andere Lizenzierungsmodalitäten nicht immer eine Alternative dar.

4. Fehlender Vergütungsmechanismus

Theoretisch denkbar wäre zudem, dass es überhaupt nicht möglich ist, eine Vergütungsregelung gibt, die eine angemessene Kompensation des Schutzrechtsinhabers sicherstellt. Das Problem kann entstehen, wenn infolge der Standardisierung zwar die Konsumentenrente erheblich steigt, aufgrund der Wettbewerbsstruktur jedoch die Produzentenrente nicht ausreicht, um daraus den Schutzrechtsinhaber zu vergüten. Ein solches Problem erscheint jedoch insofern unwahrscheinlich, als der Schutzrechtsinhaber von jedem Hersteller eine Lizenzgebühr verlangen kann, die in den Produktpreis mit eingerechnet wird. In dieser Höhe schöpft der Schutzrechtsinhaber daher die Konsumentenrente ab. Dieser Weg, seine Vergütung zu erhalten, gelingt nur in denjenigen Fällen nicht, in denen sich die höheren Preise nicht durchsetzen lassen. Dies ist der Fall, wenn für die standardkonformen Güter Substitutionsgüter bestehen, die nicht mit entsprechenden Kosten belastet sind.

Auch im Rahmen einer Vergütungsregelung ergeben sich jedoch Probleme infolge der Struktur der Lizenznehmer. Die Kompensationsmöglichkeit wird dadurch erschwert, dass ein für alle Mitglieder der Gruppe akzeptabler Verteilungsmechanismus gefunden werden muss. Auch wenn grundsätzlich eine Einmalzahlung oder eine volumenabhängige Lizenzgebühr einen entsprechende Möglichkeit bietet, kann der für die Gruppe der Standardisierungsmitglieder konkret akzeptable Mechanismus infolge höherer Transaktionskosten möglicherweise für den Schutzrechtsinhaber inakzeptabel sein.

1295 Siehe S. 190.

Eine Kompensation scheitert zudem, wenn Geldzahlungen kein adäquater Ersatz für die Verluste des Schutzrechtsinhabers sind. Gerade in Fällen, in denen der Schutzrechtsinhaber mit Hilfe des Schutzrechts seine Position im Wettbewerb absichert, kann eine Geldzahlung die von ihm befürchteten Nachteile nicht immer ausgleichen. Insbesondere die weitreichende Anwendung der für ihn geschützten Technologie mag den Wettbewerbsdruck für Nachfolgeerfindungen erheblich erhöhen oder zur Erfindung von Subsitutionstechnologien führen, die den Strom an Lizenzeinnahmen versiegen lassen können.

5. Bestehende Verpflichtungen

Denkbar wäre schließlich, dass auch auf Seiten der Rechtsinhaber eine Gruppe von Unternehmen steht. Wie bereits beschrieben wurde, kann dies insbesondere der Fall sein, wenn ein Schutzrechtsinhaber eine Reihe von exklusiven Lizenzen für unterschiedliche geographische Gebiete erteilt hat. Ohne Zustimmung der Lizenznehmer darf er in solch einem Fall gar keine weiteren Lizenzen erteilen. Verweigert bereits einer der Lizenznehmer seine Zustimmung, so scheitert eine Anwendung des Standards jedenfalls in dessen Gebiet. Sofern es überhaupt ökonomisch sinnvoll war, die Exklusivlizenzen abzuschließen, besteht diese ökonomische Rechtfertigung fort.

6. Fazit

Die ökonomische Analyse zeigt, dass es auch bei Annahme rational handelnder Akteure unter Umständen nicht zu einer Lizenzierung oder einem Verkauf des Schutzrechts kommt, obwohl dies zu einer effizienteren Nutzung des Schutzrechts führen würde. Diese Probleme entstehen dabei aufgrund von unvollständigen Informationen, strategischem Verhalten infolge asymmetrischer Information und fehlenden Transaktions- bzw. Vergütungsmechanismen.

III. Absichtliche Nichtnutzung von Schutzrechten

Ferner kommt es vor, dass ein Schutzrechtsinhaber bewusst sein Schutzrecht nicht nutzt. Aus ökonomischer Sicht kann eine solche Strategie rational sein. Durch die unterlassene Nutzung entstehen Opportunitätskosten. Sind diese geringer als der Nutzen, der mit der Anwendung des Schutzrechts erzielt werden könnte, ist es sinnvoll, ein Schutzrecht nicht zu nutzen. Erlaubt ein Schutzrecht beispielsweise eine Produktdifferenzierung eines bereits am Markt vom Schutzrechtsinhaber angebotenen Produkts, dann wird er diese Produktdifferenzierung nur in denjenigen Fällen durchführen, in denen die Kosten zur Herstellung eines differenzierten Produkts durch die dadurch erzielbaren zusätzlichen Einnahmen gedeckt werden. Besteht diese Möglichkeit nicht, dann ist es auch nicht sinnvoll, einem anderen Unternehmen zu diesem Zweck eine Lizenz am Schutzrecht zu erteilen.

Nicht jede Nichtnutzung ist damit jedoch ökonomisch gerechtfertigt. Die individuelle Kosten-Nutzen-Funktion stimmt in vielen Fällen nicht mit der Kosten-Nutzen-Funktion der gesellschaftlichen Interessen überein. Besitzt ein Schutzrechtsinhaber beispielsweise ein Schutzrecht, das im Rahmen neuen Technologie benötigt wird, die die bestehende Technologie ablösen wird, kann es infolge des Technologiewechsels zu einer Kannibalisierung der bisher vom Schutzrechtsinhaber dominierten Märkte kommen. Mit einem Technologiewechsel kann es zu einer Veränderung der Wettbewerbsstruktur kommen. Infolge der neuen Wettbewerbsstruktur kann es zu Umsatz- und Gewinneinbußen des Schutzrechtsinhabers kommen. Diese Effekte kann ein Schutzrechtsinhaber verringern, wenn er es schafft, die technische Entwicklung solange zu verzögern, bis er hinreichende Kompetenzen in Bezug auf die neue Technologie erworben und Investitionen getätigt hat, um im Wettbewerb der neuen Technologie zu bestehen.[1296]

Weitere Beispiele für bewusste Technologieunterdrückung geben *Saunders* und *Levine*.[1297] Angeblich hat das Unternehmen *Amgen*, welches alle notwendigen Patente zur Herstellung von EPO besaß, ein Verfahren, das die EPO-Dosis pro Patient und damit auch die Kosten für die Patienten erheblich verringert hätte, nicht angewendet. Es habe die Sorge bestanden, dass die Verluste infolge geringerer Mengen pro Patient nicht durch die zusätzlichen Profite zusätzlicher Verkäufe aufgefangen werden könnten.[1298] Aus ökonomischer Perspektive erscheint dieser Vorwurf insofern irrational, als *Amgen* etwaige Verluste als Monopolist grundsätzlich durch Preiserhöhungen hätte auffangen können. Es ist jedoch denkbar, dass das Unternehmen in der Preissetzung Beschränkungen unterlag. Ebenso habe die Zigarettenindustrie die Vermarktung weniger gesundheitsschädigender Zigaretten verhindert, um die allgemeine Behauptung, Zigaretten seien gesundheitlich unschädlich, nicht zu gefährden.[1299]

Die Entscheidung, eine Technologie nicht zu nutzen, kann schließlich auch auf zusätzlichen, nicht ökonomischen Überlegungen beruhen. So wurde ein Anrufbeantworter erst nach vielen Jahren auf den Markt gebracht, weil man in seiner Nutzung angeblich eine Gefahr für die Privatsphäre gesehen hat.[1300]

Unbestritten ist demnach, dass die Unterdrückung von Technologien dazu führen kann, dass Wohlfahrtsgewinne nicht realisiert werden. Dies gilt auch für Sachverhalten, in denen durch eine Nichtlizenzierung die Entstehung eines technischen Standards verhindert wird. Allerdings wirkt nicht jede unterlassene Nutzung gewerblicher Schutzrechte zugleich wohlfahrtsreduzierend. Allein die Tatsache, dass eine Technologie nicht benutzt wird, lässt deshalb noch

---

1296 Saunders/Levine, 11 Mich. Telecomm. Tech L. Rev. 23 (2004), 23, 44.
1297 Saunders/Levine, 11 Mich. Telecomm. Tech. L. Rev. 23 (2004), 23, 29ff.
1298 Saunders/Levine, 11 Mich. Telecomm. Tech. L. Rev. 23 (2004), 23, 30f.
1299 Saunders/Levine, 11 Mich. Telecomm. Tech. L. Rev. 23 (2004) 23, 29f.
1300 Siehe Howell, S. 20.

nicht den Schluss zu, dass diese Technologie benutzt werden sollte. Dies gilt auch dann, wenn ein Standardisierungsvorschlag infolge einer Weigerung eines Unternehmens, seine Schutzrechte zu lizenzieren, nicht angewendet werden kann. Angesichts der erheblichen Probleme, Aussagen über die Qualität von Spezifikationen und den geeigneten Zeitpunkt der Standardisierung zu treffen, ist es gerade in diesem Bereich schwierig zu ermitteln, ob eine Lizenzverweigerung wohlfahrtsschädigend wirkt.

IV. Zusammenfassung

Aufgrund der ökonomischen Analyse lässt sich feststellen, dass eine Blockade technischer Standardisierung entweder aufgrund von Unzulänglichkeiten des Transaktionsvorgangs oder aufgrund von strategischen Überlegungen unterbleibt. Allein die Nichtnutzung eines Schutzrechts oder die Nichtlizenzierung ist jedoch nicht zwangsläufig wohlfahrtsschädlich. Angesichts dieser Schwierigkeiten sollte das rechtspolitische Ziel darin bestehen, einerseits Transaktionsmöglichkeiten zu fördern und andererseits eine wohlfahrtsschädliche strategische Behinderung von Standardisierung zu unterbinden.

E. Lösungsmöglichkeiten

I. Einleitung

Mit dieser Maßgabe können nun einige rechtliche Lösungsmöglichkeiten diskutiert werden. Denkbar wären Mechanismen für die Förderung des Transaktionsvorgangs, wie beispielsweise Mediationsverfahren, eine Verbesserung der Repräsentationsmechanismen von Standardisierungsgremien, die Erteilung von Zwangslizenzen sowie ein Geldpool zum Abkauf von Schutzrechten.

II. Tatsachenfeststellungsmechanismen

Die Analyse hat gezeigt, dass sowohl strategisches Verhalten im Rahmen von Vertragsverhandlungen als auch Fehlwahrnehmungen der Parteien über die Chancen und Risiken der Lizenzierung ein wichtiger Grund sein können, weshalb eine gesellschaftlich erwünschte Lizenzierung unterbleibt. Eine Lösungsmöglichkeit für diese Fälle könnte darin bestehen, Mechanismen zu finden, die asymmetrische Informationen beseitigen und Fehlwahrnehmungen korrigieren. Der wohl wichtigste Mechanismus neben einem reinen Verhandlungsmechanismus wäre in diesem Fall ein Mediationsverfahren. Das Ziel der Mediationstechnik besteht unter anderem darin, trotz widerstreitender Interessen gemeinsame Chancen zu ermitteln. Notwendiger Bestandteil von Mediationsverfahren ist ein Austausch über die relevanten Tatsachen. Durch die Einbeziehung eines Mittlers, dem private Informationen vertraulich mitgeteilt werden können, eröffnet sich die Möglichkeit, Lösungen zu finden, die bei eigenständigem Verhandeln der Parteien nicht erreichbar wären, da entsprechende Informationen geheim gehalten werden. Insbesondere kann es sich bei diesen Informationen seitens des Schutzrechtsinhabers um äußerst wichtige Informationen über die Geschäftsstrategie handeln.

Problematisch erscheinen Mediationsverfahren im vorliegenden Zusammenhang jedoch aus zweierlei Gründen. Zum einen setzen Mediationsverfahren ein Mindestmaß an Kooperationswilligkeit der Parteien voraus. Diese kann unter bestimmten Voraussetzungen im Rahmen des Mediationsversuchs erzeugt werden. Ferner müssen die Parteien zunächst einmal dazu gebracht werden, überhaupt ehrlich an einem Mediationsverfahren teilzunehmen. Ohne äußeren Zwang dazu ist dies schwierig. So wünschenswert eine Mediationslösung wäre, wird sie deshalb nicht in allen Fällen von den Parteien angenommen werden.

III. Verbesserung der Repräsentationsmechanismen von Standardisierungsgremien

Ein weiterer Grund für das Scheitern von Verhandlungen kann darin liegen, dass die Repräsentationsmechanismen von Standardisierungsgremien nur äußerst schwach ausgeprägt sind. Wie in Kapitel 2 ausführlicher diskutiert wurde, bleibt ihnen im Grunde genommen allein die Möglichkeit, die Verabschiedung eines technischen Standards von der Zusicherung des Schutzrechtsinhabers abhängig zu machen, zu fairen, angemessenen und nicht diskriminierenden Bedingungen zu lizenzieren. Dieses Ergebnis kann für einen Schutzrechtsinhaber unzureichend sein, um einer Lizenzierung zuzustimmen. Eine ungenaue Formulierung von Lizenzierungsbedingungen schafft erhebliche rechtliche Risiken, die bei einer Verweigerung der Lizenzierung vermieden werden können. In Kapitel 2 wurde jedoch auch dargestellt, dass sehr präzise formulierte Vertragsbedingungen, sofern dadurch der Vorwurf einer Inputspreisfixierung begründet werden kann, kartellrechtliche Probleme aufwerfen können. Für eine Bewertung ist auf die entsprechenden Ergebnisse zu verweisen.

IV. Lizenzierungszwang

1. Vorteile eines Lizenzierungszwangs

Da die Marktmechanismen zu einer Lizenzverweigerung führen können oder strategische Unterdrückung von Schutzrechten möglich ist, besteht eine dritte Lösungsmöglichkeit in einer staatlichen Lizenzierungsanordnung gegenüber dem Schutzrechtsinhaber. Eine solche Lizenzierungsanordnung ist immer mit einem staatlichen Gerichts- oder Verwaltungsverfahren verbunden. Die Teilnahme an dem Verfahren kann erzwungen werden.

Der Vorteil einer Zwangslizenz sowie eines Zwangslizenzierungsverfahrens besteht darin, dass im Rahmen des Verfahrens asymmetrische Informationen offenbart werden können und deshalb strategisches Verhalten im Rahmen von Verhandlungen erschwert wird, das ein Grund für ein Scheitern für Verhandlungen sein kann. Ferner können durch die gegebenenfalls weitreichende Offenlegung und Diskussion von Informationen Fehlwahrnehmungen berichtigt werden.

Ein entsprechendes Verfahren kann ferner dazu dienen, bestimmte Sachverhalte und Bewertungen verbindlich festzustellen. Dieses Potential von Zwangslizenzierungsverfahren darf jedoch nicht darüber hinwegtäuschen, dass es bei der Informationsbeschaffung zahlreiche Fehlerquellen gibt. Die Erreichbarkeit von Beweisen kann begrenzt sein. Zudem handelt es sich bei der Bewertung des wirtschaftlichen Potentials gewerblicher Schutzrechte und technischer Standards um Prognoseentscheidungen, die mit großen Unsicherheiten verbunden sind.

Keinen Vorteil bietet eine Zwangslizenz gegenüber allgemeinen Verhandlungsmechanismen jedoch bei der Bestimmung der Lizenzbedingungen, dem Vergütungsmechanismus sowie den Rechtsdurchsetzungskosten. Hierbei stehen der anordnenden Behörde bzw. dem Gericht keine anderen Mittel als denjenigen von Privaten zur Verfügung. Zwar kann mit Hilfe von Zwangslizenzen eine Lizenzierung erzwungen werden. Wenn die Regelungsmechanismen jedoch unzureichend waren, um zu einer freiwilligen Vereinbarung zu kommen, werden durch die Anordnung mindestens einer Partei eine Bedingungen aufgezwungen, die sie freiwillig nie akzeptiert hätte. Eine solche Lösung wäre jedenfalls nicht pareto-effizient.

Ferner kann durch Zwangslizenzierung das Problem der strategischen Unterdrückung geschützter Informationen verhindert werden. Wie bereits im analytischen Teil dargestellt wurde, fehlt es jedoch an klaren Kriterien, wann dies allgemein und im Zusammenhang mit technischer Standardisierung im Besonderen der Fall sein wird. Ohne klare Kriterien ist es jedoch schwierig oder gar unmöglich, angemessene Tatbestandsvoraussetzungen zu formulieren.

2. Nachteile eines Lizenzierungszwangs

Andererseits entstehen durch Zwangslizenzierung die Nachteile, die bereits in Kapitel 2 ausführlich besprochen wurden. Es entstehen erhebliche Verfahrenskosten, möglicherweise wird die Anreizwirkung gewerblicher Schutzrechte beeinträchtigt.[1301] Zweifelhaft ist auch, ob die anordnende Stelle bessere Informationen besitzt als die Parteien. Zu bedenken ist ferner, dass ein Zwangslizenzierungsverfahren mit erheblichem Zeitaufwand verbunden ist. Gerade in Situationen, in denen es auf zügige Lizenzerteilung ankommt, mag ein langwieriges Zwangslizenzierungsverfahren das erstrebte Ziel nicht erreichen. Zwar ist es denkbar, dass allein die Möglichkeit der Zwangslizenzierung die Einigungsbereitschaft der Parteien erheblich erhöhen wird. Allerdings wären hierzu klare Kriterien notwendig, wann ein Zwangslizenz zu erteilen ist.

1301 Auch ungenutzte Patente können Anreizwirkungen entfalten, siehe Weeds, S. 2 mit einem ausführlichen Modell.

Die Frage ist, ob derartig klare Kriterien bestehen. Die ökonomische Analyse hat gezeigt, dass allein die Tatsache der Nichtlizenzierung keinen Aufschluss darüber gibt, ob eine Lizenzverweigerung aufgrund eines gesamtgesellschaftlichen Kosten-Nutzen-Vergleichs sinnvoll ist oder nicht. Die Frage ist, ob eindeutige Kriterien gefunden werden können.

Dabei ist auch das strategische Potential von Zwangslizenzen in Standardisierungskontexten zu bedenken. Wenn Zwangslizenzen für formelle Standards einfach zu erreichen sind, wird Standardisierung zu einem strategischen Mittel, an fremde Schutzrechte heranzukommen. Wie groß diese Gefahr ist, hängt ganz entscheidend davon ab, unter welchen Voraussetzungen Zwangslizenzen erteilt werden können. Zudem können die Anreize für Standardisierungsorganisationen bzw. deren Mitglieder sinken, sich über die Schutzrechtslage hinreichend zu informieren. Möchte man das Interesse an Standardisierung einerseits und an einem wirksamen Schutz von Innovationen in einen angemessenen Ausgleich bringen, müssen diese unerwünschten Anreizwirkungen von Zwangslizenzen auf die Teilnehmer an der Standardisierung berücksichtigt werden.

Es scheint jedoch nicht ausgeschlossen, dass sich eine diesen Anforderungen genügende Regelung finden lässt. Betrachtet man die Rechtsprechung des EuGH zu den Fällen *Magill* und *IMS Health*, ergibt sich, dass im Rahmen des Art. 82 EGV alle wesentlichen Aspekte berücksichtigt werden können. Im Rahmen des Merkmals der Marktbeherrschung lässt sich sicherstellen, dass eine Zwangslizenzierung nur dann in Betracht kommt, wenn weder Alternativen zur beabsichtigten Spezifikation noch zum Schutzrecht bestehen. Nur in solch einem Fall besitzt der Schutzrechtsinhaber eine Schlüsselstellung, die es ihm ermöglicht, die technische Entwicklung negativ zu beeinflussen. Das Merkmal der Verhinderung eines neuen Produkts, nachdem eine Nachfrage besteht, stellt sicher, dass tatsächlich ein gesellschaftlicher Gewinn mit dem konkreten Standardisierungsvorhaben verbunden sein muss. Dieser Grund sollte grundsätzlich nicht Standardisierung selbst sein, sondern vielmehr konkrete Auswirkungen eines technischen Standards. Ferner können im Rahmen der Rechtfertigungsgründe weitere vernünftige Gründe des Schutzrechtsinhabers, nicht zu lizenzieren, berücksichtigt werden.

3. Bewertung eines Lizenzierungszwangs

Die Abwägung zwischen den Kosten und dem Nutzen von Zwangslizenzierung im Fall einer Blockade lässt keine eindeutige Aussage zu. Die Möglichkeiten strategischen Verhandelns werden verringert und Fehlwahrnehmungen können korrigiert werden. Liegen Probleme jedoch im Bereich der Vergütung, dann ist Zwangslizenzierung kein geeigneter Mechanismus. Zu Bedenken ist zudem, dass durch die Prozessordnung und Beweisregelungen neue strategische Potentiale eröffnet werden.

Angemessen erscheint eine Zwangslizenzierung deshalb nur dann, wenn eine Bedürfnis nach Standardisierung aufgrund der damit verbundenen Auswirkungen besteht und Standardisierung nicht mit Hilfe alternativer Spezifikationen erreichbar ist. Besteht die Möglichkeit einer alternativen Spezifikation, so können dadurch zum einen die Kosten für das Zwangslizenzierungsverfahren eingespart werden. Darüber hinaus wird auch das Risiko einer falschen positiven Entscheidung vollständig beseitigt. Der Nutzen einer alternativen Spezifikation kann daher aus Sicht der sozialen Wohlfahrt sogar um den Wert dieser beiden Faktoren geringer sein, ohne dass der Gesellschaft ein Wert verloren ginge. Aus diesem Grund sollte ein notwendiges, wenn auch kein hinreichendes Kriterium für die Erteilung einer Zwangslizenz sein, dass es keine mehr oder weniger vergleichbare alternative Spezifikationsmöglichkeit gibt. Durch ein solches Erfordernis wird zudem strategische Standardisierung erschwert.

V. Geldpool

Eine weitere Möglichkeit zur Lösung der Blockadesituation besteht darin, dass Unternehmen, die an der Standardisierung interessiert sind, einen Geldpool organisieren. Mit Hilfe des Geldes aus diesem Pool können dann Schutzrechte, die zur Anwendung eines Standards genutzt werden müssen, gekauft werden.[1302] Dadurch lässt sich möglicherweise das Problem der Unsicherheit über die zukünftigen Lizenzeinnahmen und damit der Risikoaversion des potentiellen Lizenzgebers lösen.

Ein Geldpool ist daher grundsätzlich eine vernünftige Lösung. Ihn einzurichten kann jedoch daran scheitern, dass es nicht genügend Unternehmen gibt, die bereit sind, Geld in den Pool einzuzahlen. Es bestehen Anreize dazu, nur keine oder nur geringe Beiträge beizusteuern, und darauf zu hoffen, dass andere Unternehmen mehr Geld zur Verfügung stellen. Bereits im Zeitpunkt des Erwerbs des Schutzrechts muss eine entsprechend große Geldmenge zur Verfügung stehen. Sofern hohe Rechtsdurchsetzungskosten entstehen, besteht ferner Unsicherheit darüber, ob die Gelder nachträglich durch Lizenzierung wieder hereingeholt werden können. Probleme infolge hoher Rechtsdurchsetzungskosten lassen sich daher tendenziell nicht durch den Abkauf eines Rechts lösen. Etwas anderes gilt nur dann, wenn eine Amortisierung für die Geldgeber durch eine Lizenzierung zu keinen oder nur geringfügigen Lizenzgebühren eintritt.

Ferner muss geregelt werden, auf wen das Schutzrecht übertragen werden soll. Denkbar wäre insofern eine eigens dafür gegründete Gesellschaft. Es muss jedoch sichergestellt werden, dass diese Gesellschaft dann für alle an der Standardisierung teilnehmenden Unternehmen ak-

---

1302 Siehe für ein Beispiel das Open-Invention-Network, http://www.openinventionnetwork.com, vgl auch News vom 10.11.2005 auf www.heise.de/newsticker/meldung/65985, „Prominente Linux-Unterstützer gründen Netzwerk zur Patent-Abwehr". Denkbar wäre selbstverständlich auch, dass im Fall der Unverkäuflichkeit eines Schutzrechts einfach der Schutzrechtsträger aufgekauft wird. Diese Lösung wird gemäß Blind, Study on the Interaction between Standardisation and IPR, S. 76 in etwa 5% der Fälle angewendet.

zeptable Lizenzierungsbedingungen stellt. Insbesondere ist darauf zu achten, dass die Gesellschaft nicht als Vehikel zur Preiskoordination oder Marktabschottung durch ihre Eigentümer missbraucht wird. Für die Einzelheiten kann auf das zweite und vierte Kapitel verwiesen werden.[1303] Sofern diese Bedenken abgestellt werden können, ist ein Geldpool jedoch eine sinnvolle Einrichtung um das Problem blockierender essentieller Schutzrechte zu lösen, sofern der Rechtsinhaber überhaupt zu einem Verkauf bereit ist.

VI. Zusammenfassung

Blockadesituationen können mit einigen Mitteln bekämpft werden. Poolinglösungen und Verbesserung von Repräsentationsmechanismen können helfen, erzeugen jedoch zugleich kartellrechtliche Probleme. Verbesserung von Verhandlungsmechanismen, insbesondere Mediationsverfahren, können Fehlwahrnehmungen korrigieren und strategisches Verhandeln erschweren. Das Problem liegt jedoch darin, dass die Parteien sich diesen Verfahren freiwillig unterwerfen müssen oder sinnvollerweise sollten. Zwangslizenzen sind schließlich wenig geeignet, die Probleme gescheiterter Transaktionen zu lösen. Sie erscheinen aus diesem Grund allein dann sinnvoll, wenn zusätzliche, wichtige öffentliche Gründe eine Zwangslizenzierung erforderlich machen oder ein Schutzrechtsinhaber die technische Entwicklung, die sich durch Standardisierung fördern lässt, unangemessen behindert.

F. Bewertung rechtlicher Regelungen

Bewertet man vor diesem Hintergrund die bestehenden rechtlichen Regelungen, besteht kein Grund, diese angesichts möglicher Blockadeprobleme zu modifizieren. Im deutschen Recht trägt die patentrechtliche Zwangslizenz nach § 24 PatG öffentlichen Anliegen hinreichend Rechnung. Das deutsche und das EG-Kartellrecht genügen, um strategische Unterdrückung zu verhindern. In den USA bieten die Abwägungskriterien im Rahmen der Gewährung eines patentrechtlichen Unterlassungsanspruchs hinreichende Flexibilität, um Zwangslizenzierung zu gewährleisten. Aufgrund der hier durchgeführten Analyse erscheint es nicht notwendig, von den bisher angewendeten Kriterien abzuweichen.

Angesichts der Gründe für eine Nichtlizenzierung durch den Schutzrechtsinhaber erscheint eine Stärkung von Mediationsverfahren ein Weg, um die Problematik zu lösen. Allerdings mag es bei zwangsweise angeordneten Verfahren leicht dazu kommen, dass es an der Verhandlungsbereitschaft des Schutzrechtsinhabers fehlt. Diese Verfahren lassen sich deshalb nur dadurch stärken, dass Rechtspraktiker ihren Wert erkennen und Parteien entsprechend beraten. Was Geldpools anbelangt, so stellen sie ebenfalls eine Alternative dar, insbesondere wenn

---

1303 Siehe Kapitel 2 S. 267 zu Fragen des Käuferkartells, S. 203 zu standardisierungsspezifischen Kollusionsmöglichkeiten, Kapitel 4 S. 314ff.

Unsicherheit über den Wert einer Lizenzierung auf Seiten des Schutzrechtsinhabers besteht. Zu bedenken ist jedoch, dass erhebliche kartellrechtliche Bedenken bestehen können, wenn Unternehmen eines Technologiebereichs gemeinsam Schutzrechte erwerben oder verwalten.

KAPITEL 4: SITUATIONEN MIT MEHREREN SCHUTZRECHTEN MEHRERER SCHUTZRECHTSINHABER

A. Einleitung

Die Betrachtung ist bisher davon ausgegangen, dass es lediglich ein einziges für die Anwendung eines technischen Standards essentielles Schutzrecht gibt. Diese Fälle gibt es; sie sind aber eher selten. Häufiger wird es vorkommen, dass es mehrere Schutzrechte unterschiedlicher Rechtsinhaber gibt, die zwangsläufig bei der Anwendung eines technischen Standards genutzt werden.[1304] Eine Studie hat ergeben, dass es mehr als 1000 technisch essentielle Patente von mehr als fünfzig unterschiedlichen Unternehmen allein für die Kernfunktionen des UMTS-Standards gibt.[1305] Als technisch oder wirtschaftlich essentiell geltend gemacht wurden über 4000 Patente. Selbst wenn nicht alle Hersteller standardkonformer Güter alle Schutzrechte für die jeweils von ihnen hergestellten Bauteile verwenden müssen, so werden diese Schutzrechte doch von den Verbrauchern direkt oder indirekt genutzt. Jeder Schutzrechtsinhaber hat dabei ein Interesse daran, für seinen Beitrag bzw. seine Beiträge zum technischen Fortschritt angemessen vergütet zu werden. Zu den Monopolisierungs- und Blockadeproblemen, die im vorangegangenen Kapitel erwähnt wurden, kommen daher infolge einer Mehrzahl essentieller Schutzrechte neue ökonomische Probleme hinzu.

Im Rahmen dieses Kapitels sollen diese Probleme und ihre Lösungsmöglichkeiten genauer diskutiert werden. Dazu ist zunächst darzustellen, welche zusätzlichen ökonomischen Probleme auftreten können. Im Anschluss daran werden mögliche Lösungsmechanismen untersucht und miteinander verglichen. Abschließend wird die bestehende Rechtslage innerhalb der EU und in den USA vor dem Hintergrund dieser Analyse bewertet.

1304 Teece/Sherry, 87 Minn. L. Rev. (2003) 1913, 1953.
1305 Vgl. Iversen, Standardization and Intellectual Property Rights.

B. Ökonomische Folgen mehrerer essentieller Schutzrechte

I. Potentielle Verringerung der Monopolmacht der Schutzrechtsinhaber

Wenn die Nutzung mehrerer gewerblicher Schutzrechte für die Anwendung eines technischen Standards unerlässlich ist, können drei Effekte entstehen. Der erste Effekt ist, dass gewerbliche Schutzrechte unterschiedlicher Unternehmen zu einer gemeinsamen Verhandlungsmasse werden. Das gegenseitige Blockadepotential kann die Bereitschaft, zu lizenzieren, erleichtern. Ein Teil der Probleme, die infolge blockierender Schutzrechte sowie der Hold-up-Probleme entstehen, können so verringert werden. Die Gefahr der Entstehung Monopols eines Schutzrechtsinhabers auf dem Markt für standardkonforme Güter sinkt. Vielmehr entsteht oligopolistischer Wettbewerb zwischen den einzelnen Schutzrechtsinhabern.[1306] Die Marktzutrittschranken können dadurch jedoch steigen, da der Besitz eigener Schutzrechte als Verhandlungsmasse notwendig ist, um an den Lizenzierungsmechanismen teilzunehmen. Völlig gelöst werden Blockade- und Hold-up-Probleme zudem nicht, weil Unternehmen ohne eigene Herstellung standardkonformer Güter grundsätzlich keinen Bedarf an der Lizenzierung fremder Schutzrechte haben.

II. Mehrfache Monopolrenten

Der zweite Effekt der Existenz von mindestens zweier „essentieller“ gewerblichen Schutzrechten besteht darin, dass es zu erheblichen Problemen und Kosten mehrfacher Monopolrenten kommen kann.[1307] Maximiert jeder Schutzrechtsinhaber seine Monopolrente, können theoretisch erhebliche Lizenzgebühren zusammenkommen.[1308] Überhöhte Lizenzgebühren können eine Technologie derartig teuer werden lassen, dass es zu gar keiner, nur geringer oder sehr langsamer Übernahme kommt.[1309] Nach *Geradin, Layne-Farrar* und *Padilla* ist dies jedoch nur dann der Fall, wenn Innovation kumulativ und komplementär erfolgt, zahlreiche Schutzrechte für die Herstellung eines bestimmten Produkts notwendig sind und es zahlreiche Schutzrechtsinhaber gibt.[1310] Ohne Kommunikationsmechanismen kann das Problem mehrfacher Monopolrenten nicht gelöst werden. Selbst wenn sich einige Hersteller zusammentun und gemeinsame Lizenzpakete anbieten, besteht immer noch die Gefahr, dass Dritte Tritt-

1306 Geradin, Layne-Farrar, Ex-ante competition, S. 12.
1307 Siehe ausführlich hierzu Shapiro, Navigating the Patent thicket, S. 5f.
1308 Siehe Shapiro, Navigating the Patent thicket, S. 7.
1309 Geradin, Layne-Farrar, Ex-ante competition, S. 2, kritisch hinsichtlich einer Verallgemeinerung S. 14; Geradin/Rato, Exploitative Abuse, S. 23ff.; ausführlich zur Kritik auch Geradin/Layne-Farrar/Padilla, Royalty Stacking; angeblich machten Lizenzgebühren 29% des Preises eines Mobiltelefons der zweiten Generation aus, siehe Franzinger, 91 Cal. L. Rev. (2003) 1695, 1704; antizipieren Unternehmen diesen Effekt, kann es zu geringeren F&E-Anreizen führen, siehe Aoki/Nagaoka, Coalition Formation, S. 2.
1310 Selbst diese Bedingungen sind ihrer Ansicht nach noch unzureichend, siehe Geradin/Layne-Farrar/Padilla, Royalty Stacking, S. 34ff.

brettfahrerei betreiben. Zugleich entstehen infolge koordinierter Handlungen kartellrechtliche Bedenken.

III. Hohe Transaktionskosten

Der dritte Effekt ist das Phänomen, das Ökonomen als die sog. *Tragedy of the Anticommons* bezeichnen.[1311] Infolge einer großen Rechtszersplitterung steigen die Transaktionskosten für Verhandlungen so erheblich an, dass sich der Erwerb der einzelnen Rechte nicht mehr rentiert.[1312] Dieses Problem kann beseitigt werden, wenn sich Mechanismen finden lassen, die ein sog. *One-Stop-Shopping* zulassen, wenn also bei einer einzigen Stelle sämtliche erforderlichen Schutzrechte lizenziert werden können.

IV. Hold-out

Schließlich besteht im Falle mehrerer erforderlicher Schutzrechten noch die Gefahr des sog. Hold-out. Auch dieses Problem ist Teil der *Tragedy of the Anticommons.* Damit beschreiben Ökonomen Situationen, in denen es mehrere Rechtsinhaber gibt, die jeweils eine Blockadestellung innehaben. Derjenige, der es schafft, der letzte derer zu sein, auf dessen Konzession es ankommt, kann den Großteil des Gewinns aus dem gemeinsamen Vorhaben in Form von hohen Lizenzgebühren abschöpfen. Es lohnt sich deshalb, möglichst lange hartnäckig zu bleiben.

C. Bestehende rechtliche Regelungen

Betrachtet man die rechtlichen Regelungen, so sind von besonderem Interesse die Regelungen über Schutzrechtspools. Da sie bereits in Kapitel 2 ausführlich dargestellt wurden, kann insoweit auf die dortigen Ausführungen verwiesen werden.[1313] Entsprechendes gilt für Regelungen über Zwangslizenzen.[1314] Anzutreffen sind schließlich noch sog. *Non-Assertion Covenants,*. Bei diesen handelt es sich um bedingte Lizenzangebote, so dass eine ausführliche Darstellung nicht notwendig ist.

1311 Siehe zur Definition Heller, 111 Harv. L. Rev. (1998) 621, 661ff., 668

1312 Siehe Bekkers/Iversen/Blind, Patent Pools and non-assertion agreements, S. 5; wie stark dieser Effekt ist, ist allerdings umstritten, für eine Diskussion siehe Geradin/Rato, Exploitative Abuse, S. 20.

1313 Siehe zum EU-Recht S. 144ff., zum US-Recht S. 173ff.

1314 Siehe für Deutschland S. 43, für die patentrechtliche Zwangslizenz, für das Spundfass-Urteil S. 153, für die EFD in der EU S. 156ff., für die USA S. 179, zum beschränkten Unterlassungsanspruch in den USA S. 57.

D. Analyse der Lösungsmöglichkeiten

I. Überblick

Um die geschilderten Probleme zu lösen, kommen grundsätzlich mehrere Gestaltungsmöglichkeiten in Betracht. Die erste besteht in sog. *Non-assertion-covenants*, also Zusagen, eigene Schutzrechte in Verbindung mit technischen Standards unter bestimmten Voraussetzungen nicht geltend zu machen. Ferner ist zu untersuchen, inwieweit RAND-Lizenzen oder Zwangslizenzen weiterhelfen können. Die letzte Möglichkeit ist die Schaffung von Schutzrechtspools.

II. Non-Assertion Covenants (NAC)

1. Inhalt und Wirkung von NACs

Eine Möglichkeit, um Transaktionskosten sowie Kosten infolge mehrfacher Monopolrenten zu verringern, ist die Zusage eines Schutzrechtsinhabers, seine Schutzrechte generell nicht oder nicht in Bezug auf bestimmte Nutzungen geltend zu machen. Eine solche Zusage ist rechtlich verbindlich, unabhängig davon, ob man einen Vertrag konstruiert, eine Prozesseinrede oder aber bei Klage widersprüchliches Verhalten bzw. Verwirkung annimmt.

Der Vorteil von *Non-Assertion Covenants* besteht darin, dass das Problem mehrfacher Monopolrenten durch den Verzicht zumindest eines Schutzrechtsinhabers auf seine Monopolrente vermindert wird. Zudem sinken die Transaktionskosten in Form von Verhandlungs- und Durchsetzungskosten, weil die Nutzung der Technologie im Rahmen der Bedingungen des NAC ohne weitere Kontaktaufnahme mit dem Rechtsinhaber bzw. ohne seine Information erlaubt ist.[1315]

2. Probleme von NACs

NACs haben jedoch grundsätzlich drei Probleme. Das erste Problem ist, dass andere Schutzrechtsinhaber weiterhin Lizenzgebühren für ihre Schutzrechte verlangen können. Ihre Monopolrente steigt möglicherweise sogar infolge von NACs. Es entsteht damit ein Problem der Trittbrettfahrerei. Aufgrund dieser Gefahr kann es sein, dass kein Unternehmen einen Anreiz besitzt, überhaupt kostenlose Lizenzen oder Anspruchsverzichtserklärungen in dieser Form anzubieten.

Das zweite Problem ist, dass sich ein Schutzrechtsinhaber bei zu weit gefassten NACs seiner Verhandlungsmasse mit anderen Schutzrechtsinhabern begibt. Ist ein NAC zu weit gefasst, kann er möglicherweise nicht mehr selbst mit seinem Unterlassungsanspruch drohen. Andere

1315 Für die Anwendung eines Covenants zur Beilegung von Patentstreitigkeiten vgl. auch die Vereinbarung zwischen Microsoft und Novell unter www.microsoft.com/interop/msnovellcollab/patent_agreement.mspx sowie www.microsoft.com/interop/msnovellcollab/tech_coop_agreement.mspx.

Schutzrechtsinhaber können deshalb das vom NAC erfasste Schutzrecht nutzen, ihre eigenen Schutzrechte aber weiterhin gegen den Anbieter eines NAC durchsetzen.

Drittens wäre zu überlegen, ob mit Hilfe von NACs nicht Kollusionsmöglichkeiten dadurch entstehen könnten, dass durch NACs die Anreize gesenkt werden, fragwürdige Patente vor Gericht anzugreifen. Dadurch könnten Duopole oder Monopole gestärkt werden.[1316] Dies ist jedoch jeweils eine Frage des Einzelfalls, weshalb sie nachfolgend nicht näher erläutert werden soll.

Die Gefahr eines Verlustes an Verhandlungsmacht durch Aufgabe eigener Verbietungsrechte lässt sich relativ einfach mit Hilfe eines bedingten NACs begrenzen. Die Geltung eines NAC kann davon abhängig gemacht werden, dass Dritte sich nur dann auf sie berufen dürfen, sofern sie selbst dem Schutzrechtsinhaber ihre Schutzrechte zu denselben Bedingungen gewähren. Ein NAC führt in einem solchen Zusammenhang zu kostenfreier Kreuzlizenzierung. Gegen eine derartige Beschränkung bestehen wenig Bedenken, da es sich bei einem entsprechend bedingten NAC untechnisch um ein Angebot zur kostenfreien Kreuzlizenzierung handelt.[1317]

Auch das Problem der Trittbrettfahrerei lässt sich vertraglich lösen. Die Anwendbarkeit des NAC kann so gestaltet werden, dass Dritte auch dann ihr Recht zur freien Nutzung verlieren, wenn sie von Anwendern des technischen Standards ihrerseits Lizenzgebühren verlangen. Eine solche Bedingung betrifft jedoch allein Dritte, die ihrerseits den technischen Standard nutzen. Reine Forschungs- und Entwicklungsunternehmen ohne eigene Produktion dürften davon nicht betroffen sein.

3. Auswirkungen bedingter NACs

a) Keine grundsätzliche Lizenzierungspflicht

Zu untersuchen ist, welche sozialen Kosten durch NACs entstehen, die nur unter der Bedingung gelten, dass der Annehmende seine eigenen Schutzrechte nicht mehr durchsetzen darf. Es ist zu überlegen, ob solche NACs andere Schutzrechtsinhaber möglicherweise zwingt, kostenfreie Lizenzen zu erteilen,[1318] und dadurch Anreize, Forschung und Entwicklung zu betreiben, senken können.

Zunächst ist festzustellen, dass diese Klauseln keinen rechtlichen Zwang für Schutzrechtsinhaber erzeugen, ihre Schutzrechte kostenfrei zur Verfügung zu stellen. Die Klauseln besagen lediglich, dass Unternehmen, die sich nicht zur kostenlosen Lizenzierung ihrer eigenen

---

1316 Siehe FTC/DOJ, Antitrust Enforcement, S. 90.

1317 Bedenken können sich allenfalls dann ergeben, wenn zwei marktstarke Unternehmen durch kostenfreie Kreuzlizenzierung Marrktzutrittsbarrieren für Dritte schaffen, siehe FTC/DOJ, Antitrust Enforcement, S. 90.

1318 Vgl. auch FTC/DOJ, Antitrust Enforcement, S. 90.

Schutzrechte an Anwender eines technischen Standards bereit erklären, nicht vom NAC profitieren können. Stattdessen müssen sie, wenn sie die Schutzrechte desjenigen Schutzrechtsinhabers, der seine Schutzrechte im Wege eines NAC anbietet, nutzen wollen, in Lizenzverhandlungen mit diesem Schutzrechtsinhaber treten.

b) Faktische Lizenzierungspflicht?

Sofern ein Schutzrechtsinhaber jedoch an einer möglichst kostenlosen Nutzung des Standards durch potentielle Nutzer interessiert ist, wird er auch in Einzellizenzverhandlungen mit einem anderen Schutzrechtsinhaber darauf bestehen, dass letzterer seine Schutzrechte den Nutzern eines Standards kostenlos zur Verfügung stellt. Ein Schutzrechtsinhaber, der seine Schutzrechte in Form eines NAC anbietet, wird dies nämlich nur dann tun, wenn er von der weitreichenden, kostenfreien Nutzung seiner Technologie stärker profitiert, als von einer Lizenzierung seiner Schutzrechte. Diese Überlegungen werden deshalb seine Strategie bei direkten Lizenzverhandlungen mit anderen Schutzrechtsinhaber prägen. Eine faktische Lizenzierungspflicht ergibt sich deshalb für Schutzrechtsinhaber, die sich diesem Anliegen des Verwenders von NACs nicht erwehren können. Dies sind Schutzrechtsinhaber, die auf die Lizenzierung des Schutzrechts, das mit Hilfe eines bedingten NAC angeboten wird, angewiesen sind, ohne die Tätigkeit des Schutzrechtsinhaber durch eigene Schutzrechte blockieren zu können.

Da solche Unternehmen ihre Forschungs- und Entwicklungsaufwendungen nur noch begrenzt amortisieren können, kann die umfangreiche Anwendung von NACs grundsätzlich dazu führen, dass langfristig Forschungs- und Entwicklungsanreize in einem Technologiebereich verringert werden. Dies kann zu einer Verringerung des Innovationswettbewerbs führen, sofern eine große Zahl von Unternehmen von dieser faktischen Lizenzierungspflicht betroffen ist.

In vielen Fällen wird der Einfluss von NACs auf Forschungs- und Entwicklungsanreize jedoch vernachlässigbar gering sein. Zu bedenken ist, dass Unternehmen, deren Geschäftsmodell in Forschung und Entwicklung besteht, die aber selbst keine Produktion betreiben, von NACs nicht betroffen sind, da sie nicht auf die Nutzung eines mit Hilfe eines NAC angebotenen Schutzrechts angewiesen sind. Ebenfalls nicht betroffen sind Unternehmen, die Schutzrechte besitzen, mit Hilfe derer sie den Anbieter von NACs blockieren können.

Im Ergebnis wird man festhalten können, dass NACs grundsätzlich geeignet sind, die Probleme mehrfacher Monopolrenten als auch Transaktionskostenprobleme zu lösen. Allerdings setzt dies zum einen voraus, dass mindestens ein Unternehmen mehr von einer weiten Verbreitung eines technischen Standards als von Lizenzgebühren für einen kleineren Anwenderkreis profitiert. Zum anderen ist ihre Wirkung gegenüber anderen Inhabern notwendiger Schutzrechte begrenzt, wenn diese entweder nicht auf die Schutzrechte des Anbieters von

NACs angewiesen sind, oder aber eigene Schutzrechte besitzen, mit Hilfe derer sie wichtige Geschäftsbereiche des Anbieters von NACs zum Erliegen bringen können.

III. Lizenzierungsverpflichtungen

Lizenzierungsverpflichtungen können je nach ihrer konkreten Ausgestaltung sowohl das Problem mehrfacher Monopolrenten als auch das Problem hoher Transaktionskosten nur wenig mildern. Die Gefahr mehrfacher Monopolrenten wird immer dann entstehen, wenn Spielräume für die Festlegung der Lizenzgebühr bestehen. Mehrfache Monopolrenten können auch bei festgelegten Lizenzgebühren auftreten, sofern die Auswirkungen auf weitere Lizenzen bei ihrer Festlegung nicht mit berücksichtigt wurden. Ein solches Szenario ist relativ leicht vorstellbar, weil die streitentscheidende Stelle selten alle Informationen über sämtliche Schutzrechtsinhaber haben wird.

Geringe Transaktionskosten können Lizenzierungsverpflichtungen ferner nur dann erzeugen, wenn die Lizenzierungsbedingungen so präzise sind, dass wenig Streit- und infolgedessen Verzögerungspotential besteht.[1319] Und selbst wenn dies der Fall sein sollte, entstehen für die Lizenznehmer immer noch erhebliche Kosten im Rahmen der Lizenzierung mit vielen Lizenzgebern. Daher muss es einen Mechanismus geben, mit dem die vielen notwendigen Lizenzen im wesentlichen einheitlich vergeben werden.

Je ungenauer die Lizenzierungsverpflichtung ist, also je unpräziser die Anforderung von Zwangslizenzen oder je unbekannter die Voraussetzungen, was RAND-Bedingungen tatsächlich bedeuten, desto weniger sind Lizenzierungsverpflichtungen geeignet, die Probleme zu lösen, die infolge der Notwendigkeit entstehen, zur Anwendung eines technischen Standards zahlreiche Schutzrechte nutzen zu müssen. Eine Zwangslizenzierung oder die Verpflichtung, zu RAND-Bedingungen zu lizenzieren, allein sind daher für die Lösung der Probleme infolge doppelter Monopolrenten und hoher Transaktionskosten ungeeignet.

Allein für das Problem des Hold-out können Zwangslizenzen eine Lösung sein. Wie bereits ausführlich in Kapitel 2 und 3 diskutiert wurde, ist ihre Effizienz jedoch äußerst zweifelhaft.

IV. Schutzrechtspools

1. Definition und Organisationsformen

Eine weitere Möglichkeit zur Bewältigung der Probleme mehrfacher Schutzrechte besteht in der Schaffung von sog. Schutzrechtspools. Schutzrechtspools sind Organisationsformen, bei denen sich einzelne Schutzrechtsinhaber zusammentun, um ihre Schutzrechte gemeinsam als

1319 Siehe in diesem Sinne Merges, 8 Cal. L. Rev. (1996) 1293, 1317, der zudem noch die zusätzlich entstehenden Rentseekingkosten mit berücksichtigt.

Paket zu lizenzieren.[1320] Dabei gibt es unterschiedliche Organisationsmöglichkeiten.[1321] Denkbar wäre zum einen, dass die Schutzrechtsinhaber eine gemeinsame Lizenzvereinbarung entwerfen, mit Hilfe derer ihre Schutzrechte lizenziert werden können. Möglich wäre auch, dass sie eine eigene Organisation gründen, an die sie die Schutzrechte lizenzieren und die dann Unterlizenzen nach den Vorgaben der Lizenzgeber vergibt. Es kann geregelt werden, dass diese Organisation darüber bestimmt, welche Schutzrechte in den Pool aufgenommen werden. Ferner kann unterschiedlich bestimmt werden, ob nur alle Schutzrechte auf einmal oder darüber hinaus auch kleinere Pakete von Schutzrechten lizenziert werden können.

2. Wirkung von Schutzrechtspools

a) Positive Wirkungen von Schutzrechtspools

Mit Hilfe von Schutzrechtspools lassen sich die beiden Probleme hoher Transaktionskosten sowie mehrfacher Monopolrenten lösen.[1322] Durch die gemeinsame Lizenzierung wird für Komplementärprodukte ein einheitlicher Monopolpreis gesetzt. Die negative Externalität infolge getrennter Preissetzung wird dadurch beseitigt.[1323] Darüber hinaus ermöglicht ein Schutzrechtspool hinsichtlich der in dem konkreten Pool befindlichen Schutzrechte eine einmalige Transaktion.[1324]

b) Negative Wirkungen von Schutzrechtspools

aa. Überblick

Andererseits bieten Schutzrechtspools den daran teilnehmenden Unternehmen Kollusionsmöglichkeiten. In der Literatur und Kartellrechtspraxis wurden eine ganze Reihe von negativen Auswirkungen erwähnt. Diese potentiell negativen Auswirkungen sind die Monopolisierung von Technologiemärkten,[1325] die Verringerung von Wettbewerb zwischen den Poolteilnehmern durch Festlegung von Inputpreisen[1326] und Informationsaustausch,[1327] die Verringerung von Forschungs- und Entwicklungsanreizen, die Verringerung von Anreizen, die Wirksamkeit bzw. Gültigkeit gepoolter Schutzrechte überprüfen zu lassen,[1328] und die Möglichkeit

1320 Für eine Definition siehe z.B. Bekkers/Iversen/Blind, Patent Pools and non-assertion agreements, S. 9; siehe auch Hovenkamp/Janis/Lemley, IP and Antitrust, § 34.2b.

1321 Siehe Bekkers/Iversen/Blind, Patent Pools and non-assertion agreements, S. 15.

1322 Vgl. Colangelo, Avoiding the Tragedy, S. 41; für Beispiele von Patentpools in Bezug auf Standards siehe Bekkers/Iversen/Blind, Patent Pools and non-assertion agreements, S. 13; für weitere Vorteile S. 15.

1323 Siehe Lerner/Tirole, Public Policy toward Patent Pools, S. 9;Bekkers/Iversen/Blind, Patent Pools and non-assertion agreements, S. 10.

1324 Siehe Lerner/Tirole, Public Policy toward Patent Pools, S. 24, Bekkers/Iversen/Blind, Patent Pools and non-assertion agreements, S. 10; Ullrich, Competition Law and Intellectual Property Law S. 27, 29; Merges, 8 Cal. L. Rev. (1996) 1293, 1340f.

1325 Vgl. Colangelo, Avoiding the Tragedy, S. 34.

1326 Vgl. Colangelo, Avoiding the Tragedy, S. 33.

1327 Vgl. Colangelo, Avoiding the Tragedy, S. 33.

1328 Vgl. Colangelo, Avoiding the Tragedy, S. 33f.

der Marktabschottung und Diskriminierung.[1329] Nachfolgend soll genauer analysiert werden, in welchem Umfang diese Bedenken berechtigt sind.

bb. Monopolisierung von Technologiemärkten

Die erste Frage ist, unter welchen Voraussetzungen es zu einer Monopolisierung von Technologiemärkten kommt und wann es infolge der Monopolisierung zu Wohlfahrtsverlusten kommt. Wichtig für diese Untersuchung ist dabei die Eigenschaft von Schutzrechten als komplementär, substituierbar und wesentlich zur Anwendung der Technologie, deren Nutzung mit Hilfe des Schutzrechtspools ermöglicht werden soll.[1330]

Komplementär sind Schutzrechte, wenn sie gemeinsam benutzt werden müssen, um ein bestimmtes Gut zu erzeugen oder zu benutzen. Beispielsweise ergeben erst ein Boot und ein Segel zusammen ein Segelboot.

Substituierbar sind Schutzrechte, wenn sie gegenseitig ausgetauscht werden können. Anstelle eines Ottomotors für ein Kraftfahrzeug kann beispielsweise ein Elektromotor verwendet werden. Bestehen keine Substitute für ein konkret benötigtes Schutzrecht, ist dieses „essentiell". Dabei kann einerseits wirtschaftliche Essentialität als auch technische Essentialität gegeben sein. Technische Essentialität besteht, wenn ein technisches Ergebnis nur unter Anwendung einer bestimmten geschützten technischen Lösung erzielt werden kann. Wirtschaftliche Essentialität bedeutet, dass es zwar ein technisches Substitut gäbe, es aber nicht wirtschaftlich wäre, dieses anzuwenden.

Grundsätzlich bestehen keine Bedenken, wenn alle Schutzrechte in einem Technologiepool sowohl komplementär als auch „essentiell" sind.[1331] Ein solcher Technologiepool kann theoretisch nicht mehr Monopolmacht schaffen, als ohne ihn bestünde. Jeder Inhaber eines „essentiellen" Schutzrechts besitzt bereits das Maximum an Monopolmacht in einem Technologiemarkt. Er legt mit seiner Outputentscheidung fest, welchen Output andere Inhaber „essentieller" Schutzrechte haben und umgekehrt. Sieht man einmal davon ab, dass jede Zusammenkunft von Wettbewerbern das Risiko birgt, dass wettbewerbsbeschränkende Absprachen getroffen werden, bietet ein Pool, der lediglich gemeinsame Lizenzierungsbedingungen für „essentielle" komplementäre Schutzrechte festlegt, keine Möglichkeiten von Wettbewerbsbeeinträchtigungen, die Schutzrechtsinhaber nicht schon einseitig durchsetzen könnten.

1329 Siehe auch Bekkers/Iversen/Blind, Patent Pools and non-assertion agreements, S. 14.; kritsich auch Ordover, 5 Journal of Econ. Persp. (1991) 43, 53f.

1330 Dabei sind bei Patenten grundsätzlich die einzelnen Patentansprüche maßgeblich, siehe ausführlich Hovenkamp/Janis/Lemley, IP and Antitrust, § 34.2b, 34-8f.

1331 Siehe Shapiro, Navigating the Patent thicket, S. 17; ebenso Lerner/Tirole, Efficient Patent Pools, S. 13; Hovenkamp/Janis/Lemley, IP and Antitrust, § 34.2b, 34-7; Parisi/Depoorter, Complementary Oligopoly, S. 10.

Anders ist es jedoch, wenn ein Schutzrechtspool nur aus substituierbaren Schutzrechten besteht. Je nachdem, ob der Schutzrechtspool alle substituierbaren Schutzrechte beinhaltet oder sich der Wettbewerb zwischen den substituierbaren Schutzrechte nachteilig verändert, kommt es mit Ausnahme von sehr seltenen Situationen[1332] in aller Regel zu höheren Lizenzgebühren und einer geringeren Anzahl von Lizenzen als ohne Pool.[1333] Ein Schutzrechtspool, der allein aus gegenseitig substituierbaren Schutzrechten besteht, verringert weder mehrfache Monopolrenten noch senkt er Transaktionskosten.

Eine weitere Konstellation besteht, dass ein Schutzrechtspool aus komplementären Schutzrechten besteht und für einige oder alle der geschützten Technologien Substitute bestehen. Besteht ein Pool aus den geschützten Technologien A, B1 und C1, ist es denkbar, dass man anstelle der geschützten Technologien B1 und C1 die ebenfalls geschützten Technologien B2 und C2 benutzen könnte, um ein ähnliches technisches Ergebnis zu erreichen. Pools, die aus komplementären Schutzrechten bestehen, welche jeweils Substitute außerhalb des Pools haben, können Transaktionskosten sparen, da nur eine einzelne Lizenzverhandlung mit dem Pool anstelle mehrerer Lizenzverhandlungen mit jedem einzelnen Schutzrechtsinhaber geführt werden muss. Sie verringern dann die Gesamtlizenzgebühr, wenn der Substitutionswettbewerb monopolistische oder oligopolistische Preisaufschläge zulässt.

Dieser positive Effekt tritt jedoch nur dann ein, wenn der Grund für die Preisaufschläge nicht die Gründung des Schutzrechtspools selbst ist. Grundsätzlich kann es daher sinnvoll sein, von substituierbaren Schutzrechten, die mit Schutzrechten des Pools komplementär genutzt werden, jeweils eines in den Pool mit aufzunehmen. Bestehen für jedes komplementäre Schutzrecht Substitute, wäre infolge dessen ein Wettbewerb zwischen unterschiedlichen Pools denkbar.

Problematisch mag es jedoch sein, wenn einige der komplementären Schutzrechte substituierbar sind und durch den Pool mit „essentiellen" Schutzrechten gekoppelt werden. Wird ein „essentielles" Schutzrecht mit einem substituierbaren Schutzrecht im Rahmen eines Pools gekoppelt, dann führt dies grundsätzlich dazu, dass der Inhaber des substitutierbaren Schutzrechts davon profitiert. Infolge der Transaktionskostenreduktion kommt es zu einer stärkeren Lizenzierung seines Schutzrechts zu Lasten der außerhalb des Pools befindlichen substituierbaren Schutzrechte. Wie schon bei Koppelungspraktiken diskutiert, muss dies jedoch keinesfalls zu einer Verringerung der sozialen Wohlfahrt führen.

1332 Siehe für ein derartiges Modell Kato, 24 Int'l Rev. L. & Econ. (2004) 255, 256.

1333 Siehe Lerner/Tirole, Efficient Patent Pools, S. 13; Lerner/Tirole, Public Policy toward Patent Pools, S. 9; Shapiro, Navigating the Patent thicket, S. 17; Parisi/Depoorter, Complementary Oligopoly, S. 15.

Sofern der Inhaber des im Pool befindlichen substituierbaren Schutzrechts identisch ist mit dem Inhaber des „essentiellen“ Schutzrechts und grundsätzlich Paketlizenzierung möglich ist[1334], besteht jedoch durch die Schaffung des Pools kein Unterschied zu einer Situation ohne Schutzrechtspool. Sofern Personenverschiedenheit besteht, stellt die Möglichkeit der Koppelung einen Anreiz für die Inhaber substituierbarer Schutzrechte dar, Schutzrechtspools beizutreten. Koppelungspraktiken sind nur dann problematisch, wenn auf dem Markt des gekoppelten Schutzrechts infolge von Skalenerträgen oder Netzeffekten ein Monopol entsteht. Insofern wird auf die Darstellung zu Koppelungspraktiken in Kapitel 2 verwiesen.

Entsprechend dieser Überlegungen droht Monopolisierungsgefahr grundsätzlich nur bei der Aufnahme von mehr als einem substituierbaren technischen Schutzrecht. Die Aufnahme auch nur eines einzigen substituierbaren Schutzrechts ist nur in denjenigen Fällen problematisch, in denen es infolge der Koppelung zu einer Monopolisierung auch auf anderen Technologiemärkten kommt.[1335]

cc. Höhere Kosten durch Lizenzierung aller Schutzrechte im Pool

Wird ein einzelnes Schutzrecht allein im Rahmen einer Paketlizenz durch den Schutzrechtspool angeboten, dann besteht die Gefahr, dass Lizenznehmer, die lediglich dieses einzelne Schutzrecht aus dem Pool benötigen, keine Möglichkeit geboten wird, allein eine Lizenz am einzelnen Schutzrecht zu erwerben; stattdessen wird ihnen allein eine Paketlizenz am gesamten Pool angeboten. Dann müssten sie gegebenenfalls höhere Lizenzgebühren bezahlen, als sie für eine einzelne Lizenz aufwenden müssten. Eine derartige Lizenzgebührenregelung würde diese Nutzer ohne ersichtlichen Grund und ohne auf den ersten Blick Effizienzvorteile zu schaffen benachteiligen.

Eine Exklusivlizenz der Schutzrechtsinhaber an den Pool, der allein Paketlizenzen vergibt, kann folglich wohlfahrtsschädlich sein. Zu beachten ist jedoch auch, dass es einem Schutzrechtsinhaber grundsätzlich freigestellt ist, welchen Lizenzsatz er verlangt. Allein die Notwendigkeit, mehrere Schutzrechte zu lizenzieren, sagt deshalb noch nicht zwangsläufig etwas darüber aus, ob bei Einzellizenzierung eines der Schutzrechte im Pool ein günstigerer Preis verlangt würde. Möglicherweise ließe sich das jedoch mit Hilfe des *Anchoring*-Effekts im Rahmen von *Behavioral Economics* begründen.[1336]

dd. Informationsaustausch und Koordinierungsmechanismus

Ferner kann ein Schutzrechtspool als Mittel zum Informationsaustausch zwischen den Mitgliedern des Pools missbraucht werden. Spezifische Gefahren sind dabei zum einen die Fest-

1334 Siehe dazu Kapitel 2, S. 142 für die Rechtslage in der EU, S. 172 für die Regelungen in den USA.
1335 Siehe für ein Modell Lerner/Tirole, Efficient Patent Pools, S. 14ff., 21.
1336 Siehe allgemein Tversky/Kahnemann, 185 Science (1974) 1124, 1129.

legung einheitlicher Inputpreise.[1337] Dadurch wird ein Wettbewerbsparameter beschränkt. Dies gilt insbesondere dann, wenn die Poolmitglieder selbst auch Lizenznehmer sind.

Gegen diese Bedenken spricht jedoch, dass insbesondere Preisdiskriminierung dritten Grades ambivalente Auswirkungen auf die soziale Wohlfahrt hat. Es kann sein, dass einheitliche Inputpreise im konkreten Fall sogar positive Auswirkungen auf den Wettbewerb haben können. In solchen Fällen, bestehen keine Bedenken gegen die Festsetzung einheitlicher Inputpreise. Zu bedenken ist ferner, dass es wettbewerbsrechtlich von Inhabern „essentieller" Schutzrechte ohnehin gefordert wird, dass sie nicht diskriminierende Lizenzgebühren von ihren Lizenznehmern fordern. In solchen Fällen wäre es widersprüchlich, sähe man in einheitlichen Lizenzsätzen für alle Lizenznehmer ein wettbewerbsrechtliches Problem.

Ferner wird Informationsaustausch theoretisch dadurch ermöglicht, dass in Abhängigkeit von den Lizenzierungsbedingungen Informationen über Preise und Mengen im Rahmen der Berechnung der Lizenzgebühren ermittelt werden müssen. Ein solcher Mechanismus kann daher in ganz erheblichem Maße den gemeinsamen Informationsaustausch fördern und der Durchsetzung von Kartellen Vorschub leisten.

Schließlich bieten Schutzrechtspools die Möglichkeit, gegenseitig Informationen über die jeweilige Forschung und Entwicklung auszutauschen. Dies gilt insbesondere dann, wenn die Lizenznehmer, und damit auch die Schutzrechtsinhaber, verpflichtet sind, in weitem Umfang Weiterentwicklungen an den Pool rückzulizenzieren. Diese Information könnte erheblich dafür sorgen, dass im Bereich der Forschung und Entwicklung koordiniertes Verhalten erleichtert wird.

ee. Verringerung der Anreize, fremde Schutzrechte anzugreifen

Darüber hinaus wird vielfach argumentiert, dass durch Schutzrechtspools die Möglichkeit besteht, ungültige bzw. angreifbare Schutzrechte gegen einen Angriff abzuschirmen. Diese Bedenken sind insbesondere dadurch begründet, dass Schutzrechtspools häufig im Verlauf von Patentrechtsstreitigkeiten gegründet werden, um den Streit beizulegen. Selbst wenn angreifbare Schutzrechte in einen Pool mit aufgenommen werden, folgt daraus jedoch nicht zwangsläufig ein Wohlfahrtsverlust.

Um die Auswirkungen von Schutzrechtspools auf die Anreize, fremde Schutzrechte anzugreifen, beurteilen zu können, muss zwischen zwei Effekten unterschieden werden. Zum einen können Schutzrechtspools Anreize für die teilnehmenden Unternehmen senken, Schutzrechte anderer Unternehmen im Pool anzugreifen. Zweitens stellt sich die Frage, ob durch Schutzrechtspooling gegebenenfalls Anreize Dritter gesenkt werden, Schutzrechte anzugreifen.

1337 In Bezug auf den 3G Patent Platform Franzinger, 91 Cal. L. Rev. (2003) 1695, 1705.

Jeder Hersteller ist ein potentieller Kläger im Rahmen eines Nichtigkeitsverfahrens. Durch das Schutzrechtspoolingabkommen mit einem Hersteller, der zugleich Inhaber eines anderen „essentiellen" Schutzrechts ist, scheidet ein potentieller Kläger aus. Die Frage, die sich in diesem Zusammenhang stellt, ist deshalb, ob die privaten Anreize, entsprechende Vereinbarungen zu schließen, mit den sozialen Interessen übereinstimmen.

In einem Modell mit symmetrischen, vollständigen Informationen über die Wahrscheinlichkeit, mit welcher ein Schutzrecht vor Gericht für unwirksam erklärt wird, kommt *Choi* sowohl für komplementäre als auch für substituierbare Schutzrechte zu dem Ergebnis, dass die gesellschaftlichen Anreize und die privaten Anreize von Schutzrechtsinhabern, ein Schutzrecht rechtlich auf seine Gültigkeit überprüfen zu lassen, entgegengesetzt sind. Die Schutzrechtsinhaber legen ihren Streit dann bei, wenn die Wahrscheinlichkeit der Ungültigkeit von Schutzrechten hoch ist. Demgegenüber wäre es aus Sicht der sozialen Wohlfahrt wünschenswert, wenn es bei niedriger Wahrscheinlichkeit der Nichtigkeit oder Ungültigkeit zu einer Streitbeilegung käme.[1338]

Tirole und *Lerner* zeigen für gegenseitig komplementäre Schutzrechte, dass ein Angriff auf ein Schutzrecht nur dann erfolgt, wenn kein Pool zustande kommt und die Kosten für den Rechtsstreit relativ gering sind. Selbst in diesen Fällen können die Wohlfahrtseffekte eines Pools jedoch höher liegen als diejenigen des Angriffs auf ein Schutzrecht.[1339]

Anders als die bereits zitierten Aufsätze betrachtet *Shapiro* den Fall, dass zwischen den Schutzrechtsinhabern bereits ein Rechtsstreit besteht, der mit Hilfe eines Schutzrechtspools beigelegt wird. Nach seiner Analyse führt ein derartiger Vergleich immer zu einer Erhöhung der Konsumentenrente.[1340]

Eine weitere Überlegung ist, dass durch das Poolingabkommen möglicherweise Schutzrechte, die ansonsten vor Gericht angegriffen würden, aus der Schusslinie genommen würden. Die Frage ist also, ob sich durch das Poolingabkommen die Anreize für Dritte ändern, zweifelhafte Schutzrechte im Pool anzugreifen. *Choi* zeigt an einem Beispiel für „essentielle" gegenseitig komplementäre Schutzrechte, dass Abreden, gemeinsam die Schutzrechte des Pools zu verteidigen, unter bestimmten Voraussetzungen diese Wirkung haben können. Der Grund dafür liegt darin, dass ein Angreifer gegebenenfalls zunächst nur das stärkere der beiden Schutzrechte angreifen würde und nur bei Erfolg auch das schwächere zweite. Sofern er durch das

1338 Vgl. Choi, Patent Pools, S. 28.
1339 Lerner/Tirole, Efficient Patent Pools, S. 27.
1340 Shapiro, Patent Settlements, S. 10; sein Modell betrachtet jedoch allein die Auswirkungen auf die Konsumenten und geht von perfekten Informationen beider Parteien aus. Ferner berücksichtigt er nicht die ggf. positiven Auswirkungen auf Dritte bei einer Nichtigerklärung eines Patents, s. S. 39f.

Joint Defense Agreement dazu gezwungen würde, beide zugleich anzugreifen, wäre er dieser Möglichkeit beraubt.[1341]

Im Ergebnis können Pools daher die Klageanreize von Unternehmen beeinflussen. Ob diese Beeinflussung jedoch immer negativ ist, lässt sich bezweifeln. Möchte man ein entsprechendes Argument gegen einen Pool vorbringen, ist es notwendig, diese Behauptung im Einzelfalls mit Hilfe konkret zu begründen.

ff. Verringerung von Anreizen für Forschung und Entwicklung

Weiterhin ist zu überlegen, ob durch Schutzrechtspools Forschungs- und Entwicklungsanreize gesenkt werden. Forschungs- und Entwicklungsanreize werden dabei grundsätzlich in dreierlei Hinsicht beeinflusst.

Zum einen stellt sich die Frage, wie der Pool die Anreize beeinflusst, Substitute für im Pool befindliche Schutzrechte zu entwickeln. Dies ist insbesondere dann von Interesse, wenn es sich bei dem konkreten Schutzrecht um ein Schutzrecht handelt, das notwendigerweise genutzt werden muss, um die Technologie zu nutzen.[1342] Grundsätzlich senkt die Existenz eines Pools Anreize für Poolmitglieder, Umgehungserfindungen zu tätigen. Dies kann, muss aber keine negativen Auswirkungen auf die soziale Wohlfahrt haben; vielmehr hängen die Auswirkungen von der Höhe der Kosten ab, eine Umgehungserfindung zu tätigen. Sind die Kosten gering, würde sie stattfinden. Bei hohen Kosten würde sie unterbleiben.[1343]

Zum anderen ist es denkbar, dass durch die Existenz eines Schutzrechtspools die Anreize gesenkt werden, in alternative Spezifikationen und damit neue Standards zu investieren. Indem der existierende technische Standard zu günstigeren Kosten lizenziert werden kann, ist es als Konsequenz daraus denkbar, dass es zu mehr Forschungs- und Entwicklungsinvestitionen zugunsten des standardinternen als zugunsten des standardexternen Wettbewerbs kommt.[1344] Dies hängt dabei entscheidend davon ab, welche Unternehmen vom Schutzrechtspool profitieren. Sind dies gerade diejenigen Unternehmen, die standardexternen Wettbewerb garantieren können, sind entsprechende Bedenken berechtigt. Gerade dieser Faktor wird jedoch äußerst schwierig empirisch zu belegen sein; wie in Kapitel 2 bereits beschrieben wurde, lässt sich nur schwierig beurteilen, ob und wann ein Wechsel zu einem neuen technischen Standard sozial wünschenswert ist.

1341 Siehe Choi, Patent Pools, S. 17ff.; ebenso für substituierbare Schutzrechte, Gilbert, Stan. Tech. L. Rev. (2004) 3 Rz. 87.

1342 Siehe Lerner/Tirole, Efficient Patent Pools, S. 22.

1343 Siehe Lerner/Tirole, Efficient Patent Pools, S.25; siehe die entsprechende Diskussion bei Paketlizenzen, Kapitel 2 S. 246f.

1344 Vgl. Lin, 1 J. Marshall Rev. of Intell. Prop. Law (2002) 274, 306f.

Die letzte Frage ist, wie ein Schutzrechtspool Anreize verändert, Verbesserungserfindungen zu tätigen. *Choi* kommt zu dem Ergebnis, dass Schutzrechtspools die infolge des Schutzes der Ausgangserfindung verringerten Anreize für Nachfolgeerfindungen erhöhen können.[1345] Aus diesem Gesichtspunkt heraus, bestehen nach dieser Theorie keine Bedenken gegen Schutzrechtspools.[1346]

gg. Marktabschottung und Diskriminierung

Schließlich besteht die Möglichkeit, dass die Schutzrechtsinhaber sich gegenseitig bessere Lizenzbedingungen einräumen als Dritten.[1347] Dadurch können sie einen Markt abschotten und gegebenenfalls eine oligopolistische Marktstruktur schaffen. Auch dies hängt jedoch entscheidend davon ab, wie stark der standardexterne Wettbewerb ist. Grundsätzlich bestehen hinsichtlich der Marktabschottung und Diskriminierung keine anderen Gesichtspunkte als bei einem einzigen Schutzrechtsinhaber. Allerdings ist zu berücksichtigen, dass im Rahmen eines Schutzrechtspools gegebenenfalls eine größere Gruppe von Unternehmen finanziell am Erfolg des Pools interessiert ist. Ist diese Gruppe hinreichend groß, dann besteht die Gefahr, dass der standardexterne Wettbewerb um diese potentiellen Wettbewerber ärmer und dementsprechend schwächer wird. Die marktabschottende Wirkung von Schutzrechtspools kann in diesen Fällen stärker sein als in den Fällen eines einzelnen Schutzrechtsinhabers.

c) Bewertung der Auswirkungen auf die soziale Wohlfahrt

Schutzrechtspools stellen einen grundsätzlich praktikablen Mechanismus dar, um die Probleme, die infolge der großen Anzahl von Schutzrechtsinhabern entstehen, zu lösen. Sie können jedenfalls theoretisch in erheblichem Maße Transaktionskosten senken und mehrfache Monopolrenten verringern. Andererseits bieten sie jedoch auch ein Forum für kollusives Verhalten. Vor diesem Hintergrund kommt es daher ganz entscheidend auf die Ausgestaltung von Schutzrechtspools an, ob sie volkswirtschaftliche Vorteile oder Nachteile bringen.

Wichtig ist, dass grundsätzlich mindestens zwei komplementäre Schutzrechte unterschiedlicher Schutzrechtsinhaber in einem Schutzrechtspool vorhanden sein müssen. Andernfalls lassen sich keine Transaktionskosten sparen. Schutzrechte, die Substitute darstellen, dürfen jedenfalls dann nicht in einen Pool aufgenommen werden, wenn dadurch die Marktstruktur auf dem Technologiemarkt für diese Schutzrechte so verändert wird, dass es zu geringerem Output und höheren Preisen kommt. Da durch substituierbare Schutzrechte weder mehrfache Monopolrenten verringert noch Transaktionskosten gespart werden können, erscheint es ange-

1345 Siehe Choi, Patent Pools, S. 19ff.

1346 Siehe aber auch Dequiedt/Versaevel mit dem Ergebnis, dass zwar die Anreize, Ausgangserfindungen zu tätigen steigen, nach Gründung des Pools aber sinken.

1347 Siehe auch Ullrich, Patentgemeinschaften, S. 416 mit den Bedenken, dass sich formale Diskriminierungsverbote leicht durch vorab vereinbarte gegenseitige Lizenzierung umgehen ließe.

messen, Substitute für bereits in einem Pool befindliche Schutzrechte grundsätzlich nicht zur Beteiligung am Pool zuzulassen.

Vor dem Hintergrund, dass auch bei substituierbaren Schutzrechten Probleme von *double marginalization* bestehen und Transaktionskosten gesenkt werden können, erscheint es jedoch nicht angemessen, sollte die Aufnahme substituierbarer Schutzrechte nach anderen Kriterien beurteilt werden, als denjenigen, die generell für Paketlizenzen gelten.

Im übrigen kommt es darauf an, Schutzrechtspools dergestalt auszugestalten, dass die Risiken kollusiven Zusammenwirkens vermindert werden. Aus diesem Grund werden nunmehr eine Reihe von Regelungen daraufhin untersucht, inwieweit sie die Nachteile von Schutzrechtspools verringern können.

3. Lösungsmöglichkeiten

a) Einzellizenzvergabe

Die Möglichkeit einer Einzellizenznahme vom jeweiligen Schutzrechtsinhaber kann eine Reihe der angesprochenen Probleme lösen helfen. Grundsätzlich wird durch eine Einzellizenzierung verhindert, dass Lizenznehmer, die eine vom Standard unabhängige Nachfrage nach einem einzelnen Schutzrecht haben, gezwungen sind, ein ganzes Bündel zu einem möglicherweise höheren Gebührensatz zu erwerben.

Darüber hinaus kann die Möglichkeit einer Einzellizenzierung auch verhindern, dass substituierbare Schutzrechte in einem Pool zusammengefasst werden, um dadurch höhere Lizenzgebühren verlangen zu können.[1348] Die Entstehung von Pools mit allein komplementären Schutzrechten wird durch eine solche Maßnahme nicht beeinträchtigt.[1349] Zu beachten ist allerdings, dass eine Verringerung des Wettbewerbs zwischen substituierbaren Schutzrechten nur dann wirksam durch die Zulässigkeit von Einzellizenzierung verhindert wird, wenn sich die Schutzrechtsinhaber der substituierbaren Schutzrechte bei der Einzellizenzvergabe nicht koordinieren können.[1350]

Brenner argumentiert, dass allein die Möglichkeit der Einzellizenzierung nicht genügt, um wohlfahrtsschädigende Pools zu destabilisieren.[1351] Er betrachtet in seinem Modell anders als *Tirole* und *Lerner* nicht nur Pools, die sämtliche Schutzrechte umfassen, sondern auch solche, die nur einen Teil der für die Standardisierung notwendigen Schutzrechte abdecken.[1352] Er

1348 Siehe Lerner/Tirole, Public Policy toward Patent Pools, S. 12ff.;
1349 Vgl. Lerner/Strojwas/Tirole, S. 9; die empirischen Untersuchungen in dem Paper scheinen diese These zu stützen.
1350 Vgl. Lerner/Tirole, Efficient Patent Pools, S. 16; siehe auch Ullrich, Patentgemeinschaften,
1351 Siehe Brenner, Optimal formation rules, S. 5.
1352 Siehe Brenner, Optimal formation rules, S. 5.

kommt dabei zu dem Ergebnis, dass zusätzlich zur Einzellizenzierung den Pools auch erlaubt werden muss, bestimmte Schutzrechtsinhaber von der Teilnahme am Pool auszuschließen.[1353]

Aus den vorangehenden Gründen stellt die Möglichkeit einer Einzellizenzierung von Schutzrechten eine generell wichtige Möglichkeit dar, wohlfahrtsreduzierende Schutzrechtspools zu destabilisieren.[1354] Zu beachten ist jedoch, dass allein die Zulässigkeit von Einzellizenzierung nicht ausreicht, um sicherzustellen, dass Schutzrechtspools keine wettbewerbsschädlichen Auswirkungen haben.[1355] Hinzukommen müsste eine Kontrolle, inwieweit sich die Schutzrechtsinhaber bei der Einzellizenzvergabe koordinieren können. Je weniger sie dies können, desto geringer wäre das Risiko, dass ein Schutzrechtspool zu viele Schutzrechte besitzt, sofern jedenfalls mindestens ein „essentielles", komplementäres Schutzrecht im Pool ist.

b) Bestimmung „essentieller" und komplementärer Schutzrechte

Die zwei Voraussetzungen, unter denen Schutzrechtspools größeren gesellschaftlichen Nutzen bringen als Kosten bringt, sind, dass die Anwendung der im Pool befindlichen geschützten Technologien zum einen notwendig ist, um einen Standards anzuwenden, und diese geschützten Technologien zudem komplementär zueinander sind. Schutzrechtspools, die entsprechend notwendige und komplementäre Schutzrechte beinhalten, sind aus diesem Grund erwünscht. Sofern man daher wenig Bedenken gegen diese Art von Schutzrechtspools hat, stellt sich die Frage, wann Schutzrechte als notwendig zu Anwendung eines Standards bzw. als komplementär gelten und wer darüber befindet.[1356]

Die Komplementarität und „Essentialität" bestimmt sich grundsätzlich nach der beabsichtigten Nutzung der Schutzrechte. Schutzrechtspools haben in Standardisierungskontexten den Vorteil, dass die Nutzung durch den technischen Standard vorgegeben ist. Anhand des technischen Standards lässt sich daher die Frage der Komplementarität sowie der Notwendigkeit bzw. „Essentialität" von Technologien zu seiner Nutzung bestimmen. Eine Notwendigkeit, eine bestimmte geschützte Technologie zu benutzen, richtet sich zum einen nach den technischen Vorgaben, die der Standard setzt. Darüber hinaus kann es jedoch auch sein, dass die Nutzung alternativer Technologien zur Anwendung eines technischen Standards mit jeweils unterschiedlich hohen Kosten verbunden ist. Aus diesen Gründen kann die Nutzung bestimmter Alternativen zu geschützten Technologien unwirtschaftlich sein. Besitzt eine von mehreren alternativen Technologien, mit Hilfe derer standardkonform gearbeitet werden kann, einen erheblichen Kostenvorteil gegenüber anderen Technologien, kann es für Unternehmen notwen-

1353 Siehe Brenner, Optimal formation rules, S. 18.

1354 Vgl. Lerner/Tirole, Efficient Patent Pools, S. 16f.

1355 Siehe auch Ullrich, Patentgemeinschaften, S. 416 mit dem Hinweis, dass die Vorteile des Pools einer individuellen Parallelverwertung entgegenstehen werden.

1356 Problematisch ist allerdings, dass die Frage der Essentialität häufig nur äußerst schwierig zu beantworten ist, kritisch zu diesem Kriterium beispielsweise Janis, Aggregation and Dissemination, S. 2., ausführlich insbesondere S. 12ff.

dig sein, diese Technologie zu benutzen, da sie ansonsten nicht im Wettbewerb mit anderen Anbieter standardkonformer Produkte bestehen können. Wann ein solcher Fall eines „wirtschaftlich essentiellen" Schutzrechts vorliegt, ist äußerst schwierig zu definieren. Es können ganz erhebliche Abgrenzungsfragen entstehen. Sofern ein Schutzrechtspool die Aufnahme „wirtschaftlich essentieller" Schutzrechte erlaubt, sollte genau bestimmt werden, was darunter gemeint ist. Nur dadurch lässt sich auch überprüfen, ob mit Hilfe des Kriteriums der „wirtschaftlichen Essentialität" nicht gegebenenfalls Schutzrechte mit aufgenommen werden, die gegebenenfalls Substitute haben.[1357]

Die zweite Frage ist, wer darüber zu befinden hat, ob ein bestimmtes Schutzrecht die Kriterien der „Essentialität" erfüllt. Dies können einmal die Schutzrechtsinhaber selbst sein, die übrigen Mitglieder des Schutzrechtspools oder eine neutrale Instanz. Wie effektiv die einzelnen Mechanismen sind, hängt davon ab, welche Konsequenzen mit einem Fehlverhalten verbunden sind.

Entscheidet jeder Schutzrechtsinhaber selbst, dann besteht die Gefahr, dass zu viele Schutzrechte als „essentiell" deklariert werden. Es werden im Zweifel mehr Schutzrechte in den Pool eingebracht, als sich tatsächlich im Pool befinden sollten. Da die Frage, ob ein bestimmtes Schutzrecht aus wirtschaftlichen oder technischen Gründen notwendigerweise zur der Anwendung eines technischen Standards genutzt werden muss, häufig äußerst schwierig zu beantworten ist, gestaltet sich auch die Kontrolle der Schutzrechtsinhabers schwierig. Entscheidend ist deshalb, welche Maßstäbe man an eine fehlerhafte Behauptung stellt und welche Sanktionen drohen. Die erste Frage ist, ob nicht bereits genügend Anreize auf Seiten der Poolmitglieder bestehen, sicherzustellen, dass nur „essentielle" Schutzrechte im Pool sind. Sind diese ungenügend, stellt sich die Frage, durch welche Sanktionierung eine solche gegenseitige Kontrolle sichergestellt werden kann.

Die Effektivität der gegenseitigen Kontrolle wird ganz entscheidend davon abhängen, wie die Lizenzgebühren zwischen den Schutzrechtsinhabern aufgeteilt werden und welchen Stellenwert die Lizenzeinnahmen im Rahmen des Geschäftsmodells der Schutzrechtsinhaber spielen. Gerade in denjenigen Fällen, in denen der Anteil an den Lizenzgebühren allein nach der Anzahl der Schutzrechte im Pool bestimmt wird, bestehen große Anreize für die einzelnen Schutzrechtsinhaber, möglichst viele eigene Schutzrechte in den Pool einzubringen. An der Effektivität der Selbstkontrolle bestehen jedoch erhebliche Zweifel. Insbesondere Inhaber tatsächlich „essentieller" Schutzrechte könnten ihre Aufnahme von der Einbeziehung weiterer Schutzrechte in den Pool abhängig machen. Ihre Verhandlungsmacht ist daher ganz erheblich. Andere Unternehmen können sich gegebenenfalls nicht ausreichend gegen diese Verhandlungsmacht wehren, da jede Partei mit einem Verlassen des Pools drohen kann.

1357 Kritisch zu diesem Kriterium Ullrich, Patentgemeinschaften.

Grundsätzlich scheint eine Sanktionierung deshalb notwendig. Drei Sanktionswege wären denkbar: eine Sanktionierung durch die übrigen Schutzrechtsmitglieder, eine Sanktionierung durch Lizenznehmer eines Pools und schließlich eine Sanktionierung durch Kartellbehörden.

Betrachtet man zunächst allein das Verhältnis der Poolmitglieder untereinander, dann wäre als Sanktionen an privatrechtlichen Schadenersatz oder eine Vertragsstrafe bei Verstoß gegen eine vertragsrechtliche Pflicht zu denken. Dies setzte eine Pflicht voraus, dass jedes Poolmitglied gehalten ist, die von ihm eingebrachten Schutzrechte auf ihre „Essentialität" hin zu überprüfen. Es erscheint eher unwahrscheinlich, dass Poolmitglieder dies von sich aus ohne äußeren Druck vereinbaren werden. Zudem stellt sich die Frage, ob die beteiligten Unternehmen überhaupt ein Interesse an einer sorgsamen Prüfung haben, da dann auch die jeweils eigenen Schutzrechte einer entsprechenden Prüfung unterworfen werden könnten. Allerdings kann eine kartellrechtliche Sanktionierung des Pools im Fall der Aufnahme überflüssiger Schutzrechte diese Anreize verbessern. Weiterhin würde dem Schutzrechtsinhaber eines überflüssigen Schutzrechts gegebenenfalls eine Rückzahlung der bisher an ihn ausgezahlten Lizenzgebühren aus den Pool, die für dieses Schutzrecht angefallen sind, drohen. Eine solche Rückzahlung hat jedoch kaum eine Sanktionswirkung.

Ein Schutzrechtsinhaber, der fälschlicherweise als „essentiell" deklarierte Schutzrechte in einen Pool einbringt, kann dadurch auch einen Kartellrechtsverstoß begehen. Ein Pool, der nicht „essentielle" Schutzrechte beinhaltet, ist zum einen einem kartellrechtlichen Koppelungseinwand ausgesetzt. Sofern es durch die Aufnahme nicht „essentieller" Schutzrechte dazu kommt, dass mehrere substituierbare Schutzrechte unterschiedlicher Schutzrechtsinhaber Bestandteil eines Pools sind, wird der Wettbewerb um die Lizenzierung beschränkt. Sind auch die übrigen Tatbestandsvoraussetzungen der Kartellrechtsnormen erfüllt, kann ein solcher Kartellrechtsverstoß zu einer kartellrechtliche Sanktionierung entweder des einzelnen Schutzrechtsinhabers, der Mitglieder des Schutzrechtspools oder aber des Schutzrechtspools führen. Sie ist sicherlich auch notwendig. Durch eine drohende kartellrechtliche Sanktionierung des Schutzrechtsinhabers werden Anreize für die Schutzrechtsinhaber gesetzt, sorgfältig zu prüfen, welche Schutzrechte sie in einen Pool einbringen. Eine drohende Sanktionierung des Pools sowie der übrigen Poolmitglieder, werden zudem Anreize gesetzt, selbständig alle eingebrachten Schutzrechte auf ihre Notwendigkeit zur Anwendung des technischen Standards zu überprüfen.

Denkbar wäre auch ein Schadenersatz gegenüber den Lizenznehmern. Allerdings haben diese nur einen Schaden, wenn sie infolge der zu Unrecht als essentiell oder komplementär bezeichneten Schutzrechte einen höheren Gebührensatz haben bezahlen müssen, als sie bezahlt hätten, wenn sich das fragliche Schutzrecht nicht im Pool befunden hätte. Bei Annahme einheitlicher Monopolrenten ließe sich argumentieren, dass für einen Schutzrechtspool, in dem sich mindestens ein essentielles Schutzrecht befindet, ohnehin der vom Pool festgesetzte Monopolpreis bezahlt worden wäre, der unabhängig von der Anzahl der Schutzrechte im Pool ist.

Alternativ zu einer Selbstkontrolle besteht die Möglichkeit, die Bewertungsfragen an eine externe Institution, beispielsweise eine Gruppe von Patentanwälten oder Treuhändern zu übergeben. Sofern sichergestellt ist, dass die Schutzrechtsinhaber keine oder nur sehr begrenzte Möglichkeiten haben, auf die Entscheidungen dieser Institution einzuwirken, ermöglicht ein solcher Mechanismus sicherlich eine neutralere Bewertung der Schutzrechte als eine Kontrolle allein der Schutzrechtsinhaber. Fraglich ist, ob dieses Gremium den Pool auch noch verwalten sollte. Hierbei ist sorgsam zu prüfen, ob das Interesse an der Verwertung nicht zu Interessenkollisionen mit ihrer eigenen Aufgabe führt. Haben sie ein Profitinteresse an der erfolgreichen Vermarktung eines Pools ließe sich etwa daran denken, dass durch die Aufnahme neuer Schutzrechte der Pool länger als notwendig aufrecht erhalten wird.

c) Begrenzung der Aufnahme substituierbarer Schutzrechte

Wie die Analyse der wohlfahrtsschädlichen Effekte gezeigt hat, treten die größten Probleme von Schutzrechtspools im Zusammenhang mit substituierbaren Schutzrechten auf. Eine Versagung der Aufnahme substituierbarer Schutzrechte hat deshalb zwei positive Auswirkungen. Zum einen kann es nicht mehr zu einer Veränderung der Marktstruktur auf den Lizenzmärkten für diese Schutzrechte kommen. Zum anderen kann kein einzelnes Schutzrecht davon profitieren, dass es zusammen mit „essentiellen" Schutzrechten lizenziert wird und dadurch im Lizenzmarkt für standardkonforme Güter eine marktbeherrschende Stellung erreicht. Müssen substituierbare Schutzrechte hingegen einzeln lizenziert werden, kommt es mitunter zu höheren Transaktionskosten bei der Lizenzierung.

Möchte man keine grundsätzlich substituierbaren Schutzrechte in einem Schutzrechtspool haben, wird eine genaue Analyse der im Schutzrechtspool befindlichen Schutzrechte notwendig. Das Problem ist in der Praxis wiederum, dass es häufig schwierig zu entscheiden ist, welche Schutzrechte oder Patentansprüche „essentiell", komplementär oder substituierbar sind. Ob Schutzrechte komplementär zueinander sind oder durcheinander substituiert werden können, lässt sich häufig nicht eindeutig sagen.[1358] Dies gilt insbesondere dann, wenn es nicht nur auf technische, sondern auch auf ökonomische Kriterien ankommt.[1359]

Der Vorteil bei Schutzrechtspools, die einen technischen Standard ermöglichen sollen, besteht zwar darin, dass die Nutzung der Schutzrechte durch den Standard vorgegeben wird. Man hat insofern bei der Bewertung der Komplementarität und Substituierbarkeit ein Maßstab. In vie-

1358 Siehe ausführlich Hovenkamp/Janis/Lemley, IP and Antitrust, § 34.2b, 34-9f.
1359 Siehe Lerner/Tirole, Public Policy toward Patent Pools, S. 10f.

len Fällen sind die einzelnen Bewertungsfragen jedoch immer noch mit großen Schwierigkeiten verbunden.[1360]

In vielen dieser Fälle ist es daher notwendig, unabhängige Spezialisten mit der Auswahl und Überprüfung der in einem Pool befindlichen Schutzrechte zu beauftragen. Aufgrund der Schwierigkeiten bei der Bewertung ist eine derartige Lösung jedoch mit hohen Fehlerrisiken verbunden. Zudem entstehen dadurch zusätzliche Kosten.

d) Lizenzgebührenverwaltung

Von besonderer Bedeutung ist ferner, wie der Mechanismus ausgestaltet ist, mit Hilfe dessen die Lizenzgebührenzahlungen der Lizenznehmer verwaltet werden. Gerade in diesem Bereich können je nach Ausgestaltung der Lizenzgebühren häufig sensible Daten ausgetauscht werden. Werden Stücklizenzen oder Lizenzgebühren nach Umsätzen festgelegt, dann müssen Lizenznehmer Produktionsmengen standardkonformer Güter bzw. Umsatzzahlen bekannt geben. Sind die Schutzrechtsinhaber selbst Lizenznehmer des Pools, kann auf diesem Wege umfangreicher Informationsaustausch zwischen Wettbewerbern stattfinden.

Zur Vermeidung dieser Probleme bestehen mehrere Möglichkeiten. Zum einen ist es denkbar, dass die Schutzrechtsinhaber selbst keine Lizenznehmer des Schutzrechtspools sind, sondern sich die Nutzung ihrer Schutzrechte im Wege von Kreuzlizenzen gestatten. In derartigen Fällen kommen im Pool lediglich die Informationen über die Lizenznehmer zusammen. Diese erhielten die Schutzrechtsinhaber jedoch in aller Regel auch bei Einzellizenzierung. Insofern entstünden durch den Pool keine erweiterten Informationsmöglichkeiten.

Die andere Möglichkeit ist die Einrichtung eines treuhänderisch handelnden Poolverwalters, der organisatorisch von den Schutzrechtsinhabern getrennt ist und durch unabhängige Gremien überwacht wird. Durch eine solche Regelung ließe sich der Informationsfluss zwischen den Schutzrechtsinhabern und den Lizenznehmern erheblich verringern. Es entstünden dadurch jedoch gegebenenfalls zusätzliche Verwaltungs- und insbesondere Überwachungskosten.

e) Teilnahmeanspruch

Eine weitere Frage ist, ob grundsätzlich jeder Schutzrechtsinhaber berechtigt sein soll, am Schutzrechtspool teilzunehmen. Dabei ist zunächst festzustellen, dass es bei dieser Frage allein um Inhaber von substituierbaren Schutzrechten gehen kann. Die Teilnahme eines Inhabers von komplementären, zur Anwendung eines technischen Standards notwendigen Schutzrechten ist grundsätzlich immer erwünscht. Ein solcher Inhaber kann im Zweifel seine Teilnahme an einem Pool auch immer erzwingen.

1360 Etwa Lerner/Tirole, Efficient Patent Pools, S. 3f.; ausführlich Janis, Aggregation and Dissemination, S. 25ff.

Geht es jedoch um um die Aufnahme von Schutzrechten, die Substitute für bereits im Pool befindliche Schutzrechte sind, dann ist aufgrund der bereits erwähnten Monopolisierungsgefahr grundsätzlich ein solcher Aufnahmeanspruch äußerst kritisch zu beurteilen. Der einzige vernünftige Sinn einer solchen Regelung kann sein, dass der Schutzrechtsinhaber, der die Aufnahme beantragt, von den verringerten Transaktionskosten profitieren und damit dem Inhaber des Substituts innerhalb des Pools gleichgestellt werden möchte. Es geht also allein um Zugang zu den Vorteilen, die der Konkurrent durch Koppelung erreicht. Sofern man in der Koppelung ein Problem sieht, erscheint es angesichts der Gefahren infolge der Monopolisierung jedoch ratsam, die Koppelung zu verbieten, also das substituierbare Schutzrecht aus dem Pool auszuschließen. Ein Teilnahmeanspruch für Schutzrechte, die nicht notwendigerweise bei der Anwendung eines technischen Standards genutzt werden, ergibt daher ökonomisch keinen Sinn.

Zu beachten ist in diesem Zusammenhang auch ein Aufsatz von *Brenner*. In seinem Modell sorgen gerade die Exklusivität von Schutzrechtspools zusammen mit der Möglichkeit der Einzellizenzierung dafür, dass sich wohlfahrtsschädigende Pools gar nicht erst bilden.[1361]

f) Lizenzierungsbedingungen

Grundsätzlich stellt sich die Frage, ob Schutzrechtspool anderen Beschränkungen bei der Lizenzierung unterliegen sollten als einzelne Schutzrechtsinhaber. Dabei ist zu berücksichtigen, dass Inhaber essentieller Schutzrechte ohne Schutzrechtspool vollständig frei bestimmen können, zu welchen Bedingungen sie Lizenzen erteilen. Die Frage ist daher, welche Besonderheiten sich durch einen Schutzrechtspool ergeben, die eine stärkere Beschränkung rechtfertigen könnten.

Betrachtet man zunächst einmal die Inhaber zweier komplementärer, „essentieller" Schutzrechts, so wird teilweise geltend gemacht, dass der Pool ein Monopol begründet, es ohne den Pool jedoch im Falle gegenseitiger Lizenzierung zu duopolistischem Wettbewerb zwischen den Unternehmen käme. Diese Annahme ist in dieser Allgemeinheit nicht richtig. Durch vertragliche Regelungen wie beispielsweise Gebietsabsprachen könnten die beiden Schutzrechtsinhaber auch im Rahmen einer Lizenzierung ohne Pool das Ergebnis eines Monopols erreichen. Zudem wird geltend gemacht, dass es bei Einzellizenzierung an Dritte gegebenenfalls zu einer größeren Anzahl erteilter Lizenzen käme. Auch diese Überlegung ist nicht allgemein richtig. Da bei komplementären, „essentiellen" Schutzrechten die Nachfrage nach einem Schutzrecht immer von der Nachfrage nach dem anderen Schutzrecht bestimmt wird, müssen schon beide Schutzrechtsinhaber zu viele Lizenzen vergeben und gegen ihr Gewinnmaximierungsinteresse verstoßen. Es ist zwar nicht undenkbar, dass dies geschieht, aber doch sehr unwahrscheinlich. Diese Überlegungen führen daher dazu, dass es grundsätzlich keinen Grund

1361 Brenner, Optimal Formation of Patent Pools.

gibt, Schutzrechtspools anders zu behandeln als einzelne Schutzrechtsinhaber „essentieller“ Schutzrechte. Es kann insofern auf alles verwiesen werden, was in Kapitel 2 bereits diskutiert wurde.

Allein ein Gesichtspunkt soll besonders erwähnt werden. Durch den Schutzrechtspool kommt es dazu, dass die Interessen aller am Pool teilnehmenden Unternehmen gebündelt werden. Die Schutzrechtsinhaber haben ein Profitinteresse an der möglichst langen Aufrechterhaltung der Lizenzeinnahmen. Dies mag in erheblichem Maße ihre Anreize senken, in neue oder alternative Technologien und Standards zu investieren. Sofern die in einem Schutzrechtspool zusammengeschlossenen Unternehmen einen großen Teil der Forschungs- und Entwicklungskapazitäten in einem Technologiebereich besitzen und darüber hinaus auch den Herstellungs- oder gar den Vertriebsmarkt dominieren, können ernsthafte Zweifel daran entstehen, ob der dynamische Wettbewerb noch im gleichen Maße besteht wie ohne einen Pool. Sofern man an Inhaber essentieller Schutzrechte aufgrund ihrer Marktmacht auch auf der Herstellungs- und Vertriebsebene erhöhte Anforderungen an die Lizenzierung stellt, so gilt dies entsprechend auch für Schutzrechtspools.

g) Gebührenverteilung

Eine wichtige Rolle spielt zudem der Verteilungsmechanismus. Hier sind unterschiedliche Mechanismen denkbar. Der einfachste Mechanismus besteht darin, die Lizenzgebühren einheitlich auf alle am Pool teilnehmenden Schutzrechtsinhaber zu verteilen. Denkbar ist auch eine Verteilung gemäß der sich pro Schutzrechtsinhaber im Pool befindlichen Schutzrechte.[1362] Ein Schutzrechtsinhaber mit mehr Schutzrechten im Pool erhält daher mehr Gebühren als ein Schutzrechtsinhaber mit nur einem oder weniger Schutzrechten. Der Vorteil dieses Verteilungsmechanismus besteht in seiner Einfachheit. Es entstehen relativ geringe Verwaltungskosten. Allerdings steigt dadurch der Anreiz, möglichst viele Schutzrechte in einen Pool einzubringen, die nicht notwendigerweise in den Pool gehören oder möglichst viele Schutzrechte anzumelden.[1363]

Ein alternativer Verteilungsmechanismus bestünde darin zu ermitteln, welchen Wert jedes einzelne Schutzrecht im Pool hat und den Inhabern von Patenten entsprechend niedrigere oder höhere Anteile der Gebühren zuzumessen. Ein derartiger Mechanismus würde zu höheren Forschungs- und Entwicklungsanreizen führen. Allerdings erfordert er auch einen deutlich höheren Verwaltungsaufwand. Für diese Mechanismen gibt es unterschiedliche Berechnungsmethoden. Insofern sei zum einen auf den *Shapley-Value* und andererseits auf die sog. *Efficient*

1362 Auch sog. numerische Proportionalität, siehe Layne-Farrar/Padilla/Schmalensee, Pricing Patents, S. 12.
1363 Siehe kritsch zur Regelung der numerischen Proportionalität insbesondere Layne-Farrar/Padilla/Schmalensee, Pricing Patents, S. 13, 35f.

Component Pricing Rule hingewiesen, die bereits im Rahmen des zweiten Kapitels diskutiert wurden.[1364]

h) Beschränkung der Lizenz

Zu beachten ist ferner, dass es im Rahmen der Lizenzierung von Schutzrechten möglich ist, Beschränkungen für die Lizenz festzulegen. Gegen derartige Beschränkungen bestehen grundsätzlich keine Bedenken. Dies wurde in Kapitel 2 kurz erläutert. Im Rahmen von Schutzrechtspools bieten sich Nutzungsbeschränkungen zudem an, um sicherzustellen, dass der Schutzrechtspool nur für diejenigen Fälle die Schutzrechte gemeinsam lizenziert, in denen sie auch gemeinsam genutzt werden. Beispielsweise ließe sich festlegen, dass die entsprechende Lizenz allein die Möglichkeit bietet, die lizenzierten Schutzrechte im Rahmen der Anwendung des technischen Standards zu benutzen. Erteilt ein Pool nur derartig begrenzte Lizenzen, besteht eine geringere Gefahr, dass er Einfluss auf Technologiemärkte für andere Nutzungen konkreter Schutzrechte nimmt.

i) Zusammenfassung und Bewertung

Im Ergebnis zeigt eine Analyse unterschiedlicher Regelungsmöglichkeiten, dass es sinnvolle Mechanismen gibt, um einige wohlfahrtsreduzierende Wirkungen von Schutzrechtspools zu verhindern. Insbesondere ein eigenständiges Gremium zur Bewertung und Lizenzierung von Schutzrechten kann dazu dienen, besondere Gefahren des Informationsaustauschs sowie der Aufnahme wertloser Schutzrechte in einen Pool zu bannen. Darüber hinaus sollte Wert darauf gelegt werden, dass der Pool keine Exklusivlizenzen erhält, so dass die Einzellizenznahme von den Schutzrechtsinhabern weiterhin möglich ist. Eine *Field-of-Use*-Beschränkung hinsichtlich der Nutzung von Schutzrechten im Rahmen des technischen Standards erscheint ebenfalls sinnvoll.

Die Notwendigkeit von Aufnahmeansprüchen außenstehender Schutzrechtsinhaber sowie eine diskriminierungsfreie Lizenzierung müsste hingegen im konkreten Fall ausdrücklich begründet werden. Für eine solche Entscheidung sollte die Marktmacht der Poolmitglieder ausschlaggebend sein und die Bewertung denselben Kriterien entsprechen, wie sie bei einzelnen Inhabern von Schutzrechte, die zur Anwendung eines technischen Standards zwangsläufig genutzt werden, gelten.

Nicht gelöst werden kann hingegen das Problem, dass Schutzrechtspools langfristig Anreize für eigenständige Forschung und Entwicklung senken können. Auf dieses Problem weist insbesondere *Ullrich* hin. Die zukünftige Freistellungsmöglichkeit von Schutzrechtspools könne zu zweifelhafter strategischer Nutzung der Freistellungsmöglichkeiten Anlass geben kann.

1364 Eine ausführliche ökonomische Analyse hierzu führen Layne-Farrar/Padilla/Schmalensee, Pricing Patents, S. 15ff. durch.

Insbesondere könne die erwartete Freistellung bereits bei der Investitionsentscheidung über neue Technologien Anreize senken, jeweils eigenständige Technologien zu entwickeln.[1365] Wie bereits beschrieben wurde, kann dies den Wettbewerb um technische Standards deutlich schwächen.

4. Anreize zur Teilnahme an Schutzrechtspools

a) Private Anreize

Da Schutzrechtspools unter bestimmten Voraussetzungen erwünscht sind, ist die entscheidende Frage in der Praxis, ob es hinreichende Anreize für Schutzrechtsinhaber gibt, an Schutzrechtspools teilzunehmen. Insbesondere zwei Faktoren spielen hierbei eine Rolle. Der eine Faktor ist, ob ein Schutzrechtsinhaber durch das Pooling stärkeren Beschränkungen bei der Gestaltung der Lizenzen unterliegt als bei Einzellizenzierung. Sofern dadurch geringere Lizenzeinnahmen drohen, bestehen geringere Anreize zur Teilnahme.[1366]

Ferner ist entscheidend, wie die Lizenzgebühren verteilt werden. Dabei bestehen Unterschiede zwischen Unternehmen mit und Unternehmen ohne eigene Produktion.[1367] Der Grund dafür besteht darin, dass Unternehmen mit eigener Produktion ein erhöhtes Interesse an günstiger Lizenznahme haben und nach Beschluss über einen technischen Standard möglichst zügig und ungehindert mit der Produktion beginnen wollen.[1368] Zudem können sie ihre Renten vielmals auf den Downstreammärkten erzielen. Lizenzeinnahmen sind für sie häufig nicht so wichtig. Ihre Bereitschaft, an Schutzrechtspools teilzunehmen, ist daher relativ hoch. [1369]Anders ist dies, wie bereits mehrfach erwähnt wurde, für reine Forschungs- und Entwicklungsunternehmen. Eine einheitliche Lizenzgebührenverteilung nach der Anzahl der Schutzrechte senkt Anreize zur Teilnahme für reine Forschungs- und Entwicklungsunternehmen. Auch Regelungen in Bezug auf Rücklizenzierung und individuelle Lizenzvergabe bestimmen die Teilnahmeanreize von Unternehmen.

Theoretische Modelle zeigen, dass es grundsätzlich private Mechanismen gibt, Unternehmen zur Teilnahme an Schutzrechtspools zu motivieren.[1370] Entscheidend ist dabei insbesondere, wie die Lizenzgebühren verteilt werden. Reine Forschungs- und Entwicklungsunternehmen sind grundsätzlich eher bereit, an Schutzrechtspools teilzunehmen, wenn die Vergütung nach dem ökonomischen Wert eines Patents berechnet wird und nicht etwa allein nach der Anzahl

1365 Vgl. Ullrich, Patentgemeinschaften S. 420.

1366 Ermöglicht die Existenz eines Pools höhere Rente durch Einzellizenzierung kommt es zu einem Problem der Trittbrettfahrerei, vgl. Aoki/Nagaoka, Consortium Standard and Patent Pools, S. 3.; Aoki/Nagaoka, Coalition Formation, S. 6.

1367 Vgl. Franzinger, 91 Cal. L. Rev. (2003) 1695, 1706.

1368 Siehe Aoki/Nagaoka, Consortium Standard and Patent Pools, S. 10; Layne-Farrar/Lerner, To Join or not To Join, S. 4.

1369 Siehe Layne-Farrar/Lerner, To Join or not To Join, S. 3.

1370 Siehe etwa Layne-Farrar/Lerner, To Join or not To Join, zu den Ergebnissen siehe S. 30f.

von Patenten im Pool.[1371] *Aoki* und *Nagaoka* haben gezeigt, dass mit einer wachsenden Anzahl an Unternehmen die Wahrscheinlichkeit eines einheitlichen, alle Schutzrechte abdeckenden Schutzrechtspools sinkt.[1372]

b) Kollektive Rechtsorganisationen und Zwangslizenzierung

Reichen die privaten Anreize nicht aus, Schutzrechtspools zu bilden, stellt sich die Frage, ob staatlicherseits nachgeholfen werden kann. Dabei wäre zum einen an den Mechanismus kollektiver Rechtsverwaltungsorganisationen zu denken, wie sie beispielsweise im Rahmen des Urheberrechts gang und gäbe sind. Diese sind jedoch zugleich mit Zwangslizenzierung verbunden.

Die Probleme der Zwangslizenzierung, ob zugunsten einer kollektiven Rechteorganisation oder als Mittel zur Schaffung von Anreizen, Pools beizutreten, sind dieselben wie in Kapitel 2 beschrieben. Sofern das Fernbleiben eines Akteurs von einem Pool damit zusammenhängt, dass er sich nicht für seinen Beitrag angemessen vergütet fühlt, wird eine zwangsweise Teilnahme am Pool dazu führen, dass ihm dieses Ergebnis aufgezwungen wird. Dabei besteht die Gefahr, dass die Kompensation und damit Forschungs- und Entwicklungsanreize sinken. Da die Interessen der vertikal integrierten Unternehmen und der nicht vertikal integrierten Unternehmen immer auseinanderfallen und es damit häufig keinen jede Partei zufriedenstellenden Verteilungsmechanismus gibt, kann dies leicht zu dem Ergebnis führen, dass es zu Ungleichbehandlung, sowie Über- und Unterkompensation kommt. Zwangslizenzen sollten aus diesem Grund allenfalls als *ultima ratio* angewendet werden.[1373]

5. Gefahren beim Zusammentreffen von Standardisierung und Pooling

Die bisherige Betrachtung ist davon ausgegangen, dass ein Schutzrechtspool insbesondere dann wünschenswert ist, wenn sich darin für die Anwendung eines technischen Standards notwendige, gegenseitig komplementäre Schutzrechte befinden. Was als essentiell zu bewerten ist, hängt jedoch von den Definitionen des technischen Standards ab. Dies wiederum bedeutet, dass es jedenfalls theoretisch möglich ist, durch die Definitionen des Standards die Frage der Zulässigkeit von Schutzrechtspooling vorzuentscheiden.[1374] Die Gefahr besteht deshalb, dass

1371 Aoki und Nagaoka zeigen etwa mit einem Modell, dass eine feste Gebühr pro Patent nicht zugleich die Lizenzeinnahmen maximieren und für eine gerechte Verteilung zwischen heterogenen Teilnehmern führen kann; während vertikal integrierte Unternehmen ein Interesse an möglichst geringen Lizenzgebühren haben, besitzen reine Forschungs- und Entwicklungsunternehmen ein Interesse an der Maximierung ihrer Lizenzeinnahmen vgl. Aoki/Nagaoka, Consortium Standard and Patent Pools, S. 17; Den Vorteil bei den Anreizen zur Teilnahme einer Verteilung nach dem Wert eines Patents gegenüber einer Regel numerischer Proportionalität zeigen empirisch Layne-Farrar/Lerner, To Join or not To Join, S. 28ff.

1372 Aoki/Nagaoka, Coalition Formation,, S. 21ff.

1373 Ausführlich gegen Zwangslizenzen oder staatlich angeordnete kollektive Rechtsorganisationen siehe auch Merges, 8 Cal. L. Rev. (1996) 1293, insbesondere 1340ff.

1374 Die Notwendigkeit, ein Schutzrechts bei Anwendung eines Standards zu nutzen, kann auch gerade durch eine Verheimlichung des Schutzrechts im Rahmen des Standardisierungsvorgangs erreicht werden, wie in Kapitel 2 beschrieben wurde.

Unternehmen auf der Ebene der Standardisierung kollusiv zusammenwirken und alternative Spezifikationsmöglichkeiten ausschließen.[1375]

Sofern ein technischer Standard einen Markt dominiert bzw. ein Standardisierungsvorschlag darauf abzielt, einen Markt zu dominieren, kann einer entsprechenden Gefahr nur dadurch begegnet werden, dass man Kontrollmechanismen auf der Ebene der technischen Standardisierung schafft. An mehrere Kontrollmechanismen ließe sich denken.

Ein Kontrollmechanismus wäre die Öffnung der Standardisierung für alle interessierten Teilnehmer. Dadurch ließe sich eine höhere Transparenz der Standardisierung erreichen. Die Effektivität eines entsprechenden Mechanismus kann allerdings begrenzt sein, wenn die ursprünglichen Teilnehmer hohe Verhandlungsmacht besitzen. Dies wiederum hängt unter anderem von den Abstimmungsregelungen ab. Zu beachten ist ferner, dass durch eine Öffnung des Prozesses technischer Standardisierung effektive Standardisierungsformen verhindert werden können. Insofern ist auf Kapitel 2 zu verweisen.

Ein weiterer Kontrollmechanismus könnte darin bestehen, dass die Verhandlungen über den Schutzrechtspool sowie die Entscheidung über den technischen Standard voneinander getrennt erfolgen müssen. Eine organisatorische Trennung erschwert grundsätzlich die Abstimmungsmöglichkeiten. Dadurch wird es jedoch andererseits für das Standardisierungsgremium schwieriger, sicherzustellen, dass der Standardisierungsvorschlag zu angemessenen Kosten benutzt werden kann.

Eine dritte Möglichkeit bestünde darin, dass alternative Lösungen, die das Ziel der Standardisierung nicht gefährden, im Rahmen einer möglicherweise notwendigen Zertifizierung ebenfalls anerkannt werden müssten. Dies böte Dritten die Möglichkeit, eine essentielle Technologie nicht anzuwenden. Sofern sie die Zertifizierung erreicht haben, müsste der Schutzrechtspool diese Änderung bzw. Erweiterung des Standards berücksichtigen.

Vierten sollte eine kartellrechtliche Prüfung stattfinden, wenn konkrete Hinweise darauf bestehen, dass Unternehmen im Rahmen der Entwicklung eines Standardisierungsvorschlag darauf hin arbeiten, den Standardisierungsvorschlag so zu definieren, dass eine geschützte Technologie notwendig für die Anwendung der erarbeiteten Spezifikation wird, obwohl es vernünftige Alternativen zu einer solchen Wahl eines Standardisierungsvorschlags gibt. Einem Missbrauch technischer Standardisierung zur Monopolisierung von Märkten kann auf diesem Wege vorgebeugt werden.

1375 Siehe auch Ullrich, Patentgemeinschaften, der anmerkt, dass bei einer wettbewerbsrechtlichen Prüfung die Entstehungsgeschichte, die Zielsetzung der Poolbildung und schließlich die Art der Technologie zu berücksichtigen sein sollte.

Angesichts der Ergebnisse des zweiten Kapitels ist eine institutionelle Verbindung formeller Standardisierung mit dem Lizenzierungsvorgang nicht ratsam.[1376] Der wirksamste Mechanismus bestünde darin, möglichst vielen interessierten Parteien die Teilnahme an der Standardisierungstätigkeit zu gestatten. Begrenzungen dieser Möglichkeit sollten nur dann zugelassen werden, wenn es dennoch zu einem Wettbewerb um unterschiedliche Standardisierungsvorschläge kommt oder aber sichergestellt wird, dass keine strategische Standardisierung erfolgt. Ferner ist sicherzustellen, dass Anforderungen an Konformitätsprüfungen nicht überzogen sind. Eine kartellrechtliche Überprüfung erscheint in Zweifelsfällen sinnvoll zu sein.

V. Vergleich der Lösungsmöglichkeiten

Betrachtet man die einzelnen Lösungsmöglichkeiten, so ist relativ eindeutig, dass Zwangslizenzierung grundsätzlich keine angemessene Antwort auf die Probleme darstellt, die infolge der Existenz einer Vielzahl essentieller Schutzrechte bestehen. NACs und Schutzrechtspools hingegen können vernünftige Lösungen darstellen, wobei Schutzrechtspools gegenwärtig die größte Aufmerksamkeit in der wissenschaftlichen Literatur geschenkt wird.[1377] Die ökonomische Analyse hat einige theoretisch klare Kriterien herausgearbeitet, unter welchen Voraussetzungen ein Schutzrechtspool die erwünschten Wirkungen entfaltet. Praktisch kann jedoch die Unterscheidung in für die Anwendung eines Standards „essentielle“, komplementäre und substituierbare Schutzrechte zu erheblichen Abgrenzungsproblemen führen. Ferner lässt sich das Problem, dass durch Schutzrechtspools möglicherweise Forschung- und Entwicklungsanreize gesenkt werden können, kaum durch angemessene Regelungen innerhalb von Schutzrechtspools lösen. Aufgrund dieser Gefahr sollte diese Lösungsmöglichkeit daher mit Vorsicht genutzt werden. Sie mag vor allem in denjenigen Fällen sinnvoll sein, in denen ein Nebeneinander mehrerer Systemtechnologien aufgrund besonderer Umstände nicht möglich ist. Dies mag insbesondere im Telekommunikationsbereich der Fall sein, wenn einheitliche technische Standards für ganze Kommunikationsnetze wichtig sind. Ferner sollte bei der Abwägung, ob ein Pool wettbewerbsfördernd ist, berücksichtigt werden, wieviele Schutzrechte bestehen und wie hoch die Vorteile durch verringerte Transaktionskosten wie auch geringere Monopolrenten tatsächlich wiegen.

E. Bewertung der Rechtslage

Betrachtet man vor diesem Hintergrund die bestehende Rechtslage, so ist die Zulassung von Schutzrechtspools durch die EU-Kommission und die amerikanischen Kartellbehörden grund-

1376 Anders Franzinger, 91 Cal. L. Rev. (2003) 1695, 1726, der in der institutionellen Trennung einen Vorteil für Unternehmen sieht, Hold-up auszunutzen.

1377 Siehe z.B. Bekkers/Iversen/Blind, Patent Pools and non-assertion agreements; Lee, Patent Standards, S. 23; kritisch gegenüber Patentpools jedoch Heinemann, Immenga/Mestmäcker, Wettbewerbsrecht EG, B. Rn 37.

sätzlich in Standardisierungskontexten eine sinnvolle Regelung. Die bestehenden kartellrechtlichen Richtlinien und Entscheidungen folgen im wesentlichen den hier dargestellten ökonomischen Kriterien.[1378] Die amerikanische Praxis erlaubt anders als die europäische grundsätzlich auch die Aufnahme von geschützten Technologien in den Pool, für die Substitute in Form alternativer geschützter Technologien bestehen.[1379] Dieser Ansatz lässt sich rechtsökonomisch begründen, weil dadurch Transaktionskosten gespart werden können. Allerdings ist angesichts der Schwierigkeiten bei der Feststellung, welche Schutzrechte substituierbar sind, auch der europäische Ansatz nicht unvertretbar. Dies wird zwar dadurch erkauft, dass gewisse Transaktionskostenersparnisse nicht realisiert werden. Andererseits werden dadurch auch Kollusionspotentiale verringert, die mit erheblich größeren Kosten verbunden sein können.

Angesichts der vielen Risiken, die mit Schutzrechtspools verbunden sein können, weist *Ullrich* zurecht darauf hin, dass aus kartellrechtlicher Perspektive die Zulässigkeit von Schutzrechtspools nicht allein davon abhängen kann, ob sie durch interne Regelungen die Kollusionsmöglichkeiten soweit es geht reduziert, sondern ob sie die im Vergleich zu anderen Regelungsmöglichkeiten die den Wettbewerb am wenigsten beeinträchtigende Lösungsmöglichkeit darstellen.[1380] Ob Schutzrechtspools wirklich notwendig sind, hängt deshalb entscheidend davon ab, wieviele Schutzrechte bestehen, deren Nutzung zur Anwendung eines technischen Standards notwendig sind, ob und wie viele Alternativen für diese Schutzrechte bestehen oder entwickelt werden können, wie die Forschungs- und Entwicklungslandschaft und schließlich wie die Marktstruktur in Bezug auf die geschützten Informationen aussieht. Insbesondere spielt eine wichtige Rolle, in welchem Umfang tatsächlich *Anticommons*-Probleme bzw. Probleme mehrfacher Monopolrenten entstehen. Die Untersuchung von *Geradin, Layne-Farrar* und *Padilla* erweckt zumindest Zweifel daran, dass allein die Existenz zahlreicher, komplementärer Schutzrechte einer Reihe von Schutzrechtsinhabern ausreicht, um anzunehmen, dass *Anticommons*-Probleme und Probleme mehrfacher Monopolrenten in so großem Umfang bestehen, dass sie allein mit Hilfe von Schutzrechtspools gelöst werden können. Lässt sich ein Standard nur etablieren, wenn die Möglichkeit zuverlässiger und kostengünstiger Lizenznahme besteht, die allein mit Hilfe von Schutzrechtspools geschaffen werden kann, könnte zudem über eine zeitliche Begrenzung der Dauer von Schutzrechtspooling nachgedacht werden.

Ferner ist darauf hinzuweisen, dass sich die Probleme, die sich aus der Existenz zahlreicher Schutzrechte ergeben, auch dadurch verringern lassen, dass insgesamt weniger Schutzrechte gewährt werden. Von Bedeutung ist ferner, wie einfach sich der Schutzbereich von Schutz-

1378 Siehe kritisch zu den Kriterien Ullrich, Patentgemeinschaften, S. 412ff., der die nicht-ausschließliche Rücklizenzierung und zwangsweise Einzellizenzierung als ungenügend ansieht, um Wettbewerbsneutralität herzustellen. Ferner sieht er erhebliche praktische Schwierigkeiten, eine Gleichbehandlugspflicht effektiv durchzusetzen.

1379 Kritisch zum sehr strengen europäischen Ansatz auch Plompen, New Technology Transfer Guidelines, S. 2.

1380 Vgl. Ullrich, Competition Law and Intellectual Property Law, S. 29f.

rechten, insbesondere Patenten, ermitteln lässt. Jede Verbesserung des Schutzrechtssystems, insbesondere eine sorgfältige Prüfung von Patentansprüchen sowie kostengünstige Mechanismen zur Beseitigung zu Unrecht erteilter Schutzrechte, wird sich positiv auswirken. Auch bei der Schaffung neuer Schutzrechte und der Ausweitung des bestehender Schutzrechtsregelungen sollten die Folgekosten für die Gesellschaft mit berücksichtigt werden. Die umfangreiche Diskussion über die optimale Ausgestaltung von Schutzrechten ist jedoch nicht standardisierungsspezifisch und soll aus diesem Grund hier nicht eingehender behandelt werden.

KAPITEL 5: ZUSAMMENFASSUNG

Die vorangehenden Kapitel haben unterschiedliche ökonomische Probleme, die beim Zusammentreffen von technischen Standards, technischer Standardisierung und gewerblichen Schutzrechten entstehen, aufgezeigt und unterschiedliche Lösungsmöglichkeiten mit Hilfe eines rechtsökonomischen Institutionenvergleichs bewertet. Dabei wurde für jede einzelne Regelungsmöglichkeit ein Kosten-Nutzen-Vergleich angestellt. Dabei wurden vertragsrechtliche, schutzrechtliche und kartellrechtliche Lösungen miteinander verglichen. Die Monopolmacht, die Blockadesituation und schließlich die Situation mit vielen Schutzrechten wurden dabei getrennt voneinander diskutiert. Diese gedankliche Trennung erfolgte allein für den Zweck der theoretischen Diskussion. In der Praxis ist eine solch klare Trennung häufig nicht zu beobachten. Die Übergänge zwischen einer vollständigen Blockade und einem strategischen Zurückhalten zur Ausnutzung von Monopolmacht sind fließend. Beide Arten von Problemen können zusammen auftreten, sofern es mehrere Schutzrechtsinhaber gibt. Dies verkompliziert die Situation, scheint aber an auf die grundsätzlichen Überlegungen der unterschiedlichen Lösungsmöglichkeiten für die einzelnen Situationen keinen Einfluss zu nehmen. Die vorgeschlagenen Lösungen scheinen sich auch nicht zu widersprechen. Zu beachten ist allerdings, dass die Grenzen, die einem Schutzrechtsinhaber mit Monopolmacht gesetzt werden, Einfluss auf seine Entscheidung haben können, in welchem Umfang er überhaupt bereit ist, seine Schutzrechte zu lizenzieren. Je stärker die Beschränkungen sind, denen er unterliegt, und je größer die Gefahr wird, dass er hohe Kosten infolge von Rechtsstreitigkeiten zu erwarten hat, desto eher mag er davor zurückschrecken, überhaupt zu lizenzieren. Es wäre zu wünschen, dass klare Kriterien entwickelt werden, wann eine Zwangslizenzierung oder eine Beschränkung der Lizenzierung zu erwarten ist.

Die vorangehende Diskussion hat ferner jedoch gezeigt, dass es äußerst schwierig ist, losgelöst vom konkreten Einzelfall derartige Kriterien zu entwickeln. Das Problem im Zusammenhang mit technischer Standardisierung besteht erstens in den komplexen Dynamiken technischer Standardisierung wie auch der Tatsache, dass der Begriff des Standards wenig über seine konkreten ökonomischen Folgen aussagt. Zweitens ist Standardisierung ein Koordinationsvorgang, der aus wettbewerbsrechtlicher Sicht die Gefahr der Kartellierung in sich birgt. Drittens schließlich kann ein für einen Standard essentielles Schutzrecht ein Monopol ermöglichen. Dieses Monopol lässt sich in gewisser Hinsicht aufgrund der Theorie gewerblicher Schutzrechte rechtfertigen, die genauen Grenzen sind jedoch weitgehend umstritten. Aufgrund dieser Besonderheiten kann eine Betrachtung niemals ohne eine Würdigung der konkreten Umstände des Einzelfalls erfolgen. Nichtsdestotrotz soll versucht werden, einige Grundsätze für die Beurteilung darzustellen.

(1) Technische Standardisierung per se ist kein Grund, eine Zwangslizenzierung zu ermöglichen. Dafür ist der Nutzen technischer Standards und sind die Auswirkungen einer Zwangslizenz auf den Prozess der Standardisierung und die Anreize im Rahmen der Standardisierung zu ambivalent.

(2) Die Verwertungsfreiheit des Inhabers eines für die Anwendung eines Standards essentiellen Schutzrechts sollte soweit wie möglich erhalten bleiben. Beschränkungen sollte er nur sehr begrenzt unterliegen.

Dies wäre einmal der Fall, wenn er seine Rechtsmacht missbraucht, um seine Monopolmacht auszudehnen. Dies ist regelmäßig nur bei vertikal integrierten Schutzrechtsinhabern ein denkbarer Fall. Ein Ausdehnen der Monopolmacht ist dabei insbesondere eine Schwächung des standardexternen Wettbewerbs. Diskussionswürdig ist eine Beeinträchtigung von Wettbewerbern, um dadurch den Beschränkungen infolge des Wettbewerbs um einen technischen Standard zu entgehen.

In Extremfällen kann eine erhebliche Beschränkung des technischen oder wirtschaftlichen Fortschritt eines Zwangslizenzierung rechtfertigen. Dies sollte jedoch nur in eindeutigen Fällen geschehen, da ansonsten strategische Potentiale für Wettbewerber eröffnet werden, die zweifelhafte Konsequenzen und zudem hohe Verfahrenskosten hervorrufen werden. Eine äußerst schwierige Frage ist, ob Schnittstellen grundsätzlich frei oder zumindest in angemessener Zeit erhältlich sein sollten. Dies kommt auf die Art von Schnittstellen an und ist im Ergebnis eine politische Entscheidung. Bei sehr starken Netzeffekten, hohen Wechselkosten und großen Problemen kollektiver Handlung mag eine entsprechende Politik gerechtfertigt sein.

Beschränkungen soll der Schutzrechtsinhaber ferner unterliegen, sofern sein Verhalten dazu geeignet ist, ein Kartell zu ermöglichen oder zu erhalten. Aus diesem Grund ist ein Diskriminierungsverbot gerechtfertigt. So gut wie alle Beschränkungen von Patentpools gründen sich auf diese Bedenken.

(3) Im Übrigen sollte darauf vertraut werden, dass die Unternehmen selbst angemessene Lösungen für ihre Probleme finden. Dies setzt selbstverständlich voraus, dass sie dazu in der Lage sind. Staatlicherseits ist es insbesondere notwendig, effiziente Schutzrechtssysteme zur Verfügung zu stellen. Dies schließt auch die Tatsache mit ein, dass Schutzrechte nur dann ge-

währt werden, wenn dies sinnvoll ist. Ihre Ausgestaltung sollte möglichst effizient sein. Effizienz umfasst dabei nicht nur eine effiziente Rechtsdurchsetzung für Schutzrechtsinhaber, sondern zudem vernünftige Begrenzungen.

Im Übrigen sollte es den Privatpersonen obliegen, angemessene, wettbewerbskonforme Lösungen für die Schutzrechtsproblematik zu finden. Der erste Schritt ist dabei, dass im Rahmen formeller Standardisierung Spezifikationen so gewählt werden sollten, dass es gar nicht erst zu einem essentiellen Schutzrecht kommt. Von sog. Überspezifikation ist nach Möglichkeit Abstand zu nehmen. Nur wenn erhebliche Gründe für die Aufnahme geschützter Information sprechen, sollte eine entsprechende Spezifikation erwogen werden. Zudem sollten private Regelungen verfasst werden, die die Schutzrechtsproblematik entschärfen. Dies umfasst sowohl vernünftige Regelungen von Offenlegungspflichten einschließlich der Rechtsfolgen eines Verstoßes gegen eine Pflicht als auch klare Definition, was unter angemessenen und nicht diskriminierenden Bedingungen verstanden wird.

In Bezug auf faktische Standardisierung kommt es hingegen darauf an, dass jedenfalls die Schlüsselnutzer sich vor einer Nutzungsaufnahme intensiv mit den Bedingungen der Lizenzierung beschäftigen. Es ist nicht ersichtlich, dass es durch faktische Standardisierung strukturell nicht möglich ist, den Schutzrechtsinhaber an seine Zugeständnisse langfristig zu binden. Empirische Studien zu diesem Thema sind dem Autor nicht bekannt. Jegliche Aussage wäre insofern spekulativ.

Die hier angestellten Überlegungen leiten sich überwiegend aus der theoretischen ökonomischen Theorie her. Auch die meisten Aufsätze über dieses Thema verfolgen eher einen theoretischen als einen empirischen Ansatz. Soweit sowohl auf spieltheoretische als auch mikroökonomische Überlegungen abstellt wird, lassen sich die hier gefundenen Ergebnisse grundsätzlich mit den gewöhnlichen Argumenten gegen beide ökonomischen Ansätze kritisieren, sie würden von rational handelnden Personen ausgehen. Gerade in Bezug auf formelle Standardisierung könnte man argumentieren, diese Annahme lasse sich nicht rechtfertigen, weil in den Gremien überwiegend Ingenieure vertreten sind. Ihr Ziel liege in der Erarbeitung der besten technischen Lösung und weniger in der Maximierung der eigenen Unternehmensvorteile. Sie hätten häufig weder Ahnung vom Schutzrechtsbestand des eigenen Unternehmens, noch obliegen ihnen Managementaufgaben. Die zunehmende Ökonomisierung technischer Standardisierung läuft ihren Interessen zuwider. Teilweise wird formeller technischer Standardisierung auch eine demokratische Funktion beigemessen. Beides verträgt sich schlecht mit dem utilitaristischen Ansatz technischer Standardisierung, der dieser Arbeit zugrunde liegt.

Drei Dinge sind diesen Bedenken zu entgegnen. Zum einen hat sich, wie anfangs dieser Arbeit beschrieben wurde, die Rolle technischer Standardisierung gewandelt. Sie wird zunehmend utilitaristisch gesehen. Selbst die europäische Union als staatliche Institution sieht in Standardisierung eine Möglichkeit, europäischen Unternehmen in der Weltwirtschaft Wettbewerbsvorteile zu verschaffen. Dies führt jedoch zukünftig dazu, dass auch Entscheidungen innerhalb von Standardisierungsgremien sich diesen Überlegungen nicht entziehen können.

Was schließlich die demokratische Funktion von Standardisierung betrifft, so kann man jedenfalls einmal bezweifeln, dass immer alle Teilnehmer allein das Wohl der Gemeinschaft mit ihren Standards verfolgt haben. Selbst der politisch-demokratische Prozess wird erheblich durch Interessengruppen gesteuert. Es sollte verwundern, wenn dies im Zusammenhang mit technischer Standardisierung nicht ähnlich wäre. Betrachtet man den Spundfass-Fall des BGH, so besitzt dieser einen Einschlag einer europarechtswidrigen Ausländerdiskriminierung, die an der demokratischen Standardisierung doch erhebliche Zweifel aufkommen lässt.

Zuletzt hat diese Arbeit allein versucht, aufgrund der relativ stringenten rechtsökonomischen Methodik unterschiedliche Überlegungen, ihre Bedingungen und ihre Auswirkungen aufzuzeigen. Die rechtsökonomische Methodik ist selbstverständlich nicht ausreichend, um rechtliche Streitfragen abschließend zu entscheiden. Häufig mögen nicht allein Effizienzerwägungen ausreichen, um normative Fragen zu entscheiden. Insbesondere distributive Auswirkungen lassen sich mit dem hier verwendeten Instrumentarium nur schwer untersuchen. Verhaltenswissenschaftliche Untersuchungen zeigen jedoch, dass Menschen einen Sinn für Fairness haben. Dies bedeutet einerseits, dass es gegebenenfalls sinnvoll sein kann, entsprechende kulturelle Einstellungen im Recht mit zu berücksichtigen. Zugleich bedeutet es jedoch auch, dass gegebenenfalls die volle Stärke ökonomischer Macht gar nicht genutzt wird. Diese zusätzlichen Argumente müssen jedoch genauso wie die hier diskutierten ökonomischen Argumente eine kritischen Hinterfragung in einem Gerichtsprozess standhalten.

Zahlreiche ökonomische Fragen können bisher nicht abschließend beantwortet werden. Zudem fehlt es vielmals an empirischen Nachweisen, die es ermöglichen, die Größe bestimmter Effekte abzuschätzen. Die weitere Entwicklung der Forschungen in diesem Bereich wird deshalb sicherlich noch zahlreiche interessante Ergebnisse zu tage fördern, die möglicherweise eine bessere Beurteilung der vorliegenden Fragestellungen ermöglichen werden. Die weitere Entwicklung ist deshalb mit Spannung weiterzuverfolgen.

Literaturverzeichnis

Adam, Thomas	Urteilsanmerkung zum Urteil des US Supreme Court im Fall Festo GRURInt, 2002, Seite 779 Zitierung: Adam, GRURInt 2002, 779
Aghion, Philippe Bolton, Patrick	Contracts as Barrier to Entry The American Economic Review, 1987, Band 77, Seite 388 Zitierung: Aghion/Bolton, 77 AER (1987) 388
Alder, Ken	Das Maß der Welt 2005, Goldmann Verlag, München Zitierung: Alder, Das Maß der Welt
Alexander, David	Infrastructure evolution and the global electronic marketplace: a European IT user's perspective in Standards, Innovation and Competitiveness, 1995, Hawkins, R; Mansell, R.; Skea, J. (Hrsg.), Edward Elgar Publishing Company, Aldershot, Brookfield, Seite 86 Zitierung: Alexander, IT user's perspective
American Bar Association	Handbook on the Antitrust Aspects of Standard Setting 2004 Zitierung: ABA, Anstitrust Aspects of Standard Setting
Aoki, Reiko Nagaoka, Sadao	The Consortium Standard and Patent Pools 2004 unter http://www.ier.hit-u.ac.jp/pie/Japanese/discussionpaper/dp2004/dp222/text.pdf, zuletzt besucht am 15.10.2007 Zitierung: Aoki/Nagaoka, Consortium Standard and Patent Pools
Aoki, Reiko Nagaoka, Sadao	Coalition Formation for a consortium standard through a standard body and a patent pool: Theory and evidence from MPEG2, DVD and 3G Hi-Stat Discussion Paper Series, 2005 unter http://www.iir.hit-u.ac.jp/file/WP05-01aoki,%20nagaoka.pdf, zuletzt besucht am 15.10.2007 Zitierung: Aoki/Nagaoka, Coalition Formation
Armstrong, Mark	Recent Developments in the Economics of Price Discrimination 2006 unter http://www.econ.ucl.ac.uk/downloads/armstrong/pd.pdf, zuletzt besucht am 15.10.2007 Zitierung: Armstrong, Price Discrimination
Arthur, W. Brian	Competing Technologies, Increasing Returns, and Lock-In by Historical Events The Economic Journal, 1989, Band 99, Seite 116 Zitierung: Arthur, 99 The Economic Journal (1980) 116

Auriol, Emmanuelle
Benaim, Michel

Standardization in Decentralized Economies
The American Economic Review, 2000, Band 90, Seite 550
Zitierung: Auriol/Benaim, 90 AER (2000) 550

Ausubel, Lawrence M.
Cramton, Peter
Deneckere, Raymond J.

Bargaining with Incomplete Information
2001
unter http://www.cramton.umd.edu/papers2000-2004/ausubel-cramton-deneckere-bargaining-with-incomplete-information.pdf, zuletzt besucht am 15.10.2007
Zitierung: Ausubel/Cramton/Deneckere, Bargaining with Incomplete Information

Ayres, Ian
Talley, Eric

Solomonic Bargaining: Dividing a Legal Entitlement to Facilitate Coasean Trade
Yale Law Journal, 1995, Band 104, Seite 1027
Zitierung: Ayres/Talley, 104 Yale L.J. (1995) 1027

Ayres, Ian
Klemperer, Paul

Limiting Patentee's Market Power Without Reducing Innovation Incentives: The Perverse Benfits of Uncertainty and Non-injunctive Remedies
Michigan Law Review, 1999, Band 97, Seite 985
Zitierung: Ayres/Klemperer, 97 Mich. L. Rev. (1999) 985

Bakos, J. Yannis
Brynjolfsson, Erik

From Vendors to Partners: Information Technology and Incomplete Contracts in Buyer-Supplier Relationships
1993
unter http://ccs.mit.edu/papers/CCSWP154/CCSWP154.html, zuletzt besucht am 15.10.2007
Zitierung: Bakos/Brynjolfsson

Balto, David A.

Standard Setting in a Network Economy
2000
unter http://www.ftc.gov/speeches/other/standardsetting.htm, zuletzt besucht am 15.10.2007
Zitierung: Balto, Standard Setting in a Network Economy

Band, Jonathan

Competing Definitions of "Openness" on the NII
in Standards Policy for Information Infrastructure, 1995, Kahin, Brian; Abbate, Janet (Hrsg.), MIT Press, Cambridge, Mass., Seite 351
Zitierung: Band, Competing Defintions of Openness

Barnes, William
Gartland, Myles
Stack, Martin

Old Habits Die Hard: Path Dependency and Behavioral Lock-in
Journal of Economic Issues, 2004, Band 38, Seite 371
Zitierung: Barnes/Gartland/Stack, 38 Journal of Economic Issues (2004) 371

Basedow, Jürgen u.a.

Wettbewerbsrecht: Band 1 EG: Kommentar zum Europäischen Kartellrecht
in 2007, Immenga, Ulrich; Mestmäcker, Ernst-Joachim (Hrsg.), Verlag C.H. Beck, München
Zitierung: Bearbeiter in Immenga/Mestmäcker,

Beater, Axel

Unlauterer Wettbewerb
2002, Verlag C.H. Beck, München
Zitierung: Beater, Unlauterer Wettbewerb

Bechthold, Stefan	Immaterialgüterrechte und die Kontrolle von Sekundärmärkten in Wettbewerb und geistiges Eigentum, Schriften des Vereins für Socialpolitik, 2007, Bechthold, Stefan; Ohly, Ansgar; Schade, Jürgen; Schmidtchen, Dieter (Hrsg.), Duncker & Humblot, Berlin, Seite 77 Zitierung: Bechthold, Immaterialgüterrechte und die Kontrolle von Sekundärmärkten
Beier, Friedrich-Karl	Ausschließlichkeitsrecht, gesetzliche Lizenzen und Zwangslizenzen im Patent- und Musterrecht GRUR, 1998, Seite 185 Zitierung: Beier, GRUR 1998, 185
Beier, Friedrich-Karl	Zur Zulässigkeit von Parallelimporten patentierter Erzeugnisse GRURInt, 1996, Seite 1 Zitierung: Beier, GRURInt 1996, 1
Beier, Friedrich-Karl	Zur Verwirkung im Patentrecht GRUR, 1976, Seite 566 Zitierung: Beier, GRUR 1976, 566
Bekkers, Rudi West, Joel	The Effect of Stategic Patenting on Cumulative Innovation in UMTS Standardization in EURAS Proceedings 2006, 2006, Coenen; Heide, Gröhndahl, Jörg; Jakobs, Kai (Hrsg.), Wissenschaftsverlag Mainz, Aachen, Seite 17 Zitierung: Bekkers/West, The Effect of Strategic Patenting
Bekkers, Rudi Iversen, Eric Blind, Knut	Patent Pools and non-assertion agreements: coordination mechanisms for multi-party IPR holders in standardization Paper for the EASST 2006 Conference, Lausanne, Switzerland, 2006 unter http://www2.unil.ch/easst2006/Papers/B/Bekkers%20Iversen%20Blind.pdf, zuletzt besucht am 15.10.2007 Zitierung: Bekkers/Iversen/Blind, Patent Pools and non-assertion agreements
Bensaid, Bernard Lesne, Jean-Philippe	Dynamic monopoly pricing with network externalities International Journal of Industrial Organization, 1996, Band 14, Seite 837 Zitierung: Bensaid/Lesne, Int. J. Ind. Organ. 14 (1996) 837
Bergen-Babinecz, Katja Hinrichs, Nikolaus Jung, Roland Kolb, Georg	Zum Schutzbereich von US-Patenten: Festo eine deutsche Sicht GRURInt, 2003, Seite 487 Zitierung: Bergen-Babinecz/Hinrichs/Jung/Kolb, GRURInt 2003, 487
Bertrams, Heleen	The Cross-Border Prohibitory Injunction in Dutch Patent Law IIC, 1995, Seite 618 Zitierung: Bertrams, IIC 1995, 618
Besen, Stanley M. Farrell, Joseph	Choosing How to Compete: Strategies and Tactics in Standardization The Journal of Economics Perspectives, 1994, Band 8, Seite 117 Zitierung: Besen/Farrell, 8 J. Econ. Persp. (1994) 117

Betancourt, Diego Walsh, Robert	The Evolution of Strategic Standardization Management StandardView, 1995, Band 3, Seite 116 Zitierung: Betancourt/Walsh, 3 StandardView (1995) 116
Blind, Knut	Study on the Interaction between Standardisation and Intellectual Property Rights 2002 unter http://publica.fraunhofer.de/eprints/N-49186.pdf, zuletzt besucht am 15.10.2007 Zitierung: Blind u.a., Study on the Interaction between Standardisation and IPR
Blind, Knut	The economics of standards 2004, Edward Elgar Publishing Company, Aldershot, Brookfield Zitierung: Blind, The economics of standards
Blind, Knut	Eine ökonomische Analyse paralleler Standards illustriert am Beispiels des ECMA OpenXML-Standards und des ISO-ODF-Standards Zitierung: Blind, Ökonomische Analyse paralleler Standards
Boam, Matthew M.	Modular Communications Platform Intel Technology Journal, 2003, Band 7, Seite 7 Zitierung: Boam u.a., 7 Intel Technology Journal (2003) 7
Bodewig, Theo	Erschöpfung der gewerblichen Schutzrechte und des Urheberrechts in den USA GRURInt, 2000, Seite 597 Zitierung: Bodewig, GRUR 2000, 597
Bork, Robert H.	The Antitrust Paradox 1978, Basic Books, New York Zitierung: Bork, The Antitrust Paradox
Borowicz, Frank Scherm, Ewald	Standardisierungsstrategien: Eine erweiterte Betrachtung des Wettbewerbs auf Netzwerkmärkten Schmalenbachs Zeitschrift für betriebswirtschaftliche Forschung, 2001, Band 53, Seite 391 Zitierung: Borowicz/Scherm, zfbf 2001, 391
Brenner, Steffen	Optimal formation rules for patent pools Discussion Paper der Wirtschaftswissenschaftliche Fakultät der Humboldt Universität Berlin, 2005 unter http://www.wiwi.hu-berlin.de/Professuren/bwl/management/publikationen/discussion2005, zuletzt besucht am 15.10.2007 Zitierung: Brenner, Optimal formation rules

Brenning, Magdalena — Competition & Intellectual Property Policy Implications of Late or No IPR Disclosure in Collective Standard Setting
2002
unter
http://ec.europa.eu/comm/competition/speeches/text/sp2002_037_en.pdf, zuletzt besucht am 15.10.2007
Zitierung: Brenning; Competition & Intellectual Property Policy Implications of Late or No IPR Disclosure in Collective Standard-Setting

Brunsson, Nils — The Contemporary Expansion of Standardization
in A world of standards, 2000, Brunsson, Nils; Jacobsson, Bengt (Hrsg.), Oxford University Press, Oxford, New York

Buhrow, Astrid
Nordemann, Jan Bernd — Grenzen ausschließlicher Rechte geistigen Eigentums durch Kartellrecht
GRURInt, 2005, Seite 407
Zitierung: Buhrow/Nordemann, GRURInt 2005, 407

Bunte, Hermann-Josef — Wettbewerbsrechtlicher Schutz von Produkt-Systemen gegenüber kompatiblen Nachahmungen
Betriebsberater, 1999, Seite 113
Zitierung: Bunte, BB 1999, 113

Burk, Dan L.
Lemley, Mark A. — Policy Levers in Patent Law
University of California at Berkeley Law School Publc Law and Legal Theory Research Paper Series No. 135, 2003
unter http://papers.ssrn.com/sol3/papers.cfm?abstract_id=431360, zuletzt besucht am 15.10.2007
Zitierung: Burk/Lemley, Policy Levers,

Cabral, Luis M.B.
Salant, David J.
Woroch, Glenn A. — Monopoly pricing with network externalities
International Journal of Industrial Organization, 1999, Seite 199
Zitierung: Cabral/Salant/Woroch, Int. J. Ind. Organ. 17 (1999) 199

Calabresi, Guido
Melamed, Douglas A. — Property Rules, Liability Rules and Inalienability: One View of the Cathedral
Harvard Law Review, 1972, Band 85, Seite 1089
Zitierung: Calabresi/Melamed, 85 Harv. L. Rev. (1972) 1089

Campbell, John B. Jr. — A Decade of Aukerman: An Analysis of Laches and Estoppel in the Federal Circuit
IDEA: The Journal of Law and Technology, 2003, Band 43, Seite 299
Zitierung: Campbell, 43 IDEA (2003) 299

Cargill, Carl
Bolin, Sherrie — Standardization: A Failing Paradigm
2000
unter
http://www.chicagofed.org/news_and_conferences/conferences_and_events/files/cargill.pdf, zuletzt besucht am 15.10.2007
Zitierung: Cargill/Bolin, Standardization

Cargill, Carl | Intellectual Property Rights and Standard Setting Organizations: An Overview Of Failed Evoltion
2002
unter http://www.ftc.gov/opp/intellect/020418cargill.pdf, zuletzt besucht am 15.10.2007
Zitierung: Cargill, IPR and SSOs

Carlton, Dennis W. | A General Analysis of Exclusionary Conduct and Refusal to Deal - Why Aspen and Kodak are Misguided
NBER Working Paper No. W.8105, 2001
Zitierung: Carlton, Exclusionary Conduct

Carrier, Michael A. | Commentary: Why Antitrust Should Defer to the Intellectual Property Rules of Standard-Setting Organizations: A Commentary on Teece & Sherry
Minnesota Law Review, 2005, Band 87, Seite 2017
Zitierung: Carrier, 87 Minn. L. Rev. (2005) 2017

Chen, Pei-yu; Forman, Chris | Can Vendors Influence Switching Costs and Compatibility n an Environment with Open Standards
MIS Quarterly, 2006, Band 30, Seite 541
Zitierung: Chen/Forman, 30 MIS Quarterly (2006) 541

Chiao, Benjamin; Lerner, Josh; Tirole, Jean | The Rules of Standard Setting Organizations: An Empirical Analysis
Harvard NOM Working Paper No. 05-05, 2005
unter http://papers.ssrn.com/sol3/papers.cfm?abstract_id=664643
Zitierung: Chiao/Lerner/Tirole, Rules of SSOs

Chiesa, Vittorio; Toletti, Giovanni | Standard-Setting Strategies in the Multimedia Sector
International Journal of Innovation Management, 2003, Band 7, Seite 281
Zitierung: Chiesa/Toletti, 7 International Journal of Innovation Management (2003) 281

Choi, Jay Pil | Patent Pools and Cross-Licensing in the Shadow of Patent Litigation
CESifo Working Paper No. 1070, 2003
Zitierung: Choi, Patent Pools

Choi, Jay Pil | Do converters facilitate the transition to a new incompatible technology? A dynamic analysis of converters
International Journal of Industrial Organization, 1996, Seite 825
Zitierung: Choi, Int. J. Ind. Organ. 000 (1996) 825

Christiansen, Arndt; Kerber, Wolfgang | Competition Policy with Optimally Differentiated Rules
2006, Band 2, Seite 215
unter http://papers.ssrn.com/sol3/papers.cfm?abstract_id=872694, zuletzt besucht am 15.10.2007
Zitierung: Christiansen/Kerber, Competition Policy

Church, Jeffrey; Ware, Roger | Network Industries, Intellectual Property Rights and Competition
in Competition Policy and Intellectual Property Rights in the Knowledge-Based Economy, 1998, Anderson, Robert D.; Gallini, Nancy T. (Hrsg.), University of Calagary Press, Calgary, Seite 227
Zitierung: Church/Ware, Network Industries, 227

Cipolla, Richard J., Jr.	A Practitioner's Guide to Oklahoma Trade Secrets Law, Past, Present, and Future: The Uniform Trade Secrets Act Tulsa Law Journal, 1991, Band 27, Seite 137 Zitierung: Cipolla, 27 Tulsa Law Journal (1991) 137
Coase, Ronald H.	Durability and Monopoly The Journal of Law and Economics, 1972, Band 1, Seite 143 Zitierung: Coase, 1 Journal of L&E (1972) 143
Coase, Ronald H.	The Problem of Social Cost Journal of Law and Eocnomics, 1960, Band 3, Seite 1 Zitierung: Coase, 3 JLE (1960) 1
Colangelo, Guiseppe	Avoiding the Tragedy of the Anticommons: Collective Rights Organizations, Patent Pools and the Role of Antitrust LE Lab Working Paper No. IP-01-2004, 2004 unter http://papers.ssrn.com/sol3/papers.cfm?abstract_id=523122, zuletzt besucht am 15.10.2007 Zitierung: Colangelo, Avoiding the Tragedy
Courture, Peter J.	Independent Derivation and Reverse Engineering in Patents, Copyright, Trademark and Literary Property Course Handbook Series PLI Order No. G4-3884, 1992, Practising Law Institute (Hrsg.) Zitierung: Courture, 340 PLI/Pat 615
Croson, Rachel Johnson, James P.	Experimental Results on Bargaining Under Alternative Property Regimes Journal of Law, Economics and Organization, 2000, Band 16, Seite 50 Zitierung: Croson/Johnston, 16 JLEO (2000) 50
David, Paul A.	Clio and the Economics of QWERTY The American Economic Review, 1985, Band 75, Seite 332 Zitierung: David, 75 AER (1985) 332
David, Paul A.	Some new Standards for the economics of standardization in the information age in Economic Policy and Technology Performance, 1987, Dasgupta, Partha; Stoneman, Paul (Hrsg.), Cambridge University Press, New York Zitierung: David, New Standards
Davidson, Stephen J.	Reverse Engineering and the Development of Compatible and Competitive Products Under United States Law Patents, Copyrights, Trademarks, and Literary Property Course Handbook Series, PLI Order No. G4-3820, 1988 Zitierung: Davidson, 259 PLI/Pat 407
Debelius, Jörg	Technische Regeln und Urheberrecht in Beiträge zum Schutz der Persönlichkeit und ihrer schöpferischen Leistung - Festschrift für Heinrich Hubmann zum 70. Geburtstag, 1985, Forkel, Hans; Kraft, Alfons (Hrsg.), Alfred Metzner Verlag, Frankfurt am Main, Seite 1 Zitierung: Debelius, Technische Regeln und Urheberrecht

DeGraba, Patrick	Inequitable Conduct Claims in 21st Century: Combating the Plague The American Economic Review, 1990, Band 80, Seite 1246 Zitierung: DeGraba, 80 AER (1990) 1246
Dequiedt, Vianeey Versaevel, Bruno	Patent Pools and Dynamic Incentives to R&D Working Paper 07-03, 2007 unter ftp://ftp.gate.cnrs.fr/RePEc/2007/0703.pdf, zuletzt besucht am 15.10.2007 Zitierung: Dequiedt/Versaevel
Desruelle, Dominique Gaudet, Gerard Richelle, Yves	Complementarity, coordination and compatibility: the role of fixed costs in the economics of systems International Journal of Industrial Organization, 1996, Band 14, Seite 747 Zitierung: Desruelle/Gaudet/Richelle, 14 Int. J. Ind. Org. (1996) 747
Deutsches Institut für Normung	Gesamtwirtschaftlicher Nutzen der Normung in 2000, DIN, Deutsches Institut für Normung e.V. (Hrsg.), Beuth Verlag GmbH, Berlin, Wien Zürich unter http://www.normung.din.de Zitierung: DIN, Gesamtwirtschaftlicher Nutzen der Normung
Deutsches Institut für Normung	Gesamtwirtschaftlicher Nutzern der Normung, Zusammenfassung der Ergebnisse; wissenschaftlicher Endbericht mit praktischen Beispielen in abrufbar online unter http://www.normung.din.de/, zuletzt besucht am 10.07.2006, 2000, Deutsches Institut für Normung e.V. (Hrsg.), Beuth Verlag GmbH, Berlin, Wien Zürich Zitierung: DIN, Gesamtwirtschaftlicher Nutzen der Normung
Dolmans, Maurits	Standards for Standards Fordham International Law Journal, 2002, Band 26, Seite 163 Zitierung: Dolmans, 26 Forham Int'l L.J. 163
Dorth, David A.	The Rambus Shell Game: A Lack of Integrity in the Standard Setting Process John Marshall Review on Intellectual Property Law, 2003, Band 3, Seite 137 Zitierung: Dorth, 3 John Marshall Review of Intellectual Property Law (2003) 137
Drexl, Josef	Abuse of Dominance in Licensing and Refusal to Licens: A "More Economic Approach" to Competition by Imitation and to Competition by Substitution Working Paper European University Institute EUI-RSCAS/EU Competition 2005/Proceedings, 2005 Zitierung: Drexl, Abuse of Dominance
Economides, Nicholas	The Economics of Networks Brazilian Electronic Journal of Economics, 1997, Band 1 Zitierung: Economides, The Economics of Networks
Economides, Nicholas	Durable Goods Monopoly with Network Externalities with Application to the PC Operating Systems Market 1 Quarterly Journal of Electronic Commerce (2000), 2000, Band 1 Zitierung: Economides, Quarterly Journal of Electronic Commerce, vol. 1, no. 3 (2000)

Ellis, William — Intellectual Property Rights and High Technology Standards
in Standards Policy for Information Infrastructure, 1995, Kahin, Brian; Abbate, Janet (Hrsg.), MIT Press, Cambridge, Mass.
Zitierung: Ellis, IPR and High-Tech Standards

Emmerich, Volker — Unlauterer Wettbewerb
6. Auflage, 2002, Verlag C.H. Beck, München
Zitierung: Emmerich, Unlauterer Wettbewerb

Englerth, Markus — Behavioral Law and Economics - eine kritische Einführung
Preprints of the Max Planck Institute for Research of Collective Goods, 2004
unter http://www.coll.mpg.de/pdf_dat/2004_11online.pdf, zuletzt besucht am 15.10.2007
Zitierung: Englertz, Behavioral Law and Economics

Epstein, Richard A. — A Clear View of the Cathedral: The Dominance of Property Rules
Yale Law Journal, 1997, Band 106, Seite 2091
Zitierung: R. Epstein, 106 Yale L. J. (1997) 2091

Evans, David S.; Schmalensee, Richard — The Industrial Organization of Markets with Two-Sided Platforms
2005
unter http://papers.ssrn.com/sol3/papers.cfm?abstract_id=987341, zuletzt besucht am 15.10.2007
Zitierung: Evans/Schmalensee, Two-sided Platforms

Evans, David S. — The Antitrust Economics of Two-Sided Markets
2002
unter http://homepage.univie.ac.at/liliane.karlinger/EvansTwoSidedMarkets.pdf, zuletzt besucht am 15.10.2007
Zitierung: Evans, Antitrust Economics of Two-sided Markets

Falke, Josef — Rechtliche Aspekte der Normung in den EG-Mitgliedstaaten und der EFTA, Band 3, Deutschland
2000, Office for Official Publications of the EC, Luxemburg
Zitierung: Falke, Rechtliche Aspekte der Normung

Farrell, Joseph; Weiser, Philip J. — Modularity, Vertical Integration, and Open Access Policies: Towards a Convergence of Antitrust and Regulation in the Internet Age
Harvard Journal of Law & Technology, 2003, Band 17, Seite 85
Zitierung: Farrell/Weiser, 17 Harv. J. Law Tech. (2003) 85

Farrell, Joseph; Shapiro, Carl — Intellectual Property, Competition, and Information Technology
Competition Policy Center, Berkeley, Working Paper No. CPC04-45, 2004
Zitierung: Farrell/Shapiro, IP, Competition and Information Technology

Farrell, Joseph; Saloner, Garth — Standardization, compatibility, and innovation
RAND Journal of Economics, 1985, Band 16, Seite 70
Zitierung: Farrell/Saloner, 16 RAND (1985) 70

Farrell, Joseph Saloner, Garth	Coordination Trough Committees and Markets The RAND Journal of Economics, 1988, Band 19, Seite 253 Zitierung: Farrell/Saloner, 19 RAND (1988) 253
Farrell, Joseph Saloner, Garth	Installed Base and Compatibility: Innovation, Product Preannouncements, and Predation The American Economic Review, 1986, Band 76, Seite 940 Zitierung: Farrell/Saloner, 76 AER (1986) 940
Farrell, Joseph Klemperer, Paul	Coordination and Lock-in: Competition with Switching Costs and Network Effects 2006 unter http://www.nuffield.ox.ac.uk/economics/papers/2006/w7/Farrell_Klemperer WP.pdf, zuletzt besucht am 15.10.2007 Zitierung: Farrell/Klemperer, Coordination and Lock-in
Farrell, Joseph Hayes, John Shapiro, Carl Sullivan, Theresa	Standard Setting, Patents, and Hold-up 2007 unter http://faculty.haas.berkeley.edu/shapiro/standards2007.pdf, zuletzt besucht am 16.10.2007 Zitierung: Farrell/Hayes/Shapiro/Sullivan
Farrell, Joseph	Cheap Talk, Coordination and Entry The RAND Journal of Economics, 1987, Band 18, Seite 34 Zitierung: Farrell, 18 RAND (1987) 34
Farrell, Joseph	Standardization and Intellectual Property Jurimetrics Journal, 1989, Band 30, Seite 35 Zitierung: Farrell, 30 Jurimetrics Journal (1989) 35
Farrell, Joseph	Arguments for Weaker Intellectual Property Protection in Network Industries in Standards Policy and Information Infrastructure, 1995, Kahin, Brian; Abbate Janet (Hrsg.), MIT Press, Cambridge, Mass., Seite 368 Zitierung: Farrell, Weaker Intellectual Property Protection
Farrell, Joseph	Choosing the Rules of Formal Standardization working paper, 1996 unter http://emlab.berkeley.edu/users/farrell/ftp/choosing.pdf, zuletzt besucht am 16.10.2007 Zitierung: Farrell, Choosing the Rules
Federal Trade Commission U.S. Department of Justice	Antitrust Enforcement and Intellectual Property Rights 2007 unter http://www.usdoj.gov/atr/public/hearings/ip/222655.pdf, zuletzt besucht am 16.10.2007 Zitierung: FTC/DOJ, Antitrust Enforcement

Federal Trade Commission — To Promote Innovation: The Proper Balance of Competition and Patent Law and Policy
2003
unter erhältlich unter http://www.ftc.gov/opa/2003/10/cpreport.shtm, zuletzt besucht 16.10.2007
Zitierung: FTC/DOJ, To promote innovation,

Franzinger, Michael R. — Latent Dangers in a Patent Pool: The European Commission's Approval of the 3G Wireless Technology Licensing Agreement
California Law Review, 2003, Band 91, Seite 1695
Zitierung: Franzinger, 91 Cal. L. Rev. (2003) 1695

Friedman, David — Standards as Intellectual Property: An Economic Approach

unter http://www.daviddfriedman.com/Academic/Standards/Standards.html, zuletzt besucht am 16.10.2007
Zitierung: Friedman, Standards als Intellectual Property

Gallini, Nancy
Scotchmer, Suzanne — Intellectual Property: When is it the best incentive system
2001
unter http://www.dklevine.com/archive/scotchmer-when-is-ip-best.pdf
Zitierung: Gallini/Scotchmer, Best incentive system

Genschel, Philipp — Standards in der Informationstechnik - Institutioneller Wandel in der internationalen Standardisierung
1995, Campus Verlag, Frankfurt/New York
Zitierung: Genschel, Standards

Geradin, Damien
Rato, Miguel — Can Standard Setting lead to Exploitative Abuse? A Dissonant View on Patent Hold-up, Royalty Stacking and the Meaning of FRAND

unter
http://www.ucl.ac.uk/laws/jevons/papers/colloquium_2007/jevons07_soames_01.pdf, zuletzt besucht am 16.10.2007
Zitierung: Geradin/Rato, Exploitative Abuse

Geradin, Damien
Petit, Nicolas — Price Discrimination under EC Competition Law: The Need for a case-by-case Approach
The Global Competition Law Centre Working Papers Series: GCLC Working Paper 07/05, 2005
unter http://papers.ssrn.com/sol3/papers.cfm?abstract_id=763484, zuletzt besucht am 16.10.2007
Zitierung: Geradin/Petit, Price Discrimination

Geradin, Damien
Layne-Farrar, Anne — The logic and limits of ex ante competition in a standard setting environment

unter http://papers.ssrn.com/sol3/papers.cfm?abstract_id=960063, zuletzt besucht am 16.10.2007
Zitierung: Geradin/Layne-Farrar, Ex-ante competition

Geradin, Damien
Layne-Farrar, Anne
Padilla, Jorge A.
Royalty Stacking in High Tech Industries: Separating Myth from Reality
CEMFI Working Paper No. 0701, www.cemfi.es, 2007
unter http://papers.ssrn.com/sol3/papers.cfm?abstract_id=949599, zuletzt besucht am 16.10.2007
Zitierung: Geradin/Layne-Farrar/Padilla, Royalty Stacking

Gilbert, Richard J.
Shapiro, Carl
Optimal Patent Length and Breadth
RAND Journal of Economics, 1990, Band 21, Seite 106
Zitierung: Gilbert/Shapiro, 21 RAND (1990) 106

Gilbert, Richard J.
Katz, Michael L.
Should Good Patents Come in Small Packages? A Welfare Analysis of Intellectual Property Bundling
2003
unter
http://repositories.cdlib.org/cgi/viewcontent.cgi?article=1067&context=iber/cpc, zuletzt besucht am 16.10.2007
Zitierung: Gilbert/Katz, Intellectual Property Bundling

Gilbert, Richard J.
Antitrust for Patent Pools
Stanford Technology Law Review, 2004, Band 3
Zitierung: Gilbert, Stan. Tech. L. Rev. (2004) 3

Gleave, Sandro
Feess, Eberhard
Patent Licensing and Price Discrimination
Economics Bulletin, 2006, Band 4, Seite 1
unter http://papers.ssrn.com/sol3/papers.cfm?abstract_id=873928, zuletzt besucht am 16.10.2007
Zitierung: Gleave/Feess, 4 Economics Bulletin (2006) 1

Gordon, Wendy
Intellectual Property as Price Discrimination: Implications for Contract
Chicago-Kent Law Review, 1998, Band 73, Seite 1367
Zitierung: Gordon, 73 Chi.-Kent L. Rev. (1998) 1367

Grandstrand, Ove
The Economics and Management of Intellectual Property
1999, Edward Elgar Publishing Company, Aldershot, Brookfield
Zitierung: Grandstrand, Economics and Management of Intellectual Property

Grindley, Peter
Salant, David J.
Waverman, Leonard
Standard Wars: The Use of Standard Setting As a Means of Facilitating Cartels - Third Generation Wireless Telecommunication Standard Setting
International Journal of Communications Law and Policy, 1999, Band 3, Seite 1
Zitierung: Grindley/Salant/Waverman, 3 Intern. J. of Comm. Law and Policy (1999) 1

Harte-Bavendamm, Henning
Wetbewerbsrechtliche Aspekte des Reverse Engineering von Computerprogrammen
GRUR, 1990, Seite 657
Zitierung: Harte-Bavendamm, GRUR 1990, 657

Haucap, Justus
Wey, Christian
Input Price Discrimination (Bans), Entry and Welfare
Working Paper, 2004
unter http://www.vwl.uni-mannheim.de/stahl/io_ausschuss/paper/Haucap.pdf
Zitierung: Haucap/Wey, Input Price Discrimination

Hausman, Jerry A.
MacKie-Mason, Jeffrey K.

Price Discriminaion and Patent Policy
The RAND Journal of Economics, 1988, Band 19, Seite 253
Zitierung: Hausman/MacKie-Mason, 19 RAND (1988) 253

Hawkins, Richard W.

Introduction: addressing the problématique of standards and standardization in Standards, Innovation and Competitiveness, 1995, Hawkins, R; Mansell, R.; Skea, J. (Hrsg.), Edward Elgar Publishing Company, Aldershot, Brookfield
Zitierung: Hawkins, Introduction

Heller, Micheal A.

The Tragedy of the Anticommons: Property in the Transition from Marx to Markets
Havard Law Review, 1998, Band 111, Seite 621
Zitierung: Heller, 111 Harv. L. Rev. (1998) 621

Herschel, Wilhelm

Regeln der Technik
Neue Juristische Wochenschrift, 1968, Seite 617
Zitierung: Herschel, NJW 1968, 617

Hesser, Wilfried
Inklaar, Alex

An Introduction to Standards and Standardization
in DIN Normungskunde, 2. Auflage, 1998, Deutsches Institut für Normung (Hrsg.), Beuth Verlag GmbH, Berlin, Wien Zürich, Band 36
Zitierung: Hesser, Introduction to Standards

Holzapfel, Henrik

Zum einstweiligen Rechtsschutz im Wettbewerbs- und Patentrecht
GRUR, 2003, Seite 287
Zitierung: Holzapfel, GRUR 2003, 287

Holzapfel, Henrik

Das öffentliche Interesse bei Zwangslizenzen gem. § 24 Abs. 2 PatG
Mitteilungen deutscher Patentanwälte, 2004, Seite 391
Zitierung: Holzapfel, Mitt. 2004, 391

Homiller, Daniel P.

Patent Misuse in Patent Pool Licensing: From National Harrow to "The Nine No-Nos" to Not Likely
Duke Law & Technology Review, 2006, Band 7
Zitierung: Homiller, 7 Duke Law and Tech. Rev. (2006)

Horinaka, Takashi u.a.

Analysis of Various Issues Concerning the "Tragedy of the Anticommons"
IIP Bulletin, 2005
unter http:/www.iip.or.jp/summary/pdf/detail2005/e17_06.pdf
Zitierung: Horinaka u.a., Issues Concerning the "Tragedy of the Anticommons"

Hovenkamp, Herbert
Janis, Mark D.
Lemley, Mark A.

IP and antitrust: an analysis of antitrust principles applied to intellectual property law
in 2002, Hovenkamp, Herbert (Hrsg.), Aspen Law & Business Publishers, New York
Zitierung: Hovenkamp/Janis/Lemley, IP and Antitrust

Hovenkamp, Herbert	Standards Ownership and Competition Policy Boston College Law Review, 2007, Band 48, Seite 87 Zitierung: Hovenkamp, 48 B.C.L. Rev. (2007) 87
Howells, John	Are Patents used to Suppress Useful Technology Working Paper 2005-10, Derpartment of Management and International Business unter http://www.hha.dk/man/cmsdocs/WP/2005/2005-10.pdf, zuletzt besucht am 16.10.2007 Zitierung: Howells
Inderst, Roman Valletti, Tommaso M.	Price Discrimination in Input Markets Working Paper, 2007 unter http://www3.imperial.ac.uk/portal/pls/portallive/docs/1/7799703.PDF, zuletzt besucht am 16.10.2007 Zitierung: Inderst/Valletti, Price Discrimination
Iversen, Eric	Standardization and Intellectual Property Rigths: ETSI's controversial search for new IPR-procedures in SIIT' 99 Proceedings (IEEE Conference on Standardisation and Innovation), 1999, Jakobs, K; Williams, R. (Hrsg.) unter http://nets.rwth-aachen.de/~jakobs/siit99/Proceedings.html, zuletzt besucht am 16.06.2007 Zitierung: Iverson, Standardization and Intellectual Property Rights
Jager, Melvin F.	Trade secrets law 1985, West Group, Eagan Zitierung: Jager, Trade Secret Law
Jakobs, Kai Wallbaum, Michael	Selecting the best platform for ICT standards development unter http://nets.rwth-aachen.de/~jakobs/Papers/UKAIS05.pdf, zuletzt besucht am 16.10.2007 Zitierung: Jakobs/Wallbaum, Selecting the best platform
Jakobs, Kai	Scores of Rule-Setters - Co-operation and Competition in ICT Standards Setting unter http://nets.rwth-aachen.de/~jakobs/Papers/Score.pdf Zitierung: Jakobs, Scores of Rule-Setters
Jakobs, Kai	Information Technology Standards, Standard Setting and Standards Research 2003 unter http://www.nets.rwth-aachen.de/~jakobs/kai/publications.html Zitierung: Jakobs, Information Technology Standards
Janis, Mark D.	Aggregation and Dissemination Issues in Patent Pools University of Iowa Legal Studies Research Paper No. 05-14, 2005 unter http://papers.ssrn.com/sol3/papers.cfm?abstract_id=715045, zuletzt besucht am 16.10.2007 Zitierung: Janis, Aggregation and Dissemination

Jullien, Bruno
Two-sided Markets and Electronic Intermediaries
CESifo Economic Studies, 2005, Band 51, Seite 233
Zitierung: Jullien, CESifo Economic Studies, Vol. 51, 2005, 233

Kamien, Morton I.
Tauman, Yair
Fees versus Royalties and the Private Value of a Patent
The Quarterly Journal of Economics, 1986, Band 101, Seite 471
Zitierung: Kamien/Tauman, 101 Quart. Journal of Econ. (1986) 471

Kamien, Morton I.
Oren, Shmuel S.
Optimal licensing of cost-reducing innovation
Journal of Mathematical Economics, 1992, Band 21, Seite 483
Zitierung: Kamien/Oren/Tauman, 21 Journal of Mathematical Econ. (1992) 483

Kaplow, Louis
Property Rules versus Liability Rules: An Economic Analysis
Harvard Law Review, 1996, Band 109, Seite 713
Zitierung: Kaplow/Shavell, 109 Harv. L. Rev. (1996) 713

Kato, Atsushi
Patent Pool Enhances Market Competition
International Review of Law and Economics, 2004, Band 24, Seite 255
Zitierung: Kato, 24 Int'l Rev. L. & Econ. 255

Katz, Michael L.
Shapiro, Carl
Systems Competition and Network Effects
Journal of Economics Perspectives, 1994, Band 2, Seite 93
Zitierung: Katz/Shapiro,2 J. Econ. Persp. (1994) 93

Katz, Michael L.
Shapiro, Carl
Network Externalities, Competition, and Compatibility
The American Economic Review, 1985, Band 75, Seite 424
Zitierung: Katz/Shapiro, 75 AER (1985) 424

Katz, Michael L.
How to License intangible property?
Quaterly Journal of Economics, 1986, Band 101, Seite 567
Zitierung: Katz/Shapiro, 101 Quarterly Journal of Economics (1986) 567

Katz, Michael L.
The Welfare Effects of Third-Degree Price Discrimination in Intermediate Good Markets
The American Economic Review, 1987, Band 77, Seite 154
Zitierung: Katz, Micheal L., 77 AER (1987) 154

Kieff, F. Scott
The Case against Copyright: A Comparative Institutional Analysis of Intellectual Property Regimes
2004
Zitierung: Kieff, Case against Copyright

Kiehl, P.
Einführung in die DIN-Normen
in 2001, Deutsches Institut für Normung e.V. (Hrsg.), Beuth Verlag GmbH, Berlin, Wien Zürich
Zitierung: Kiel in "Einführung in die DIN-Normen"

Kiethe, Kurt | Die Durchsetzung von Schadenersatzansprüchen in Fällen der Betriebs- und Wirtschaftsspionage
WRP, 2005, Seite 1358
Zitierung: Kiethe/Groeschke, WRP 2005, 1358

Kindleberger, Charles P. | Standards as Public, Collective and Private Goods
KYKLOS, 1983, Band 36, Seite 377
Zitierung: Kindleberger, 36 KYKLOS (1983) 377

Kitch, Edmund W. | The Nature and Function of the Patent System
Journal of Law and Economics, 1977, Band 20, Seite 265
Zitierung: Kitch, 20 JLE (1977) 265

Klemperer, Paul | Competition when Consumers have Switching Costs: An Overview with Applications to Industrial Organization, Macroeconomics, and International Trade
The Review of Economic Studies, 1995, Band 62, Seite 515
Zitierung: Klemperer, 62 Rev. Econ. Studies (1995) 515

Kling, Michael | Grundkurs Wettbewerbs- und Kartellrecht
2003, Verlag C.H. Beck, München
Zitierung: Kling/Thomas, Grundkurs Wettbewerbs- und Kartellrecht

Koelmann, Kamiel J. | An Exceptio Standardis: Do We Need an IP Exemption fo Standards?
International Review of Intellectual Property and Competition Law, 2006, Seite 823
Zitierung: Koelman, Exceptio Standardis

Köhler, Helmut | Wettbewerbsrecht
24. Auflage, 2006, Verlag C.H. Beck, München

Kraßer, Rudolf | Grundlagen des zivilrechtlichen Schutzes von Geschäfts- und Betriebsgeheimnissen sowie von Know-how
GRUR, 1977, Seite 177
Zitierung: Kraßer, GRUR 1977, 177

Krauss, Michael I. | Property Rules vs. Liability Rules
in Encyclopedia of Law and Economics, 1999, B. Bouckaert/G. De Geest (Hrsg.), Edward Elgar Publishing Ltd., Cheltenham, UK
Zitierung: Krauss, Property Rules vs. Liability Rules

Kübel, Constanze | Zwangslizenzen im Immaterialgüter- und Wettbewerbsrecht
2004, Carl Heymanns Verlag KG, Köln, Berlin, Bonn, München
Zitierung: Kübel, Zwangslizenzen

Kühn, Kai-Uwe
Stillman, Robert
Caffarra, Cristina | Economic Theories of Bundling and their Policy Implications in Abuse Cases: An Assessment in Light of the Microsoft Case
2004
Zitierung: Kühn/Stillman/Caffara, Economic Theories of Bundling

Kühnen, Thomas — Patentgesetz mit Europäischem Patentübereinkommen
in 7. Auflage, 2005, Schulte, Rainer (Hrsg.), Carl Heymanns Verlag KG, Köln, Berlin, Bonn, München
Zitierung: Bearbeiter in Schulte, PatG

Kühnen, Thomas — Der kartellrechtliche Zwangslizenzeinwand und seine Berücksichtigung im Patentverletzungsprozess
in Festschrift für Winfried Tilmann zum 65. Geburtstag, 2003, Erhard Keller; Clemens Plassmann; Andreas Falck (Hrsg.), Carl Heymanns Verlag KG, Köln, Berlin, Bonn, München, Seite 513
Zitierung: Kühnen, Der kartellrechtliche Zwangslizenzeinwand

Kurtz, Leslie A. — Copyright: The Scenes A Faire Doctrine
Florida Law Review, 1989, Band 41, Seite 79
Zitierung: Kurtz, 41 Florida L. Rev. (1989) 79

Kypke, Ulrich — Technische Normung und Verbraucherinteresse
1982, Pahl-Rugenstein Verlag, Köln
Zitierung: Kypke, Technische Normung

Landes, William M. — The Economic Structure of Intellectual Property Law
2003, Havard Business School Press, Boston, Mass.
Zitierung: Landes/Posner, Intellectual Property Law

Langenberg, Tobias — Standardization and Expectations
2006, Springer-Verlag, Berlin, Heidelberg, New York
Zitierung: Langenberg, Standardization

Lao, Marina — Federalizing Trade Secrets Law in an Information Economy
Ohio State Law Journal, 1998, Band 59, Seite 1633
Zitierung: Lao, 59 Ohio St. L.J. (1998) 1633

Laster, Daniel — The Secret is out: Patent Law preempts mass market license terms barring reverse engineering for interoperability purposes
Baylor Law Review, 2006, Band 58, Seite 621
Zitierung: Laster, 58 Baylor Law Rev. (2006) 621

Layne-Farrar, Anne; Padilla, Jorge A.; Schmalensee, Richard — Pricing Patents for Licensing in Standard Setting Organisations: Making Sense of FRAND Commitments
2006
unter http://papers.ssrn.com/sol3/papers.cfm?abstract_id=996700, zuletzt besucht am 16.10.2007
Zitierung: Layne-Farrar/Padilla/Schmalensee, Pricing Patents

Layne-Farrar, Anne; Padilla, Jorge A. — Pricing Patents for Licensing in Standard Setting Organizations
2006
unter http://papers.ssrn.com/sol3/papers.cfm?abstract_id=996700, zuletzt besucht am 16.10.2007
Zitierung: Layne-Farrar/Padilla/Schmalensee, Pricing Patents

Layne-Farrar, Anne — To Join or not to Join: Examining Patent Pool Participation and Rent Sharing Rules
2006
unter http://papers.ssrn.com/sol3/papers.cfm?abstract_id=945189, zuletzt besucht am 16.10.2007
Zitierung: Layne-Farrar/Lerner, To Join or not To Join

Lee, Nari — Patent Standards and the Tragedy of the Anticommons
2006
Zitierung: Lee, Patent Standards

Leistner, Matthias — Comment
IIC, 2005, Seite 741
Zitierung: Leistner, IIC 2005, 749

Lemley, Mark A.
Weiser, Philip J. — Should Property or Liability Rules Govern Information
Texas Law Review, 2007, Band 85, Seite 783
Zitierung: Lemley/Weiser, 85 Texas Law Rev. 783

Lemley, Mark A. — Patent Holdup and Royalty Stacking
Texas Law Review, 2007, Band 85, Seite 1991
Zitierung: Lemley/Shapiro, 85 Texas Law Rev. (2007) 1991

Lemley, Mark A. — The Things to do about Patent Holdup of Standard (and one not to)
Boston College Law Review, 2007, Band 48, Seite 149
Zitierung: Lemley, 48 B.C.L. Rev. (2007) 149

Lemley, Mark A. — Intellectual Property Rights and Standard-Setting Organizations
California Law Review, 2002, Band 90, Seite 1889
Zitierung: Lemley, 90 Cal. L. Rev. (2002) 1889

Lerner, Josh
Tirole, Jean — Public Policy toward Patent Pools
Discussion Paper for the NBER Innovation Policy and the Economy Conference, 2007
unter http://www.nber.org/books_in_progress/innovation8/lerner-tirole5-25-07.pdf, zuletzt besucht am 16.10.2007
Zitierung: Lerner/Tirole, Public Policy toward Patent Pools

Lerner, Josh
Tirole, Jean — A Model of Forum Shopping with special Reference to Standard Setting Organizations
American Economic Review, 2006, Band 96, Seite 1091
unter http://papers.ssrn.com/sol3/papers.cfm?abstract_id=579810, zuletzt besucht am 16.10.2007
Zitierung: Lerner/Tirole, 96 AER (2006) 1091

Lerner, Josh
Tirole, Jean — Efficient Patent Pools
2002
unter http://papers.ssrn.com/sol3/papers.cfm?abstract_id=322000, zuletzt besucht am 16.10.2007
Zitierung: Lerner/Tirole, Efficient Patent Pools

Lerner, Josh	The Design of Patent Pools: The Determinants of Licensing Rules 2005 Zitierung: Lerner/Strojwas/Tirole
Lessig, Lawrence	The Future of Ideas 2001, Random House, New York Zitierung: Lessig, The Future of Ideas
Leveque, Francois	Innovation, leveraging and essential facilities: Interoperability licensing in the EU Microsoft case 2005 Zitierung: Leveque, Interoperability Licensing
Lewinsohn-Zamir, Daphna	The Choice Between Property Rules and Liability Rules Revisited: Critical Observations from Behavioral Studies Texas Law Review, 2001, Band 80, Seite 219 Zitierung: Lewinsohn-Zamir, 80 Tex. L. Rev. (2001) 219
Lichtman, Doug	Patent Holdouts in the Standard-Setting Process Academic Advisory Council Bulletin 1.3, 2006 Zitierung: Lichtman, Patent Holdout
Liebowitz, S.J. Margolis, Stephen E.	The Fable of the Keys Journal of Law and Economics, 1990, Band 33, Seite 1 Zitierung: Liebowitz/Margolis, 33 JLE (1990) 1
Liebowitz, S.J. Margolis, Stephen E.	Network Externalities (Effects) unter http://www.utdallas.edu/~liebowit/palgrave/network.htm, zuletzt besucht am 16.10.2007l Zitierung: Liebowitz/Margolis, Network Externalities
Liebowitz, S.J.	Path Dependence, Lock-In, and History 1995 Zitierung: Liebowitz/Margolis, Path Dependence
Lin, Daniel	Research versus Development: Patent Pooling, Innovation and Standardization in the Software Industry John Marshall Review of Intellectual Property Law, 2002, Band 1, Seite 274 Zitierung: Lin, 1 J. Marshall Rev. of Intell. Prop. Law (2002) 274
Loewenheim, Ulrich Meessen, Karl M.	Kartellrecht Band 1: Europäisches Recht Kommentar 2005, Verlag C.H. Beck, München Zitierung: Loewenheim/Messen/Riesenkampf-Bearbeiter
Maathuis, Ivo Smit, Wim A.	The Battle between Standards: TCP/IP vs OSI - Victory through Path Dependency or by Quality 2003 Zitierung: Maathuis/Smit, TCP/IP vs OSI

MacAfee, R. Preston — Opportunism in Multilateral Vertical Contracting: Nondiscrimination, Exclusivity, and Uniformity
The American Economic Review, 1994, Band 84, Seite 210
Zitierung: MacAfee/Schwartz, 84 AER (1994) 210

Machlup, Fritz — An economic review of the patent system
Congressional Report No. 15, U.S. Government Printing Office, Washington D.C.
Zitierung: Machlup, An economic review of the patent system

MacKie-Mason, Jeffrey K. — What to do about unilateral refusals to license
2002
Zitierung: MacKie-Mason, Unilateral Refusals to License

Malsberger, Brian M. — Trade Secrets: a state-by-state survey
2006, Bureau of National Affairs, Washington D.C.
Zitierung: Malsberger, Trade Secrets

Mankiw, Gregory — Free entry and social inefficiency
Rand Journal of Economics, 1986, Band 17, Seite 48
Zitierung: Mankiw/Whinston, 17 RAND (1986) 48

Mason, Robin — Network Externalities and the Coase Conjecture
Europan Economic Review, 2002, Band 44, Seite 1981
Zitierung: Mason, 44 European Economic Review (2002) 1981

Matutes, Carmen — Standardization Across Markets and Entry
The Journal of Industrial Economics, 1989, Band 37, Seite 359
Zitierung: Matutes/Regibeau, 37 Journal of Ind. Econ. (1989) 359

Melamed, Douglas A. — Exclusive Dealing Agreements and Other Exclusionary Conduct - Are There Unifying Principles
Antitrust Law Journal, 2005, Band 73, Seite 375
Zitierung: Melamed, 73 Antitrust L.J. (2005) 375

Melville, David W. — Liability Rules, Property Rules, and Incentives Not to Bargain: The Effect of Competitive Rivalry on Protection of Legal Entitlements
Seton Hall Law Review, 1999, Band 29, Seite 1279
Zitierung: Melville, 29 Seton Hall L. Rev. (1999) 1279

Merges, Robert P. — On the complex economics of patent scope
Columbia Law Review, 1994, Band 90, Seite 839
Zitierung: Merges/Nelson, 90 Columbia L. Rev. (1994) 839

Merges, Robert P. — Who Owns the Charles River Bridge? Intellectual Property and Competition in the Software Industry
US Berekeley School of Law Public Law and Legal Theory Working Paper No. 15, 1999
Zitierung: Merges, Who owns the Charles River Bridge

Merges, Robert P. | Contracting into Liability Rules: Intellectual Property Rights and Collective Rights Organizations
California Law Review, 1996, Band 84, Seite 1293
Zitierung: Merges, 8 Cal. L. Rev. (1996) 1293

Merges, Robert P. | A Transactional View of Property Rights
Berkeley Technology Law Journal, 2005, Band 20, Seite 1477
Zitierung: Merges, 20 Berk. Tech. L.J. (2005) 1477

Merges, Robert P. | Of Property Rules, Coase, and Intellectual Property
Columbia Law Review, 1994, Band 94, Seite 2655
Zitierung: Merges, 94 Col. L. Rev. (1994) 2655

Mes, Peter | Patentgesetz, Gebrauchsmustergesetz - Kommentar
2. Auflage, 2005, Verlag C.H. Beck, München
Zitierung: Mes, PatG/GebrMG

Meurer, Michael J. | Copyrith Law and Price Discrimination
Cardozo Law Review, 2001, Band 23, Seite 56
Zitierung: Meurer, 23 Cardozo L. Rev. (2001) 56

Miller, Joseph Scott | Standard Setting, Patents, and Access Lock-in: RAND Licensing and the Theory of the Firm
Indiana Law Review, 2007, Band 40, Seite 351
Zitierung: Miller, 40 Ind. L. Rev. (2007) 351

Moen, William E.
Bertot, John Carlo | Interoperability for Information Access: Technical Standards and Policy Considerations
Journal of Academic Librarianship, 2000, Band 26, Seite 129
Zitierung: Moen/Bertot, 26 Journal of Academic Librarianship (2000) 129

Mottner, Sandra | Motivations and Risks in International Licensing: A Review and Implications for Licensing to Transitional and Emerging Economies
Journal of World Business, 2000, Band 35, Seite 171
Zitierung: Mottner/Johnson, 35 Journal of World Business (2000) 171

Moy, R. Carl, Editor | Moy's Walker on Patents
in 4. Auflage, 2003, Moy, R. Carl (Hrsg.), Thomson/West, Eagan
Zitierung: Moy's Walker on Patents

Naemura, Kenji | User Involvement in the life cycles of information technology (IT) and telecommunication standards
in Standards, Innovation and Competitiveness, 1995, Hawkins, R; Mansell, R.; Skea, J. (Hrsg.), Edward Elgar Publishing Company, Aldershot, Brookfield
Zitierung: Naemura, User Involvement

Nemec, Douglas R. — Current Trends in Equitable Defenses to Patent Infringement: Prosection Laches and Inequitable Conduct
in Patents, Copyright,Trademarks, and Literary Property Course Handbook Series, PLI Order Number 3149, 2004, Practising Law Institute (Hrsg.)
Zitierung: Nemec, 804 PLI/Pat 1147

Newberg, Joshua A. — Antitrust, Patent Pools, and the Management of Uncertainty

Zitierung: Newberg, Antitrust and Patent Pools

Nilssen, Tore — Two Kinds of Consumer Switching Costs
The RAND Journal of Economics, 1992, Band 23, Seite 579
Zitierung: Nilssen, 23 RAND (1992) 379

Ordover, Janusz A. — Equilibrium Vertical Foreclosure
The American Economic Review, 1990, Band 80, Seite 127
Zitierung: Ordover/Saloner/Salop, 80 AER (1990) 127

Ordover, Janusz A. — A Patent System of both Diffusion and Exclusion
Journal of Economic Perspectives, 1991, Band 5, Seite 43
Zitierung: Ordover, 5 Journal of Econ. Persp. (1991) 43

Osterrieth, Christian — Patentrecht
2. Auflage, , Verlag C.H. Beck, München
Zitierung: Osterrieth, Patentrecht

Parisi, Francesco — The Market for Intellectual Property: The Case of Complementary Oligopoly
2003
unter http://papers.ssrn.com/sol3/papers.cfm?abstract_id=317605, zuletzt besucht am 16.10.2007
Zitierung: Parisi/Depoorter, Complementary Oligopoly

Pate, R. Hewitt — Competition and Intellectual Property in the U.S.: Licensing Freedom and the Limits of Antitrust
2005
Zitierung: Pate, Licensing Freedom

Patry, William F. — The Fair Use Privilege in Copyright Law
2. Auflage, 1995, Bureau of National Affairs, Washington D.C.
Zitierung: Patry, The Fair Use Privilege in Copyright Law

Patterson, Mark R. — Inventions, Industry Standards, and Intellectual Property
Berkeley Technology Law Journal, 2002, Band 17, Seite 1043
Zitierung: Patterson, 17 Berk. Tech. L.J. (2002) 1043

Patterson, Mark R. — Antitrust and the Costs of Standards-Setting: A Comment on Teece and Sherry
Minnesota Law Review, 2003, Band 87, Seite 1995
Zitierung: Patterson, 87 Minn. L. Rev. (2003) 1995

Peitz, Martin | Marktplätze und indirekte Netzeffekte
Perspektiven der Wirtschaftspolitik, 2006, Band 7, Seite 317
Zitierung: Peitz, Perspektiven der Wirtschaftspolitik 2006, 317

Peterson, Scott K. | Patents and Standard-Setting Processes - Statement of Scott K. Peterson, Hewlett-Packard Company for FTC/DOJ Hearings on Competition and Intellectual Property Law and Policy in the Knowledge-Based Economy
2002
Zitierung: Peterson, Patents and Standard-Setting Processes

Pfeiffer, Axel | Zur Diskussion der Softwareregelungen im Patentrecht - Zum Ausschluss von "Programmen für Datenverarbeitungsanlagen...als solche" von der Patentfähigkeit
GRUR, 2003, Seite 581
Zitierung: Pfeiffer, GRUR 2003, 581

Picker, Randal C. | Does Regulation Promote Efficiency in Network Industries? Regulating Network Industries: A Look at Intel
Havard Law Journal and Public Policy, 1999, Band 23, Seite 159
Zitierung: Picker, Harv. L. J. & Public Policy (1999) 159

Pietzcker, Rolf | Die sogenannte Abhängigkeit im Patentrecht
GRUR, 1993, Seite 272
Zitierung: Pietzker, GRUR 1993, 272

Pilny, Karl H. | Schnittstellen in Computerprogrammen - Zum Rechtsschutz in Deutschland, den USA und Japan
GRURInt, 1990, Seite 431
Zitierung: Pilny, GRURInt 1990, 431

Pindyck, Robert S. | Microeconomics
6. Auflage, 2004, Pearson Education International Prentice Hall, Upper Saddle River, NJ.
Zitierung: Pindyck/Rubinfeld, Microeconomics

Plompen, Peter | The New Technology Transfer Guidelines as Applied to Patent Pools and Patent Pool Licensing - Some Observations Regarding the Concept of "Essential" Technologies
European University Institute, 2005
Zitierung: Plomben, New Technology Transfer Guidelines

Postrel, Steven R. | Competing Networks and Proprietary Standards: The Case of Quadrophonic Sound
The Journal of Industrial Economics, 1990, Band 39, Seite 169
Zitierung: Postrel, 39 JIE (1990) 169

Preovolos, Penelope A. | Unfair Practices and Predatory Pricing
Practising Law Institute, Corporate Law and Practicwe Course Handbook Series PLI Order No. 11014, 1583 PLI/Corp 211, 2007
Zitierung: Preovolos, 1583 PLI/Corp 211 (2007)

Raballand, Gael Aldaz-Carroll, Enrique	How Do Differing Standards Increase Trade Costs? The Case of Pallets World Bank Policy Research Working Paper 3519, 2005 Zitierung: Raballand/Aldaz-Carroll, The Case of Pallets
Rachlinsky, Jeffrey J. Jourden, Forest	Remedies and the Psychology of Ownership Vanderbilt Law Review, 1998, Band 51, Seite 1541 Zitierung: Rachlinsky/Jourden, 51 Vand. L. Rev. (1998) 1541
Rapp, Richard T. Stiroh, Lauren J.	Standard Setting and Market Power Zitierung: Rapp/Stiroh, Standard Setting and Market Power
Rasmusen, Eric B.	Naked Exclusion The American Economic Review, 1991, Band 81, Seite 1137 Zitierung: Rasmusen/Ramseyer/Wiley, 81 AER (1991) 1137
Rehbinder, Manfred	Urheberrecht 11. Auflage, 2001, Verlag C.H. Beck, München Zitierung: Rehbinder, Urheberrecht
Rey, Patrick	A Primer on Foreclosure in Handbook of Industrial Economics (erwartet), 2007, Armstrong, Mark; Porter, Rob (Hrsg.), Band 3 unter http://idei.fr/doc/by/tirole/primer.pdf, zuletzt besucht am 16.10.207 Zitierung: Rey/Tirole, Foreclosure
Rey, Patrick u.a.	Report by the EAGCP - "An economics approach to Article 82" 2005 Zitierung: Discussion Paper on Art. 82
Riziotis, Dimitrios	Patent Misuse als Schnittstelle zwischen Patentrecht und Kartellrecht - Eine rechtsvergleichende Darstellung GRURInt, 2004, Seite 367 Zitierung: Riziotis, GRURINt 2004, 367
Rochet, Jean-Charles Tirole, Jean	Two-Sided Markets: A Progress Report 2005 Zitierung: Rochet/Tirole: Two-Sided Markets: A Progress Report
Rochet, Jean-Charles Tirole, Jean	Two-Sided Markets: An Overview 2004 unter http://faculty.haas.berkeley.edu/hermalin/rochet_tirole.pdf, zuletzt besucht am 16.10.2007 Zitierung: Rochet/Tirole, Two Sided Markets: An Overview
Rochet, Jean-Charles	Platform Competition in Two-Sided Markets 2001 Zitierung: Rochet/Tirole, Platform Competition

Roson, Roberto	Two-Sided Markets: A Tentative Survey Review of Network Economics, 2005, Band 4, Seite 142 Zitierung: Roson, 4 Review of Network Economics (2005) 142
Roth, Rudolf Heinrich	Technische Normung im Recht: Wesen, Struktur und Kooperation zwischen Fachverbänden und Staat , Schweizerische Normen-Vereinigung SNV, Zürich Zitierung: Roth, Technische Normung
Rubinfeld, Daniel L.	The Strategic Use of Patents: Implications for Antitrust in Antitrust, Patents and Copyright: EU and US Perspectives, 2005, Leveque, Francois; Shelanski, Howard; (Hrsg.), Edward Elgar Publishing Company, Aldershot, Brookfield, Seite 85 Zitierung: Rubinfeld/Maness, Strategic Use of Patents
Sack, Rolf	Die Erschöpfung von gewerblichen Schutzrechten und Urheberrechten nach europäischem Recht GRUR, 1999, Seite 193 Zitierung: Sack, GRUR 1999, 193
Sack, Rolf	Der Erschöpfungsgrundsatz im deutschen Immaterialgüterrecht GRURInt, 2000, Seite 610 Zitierung: Sack, GRURInt 2000, 610
Sahay, Arvind Riley, Debra	The Role of Resource Access, Market Considerations, and the Nature of Innovation in Pursuit of Standards in New Product Development Process The Journal of Product, Innovation and Management, 2003, Band 20, Seite 338 Zitierung: Sahay/Riley, 20 Journal of Product, Innovation and Management (2003) 338
Samuelson, Pamela	The Law and Economics of Reverse Engineering Yale Law Journal, 2002, Band 111, Seite 1575 Zitierung: Samuelson/Scotchmer, 111 Yale L.J. (2002) 1575
Samuelson, Pamela	Reverse Engineering under Siege Communications of the ACM, 2002, Band 45, Seite 15 Zitierung: Samuelson, Reverse Engineering under Siege
Samuelson, Pamela	Questioning Copyrights in Standards Boston College Law Review, 2007, Band 48, Seite 193 Zitierung: Samuelson, 48 B.C.L. Rev. 193 (2007)
Sarvas, Risto Soininen, Aura	Differences in European and U.S. Patent Regulation Affecting Wireless Standardization Arbeitspapier, 2002 Zitierung: Sarvas/Soininen, Differences in European and U.S. Patent Regulation

Saunders, Kurt M.
Levine, Linda
Better, Faster, Cheaper - Later: What happens when technologies are suppressed
Michigan Telecommunication and Technology Law Review, 2004, Band 11, Seite 23
Zitierung: Saunders/Levine, 11 Mich. Telecomm. Tech. Law Rev. 23

Schäfer, Hans-Bernd
Lehrbuch der ökonomischen Analyse des Zivilrechts
4. Auflage, 2005
Zitierung: Schäfer/Ott, Ökonomische Analyse des Zivilrechts

Schlicher, John W.
Patent Law: legal and economic principles
2. Auflage, 2003, Thomson/West, Eagan
Zitierung: Schlicher, Patent Law

Schmidt, Klaus M.
Public Subsidies for Open Source? Some Economic Policy Isues of the Software Market
2002
unter http://papers.ssrn.com/sol3/papers.cfm?abstract_id=319081, zuletzt besucht am 16.10.2007
Zitierung: Schmidt/Schnitzer, Public Subsidies for Open Source

Schmidt, Klaus M.
Licensing Complementary Patents and Vertical Integration
SSRN, 2006
Zitierung: Schmidt, Klaus M., Licensing Complementary Patents

Schmitz, Patrick
On monopolistic licensing strategies under asymmetric information
Journal of Economic Theory, 2002, Band 106, Seite 177
Zitierung: Schmitz, Journal of Economic Theory (2002) 177

Schuhmacher, Volker
Die neue Gruppenfreistellungsverordnung für Technologietransfer-Vereinbarungen
GRUR, 2006, Seite 1
Zitierung: Schuhmacher/Schmid, GRUR 2006, 1

Scotchmer, Suzanne
Innovation and Incentives
2004, MIT Press, Cambridge, Mass.
Zitierung: Scotchmer, Innovation and Incentives

Segal, Ilya R.
Naked Exclusion: Comment
The American Economic Review, 2000, Band 90, Seite 296
Zitierung: Segal/Whinston, 90 AER (2000) 296

Sen, Debapriya
Fee versus royalty reconsidered
Games and Economic Behavior, 2005, Band 53, Seite 141
Zitierung: Sen, D., 53 Games and Economic Behavior (2005) 141

Sen, Debapriya
Monopoly Profit in a Cournot oligopoly
Economics Bulletin, 2002, Band 4, Seite 1
Zitierung: Sen, D., 4 Economics Bulletin (2002) 1

Sen, Debapriya	On the coexistence of different licensing schemes International Review of Economics and Finance, 2005, Band 14, Seite 393 Zitierung: Sen, D., 14 Int. Rev. of Econ. and Finance (2005) 393
Shapiro, Carl	Information Rules - A Strategic Guide to the Network Economy 1999, Havard Business School Press, Boston, Mass. Zitierung: Shapiro/Varian, Information Rules
Shapiro, Carl	Navigating the Patent Thicket: Cross Licenses, Patent Pools, and Standard-Setting 2001 Zitierung: Shapiro, Navigating the Patent thicket
Shapiro, Carl	Antitrust Limits to Patent Settlements Working Paper No. CPC01-18, 2001 unter http://www.ftc.gov/opp/intellect/020502shapiro.pdf, zuletzt besucht am 16.10.2007 Zitierung: Shapiro, Patent Settlements
Shapiro, Carl	Exclusivity in Network Markets George Mason Law Review, 1999, Band 7, Seite 673 Zitierung: Shapiro, 7 Geo. Mason L. Rev. (1999) 673
Shapiro, Carl	Exclusionary Conduct: Testimony Before the Antitrust Modernization Commission 2005 Zitierung: Shapiro, Exclusionary Conduct
Shapiro, Carl	Aftermarkets and Consumer Welfare: Making Sense of Kodak Antitrust Law Journal, 1995, Band 63, Seite 183 Zitierung: Shapiro, 63 Antitrust L.J. (1995) 483
Shavell, Stephen	Contracts, Holdup, and Legal Intervention John M. Olin Center for Law, Economics, and Business, Discussion Paper No. 508, 2005 Zitierung: Shavell, Contracts, Holdup and Legal Intervention
Shurmer, Mark	Telecommunications Standardizateion and Intellectual Property Rights: A Fundamental Dilemma? StandardView, 1995, Band 3, Seite 50 Zitierung: Shurmer/Lea, 3 StandardView (1995) 50
Shy, Oz	Technology revolutions in the presence of network externalities International Journal of Industrial Organization, 1996, Seite 785 Zitierung: Shy, Int. J. Ind. Organ. 14 (1996), 785
Simcoe, Tim	Chapter 8: Open Standards and Intellectual Property Rights 2005 Zitierung: Simcoe, Open Standards

Skitol, Robert A. — Concerted Buying Power: Its Potential for Addressing the Patent Holdup Problem in Standard Setting
Antitrust Law Journal, 2005, Band 72, Seite 727
Zitierung: Skitol, 72 Antitrust L.J. 727 (2005)

Spring, Michael B.
Weiss, Martin B.H. — Selected Intellectual Property Issues in Standardization
1992
Zitierung: Weiss/Spring, Selected Intellectual Property Issues

Strauss, Joseph
Katzenberger, Paul — Parallelimporte - Rechtsgrundlagen zur Erschöpfung im Patentrecht
2002
Zitierung: Strauss/Katzenberger, Parallelimporte

Swanson, Daniel G. — Reasonable and Nondiscriminatory (RAND) Royalties, Standard Selection, and Control of Market Power
Antitrust Law Journal, 2005, Band 73, Seite 1
Zitierung: Swanson/Baumol, 73 Antitrust L.J. (2005) 1

Teece, David J. — Symposium: The Interface Between Intellectual Property Law and Antitrust Law - Standard Setting and Antitrust
Minnesota Law Review, 2003, Band 87, Seite 1913
Zitierung: Teece/Sherry, 87 Minn. L. Rev. (2003) 1913

Teece, David J. — Profiting from technological innovation: Implications for integration, collaboration, licensing and public policy
1986
Zitierung: Teece, Profiting from technological innovation

Tellis, Gerard — Network Effects, Quality and the Success of New High-Tech Products
2006
Zitierung: Tellis/Niraj/Yin, Network Effects

Thum, Marcel — Netzwerkeffekte, Standardisierung und staatlicher Regulierungbedarf
1995, Mohr Siebeck, Tübingen
Zitierung: Thum, Netzwerkeffekte

Tirole, Jean — The Theory of Industrial Organization
2003, MIT Press, Cambridge, Mass.
Zitierung: Tirole, Industrial Organization

Tombak, Mihkel — Marketing Innovations: The Choice between Discrimination and Bargaining Power
2003
Zitierung: Tombak, Licensing Rivals

Tvesky, Amos — Judgment under uncertainty: Heuristics and biases
Science, 1974, Band 185, Seite 1124
Zitierung: Tversky/Kahnemann, 185 Science (1974) 1124.

Tvesky, Amos
Choices, Values, and frames
American Psychologist, 1984, Band 39, Seite 341
Zitierung: Tversky/Kahnemann, 39 American Psychologist (1984) 341.

Ullrich, Hanns
The Interaction between Competition Law and Intellectual Property Law
EUI-RSCAS/EU Competition 2005/Proceedings, 2005
Zitierung: Ullrich, Competition Law and Intellectual Property Law

Ullrich, Hanns
Patentgemeinschaften
in Wirtschafts- und Privatrecht im Spannungsfeld von Privatautonomie, Wettbewerb und Regulierung, Festschrift für Ulrich Immenga zum 70. Geburtstag, 2004, Fuchs, Andreas; Schwintowski, Hans-Peter; Zimmer, Daniel (Hrsg.), Verlag C.H. Beck, München, Seite 403
Zitierung: Ullrich, Patentgemeinschaften

Utton, Michael A.
Market Dominance and Antitrust Policy
2. Auflage, 2003, Edward Elgar Publishing Company, Aldershot, Brookfield
Zitierung: Utton, Market Dominance

Van Wegberg, Marc
Standardization Process of System Technologies: Creating a Balance between Competition and Coorperation
Technology Analysis & Strategic Management, 2004, Band 16, Seite 457
Zitierung: van Wegberg, 16 Technology Analysis and Strategic Management (2004) 457

Verbruggen, Johann
Lorincz, Anna
Patente und technischen Normen
GRURInt, 2002, Seite 815
Zitierung: Verbruggen/Lorincz, GRURInt 2002, 815

Vercoulen, Frank
Standard Selcetion Modes in Dynamic, Complex Industries: Creating Hybrids between Market Selection and Negotiated Selection of Standards
NIBOR/RM/1998/06, 1998
Zitierung: Vercoulen/van Wegberg, Standard Selection Modes

von Burg, Urs
Sponsors, Communities, and Standards: Ethernet vs. Token Ring in the Locl Area Networking Business
Industry and Innovation, 2003, Band 10, Seite 351
Zitierung: van Burg, Kenney, 10 Industry and Innovation (2003) 351

Wagner, Polk
Of Patents and Path Dependency: A Comment on Burk and Lemley
Berkeley Technology Law Journal, 2003, Band 18, Seite 1
Zitierung: Wagner, 18 Berk. Tech. L. J. (2003) 1

Weeds, Helen
Sleeping Patents and Compulsory Licensing: An Options Analysis
Warwick Economic Research Papers No. 577

Weiss, Martin B.H.
Free-Ridership in the Standard-Setting Process: The Case of 10BaseT
StandardView, 1996, Band 4, Seite 205
Zitierung: Weiss/Toyofuku, 4 StandardView (1996) 205

Werle, Raymund	Standards in the International Telecommunications Regime HWWA Discussion Paper 157/2001, erhältlich unter http://www.hwwa.de/Forschung/Publikationen/Discussion_Paper/2001/157.pdf, zuletzt besucht am 10.10.2007, 2001 Zitierung: Werle, Standards in the International Telecommunications Regime
Werle, Raymund	Institutional Aspects of Standardization: Jurisdictional Conflicts and the Choice of Standardization Organizations MPIfG Discussion Paper 00/1, 2000 Zitierung: Werle, Institutional Aspects of Standardization
West, Joel	Innovation and Control in Standards Architecture: The Rise and Fall of Japan's PC 98 Informations Systems Research, 2000, Band 11, Seite 197 Zitierung: West/Dedrick, 11 Informations Systems Research (2000) 197
Yoshida, Yoshihiro	Third-Degree Price Discrimination in Input Markets: Output and Welfare The American Economic Review, 2000, Band 90, Seite 240 Zitierung: Yoshida, 90 AER (2000) 240
Yosick, Joseph A.	Compulsory Patent Licensing for Efficient Use of Inventions University of Illinois Law Review, 2001, Seite 1275 Zitierung: Yosick, 2001 University of Illinois Law Review, 1275
Zahn, Roland G.	Normung und technische Schutzrechte GRUR, 1980, Seite 157 Zitierung: Zahn, GRUR 1980, 157

GPSR Compliance

The European Union's (EU) General Product Safety Regulation (GPSR) is a set of rules that requires consumer products to be safe and our obligations to ensure this.

If you have any concerns about our products, you can contact us on ProductSafety@springernature.com

In case Publisher is established outside the EU, the EU authorized representative is:

Springer Nature Customer Service Center GmbH
Europaplatz 3
69115 Heidelberg, Germany

Kolibri 360 GmbH
Ferdinand-Jühlke-Straße 7
99095 Erfurt, Deutschland
produktsicherheit@kolibri360.de